W0189842

MINERALIEN

ĎUĎA · REJL · SLIVKA

MINERALIEN

Handbuch und Führer für den Sammler

Seite 2: Idiomorpher Topaskristall (9 mm); Thomas Range (USA)

Der größte Teil der abgebildeten Mineralien stammt aus den Sammlungen des Mährischen Museums in Brünn, ferner der Chemisch-Technologischen Hochschule in Prag, des Nationalmuseums in Prag und der Naturwissenschaftlichen Fakultät der Prager Karlsuniversität. Einige stammen aus Privatsammlungen.

3. Auflage, 1993
Text von Rudolf Ďuďa und Luboš Rejl
Ins Deutsche übertragen von Jürgen Ostmeyer
Mit Farbfotos von Dušan Slivka und Federzeichnungen von František Rejl
Graphische Gestaltung von Dušan Slivka

ISBN 3–89440–005–6
Printed in Slovakia by Neografia, Martin
3/19/01/52-03

Inhalt

Vorwort

In jüngster Zeit kommt es zu einer Renaissance in der Beziehung Mensch – Natur. Unablässig wächst der Kreis von Interessenten an Studium, Erkennen und Suchen von Naturmaterialien, unter denen die Mineralien ganz besonders beliebt sind. Das ist nicht nur durch ihren ästhetischen Aspekt gegeben (Farbe, Kristallform, Glanz, mögliche Verarbeitung zu effektvollen Formen usw.), sondern hängt auch eng mit der Bemühung des Menschen zusammen, tiefer in die Geheimnisse der Natur einzudringen und diese Natur zu schützen. All diesen Interessenten ist der hier vorgelegte Mineralienführer gewidmet, der sich zum Ziel setzt, den Leser mit den grundlegenden, aber auch mit weniger bekannten Mineralien vertraut zu machen, mit ihren physikalischen und chemischen Eigenschaften, mit Sammel- und Bestimmungstechniken, gegebenenfalls auch mit ihrer Nutzung.

Die Gesamtkonzeption des Buches ist in drei Teile gegliedert:

Der erläuternde Einleitungsteil macht in aller Kürze mit den Grundbegriffen der Mineralogie bekannt, mit der Entstehung und den wichtigsten Merkmalen der Mineralien, mit Methoden ihrer Bestimmung, Sammlung und Aufbewahrung. Dabei wird nicht vorausgesetzt, daß alle angeführten Merkmale bei der Identifikation festgestellt werden, was im Regelfall auch nicht notwendig ist. Die grundlegenden Identifikationsmerkmale wurden so gewählt, daß sie sich schon bei genauer Betrachtung, gegebenenfalls durch einfache Prüfung direkt im Gelände feststellen lassen. In diesem Einleitungsteil wurden solche Passagen hintangestellt, die ein tiefergehendes, meist auf aufwendige Laboratoriumsausstattungen angewiesenes Fachstudium erfordern würden. Das gilt vor allem für die Kapitel über den Innenbau der Mineralien, Optik, Chemismus usw.; auch die Beschreibung der Kristallographie wurde absichtlich weniger ausführlich behandelt, da ideale kristallographische Formen nur sehr selten anzutreffen sind. Der Illustration halber wurden aber ausgewählte grundlegende kristallographische Formen sowie typische Kristallformen einiger Mineralien im Beschreibungsteil abgebildet, gegebenenfalls auch in den Informationstabellen. Interessenten an einem tiefergehenden Studium der hier aufgezeigten Probleme verweisen wir auf die im Verzeichnis genannte Spezialliteratur.

Der Beschreibungs- und Bildteil umfaßt 602 geläufige und auch weniger bekannte Mineralien. Ihre Auswahl wurde vor allem vom Mineralogiesystem bestimmt, doch wurden auch die Interessen von Edelstein- und Erzsammlern sowie anderen Spezialisten berücksichtigt. Im Bildteil werden hauptsächlich ästhetisch wirkungsvolle Mineralien wiedergegeben, nach Möglichkeit in einer typischen Ausbildung.

Die Anordnung des Beschreibungs- und Bildteils wurde nach der Mineralhärte vorgenommen, ferner (mit gewissen Ausnahmen) nach Dichte und Mineralogiesystem. Die Härte wurde als hauptsächliches Bestimmungs- und Unterscheidungsmerkmal gewählt, denn sie läßt sich relativ leicht mit einfachen Mitteln direkt im Gelände feststellen, so daß schon nach dieser ersten Information anhand der Identifikationstabellen in der Kombination mit weiteren grundlegenden Merkmalen die meisten Mineralien wenigstens annähernd identifiziert werden können.

Die genaue Feststellung aller weiteren Merkmale führt man erst nach der gründlichen Abtrennung der Probe zu Hause durch, und zwar stets an frischem Material. Durch die Kombination der verschiedenen in den Identifikationstabellen aufgeführten Eigenschaften lassen sich manche Ungenauigkeiten bei der Bestimmung ausklammern, so daß man in den meisten Fällen schrittweise zur richtigen Bestimmung eines Minerals gelangt. Gelingt dies nicht, handelt es sich offensichtlich um eine inhomogene oder stark umgewandelte Probe oder aber um ein in diesem Kompendium nicht enthaltenes Mineral. Dann muß eine andere Probe zur Identifikation genommen werden oder eine kompliziertere Labortechnik, gegebenenfalls muß die Hilfe eines Fachmanns herangezogen werden.

Im Sinne dieses Vorgehens wurden auch die Beschreibungen der einzelnen Mineralien aufgebaut. Zuerst werden Merkmale genannt, die man entweder durch direkte Betrachtung oder mit einfachen Hilfsmitteln unmittelbar im Gelände feststellen kann (Härte, Strichfarbe, Farbe, Transparenz, Glanz, Spaltbarkeit, Bruch, Kristallmorphologie). Dann kommen Merkmale, die mit Hilfe von Labormitteln bestimmt bzw. beobachtet werden müssen, mit Geräten, evtl. auch mit Spezialvorrichtungen (Dichte, Kristallform, Magnetismus, Lumineszenz, Radioaktivität, optische und chemische Eigenschaften usw.). Gleichfalls werden hier auch wichtige Angaben über Behandlung und Reinigung gemacht. Destlilliertes Wasser wird deshalb als Reinigungsmittel genannt, weil auch schwach aggressives Wasser bei chemisch wenig widerstandsfähigen Mineralien zum Anätzen einiger Kristallflächen bzw. der ganzen Probe führen kann. Am Schluß werden auch Angaben und Begriffe in Bezug auf Genese, Paragenese, Vorkommen und Verwendung gebracht.

Der Tabellenteil umfaßt einerseits Identifikationstabellen, die so gewählt sind, daß durch gegenseitige Kombinationen von ausgeprägten oder grundlegenden Merkmalen die direkte Bestimmung des untersuchten Minerals ermöglicht wird, andererseits liefern sie Übersicht und Auswahl von Mineralien mit bestimmten Eigenschaften oder einer bestimmten Verwendung. So bieten sie vor allem solchen Lesern, die sich auf die Sammlung eines bestimmten Mineraltyps spezialisiert haben, eine primäre Orientierung.

Das Verzeichnis der benutzten und empfohlenen Literatur ist nach ausgewählten Spezialisierungen geordnet. Die meistbenutzten mineralogischen Periodika sind gesondert aufgeführt.

Der größte Teil der abgebildeten Mineralien stammt aus den Sammlungen des Mährischen Museums in Brünn, ferner der Chemisch-Technologischen Hochschule in Prag, des Nationalmuseums in Prag und der Naturwissenschaftlichen Fakultät der Prager Karlsuniversität. Einige stammen aus Privatsammlungen.

Autoren

Allgemeines über Mineralogie

Schon zu Anbeginn seiner Tätigkeit auf dieser Erde nahm der Mensch die ihm von der Natur gebotenen Rohstoffe wahr und machte sich an ihre Nutzung. Von der unbelebten Natur schlugen ihn als erste Mineralien und Gesteine in Bann, die er nach einer primitiven Bearbeitung als Werkzeuge nutzen konnte.

Später, nachdem er dann die Bekanntschaft mit Metallen gemacht hatte (Gold, Kupfer, Zinn, Eisen usw.), begann er intensiv sämtliche Gesteine, in denen sie enthalten waren, zu suchen und zu untersuchen. Je nach Grad ihrer Kenntnis und Nutzung erhielten ganze Perioden ihren Namen, z. B. Bronzezeit, Eisenzeit.

Aus archäologischen Forschungen wissen wir, daß sich schon die alten Babylonier, Kelten und Griechen mit systematischem Mineralabbau befaßt haben. Die ältesten Aufzeichnungen darüber stammen vom griechischen Philosophen und Wissenschaftler Aristoteles (384–322 v. Chr.) sowie von Plinius dem Älteren (23–79 n. Chr.). Eine erste Klassifizierung damals bekannter Mineralien und Gesteine hat Avicenna – Ibn Sina (980–1037 n. Chr.) geliefert; in Europa hat Albertus Magnus (1193–1280) Mineralien und Erze erwähnt. Später hat Georg Bauer, unter dem Namen Georgius Agricola (1494–1555) bekannt, alle Kenntnisse über Bergbau, Hüttenwesen, Mineralogie und Erze zusammengefaßt. Zur Hochblüte aller Geowissenschaften, also auch der Mineralogie, kommt es seit dem 18. Jahrhundert.

Die Mineralogie (minera – Erz) ist eine Disziplin, die sich mit dem Studium der Mineralien befaßt, mit ihrer Morphologie, Zusammensetzung, ihren physikalischen und chemischen Eigenschaften, nicht zuletzt auch mit ihren Entstehungsbedingungen.

Mineralien an sich sind natürlich vorkommende (oft sogar recht komplizierte) chemische Verbindungen, seltener reine Elemente und Legierungen (z. B. C, Au, Ag), die bei geologischen Prozessen entstanden sind. Die weitaus meisten haben eine anorganische Zusammensetzung, nur ausnahmsweise kommen Verbindungen organischer Zusammensetzung vor. In der Natur kann man über 3000 selbständige Mineralien antreffen. Zu den verbreitetsten gehören die Mineralien der Silikatklasse. In der Erdkruste sind die gesteinsbildenden Mineralien am häufigsten vertreten. Quarz, Feldspate, Amphibole, Pyroxene, Glimmer, Olivin, Calcit u. a. sind die am meisten verbreiteten. Diese Mineralien bilden Gesteine, die die Baureihe der Erdkruste sind. Unterschiedliche Mineralgruppierungen lassen verschiedene Gesteine entstehen (Granit, Sandstein). Die meisten Gesteine werden von mehreren Mineralien gebildet (Granit, Basalt), doch gibt es auch solche, die nur aus einem einzigen bestehen (Kalkstein, Dolomit). Die übrigen Mineralien sind relativ selten; größere Anhäufungen stellen im Vergleich mit den Gesteinsbildnern Ausnahmen dar.

Die sich mit dem Studium der Gesteine befassende Wissenschaft heißt Petrographie (griech. petros = Fels, graphein = schreiben).

Das Klassifikationssystem der Mineralien

Um die einzelnen Mineralien vergleichen und identifizieren zu können, ist es nötig, ihre Klassifikation nach einem bestimmten Prinzip durchzuführen. Die Mineralogie als Wissenschaft hat eine Entwicklung durchgemacht, in deren Verlauf sich auch die Klassifizierungskriterien gewandelt haben. Mit fortschreitender Erkenntnis der Mineralstruktur ging man zur Einteilung der Mineralien aufgrund ihrer chemischen Zusammensetzung und des Kristallbaus über. Dieses System ist heute allgemein anerkannt, nach ihm sind praktisch alle größeren mineralogischen Sammlungen geordnet; es empfiehlt sich auch für kleinere Sammlungen. Diese kristallchemische Einteilung hat jedoch auch ihre Tücken. Zwar haben die meisten Mineralien eine konstante chemische Zusammensetzung, die sich durch eine Formel ausdrücken läßt, doch sind auch solche mit veränderlicher chemischer Zusammensetzung bei gleichbleibender Kristallstruktur bekannt. Bei einigen schwankt diese Zusammensetzung ganz geringfügig (isomorphe Mischbarkeit), bei anderen variiert sie beträchtlich. Mineralien mit gleicher oder geringfügig schwankender chemischer Zusammensetzung, Struktur und physikalischen Eigenschaften stellen Mineralarten dar. Bei Mineralien mit geringer Beimengung eines weiteren Elements oder solchen, deren Aussehen sich bei gleicher chemischer Zusammensetzung und gleichem Kristallsystem von der jeweiligen Art unterscheidet, spricht man von Abarten oder Varietäten.

Aufgrund der bereits genannten Kriterien werden alle bekannten Mineralien in mehrere Klassen und zahlreiche Gruppen eingeteilt. Dabei wird von den Elementen ausgegangen, dann folgen die anorganischen Verbindungen, und zwar von den einfacheren zu den komplizierteren hin angeordnet. Die letzte Klasse bilden die organischen Verbindungen. Strunz (1970) hat die Mineralien in neun Klassen eingeteilt: 1. Elemente, 2. Sulfide (Selenide, Telluride, Arsenide, Antimonide, Bismutide), 3. Halogenide, 4. Oxide, Hydroxide, 5. Nitrate, Carbonate, Borate, 6. Sulfate (Chromate, Molybdate, Wolframate), 7. Phosphate, Arsenate, Vanadate, 8. Silikate, 9. Organische Substanzen.

Die Klassen werden weiter in Unterklassen, Ordnungen, Gruppen, Arten und Varietäten gegliedert. Unser Buch hält sich an die Klassifikation von Strunz.

Entstehung und Vorkommen der Mineralien

Will man den Ursprung der Mineralien erkennen, die sowohl auf der Erdoberfläche als auch im Erdinneren entstanden sind und praktisch immer noch entstehen, ist die Kenntnis ihrer Entstehungsbedingungen zweifellos von großer Wichtigkeit. Der Zeitraum der Mineralienentstehung wird von komplizierten Prozessen gekennzeichnet, die in vielen Fällen ineinander übergehen oder aufeinander folgen.

In groben Zügen kann man sie in magmatische, sedimentäre und metamorphe Prozesse einteilen (s. Abb. 1, S. 10).

Bei magmatischen Prozessen entstehen Mineralien aus einer zumeist silikatischen Schmelze, dem Magma, das reich an flüchtigen Verbindungen ist. Das Magma entsteht in der Erdkruste oder im oberen Erdmantel, von wo es unter dem Einfluß komplizierter tektonischer Vorgänge in höhere Schichten gerät, um dort abzukühlen und allmählich zu erstarren. Bei dieser Aufwärtsbewegung nimmt das Magma auch Teile des umliegenden Nebengesteins mit, schmilzt sie auf und verändert so seinen Chemismus.

Bei der Abkühlung des Magmas kommt es allmählich zur Trennung von flüssigen und festen Stoffen und so zu magmatischer Differentiation. Letztere bedeutet, daß die spezifisch leichteren Mineralien in den höheren Partien des erstarrenden Körpers verbleiben, während die schwereren absinken. Die sich als erste differenzierenden Mineralien kristallisieren in der Schmelze als vollkommen ausgebildete Kristalle, die übrigen passen sich den schon früher auskristallisierten an.

Bei der magmatischen Differentiation entstehen Gesteine von unterschiedlicher chemischer und mineralogischer Zusammensetzung. So spricht man beispielsweise von ultrabasischen Gesteinen (Peridotit, Pikrit), die reich an MgO und FO, aber arm an SiO_2 sind; sie bestehen z. B. aus Olivin, Pyroxenen und Amphibolen. Basische Gesteine (Gabbro, Basalt) enthalten mehr SiO_2, Al_2O_3 und CaO; sie sind aus Feldspaten, Feldspatvertretern, Pyroxenen und Amphibolen zusammengesetzt. Saure Gesteine (Granite, Rhyolithe) sind reich an SiO_2 mit Na_2O und K_2O angereichert, jedoch ärmer an CaO, FeO und MgO. Sie bestehen vorwiegend aus Feldspaten, Glimmer, Quarz, hingegen treten Pyroxene und Amphibole zurück.

Im Lauf der magmatischen Differentiation kann es auch zu stärkerer Anhäufung verschiedener nutzbarer Mineralien kommen. Auf diese Weise entstehen z. B. Lagerstätten von Magnetit, Ilmenit, Chromit, Pyrrhotin, Chalkopyrit, Pentlandit, Platin u. a., für die eine unregelmäßige schlieren- oder nestförmige Ausbildung charakteristisch ist.

Im Endstadium der Magmenerstarrung kommt es oft zur Abspaltung silikatischer Restschmelzen in Form von unregelmäßigen Körpern, Linsen und Gängen mit grobkörnigem Aussehen, den sog. Pegmatiten. Sie kommen entweder im Inneren des Magmenkörpers oder im Nebengestein vor. An diese Pegmatite sind eine ganze Reihe Mineralien von außerordentlicher wirtschaftlicher Bedeutung gebunden. Zu den wichtigsten gehören Feldspate, Quarz und Glimmer, deren Kristalle beträchtliche Ausdehnungen erreichen können. Fer-

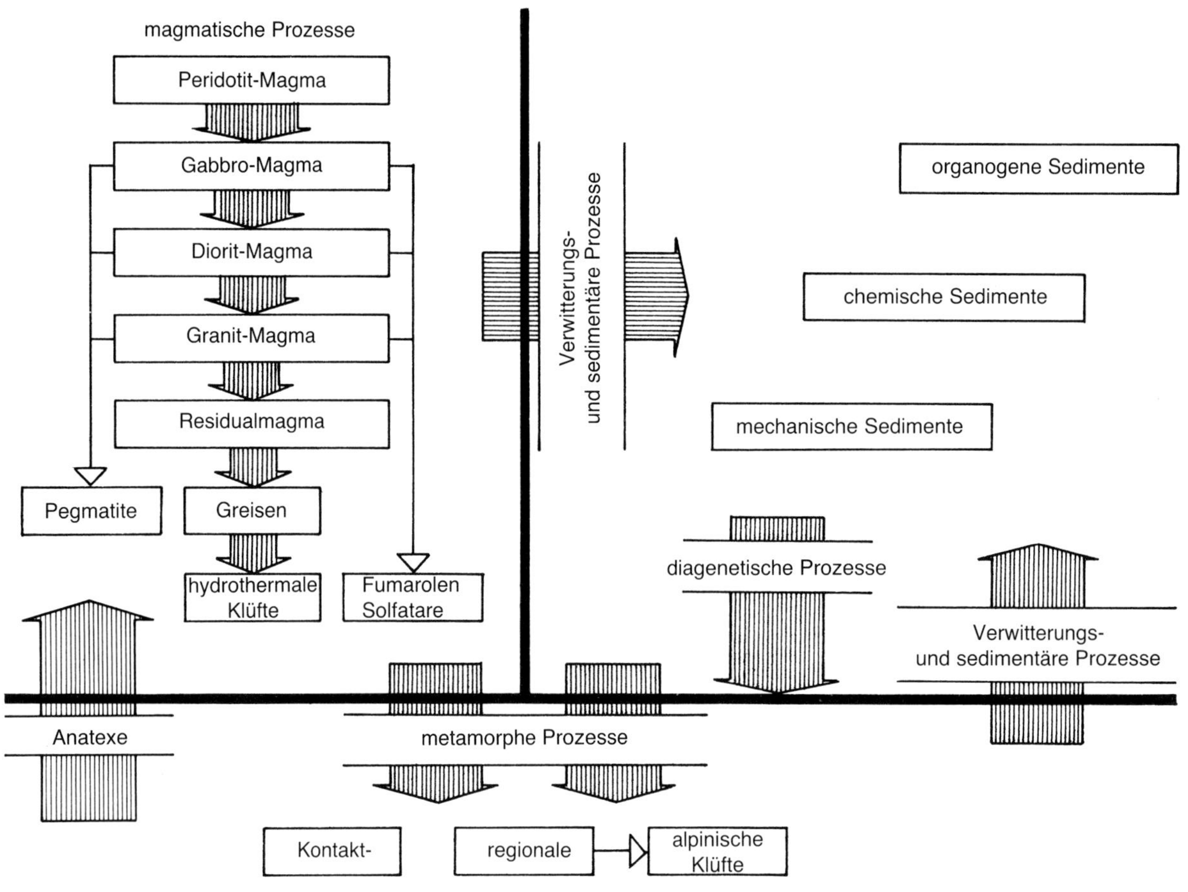

Abb. 1 – Schema der Mineralienentstehung.

ner finden sich hier beispielsweise Lithium-Mineralien (Lepidolith, Spodumen, Rubellit); bedeutend sind auch die Konzentrationen von Zirkon, Xenotim, Monazit, Kassiterit, Columbit, Tantalit, Allanit, Smaragd, Saphir, Topas, Aquamarin, Apatit, Granat, Turmalin und einer Reihe weiterer Mineralien.

Manchmal werden Mineralien direkt aus heißen Gasen und Dämpfen abgeschieden, man spricht von der pneumolytischen Bildung. So entstehen z. B. Turmalin, Topas und Wolframit.

Bei der frühen postmagmatischen Mineralbildung spielen die mit flüchtigen Stoffen wie z. B. Bor, Fluor, Lithium u. a. angereicherten magmatischen Restlösungen die Hauptrolle. Zusammen mit Gasen und Dämpfen entweichen diese heißen Flüssigkeiten an den Magmenkörperrändern, um in Klüften und Spalten zur Erdoberfläche zu steigen. Dabei kühlen sie sich ab und kristallisieren neue, die Wände der Klüfte bedeckende Mineralien aus. Diese Bildung wird als hydrothermal bezeichnet. Auf diese Weise entstehen z. B. Quarz, Dolomit und Calcit. Kommen in diesen Lösungen auch Schwermetalle vor, entstehen Erzgänge.

Wirken Gase und Lösungen bei ihrer Abkühlung auch auf das Nebengestein ein, entstehen sog. kontaktmetasomatische Mineralien wie Granat, Vesuvian, Magnetit u. a.

Gelangt das Magma (jetzt als Lava) bei Vulkantätigkeit an die Erdoberfläche, herrschen bei der Erstarrung ganz andere Bedingungen als in der Tiefe. Die Lava erstarrt sehr schnell, denn es kommt zu jäher Abkühlung, Druckminderung und zum Entweichen der flüchtigen Stoffe. Erstarrt das Magma nahe der Erdoberfläche, kristallisieren darin zunächst einige Bestandteile als Einsprenglinge aus, während der Rest zu einer Grundmasse aus ganz feinen oder nur mit dem Mikroskop erkennbaren Kristallen erstarrt. Beim Vordringen bis zur Erdoberfläche kann eine so rasche Abkühlung eintreten, daß eine glasige Masse, sog. Gesteinsglas entsteht. Durch das Entweichen der Gase bleiben im erstarrenden Magma manchmal Hohlräume zurück, die sekundär von anderen Mineralien wie z. B. Calcit, Quarz, Chalcedon u. a. ausgefüllt werden können. Auch beim Austritt vulkanischer Gase in Form von Fumarolen und Solfataren entsteht eine ganze Reihe von Mineralien, z. B. Schwefel, Sassolin, Alunogen, Salmiak u. a. Vulkanische Thermalwässer (Hydrothermen) und Sickerwässer treten als Mineralquellen, vor allem als Sauerbrunnen an die Erdoberfläche. Von diesen heißen oder auch kalten Wässern werden Mineralien wie Aragonit, Calcit, Chalcedon, Cinnabarit u. a. abgesetzt.

Alle an der Erdoberfläche liegenden Mineralien sind unablässig der Einwirkung von Atmosphäre

(O_2, CO_2), Hydrosphäre (H_2O), Temperaturschwankungen oder dem Wirken lebender Organismen ausgesetzt. Sie werden zersetzt, abgebaut oder in neue, unter den jeweiligen Umständen stabile Mineralien umgewandelt. Dieser Prozeß geht langsam, aber ununterbrochen vor sich und wird als Verwitterung bezeichnet. Neuansammlungen abgebauter oder sekundär entstandener nutzbarer Mineralien bilden sedimentäre Lagerstätten.

Durch Temperaturschwankungen (Sonne, Frost) und Frostsprengwirkung (Wasser, Eis) kommt es zu schrittweiser mechanischer Zerstörung des Gesteins, das bis in einzelne Mineralien zerlegt werden kann. Diese können sich unmittelbar an Ort und Stelle konzentrieren (alluviale Seifen) oder durch Schwerkrafteinfluß hangabwärts wandern. So kommt es zur Anreicherung von Gold, Platin, Kassiterit, Wolframit, Magnetit, Granat u. a., also vorwiegend von unlöslichen und kaum der Oxidation unterliegenden Mineralien.

Verwitterte Mineralien können von Wasser oder Wind weitertransportiert und weit entfernt von ihrem ursprünglichen Vorkommen abgelagert werden, wobei die Teilchen der Größe und dem spezifischen Gewicht nach klassiert und sortiert werden (äolische und alluviale Seifen). Mineralablagerungen durch strömendes Wasser bilden sog. fluviatile Seifen. Hier werden schwere, harte und verwitterungsfeste Mineralien angereichert. Zur Ansammlung mechanisch freigesetzter Mineralien kann es auch in Seen und Meeren kommen, wohin sie durch strömendes Wasser geschwemmt worden sind. Hier entstehen sog. marine Seifen (Strandseifen). Ein Beispiel dafür liefern die Lagerstätten von Gold, Monazit oder Diamanten. Abbauwürdige Anreicherungen können auch wesentlich leichtere Nichterz-Mineralien erzielen wie etwa Quarz, Feldspate u. a.

Unter der Beteiligung mechanischer Verwitterung und biologischer Faktoren führt die Einwirkung von Wasser und atmosphärischen Gasen zur chemischen Verwitterung. Ursprüngliche Mineralien werden dabei umgewandelt oder gelöst, und es entstehen neue, sekundäre Mineralien.

Bei der Auslaugung mancher Lagerstätten nutzbarer Mineralien durch Oberflächenwasser kommt es zur Wegführung gelöster und zur Anreicherung unlöslicher Mineralien. So können in warmen und tropischen Gebieten durch die Verwitterung basischer und ultrabasischer Gesteine Residuallagerstätten von Limonit und Nickelsilikaten entstehen (sog. lateritische Lagerstätten). In solchen Regionen können bei der Verwitterung von basischen bis sauren Gesteinen auch Bauxite gebildet werden. Im gemäßigten Klima entstehen durch die Verwitterung saurer Gesteine Kaolinitlagerstätten.

Werden die löslichen Mineralien aus der Oberflächennähe weggeführt und in tieferen Zonen wieder ausgefällt, entstehen die oft für Eisen, Mangan, Uran, Vanadat, Kupfer u. a. charakteristischen Infiltrationslagerstätten. Dieser Auslaugungsprozeß bedingt die Entstehung von Oxidationszonen auf Erzlagerstätten, in denen primäre Sulfidmineralien (Pyrit, Chalkopyrit, Sphalerit, Galenit) in kohlensaure Salze umgewandelt werden (Azurit, Malachit, Smithsonit, Cerussit). Diese konzentrieren sich auf den Lagerstätten entweder in dem sog. „eisernen Hut" oder werden in gelöstem Zustand in tiefere Partien der Lagerstätten geführt, wo sie Reaktionen mit Primärmineralien eingehen und neue Sulfide (Chalkosin, Covellin, Bornit) in der sog. Zementationszone entstehen lassen.

Produkte chemischer Verwitterung von Mineralien, die in Meere und Seen abgeführt werden, können durch weitere chemische Prozesse ausgefällt werden, wobei neue Mineralien entstehen. Auf diese Weise kommen relativ große Lagerstätten von Halit, Sylvin, Carnallit, Mirabilit, Anhydrit, Gips, Borax, Ulexit, Limonit, Siderit, Psilomelan, Pyrolusit u. a. zustande.

Bei Mineralverwitterung und Entstehung neuer Lagerstätten wirkt in hohem Maße die lebende Natur mit. Es kommt nicht nur zum Abbau ursprünglicher Mineralien an der Erdoberfläche oder zu Ansammlung und Zersetzung tierischer bzw. pflanzlicher Überreste oder Produkte (Phosphatlagerstätten, fossile Harze, Torf, Kohle, Erdöl, Erdwachse); aus gelösten Stoffen bilden sich im Wasser mit Hilfe lebender Organismen auch neue, oft in beträchtlichen Mengen akkumulierte Mineralien. Auf diese Weise entstehen z. B. Lagerstätten von Kalkstein, Diatomit, Phosphorit, Schwefel u. a.

Auch nach ihrer Entstehung ändern sich Mineralien oft aufgrund äußerer und innerer Bedingungen. Veränderungen erfolgen z. B. in sedimentären Lagerstätten durch Dehydrierung von wasserhaltigen Oxiden und durch Carbonatisierung oder Silicifizierung organischer Überreste. Diese Umwandlungsprozesse werden Diagenese genannt; sie spielen sich nahe der Erdoberfläche bei normaler Temperatur ab.

Zu intensiveren Umwandlungen kommt es bei Veränderung der physikalisch-chemischen Bedingungen in den tieferen Schichten der Erdkruste. Auch von diesem Prozeß werden in erster Linie Sedimentgesteine erfaßt, und zwar durch erhöhte Temperaturen, erhöhten Druck und chemische Reaktionen. Dabei wandeln sich Aussehen, chemische und physikalische Eigenschaften, und es entstehen neue Mineralparagenesen. Dieser Prozeß heißt Metamorphose.

Man unterscheidet die Kontaktmetamorphose, bei der Gesteine in unmittelbarer Berührung mit dem Magma Veränderungen unterliegen (z. B. Skarne, kontaktmetamorphe Calciumsilikate), und die regionale Metamorphose, die unter Umständen ein recht großes Areal erfassen kann. Ja nach Grad der Metamorphose entstehen unterschiedliche Mineralien. Prozesse von regionaler Ausdehnung können beträchtliche Eisen-, Mangan-, Graphit- und andere Lagerstätten entstehen lassen.

An metamorphierte Komplexe sind auch die sog. alpinen Klüfte gebunden. Sie entstehen bei hydrothermalen Veränderungen und haben eine ähnliche Zusammensetzung wie das umliegende Gestein. Sie sind durch Drusen von vollendet ausgebildeten Kristallen charakterisiert, z. B. Rauchquarz, Bergkristall, Rutil, Titanit, Adular u. a.

Eine Sondergruppe stellen die an Meteoriten gebundenen Mineralien außerirdischer Herkunft dar. Man unterscheidet Eisen- und Steinmeteoriten, von denen bisher über 100 Mineralien beschrieben wurden.

Paragenese

Die einzelnen Mineralien können unter verschiedenen Bedingungen und auf verschiedene Weise entstehen. In der Natur kommen sie nur ganz selten allein vor, meist bilden sie eine bestimmte, für den jeweiligen mineralbildenden Prozeß charakteristische Gruppierung. Solche Mineralkomplexe werden Paragenesen genannt (griech. para – neben, genesis – Entstehung).

Die Kenntnis der Mineralparagenesen ist für mineralogische Studien sehr wichtig, da man auf ihrer Grundlage in einer Lagerstätte oder im Gestein die Anwesenheit eines bestimmten Minerals voraussagen bzw. das Vorkommen eines anderen ausschließen kann. Beispiele für Paragenesen werden in der Tafel auf S. 498 angeführt.

Mineraleigenschaften

Härte

Die Härte der Mineralien ist aus physikalischer Sicht nicht ganz genau definiert. Es handelt sich eher um einen Eigenschaftskomplex, der auf Kohäsion beruht und im hohen Maß von der Spaltbarkeit abhängt. Parallel zum Spaltrißverlauf liegt die geringste Härte vor, senkrecht dazu die größte. Bei der Mineralhärte spielt auch die Entfernung zwischen den Strukturteilchen eine große Rolle (z. B. findet man bei einigen polymorphen Mineralien beträchtliche Unterschiede, etwa Graphit – Diamant), ebenso der Radius der Atome oder Ionen (Mineralien mit kleineren Atomen und Ionen sind härter, solche mit größeren weicher). Als Beispiel seien Silikate mit Aluminium und Sauerstoff einerseits, und Mineralien mit Carbonaten und Sulfaten andererseits genannt. Trotzdem gehört die Härte bei einer Schnellbestimmung im Gelände zu den wichtigsten diagnostischen Merkmalen.

Unter dem Begriff Härte ist der Widerstand eines Minerals gegen das Eindringen eines anderen Körpers zu verstehen. In der mineralogischen Praxis haben sich relative Härtevergleichsskalen eingebürgert, die durch bestimmte Mineralien repräsentiert werden. Am weitesten ist die sog. Mohssche Härteskala verbreitet; sie ist zehnstufig und nur aus Mineralien mit weißem Strich zusammengestellt, die hier nach zunehmender Härte geordnet sind. Die Intervalle in der Mohsschen Härteskala sind aber keineswegs gleich. Bei den niedrigen Stufen sind sie gering, um gegen Ende hin stärker zuzunehmen (Abb. 2). Exaktere Methoden, die auf Abschliff (Rosiwal), Eindruck einer Diamantspitze u. a. beruhen, finden nur bei Metalltesten und in der Keramik Verwendung.

Bei der Vergleichsmethode wird die Härte geprüft, indem man mit der Spitze eines Minerals der Skala die Fläche des untersuchten Minerals ritzt und umgekehrt. Geritzt wird mit einer Spitze, da dort die Härte etwas größer ist als auf den Flächen, so daß zwei gleich harte Mineralien mit ihren Spitzen gegenseitig ihre Flächen ritzen. Ein Mineral, das ritzt und selbst nicht geritzt wird, ist härter, und man muß zur niedrigeren Stufe übergehen, bis es zu gegenseitigen Ritzen kommt. Der Ritzdruck muß nicht stark, aber fest, und die Spitze oder Kante, mit der man ritzt, scharf sein. Der entstandene Ritz wird abgewischt und zur besseren Kontrolle unter der Lupe betrachtet.

Bei der Arbeit im Gelände ist diese Methode unpraktisch. Bei einer orientierungsmäßigen Härtebestimmung nimmt man zum Ritzen den Fingernagel – bis zur Härte 2 (Mineralien mit einer Härte um 1 fühlen sich fettig an), eine Kupfermünze – bis Härte 3, ein Messer – bis Härte 5 und eine gute Feile – bis Härte 7. Mineralien mit der Härte 6 und mehr ritzen Glas.

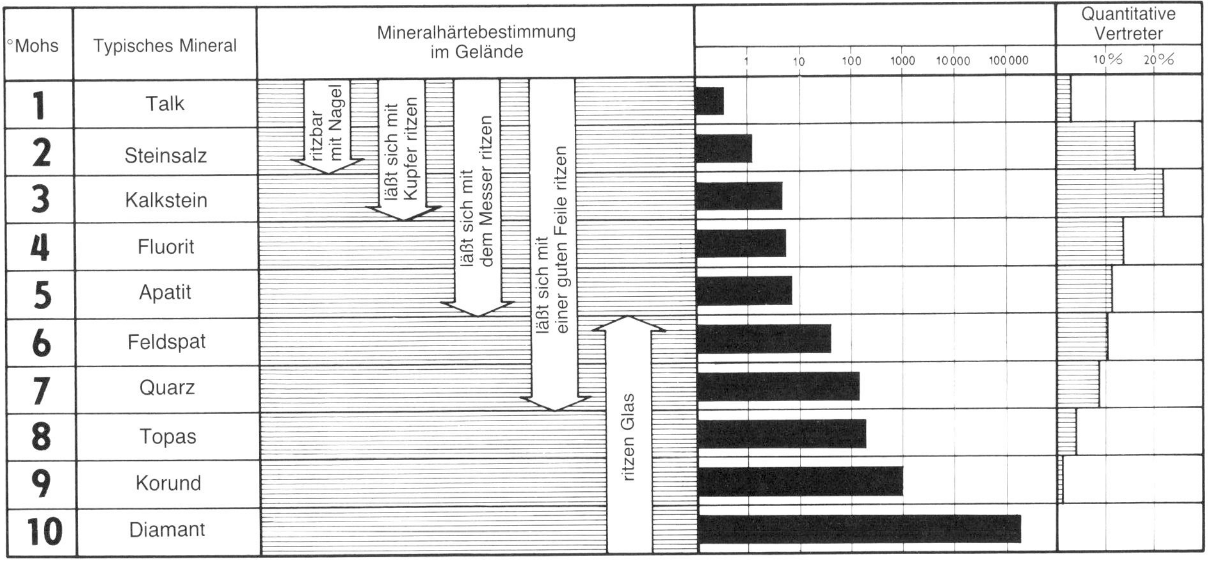

Abb. 2 – Absolute und relative Mineralhärte und ihre quantitative Vertretung je nach Härte.

Die Härtebestimmung von Mineralien ist bis zu einem gewissen Maß eine subjektive Angelegenheit. Um wesentliche Fehler zu vermeiden, muß man bestimmte Regeln einhalten. Zur Härteprüfung nimmt man nur frische und hinreichend große Stücke. Die Flächen, an denen die Härte bestimmt werden soll, sollten eben sein. Aggregatbildende oder angewitterte Mineralien besitzen in der Regel eine geringere Härte als ein kristallisierter Körper. So hat z. B. Hämatit mit der Härte 6 in strahliger oder erdiger Ausbildung eine eindeutig geringere Härte als der selbständige Kristall. Zu Härtewertverzerrungen kann es auch bei nadeligen, faserigen, blättrigen u. a. Mineralausbildungen kommen. Diese scheinbaren Härteschwankungen rühren von Kohäsionsstörungen her, bei spröden Mineralien auch von Brüchen u. a. Bei einigen dichten Aggregaten kann man eine entgegengesetzte Erscheinung feststellen, einen Härteeinstieg im Vergleich zum isolierten Kristall. Ein sehr feinkörniges Gipsaggregat läßt sich im Unterschied zum Kristall nur sehr schwer mit dem Fingernagel ritzen. Im Hinblick darauf, daß die Härte eine tensorische Eigenschaft in Abhängigkeit vom Kristallbau ist, kommen bei manchen Mineralien auch Unterschiede je nach der Richtung vor, in der die Fläche geritzt wird. Daher prüft man die Härte von Mineralien auf verschiedenen Flächen und in verschiedenen Richtungen. Als eindeutige Beispiele für unterschiedliche Härte in Abhängigkeit von der Richtung können Cyanit oder Calcit dienen.

Bei kristallisierten Stufen, die man in die Sammlung einordnen will, nimmt man die Härteprobe an einer solchen Stelle vor, wo das ästhetische Aussehen nicht gestört wird.

Farbe

Die Farbe gehört zu den charakteristischen, aber nicht immer ganz zuverlässigen Bestimmungsmerkmalen. Eine Reihe Mineralien kommt nämlich in verschiedenen Farbtönen oder ganz verschiedenen Farben vor. Beispielsweise ist Fluorit farblos, weiß, blau, grün, gelb, violett usw. Bei anderen Mineralien bilden diese Farbvarianten sogar selbständige Varietäten, z. B. Quarz, Bergkristall, Amethyst, Rauchquarz u. a. Bei zahlreichen Mineralien ist die Farbe hingegen typisch, so daß sie ihr sogar den Namen verdanken: Chlorit – grün, Azurit – himmelblau, Albit – weiß. Die Farbe einiger Mi-

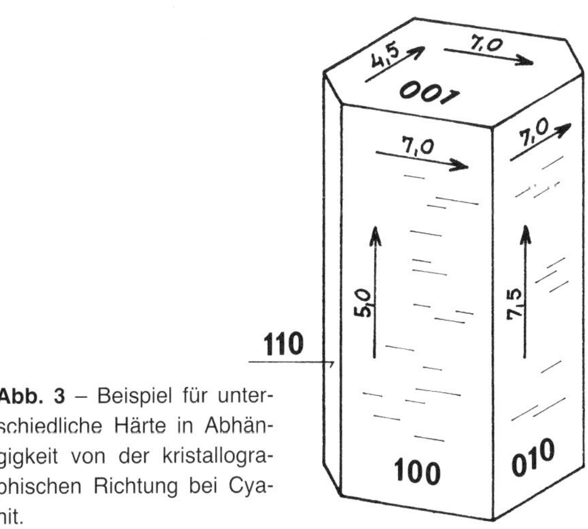

Abb. 3 – Beispiel für unterschiedliche Härte in Abhängigkeit von der kristallographischen Richtung bei Cyanit.

neralien wurde sogar zum Symbol eines bestimmten Farbtons, z. B. Malachitgrün, Smaragdgrün, Türkisblau u. a.

Je nach den die Farbe bedingenden Ursachen teilt die klassische Mineralogie die Mineralien in vier Gruppen ein: **Farblose** (achromatische): Ein Lichtstrahl geht ohne Absorption durch den Kristall hindurch (z. B. Bergkristall, Achroit, Diamant, Goshenit);

Eigenfarbige (idiochromatische): Die Farbe entsteht durch die Anwesenheit von Atomen eines bestimmten Elements, das Bestandteil des Minerals ist (z. B. Cu – blau, Azurit; Mn – rosa, Rhodonit; U – gelb, Autunit; Cr – orange, Krokoit; Fe – gelb, Goethit; Co – rosa, Erythrin);

Fremdfarbige (allochromatische): Die Farbe entsteht durch die Anwesenheit der Atome von Elementen, die nur eine spurenhafte Beimengung in den Mineralien bilden, wie z. B. bei einigen Varietäten von Quarz, Halit, Beryll, Turmalin u. a. Die Mineralfärbung kann auch von sog. Farbzentren herrühren, die durch Kristallbaufehler zustande kommen, ohne Elementbeimengung (z. B. Rauchquarz, Amethyst, Fluorit, Diamant). Färbungssonderfälle sind Einschlüsse anderer Mineralien, z. B. von Chlorit und Hämatit in Jaspis.

Bei fremdgefärbten Mineralien stößt man oft auf verschiedene Anomalien, deren Wesen mit dem Charakter des Kristallindividuums, also seinem Gitterbau zusammenhängt (z. B. Schlieren- oder Zonencharakter der Färbung). Vereinzelt lassen sich auch Farbänderungen bei verschiedener Beleuchtung beobachten. Das ist z. B. bei Alexandrit der Fall: bei Tageslicht erscheint er grün, bei Kunstlicht rosaviolett. Farbänderungen kann man an einigen Mineralien auch bei Drehung der Kristalle beobachten (z. B. bei Cordierit und Zoisit-Tansanit). Dieses Phänomen ist durch extrem starken Pleochroismus bedingt.

Scheinbar gefärbte (pseudochromatische): Im Mineral entstehen Farbeffekte aufgrund optischer Erscheinungen, z. B. Brechung, Reflexion, Beugung, Dispersion oder Interferenz der Lichtstrahlen. So kann man an Rissen oder Spaltflächen vorwiegend durchsichtiger Mineralien mit Glasglanz Regenbogenfarben beobachten, die durch eine Zerlegung des Lichtes, auch Irisierung genannt, entstehen. Irisieren können auch farblose und farbige dünne Oxidbeläge einiger Mineralien mit Metallglanz wie Chalkopyrit, Bornit u. a., die sich als Anlauffarben zeigen. Sternenglanz, Asterismus, der bei geeignetem Schliff z. B. bei Diopsid oder Korund u. a. zu sehen ist, stammt vom Lichtreflex auf den mikroskopischen, in einer bestimmten Richtung im Kristall orientierten Einschlüssen her. Beim Saphir kommt er von Rutilnädelchen, die ihn in einem Winkel von 120° in der Basisebene durchwachsen. Daher kommen auf einer geschliffenen Mugel sechsstrahlige Sterne zustande. (Abb. 4). Einen besonderen, vom Lichtreflex hervorgerufenen Schiller kann man auch auf den Einschlüssen winziger Glimmerblättchen in Aventurin sehen. Der bläuliche Schein des Adulars wird der Lichtstreuung auf der Schichtstruktur der Feldspate zugeschrieben. Beim kostbaren Opal beobachtet man ein kräftiges Farbenspiel, das als Opalisieren bezeichnet wird. Es wird durch die Brechung und Zerlegung des Lichts auf den feinen Schichten mit winzigen SiO_2-Kugeln mit schwankendem Wasseranteil hervorgerufen. Die Lichtstreuung durch Reflex auf dichtstehenden Nadeln und hohlen Röhrchen in Parallelanordnung schafft z. B. beim Tiger- oder Katzenauge nach Mugelschliff den Eindruck eines Raubtierauges.

Die in den letzten zwanzig Jahren erzielten Forschungsergebnisse hinsichtlich der physikalischen Eigenschaften fester Stoffe haben zusammen mit der Anwendung der Quantentheorie dazu beigetragen, die Ursachen für die Mineralfarbigkeit zu klären. Es ist gelungen, rund 12 farbbildende Mechanismen zu definieren, doch genügt für die Sammlerpraxis die angeführte klassische Einteilung völlig.

Bei der Farbbestimmung eines Minerals und besonders bei der Definition, ob es sich um eine Eigen- oder Fremdfarbe handelt, muß man sehr vorsichtig zu Werke gehen. Die Farbtonbestimmung ist in gewissem Grade eine subjektive Angelegenheit. Häufig kann man zu unterschiedlichen Ergebnissen gelangen, wenn man Betrachtungen bei Tages- oder Kunstlicht vornimmt. Farbe wird nur an frischen Flächen studiert. Bei einigen Mineralien kommt es nämlich durch die Verwitterung zur Entstehung sog. Anflüge oder Anlauffarben, die eine ursprüngliche Farbe völlig verdecken können. Minerale mit Silbergehalt werden am Licht schwarz (z. B. Silber, Proustit, Pyrargyrit, Akanthit). Am Licht ändert auch Realgar seine Farbe, und zwar von Rot in Blaßgelb, oder Topas von Blau in Grün. Amethyst, Rosenquarz und Smaragd verblassen bei Licht allmählich. Deshalb müssen alle diese Mineralien in Sammlungen vor Licht geschützt werden. Dagegen ruft eine längere Lichteinwirkung Farbbelebung bei einigen ausdruckslosen Achaten hervor. Zu Farbänderungen kann es auch durch allmähliche Verwitterung kommen (z. B. Ankerit wird durch neugebildetes Limonit braun, der rosige Rhodochrosit wird unter Entstehung von Mn-Oxiden schwarz). Durch Dehydratation an der Oberfläche verblassen z. B. Melanterit und Chalkanthit allmählich, deshalb sollten sie als Sammlungsstücke zumindest in Plastikbeuteln aufbewahrt werden.

Ein Sonderkapitel stellen die durch künstlichen Eingriff herbeigeführten Farbänderungen dar. Dabei erhalten die Mineralien entweder völlig neue Farben oder erfahren nur eine Farbauffrischung. Sehr verbreitet ist z. B. das Nachfärben von Achaten mit künstlichen Farbstoffen oder das Brennen von Amethysten unter Entstehung gelber Citrine, der sog. Madeira-Topase. Durch Erhitzen werden der gelbe Carneol und das Tigerauge rot, der grüne Aquamarin blau u. ä. In letzter Zeit ist die radioaktive Bestrahlung von Mineralen, z. B. von Topasen, Korunden und Diamanten aufgenommen worden, wobei eine Farbbelebung erzielt wird. Die Herstellung von Rauchquarz aus Bergkristall durch diese Technik hat geradezu industrielle Ausmaße angenommen.

Strichfarbe

Ein sehr gutes Merkmal zur Unterscheidung von farbigen und gefärbten Mineralien ist die sog. Strichfarbe. Das ist eigentlich die Farbe des Minerals in Pulverform. Man kann sie mit sehr einfachen Mitteln relativ genau feststellen, und zwar vor allem bei undurchsichtigen oder halbdurchsichtigen und kräftig gefärbten Mineralien. Von der Strichfarbe haben einige Mineralien sogar ihren Namen erhalten, z. B. Hämatit – Blut, Krokoit – Safran, Xanthokon – gelb. Das Pulver kann man durch Ritzen des Minerals mit einem harten Gegenstand erhalten oder zur genaueren Bestimmung durch Abrieb auf einem Porzellanplättchen oder einem unglasierten Scherben. Man reibt das Mineral auf der rauhen Fläche, evtl. kann man die so gewonnene Farbspur noch mit der scharfen Kante des Porzellanplättchens verreiben, wodurch ihr Ton besser herauskommt. Auf weißem Untergrund hebt sich die Strichfarbe gut ab. Dabei muß man sich aber klarmachen, daß Porzellan laut Mohsscher Skala die Härte 6–6,5 hat, d. h. härtere Mineralien muß man zertrümmen und zu Pulver zerreiben – entweder in einer Achatreibschale oder auf einer Stahlunterlage – und dann erst auf dem Porzellanplättchen verstreichen. Bei einigen Metallmineralien kann man zur besseren Unterscheidung des Strichs ein dunkles Plättchen verwenden (Lydit).

Die Strichfarbe eigenfarbiger Mineralien stimmt allgemein mit der Farbe der untersuchten Stücke überein, hat aber einen etwas helleren Ton (Gold – gelb, Schwefel – gelb, Graphit – schwarz, Cinnabarit – rot u. ä.). Manchmal kann sie sich aber auch unterscheiden (Pyrit: gelb – grünlichschwarz, Galenit: grau – schwarz, Kassiterit: schwarz – weiß u. a.). Fremdfarbige Mineralien haben vorwiegend einen weißen oder nur ganz schwach gefärbten Strich. Die Strichfarbe ändert sich teilweise, wenn man manche Mineralien in kristalliner Form oder in dichten, vor allem aber erdigen Massen prüft. Zur Strichfarbbestimmung muß man eine Probe ohne Fremdmineralbeimengungen auswählen.

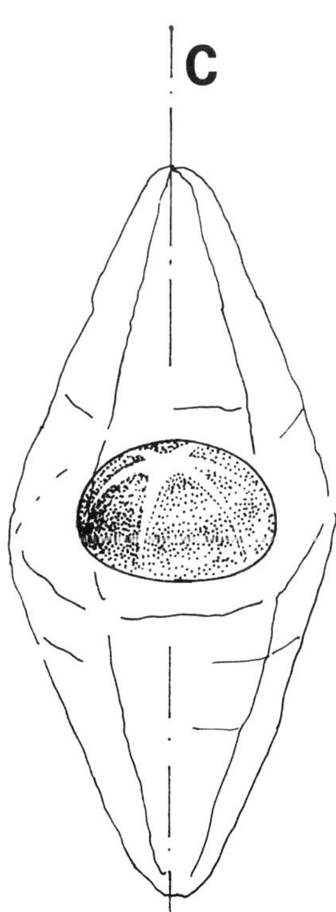

Abb. 4 – Orientierung eines Schliffs mit Asterismus in einem Korundkristall.

Transparenz

Mit Transparenz (Durchsichtigkeit) ist die Lichtdurchlässigkeit der Mineralien gemeint, eine Fähigkeit, die vor allem für Edelsteine gefordert wird. Je nach Durchlässigkeitsgrad (Abb. 5) werden die Mineralien wie folgt unterschieden:

durchsichtige – man kann auch durch eine dikke Mineralschicht eine darunterliegende Schrift lesen, z. B. Calcit, Bergkristall, Topas, Diamant;

halbdurchsichtige – eine Schrift erscheint durch das Mineral unklar, z. B. Rosenquarz und die meisten Smaragde;

durchscheinende – Licht scheint auch durch eine dickere Mineralschicht, z. B. Schwefel, Auripigment, Milchquarz;

undurchsichtige – auch eine dünne Mineralschicht läßt kein Licht hindurch, Pulver unter dem Mikroskop ist durchscheinend, im Dünnschliff ist das Mineral meist durchscheinend bis durchsichtig, z. B. Hornblende, Augit;

opak – das Mineral läßt überhaupt kein Licht durch, weder als feines Pulver noch als Dünnschliff, z. B. Magnetit, Pyrit.

Handelt es sich um ein körniges Aggregat, werden auch durchsichtige Mineralien nur durchscheinend (z. B. Marmor, Glimmer- oder Gipsaggregate). Die einzelnen Körner oder Blättchen dieser Aggregate erweisen sich aber unter der Lupe als durchsichtig. Die verschiedenen Transparenzstufen können ineinander übergehen. Unterschiede sind auch bei den verschiedenen Abarten (Varietäten) ein und desselben Minerals möglich. Zur Transparenzminderung kann es auch durch mechanische Einflüsse kommen. Auf der Oberfläche erscheint häufig ein Netz von Mikrorissen (z. B. bei der Bearbeitung einer Probe entstanden), die sich durch innere Spannungen allmählich vergrößern, wobei es zur Lichtstreuung und Trübung des Minerals kommt.

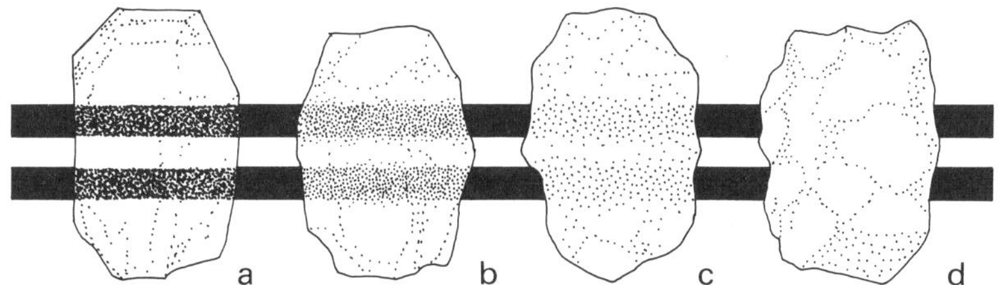

Abb. 5 – Durchsichtigkeitsstufe bei gleichstarken Plättchen von Bergkristall (a), Rauchquarz (b), Opal (c) und Jaspis (d).

Glanz

Der Glanz ist die Fähigkeit, Licht zu reflektieren. Er hängt von vielen Faktoren ab, zu denen Lichtbrechungsindex, Lichtabsorption und Charakter der betrachteten Fläche (Glätte, Rauheit) gehören. Der Glanz eines Minerals nimmt mit steigender Lichtbrechung zu und wird durch Absorption des Lichtes und Rauheit der Oberfläche gemindert. Von der Mineralfarbe hängt er nicht ab.

Bei Mineralien unterscheidet man:

Metallglanz – Hochglanz, typisch für undurchsichtige Mineralien, am besten auf Kristall- oder frischen Spaltflächen von z. B. Galenit, Chalkopyrit, Magnetit zu sehen. Manchmal ist auch von Halbmetallglanz die Rede, den durchsichtige oder halbdurchsichtige Mineralien mit dem Lichtbrechungsindex 2,6–3,0 haben, z. B. Cinnabarit, Cuprit;

Diamantglanz – sehr starker Glanz durchsichtiger und durchscheinender Mineralien mit dem Lichtbrechungsindex 1,92 und höher, durch totale Lichtreflexion hervorgerufen, z. B. Cerussit, Zirkon, Diamant;

Glasglanz – erinnert an den Glanz von Glas, typisch für durchsichtige und durchscheinende Mineralien mit dem Lichtbrechungsindex 1,3–1,9, z. B. Fluorit, Quarz, Korund.

Neben diesen grundlegenden Typen wird noch folgender Glanz unterschieden:

Fettglanz – sieht wie der Glanz auf fettigem Papier aus, was oft von der Unebenheit der betrachteten Fläche herrührt. Charakteristisch z. B. für Opal, Cordierit;

Perlmuttglanz – typisch für durchsichtige bzw. halbdurchsichtige Mineralien mit einer ausgezeichneten Spaltbarkeit in dünne Blätter oder Plättchen, z. B. Gips, Muskovit, Stilbit;

Seidenglanz – charakteristisch für faserige Mineralien, z. B. Asbest, Krokydolith;

Mattigkeit – die unterste Glanzstufe, typisch für Mineralien von erdiger Ausbildung, z. B. Kaolinit, Pyrolusit.

Glanz bestimmt man bei Tageslicht ausschließlich an ebenen, unverwitterten und nicht verunreinigten Flächen. Ein und dasselbe Mineral muß nicht immer den gleichen Glanz aufweisen. Bei körnigen Aggregaten erscheint der Glanz weniger ausgeprägt als bei selbständigen Kristallen. Beispielsweise hat Magnetit metallisch glänzende Kristallflächen, in körnigen Massen ist es matt. Den Glanz körniger Mineralien kann man unter der Lupe oder dem Mikroskop studieren. Auf Spaltflächen ist der Glanz normalerweise kräftiger als auf den Kristallflächen. Bei dunklen Mineralien läßt er sich manchmal nicht eindeutig bestimmen. Der erfahrene Sammler aber bestimmt den Glanz durch Vergleich mit einer selbstangelegten Vergleichsskala verhältnismäßig genau.

Spaltbarkeit

Spaltbarkeit ist die Fähigkeit eines Minerals bei Anwendung von Druck, in gesetzmäßig festgelegten Richtungen zu zerfallen. Neben der Härte gehört die Spaltbarkeit in die große, zusammenfassend als Kohäsion der Mineralien bezeichnete Merkmalgruppe. Die Spaltbarkeit ist vor allem bei solchen Mineralien ein gutes Identifikationsmerkmal, die morphologisch nicht gut ausgebildet sind. Sie hängt vom Gitterbau der Kristalle ab und ist bei dem jeweiligen Mineral konstant. Die Spaltflächen sind nach der geringsten Kohäsion ausgerichtet, d. h. Richtung der schwächsten Bindungen zwischen den Bauelementen der Kristallstruktur. Das läßt sich sehr gut bei einem Schlag auf das Mineral beobachten (Abb. 6a). Durch Spalten erhält man gelegentlich einen von Spaltflächen allseitig begrenzten Körper, dabei spricht man von der sog. Spaltform (Galit, Calcit, Fluorit). Bei einigen Mineralien ist die Beschaffenheit aller Spaltflächen gleich, z. B. bei Halit, Calcit, bei anderen sind die Spaltflächen qualitativ verschieden, d. h. das Mineral ist hinsichtlich einiger Flächen leichter spaltbar, z. B. Aragonit. Manche Mineralien verdanken gerade ihrer charakteristischen Spaltbarkeit ihren Namen, z. B. Orthoklas – spaltet sich gerade, Plagioklas – spaltet sich schräg, Euklas – ist gut zu spalten.

In der gängigen Praxis unterscheidet man folgende grundlegenden Spaltbarkeitsstufen:

ausgezeichnet – das Mineral läßt sich in feine Blättchen spalten, in der Regel in einer Richtung (Graphit, Gips, Chlorit, Muskovit – Abb 7a);

sehr gut bzw. **vollkommen spaltbar** – das Mineral spaltet sich bei einem Schlag in regelmäßige, von Spaltflächen umgrenzte Gebilde (Würfel –

Galenit, Halit – Abb. 7b; Rhomboeder – Calcit, Abb. 7c);
gut – die Spaltflächen sind weniger deutlich und nicht immer ganz gerade (Feldspate, Amphibole, Pyroxene);
unvollkommen – eine Spaltbarkeit zeigt sich nur undeutlich. Die Bruchflächen verlaufen normalerweise uneben (Schwefel, Apatit, Kassiterit);
sehr unvollkommen – Spaltbarkeit fehlt. Bei solchen Mineralien betrachtet man gewöhnlich den Bruch (Abb. 6b). Je nach Charakter der Bruchfläche spricht man von muscheligem Bruch, z. B. Opal, Quarz; unebenem Bruch, z. B. Arsenopyrit, Pyrit; hakigem Bruch, z. B. Silber, Gold, Akanthit; splittrigem Bruch, z. B. Nephrit, Granat; erdigem Bruch, z. B. Aluminit, Kaolinit.

Den Spaltbarkeitsgrad kann man auch anhand der zum Abspalten des jeweiligen Minerals aufzuwendenden Kraft bestimmen. Vollkommene Spaltbarkeit zeigt sich durch Perlmuttglanz der Spaltflächen, gute durch glasigen Glanz. Am besten ist die Spaltbarkeit an dünnen Blättchen sichtbar. Durch die annähernde Bestimmung des Winkels der Spaltrisse kann man manche ähnlichen Mineralien voneinander unterscheiden, wie z. B. Amphibole (120°) von Pyroxenen (90°). Es muß aber darauf hingewiesen werden, daß einige untersuchte Proben eine etwas niedrigere Spaltbarkeit aufweisen können, als in den Tafeln angegeben wird, bzw. daß in vielen Fällen eine Spaltbarkeit überhaupt nicht auszumachen ist. Von der Spaltbarkeit muß man die sog. Absonderung unterscheiden, die entweder von Zwillingsverwachsungen der Mineralien oder vom Vorhandensein fremder Mineraleinschichtungen herrührt. Durch Verwitterung wird die Absonderung noch deutlicher.

Andere Kohäsionsmerkmale

Neben Spaltbarkeit und Bruch weisen manche Mineralien weitere Kohäsionsmerkmale auf. Man spricht beispielsweise von schmiedbaren Mineralien, die man mit dem Hammer sogar zu Blech treiben kann (Kupfer, Gold), milden Mineralien, die unter dem Hammerschlag zu feinem Pulver zerfallen (Aluminit, Talk), und von mürben, spröden, bröckelnden, die durch einen Schlag in Bruchstükke zerfallen (Pyrit, Quarz). Dünne Glimmerblättchen, die sich biegen lassen und bei nachlassendem Druck wieder in ihre ursprüngliche Lage zurückkehren, werden zu den elastischen Mineralien gezählt. Andere Mineralien, z. B. Gipsstein, Chlorite oder schmiedbare Mineralien kehren nach dem Biegen nicht mehr in die ursprüngliche Lage zurück, sie werden als biegsam bezeichnet. Anhand der Elastizität kann man z. B. sehr gut elastische Glimmer von Chloriten unterscheiden.

Morphologie

Die Morphologie befaßt sich mit der Mineralausbildung, die einigen Mineralien auch ihren Namen gegeben hat, z. B. Anatas – Verlängerung, Skapolith – Stange, Aktinolith – Strahl, Sanidin – Scheibe, Staurolith – Kreuz. In der Natur vorkommende Mineralien mit einem bestimmten, einer gewissen Gesetzmäßigkeit unterliegenden und von ihrer Struktur abhängenden Aussehen, meistens von einer beschränkten Anzahl mehr oder weniger gerader Flächen begrenzt, werden Kristalle genannt.

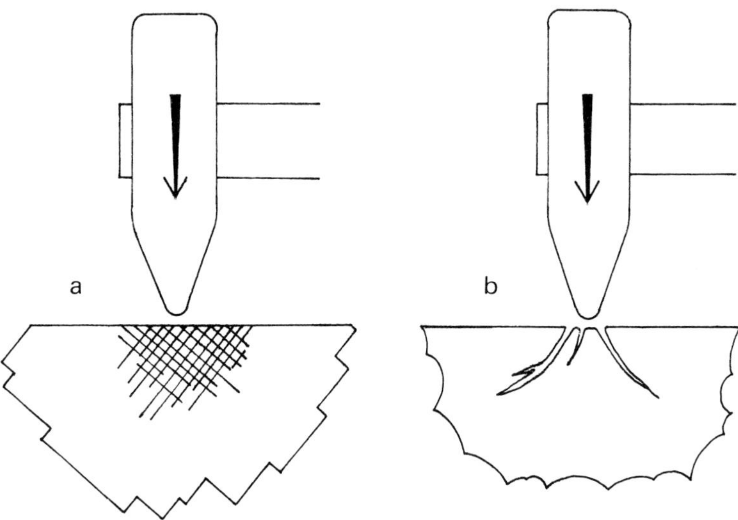

Abb. 6 – Beispiel für Spaltbarkeit (a) und Bruch (b) bei Mineralien.

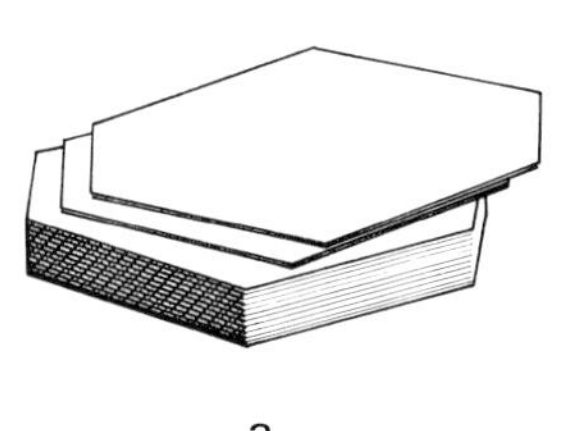

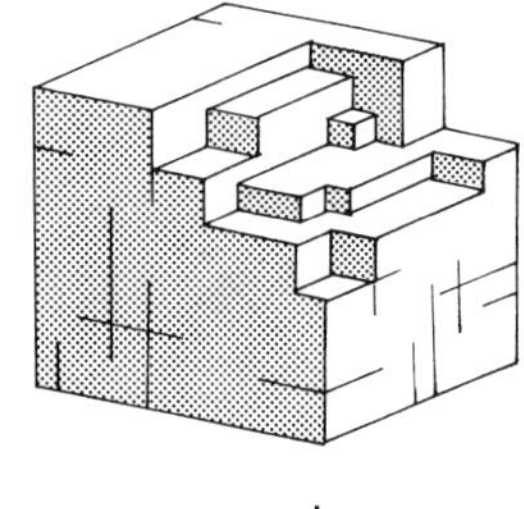

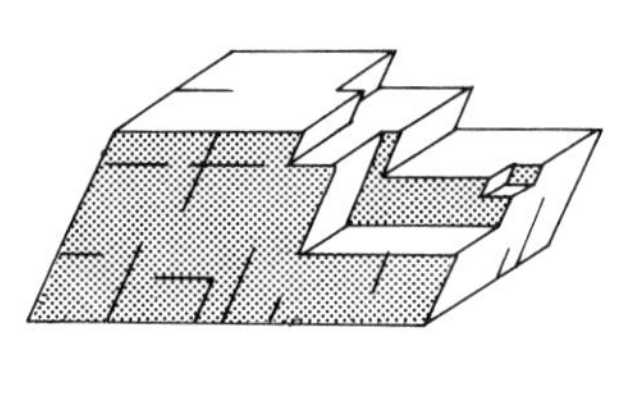

Abb. 7 – Beispiel für charakteristische Spaltbarkeit von Muskovit (a), Galenit (b) und Calcit (c).

Meist findet man unregelmäßig begrenzte Kristallindividuen, die zwar einen entsprechenden Gitterbau besitzen, jedoch sog. Kristallaggregate bilden. Nur sehr selten finden sich Mineralien ohne regelmäßige Struktur, sie werden amorph (gestaltlos) genannt (z. B. Opal). Die Kristallformen haben neben dem Chemismus entscheidende Bedeutung für die Mineralbestimmung.

Je nach Entwicklung der Kristallformen unterscheidet man:

idiomorphe Kristalle – praktisch ausschließlich von Kristallflächen begrenzt;

hypidiomorphe Kristalle – einige Kristallflächen sind nur undeutlich erkennbar;

xenomorphe Kristalle – fremdgestaltig, bedingt dadurch, daß beim Wachstum kein freier Raum mehr zur Verfügung stand.

Je nach Kristallausbildung (Habitus) spricht man von folgender Gestalt:

isometrisch (gleichdimensional – Abb. 8a) – gleichmäßig nach allen Seiten entwickelt (Galenit, Sphalerit, Fluorit, Granat u. a.);

in einer Richtung gestreckt – in diese Gruppe gehören säulige (Hornblende), nadelige (Abb. 8c, Antimonit), faserige (Abb. 8d, Asbest) und haarige (Boulangerit) Gebilde;

in zwei Richtungen gestreckt – tafelige Gebilde (Abb. 8e, Baryt), plattige (Gips), blättrige (Muskovit) und schuppige Formen (Molybdänit).

Zwischen diesen Kristallformen existieren auch verschiedene Übergänge, z. B. der faßförmige Typ (Abb. 8f), der einen Übergang zwischen dem isometrischen und gestreckten Typ darstellt (Anatas, Saphir).

Zu den typischen Morphologiemerkmalen der Kristalle einiger Mineralien gehören auch ihre gesetzmäßigen Zwillings- oder Viellingsbildungen. Charakteristisch sind z. B. Zwillinge bei Gips, Fluorit, Rutil, Orthoklas, Kassiterit und Staurolith (Abb. 9).

Kristalline Aggregate (Abb. 10) kommen vor allem in folgender Gestalt vor:

körnige Aggregate – grob- bis feinkörnig. Wenn sich die Körnung mit bloßem Auge nicht ausmachen läßt, spricht man von dichten Aggregaten;

stengelige Aggregate (Aragonit), faserige (Sillimanit), die parallel, strahlig, sternförmig oder unregelmäßig sein können;

blättrige Aggregate, vor allem für Glimmer und Chlorite charakteristisch;

oolitische Aggregate, charakteristisch, z. B. für Chamosit;

Konkretionen sind eiförmige Gebilde, häufig mit nieriger Oberfläche (Gips, Diadochit);

dendritische (verästelte) Aggregate sind für Kupfer, Gold, Psilomelan charakteristisch;

porige, schaumige oder **schwammige Aggregate** sind bei Limonit, Calcit bekannt.

sinterkrustige, tropfenförmige oder **kollomorphe Aggregate** kommen hauptsächlich bei Aragonit, Limonit, Pyrit, Markasit, einigen Opalen, Hyalit vor;

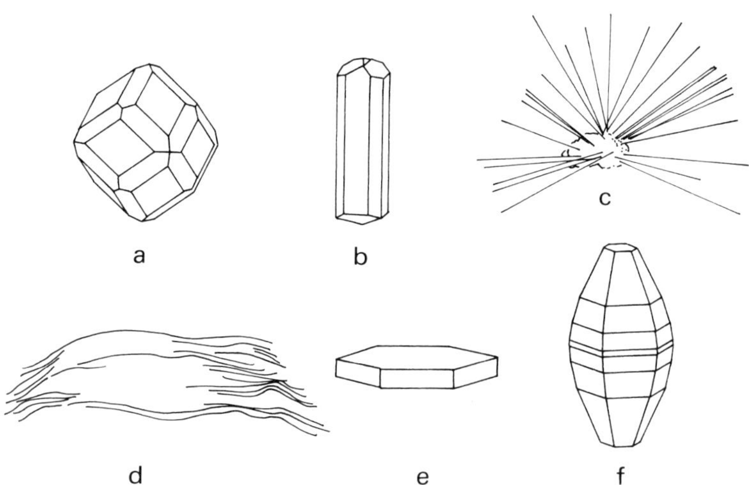

Abb. 8 – Kristallausbildung: isometrisch (a), säulig (b), nadelig (c), faserig (d), tafelig (e), fäßchenförmig (f).

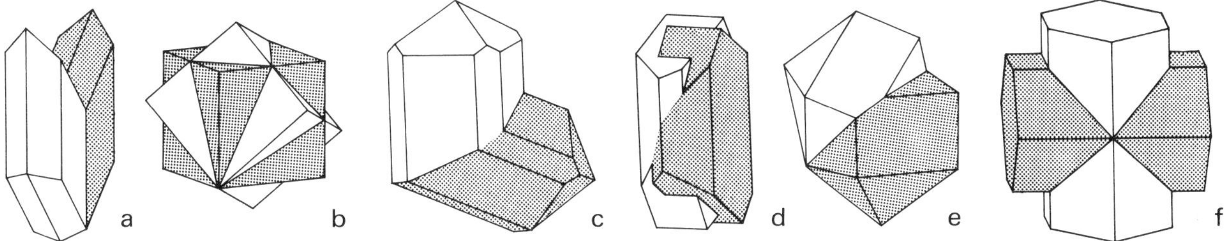

Abb. 9 – Charakteristische Zwillingsverwachsungen bei Gips (a), Fluorit (b), Rutil (c), Orthoklas (d), Kassiterit (e) und Staurolith (f).

Pseudomorphosen entstehen, wenn neu entstandene Mineralien die Form des ursprünglichen Minerals beibehalten haben. Ein Sonderfall der Pseudomorphose ist die Perimorphose, eine Erscheinung, bei der das ursprüngliche Mineral von einem jüngeren Mineral anderer Zusammensetzung überlagert wurde. Manchmal kommt es zur Auflösung des ursprünglichen Minerals bei Erhaltung seines Negativs. Eine weitere Art von Pseudomorphose ist die Paramorphose, bei der Form und chemische Zusammensetzung des Minerals erhalten bleiben, sich aber sein Gitterbau ändert.

Eine Reihe von Mineralien, z. B. Gips, Calcit oder Quarz, kommen in veränderlichen Kristallformen oder Aggregaten vor, die unmittelbar von ihren Entstehungsbedingungen abhängen. In anderen Fällen dagegen ist der Kristall- oder Aggregatcharakter so typisch, daß man direkt von einem Identifikationsmerkmal sprechen kann (nadeliger Natrolith). Ein wichtiges Merkmal bei der Mineralbestimmung können auch verschiedene Baufehler an Kristallindividuen oder -flächen darstellen, die sich in äußere und innere einteilen lassen. Als äußere kann man z. B. ungleiche Flächenentwicklung, Parallelüberwachsungen, Phantome, cavernöse Kristalle, Skelettkristalle, Ätzungen und Auflösungen beobachten, als innere flüssige, gasförmige und feste Einschlüsse (ein typisches Beispiel sind die Sageniteinschlüsse in Quarz).

Löslichkeit

Zahlreiche Mineralien sind sowohl wasser- als auch säurelöslich. Diese Eigenschaft kann man manchmal zu ihrer Bestimmung heranziehen. In Wasser lösen sich z. B. Halit und Chalkanthit gut, andere Mineralien nur langsam, die meisten sind wasserunlöslich (s. näher Tab. auf S. 482).

Für manche Mineralien ist die Säurelöslichkeit charakteristisch. So löst sich z. B. Calcit bereits in kalter, verdünnter Salzsäure (HCl) heftig (brausend), wodurch er sich gut von anderen, ähnlich aussehenden Mineralien, etwa von Dolomit unterscheiden läßt. Mit Säuren muß man vorsichtig umgehen. Im Gelände benutzt man stets nur verdünnte Säuren und schont vor allem bei der Untersuchung von Carbonaten die ästhetisch ansprechenden Kristalle.

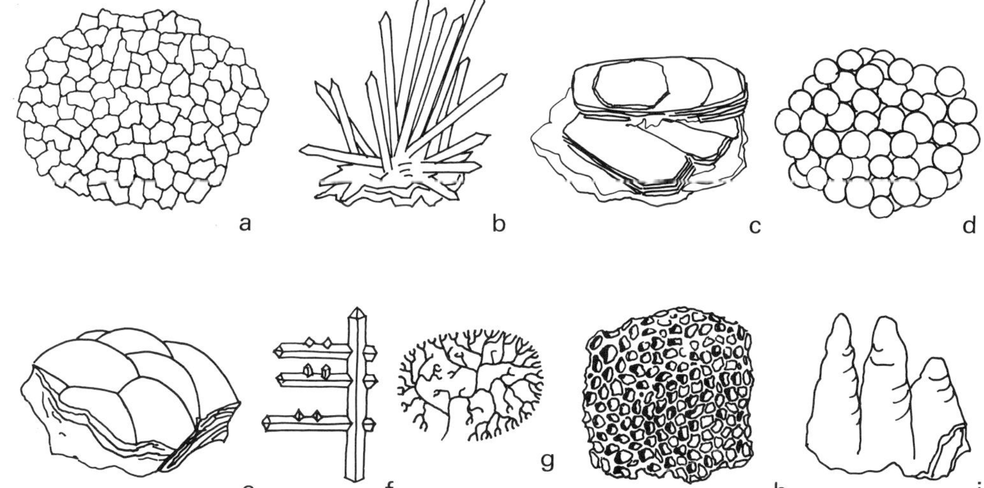

Abb. 10 – Kristalline Mineralaggregate: körnig (a), halmig (b), blättrig (c), oolithisch (d), Konkretionen (e), dendritisch (strauchförmig – f, g), porig (h), tropfsteinförmig (i).

Andere Eigenschaften

Bei der Arbeit im Gelände kann man auch noch weitere Eigenheiten beobachten, die zusammenfassend als physiologische Eigenschaften bezeichnet werden. So sind einige wasserlösliche Mineralien am Geschmack identifizierbar. Halit hat salzigen Geschmack, Epsomit bitteren usw. Vorsicht – einige lösliche Mineralien sind giftig, z. B. Witherit. Einige Mineralien lassen sich an ihrem charakteristischen Geruch bestimmen, der bei der Bearbeitung oder leichter Erwärmung entsteht. Schwefelgeruch entwickeln z. B. Sulphur und einige Sulfide (Pyrit und Markasit), Knoblauchgeruch geben die Arsenverbindungen von sich (Arsenopyrit u. a.).

Manche Mineralien, vor allem solche mit geringerer Härte, fühlen sich rauh (Kaolinit), andere fettig an (Talk). Ein erfahrener Praktiker kann Mineralien auch anhand ihrer Wärmeleitfähigkeit durch Berührung mit einer empfindlichen Hautpartie, z. B. der Stirn, erkennen. Steinschleifer unterscheiden so mit größter Sicherheit einige Edelsteinarten von Imitationen.

Dichte

Die Dichte ist für die Mineralbestimmung sehr wichtig. Bei chemisch wenig veränderlichen Mineralien ist sie nämlich bei einer bestimmten Temperatur und unter einem bestimmten Druck stets gleich, und ihre genaue Bestimmung genügt manchmal schon zur direkten Identifikation. Sie ist von der chemischen Zusammensetzung des Minerals, seinem Atomgewicht, seiner Molekülgröße und seinem Molekülbau abhängig, bei kristalliner Form derselben Verbindung ist sie höher als bei der amorphen Form.

Bei der Arbeit im Gelände schätzt ein erfahrener Sammler die annähernde Dichte durch bloßes Wägen in der Hand ab. Man spricht von leichten Mineralien mit der Dichte 1–2 (einige Bitumina), mittelschweren mit der Dichte 2–4 (hierher gehören die meisten Mineralien, z. B. Gips und Quarz), schweren mit der Dichte 4–6 (z. B. Sphalerit, Baryt) und sehr schweren mit einer Dichte über 6 (Galenit, Kassiterit). Die höchste Dichte weisen gediegene Metalle auf, z. B. Gold 15–16, Platin 14–20.

Zur raschen Dichtebestimmung daheim bietet sich die im wesentlichen voll ausreichende Suspensationsmethode an. Dabei bestimmt man die relative Dichte der Mineralien, indem man ein unverwittertes Bruchstück (etwa 1 g) in ein Glasgefäß mit einer Flüssigkeit von bekannter Dichte taucht. Sinkt es auf den Boden, ist seine Dichte größer als die Flüssigkeitsdichte, schwimmt es auf der Oberfläche bzw. kommt nach dem Untertauchen wieder nach oben, ist seine Dichte geringer. Bleibt es in der Schwebe, entspricht die Mineraldichte der Flüssigkeitsdichte.

Zur genaueren Messung verdünnt bzw. verdichtet man die jeweilige Flüssigkeit mit dem Mineral so lange, bis das Mineral schwebt (suspendiert). Mit dem Aräometer oder Pyknometer stellt man anschließend die Dichte der Flüssigkeit und somit auch die Mineraldichte fest. Als Flüssigkeit kann man z. B. Bromoform $CHBr_3$ mit der höchsten Dichte 2,904 benutzen (wird mit Äther oder Benzol verdünnt); Azetylentetrabromid $C_2H_2Br_4$ mit der Dichte 3 (mit Benzol verdünnen); Methylenjodid CH_2J_2 hat die Dichte 3,33 (mit Alkohol, Äther, Benzol verdünnen). Aber Vorsicht – diese Flüssigkeiten sind größtenteils gesundheitsschädlich. Der Nachteil dieser Methode besteht darin, daß wir keine geeigneten Flüssigkeiten mit höherer Dichte kennen.

Zur genauen und schnellen Dichtebestimmung eignet sich auch die Methode des doppelten Wiegens, und zwar an der Luft sowie im Wasser, vor allem für nichtporöse Proben. Bei dieser Meßmethode richtet man eine Laborwaage (Abb. 11) so her, daß man an einem Haken über der einen Waagschale ein Körbchen mittels eines Seidenfadens aufhängt, das man auf der anderen Schale austariert. In das Körbchen kommt das Mineralstück, das zunächst an der Luft gewogen wird. Um es im Wasser wiegen zu können, stellt man auf die Waagebrücke unter das Körbchen ein Standglas mit destilliertem Wasser, in dem der Wasserspiegel so hoch reicht, daß das Körbchen völlig eintaucht. Bei wasserlöslichen Mineralien benutzt man als Wiegemedium Öl, Alkohol u. a.

Nach dem Wiegen berechnet man die Dichte nach dem Verhältnis $S_m = \frac{m_t \cdot S_k}{m_t - m_t'}$, dabei ist

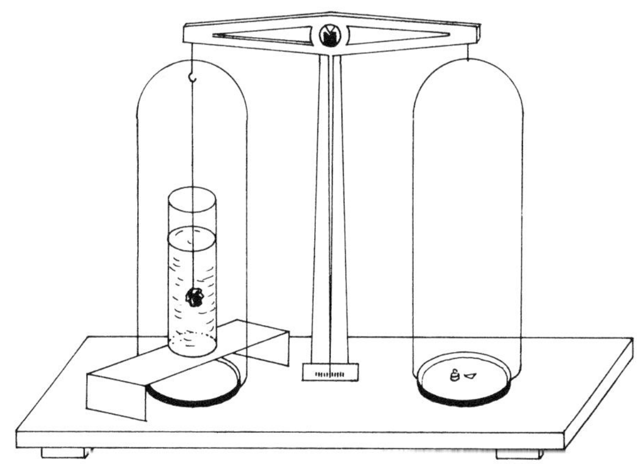

Abb. 11 – Dichtefeststellung auf der Laborwaage.

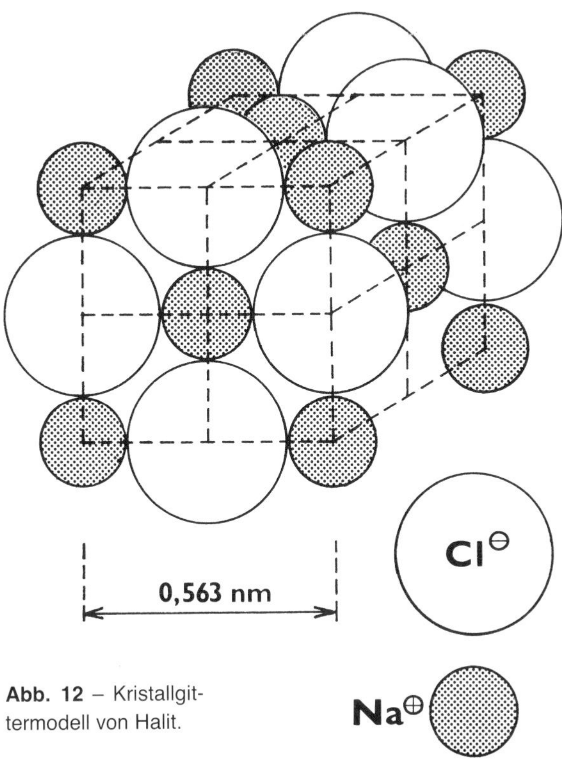

Abb. 12 – Kristallgittermodell von Halit.

m_t das Gewicht des Minerals an der Luft, m_t' – sein Gewicht in der Flüssigkeit, S_k – die Flüssigkeitsdichte (Dichte H_2O bei 20 °C = 0,9982 = 1g/cm^3).

Zwecks genauer Dichtebestimmung sehr kleiner Mineralbruchstücke greift man zur Pyknometriemethode. Dazu legt man die Probe in ein Glasgefäß mit bekanntem Rauminhalt (Pyknometer). Nach Einfüllen der Meßflüssigkeit und Wiegen wird der Rauminhalt der Probe bestimmt. Die Methode erfordert eine schnelle Durchführung und erfordert daher eine gewisse Geschicklichkeit. Für sie gilt das Verhältnis $S_m = \frac{(m_2 - m_1)\, S_k}{M_1 - M_2 + m_2 - m_1}$, dabei ist m_1 das Gewicht des leeren Pyknometers, m_2 das Gewicht des Pyknometers mit Mineralprobe, M_1 das Gewicht des Pyknometers mit der Meßflüssigkeit, M_2 das Gewicht von Pyknometer mit Probe und Meßflüssigkeit, S_k die Dichte der Meßflüssigkeit.

Die Mineraldichte kann aufgrund von Verwitterung und Zersetzung der Proben beträchtlich schwanken. Auch isomorphe Beimischungen anderer Mineralien oder Gas- bzw. Flüssigkeitseinschlüsse können das Meßergebnis erheblich beeinflussen. Daher muß jede Probe vor der eigentlichen Messung einer gründlichen Untersuchung mit Lupe oder Binokularmikroskop unterzogen werden.

Kristall, Kristallsystem

Die weitaus meisten Mineralien treten in der Natur als Kristalle auf, die entweder makroskopisch oder mikroskopisch sichtbar sind. Die Kristalle der einzelnen Mineralien haben ein eigenwilliges, allerdings gesetzmäßiges Aussehen, das unmittelbar ihren Gitterbau widerspiegelt. Dieser ist durch die Anordnung von Atomen, Ionen und Molekülen im Kristallgitter bedingt sowie durch die Packungsdichte. Je nach Anordnung der Atome, Ionen und Moleküle unterscheidet man zahlreiche Kristallgitter, und zwar von einfachen Typen (z. B. Halitgitter – Abb. 12) bis hin zu sehr komplizierten. Die Kristallstruktur spiegelt sich in ihrer Gestalt wider, an der sich Kanten, Ecken und Flächen verschiedenster Größen beobachten lassen. Die Winkel, unter denen die Flächen eines bestimmten Minerals aufeinanderstoßen, sind ohne Rücksicht auf die Kristallgröße konstant. Man spricht hier vom Gesetz der Winkelbeständigkeit.

Die den Kristall einschließenden Flächen können punkt-, achsen- oder ebenensymmetrisch sein. Das sind die sog. Symmetrieelemente des Kristalls. Die grundlegenden sind:

a) die **Symmetrieebene,** die den Kristall in kongruente und symmetrische Hälften teilt. Kristalle können keine, 1, 2, 3, 4, 5, 6, 7 oder 9 Symmetrieebenen aufweisen;

b) die **Symmetrieachse,** eine Gerade, um die man den Kristall so drehen kann, daß er nach Drehung um einen bestimmten Winkel wieder in eine mit der Ausgangsstellung übereinstimmende Position kommt. Man unterscheidet 2-, 3-, 4- und 6-zählige Symmetrieachsen;

c) das **Symmetriezentrum,** ein Punkt, der alle durchlaufenden Strecken, die von Flächen, Kanten oder Ecken begrenzt sind, halbiert. Jede Fläche hat eine kongruente und parallele Gegenfläche.

Durch Kombination aller Symmetrieelemente kommen 32 Symmetrieklassen zustande, in die alle Kristalle eingeordnet werden können; in jeder Klasse befinden sich Kristalle mit gleicher geometrischer und physikalischer Symmetrie. Aufgrund einiger gemeinsamer bzw. ähnlicher Merkmale kann man diese 32 Klassen in 7 größere Gruppen zu Kristallsystemen zusammenfassen (Abb. 13). Ihr gemeinsames Merkmal ist ein dreidimensionales Achsenkreuz, das die genaue Bestimmung der Kristallflächen gestattet. Die wenigsten Symmetrieelemente weist das trikline System auf, die meisten das kubische.

Um die einzelnen Kristallflächen auf einfache Weise bezeichnen zu können, wurden sog. kristallographische Symbole (Indizes) eingeführt. In der mineralogischen Praxis sind die Millerschen Symbole am gebräuchlichsten, sie drücken die relativen Parameter im Hinblick auf das Achsenkreuz aus. Mit ihnen kann man alle Kristallflächen mit ganzen Zahlen bezeichnen, wobei sich die erste Zahl auf die von vorn nach hinten verlaufende

Kristallsystem (Abteilungszahl)	Achsenkreuz	Hauptparameter und Interaxialwinkel	Einige charakteristische Kristallformen
triklin (2)	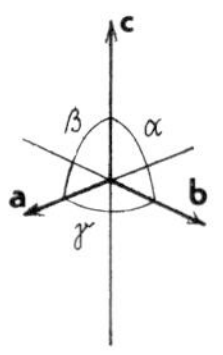	$a \neq b \neq c$ $\alpha \neq \beta \neq \gamma \neq 90°$	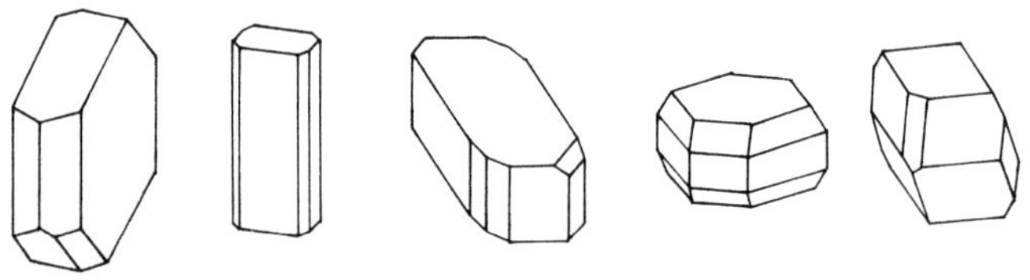 Albit, Disthen, Chalkanthit, Sassolin, Rhodonit
monoklin (3)	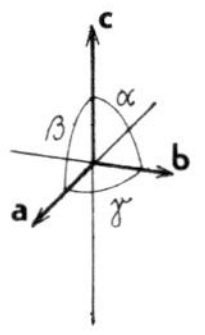	$a \neq b \neq c$ $\alpha = \gamma = 90°$ $\beta \neq 90°$	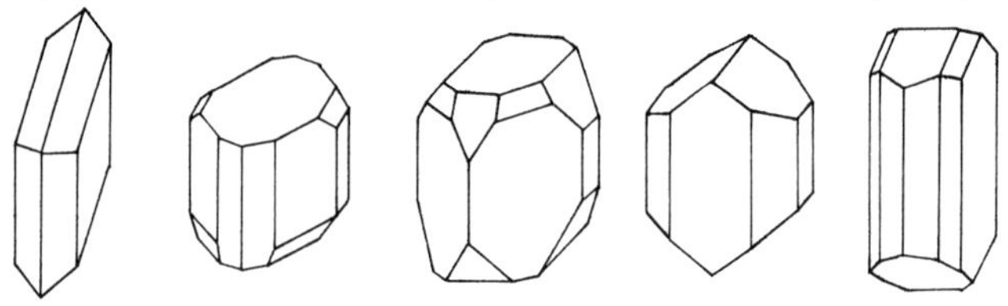 Gips, Realgar, Melanterit, Augit, Orthoklas
orthorhombisch (3)	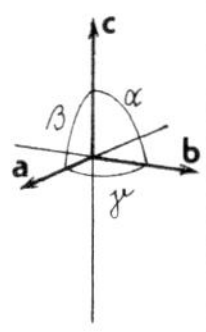	$a \neq b \neq c$ $\alpha = \beta = \gamma = 90°$	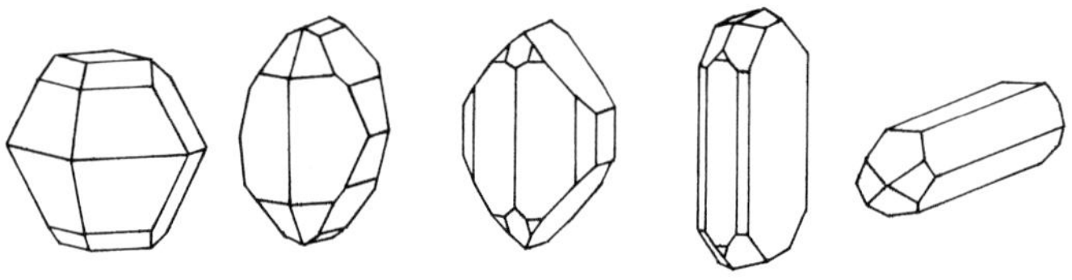 Schwefel, Cerussit, Olivin, Eusthentit, Baryt
tetragonal (7)	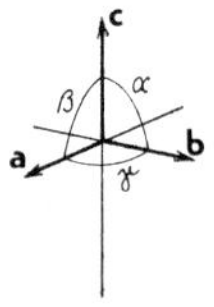	$a = b \neq c$ $\alpha = \beta = \gamma = 90°$	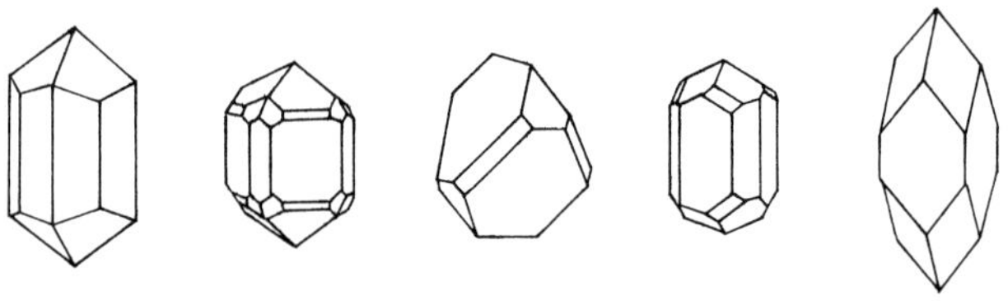 Rutil, Zirkon, Chalkopyrit, Skapolit, Apophyllit
hexagonal (7)	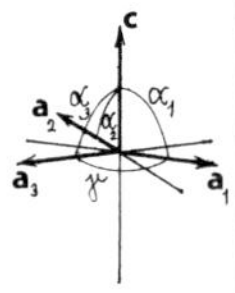	$a_1 = a_2 = a_3 \neq c$ $\alpha = \beta = 90°$ $\gamma = 120°$	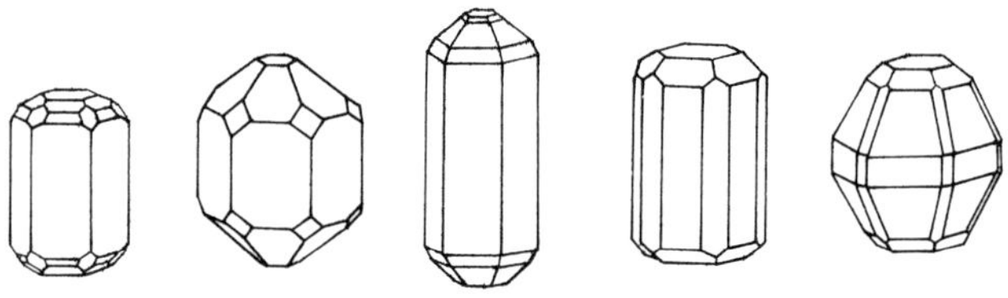 Beryll, Apatit, Vanadinit, Nephelin, Pyrrhotin
rhombisch (5)	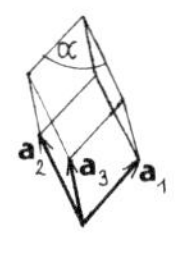	$a_1 = a_2 = a_3$ $\alpha_1 = \alpha_2 =$ $\alpha_3 \neq 90°$	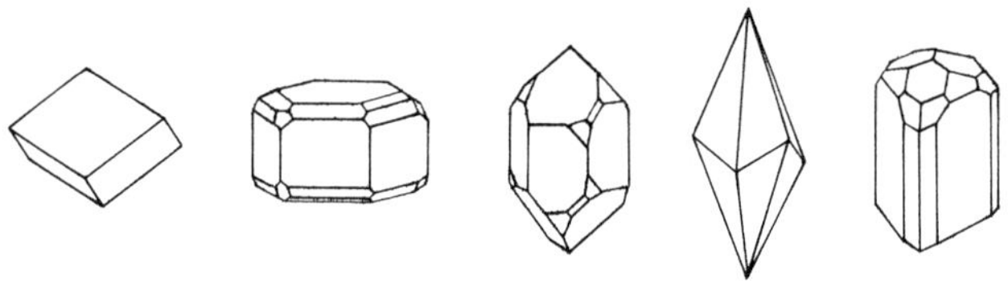 Calcit, Cinnabarit, Quarz, Aragonit, Turmalin
kubisch (5)	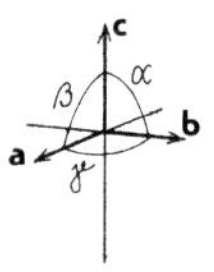	$a = b = c$ $\alpha = \beta = \gamma = 90°$	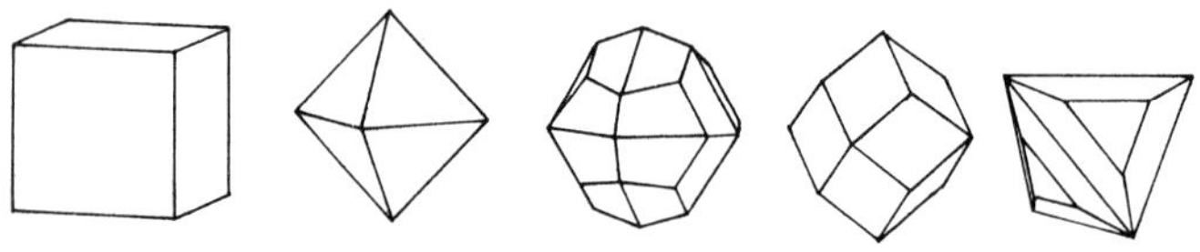 Galenit, Magnetit, Pyrit, Almadin, Tetraedrit

Abb. 13 – Übersicht der Kristallsysteme mit charakteristischen Kristallformen.

Abb. 14 – Die wichtigsten Millerschen Symbole und ihre Orientierung nach den Kristallachsen.

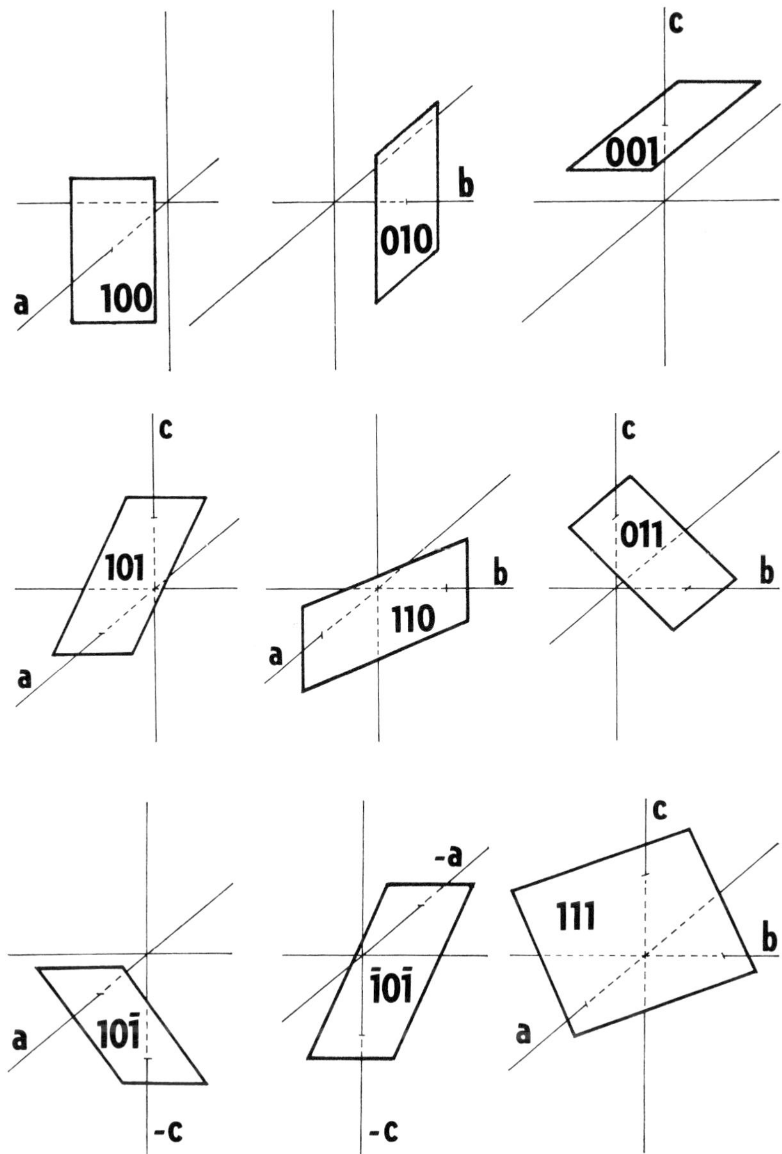

Achse bezieht, die zweite auf die Rechts-links-Achse und die dritte auf die vertikale Achse. Im hexagonalen System wird die vertikale Achse durch die vierte Zahl bezeichnet. Schneidet eine Fläche das Achsenkreuz in negativer Richtung, wird dies mit einem Minuszeichen (–) über dem entsprechenden Index angegeben (Abb. 14).

Jedes Kristallsystem wird durch einige grundlegende Kristallformen charakterisiert. Für Mineralien, die im triklinen, monoklinen oder rhombischen System kristallisieren, sind Formen charakteristisch, die aus einer Kombination von Pedion (Ebene), Pinakoid (Doppelfläche), Prisma oder Pyramide zusammengesetzt sind. Die im trigonalen System kristallisierenden Mineralien haben oft die Form von Rhomboedern. Für Mineralien des kubischen Systems sind Tetraeder (Vierfach), Oktaeder (Achtflach), Hexaeder (Würfel) und deren gegenseitige Kombinationen typisch.

Die überwiegende Mehrzahl der Mineralien mit gleicher chemischer Zusammensetzung gehört immer nur einer solchen Abteilung bzw. einem solchen System an. Manche sind aber unter anderen Wärme- oder Druckverhältnissen entstanden und haben im Hinblick auf die unterschiedlichen Kristallgitter ihre Vertreter in verschiedenen Abteilungen oder Systemen. Diese Stoffe werden polymorph genannt. Als Beispiele ließen sich anführen: Diamant (602) – Graphit (2); Calcit (217) – Aragonit (221); Rutil (464) – Brookit (353) – Anatas (352); Quarz (534) – Tridymit (461) – Cristobalit (462); Sphalerit (181) – Wurtzit (184); Pyrit (436) – Markasit (437). Eine weitere Erscheinung ist die sog. Isomorphie, bei der Mineralien mit verschiedener chemischer Zusammensetzung, jedoch mit ähnlichem Gitter einander ersetzen: z. B. Calcit

(217) – Magnesit (302) – Siderit (306) – Rhodochrosit (304), oder Albit (439) – Anorthit (498) u. a.

Die genaue Beschreibung und Einordnung von Kristallen in eine bestimmte Abteilung bzw. ins Kristallsystem erfordert im Hinblick auf ihre nicht immer ideale Ausbildung oder ihre geringen Ausmaße genaue Kenntnisse der Kristallographie und häufig eine röntgenographische Untersuchung.

Spezielle optische Eigenschaften

Neben Glanz, Transparenz und Farbe kann man bei der Bestimmung auch noch andere optische Eigenschaften lichtdurchlässiger Mineralien nutzen, z. B. Lichtbrechungsindex, optische Isotropie bzw. Anisotropie u. a., die eine sehr wirksame Hilfe bei der Bestimmung ansonsten nur sehr schwer unterscheidbarer Silikate leisten.

Zur Untersuchung dieser Eigenschaften wurden spezielle Polarisationsmikroskope konstruiert. Dies sind allerdings sehr kostspielige Geräte mit recht komplizierter Handhabung, deren Erläuterung den Rahmen dieser Publikation überstiege. Interessenten seien auf die Spezialliteratur verwiesen.

Für Sammlerzwecke genügt beim Studium der optischen Eigenschaften ein ganz einfaches Schülermikroskop, für das noch zwei kleinere Polarisationsfilter benötigt werden.

Das Mikroskopierpräparat wird folgendermaßen vorbereitet: Ein kleines Bruchstück des zu untersuchenden Minerals wird auf einer festen Unterlage oder in einer Achatschale zerrieben, das entstandene Pulver wird mit einem angefeuchteten Pinselchen in einen Wassertropfen auf dem Trägerglas gebracht und mit einem Deckglas abgedeckt.

Bei der Betrachtung des Minerals unter dem Mikroskop wird zunächst die Farbe beobachtet, die ja durch die Lichtabsorption bedingt ist. Bei den sog. isotropen Mineralien (die in allen kristallographischen Richtungen gleiche physikalische Eigenschaften aufweisen und zu denen Mineralien des kubischen Systems sowie amorphe Stoffe gehören), breitet sich das Licht in alle Richtungen mit gleicher Geschwindigkeit aus, auch ist seine Absorption in allen Richtungen gleich. Diese gleichen Absorptionseigenschaften bewirken, daß alle betrachteten Mineralpartikel die gleiche Farbe haben. Bei den sog. anisotropen Mineralien ist das anders. Hier hängt die Absorption und folglich auch die Farbe von der kristallographischen Richtung ab, daher kann man in einem Präparat aus einem einzigen Mineral verschiedenfarbige Körner vorfinden, je nachdem, welche Richtung sie dem Betrachter zuwenden. Diese Eigenschaft nennt man Mehrfarbigkeit oder Pleochroismus. Bei manchen Mineralien kann man die Mehrfarbigkeit auf den Kristallen schon mit dem bloßen Auge beobachten, z. B. bei Cordierit und Turmalin, bei den meisten läßt sie sich aber erst unter dem Mikroskop ausmachen. Unter den Kondensor des Mikroskops bringt man eine Herapathitfolie, eine zweite kommt so übers Okular, daß das Blickfeld des Mikroskops stark abgedunkelt wird (das erzielt man durch Drehung der Folie über dem Okular). Bleiben im Bild alle Bruchstücke eines isotropen Minerals dunkel, ist dies entweder amorph (Glas, Bernstein, Opal u. a.) oder gehört ins kubische System (z. B. Granat). Leuchtet wenigstens ein Teil der Bruchstücke auf dem dunklen Feld, handelt es sich um ein anisotropes Mineral. Manchmal kann man auf den Bruchstücken auch dünne Schichten mit verschiedenen Tönen bzw. den Wechsel von farbigen und farblosen Zonen beobachten. Das ist der sog. Zonarbau der Mineralien.

Den Lichtbrechungsindex bestimmt man an fein zerstoßenem Material, das auf einen Objektträger kommt und mit einer Immersionsflüssigkeit beträufelt wird, von der ein ähnlicher Brechungsindex wie beim Mineral anzunehmen ist. Dann blendet man das Mikroskop stark ab und stellt es scharf. Beim Entschärfen durch Hochstellen des Mikroskoptubus erscheint an den Rändern der betrachteten Mineralkörner ein weißer Saum (sog. Becksche Linie), der ins optisch dichtere Medium übergeht. Hat das untersuchte Mineral einen höheren Brechungsindex als die verwendete Flüssigkeit, geht die helle Linie ins Mineral, verschmilzt bei den geringen Körnern und bildet im Inneren einen hellen Punkt. Befinden sich im Präparat Luftbläschen mit einem geringeren Brechungsindex als bei der Flüssigkeit, kann man ein entgegengesetztes Phänomen beobachten: der helle Saum geht beim Tubusheben auf die Blasenaußenseite über. Das geschieht auch bei Mineralien mit niedrigerem Brechungsindex als dem der verwendeten Flüssigkeit. Senkt man den Tubus, verläuft die Erscheinung umgekehrt (Abb. 15).

Durch die sukzessive Verwendung verschiedener Flüssigkeiten findet man mit hinreichender Genauigkeit den relativen Brechungsindex, gemessen am Index der Flüssigkeiten. Steht kein kompletter Flüssigkeitssatz zur Verfügung, hilft man sich durch Mischen zweier Immersionsflüssigkeiten. Einige seien genannt: Olivenöl (Brechungsindex n = 1,470), Rüböl (n = 1,476), Rizinusöl (n = 1,478), Leinöl (n = 1,486), Benzin (n = 1,500), Zedernöl (n = 1,505), Äthylenbromid (n = 1,536), Nelkenöl (n = 1,537), Nitrobenzol (n = 1,554), Zimtöl (n = 1,605), Azetylentetrabromid (n = 1,636).

Lumineszenz

Manche Mineralien weisen sog. Lumineszenz (Leuchterscheinungen) auf. So wird die Umwandlung verschiedener Energiearten (mechanische, chemische, Wärmeenergie oder die Energie von

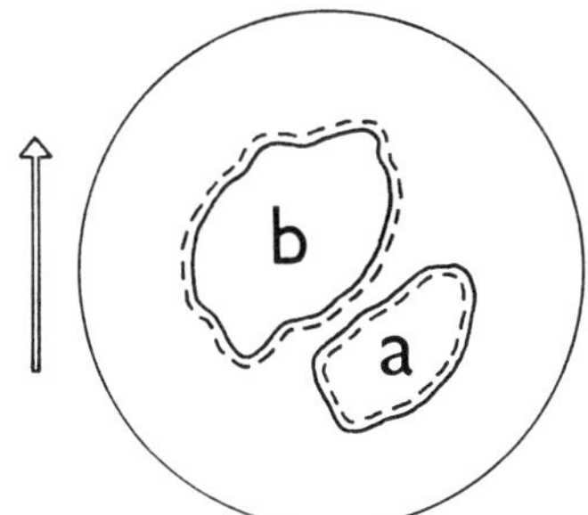

Abb. 15 – Bewegung der Beckschen Linie bei Mineralien mit höherem Lichtbrechungsindex (a) und einem Mineral mit niedrigerem Lichtbrechungsindex (b).

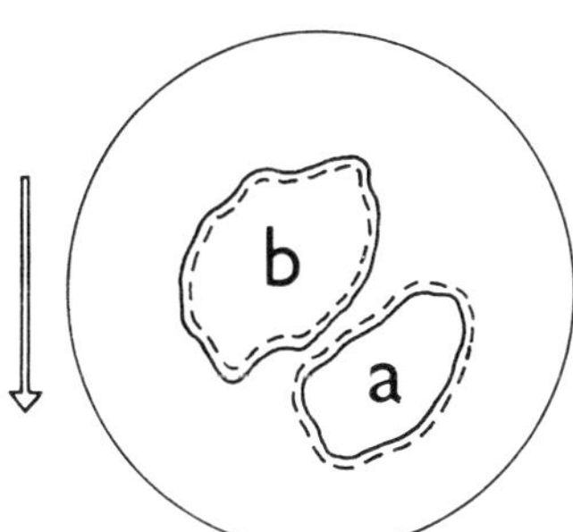

unsichtbaren Strahlungen) in Lichtenergie bezeichnet. Sie kommt in Mineralien zustande, wenn sich im Kristallgitter Beimengungen fremder Atome oder deren Gruppen (seltene Erden, Ag, Cr, Mn, S, $(UO_2)^{3+}$ u. ä.) befinden, sog. Luminogene. Die Anwesenheit einiger anderer Atome im Gitter bringt hingegen die Lumineszenz zum Erlöschen (Fe, Ni). Das sind sog. Lumineszenzgifte. Regelmäßig weisen solche Mineralien Lumineszenz auf, bei denen ein Luminogen zum normalen Gitterbestandteil gehört (Fluorit, Scheelit, Willemit, Uranmineralien, Zirkon u. a.). Ändert sich der Beimengungsgehalt bei Mineralien verschiedener Fundorte, ist die Lumineszenz inkonstant (Sphalerit, Calcit, Opal, Topas u. a.). Wegen dieser Unzuverlässigkeit kann man die Lumineszenz nicht eindeutig in der Diagnostik nutzen.

Im Prinzip werden folgende Lumineszenztypen unterschieden: Tribolumineszenz – entsteht durch Reiben zweier Mineralstücke aneinander, z. B. Fluorit, Willemit, Quarz; Thermolumineszenz – entsteht bei Erwärmen des Minerals, jedoch weit unter der Glühtemperatur, z. B. Fluorit, Diamant; Photolumineszenz – entsteht beim Bestrahlen des Minerals mit Licht oder unsichtbarer kurz- oder langwelliger UV-Strahlung. Hält sie nur während der Bestrahlung an (z. B. einige Fluorite, Scheelit, Sodalith), spricht man von Fluoreszenz, hält sie über die Bestrahlungsdauer an, handelt es sich um Phosphoreszenz (z. B. Strontianit, Diamant). Im UV-Licht lumineszieren außer anorganischen Mineralien auch Bitumen und bituminöse Mineralien (z. B. Opale); Lumineszenz kann man am besten durch die Bestrahlung des Minerals mit einer UV-Lampe mit dunklem Filter feststellen. Vorsicht – UV-Strahlung schadet den Augen!

Mineralien mit Lumineszenz sind im Text mit einem Symbol bezeichnet. Ihr Verzeichnis mit den typischen Farberscheinungen bringt die Bestimmungstabelle auf S. 491.

Magnetismus

Aktiven Magnetismus weist praktisch nur Magnetit auf, in geringerem Maß kann man ihn auch bei Pyrrhotin, Hämatit und Wolframit beobachten. Von einem sehr starken Magneten werden auch eine Reihe anderer, Fe, Mn und Ni enthaltender Mineralien angezogen. Auch verschiedene weitere weisen Magnetismus auf, z. B. einige Kassiterite u. a., bei denen es sich aber vorwiegend um submikroskopische Beimengungen ferromagnetischer Mineralien handelt. Für die gängige mineralogische Praxis kann man den Magnetismus zur Trennung von Mineralien aus Kies, Sand usw. nutzen.

Elektrische Leitfähigkeit

In manchen Fällen hilft uns bei der Bestimmung der Mineralien auch die elektrische Leitfähigkeit. Leitende Mineralien unterscheidet man von nichtleitenden durch eine einfache Prüfung. Das zu untersuchende Probestück kommt auf ein in Kupfervitriollösung getauchtes Zinkblech. An guten Leitern setzt sich an den Kontaktstellen mit Zinkblech eine hauchdünne Cu-Schicht ab.

Radioaktivität

Uran-, thorium- und radiumhaltige Mineralien, z. B. Torbernit, Uraninit zeichnen sich durch radioaktive Eigenschaften aus. Sie geben eine unsichtbare Strahlung von sich (Alpha-, Beta-, Gamma-Strahlung), wobei es zur Entstehung einer Reihe von Isotopen kommt. Typisches Beispiel für ein radioaktives Mineral ist Uraninit UO_2 mit einem gewissen Anteil von UO_3 und Pb. Das UO_3 ist durch Oxidation entstanden, das Pb durch radioaktiven Zerfall von UO_2. Radioaktive Strahlung wirkt auf fotographischen Planfilm und auf lumineszierende Stoffe, man mißt sie mit Geiger-Müller-Zählern. Bei manchen Mineralien, die chemisch schwach gebundenes U und Th enthalten, kann man den sog. metamiktischen Zerfall beobachten, d. h. einen Zerfall, bei dem sich die äußere Kristallgestalt nicht ändert, jedoch das Gitter zerfällt (z. B. Allanit). Solche Mineralien werden allmählich undurchsichtig, schwarz, verlieren ihre Spaltbarkeit, zeigen matten Pechglanz, ihr Bruch wird muschelig. Radioaktiv sind in geringerem Maß auch solche Mineralien, die nur Spuren von radioaktiven Elementen enthalten. Ein typisches Beispiel ist der sich isomorph mit Thorit mischende Zirkon.

Radioaktive Mineralien sind im Text mit einem Symbol bezeichnet. Ihre Übersicht bringt die Bestimmungstabelle auf S. 494.

Chemische Eigenschaften

Über die Einordnung der Mineralien ins mineralogische System entscheidet ihre chemische Zusammensetzung, die durch chemische Analyse festgestellt wird. Unter den verschiedenen analytischen Methoden ist wohl das Vorgehen „auf trockenem Weg" für die Arbeit ohne eine höheren Ansprüchen genügende Ausstattung am geeignetsten, vor allem für die Analyse von Erzmineralien. Dieses Verfahren ist einfach und schnell, zwar nicht immer völlig zuverlässig, für eine Orientierungsanalyse in der Mineralogie gewöhnlich aber hinreichend. Die Bestimmung auf dem sog. „nassen Weg" liefert zwar ganz zuverlässige Resultate, ist aber sehr arbeitsaufwendig und erfordert eine entsprechende Laborausstattung. Die Analyse auf trockenem Weg besteht aus folgenden Operationen:
Bestimmung der Schmelzbarkeit und Flammenfärbung;
Glühen des Minerals im Kolben;
Glühen des Minerals im offenen Röhrchen;
Glühen des Minerals auf Kohle;
Schmelzprobe mit Borax- und Phosphatperlen.

Zu diesen chemischen Analysen braucht man einen Gasbrenner (Bunsen-, evtl. Meckerbrenner, Abb. 16). Glasröhrchen von ca. 7 mm Durchmesser, ein Lötrohr, Platindraht, eine Pinzette und einen Satz Reagenzien [Holzkohle, Salzsäure (HCl)], 10%ige Kobaltnitralösung [$CO(NO_3)_2$], Borax ($Na_2B_4O_7 . 10\ H_2O$), saures Natrium-Ammoniumphosphat, Kalklösung, verdünntes Amoniak.

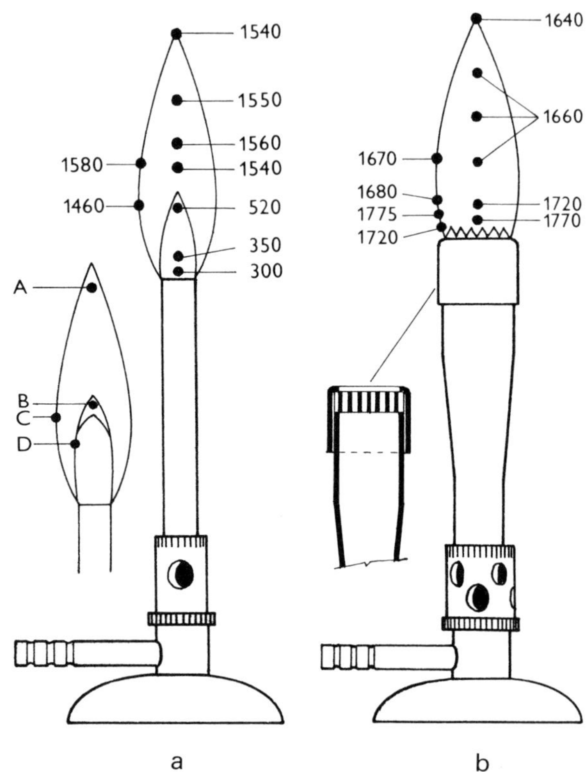

Abb. 16 – Bunsenbrenner (a) und Meckerbrenner (b) mit Flammentemperaturverteilung in °C. A – Stelle für Perloxidation, B – Stelle mit stärkster Reduktion, C – Stelle mit stärkster Oxidation, D – Stelle mit mäßiger Reduktion.

Bestimmung von Schmelzbarkeit und Flammenfärbung: Zur Schmelzprobe nimmt man ein möglichst dünnes, scharfkantiges Bruchstück. Mit der Pinzette hält man es in die nicht leuchtende Brennerflamme und beobachtet, ob das Mineral leicht schmilzt (praktisch augenblicklich zu schmelzen beginnt), mittelschwer (erst nach einer bestimmten Zeit) oder schwer (schmilzt nach längerem Erhitzen nur an den Kanten oder gar nicht). Bei der Schmelzprobe stellt man gleichzeitig auch die Flammenfärbung fest. Zu diesem Zweck wird das Probestück kurz mit HCl angefeuchtet; nach Einführung in die nicht leuchtende Flamme beobachtet man die Verfärbung (Tabelle auf S. 495).

Bei der Verfärbungsprobe der Flamme muß man darauf achten, daß die Pinzette nicht in die Flamme gehalten wird, da diese häufig verunreinigt ist und zu anderen Verfärbungen führen könnte. Vor dem Versuch wird die Probe nicht mit den Fingern berührt, da sonst Kochsalzspuren darauf zurückbleiben könnten, die völlig ausreichen, daß die Gelbfärbung der Flamme durch Na die Farbe von Elementen der Probe überdeckt. Aus dem gleichen Grund wird die Probe für die Flammenfärbung einer frischen Bruchfläche entnommen, keinesfalls von der Oberfläche der zu untersuchenden Probe, da diese sekundär verunreinigt sein könnte.

Glühen des Minerals im Kolben: Man schneidet ein etwa 8 cm langes Glasröhrchen ab und erhitzt es an einem Ende so lange, bis es zu einem Glaströpfchen zusammengeschmolzen ist. Dann nimmt man es schnell aus der Flamme und durch Blasen ins Röhrchen bildet man ein Kölbchen (Durchmesser ca. 15 mm, Abb. 17a). Die Probe kommt in den Kolben und wird zunächst mäßig, dann intensiver erhitzt. Dabei beobachtet man Flüchtigkeit, Schmelzbarkeit, Zerspritzen, Farbveränderungen, Leuchten u. ä. (näheres s. Tabelle auf S. 495).

Man bringt die Probe am besten mit Hilfe einer Papierrinne ins Kölbchen, um die Rohrwandung nicht zu verunreinigen, denn die Ablagerungen an den Wänden beim Glühprozeß sind ein wichtiges diagnostisches Merkmal. Das Kölbchen wird nur einmal benutzt.

Glühen des Minerals im offenen Röhrchen: Ein Röhrchen wird etwa in seinem ersten Drittel leicht in der Flamme gebogen (Winkel ca. 30°, Abb. 17b). Die Probe wird in den kürzeren Arm dicht zum Knick eingeführt. Man hält das Röhrchen so über den Bunsenbrenner, daß der kürzere Arm waagerecht, der längere schräg aufwärts weist, so daß die Luft durch das Röhrchen strömen kann. Man achtet darauf, daß das Röhrchen nicht verstopft, um die Luftströmung nicht zu unterbinden. Beim Erhitzen kommt es zur Oxidation der flüchtigen Bestandteile, die Produkte setzen sich im längeren Arm des Röhrchens ab (Tabelle auf S. 495).

Glühen des Minerals auf Kohle: In Holzkohle wird etwa 2 cm vom Rand eine seichte Vertiefung geschaffen, in die das Probestück kommt. Sie darf nicht zu tief sein, da sonst die Abgase an ihre Wandung stoßen und entweichen könnten. Pulverige Proben, die sich beim Versuch zerstreuen könnten, werden vorher mit Wasser angefeuchtet. Mit dem Lötrohr wird die Flamme auf die Probe in der Vertiefung gerichtet. (Abb. 17c). Schräg über der Probe hält man ein Stück Kohle so, daß es die

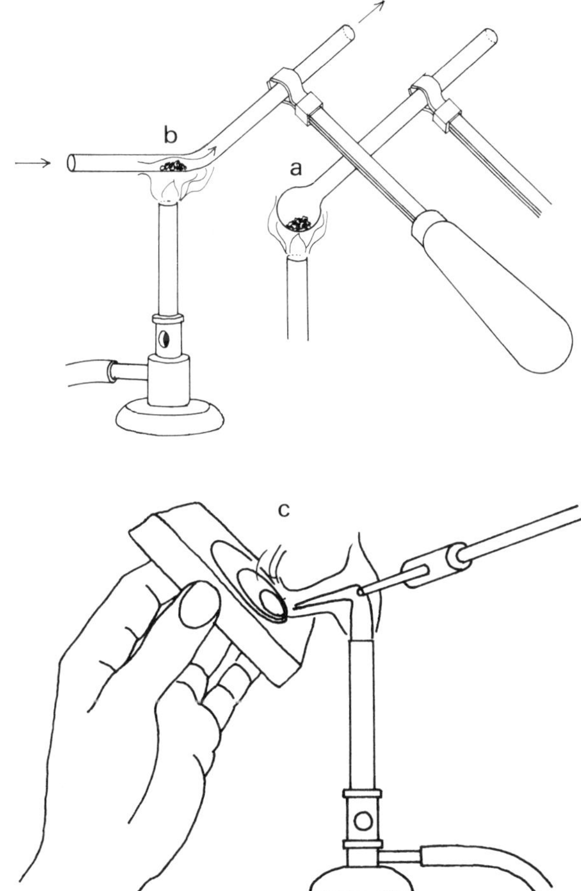

Abb. 17 – Chemische Probe in dem offenen Röhrchen (a), im Kolben (b) und auf Holzkohle (c).

anflugbildend flüchtigen Stoffe aus der Probe auffängt. Den Versuch führt man sowohl in der Oxidationsflamme durch, die zustande kommt, wenn man die Lötrohrspitze in die Flamme hält, als auch in der Reduktionsflamme, wobei sich die Lötrohrspitze der Flamme nur nähert. Bei Arbeiten mit der Oxidationsflamme wird die Probe nur mit der Flammenspitze geglüht, um Luft heranzulassen; in die Reduktionsflamme wird die Probe ganz eingetaucht, wodurch sie vor Oxidation bewahrt wird.

Hepar-Reaktion auf Kohle (Schwefelnachweis): Mineralpulver wird mit der fünffachen Menge von wasserfreier Soda vermengt und in der Oxidationsflamme auf Kohle geglüht. Die entstandene Schmelze trägt man auf ein Silberblech (Münze) auf und setzt 1–2 Tropfen Wasser zu. Ist in der Probe Schwefel in irgendeiner Form vorhanden, entsteht durch das Schmelzen Natriumsulfid, das mit dem Silber unter Entwicklung von schwarzem Silbersulfid reagiert (die gleiche Reaktion liefern auch Se und Te).

Reaktion mit Kobaltlösung auf Kohle: Diese Prüfung führt man bei solchen Mineralien durch, die auf Kohle vor dem Lötrohr nicht schmelzen und eine helle Farbe haben. Die Mineralprobe wird vorher gut ausgeglüht, mit 2–3 Tropfen einer 10%igen Kobaltnitratlösung beträufelt und erneut stark geglüht. Bei diesem Versuch beobachtet man die Farbänderungen der Probe.

Perlversuch: Viele mit Borax oder Phosphatsalz geglühte Metalloxide lösen sich in dieser Schmelze unter Entstehung einer charakteristisch gefärbten Glasmasse auf. Mit einem gut ausgeglühten Magnesiastäbchen nimmt man ein wenig Borax oder Phosphatsalz auf und stellt durch Schmelzen in der Flamme am Draht eine Perle her. Mit der noch heißen Perle berührt man die pulverige Probe, die an ihr haften bleibt. Dann glüht man die Perle erneut in der Oxidationsflamme. Dabei beobachtet man die Farbe der erhitzten sowie erkalteten Perle (Tab. auf S. 497). Perle unter dem schrägstehenden Brenner schmelzen, damit sie nicht in die Flamme fällt. Man nimmt mit ihr nur eine winzige Menge des geprüften Stoffs auf, damit sie nicht oxidübersättigt wird. Die Perle wird vom Draht durch erneutes Schmelzen und kräftiges Abschlagen entfernt.

Wer ein Mikroskop zur Verfügung hat, kann diese chemischen Bestimmungsmethoden noch um sog. mikrochemische Reaktionen erweitern. Bei dieser Methode genügt bereits eine ganz geringe Mineralmenge, die man zunächst auflöst und dann mit einem geeigneten Reagens einen kristallinen Niederschlag gewinnt, den man unter dem Mikroskop betrachtet. Anhand der charakteristischen Kristallformen und ihrer optischen Eigenschaften kann man auf Anwesenheit bestimmter Elemente schließen.

Andere Bestimmungsmethoden

In modernen mineralogischen Laboratorien werden zur genauen Bestimmung der einzelnen Mineralien neben weiteren optischen und chemischen Methoden auch Röntgenanalyse, thermische Differentialanalyse, Spektralanalyse, Infrarot-Spektroskopie, Elektronen-Mikrosonden, Scanning, EDAX u. a. angewendet. Diese Methoden erfordern komplizierte und sehr kostspielige Laborausstattungen und eine qualifizierte Ausbildung.

Sammler mit tiefergehendem Interesse für Bestimmungsmethoden werden auf die Spezialliteratur im Schlußverzeichnis verwiesen.

Grundausrüstung für die Mineralsammlung und -bestimmung

Bevor man ans eigentliche Mineralsammeln und -bestimmen geht, muß man neben der unerläßlichen theoretischen Vorbereitung auch die notwendigsten Hilfsmittel haben, die die Arbeit im Gelände erleichtern und präzisieren. Eine gute Ausrüstung ist oft Voraussetzung für den Erfolg und schließt auch unnötige Verletzungen aus, die man sich beim Umgang mit ungeeignetem Werkzeug zuziehen kann.

Am Fundort ist wenigstens ein mittelgroßer Geologenhammer aus gehärtetem Stahl (ca. 900 g) mit Spitze oder Schneide ganz unerläßlich. Zum Zertrümmern größerer Steine empfiehlt sich ein Fäustel, für feine Arbeiten ein kleinerer Hammer. Ferner muß man mindestens zwei Meißeltypen von verschiedener Größe und Breite haben, die man nicht nur zum Ausbrechen der Mineralien aus dem Gestein, sondern auch zur gröbsten Bearbeitung der Stücke benutzt. Feldspaten und Spitzhacke sind auch oft nötig. Ein weiteres unentbehrliches Hilfsmittel beim Sammeln und Sortieren im Gelände ist eine Lupe, mit deren Hilfe man gleich an Ort and Stelle einige charakteristische Merkmale feststellen und mitnehmenswerte Proben aussuchen kann. Am häufigsten werden hierzu Lupen mit 8- bis 10facher Vergrößerung verwendet. Zur vorläufigen Härtebestimmung empfiehlt es sich, eine Kupfermünze, Messer, Glasstück und eine gute Feile mitzuführen, zur Bestimmung der Strichfarbe ein Plättchen aus unglasiertem Porzellan. Zur Grundausrüstung sollte auch ein sicheres, bruchfestes Gefäß mit verdünnter Salzsäure zur Carbonatbestimmung gehören (Abb. 18).

Außer diesen Geräten zum Mineralsammeln und -bestimmen braucht man eine Landkarte, Tagebuch, provisorische Etikette, Bleistifte, genügend Packmaterial (Zeitungs- und Seidenpapier, Watte und Schachteln), zum Fixieren empfindlicher Mineralien noch Kitt auf Bienenwachsgrundlage. Muß man seine Ausbeute über eine größere Entfernung tragen, braucht man einen Rucksack mit kräftigen Tragriemen und Bambus- oder Stahltraggestell. Erfahrungsgemäß ist es angebracht, wenigstens eine Erste-Hilfe-Grundausrüstung mitzuführen, eine Schutzbrille zu benutzen und bei der Arbeit an gefährdeten Stellen einen Schutzhelm zu tragen. Befaßt man sich mit spezialisierter Sammeltätigkeit, z. B. mit Schürfen, Mineralsuche in Bergwerken, Stollen und Höhlen, ist natürlich eine weitere Ergänzung der Grundausrüstung notwendig (Seile, Grubenlampen u. ä.).

Zur endgültigen Bearbeitung der Proben zu Hause eignet sich ein kleinerer Amboß (ggf. eine Stahlplatte), Schraubstock, eine größere Kneifzange, ein Satz Präpariernadeln, eine Pinzette und zur Aufbereitung der Proben für optisches und chemisches Studium eine Achat-Reibschale. Zur Reinigung braucht man Bürsten und verschiedene Pinsel, zum Auswaschen wasserlöslicher Minerale Petroleum oder Spiritus. Zur genauen Härtebestimmung beschafft man sich die grundlegenden Mineralien der Mohs-Härteskala wenigstens bis zur Stufe 8, in diesem Bereich liegt die überwiegende Mehrzahl der gängig gesammelten Minerale. Zwecks Bestimmung von Dichte, optischer und chemischer Eigenschaften, Feststellung von Lumineszenz, elektrischer Leitfähigkeit, Radioaktivität oder Magnetismus muß man die Grundausrüstung noch um die in den vorigen Kapiteln bei der Beschreibung der entsprechenden Methoden erwähnten Hilfsmittel und Chemikalien erweitern.

Viele Mineralien (vor allem Edelsteine) kommen erst nach dem Zerschneiden bzw. Schleifen richtig zur Geltung. Diese Art der Mineralbehandlung hat sich vor allem in jüngster Zeit zu einem weltweiten Hobby entwickelt. Darüber gibt es eine ganze Reihe von Publikationen und Handbüchern (s. Literaturverzeichnis), in denen grundlegende Methoden, aber auch Edelsteine und ihre Bearbeitungsweisen beschrieben sind. Die Edelsteine sind im Text durch ein Symbol gekennzeichnet. Die Tabelle auf S. 503 bringt ihre Übersicht.

Mineralien sammeln – wann, wo und wie?

Jedes Hobby erfordert eine gewisse Vorbildung, die man entweder durch Selbststudium der entsprechenden Literatur, durch den Rat eines erfahreneren Sammlers oder Fachmanns oder auch durch Besichtigung entsprechender Museumssammlungen gewinnt. Mit dieser Vorbereitung vermeidet man anfängliche Mißerfolge, die meist auf mangelnde Sachkenntnis bei Suche, Bestimmung und Bearbeitung der Proben zurückzuführen sind, und verschafft sich auch wertvolle Informationen über Stellen, die man aufsuchen will, erfährt einiges über Mineralien und ihre Erscheinungsformen, evtl. auch über die genaue Lokalisierung der Fundstelle, was natürlich die eigene Arbeit im Gelände erleichtert.

Die Zeit, zu der man die einzelnen Lokalitäten besucht, hängt einzig und allein von Charakter und Lage des Fundorts ab. Im Lauf der Zeit kommt jeder Sammler selbst auf die günstigsten Sammeltermine für bestimmte Mineralien. Der Raum, in dem man das Vorkommen interessanter Mineralien erwarten kann, ist in erster Linie vom geologischen Aufbau bedingt, d. h. von geeigneten Bedingungen für das Vorkommen entsprechender Mineralparagenesen und von der Entblößung der Erdkruste entweder durch menschliche Tätigkeit oder durch die Wirkung der Naturkräfte.

Die geeignetsten Stellen finden sich in Steinbrüchen, Bergwerken, Stollen und den dazugehörigen Halden, in Sand- und Lehmgruben, Straßen und Bahndurchstichen, in Tunnels, Baugruben, Dränage- und Pipelineaushüben, auf natürlichen Aufschlüssen in Berglandschaften, in Bach- und Flußeinschnitten, an Felsufern und -küsten, in Höhlen, Erosionsfurchen, die nach Regen entstehen, auf gepflügten Feldern nach Regenfällen. Man kann aber auch auf Flußgründen und Stränden schürfen bzw. graben. An dieser Stelle soll noch erwähnt werden, daß zum Betreten und Sammeln an den meisten Lokalitäten die Genehmigung des Besitzers eingeholt werden muß.

Das eigentliche Sammeln am Fundort hängt wieder von der jeweiligen Zielsetzung ab. Man formatisiert die Stücke am besten gleich an Ort und Stelle auf entsprechende Größe und Form. Hier gestattet ein einheitliches Format nicht nur eine einfachere Aufbewahrung, es steigert auch den ästhetischen Effekt. Derbe oder kristalline Minerale bringt man annähernd auf Quaderform. Kristallisierte Minerale wählt man möglichst so, daß sich die Kristalle nicht am Probenrand konzentrieren. Frische Splitter und kleine Mineralstückchen nimmt man mit, um an ihnen ggf. physikalische, optische und chemische Eigenschaften zu prüfen. Geeignete Bruchstücke kann man auch zur Herstellung von Schliffen benutzen. Man sollte auch auf den ersten Blick uninteressante Mineralien beachten und mitnehmen, denn sie können für eine bestimmte Paragenese charakteristisch sein und so bei der Bestimmung helfen. An der Lokalität führt man die Bestimmung einiger grundlegender Parameter durch (Härte, Farbe, Spaltbarkeit, Morphologie, Löslichkeit u. a.), die häufig ein Mineral gleich an Ort und Stelle zu identifizieren helfen. Alle diese Angaben werden zusammen mit einer knappen Fundortbeschreibung und evtl. auch -skizze ins Sammeltagebuch eingetragen, wodurch man sich die Arbeit zu Hause, aber auch das Sammeln beim nächsten Besuch des gleichen Fundpunktes erleichtert. Jede entnommene Probe muß mit einem provisorischen Etikett versehen werden, auf dem Fundort, Mineralbezeichnung, Kurzbeschreibung der Fundstelle (Steinbruch, Erosionsfurche usw.) und das Datum verzeichnet sind. Zur weiteren Bestimmung kommt man manchmal erst nach längerer Zeit, so daß Verwechslungen der Stücke unterlaufen könnten. Jedes bezeichnete Exemplar wird einzeln und so sorgfältig wie möglich verpackt, wobei das Etikett mit dem Mineral nicht unmittelbar in Berührung gebracht wird, um eine Beschädigung zu verhindern. Empfindliche, vor allem spröde und nadelige Mineralien verpackt man gesondert in Schachteln. Je nach Beschaffenheit schützt man sie noch mit Seidenpapier, Watte oder fixiert sie mit Kitt.

Mineralien, die sich am Fundort nicht bearbeiten lassen, nimmt man als größere Brocken mit und behandelt sie erst zu Hause. Die so aufbereiteten Stücke reinigt man von Erdresten, Staub und sekundären Belägen meist mit Wasser, wasserlöslichem Material (Nitrate, einige Hydroxide, Carbonate, Borate, Sulfate, Phosphate oder Arsenate), mit Petroleum oder Spiritus. Dazu nimmt man Bürsten, Pinselchen u. ä. Manche Beläge (z. B. bei Carbonaten) kann man auch mit Säuren beseitigen (Essigsäure, Salzsäure). Die auf Silber und silberhaltigen Mineralien entstehenden schwarzen Beläge kann man in einer schwachen NaCl-Lösung durch Berührung mit Zinkblech oder mit der Nadel entfernen. Dort, wo man überhaupt keine Flüssigkeiten zur Reinigung verwenden kann, hilft man sich mit einem Luftstrom. In modernen Laboratorien werden manche Mineralien mit Ultraschall gereinigt. (Die Reinigung der einzelnen Mineralien ist jeweils bei ihrer Beschreibung angeführt.) Feuchtes Material trocknet man nicht in der Nähe von Wärmequellen und setzt es auch nicht der Sonnenbestrahlung aus.

Mineralien und ihre Aggregate, die beim Gewinnen und Bearbeiten beschädigt wurden, kann man durch Kleben oder Kitten reparieren. Synthetikklebern kann man verschiedene Farbstoffe zusetzen und so einen passenden Farbton der Klebestellen erzielen. Bei Einordnung solcher Stücke in die

Sammlung muß jedoch die Reparatur auf dem Etikett vermerkt werden.

Große Sorgfalt sollte man auch der Auswahl und Vorbereitung von Proben zur Bestimmung von physikalischen, optischen und chemischen Eigenschaften widmen. Sie sollten grundsätzlich frisch, homogen und ohne Fremdbeimengungen sein, um fälschliche bzw. völlig irrige Bestimmungen des geprüften Materials zu vermeiden. Das erreicht man durch sorgfältige Untersuchung der Probe unter der Lupe oder dem Binokularmikroskop. Etwaige Beimengungen fremder Mineralien oder verwitterte Partien beseitigt man durch Teilung und sukzessive Separation. Das kann man entweder mechanisch oder mittels Flüssigkeiten, Magneten usw. durchführen. Proben für optisches und chemisches Studium gewinnt man durch Zertrümmern und Weiterzerkleinern in der Reibschale.

Bildteil

Die laufende Nummer vor dem Mineralnamen bezeichnet das betreffende Mineral in den Bestimmungstabellen.

Die Abkürzung H mit einer Nummer in farbigem Viereck rechts gibt die Härte der entsprechenden Mineraliengruppe an.

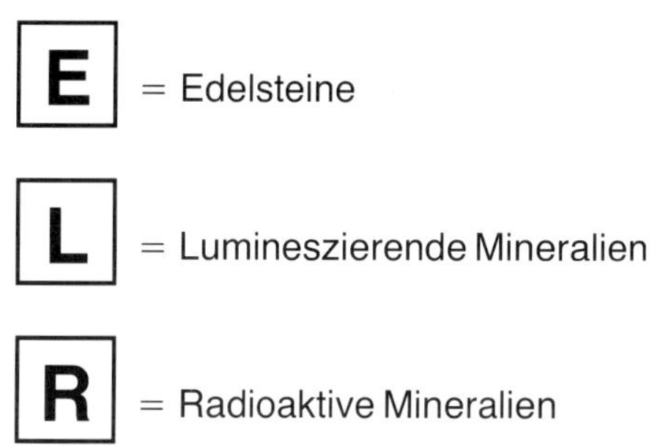

Schwefel

1

E

Bezeichnung historisch – altgermanisch

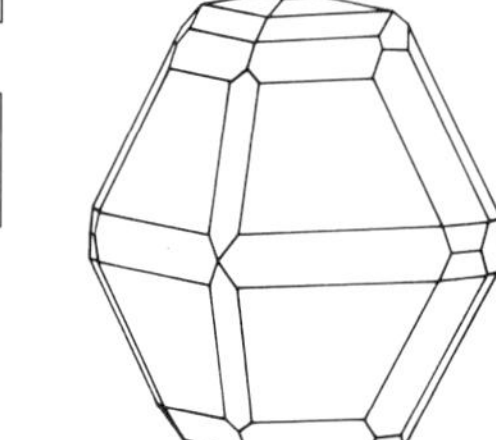

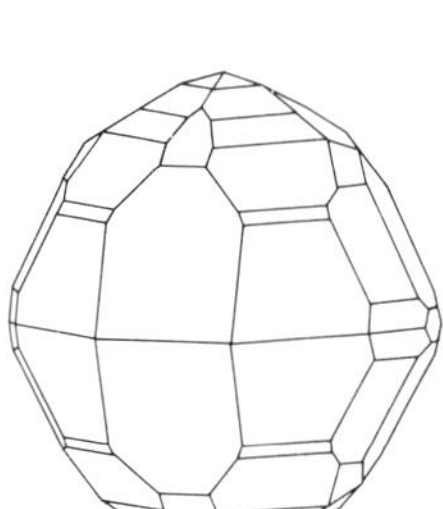

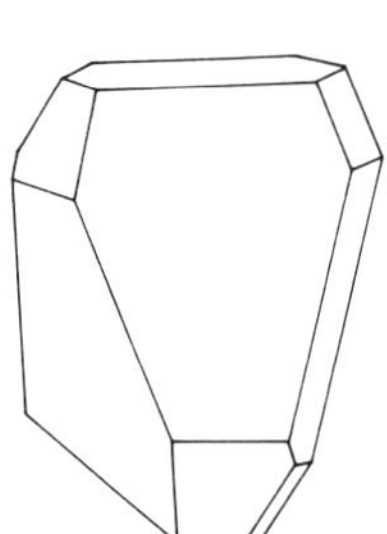

• Härte: 1,5–2 (spröde) • Strich: weiß, manchmal hellgelb • Farbe: schwefelgelb, honiggelb, gelbbraun bis gelbgrün (von Beimengungen abhängig), erdige Anflüge meist weißlich • Transparenz: durchscheinend • Glanz: auf Kristallflächen diamantartig, auf Bruchflächen fettig bis matt • Spaltbarkeit: unvollkommen nach /001/, /110/ und /111/ • Bruch: muschelig bis uneben • Ausbildung: Kristalle, erdige, körnige, nierige und staubförmige Aggregate, Einschlüsse, Beschläge, tropfsteinartige Gebilde.

• Dichte: 2,05 bis 2,08 • Kristallsystem: bei Normaltemperatur orthorhombisch (α S), über 95,6 °C monoklin (β S), auch amorph (Schwefelglas) • Kristallformen: dipyramidal, dicktafelig. Gelegentlich treten vielflächige Kristalle auf, die facettierten Kugeln ähneln. Selten Zwillinge nach (101) u. ä. • Chemische Zusammensetzung theoretisch: S 100 %, Spuren von Se, Te, As und Tl • Chemische Eigenschaften: leicht löslich in Schwefelkohlenstoff, Benzol, Petroleum und konzentrierter Salpetersäure • Behandlung: Reinigung mit Wasser, HCl und H_2SO_4. Vorsicht! sehr spröde, zerbröckelt leicht bei mechanischer Reinigung. Schwefelkristalle können auch schon von Handwärme zerfallen • Ähnliche Minerale: in erdiger Form Copiapit **(123)**, Greenockit **(199)** und Auripigment **(4)** • Unterscheidung: geringe Härte, Sprödigkeit, niedriger Schmelzpunkt (entzündet sich bereits durch ein Streichholz, brennt mit blauer Flamme unter Entwicklung von stechend reichem SO_2-Gas).

• Genese: sedimentär unter Mitwirkung von Organismen, in Solfataren und Mofetten, als Abscheidung aus heißen Quellen, gelegentlich in den Oxidationszonen von Sulfidlagern • Paragenese: Gips **(29)**, Calcit **(217)**, Dolomit **(218)**, Strontianit **(222)**, Coelestin **(239)**, Aragonit **(221)**, Salmiak **(14)** u. a. • Vorkommen: häufig; sedimentär gebildete Lagerstätten befinden sich in den USA (Texas und Louisiana), in Polen (bei Tarnobrzeg), in der UdSSR (Karakum-Wüste, Wolgagebiet), in Spanien (bei Cadiz), auf Sizilien u. a., vulkanisch gebildeter Schwefel befindet sich in Indonesien, Japan, in der UdSSR, in Italien, Island u. a. Schwefelvorkommen in den Oxidationszonen der Sulfidlager haben keine praktische Bedeutung (z. B. UdSSR im Ural, Jugoslawien in Kostajnik und Allchar). Schwefel entsteht auch bei Bränden von Kohlenhalden oder bituminösen Gesteinen (USA – Kalifornien). Vollkommene Schwefelkristalle sind aus den Lagern auf Sizilien, im festländischen Italien, in Polen, in den USA, in der Türkei, in Mexiko u. a. bekannt. Vereinzelt wurden auch Kristalle von einer Größe 14 × 13 × 4 cm gefunden • Verwendung: zur Herstellung von H_2SO_4 und anderen Chemikalien, Sprengstoffen, in der Papier-, Gummi- und Lederwarenindustrie, Landwirtschaft u. a.

Schwefel – Aggregate aus vielflächigen Kristallen (max. Größe 20 mm), gemeinsam mit Aragonit; Italien (Sizilien, Girgenti).

Schwefel

H
0—2

Graphit

Elemente
C

2

Bezeichnung historisch, griech. *graphein* – schreiben

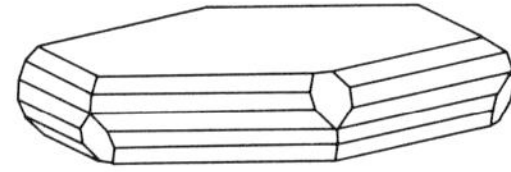

• Härte: 1–1,5 • Strich: dunkel, stahlgrau, glänzend •Farbe: dunkelgrau (Kristalle), schwarz, stahlgrau (Aggregate) • Transparenz: undurchsichtig, in sehr feinen Schuppen grau durchscheinend • Glanz: stark, metallisch, bei kryptokristallinen Formen matt • Spaltbarkeit: vollkommen nach /001/ • Andere Kohäsionsmerkmale: biegsam aber nicht elastisch, läßt sich schneiden • Ausbildung: selten Kristalle, sonst Schuppen, Blättchen, sphärische Aggregate und erdige Einschlüsse • Sonstige Eigenschaften: fühlt sich fettig an.

• Dichte: 2,25 (unter dem Einfluß von Beimengungen stark schwankend) • Kristallsystem: hexagonal • Kristallformen: hexagonale Tafeln, selten Zwillingsverwachsungen • Elektrische Leitfähigkeit: guter elektrischer Leiter • Chemische Zusammensetzung theoretisch: C 100 %, Beimengungen von H, N, CO_2, CH_4, SiO_2, Al_2O_3 u. a. • Chemische Eigenschaften: nicht in Säuren löslich (reagiert nur mit HNO_3 beim Kochen) • Behandlung: Reinigung mit Säuren, Wasser, bei mechanischer Reinigung Vorsicht – reibt sich leicht ab, bröckelt und zerfällt • Ähnliche Minerale: Molybdänit-Strich bei Zerreiben ins Grünliche gehend, Farbe ins Blaue, Graphit hat minderen Glanz, geringere Dichte, ist nicht schmelzbar, säurefest, el. Leiter, Manganminerale sind nicht flockig, weich, fettig anzufühlen.

• Genese: magmatisch (Pegmatite), metamorph, hochthermal • Paragenese: Pyrit **(436),** Calcit **(217),** Markasit **(437)** u. a. • Vorkommen: häufig; magmatische Lager: in den USA (bei Clay – Alabama), in Deutschland (Harz), in der UdSSR (Botogolsker Lager). Metamorphe Lager werden abgebaut in Deutschland (Kropfmühl), auf Madagaskar, in der ČSFR (Südböhmen). Aderförmige Graphitlager treten auf Sri Lanka, in Kanada (Quebec) u. a. auf. Kristallisches Graphit kommt in Pegmatiten auf Sri Lanka vor • Verwendung: in der Metallurgie, Elektrotechnik, in Kernreaktoren, als Schmiermittel, zur Bleistiftherstellung. Wird für technische Zwecke künstlich hergestellt.

Quecksilber

Elemente
Hg

3

Bezeichnung historisch, griech. *hydrargyros* – Wassersilber

• Härte: bei Normaltemperatur flüssig • Farbe: zinnweiß, grauweiß • Glanz: metallisch • Ausbildung: Tropfen.

• Dichte: bei Normaltemperatur 13,6 • Kristallsystem: trigonal (bei –38,87 °C) • Kristallformen: rhomboedrisch • Chemische Zusammensetzung theoretisch: Hg 100 %, Verunreinigungen: Au, Ag • Chemische Eigenschaften: löslich in HNO_3, verdunstet bei Normaltemperatur • Behandlung: wegen der Verdunstunng in geschlossenen Gefäßen aufbewahren.

• Genese: hydrothermal, Oxidationszonen • Paragenese: Cinnabarit **(76),** Amalgame Ag **(179),** Siderit **(306)** • Vorkommen: selten; in Jugoslawien (Idria), in Deutschland (Moschellandsberg), in Spanien (Almade), Italien (Monte Amiata), Peru (Huancavelica) und in den USA (Texas, Kalifornien) • Verwendung: Chemie, Meß- und Elektrotechnik, Medizin, Bergbauindustrie (Gewinnung von Au und Ag).

1. Graphit – schuppiges Aggregat aus den Graphit-Ganglagerstätten von Sri Lanka (Ausschnittbreite 80 mm). **2. Quecksilber** –metallglänzende Tröpfchen (bis zu 2 mm) auf Cinnabarit; Jugoslawien (Idria).

Graphit, Quecksilber

H
0—2

Auripigment (Rauschgelb, Gelbe Arsenblende)

Sulfide
As_2S_3

4

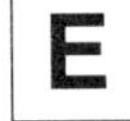

Bezeichnung aus den lat. Wörtern *aurum* – Gold und *pigmentum* – Farbe (Agricola, 1546)

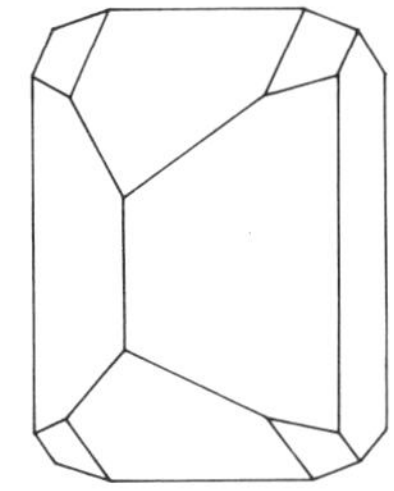

• Härte: 1,5–2 • Strich: hellgelb • Farbe: goldgelb, orangegelb bis braun • Transparenz: in Blättchen durchsichtig • Glanz: fettig, auf Spaltflächen perlmuttartig • Spaltbarkeit: vollkommen nach /001/. Blättchen teilweise biegsam • Ausbildung: Kristalle, blättrige Aggregate, Krusten, erdige, nierige, staubförmige Aggregate.
• Dichte: 3,48 • Kristallsystem: monoklin • Kristallform: kurz prismatisch mit unebenen Flächen, Zwillingsverwachsungen • Chemische Zusammensetzung: As 60,91 %, S 39,09 %. Beimengungen von Hg, Ge • Chemische Eigenschaften: löslich in KOH, leicht schmelzbar unter Dampfentwicklung mit Knoblauchgeruch • Behandlung: Reinigung mit Wasser, HCl, oxidiert an der Luft. Vorsicht – giftig. • Ähnliche Minerale: Schwefel **(1),** Greenockit **(199)** • Unterscheidung: vollkommene Spaltbarkeit, Glanz auf der Bruchfläche, faserige und blättrige Aggregate, höhere Dichte als bei S.
• Genese: niederhydrothermal, aus heißen Quellen und sekundär • Paragenese: Realgar **(5),** Cinnabarit **(76),** Antimonit **(51)** • Vorkommen: selten; in der UdSSR (Radsha Luchumi, Kaukasus), in Jugoslawien (Lager Allchar), in den USA (Mercur – Utah), in Peru (Huancavelica). Große Kristalle (Größe bis zu 60 cm, Gewicht bis zu 30 kg) befinden sich in der UdSSR (Lager Minkjul in Jakutsk), in Deutschland (Lager St. Andreasberg – Harz), in der Schweiz (Binnatal) • Verwendung: As-Erz, in der Färberei (Königsgelb).

Realgar (Rauschrot, Rote Arsenblende)

Sulfide
As_4S_4

5

Bezeichnung aus den arabischen Wörtern *Rahj al ghar* – Erzstaub (Wallerius, 1747)

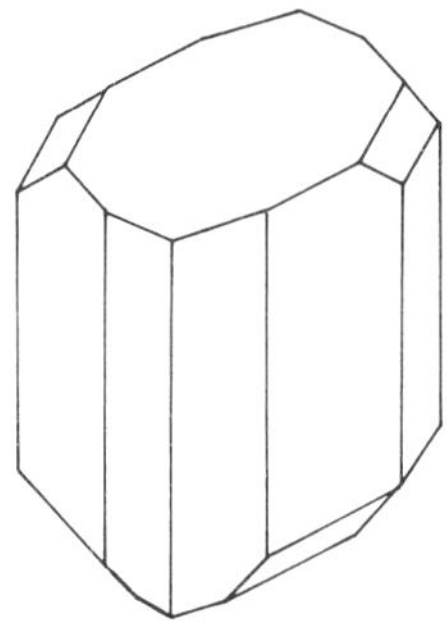

• Härte: 1,5–2 • Strich: orangerot bis orangegelb • Farbe: braunrot, orangerot • Transparenz: durchscheinend bis durchsichtig • Glanz: diamantartig, fettig • Spaltbarkeit: nach /010/ vollkommen • Bruch: muschelig • Ausbildung: Kristalle, massive feinkörnige Aggregate, staubförmige, erdige, krustige Massen.
• Dichte: 3,5 • Kristallsystem: monoklin • Kristallformen: prismatisch, oft gerillt • Chemische Zusammensetzung: As 70,08 %, S 29,92 % • Chemische Eigenschaften: teilweise in Säuren und KOH löslich, läßt sich leicht schmelzen unter Entwicklung von giftigen Dämpfen mit Knoblauchgeruch • Behandlung: Reinigung mit Wasser. Vorsicht, wird am Licht mit der Zeit gelb und zerfällt. Dunkel lagern! • Ähnliche Minerale: Krokoit **(133),** Cinnabarit **(76),** Cuprit **(209)** • Unterscheidung: geringe Härte, Rillung der prismatischen Flächen, Strichfarbe.
• Genese: hydrothermal, aus heißen Quellen, sekundär • Paragenese: Auripigment **(4),** Cinnabarit **(76),** Antimonit **(51),** Erze As, Ag, Au u. a. • Vorkommen: selten; in der ČSFR (Jáchymov), in der Schweiz (Binnatal), in Jugoslawien (Makedonien), Rumänien (Cavnic) • Verwendung: As-Erz, Glasindustrie, im Mittelalter als Heilmittel.

1. Auripigment – fächerige Aggregate aus kurzsäuligen Kristallen (bis zu 7 mm); UdSSR (Kaukasus, Luchumi). **2. Realgar** – idiomorpher Kristall (Größe 3 mm), auf Calcit aufgewachsen; ČSFR (Tajov).

Auripigment, Realgar

H
0—2

Sulfide
CuS

Covellin (Kupferindig)

6

Benennung nach dem italienischen Mineralogen N. Covelli (1790–1829) (Beudant, 1832)

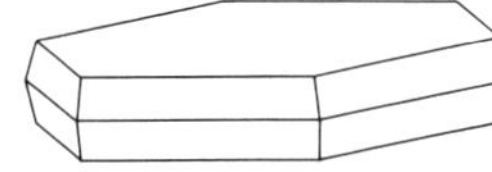

• Härte: 1,5–2,5 (spröde) • Strich: grau bis schwarz, nach Verreiben dunkelblau • Farbe: indigoblau, geht ins Violette • Transparenz: undurchsichtig • Glanz: matt bis pechartig • Spaltbarkeit: vollkommen nach /001/ • Andere Kohäsionseigenschaften: Blättchen biegsam, mürbe • Ausbildung: Kristalle selten, meist massive körnige Aggregate, Beläge und Pseudomorphosen.
• Dichte: 4,7 • Kristallsystem: hexagonal • Kristallformen: hexagonale Tafeln • Elektrische Leitfähigkeit: guter Leiter • Chemische Zusammensetzung: Cu 66,48 %, S 33,52 %, Beimengungen von Fe, Se, Ag, Pb • Chemische Eigenschaften: löslich in heißem HNO_3, läßt sich vor dem Lotröhr schmelzen, dünne Plättchen brennen mit blauer Flamme, setzt SO_2 frei • Behandlung: Reinigung mit Wasser, mechanisch • Ähnliche Minerale: Bornit **(192),** Chalkosin **(68)** • Unterscheidung: klar blaue Farbe, geringe Härte, Spaltbarkeit, im Wasser sofort violett, getrocknet wieder blau.
• Genese: Zementationszonen von Sulfidlagerstätten, hydrothermal • Paragenese: Bornit, Chalkosin, Chalkopyrit **(185),** Pyrit **(436),** Enargit **(187)** u. a. • Vorkommen: häufig; in den USA (Lagerstätte Butte in Montana), in Jugoslawien (Bor), Rumänien (Baita), in Deutschland (in den Mansfelder Kupferschiefern, Badenweiler, Schwarzwald), in großen Massen in Chile, Bolivien • Verwendung: Cu-Erz.

Sulfide
Sb_2S_2O

Kermesit (Rotspießglanz, Antimonblende)

7

Bezeichnung vom persischen Wort *qurmizq* – dunkelrot (Chapman, 1843)

• Härte: 1–1,5 • Strich: kirsch- bis braunrot, nach Verreiben orange • Farbe: kirschrot, dunkelt mit der Zeit nach • Transparenz: in feinen Nadeln durchscheinend • Glanz: diamantartig bis halbmetallisch • Spaltbarkeit: vollkommen nach /100/ • Ausbildung: Kristalle, faserige und nadelige Aggregate, Krusten, Anflüge.
• Dichte: 4,7 • Kristallsystem: triklin • Kristallformen: lang prismatisch, längsgerillt • Chemische Zusammensetzung: Sb 74,96 %, S 20,04 %, O 0,5 % • Chemische Eigenschaften: vor dem Lötrohr auf Kohle Sb_2O_3-Anflug, löst sich in HNO_3 • Behandlung: Reinigung mit Wasser, HCl. Vorsicht – spröde, bricht • Ähnliche Minerale: Realgar **(5),** Cinnabarit **(76)** • Unterscheidung: Strichfarbe.
• Genese: hydrothermal, sekundär • Paragenese: Antimonit **(51),** Senarmontit **(93),** Valentinit **(94),** Stibiconit **(292)** • Vorkommen: selten; in Deutschland (Bräunsdorf bei Freiberg), in Italien (Perete, Toscana), Algerien (Djebel Haminat), in der UdSSR (Kadamdsha, Kirgisien) u. a. Radialstrahlige bis zu 15 cm große Kristalldrusen wurden in der ČSFR (Lagerstätte Pernek) gefunden.

1. Covellin – körniges Aggregat auf dem Oxidationsteil einer Vererzung (Ausschnittbreite 40 mm); ČSFR (Železník). **2. Kermesit** – strahliges Aggregat in Quarz (Nadelgröße 12 mm); Deutschland (Sachsen, Bräunsdorf bei Freiberg).

Covellin, Kermesit

H
0—2

Molybdänit (Molybdänglanz, Wasserblei)

Sulfide
MoS_2

8

Bezeichnung aus dem griech. Wort *molybdos* – Blei
(Hielm, 1782)

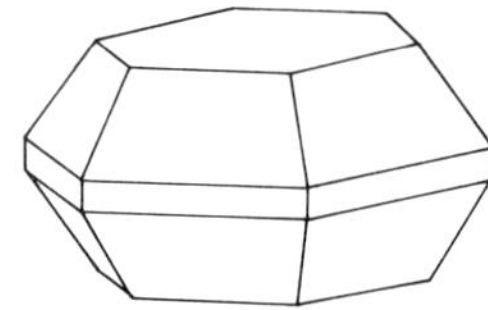

• Härte: 1–1,5 • Strich: blaugrau, nach Verreiben grünlich • Farbe: blaugrau, leicht violett • Transparenz: undurchsichtig, in dünnen Blättchen durchscheinend • Glanz: metallisch • Spaltbarkeit: vollkommen nach /0001/ • Andere Kohäsionsmerkmale: Blättchen biegsam, nicht elastisch • Ausbildung: selten Kristalle, Schuppen, blättrige Aggregate • Andere Eigenschaften: fühlt sich fettig an.

• Dichte: 4,7–4,8 • Kristallsystem: hexagonal • Kristallformen: Tafeln • Chemische Zusammensetzung: Mo 59,94 %, S 40,06 %, Beimengungen von Re, Ag, Au • Chemische Eigenschaften: schwer schmelzbar und nicht leicht in Säuren zu lösen • Behandlung: Reinigung mit Wasser. Vorsicht! Ist weich, reibt sich ab. • Ähnliche Minerale: Graphit **(2),** Specularit **(473)** • Unterscheidung: Graphit hat einen anderen Strich, Glanz und ist leitfähig, Spekularit hat einen anderen Strich und eine andere Härte.

• Genese: magmatisch, pegmatitisch, hydrothermal, kontaktmetasomatisch • Paragenese: Kassiterit **(548),** Wolframit **(369),** Scheelit **(310),** Quarz **(534),** Bismuthinit **(71),** Arsenopyrit **(344)** u. a. • Vorkommen: selten; in Pegmatiten mit Cassiterit und Wolframit in der UdSSR (Ural), schöne Molybdänitkristalle gibt es in den USA (Edison, New Jersey), große Tafeln in Australien (Neusüdwales), auch in Mexiko (Cananea) u. a. • Verwendung: Stahlindustrie, Elektronik, chemische Industrie.

Polybasit (Eugenglanz, Milchglanzerz)

Sulfide
$(Ag,Cu)_{16}Sb_2S_{11}$

9

Bezeichnung aus den griech. Wörtern *poly* – viel und *basis* – Grundlage
(Rose, 1829)

• Härte: 1,5–2 • Strich: schwarz mit rötlicher Schattierung • Farbe: stahlschwarz • Transparenz: undurchsichtig, dünne Bruchstücke scheinen dunkelrot durch • Glanz: metallisch • Spaltbarkeit: vollkommen nach /001/ • Bruch: uneben • Ausbildung: Kristalle, Krusten, körnige kompakte Aggregate.

• Dichte: 6–6,2 • Kristallsystem: monoklin • Kristallformen: pseudohexagonale Tafeln mit charakteristischer Dreieckszeichnung, selten Zwillinge • Chemische Zusammensetzung: Cu 4,10 %, Ag 69,47 %, Sb 10,82 %, S 15,61 %, Beimengungen von As, Fe • Chemische Eigenschaften: leicht schmelzbar, löst sich in HNO_3 • Behandlung: Reinigung mit Wasser • Ähnliche Minerale: Akanthit **(75),** Stephanit **(67)** • Unterscheidung: Härte, Kristallformen.

• Genese: hydrothermal • Paragenese: Akanthit, Silber **(49),** Stephanit, Pyrargyrit **(64)** u. a. • Vorkommen: in Deutschland (St. Andreasberg/Harz, Freiberg, Johanngeorgenstadt), ČSFR (Jáchymov, Příbram, Banská Štiavnica), in den USA (Comstock Lode/Nevada), Kanada (Cobalt/Ontario), Mexiko (Zaratecas, Guanajuto, Durango), Chile (Tres Puntas), Japan (Ohinata-Grube).

1. Molybdänit – tafeliger Kristall (18 mm), in Quarz eingewachsen; Deutschland (Altenberg). **2. Polybasit** – schwarzgraue Tafeln (8 mm) in einem Hohlraum in Quarz–Carbonat–Ganggestein; ČSFR (Banská Štiavnica).

Molybdänit, Polybasit

H
0—2

Tetradymit

Sulfide
Bi_2Te_2S

10

Bezeichnung aus dem griech. Wort *tetradymos* – vierfach (Haidinger, 1831)

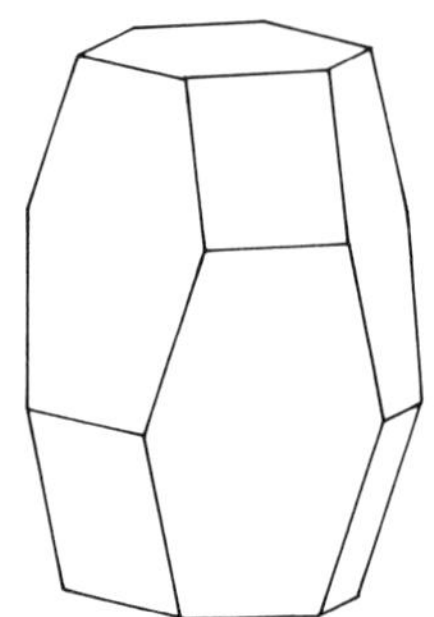

• Härte: 1,5–2 • Strich: stahlgrau • Farbe: stahlgrau, ins Gelbe gehend • Transparenz: undurchsichtig • Glanz: metallisch • Spaltbarkeit: sehr vollkommen nach (0001) • Andere Kohäsionsmerkmale: Blättchen biegsam • Ausbildung: Kristalle, Blättchen, körnig.
• Dichte: 7,2–7,9 • Kristallsystem: ditrigonal • Kristallformen: rhomboedrisch, Verwachsungen • Chemische Zusammensetzung: Bi 59,27 %, S 4,55 %, Te 36,18 %, Beimengungen von Se, Au, Cu und Pb • Chemische Eigenschaften: löslich in HNO_3 und H_2SO_4 • Behandlung: Reinigung mit Wasser.
• Genese: hydrothermal • Paragenese: Bismuthinit **(71),** Gold **(50),** Pyrit **(436)** u. a.
• Vorkommen: selten; in Rumänien (Cziklova), in den USA, in Japan • Verwendung: Te- und Bi-Erz.

Nagyagit (Blättertellurerz)

Sulfide
$Au(Pb, Sb, Fe)_8(Te, S)_{11}$

11

Benannt nach der Lagerstätte Nagyar (heute Sacarîmb) in Rumänien (Haidinger, 1845)

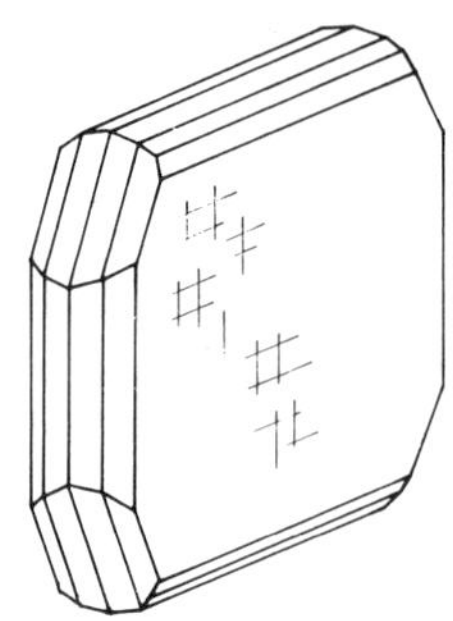

• Härte: 1–1,5 • Strich: dunkel grauschwarz • Frabe: dunkel stahlgrau • Transparenz: undurchsichtig • Spaltbarkeit: vollkommen nach /010/ • Bruch: hakig • Andere Kohäsionsmerkmale: Blättchen biegsam • Ausbildung: selten Kristalle, Schuppen, körnig.
• Dichte: 7,5 • Kristallsystem: tetragonal • Kristallformen: Tafeln, Verwachsungen • Chemische Zusammensetzung: unbeständig • Chemische Eigenschaften: leicht zu schmelzen, löslich in HNO_3 • Behandlung: Reinigung mit Wasser • Ähnliche Minerale: Tetradymit **(10)** • Unterscheidung: Strich, Pb-Probe.
• Genese: hydrothermal • Paragenese: Gold **(50),** Krennerit **(81),** Altait **(78)** u. a. • Vorkommen: selten; Rumänien (Sacarîmb), USA (Cripple Creek, Colorado), Australien, Kanada, Japan • Verwendung: Au-Erz.

Sylvanit (Schrifterz)

Sulfide
$AgAuTe_4$

12

Benennung nach Transsilvanien (Mecker, 1835)

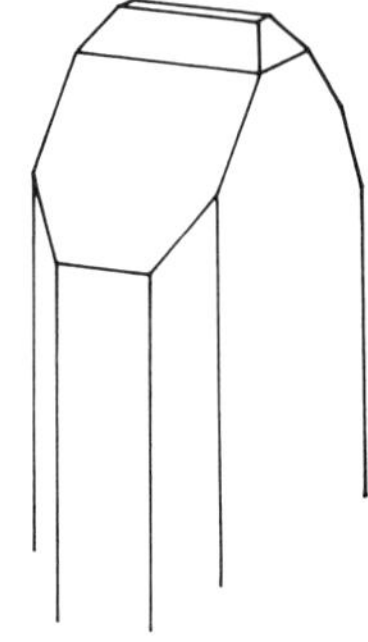

• Härte: 1,5–2 • Strich: stahlgrau • Farbe: silberweiß mit Stich ins Gelbe • Transparenz: undurchsichtig • Glanz: metallisch • Spaltbarkeit: vollkommen nach /010/ • Ausbildung: Kristalle sehen wie Hieroglyphen aus, skelettartige Bildung, Dendriten, körnig.
• Dichte: 8,2 • Kristallsystem: monoklin • Kristallformen: kurz prismatisch, grob tafelig, Verwachsungen • Chemische Zusammensetzung: Ag 13,22 %, Au 24,19 %, Te 62,59 %, Beimengungen von Sb, Pb, Cu • Chemische Eigenschaften: leicht zu schmelzen, löslich in Säuren • Behandlung: Reinigung mit Wasser • Ähnliche Minerale: Krennerit **(81)** • Unterscheidung: typisches Aussehen der Kristalle, chemisch.
• Genese: hydrothermal • Paragenese: Krennerit **(81),** Petzit **(82),** Calaverit **(83)** u. ä. • Vorkommen: selten; in Rumänien (Sacarîmb, Baia de Aries), Australien (Calgoorlie), in den USA (Calaceras Co. – Kalifornien) • Verwendung: Au-, Ag-, Te-Erz.

1. Tetradymit – kristallines Aggregat (Kristalle bis zu 3 mm) auf Andesit-Tuff; ČSFR (Župkov). **2. Nagyagit** – blättrige Kristalle (bis zu 30 mm) in Quarz; Rumänien (Sacarimb). **3. Sylvanit** – silberweiß glänzende Skelettkristalle (bis zu 5 mm) in einer Quarzspalte; Rumänien (Sacarimb).

Tetradymit, Nagyagit, Sylvanit

H
0—2

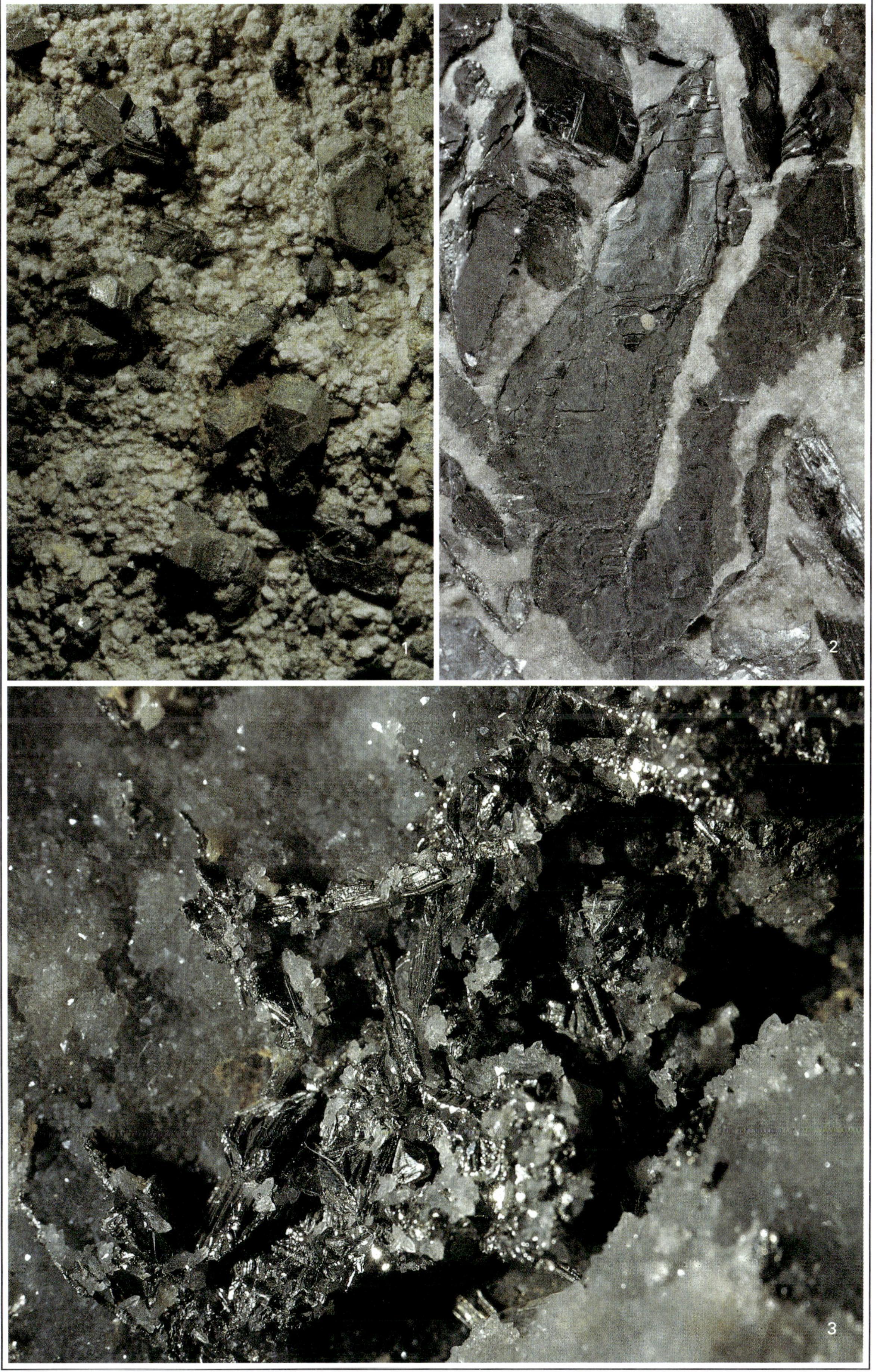

Hessit (Tellursilberglanz)

Sulfide
Ag_2Te

13

Nach dem Schweizer Chemiker G. H. Hesse (1802–1850) (Fröbel, 1843)

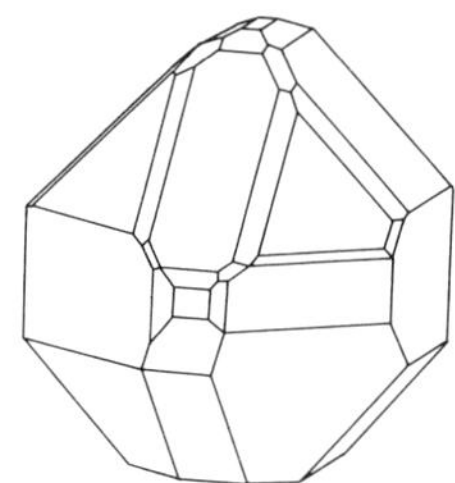

• Härte: 1,5–2 • Strich: hellgrau, glänzend • Farbe: stahlgrau, bleiern, bläulich bis schwarz anlaufend • Transparenz: undurchsichtig • Glanz: schwach metallisch • Spaltbarkeit: sehr unvollkommen nach /100/ • Bruch: uneben • Andere Kohäsionsmerkmale: läßt sich mit dem Messer schneiden • Ausbildung: Kristalle, feinkörnig, massiv.

• Dichte: 8,4 • Kristallsystem: monoklin, über 155 °C kubisch • Kristallformen: isometrisch, pseudokubisch, oft deformiert • Chemische Zusammensetzung: Ag 62,86 %, Te 37,14 %, Beimengungen von Au • Chemische Eigenschaften: löslich in HNO_3 und H_2SO_4 unter Entstehung von himbeerroter Lösung. Schmilzt in der Flamme und färbt sie hellgrün • Behandlung: Reinigung mit Wasser • Ähnliche Minerale: Akanthit **(75)** • Unterscheidung: hellere Farbe, höhere Dichte.

• Genese: hydrothermal • Paragenese: Gold **(50),** Nagyagit **(11),** Sylvanit **(12)** • Vorkommen: selten; in Rumänien (Botes), in der UdSSR (Savodinsk – bis 200 kg schwere Massen), in Mexiko (San Sebastian), Chile (Coquimbi), in den USA (Colorado – Red Cloud; Kalifornien – Calaveras Co.) • Verwendung: als Ag- und Te-Erz.

Salmiak (Salammoniak)

Halogenide
NH_4Cl

14

Bezeichnung stammt aus dem lat. *sal Ammoniacum* – Salz des Ammon (Agricola, 1546)

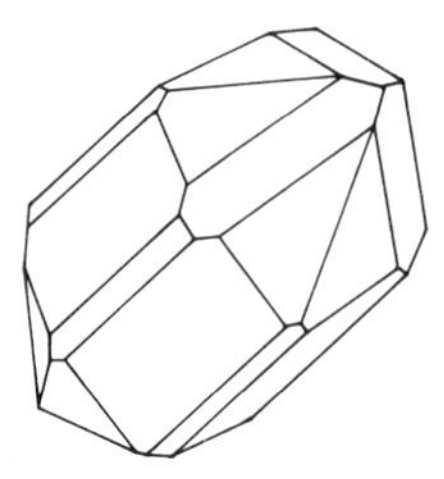

• Härte: 1–2 • Strich: weiß • Farbe: farblos, weiß, gelb, rötlich • Transparenz: durchsichtig • Glanz: glasig • Spaltbarkeit: unvollkommen nach /111/ • Ausbildung: vielflächige Kristalle, staubförmig, Anflüge, Rinden, fächerige Aggregate • Löslichkeit: leicht wasserlöslich • Andere Eigenschaften: salziger Geschmack.

• Dichte: 1,53 • Kristallsystem: kubisch • Kristallformen: tetragon-trioktaedrisch, rhombendodekaedrisch • Chemische Zusammensetzung: NH_4 33,72 %, Cl 66,28 % • Chemische Eigenschaften: verflüchtigt sich vor dem Lötrohr, mit Soda und Säuren entsteht bei Erwärmung Ammoniak, charakteristisch für seinen Geruch • Ähnliche Minerale: Sylvin **(85),** Halit **(86)** • Unterscheidung: Freisetzung von Ammoniak bei Erwärmung mit Säuren.

• Genese: Vulkantätigkeit, Guanoanlagerungen, brennende Halden • Paragenese: Schwefel **(1),** Halit • Vorkommen: lokal; in Italien (Vesuv, Ätna), in Deutschland (Duttweiler, Oberhausen).

Kalomel (Quecksilberhornerz)

Halogenide
Hg_2Cl_2

15

L

Bezeichnung aus den griech. Wörtern *kalos* – schön und *melas* – schwarz (Werner, 1789)

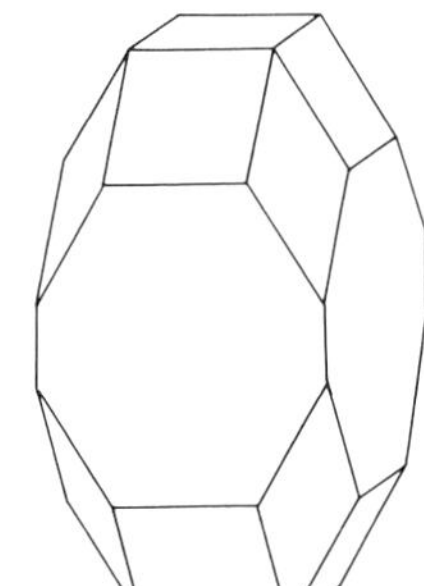

• Härte: 1–2 • Strich: weiß • Farbe: weiß, gelbgrau, grau, dunkelt an der Luft nach • Transparenz: durchsichtig bis durchscheinend • Glanz: diamantartig • Spaltbarkeit: unvollkommen nach /100/ und /001/ • Ausbildung: vielflächige Kristalle, Rinden, erdige Massen, garbige Verwachsungen.

• Dichte: 6,4–6,5 • Kristallsystem: tetragonal • Kristallformen: prismatisch, dipyramidal, tafelig, Zwillingsverwachsungen nach /101/ • Lumineszenz: manchmal orange, rosa, rot • Chemische Zusammensetzung: Hg 84,98 %, Cl 15,02 % • Chemische Eigenschaften: wird mit KOH schwarz, schwer säurelöslich, sublimiert im Kolben • Behandlung: Reinigung mit Wasser.

• Genese: sekundär • Paragenese: Quecksilber **(3),** Cinnabarit **(76)** • Vorkommen: selten; mit Cinnabarit in Deutschland (Moschellandsberg), in Spanien (Almaden), die größten Konzentrationen befinden sich in den USA (Texas – Lagerstätte Terlingus), in Mexiko und in der UdSSR • Verwendung: Hg-Erz.

1. Hessit – kristallines Aggregat auf Quarz (Ausschnittbreite 16 mm); Rumänien (Botes). **2. Salmiak** – Kristallhäufung auf der Halde einer Kohlenzeche (Ausschnittbreite 15 mm); ČSFR (Kladno). **3. Kalomel** – schwarzbraune Kristalle (bis 7 mm) in einem Hohlraum; USA (Terlingua).

Hessit, Salmiak, Kalomel

H
0—2

Halogenide
$AgCl$

Chlorargyrit (Kerargyrit, Hornsilber, Chlorsilber)

16 Bezeichnung aufgrund der chemischen Zusammensetzung (Weisbach, 1875)

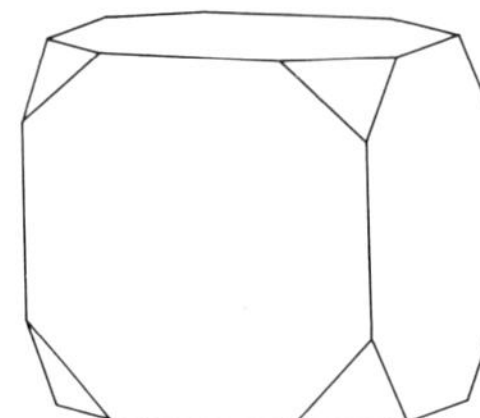

• Härte: 1,5 • Strich: weiß, glänzend • Farbe: grau, gelblich, bräunlich bis schwarz • Transparenz: undurchsichtig • Glanz: pechartig, diamantartig, matt • Spaltbarkeit: fehlt • Bruch: uneben • Andere Kohäsionsmerkmale: plastisch • Ausbildung: Rinden, Anflüge, wächsern, körnig, Kristalle.

• Dichte: 5,5–5,6 • Kristallsystem: kubisch • Kristallformen: Hexaeder, Hexaoktaeder, Zwillinge • Chemische Zusammensetzung: Ag 75,26 %, Cl 24,74 % • Chemische Eigenschaften: löslich in NH_4OH, läßt sich leicht schmelzen unter Entstehung von Ag • Behandlung: Reinigung mit Wasser, dunkel aufbewahren – wird an der Luft dunkel.

• Genese: Oxidationszone arider Regionen • Paragenese: Limonit **(355),** Akanthit **(75),** Bromargyrit, Embolit • Vorkommen: selten; in Deutschland (Dernbach, Johanngeorgenstadt), in den USA (Leadvill und Freasury Hill), in Australien (Neusüdwales-Broken Hill) • Verwendung: Ag-Erz.

Halogenide
AgJ

Jodargyrit (Jodsilber)

17 Bezeichnung aufgrund der chemischen Zusammensetzung (Rammelsberg, 1860)

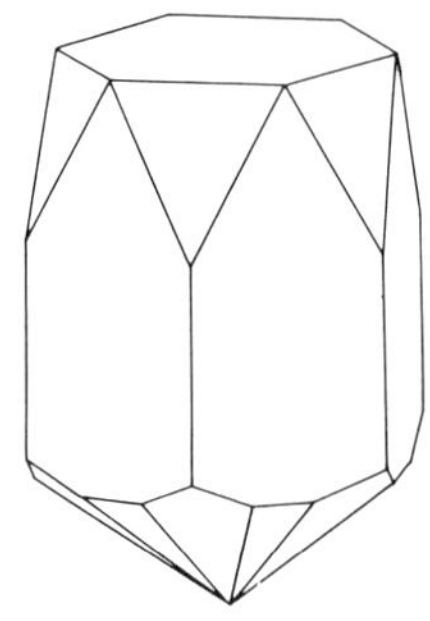

• Härte: 1–1,5 • Strich: glänzend, gelb • Farbe: gelb, gelbgrün • Transparenz: durchsichtig • Glanz: fettig bis diamantartig • Spaltbarkeit: vollkommen nach /0001/ • Andere Kohäsionsmerkmale: biegsam • Ausbildung: Kristalle, Schuppen, staubförmig.

• Dichte: 5,7 • Kristallsystem: hexagonal • Kristallformen: prismatisch, tafelig, tönnchenförmig • Chemische Zusammensetzung: Ag 45,95 %, J 54,05 % • Chemische Eigenschaften: löslich in heißem HNO_3 und H_2SO_4 • Behandlung: Reinigung in destilliertem Wasser, vor Licht schützen • Ähnliche Minerale: Chlorargyrit **(16),** Bromargyrit • Unterscheidung: vollkommene Spaltbarkeit

• Genese: sekundär • Paragenese: Limonit **(355),** Chlorargyrit, Vanadinit **(263),** Descloizit **(260)** • Vorkommen: selten, Deutschland (Dernbach), Chile, Mexiko (Mazapil), Australien • Verwendung: Ag-Erz.

Hydroxide
$B(OH)_3$

Sassolin (Borsäure)

18 Bezeichnung nach der Fundstelle Sasso in Italien (Karsten, 1800)

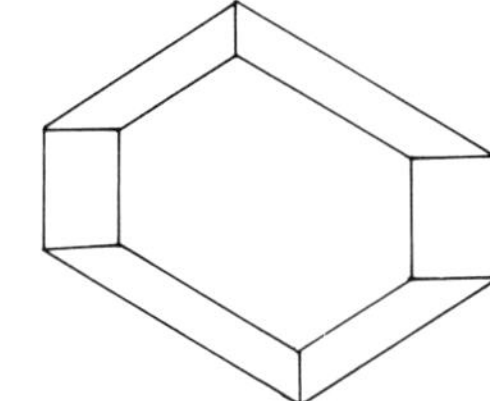

• Härte: 1 • Strich: weiß • Farbe: farblos, weiß, grau • Transparenz: durchsichtig • Glanz: glasig, perlmutterartig • Spaltbarkeit: vollkommen nach /001/ • Andere Kohäsionsmerkmale: biegsam • Ausbildung: Schuppen, Kristalle, Rinden • Löslichkeit: in heißem Wasser • Andere Eigenschaften: fühlt sich fettig an, Bittergeschmack.

• Dichte: 1,45 • Kristallsystem: triklin • Kristallformen: Tafeln • Lumineszenz: manchmal blau • Chemische Zusammensetzung: B_2O_3 56,5 %, H_2O 43,5 % • Chemische Eigenschaften: gibt im Kolben Wasser frei, schmilzt leicht, färbt die Flamme grün • Behandlung: Reinigung mit Alkohol.

• Genese: vulkanisch, heiße Quellen • Paragenese: Schwefel **(1),** Borate u. a. • Vorkommen: selten; Italien (Insel Vulcano und Lokalität Sasso), UdSSR (Vulkan Awatschinskaja auf Kamtschatka), Deutschland (bei Wiesbaden) • Verwendung: Chemie-, Glas- und Nahrungsmittelindustrie, Heilkunde.

1. Chlorargyrit – Ballung gelblicher Kristalle (max. Größe 4 mm) aus der Oxidationszone einer Lagerstätte; USA (Leadville). **2. Sassolin** – kristallines Aggregat aus tafeligen Kristallen (Ausschnittbreite 32 mm); Italien (Insel Vulkana). **3. Jodargyrit** – gelbgrünes Aggregat aus tafeligen Kristallen aus der Oxidationszone einer Lagerstätte; Australien (Broken Hill).

Chlorargyrit, Sassolin, Jodargyrit

H
0—2

Ulexit (Boronatrocalcit)

Borate
$NaCa[B_5O_6(OH)_6] . 5 H_2O$

19

Benannt nach dem deutschen Chemiker G. L. Ulex (1811–1883) (Dana, 1850)

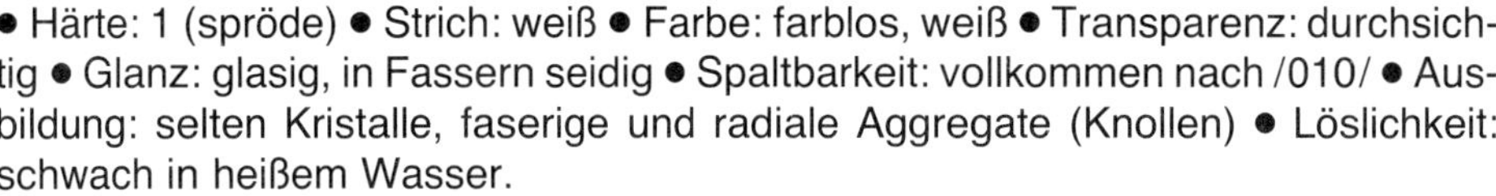

• Härte: 1 (spröde) • Strich: weiß • Farbe: farblos, weiß • Transparenz: durchsichtig • Glanz: glasig, in Fassern seidig • Spaltbarkeit: vollkommen nach /010/ • Ausbildung: selten Kristalle, faserige und radiale Aggregate (Knollen) • Löslichkeit: schwach in heißem Wasser.

• Dichte: 2,0 • Kristallsystem: triklin • Kristallformen: Tafeln, Nadeln • Lumineszenz: weiß • Chemische Zusammensetzung: Na_2O 7,7 %, CaO 13,8 %, B_2O_3 43,0 %, H_2O 35,5 % • Chemische Eigenschaften: quillt nach Erwärmung auf, läßt sich dann leicht schmelzen, färbt die Flamme gelb • Behandlung: Reinigung mit kaltem Wasser • Ähnliche Minerale: Colemanit **(301),** Inyoit **(100),** Hydroboracit • Unterscheidung: Kristallformen, Härte.

E

• Genese: Boratseen • Paragenese: Borax **(97),** Colemanit, Inyoit • Vorkommen: selten; USA, Peru, Argentinien, UdSSR, Türkei, Italien • Verwendung: Chemische Industrie, oft als Schmuckstein (Cabochonschliffe, Plättchen).

Soda (Natron)

Carbonate
$Na_2CO_3 . 10 H_2O$

20

Bezeichnung abgeleitet von arab. *natrūn* – Soda (Wallerius, 1747)

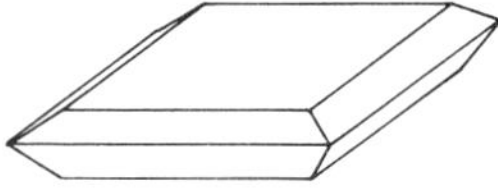

• Härte: 1–1,5 • Strich: weiß • Farbe: farblos, weiß, grau • Transparenz: durchscheinend • Glanz: glasig • Spaltbarkeit: sehr gut nach /100/ • Ausbildung: Kristalle, körnige und stengelige Krusten, Ausblühungen auf dem Boden • Löslichleit: leicht wasserlöslich • Andere Eigenschaften: Laugengeschmack.

• Dichte: 1,42–1,47 • Kristallsystem: monoklin • Kristallformen: Tafeln • Chemische Zusammensetzung: Na_2O 21,6 %, CO_2 15,4 %, H_2O 63,0 % • Chemische Eigenschaften: nimmt an der Luft Wasser auf, dehydriert durch Erwärmung, färbt die Flamme gelb • Behandlung: Reinigung mit Alkohol, Aufbewahrung in Kunststoffbehältern • Ähnliche Minerale: Mirabilit **(23)**,, Epsomit **(111),** Thenardit **(125)** • Unterscheidung: Natrit schäumt in HCl.

• Genese: Sodaseen • Paragenese: Thermonatrit, Mirabilit, Trona **(102).** • Vorkommen: häufig; Ägypten, Südamerika, UdSSR • Verwendung: Chemische Industrie.

Nitronatrit (Chilesalpeter, Natrosalpeter)

Nitrate
$NaNO_3$

21

Bezeichnung aufgrund der chemischen Zusammensetzung (Glocker, 1847)

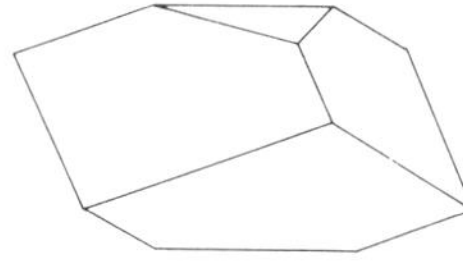

• Härte: 1,5–2 • Strich: weiß • Farbe: weiß, grau, rotbraun, gelb • Transparenz: durchscheinend • Glanz: glasig bis matt • Spaltbarkeit: vollkommen nach /1011/ • Bruch: muschelig • Ausbildung: Kristalle, kompakte und körnige Massen, Ausblühungen • Löslichkeit: wasserlöslich • Andere Eigenschaften: süßlicher Geschmack, kühlt bei Berührung.

• Dichte: 2,2–2,3 • Kristallsystem: trigonal • Kristallformen: Rhomboeder • Chemische Zusammensetzung: Na_2O 36,5 %, N_2O_5 63,5 % • Chemische Eigenschaften: leicht schmelzbar, färbt die Flamme gelb, ist schwach hygroskopisch.

• Genese: sedimentär • Paragenese: Gips **(29),** Mirabilit **(23),** Halit **(86)** • Vorkommen: selten; Chile, UdSSR • Verwendung: Dünger, Metallurgie, Lebensmittelindustrie.

Stichtit

Karbonate
$Mg_6Cr_2[(OH)_{16}|CO_3] . 4 H_2O$

22

Benannt nach Robert Sticht, Direktor einer Bergwerksgesellschaft (Petterd, 1910)

• Härte: 1,5–2 • Strich: weiß bis violett • Farbe: violett (lila) • Transparenz: durchscheinend • Glanz: glasig • Spaltbarkeit: vollkommen nach /0001/ • Ausbildung: Schuppen, massiv, faserig, Knollen.

• Dichte: 2,2 • Kristallsystem: trigonal • Kristallformen: Tafel, glimmerähnliche Schuppen • Chemische Zusammensetzung: MgO 36,98 %, Cr_2O_3 23,24 %, CO_2 6,73 %, H_2O 33,05 % • Behandlung: Reinigung mit Wasser.

• Genese: sekundär • Paragenese: Chromit **(371),** Serpentin **(273)** • Vorkommen: selten; Republik Südafrika (Barborton), Kanada, Tasmanien.

1. Ulexit – radialstrahliges Aggregat; Türkei (Bandirma). **2. Natrit** – graubraunes poröses Aggregat (Ausschnittbreite 68 mm); Chile. **3. Stichtit** – derbes hellviolettes Nest (Ausschnittbreite 42 mm) in Serpentinit; Südafrika (Barberton).

Ulexit, Soda, Stichtit

H
0—2

Mirabilit (Glaubersalz)

Sulfate
$Na_2SO_4 . 10 H_2O$

23

Bezeichnung von lat. *sal mirabile Glauberi* wundersames Glaubersalz (Haidinger, 1845)

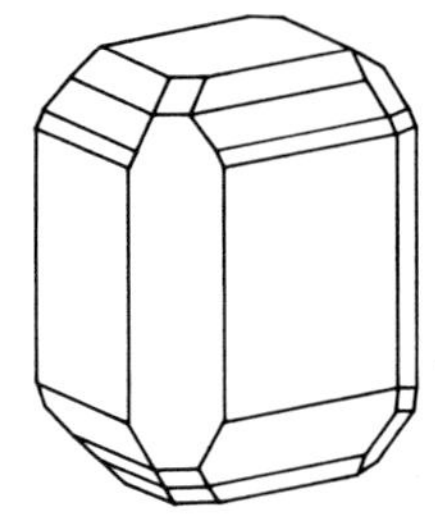

● Härte: 1,5 ● Strich: weiß ● Farbe: weiß, gelblich, grünlich ● Transparenz: durchsichtig bis durchscheinend ● Glanz: glasig bis matt ● Spaltbarkeit: vollkommen nach /100/ ● Bruch: muschelig ● Ausbildung: Kristalle, Rinden, staubförmig, Anflüge ● Löslichkeit: leicht wasserlöslich ● Andere Eigenschaften: bitter-salziger Geschmack.

● Dichte: 1,49 ● Kristallsystem: monoklin ● Kristallformen: kurz prismatisch ● Lumineszenz: weiß ● Chemische Zusammensetzung: Na_2O 19,3 %, SO_3 24,8 %, H_2O 55,9 % ● Chemische Eigenschaften: färbt die Flamme gelb, säurelöslich ● Behandlung: Reinigung mit Alkohol, in Kunststoffgefäßen aufbewahren – dehydratiert an der Luft und zerfällt zu weißem Pulver ● Ähnliche Minerale: Natrit **(20)** ● Unterscheidung: bitter-salziger Geschmack, setzt in HCl kein CO_2 frei wie Natrit.

● Genese: Salzseen ● Paragenese: Gips **(29),** Halit **(86),** Thenardit **(125)** ● Vorkommen: lokal; Österreich (Salzlagerstätten Ischl, Hallstatt), Ägypten, UdSSR (Karabogasgolf im Kaspisee) ● Verwendung: Sodaherstellung, Glasindustrie, Färberei.

Tschermigit (Ammonalaun)

Sulfate
$NH_4Al[SO_4]_2 . 12 H_2O$

24

Nach der deutschen Bezeichnung der Lokalität Čermníky in der ČSFR (Kobell, 1853)

● Härte: 1,5 ● Strich: weiß ● Farbe: farblos, weiß ● Glanz: glasig ● Spaltbarkeit: fehlt ● Bruch: muschelig ● Ausbildung: Kristalle, faserige und rindige Aggregate ● Löslichkeit: wasserlöslich ● Andere Eigenschaften: süßlicher bis bitterer Geschmack.

● Dichte: 1,65 ● Kristallsystem: kubisch ● Kristallformen: Tafeln, Nadeln, Oktaeder ● Chemische Zusammensetzung: $(NH_4)_2O$ 5,75 %, Al_2O_3 11,24 %, SO_3 35,32 %, H_2O 47,69 % ● Chemische Eigenschaften: schmilzt in der Flamme und setzt Ammoniak frei ● Behandlung: Reinigung mit Alkohol ● Ähnliche Mineralien: Mirabilit **(23)** ● Unterscheidung: an der Spaltbarkeit.

● Genese: sekundär in Kohlenlagern und Fumarolen ● Paragenese: Gips **(29),** Lehmminerale ● Vorkommen: selten; ČSFR (Čermníky), Ungarn (Tokod), Deutschland (Wackersdorf, Oberhausen).

Aluminit

Sulfate
$Al_2[(OH)_4|SO_4] . 7 H_2O$

25

L

Bezeichnung aufgrund der chemischen Zusammensetzung (Haberle, 1807)

● Härte: 1 ● Strich: weiß ● Farbe: weiß ● Transparenz: durchscheinend ● Glanz: matt ● Bruch: erdig ● Andere Kohäsionsmerkmale: schneidbar ● Ausbildung: warzige und traubige Knollen, pulverige Aggregate ● Andere Eigenschaften: klebt auf der Zunge.

● Dichte: 1,7 ● Kristallsystem: monoklin ● Kristallformen: Nadeln ● Lumineszenz: manchmal weiß ● Chemische Zusammensetzung: Al_2O_3 29,6 %, SO_3 23,3 %, H_2O 47,1 % ● Chemische Eigenschaften: hygroskopisch, bei Erwärmung entweicht Wasser, in HCl löslich ● Behandlung: Reinigung mit destilliertem Wasser, in Plasten aufbewahren. ● Ähnliche Minerale: Alunogen **(26)** ● Unterscheidung: Alunogen ist wasserlöslich.

● Genese: sekundär ● Paragenese: Alunogen, Kaolinit **(38),** Epsomit **(111)** ● Vorkommen: selten; Deutschland (Halle), Großbritannien (New Haven und Brighton), Pakistan (Salt Range).

1. Aluminit – traubig-knolliges Aggregat (Ausschnittbreite 95 mm); Deutschland (Halle). **2. Mirabilit** – Kristallaggregat; Deutschland (Halle). **3. Tschermigit** – Kristallgruppe (bis zu 3 mm); ČSFR (Zastávka).

Aluminit, Mirabilit, Tschermigit

H
0—2

Alunogen (Keramohalit)

Sulfate
$Al_2[SO_4]_3 . 18 H_2O$

26

Name von lat. *alumen* – Alaun und griech. *genos* – Geschlecht (Beudant, 1832)

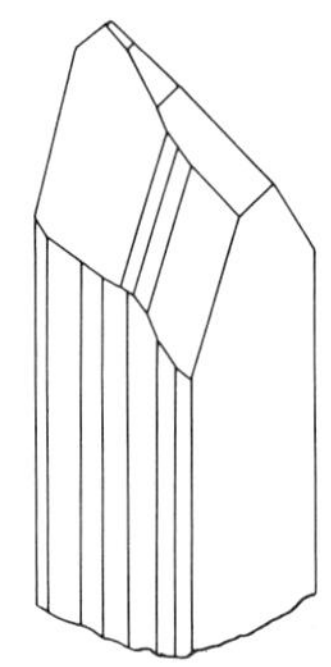

• Härte: 1–2 • Strich: weiß • Farbe: farblos, weißgelb, rötlich • Transparenz: durchsichtig • Glanz: glasig bis seidig und perlmuttartig • Spaltbarkeit: vollkommen nach /010/ • Ausbildung: faserige und blättrige Aggregate, Rinden, Kristalle, Sinteranlagerungen, staubförmig • Löslichkeit: wasserlöslich • Andere Eigenschaften: bitterer Geschmack.

• Dichte: 1,78 • Kristallsystem: triklin • Kristallformen: Tafeln, prismatisch • Chemische Zusammensetzung: Al_2O_3 14,9 %, SO_3 35,09 %, H_2O 50,01 % • Behandlung: Reinigung mit Alkohol • Ähnliche Minerale: Alunit **(232)** • Unterscheidung: Alunit löst sich weder in Wasser noch in HCl.

• Genese: sekundär • Paragenese: Halotrichit **(27),** Fibroferrit **(120)** und andere Sulfate • Vorkommen: selten; Deutschland (Friesdorf bei Bonn), ČSFR (Dubník), Italien (Solfatara, Vesuv), USA (in den Alun Mts. in New Mexico gibt es bis zu 3 m mächtige Lagen).

Halotrichit (Eisenalaun, Haarsalz)

Sulfate
$Fe^{+2}Al_2[SO_4]_4 . 22 H_2O$

27

Bezeichnung aus dem lat. Wort *halotrichum* – faseriges Salz (Glocker, 1839)

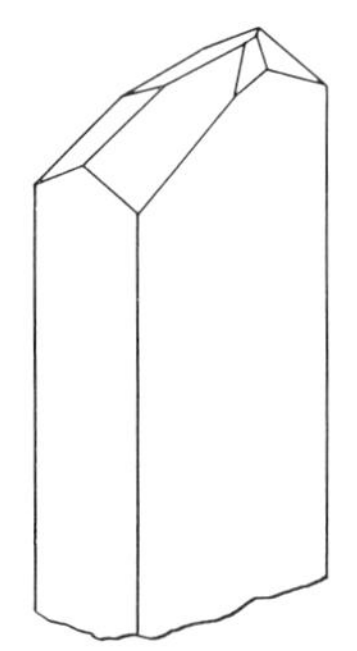

• Härte: 1,5 • Strich: heller als die Färbung • Farbe: farblos, weiß, gelblich, grünlich • Transparenz: durchscheinend • Glanz: glasig bis seidig • Spaltbarkeit: unvollkommen nach /010/ • Ausbildung: Krusten, faserig, Sinteranlagerungen, Kristalle • Löslichkeit: wasserlöslich.

• Dichte: 1,9 • Kristallsystem: monoklin • Kristallformen: Nadeln, prismatisch • Chemische Zusammensetzung: FeO 8,07 %, Al_2O_3 11,45 %, SO_3 35,97 %, H_2O 44,51 % • Chemische Eigenschaften: zerfällt an der Luft • Behandlung: Reinigung mit Alkohol, in Plasten aufbewahren. • Ähnliche Minerale: Pickeringit **(28)** und andere Sulfate • Unterscheidung: chemisch.

• Genese: sekundär • Paragenese: Alunogen **(26),** Pickeringit, Copiapit **(123)** • Vorkommen: selten; Deutschland (Reichenbach, Mörsfeld), Jugoslawien (Istrien), ČSFR (Dubník), Chile (Copiapo), USA (Alun Mt. in New Mexico).

Pickeringit

Sulfate
$MgAl_2[SO_4]_4 . 22 H_2O$

28

Benannt nach J. Pickering (1777–1846) (Hayes, 1844)

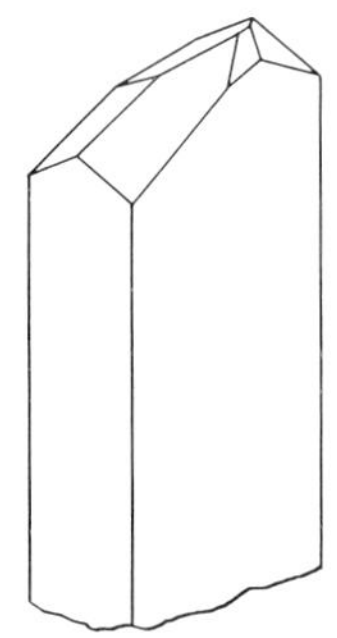

• Härte: 1,5 • Strich: heller als die Färbung • Farbe: farblos, weiß, blaßrosa, rötlich • Transparenz: durchsichtig • Glanz: glasig bis perlmutterartig und seidig • Spaltbarkeit: unvollkommen nach /010/ • Ausbildung: Kristalle, Rinden, Sinteranlagerungen mit nieriger Oberfläche • Löslichkeit: wasserlöslich.

• Dichte: 1,8 • Kristallsystem: monoklin • Kristallformen: Nadeln, prismatisch • Chemische Zusammensetzung: MgO 4,69 %, Al_2O_3 11,87 %, SO_3 37,29 %, H_2O 46,15 %, Beimengungen von Mn, Fe, Co • Chemische Eigenschaften: zerfällt allmählich an der Luft, verliert bei Erwärmung Wasser • Behandlung: Reinigung mit Alkohol, in Plasten aufbewahren • Ähnliche Minerale: Halotrichit **(27)** • Unterscheidung: chemisch.

• Genese: sekundär • Paragenese: Halotrichit, Alunogen **(26)** und andere Sulfate • Vorkommen: selten; Deutschland (Wetzelstein), ČSFR (Dubník), Italien (Insel Elba), Republik Südafrika (Bosjeman), Chile (Chiquicamata) u. a.

1. Alunogen – Kruste aus feintafeligen Kriställchen; ČSFR (Dubník). **2. Halotrichit** – kugelförmige Aggregate aus nadeligen Kriställchen (Ausschnittbreite 70 mm); ČSFR (Dubník).

Gips

H
0—2

Sulfate

Sideronatrit

$Na_2Fe^{3+}[OH|(SO_4)_2] . 3 H_2O$

30

Bezeichnung aufgrund der chemischen Zusammensetzung (Raimondi, 1878)

• Härte: 1,5 • Strich: gelbweiß • Farbe: gelb, gelbbraun bis orange • Transparenz: durchscheinend • Glanz: glasig bis matt • Spaltbarkeit: vollkommen nach /100/ • Ausbildung: fein faserige, klumpige bis knollige Aggregate, Rinden • Löslichkeit: in heißem Wasser.

• Dichte: 2,3 • Kristallsystem: rhombisch • Kristallformen: Nadeln • Chemische Zusammensetzung: Na_2O 16,9 %, Fe_2O_3 21,87 %, SO_3 43,87 %, H_2O 17,27 % • Behandlung: Reinigung mit kaltem Wasser.

• Genese: sekundär • Paragenese: Melanterit **(114),** Voltait **(233),** Pyrit **(436)** • Vorkommen: selten; Chile (Provinz Tarapaca), Bolivien (Potosí), UdSSR (Inseln im Kaspisee).

Phosphate

Struvit (Guanit)

$(NH)_4Mg[PO_4] . 6 H_2O$

31

Benannt nach dem russischen Diplomaten H. G. von Struve (1772–1851) (Ulex, 1846)

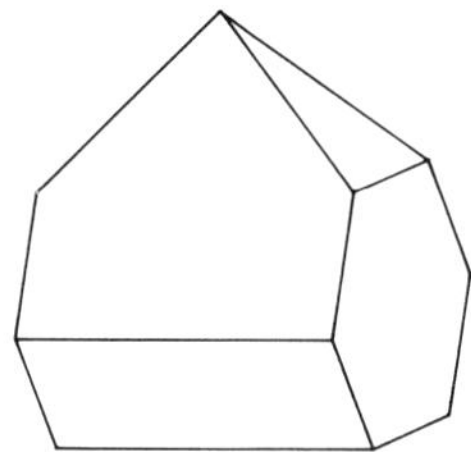

• Härte: 1,5–2 • Strich: weiß • Farbe: farblos, gelblich, bräunlich • Transparenz: durchsichtig bis durchscheinend • Glanz: glasig bis matt • Spaltbarkeit: vollkommen nach /100/ • Ausbildung: isometrisch, kristallisch • Löslichkeit: schwach wasserlöslich.

• Dichte: 1,7 • Kristallsystem: rhombisch • Kristallformen: kurz prismatisch, großtafelig, keilförmig, Verwachsungen • Chemische Zusammensetzung: MgO 16,43 %, $(NH_4)_2O$ 10,61 %, P_2O_5 28,92 %, H_2O 44,04 % • Chemische Eigenschaften: schmilzt leicht, setzt bei Erwärmung Wasser und Amoniak frei, wird durch Dehydratation matt. Färbt die Flamme grün und ist säurelöslich • Behandlung: mechanisch reinigen, in Plasten aufbewahren.

• Genese: sekundär • Vorkommen: selten; Deutschland (Hamburg, Braunschweig), Australien (Skipton-Höhle), Insel Reunion im Indischen Ozean, Republik Südafrika (Saldanha Bay).

Arsenate

Tirolit (Kupferschaum)

$Ca_2Cu_9[(OH)_{10}|(AsO_4)_4] . 10 H_2O$

32

Bezeichnung nach Tirol in Österreich (Haidinger, 1845)

• Härte: 1,5–2 • Strich: heller als die Färbung • Farbe: hellgrün bis blaugrün, blaugrau • Transparenz: durchscheinend • Glanz: glasig bis perlmuttartig • Spaltbarkeit: vollkommen nach /001/ • Andere Kohäsionsmerkmale: biegsam • Ausbildung: Kristalle, blättrige und fächerige Aggregate, Rinden, traubige Aggregate.

• Dichte: 3,2 • Kristallsystem: rhombisch • Kristallformen: Tafeln, Schuppen • Elektrische Leitfähigkeit: guter Leiter • Chemische Zusammensetzung: CaO 7,12 %, Cu 36,32 %, As_2O_5 39,39 %, H_2O 17,17 % • Chemische Eigenschaften: säurelöslich, verbleicht bei Erwärmung, schmilzt, setzt Knoblauchgeruch frei • Behandlung: Reinigung mit destilliertem Wasser.

• Genese: sekundär • Paragenese: Langit **(130),** Posnjakit **(131),** Brochantit **(228),** Chalkophyllit **(138),** Malachit **(307)** u. a. • Vorkommen: selten; Deutschland (Bieber, Richelsdorf, Schneeberg, Saalfeld), Spanien (Linares), ČSFR (Poniky), USA (Utah, Tintic District).

1. Sideronatrit – lang prismatische Kriställchen in einem Aggregat mit Carbonat; Chile (Sierra Gorda). **2. Tirolit** – Ader aus fächerförmig geordneten blättrigen Kriställchen mit feinen Gipstäfelchen (Ausschnittbreite 27 mm); ČSSR (Novoveská Huta).

Sideronatrit, Tirolit

Montmorillonit

Silikate
$\{(Al_{1,67}Mg_{0,33}[(OH)_2|Si_4O_{10}]^{0,33-}\} . Na_{0,33}(H_2O)_4$

33

Benannt nach der Lokalität Montmorillo in Frankreich (Mauduyt, 1847)

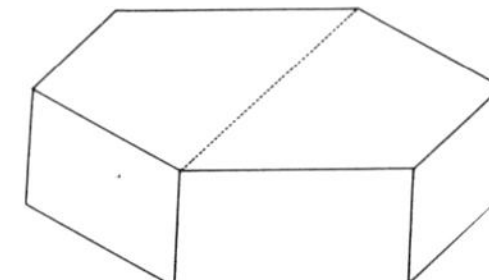

● Härte: 1–2 ● Strich: weiß ● Farbe: weiß, grauweiß, gelb, bräunlich, grünlich, rosa, bläulich ● Transparenz: undurchsichtig ● Glanz: matt ● Spaltbarkeit: vollkommen nach /001/ ● Ausbildung: kompakt, massiv, erdige und staubförmige Aggregate.
● Dichte: 1,7–2,7 ● Kristallsystem: monoklin ● Kristallformen: Schuppen (nur unter dem Mikroskop sichtbar) ● Lumineszenz: manchmal weiß ● Chemische Zusammensetzung: variabel ● Chemische Eigenschaften: in Säure löslich, quillt in Wasser auf ● Ähnliche Minerale: Halloysit **(34),** Illit, Kaolinit **(38)** ● Unterscheidung: optisch mit Röntgen, chemisch ● Behandlung: Reinigung mit destilliertem Wasser.
● Genese: sekundär ● Paragenese: Illit, Halloysit, Kaolinit, Quarz **(534)** ● Vorkommen: sehr häufig, wichtiger Bestandteil von Tonen und Lehmen; bedeutende Lagerstätten befinden sich in Frankreich (Montmorillon), in Deutschland (Landshut), in der UdSSR, in den USA (Florida, Georgia, Kalifornia). Aus vulkanischen Tuffen entstandene, vorwiegend aus Montmorilloniten bestehende Gesteine heißen Bentonite. Auch aus den vulkanischen Gebieten der ČSFR (Lastovce, Kuzmice), Ungarns, Rumäniens, Nordirlands (Antrim), der UdSSR (Transkarpatengebiet, Kaukasus), und der USA (New Mexico, Arizona, Colorado) sind Lagerstätten bekannt ● Verwendung: Keramik-, Pharmazeutik-, Erdölverarbeitungs-, Gummiindustrie, Kosmetik usw.

Halloysit

Silikate
$\{Al_4[(OH)_8|Si_4O_{10}]\} . (H_2O)_4$

34

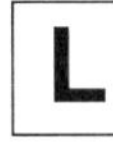

Benannt nach O. d'Halloy (1707–1789) (Berthier, 1826)

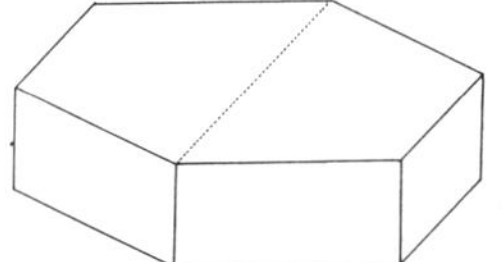

● Härte: 1–2 ● Strich: weiß ● Farbe: weiß, gelblich, rötlich, grünlich, bläulich ● Transparenz: durchscheinend ● Glanz: matt, fettig ● Spaltbarkeit: fehlt ● Bruch: erdig ● Andere Kohäsionsmerkmale: nach Ritzen bleibt eine glänzende Rille zurück, zerplatzt durch Trocknung in scharfrandige Bruchstücke ● Ausbildung: staubförmige, erdige, amorphe und kompakte Aggregate ● Andere Eigenschaften: trokkenes Halloysit klebt auf der Zunge.
● Dichte: 2,0–2,2 ● Kristallsystem: monoklin ● Kristallformen: röhrenförmig, (nur bei starker Vergrößerung unter dem Elektronen-Mikroskop zu sehen) ● Lumineszenz: weiß oder blau ● Chemische Zusammensetzung: Al_2O_3 34,7 %, SiO_2 40,8 %, H_2O 24,5 %, Beimengungen von Fe, Cr, Mg, Ni, Cu. Geht durch Dehydrierung in Metahalloysit über ● Chemische Eigenschaften: löslich in HCl, zerfällt in Wasser, quillt aber nicht ● Behandlung: Reinigung mit destilliertem Wasser ● Ähnliche Minerale: Montmorillonit **(33),** Kaolinit **(38)** ● Unterscheidung: optisch, mit Röntgen, chemisch.
● Genese: niederhydrothermal, sekundär ● Paragenese: Montmorillonit, Kaolinit, Markasit **(437)** ● Vorkommen: häufig; Deutschland (Altenberg bei Aachen), Belgien (Angleur), ČSFR (Michalovce), Polen (Tarnowitz), UdSSR (Aserbaidschan–Saglinsk) usw. ● Verwendung: Keramikindustrie.

1. Halloysit – derbes, erdig aussehendes Aggregat (Ausschnittbreite 60 mm); Frankreich (Cotas du More). **2. Montmorillonit** –derbes, erdig aussehendes Aggregat, von Fe-Hydroxiden gefärbt; Frankreich (Mont Morillon).

Halloysit, Montmorillonit

H
0—2

Saponit (Seifenstein)

Silikate

$Mg_3[(OH)_2 | Al_{0,33}Si_{3,67}O_{10}]^{0,33-} . Na_{0,33}(H_2O)_4$

35

Bezeichnung vom lat. Wort *sapo* – Seife (Svanberg, 1840)

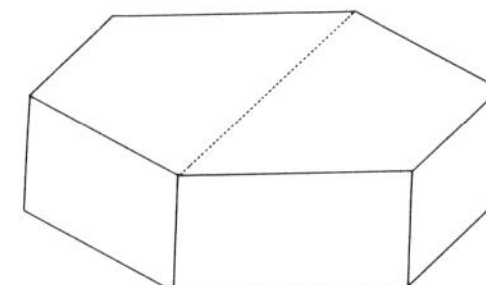

• Härte: 1,5 • Strich: weiß • Farbe: weiß, gelblich, grünlich, rötlich, bläulich • Transparenz: undurchsichtig • Glanz: matt • Spaltbarkeit: vollkommen nach /001/ • Ausbildung: massiv, feinkörnig.
• Dichte: 2,3 • Kristallsystem: monoklin • Kristallformen: Schuppen • Chemische Zusammensetzung: unbeständig • Chemische Eigenschaften: löslich in H_2SO_4 • Behandlung: Reinigung mit destilliertem Wasser. • Ähnliche Minerale: Talk **(41)**, Pyrophyllit **(42)** • Unterscheidung: löslich in H_2SO_4.
• Genese: sekundär • Paragenese: Serpentin **(273)** • Vorkommen: häufig; Großbritannien (Cornwall), Republik Südafrika (Transvall), USA, Kanada.

Nontronit

Silikate

$Fe_2^{3+}[(OH)_2 | Al_{0,33}Si_{3,67}O_{10}]^{0,33-} . Na_{0,33}(H_2O)_4$

36

Bezeichnung nach Nontron in Frankreich (Bertier, 1827)

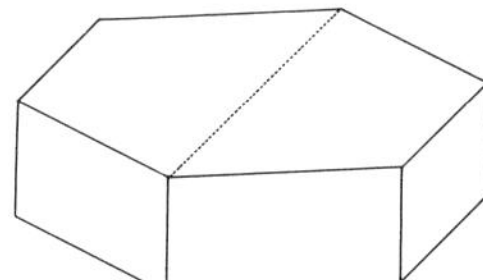

• Härte: 1–2 • Strich: weiß • Farbe: grüngelb, braungrün, olivgrün • Transparenz: undurchsichtig • Glanz: matt, wächsern • Spaltbarkeit: vollkommen nach /001/ • Ausbildung: erdig, kryptokristallische Aggregate.
• Dichte: 2,3 • Kristallsystem: monoklin • Kristallformen: Schuppen • Chemische Zusammensetzung: unbeständig • Chemische Eigenschaften: löslich in HCl (es entsteht ein Niederschlag) • Behandlung: Reinigung mit destilliertem Wasser • Ähnliche Minerale: Montmorillonit **(33)** • Unterscheidung: chemisch, optisch.
• Genese: sekundär • Paragenese: Serpentin **(274)**, Opal **(440)**, Quarz **(534)** u. a.
• Vorkommen: häufig; Frankreich (Nontron), Deutschland (St. Andreasberg, Heppenheim), Mexiko, ČSFR, USA u. a.

Vermiculit

Silikate

$(Mg,Fe^{3+}Al)_3[(OH)_2 | Al_{1,25}Si_{2,75}O_{10}] . Mg_{0,33}(H_2O)_4$

37

Bezeichnung vom lat. Wort *vermiculus* – Würmchen (Webb, 1814)

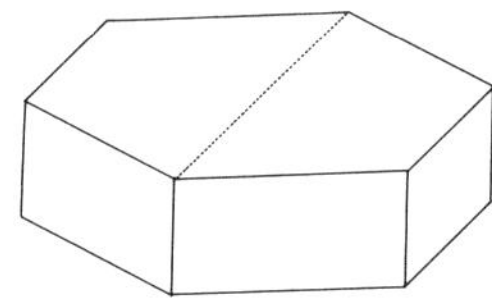

• Härte: 1,5 • Strich: grünlich • Farbe: gelbbraun, grünbraun • Transparenz: durchscheinend • Glanz: perlmuttartig bis fettig • Spaltbarkeit: vollkommen nach /001/ • Ausbildung: Blättchen, Schuppen.
• Dichte: 2,3–2,7 • Kristallsystem: monoklin • Kristallformen: Schuppen oft hexagonal • Chemische Zusammensetzung: unbeständig • Chemische Eigenschaften: bei Erhitzung vergrößert sich der Umfang, krümmt sich vor dem Lötrohr wurmartig, strahlt goldgelb • Behandlung: Reinigung mit Wasser • Ähnliche Minerale: Biotit **(167)**, Phlogopit **(168)** • Unterscheidung: vor dem Lötrohr.
• Genese: sekundär • Paragenese: Biotit, Phlogopit • Vorkommen: Republik Südafrika (Palabora), UdSSR, USA (Montana), Argentinien, Kanada • Verwendung: als wärme- und schallisolierendes Material, für Schmierstoffe, in der Papierindustrie.

1. Saponit – feinschuppiges Aggregat von fettigem Aussehen; Kanada. **2. Nontronit** – dichtes gelbgrünes erdiges Aggregat; Polen (Strzegom). **3. Vermiculit** – sphärische Aggregate aus lamellenförmigen Kriställchen mit Rutilnädelchen (Ausschnittbreite 62 mm); Österreich (Alpen).

Saponit, Nontronit, Vermiculit

H
0—2

Kaolinit

Silikate
$Al_4[(OH)_8|Si_4O_{10}]$

38

Bezeichnung nach der Lokalität Kaoling in China (Brongniart, 1807)

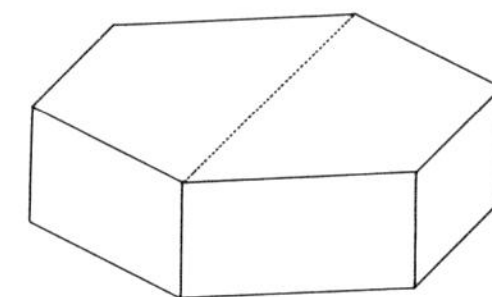

• Härte: 1 • Strich: weiß • Farbe: schneeweiß, gelblich, graugrün • Transparenz: undurchsichtig bis durchscheinend • Glanz: matt, perlmuttartig • Spaltbarkeit: vollkommen nach /001/ • Ausbildung: staubförmig, kristallisch, erdig.
• Dichte: 2,6 • Kristallsystem: triklin • Kristallformen: Tafeln, selten pseudohexagonal • Chemische Zusammensetzung: Al_2O_3 39,5 %, SiO_2 46,5 %, H_2O 14,0 % • Chemische Eigenschaften: löslich in H_2SO_4 bei Erwärmung • Behandlung: Reinigung mit destilliertem Wasser • Ähnliche Minerale: Illit, Halloysit **(34)**, Dickit **(39)** • Unterscheidung: chemisch, mit Röntgen.
• Genese: hydrothermal, sekundär • Paragenese: Quarz **(534),** K-Feldspate, Glimmer u. a. • Vorkommen: häufig; Deutschland (Tirschenreuth, Schneittenbach, Aue), ČSFR (Podbořany, Sedlec), Großbritannien, Frankreich, China • Verwendung: Keramik, Papier-, Farben-, Gummiindustrie.

Dickit

Silikate
$Al_4[(OH)_8|Si_4O_{10}]$

39

Benannt nach dem schottischen Chemiker A. B. Dick (1833–1926)

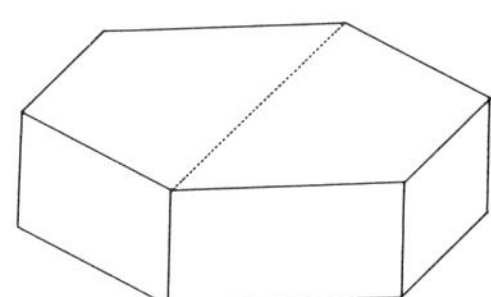

• Härte: 1 • Strich: weiß • Farbe: weiß, farblos, gelblich u. a. • Transparenz: durchsichtig • Glanz: perlmuttartig • Spaltbarkeit: vollkommen nach /001/ • Ausbildung: staubförmig, Kristalle.
• Dichte: 2,6 • Kristallsystem: monoklin • Kristallformen: Tafeln, Schuppen • Chemische Zusammensetzung: Al_2O_3 39,5 %, SiO_2 46,5 %, H_2O 14,0 % • Chemische Eigenschaften: löslich in H_2SO_4 • Behandlung: Reinigung mit destilliertem Wasser, Alkohol • Ähnliche Minerale: Kaolinit **(38),** Sericit • Unterscheidung: von Kaolinit mit Röntgen, von Sericit durch Löslichkeit in H_2SO_4.
• Genese: hydrothermal • Paragenese: Sulfide, Dolomit **(218)** • Vorkommen: selten; Deutschland (Essen), USA (Arkansas-Pike Co.), Großbritannien (Insel Anglesey).

Nakrit

Silikate
$Al_4[(OH)_8|Si_4O_{10}]$

40

Bezeichnung vom französischen *nacre* – Perlmutt (Breithaupt, 1832)

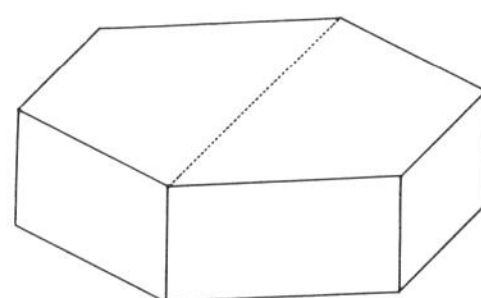

• Härte: 1 • Strich: weiß • Farbe: weiß, gelb, grauweiß • Transparenz: durchscheinend • Glanz: perlmuttartig • Spaltbarkeit: vollkommen nach /001/ • Ausbildung: Kristalle, massiv, feinschuppig, radial.
• Dichte: 2,6 • Kristallsystem: monoklin • Kristallformen: Tafeln • Chemische Zusammensetzung: Al_2O_3 39,5 %, SiO_2 46,5 %, H_2O 14,0 % • Chemische Eigenschaften: wie Kaolinit **(38)** • Behandlung: Reinigung mit destilliertem Wasser • Ähnliche Minerale: Kaolinit, Dickit **(39)** • Unterscheidung: chemisch, mit Röntgen.
• Genese: hydrothermal, sekundär • Paragenese: Calcit **(217),** Dolomit **(218),** Quarz **(534)** • Vorkommen: selten; Deutschland (Brand bei Freiberg), USA (Colorado), ČSFR (Horní Slavkov).

1. Kaolinit – erdiges Aggregat; ČSFR (Karlovy Vary). **2. Dickit** – Staubüberzug mit Baryt zusammen in einem Pelosiderithohlraum; ČSFR (Beřovice). **3. Nakrit** – erdiges Aggregat auf einer Granitspalte (Ausschnittbreite 55 mm); ČSFR (Golčův Jeníkov).

Kaolinit, Dickit, Nakrit

H
0—2

Silikate

Talk (Steatit, Speckstein)

$Mg_3[(OH)_2|Si_4O_{10}]$

41

L

E

Historische Bezeichnung aus dem Arabischen

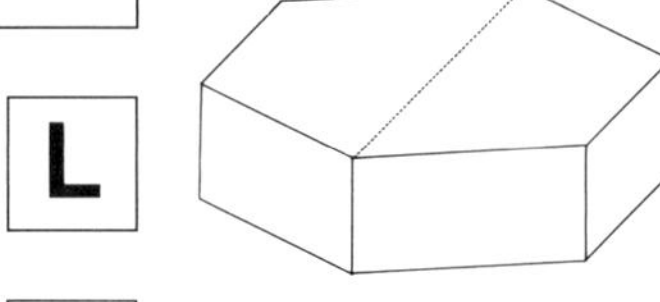

• Härte: 1 • Strich: weiß • Farbe: hellgrün, weiß, bräunlich, gelblich • Transparenz: durchsichtig bis durchscheinend • Glanz: glasig, perlmuttartig • Spaltbarkeit: vollkommen nach /001/ • Andere Kohäsionsmerkmale: Talkblättchen sind biegsam, aber nicht elastisch • Ausbildung: Schuppen, Kristalle, kompakt, blättrig, körnig • Andere Eigenschaften: schlechter Wärmeleiter, fühlt sich fettig an.

• Dichte: 2,7–2,8 • Kristallsystem: monoklin • Kristallformen: Tafeln • Lumineszenz: manchmal weiß, grünweiß, gelb, cremefarben, braun, grün, blau • Chemische Zusammensetzung: MgO 31,7 %, SiO_2 63,5 %, H_2O 4,8 % • Chemische Eigenschaften: nicht säurelöslich, schmilzt nicht vor dem Lötrohr • Behandlung: Reinigung mit Wasser, Säuren • Ähnliche Minerale: Pyrophyllit **(42)** • Unterscheidung: Mg-Probe (Rosafärbung).

• Genese: hydrothermal, kontaktmetasomatisch • Paragenese: Chlorit **(158),** Dolomit **(218),** Serpentin **(273),** Magnesit **(302)** u. a. • Vorkommen: häufig; große Lagerstätten befinden sich in China, Nordkorea, Kanada, Österreich, in der ČSFR und UdSSR. Talk kommt auch in Deutschland vor (Sachsen-Zöblitz), Kristalle sind aus der Schweiz bekannt (St. Gotthard), den USA (Appalachen Mt.) • Verwendung: Schmiermittel, Papier-, Gummi-, Textil- und Keramikindustrie, Kosmetik. Kompakte Abarten (Steatit) dienen seit Menschengedenken zur Herstellung von Schmuckgegenständen (vor allem in China).

Silikate

Pyrophyllit

$Al_2[(OH)_2|Si_4O_{10}]$

42

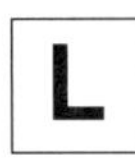

Bezeichnung von den griech. Wörtern *pŷr* – Feuer und *phyllon* – Blatt (Germann, 1829)

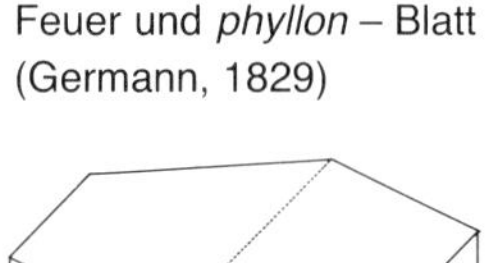

• Härte: 1–1,5 • Strich: weiß • Farbe: weiß, grau, grün, gelblich • Transparenz: durchscheinend • Glanz: glasig, perlmuttartig • Spaltbarkeit: vollkommen nach /001/ • Ausbildung: blättrig, kompakt, Sphärolite, radial blättrige Aggregate.

• Dichte: 2,8 • Kristallsystem: monoklin • Kristallformen: selten Tafeln • Lumineszenz: manchmal weiß, gelb, orange • Chemische Zusammensetzung: Al_2O_3 28,3 %, SiO_2 66,7 %, H_2O 5,0 % • Chemische Eigenschaften: nicht säurelöslich, zerfällt blättrig bei Erwärmung • Behandlung: Reinigung mit Wasser, Säuren • Ähnliche Minerale: Talk **(41)** • Unterscheidung: durch die Reaktion auf Mg (Talk), Glanz.

• Genese: hydrothermal, metamorph • Paragenese: Talk, Quarz **(534)** • Vorkommen: selten; Deutschland (Eifel, Ochsenkopf), Schweiz (Zermatt), ČSFR (Banská Štiavnica), Großbritannien (Sutherland), Finnland (Hirvivaara), Belgien (Ottré), Rumänien (Sacarimb), UdSSR (Ural-Beresowsk), China (Tibet), USA (Georgia Lincoln Co.) • Verwendung: wie Talk, die kompakte Abart Agalmatolit wird insbesondere in China zur Herstellung von Ziergegenständen benutzt.

1. Talk – grobblättriges grünliches Aggregat (Ausschnittbreite 51 mm); Österreich (Zillertal). **2. Pyrophyllit** – Ballung radialblättriger Aggregate; Schweiz (Zermatt).

Talk, Pyrophyllit

H
0—2

Evenkit

Organische Substanzen
$C_{24}H_{50}$

43

L

Benannt nach dem Evenkij-Nationalbezirk in der UdSSR (Skropyschev, 1953)

• Härte: 1 • Strich: weiß • Farbe: farblos, weiß, gelblich, gelbgrün, weingelb • Transparenz: durchsichtig, durchscheinend • Glanz: fettig, glasig • Spaltbarkeit: blättrig längs der Basis • Andere Kohäsionsmerkmale: plastisch, biegsam • Ausbildung: Kristalle, körnige und massive Aggregate, Imprägnierungen.

• Dichte: 0,87 • Kristallsystem: monoklin • Kristallformen: Tafeln • Lumineszenz: in UV stark, blauweiß • Chemische Zusammensetzung: C 85,09 %, H 14,91% • Chemische Eigenschaften: löslich in warmem Wasser, in Säuren, läßt sich leicht schmelzen und verdunstet bei Temperaturen über 45 °C • Behandlung: Reinigung mit kaltem destilliertem Wasser, vor Sonne und Wärme schützen. • Ähnliche Minerale: Bernstein **(173),** Idrialin **(44),** Calcit **(217)** • Unterscheidung: Härte, Spaltbarkeit, Schmelze.

• Genese: hydrothermal, postvulkanisch • Paragenese: Calcit, Markasit **(437),** Chalcedon **(449),** Idrialin • Vorkommen: selten; wurde nur an einigen wenigen Lokalitäten festgestellt. Erstmalig in der UdSSR beschrieben (im Evenkij-Nationalbezirk auf einer Quecksilberlagerstätte im Tunguska-Einzugsgebiet), später in der ČSFR (auf der Quecksilberlagerstätte Dubník und Merník).

Idrialin (Curtisit)

Organische Substanzen
$C_{22}H_{14}$

44

Benannt nach der Lokalität Idria in Jugoslawien (Dumas, 1832)

• Härte: 1–1,5 (spröde) • Strich: weiß • Farbe: gelbrün, grün, grau, hellbraun, braunschwarz • Transparenz: durchsichtig, durchscheinend • Glanz: glasig bis diamantartig • Spaltbarkeit: vollkommen nach /001/ • Bruch: muschelig • Ausbildung: Kristalle, körnige und massive Aggregate, Knollen, Imprägnierungen mit Cinnabarit **(76).**

• Dichte: 1,23 • Kristallsystem: rhombisch • Kristallformen: Tafeln • Lumineszenz: in UV hellblau (Idria), gelbgrün bis hellgrün (Dubník, Skaggs Springs) • Chemische Zusammensetzung: C 94,92 %, H 5,08 % • Chemische Eigenschaften: löslich in H_2SO_4 unter Entstehung einer blaugrünen Lösung, schmilzt erst bei 260–360 °C • Behandlung: Reinigung mit destilliertem Wasser. • Ähnliche Minerale: Evenkit **(43)** • Unterscheidung: Dichte, Schmelzpunkt.

• Genese: hydrothermal, postvulkanisch • Paragenese: Evenkit, Cinnabarit, Calcit **(217),** Markasit **(437),** Chalcedon **(449)** • Vorkommen: selten; Jugoslawien (Idria), ČSFR (Ordějov, Merník, Dubník), USA (Skaggs Springs in Kalifornien).

1. Evenkit – honigfarbener Kristall (18 mm) auf agrilitisiertem Andesit; ČSFR (Dubník). **2. Idrialin** – gelbgrüne Häufung von tafeligen und schuppenförmigen Kristallen (Größe bis 10 mm), auf Rhyodacit aufgewachsen; ČSFR (Merník).

Evenkit, Idrialin

H
0—2

Selen

Elemente
Se

45

Bezeichnung vom griech. Wort *Selēnē* – Mondgöttin (Del Rio, 1828)

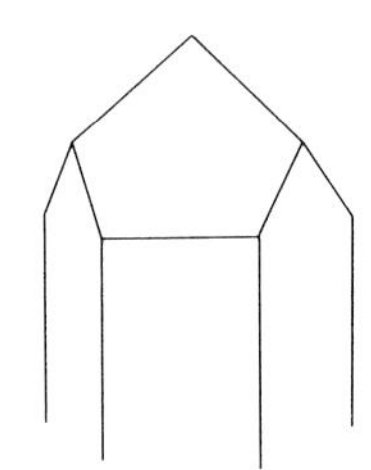

• Härte: 2 • Strich: rot • Farbe: grau, purpurgrau • Transparenz: in dünnen Bruchstücken ins Rote durchscheinend • Glanz: halbmetallisch • Spaltbarkeit: gut nach /0112/ • Andere Kohäsionsmerkmale: biegsam • Ausbildung: Kristalle, isometrische Körner, faserige Aggregate, staubförmige Bezüge.
• Dichte: 4,81 • Kristallsystem: trigonal • Kristallformen: prismatisch • Chemische Zusammensetzung theoretisch: Se 100 %.
• Genese: sekundär • Paragenese: Pyrit **(436)**, U-Minerale, Selenide • Vorkommen: selten; USA (Colorado Plateau), UdSSR, ČSFR (Kladno).

Tellur

Elemente
Te

46

Bezeichnung vom lat. Wort *tellus* – Erde (Müller, Reichenstein, 1782)

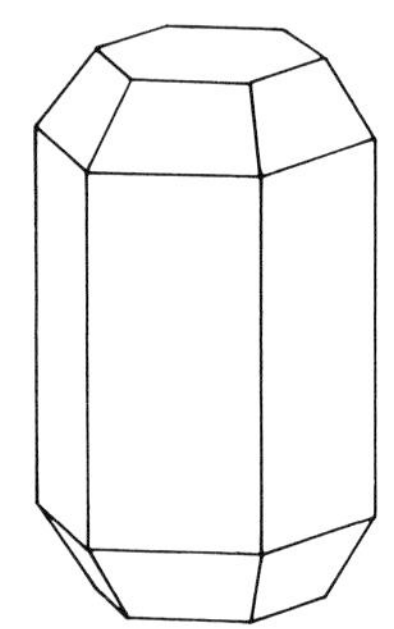

• Härte: 2–3 • Strich: grau • Farbe: zinnweiß • Transparenz: opak • Glanz: metallisch • Spaltbarkeit: vollkommen nach /1010/ • Ausbildung: selten Kristalle, feinkörnig, staubförmig.
• Dichte: 6,1–6,3 • Kristallsystem: trigonal • Kristallformen: prismatisch, nadelig • Elektrische Leitfähigkeit: guter Leiter • Chemische Zusammensetzung theoretisch: Te 100 %, Beimengung von Au, Ag, Se • Chemische Eigenschaften: löslich in HNO_3 und heißer H_2SO_4, wobei die Lösung sich rot färbt, die Farbe der Flamme spielt ins Grüne • Behandlung: Reinigung mit Wasser • Ähnliche Minerale: Arsen **(176)** • Unterscheidung: Arsen setzt bei Erhitzung einen charakteristischen Knoblauchgeruch frei.
• Genese: hydrothermal, sekundär • Paragenese: Au- und Ag- Telluride, Galenit **(77),** Pyrit **(436),** Quarz **(534)** • Vorkommen: selten; Rumänien (Faţa Baii), USA (Colorado-Cripple Creek), Australien.

Kupfer

Elemente
Cu

47

Bezeichnung historisch, aus dem lat. *cuprum, Cyprus* – Insel Zypern

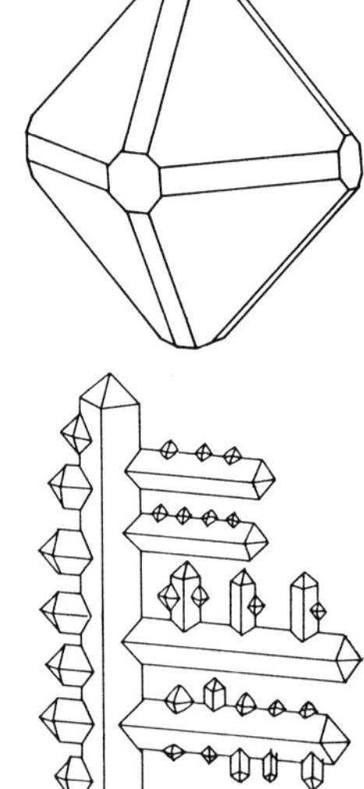

• Härte: 2,5–3 • Strich: kupferrot • Farbe: hellrot, wird schnell matt zu kupferrot bis braunrot • Transparenz: opak, scheint in sehr dünnen Schichten grünlich durch • Glanz: metallisch • Spaltbarkeit: fehlt • Bruch: hakig, muschelig • Andere Kohäsionsmerkmale: schneidbar, hämmerbar • Ausbildung: selten Kristalle, Bleche, Drähte, Bäumchen, manchmal Pseudomorphosen, massiv.
• Dichte: 8,93 • Kristallsystem: kubisch • Kristallformen: Hexaeder, Tetraeder, Rhombendodekaeder, selten Oktaeder, oft einsinnig ausgebildete Kristalle, Zwillinge • Elektrische Leitfähigkeit: sehr gut • Chemische Zusammensetzung theoretisch: Cu 100 %, Beimengungen von Ag, Fe, As, Bi • Chemische Eigenschaften: löslich in HNO_3, schmilzt vor dem Lötrohr • Behandlung: Reinigung mit Wasser.
• Genese: sekundär, im Reduktionsbereich an der Grenze zwischen Oxidations- und Zementationszone • Paragenese: Cuprit **(209),** Azurit **(226),** Malachit **(307)** • Vorkommen: große Kupferlagerstätten gibt es in den USA (Lake Superior), das größte je gefundene Stück gediegenen Kupfers hatte ein Gewicht von über 420 Tonnen. Gediegenes Kupfer findet sich auch in Deutschland (Mansfelder Schiefer, Zwickau, Grube Wolf bei Herdorf-Reichenbach), UdSSR (Ural – Krasnoturinsk), in den USA (Bisbee, Georgetown, Keweenaw Peninsula), in Mexiko (Cananea), Australien (Burra Burra), Chile, Namibia (Tsumeb), Ungarn (Rudabanya) • Verwendung: Elektrotechnik, Maschinenbau.

1. Selen – Anflug aus nadeligen Kriställchen; ČSFR (Kladno). **2. Tellur** – feinkörniges, metallglänzendes Aggregat; Rumänien (Fata Baii). **3. Kupfer** – längliche Häufung von idiomorphen Kristallen (Höhe der Stufe 70 mm); USA (Michigan – Honghton).

Selen, Tellur, Kupfer

Wismut

Elemente
Bi

48

Bezeichnung historisch, stammt wahrscheinlich vom arabischen *bi ismid* – Antimoneigenschaften habend

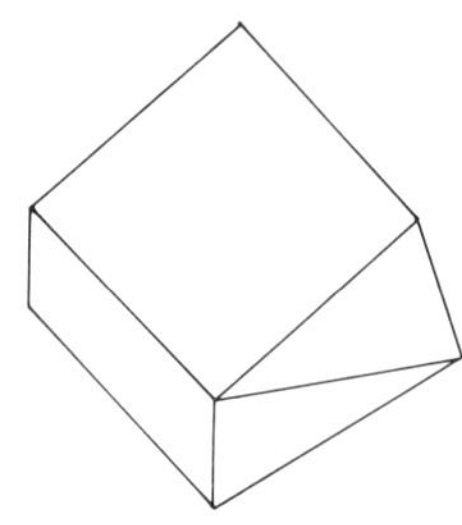

• Härte: 2–2,5 • Strich: bleigrau, glänzend • Farbe: am frischen Bruch silbrig weiß mit gelblichem oder blaßrosa Ton, später rötlich • Transparenz: opak • Glanz: metallisch • Spaltbarkeit: vollkommen nach /0001/ • Andere Kohäsionsmerkmale: mürbe, schneidbar • Ausbildung: Kristalle, oft skelettartig, körnig, blättrig.
• Dichte: 9,7–9,8 • Kristallsystem: trigonal • Kristallformen: Rhomboeder, pseudokubisch, polysynthetische Zwillinge • Elektrische Leitfähigkeit: guter Leiter • Chemische Zusammensetzung theoretisch: Bi 100 %, Beimengungen von Fe, Te, As, S, Sb • Chemische Eigenschaften: leicht löslich in HNO_3, schwach in HCl, schmilzt leicht auf Holzkohle • Behandlung: Reinigung mit Wasser • Ähnliche Minerale: Linneit **(342),** Nickelin **(351)** • Unterscheidung: ausgezeichnete Spaltbarkeit, geringe Härte.
• Genese: pegmatitisch, pneumatolytisch, hydrothermal • Paragenese: Bismuthinit **(71),** Molybdänit **(8),** Wolframit **(369),** Kassiterit **(548)** u. a. • Vorkommen: selten; Deutschland (Altenberg, Zinnwald, Schneeberg, Annaberg, Wittichen), ČSFR (Jáchymov), Spanien (Pozonblanco), Bolivien, Mexiko, Peru, Chile, Kanada (Cobalt) • Verwendung: Bi-Erz.

Silber (Argentum)

Elemente
Ag

49

Historische Bezeichnung – altgermanisch

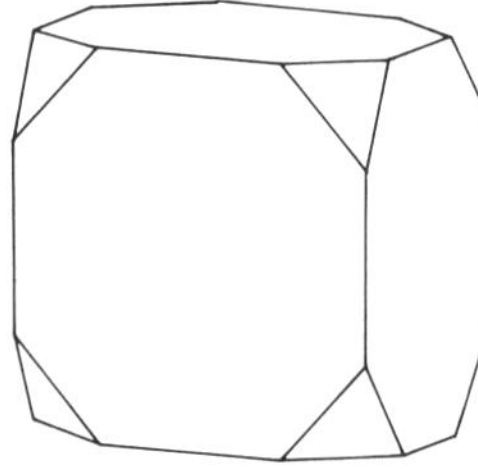

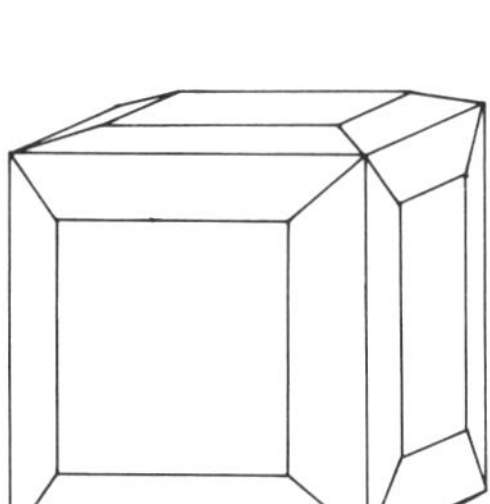

• Härte: 2,5–3 • Strich: weiß, glänzend • Farbe: silberweiß, wird mit der Zeit matt und schwarz • Transparenz: opak • Glanz: metallisch • Spaltbarkeit: fehlt • Bruch: hakig • Andere Kohäsionsmerkmale: hämmerbar, ziehbar, biegsam • Ausbildung: Kristalle, Dendrite, Drähte, Bleche und kompakte Stücke, Pseudomorphosen nach Akanthit **(75)** und Pyrargyrit **(64).**
• Dichte: 9,6–12 (je nach Beimengungen) • Kristallsystem: kubisch • Kristallformen: Hexaeder, Oktaeder, oft der Fläche nach Zwillinge /111/, typisch ist die einsinnige und skelettartige Kristallentwicklung, wodurch der Eindruck einer niederer Symmetrie entsteht • Elektrische Eigenschaften: ausgezeichneter Leiter • Chemische Zusammensetzung: theoretisch Ag 100 % mit Beimengungen von Au, Hg, Bi, Sb, Cu, As, Pt • Chemische Eigenschaften: schmilzt vor dem Lötrohr, löslich in HNO_3, HCl, wird mit H_2S schwarz • Behandlung: Reinigung mit destilliertem Wasser, elektrolytisch, schwarze Beläge mit Ultraschall. Im Dunklen und getrennt von schwefelhaltigen Mineralen aufbewahren • Ähnliche Minerale: Akanthit, Dyskrasit **(204),** Platin **(281)** • Unterscheidung: Färbung, Dichte, Gewicht.
• Genese: hydrothermal, sekundär (Zementationszone), sedimentär • Paragenese: Pyrargyrit, Akanthit und andere Ag-Sulfide, Galenit **(77),** Ni-Co-Arsenide • Vorkommen: selten; Deutschland (in der Lagerstätte Schneeberg – Drähte bis 40 cm Länge, kam auch in Freiberg vor, Schwarzwaldgebiet). Große Silberkristalle stammen aus Norwegen (Lagerstätte Kongsberg), der ČSFR (in Jáchymov wurden bis 30 cm lange Drähte gefunden), den USA (aus Südarizona stammt ein Silberstück von 1 350 kg Gewicht), aus Kanada (Lagerstätte Cobalt, ein Stück von 612 kg Gewicht), große Silberlager gibt es auch in Mexiko und Bolivien • Verwendung: Edelmetall (Münzwesen), Kleinodien, Medizin, Chemie, Foto- und Elektroindustrie.

1. Wismut – flache spießiege Gebilde (Ausschnittbreite 92 mm); Deutschland (Sachsen, Schneeberg). **2. Silber** – drahtförmige Aggregate (Ausschnittbreite 26 mm); ČSFR (Příbram).

1
2

Gold

50

Bezeichnung historisch, indoeuropäischer Herkunft

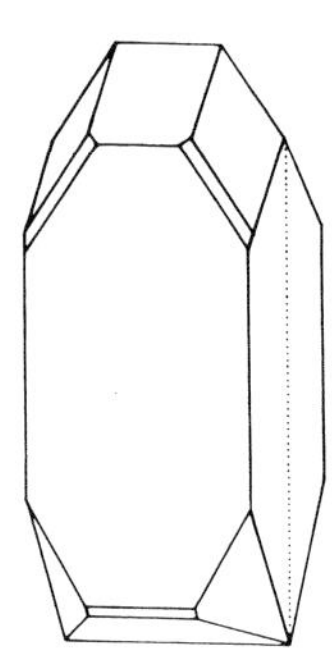

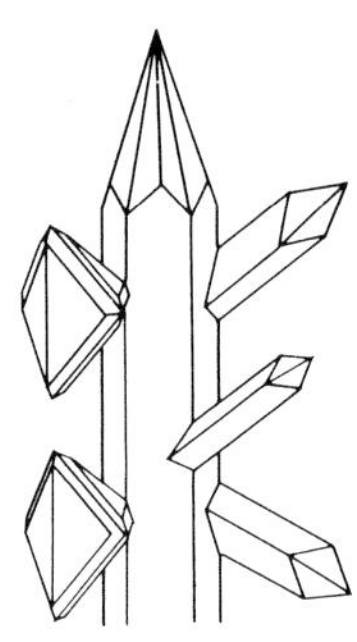

● Härte: 2,5–3 ● Strich: gelb, glänzend ● Farbe: goldgelb, gelbweiß ● Transparenz: opak, schimmert in ganz dünner Schicht blaugrün durch ● Glanz: metallisch ● Spaltbarkeit: fehlt ● Bruch: hakig ● Andere Kohäsionsmerkmale: schmiedbar, biegsam ● Ausbildung: Kristalle, Bleche, Blättchen, Drähte, Dendrite, Stücke (Nuggets), kavernös ● Andere Eigenschaften: ist bei Berührung warm.

● Dichte:19,3 (schwankt je nach Beimengung stark zwischen 15,5 und 19,3) ● Kristallsystem: kubisch ● Kristallformen: Oktaeder, Rhombendodekaeder, Hexaeder, oft Zwillingsbildungen oder einsinnig entwickelte Kristalle ● Elektrische Leitfähigkeit: guter Leiter ● Chemische Zusammensetzung theoretisch: Au 100 %, mit einer Ag-Beimengung Abart Elektrum (über 20 % Ag), mit Cu Abart Cuproaurit, mit Pd Abart Porpezit, mit Rh Abart Rhodit, mit Ir Abart Iraurit, mit Pt Platingold. Ferner kann es Beimengungen von Te, Se, Bi enthalten ● Chemische Eigenschaften: löslich in Königswasser, KCN, NaCN, reagiert schnell mit Hg, schmilzt vor dem Lötrohr unter Entstehung strahlender Kügelchen ● Behandlung: Reinigung mechanisch, mit Wasser, Säuren ● Ähnliche Minerale: Chalkopyrit **(185)**, Pyrit **(436)** ● Unterscheidung: Farbe, geringere Härte, hohe Dichte, schmiedbar, Chalkopyrit und Pyrit sind löslich in HNO_3.

● Genese: hydrothermal, in Seifen, sekundär ● Paragenese: Antimonit **(51)**, Chalkopyrit, Arsenopyrit **(344)**, Pyrit, Quarz **(534)**, Telluride, Minerale Ag ● Vorkommen: selten; die größten Goldlagerstätten befinden sich in der Republik Südafrika (Gebiet Witwatersrand), UdSSR (Uralgebiet – Lagerstätte Beresowsk, Stepnjak, Sibirien), in den USA (Nevada, Colorado, Kalifornien, Alaska), Mexiko, Kanada, Kolumbien; in Afrika auch in Ghana, Simbabwe und Ägypten, in Asien auf den Philippinen und in Indien. Große Lagerstätten gibt es in Australien, auf den Fidshi-Inseln u. a. Zu den größten europäischen Goldlagerstätten gehören in Rumänien Baia de Aries, Rosia Montana, Sacarimb, in der ČSFR Jílové, Kremnica, Banská Štiavnica. In Deutschland war Goldvorkommen in Brandholz-Goldkronach bekannt, Seifen am Rhein zwischen Basel und Karlsruhe, in den Flüssen Isar, Donau und Eder. Früher, in Zeiten der sog. Goldfieber wurden Goldnuggets von ganz beachtlichen Ausmaßen und Gewicht gefunden (in der australischen Lagerstätte Hill End wurde ein Goldstück von 93 kg Gewicht entdeckt, an der Fundstelle Dunotty von 70,9 kg. Ein Goldnugget aus Chile hatte sogar ein Gewicht von 153 kg. Klassische Seifen aus jener Zeit befinden sich in den USA (Alaska – Klondike, Kalifornien – Sacramento). Große Nuggets wurden in der Vergangenheit und selten auch heute noch in der UdSSR (Sibirien) gefunden ● Verwendung: Edelmetall, Geldwesen, Kleinodien, Medizin usw.

Gold – skelettartige Kristallverwachsungen auf Quarz (Ausschnittbreite 21 mm); Rumänien (Sacarimb).

Gold

H
2—3

Antimonit (Stibnit, Antimonglanz, Grauspießglanz)

Sulfide
Sb_2S_3

51

Bezeichnung vom griech. Wort *anthemion* – Blume; nach der Kristalldrusenform (Haidinger, 1845)

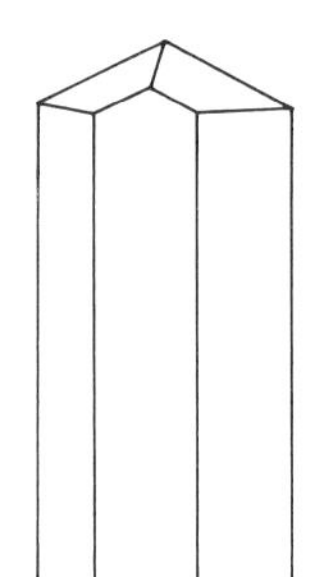

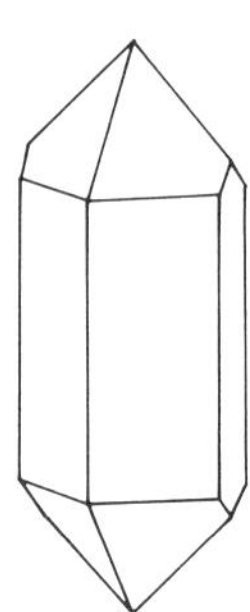

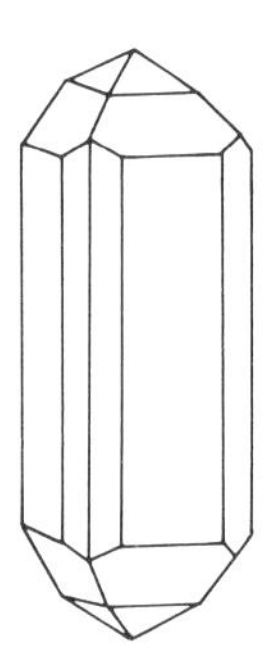

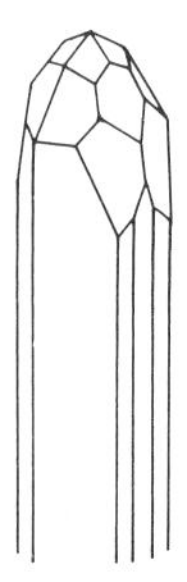

● Härte: 2 ● Strich: bleigrau ● Farbe: bleiern, stahlgrau, mit einem Stich ins Blaugrüne, Aggregate nahezu schwarz (fettig). Auf der Oberfläche entstehen oft dunkelblaue Färbungen. Metastibnit ist rötlich ● Transparenz: opak ● Glanz: metallisch ● Spaltbarkeit: vollkommen nach /010/, Spaltflächen stark metallisch glänzend ● Bruch: muschelig ● Andere Kohäsionsmerkmale: biegsam ● Ausbildung: schlanke, säulige Kristalle, fächerige Verwachsungen, faserige Aggregate manchmal filzig wie Asbest, körnig, stückartig bis kompakter Habitus.

● Dichte: 4,6–4,7 ● Kristallsystem: rhombisch, feinkristalline Abart – Metastibnit ● Kristallformen (über 100): vorwiegend langprismatische, vertikal gefurchte Kristalle, manchmal gekrümmt, stengelig, nadelig, auch Zwillingsverwachsungen sind bekannt ● Chemische Zusammensetzung: Sb 71,38 %, S 28,62 %, Beimengungen von As, Bi, Ag, Pb, Fe, Zn, Cu, Au ● Chemische Eigenschaften: löslich in HNO_3 und heißer HCl, leicht schmelzbar, bildet auf Kohle in der Oxidationsflamme einen weißen Anflug, wird in KOH schwarz ● Behandlung: Reinigung mit Wasser (Vorsicht – leicht zerbrechlich!) ● Ähnliche Minerale: Berthierit **(52),** Bismuthinit **(71),** Galenit **(77),** Manganit **(295),** Pyrolusit **(474)** ● Unterscheidung: hat im Gegensatz zu Bismuthinit geringere Dichte, Galenit hat in allen drei Richtungen vollkommene Spaltbarkeit, Manganit und Pyrolusit haben unterschiedliche Strichfarbe und Härte, Berthierit chemisch.

● Genese: hydrothermal ● Paragenese: Auripigment **(4),** Realgar **(5),** Gold **(50),** Berthierit, Jamesonit **(53),** Cinnabarit **(76),** Arsenopyrit **(344),** Markasit **(437).**

● Vorkommen: häufig; in vielen Lagerstätten in Deutschland (Harz – Lagerstätte Wolfsberg, Westfalen – Casparizeche bei Arnsberg), ČSFR (bei Milešov, Krásná Hora, Magurka, Kremnica), hübsche kristallische Antimonitdrusen sind von jeher aus den Lagerstätten in Rumänien bekannt (Baia Sprie, Chiuzbaia), ferner von einer ganzen Reihe von Lagerstätten in der UdSSR (Nikitowka, Chadarka, Turgajsk, Uspensk), in Frankreich, Jugoslawien (Kostajnik), Portugal (Oporta), Algerien (Djebel Haminat), in Mexiko, Bolivien, in den USA, in Italien (Toscana und Sardinien), Australien, ferner auf der Insel Borneo (Bau, Sarawak). Die größten Lagerstätten sind aus China bekannt, die größten und schönsten Kristalle wurden in Japan gefunden (Insel Schikoku – Lagerstätte Ischinokawa), sie erreichten eine Länge von 60 cm und eine Breite von 5 cm und wurden als Blumenstäbe sowie zu Miniaturzäunen um Gärten benutzt ● Verwendung: Hauptbedeutung bei der Herstellung von Legierungen, in der Pyrotechnik, Gummi- und Textilindustrie, Glasmacherei, Medizin u. a., diente im Mittelalter zur Herstellung von Schminken und Heilmitteln.

Antimonit (Antimonglanz) – strahlige Aggregate (32 mm) mit Baryt; Rumänien (Baia Sprie).

Antimonit

H
2—3

Berthierit

Sulfide
$FeSb_2S_4$

52

Benannt nach dem französischen Chemiker P. Berthier (1782–1861) (Haidinger, 1827)

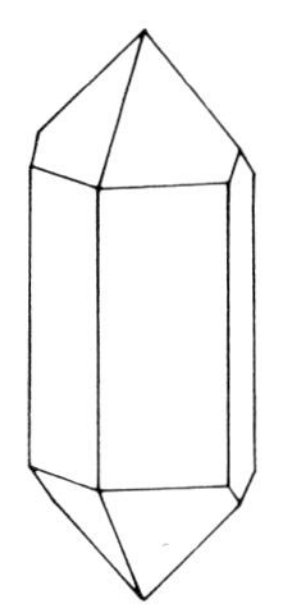

• Härte: 2–3 • Strich: braungrau • Farbe: dunkel stahlgrau mit Braunton, oft irisierende Überzüge • Transparenz: opak • Glanz: metallisch • Spaltbarkeit: gut in Richtung der Verlängerung • Ausbildung: Kristalle, körnig, staubförmig.
• Dichte: 4,6 • Kristallsystem: rhombisch • Kristallformen: prismatisch, dünn nadelig • Elektrische Eigenschaften: guter Leiter • Chemische Zusammensetzung: Fe 13,06 %, Sb 56,95 %, S 29,99%, Beimengungen von Cu, Pb, Ag • Chemische Eigenschaften: schmilzt vor dem Lötrohr, löslich in HNO_3, beim Schmelzen entsteht eine schwach magnetische Kugel • Behandlung: Reinigung mit Wasser • Ähnliche Minerale: Antimonit **(51)** • Unterscheidung: chemisch, mit Röntgen.
• Genese: hydrothermal • Paragenese: Antimonit, Jamesonit **(53),** Tetraedrit **(190),** Arsenopyrit **(344)** • Vorkommen: selten; Deutschland (Braunsdorf bei Freiberg), Frankreich (Auvergne), ČSFR (Příbram), Rumänien (Baia Sprie, Chiuzbaia), Japan, Peru, Chile, Bolivien (Oruro). In den rumänischen Lagerstätten erreichen die Berthieritkristallnadeln Längen von 15 cm.

Jamesonit

Sulfide
$Pb_4FeSb_6S_{14}$

53

Benannt nach dem schottischen Mineralogen R. Jameson (1774–1854) (Haidinger, 1825)

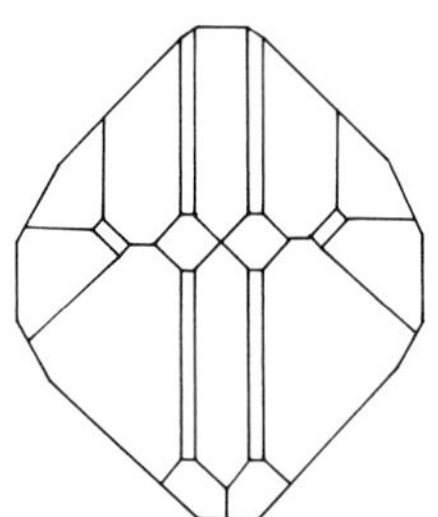

• Härte: 2,5 (spröde) • Strich: dunkelgrau bis schwarz • Farbe: bleiern, oft Anlauffarben • Transparenz: opak • Glanz: metallisch • Spaltbarkeit: vollkommen nach /001/ • Bruch: uneben • Ausbildung: Kristalle, körnige Aggregate, radiale und halbkugelige Aggregate.
• Dichte: 5,63 • Kristallsystem: monoklin • Kristallformen: langprismatisch (vertikal gefurcht), faserig, häufig Zwillingsverwachsungen • Chemische Zusammensetzung: Pb 40,16 %, Fe 2,71 %, Sb 35,39 %, S 21,74 %, Beimengungen von Cu, Zn, Ag, Bi (Bi-Jamesonit) • Chemische Eigenschaften: löslich in HNO_3, in heißer HCl, schmilzt vor dem Lötrohr • Behandlung: Reinigung mit Wasser, faserige Aggregate mit Luft • Ähnliche Minerale: Berthierit **(52),** Plagionit **(54),** Boulangerit **(55)** • Unterscheidung: chemisch, mit Röntgen.
• Genese: hydrothermal • Paragenese: Antimonit **(51)** Boulangerit, Sphalerit **(181)** • Vorkommen: selten; Deutschland (St. Andreasberg, Waldsassen, Freiberg, Wolfsberg, Neudorf), ČSFR (Příbram, Nižná Slaná – Kristalle bis zu 20 cm), Schweden (Sala), UdSSR (Sapokrowsk, Smirnowsk, Darasun), Rumänien, Bolivien (Oruro), USA, Australien, Mexiko (Zimapan), Japan • Verwendung: Sb- und Pb-Erz.

1. Berthierit – nadelige, radial geordnete Kristalle (Ausschnittbreite 47 mm); Frankreich (Auvergne). **2. Jamesonit** – radial geordnete nadelige Kristalle auf Quarz (Ausschnittbreite 61 mm); ČSFR (Příbram).

Berthierit, Jamesonit

H
2—3

Plagionit

Sulfide
$Pb_5Sb_8S_{17}$

54

Bezeichnung vom griech. Wort *plagios* – schräg (Rose, 1833)

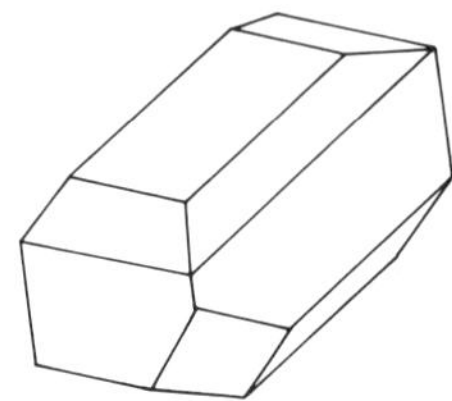

• Härte: 2,5 (spröde) • Strich: grauschwarz mit Rotton • Farbe: schwarz, grauschwarz • Transparenz: opak • Glanz: metallisch • Spaltbarkeit: deutlich nach /112/ • Bruch: uneben • Ausbildung: Kristalle, feintafelige, oft traubige Aggregate, Stücke.
• Dichte: 5,4–5,6 • Kristallsystem: monoklin • Kristallformen: Tafeln • Chemische Zusammensetzung: Pb 40,75 %, Sb 37,78 %, S 21,47 % • Chemische Eigenschaften: schmilzt vor dem Lötrohr, löslich in heißer HCl • Behandlung: Reinigung mit Wasser • Ähnliche Minerale: Semseyit **(56),** Jamesonit **(53),** Boulangerit **(55)** • Unterscheidung: nur chemisch, ggf. mit Röntgen
• Genese: hydrothermal • Paragenese: Pb-Sb-Sulfosalze • Vorkommen: selten; Deutschland (Wolfsberg, Goldkronach), Bolivien (Oruro), UdSSR.

Boulangerit

Sulfide
$Pb_5Sb_4S_{11}$

55

Benannt nach dem französischen Bergbauingenieur C. L. Boulanger (1810–1849) (Thaulow, 1837)

• Härte: 2,5 (spröde) • Strich: grauschwarz mit rötlichem Ton • Farbe: bleiern bis schwarz • Transparenz: opak • Glanz: metallisch • Spaltbarkeit: unvollkommen nach /100/ • Andere Kohäsionsmerkmale: biegsame Nadeln • Ausbildung: Kristalle, körnige, faserige bis filzige Aggregate, stückartig.
• Dichte: 5,8–6,2 • Kristallsystem: monoklin • Kristallformen: lang prismatisch (vertikal gefurcht), nadelig, haarig • Chemische Zusammensetzung: Pb 55,42 %, Sb 25,69 %, S 18,89 % • Beimengungen von Cu, Zn, Sn, Fe • Chemische Eigenschaften: löslich in heißer HCl, schwach löslich in HNO_3, schmilzt vor dem Lötrohr • Behandlung: Reinigung mit Wasser, faserige Aggregate nicht reinigen, vor Staub schützen • Ähnliche Minerale: Antimonit **(51),** Jamesonit **(53)** • Unterscheidung: chemisch und mit Röntgen, gegenüber Jamesonit schwächer löslich in HNO_3.
• Genese: hydrothermal • Paragenese: Antimonit, Jamesonit, Plagionit **(54),** Sphalerit **(181)** • Vorkommen: selten; Deutschland (Sulzburg, Clausthal, Neudorf, Wolfsberg), ČSFR (Příbram, Nižná Slaná), Schweden (Sala, Boliden), UdSSR (Nagolnyj Kriash, Vertschinsk), Jugoslawien (Trepča), USA, Kanada.

Semseyit

Sulfide
$Pb_9Sb_8S_{21}$

56

Benannt nach dem ungarischen Mineralsammler A. Semsey (1833–1923) (Kenner, 1881)

• Härte: 2,5 (spröde) • Strich: schwarz • Farbe: schwarz • Transparenz: opak • Glanz: metallisch • Spaltbarkeit: gut nach /112/ • Ausbildung: Kristalle, strahlige und sphärische Aggregate.
• Dichte: 6,1 • Kristallsystem: monoklin • Kristallformen: Tafeln, prismatisch, Zwillingsverwachsungen • Chemische Zusammensetzung: Pb 53,10 %, Sb 27,73 %, S 19,17 % • Chemische Eigenschaften: reagiert mit HNO_3 und HCl • Behandlung: Reinigung mit Wasser • Ähnliche Minerale: Plagionit **(54)** • Unterscheidung: chemisch.
• Genese: hydrothermal • Paragenese: Antimonit **(51),** Pyrrhotin **(283)** • Vorkommen: selten; Deutschland (Wolfsberg), Rumänien (Chiuzbaia, Rodna), Bolivien (Oruro).

1. Plagionit – Kristallhäufungen in Assoziation mit Pb- Sb-Sulphosalzen (Ausschnittbreite 20 mm); Bolivien (Oruro). **2. Boulangerit** – filzartige Hohlraumauffüllung in Quarz (Ausschnittbreite 18 mm); ČSFR (Příbram). **3. Semseyit** – sphärische Aggregate aus tafeligen Kristallen, stellenweise von einem Limonitüberzug bedeckt (Ausschnittbreite 48 mm); Rumänien (Chiusbaia).

Plagionit, Boulangerit, Semseyit

H
2—3

Livingstonit

Sulfide
$HgSb_4S_8$

57

Benannt nach dem Missionar D. Livingstone (1813–1873) (Barcena, 1874)

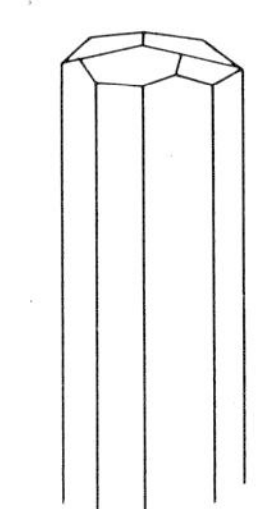

• Härte: 2 • Strich: rot • Farbe: stahlgrau • Transparenz: opak, in dünnen Bruchstücken rötlich durchscheinend • Glanz: metallisch bis diamantartig • Spaltbarkeit: vollkommen nach /010/ • Ausbildung: Kristalle, strahlige, faserige und stengelige Aggregate.
• Dichte: 4,9 • Kristallsystem: monoklin • Kristallformen: Säulen, Nadeln • Chemische Zusammensetzung: Hg 21,25 %, Sb 51,59 %, S 27,16 % • Chemische Eigenschaften: löslich in heißem HNO_3 • Behandlung: Reinigung mit Wasser.
• Genese: hydrothermal • Paragenese: Cinnabarit **(76),** Antimonit **(51),** Valentinit **(94)** • Vorkommen: selten; in Mexiko (Huitzuco und Quadalcazar), in der UdSSR (Chaidarkan).

Kylindrit

Sulfide
$Pb_3Sn_4Sb_2S_{14}$

58

Bezeichnung vom griech. Wort *kylindros* – Zylinder (Frenzel, 1893)

• Härte: 2,5 • Strich: schwarz • Farbe: dunkel bleiern • Transparenz: opak • Glanz: metallisch • Spaltbarkeit: fehlt • Ausbildung: zylindrische Aggregate (im Querbruch kreisförmig wie eine Papierrolle) • Andere Eigenschaften: reibt sich ab wie Graphit **(2)**.
• Dichte: 5,4 • Kristallsystem: rhombisch • Kristallformen: unbekannt • Chemische Zusammensetzung: Pb 30,59 %, Sn 23,36 %, Sb 23,96 %, S 22,09 % • Chemische Eigenschaften: schwach löslich in heißer HCl und HNO_3 • Behandlung: Reinigung mit Wasser.
• Genese: hydrothermal • Paragenese: Jamesonit **(53),** Franckeit **(59),** Stannin **(284)** • Vorkommen: selten; Bolivien (Santa Cruz bei Poopó), UdSSR (Smirnowsk) • Verwendung: früher Sn-Erz.

Franckeit

Sulfide
$Pb_5Sn_3Sb_2S_{14}$

59

Benannt nach den Grubeningenieuren C. und E. Francke (Stelzner, 1893)

• Härte: 2 • Strich: grauschwarz • Farbe: grauschwarz, manchmal mit bunten Anlauffarben • Transparenz: opak • Glanz: metallisch • Spaltbarkeit: vollkommen nach /001/ • Andere Kohäsionsmerkmale: biegsam • Ausbildung: Kristalle, massive, radial faserige, schuppige Kügelchen.
• Dichte: 5,5–5,9 • Kristallsystem: monoklin • Kristallformen: dünn tafelig • Chemische Zusammensetzung: Pb 49,78 %, Sb 17,10 %, Sb 11,65 %, S 21,47 %, Beimengungen von Ag, Ge, In • Chemische Eigenschaften: löslich in heißem HNO_3 und HCl • Behandlung: Reinigung mit Wasser • Ähnliche Minerale: Teallit • Unterscheidung: dunklere Färbung des Franckeit, mit Röntgen und chemisch.
• Genese: hydrothermal • Paragenese: Boulangerit **(55),** Kylindrit **(58),** Wurtzit **(184)** • Vorkommen: selten; Bolivien (Choccaya, Colquechaca, Llallagua), USA (Kalkar), UdSSR (Smirnowsk, Talassy).

1. Livingstonit – säulige Kristalle (bis zu 26 mm), in Quarz eingewachsen; Mexiko (Huitzuco). **2. Kylindrit** – typische gestreckt kegelförmige Kristalle (bis zu 30 mm Größe); Bolivien (Poopó). **3. Franckeit** – Aggregat aus dünntafeligen Kristallen (Ausschnittbreite 29 mm); Bolivien (Ilallagua).

Livingstonit, Kylindrit, Franckeit

H
2—3

Miargyrit (Silberantimonglanz)

Sulfide
$AgSbS_2$

60

Bezeichnung zusammengesetzt aus den griech. Wörtern *meion* – kleiner und *argyros* – Silber (Rose, 1829)

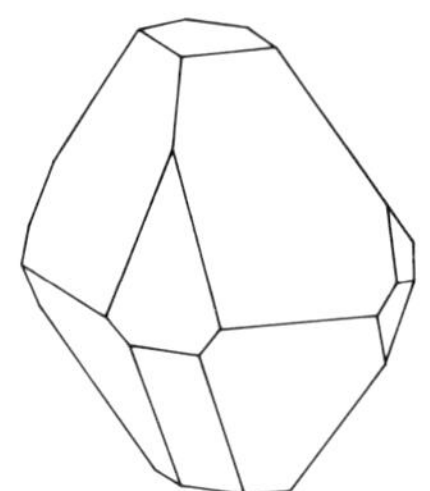

● Härte: 2–2,5 (spröde) ● Strich: kirschrot ● Farbe: stahlgrau, bleiern, schwarz, in dünnen Bruchstücken rot ● Transparenz: undurchsichtig ● Bruch: halbmuschelig bis uneben ● Glanz: metallisch bis diamantartig ● Spaltbarkeit: unvollkommen nach /010/ ● Ausbildung: Kristalle oft auf Pyrargyrit **(64),** körnige und massive Aggregate, eingestreut.
● Dichte: 5,2 ● Kristallsystem: monoklin ● Kristallformen: grobtafelig oder isometrisch und keilförmig, gefurcht, oft vielflächig, manchmal Zwillingsverwachsungen ● Chemische Zusammensetzung: Ag 36,72 %, Sb 41,45 %, S 21,83 % ● Chemische Eigenschaften: löslich in konzentrierter HNO_3, leicht zu schmelzen ● Behandlung: Reinigung mit destilliertem Wasser, vor Licht schützen ● Ähnliche Minerale: Proustit **(63)** ● Unterscheidung: Proustit hinterläßt beim Schmelzen Knoblauchgeruch, ist durchscheinend, Miargyrit läßt Spaltbarkeit vermissen.
● Genese: hydrothermal ● Paragenese: Polybasit **(9),** Pyrargyrit, Stephanit **(67),** Sphalerit **(181)** u. a. ● Vorkommen: selten; Deutschland (Bräunsdorf bei Freiberg), ČSFR (Příbram, Kutná Hora), Rumänien (Baia Sprie), Spanien (Hiendelaencina), Mexiko (Zacatecas, Molinares), große Kristalle sind aus den USA bekannt (Idaho – Silver City).

Diaphorit

Sulfide
$Pb_2Ag_3Sb_3S_8$

61

Bezeichnung vom griech. Wort *diaphoron* – Verschiedenheit (Zepharovich, 1871)

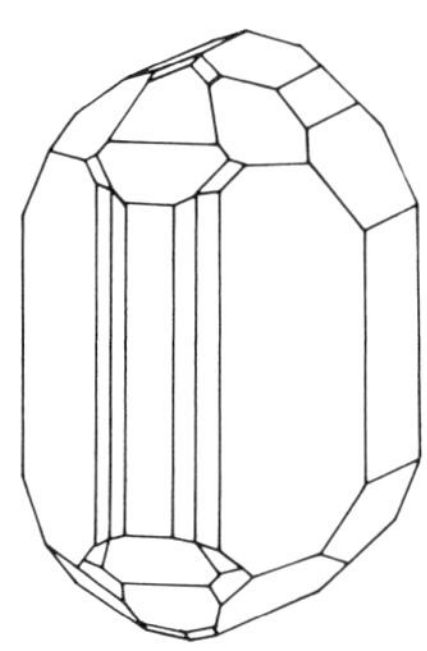

● Härte: 2,5 (spröde) ● Strich: stahlgrau ● Farbe: stahlgrau ● Transparenz: opak ● Glanz: metallisch ● Spaltbarkeit: fehlt ● Bruch: uneben ● Ausbildung: Kristalle, körnige Aggregate.
● Dichte: 6,0 ● Kristallsystem: monoklin ● Kristallformen: kurz prismatisch (vertikal gefurcht), Zwillingsverwachsungen ● Chemische Zusammensetzung: Pb 30,48 %, Ag 23,78 %, Sb 26,87 %, S 18,87 % ● Chemische Eigenschaften: löslich in HNO_3, schon in der Kerzenflamme leicht schmelzbar ● Behandlung: Reinigung mit destilliertem Wasser, vor Licht schützen.
● Genese: hydrothermal ● Paragenese: Boulangerit **(55),** Galenit **(77),** Sphalerit **(181)** ● Vorkommen: selten; Deutschland (Freiberg), ČSFR (Příbram), Mexiko (San Luis Potosí), Rumänien (Baia Sprie), USA, UdSSR, Kolumbien.

Stromeyerit

Sulfide
CuAgS

62

Benannt nach dem deutschen Chemiker F. Stromeyer (1776–1835) (Beudant, 1832)

● Härte: 2,5–3 (spröde) ● Strich: dunkel stahlgrau ● Farbe: dunkel stahlgrau, schwach violett angehaucht ● Transparenz: opak ● Glanz: metallisch bis matt (verwittert) ● Spaltbarkeit: fehlt ● Bruch: muschelig ● Ausbildung: körnige und massive Aggregate, sehr selten Kristalle.
● Dichte: 6,2–6,3 ● Kristallsystem: dimorph, unter 78 °C rhombisch, über 78 °C kubisch (Hoch-Stromeyerit) ● Kristallformen: pseudohexagonal-prismatisch, bekannt sind auch Zwillingsverwachsungen ● Chemische Zusammensetzung: Cu 31,19 %, Ag 53,05 %, S 15,76 % ● Chemische Eigenschaften: löslich in HCl und HNO_3 ● Behandlung: Reinigung mit destilliertem Wasser, vor Licht schützen ● Ähnliche Minerale: Chalkosin **(68)** ● Unterscheidung: durch chemische Reaktion auf Ag.
● Genese: hydrothermal und sekundär ● Paragenese: Chalkosin, Akanthit **(75),** Bornit **(192)** u. a. ● Vorkommen: selten; Polen (Czechanowiecz), USA (Butte), Chile (Copiapo), Mexiko (Guanacevi), Australien ● Verwendung: Ag-Erz.

1. Miargyrit – grobtafelige Kristalle (bis zu 10 mm) in einem Quarz-Hohlraum; ČSFR (Příbram). **2. Diaphorit** – kurzsäulige, vertikal geriefte Kristalle (3 mm) in Assoziation mit Galenit und Carbonaten; ČSFR (Příbram).

Miargyrit, Diaphorit

H
2—3

Proustit (Lichtes Rotgültigerz)

Sulfide
Ag_3AsS_3

63

Benannt nach dem französischen Chemiker J. L. Proust (1755–1826) (Beudant, 1832)

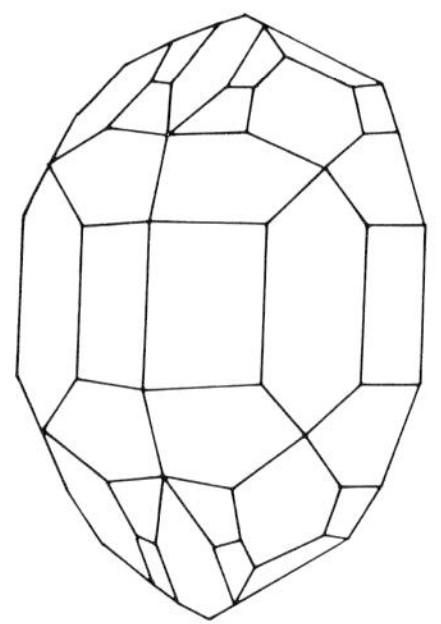

• Härte: 2,5 (spröde) • Strich: ziegelrot • Farbe: rot, im Laufe der Zeit schwarz • Transparenz: halbdurchsichtig bis durchsichtig • Glanz: diamantartig • Spaltbarkeit: gut nach /1011/ • Bruch: muschelig • Ausbildung: Kristalle, körnige Aggregate, Dendrite, Anflüge, massiv.
• Dichte: 5,57 • Kristallsystem: trigonal • Kristallformen: prismatisch, kurz säulig (scheinbar skalenoedrisch), Verwachsungen • Chemische Zusammensetzung: Ag 65,42 %, As 15,14 %, S 19,44 %, Beimengungen von Sb • Chemische Eigenschaften: schmilzt vor dem Lötrohr unter Knoblauchgeruchentwicklung, löslich in HNO_3 • Behandlung: Reinigung mit destilliertem Wasser, vor Licht schützen • Ähnliche Minerale: Pyrargyrit **(64)** • Unterscheidung: Strich und Farbe.
• Genese: vorwiegend hydrothermal • Paragenese: Silber **(49),** Akanthit **(75),** Arsen **(176)** u. a. • Vorkommen: selten; Deutschland (Annaberg, Aue, Marienberg, Wittichen), ČSFR (Jáchymov), Frankreich (Chalanches), Chile (Chañarcillo – bis 15 cm große Kristalle), Mexiko (Chihuahua), USA • Verwendung: Ag-Erz.

Pyrargyrit (Dunkles Rotgültigerz)

Sulfide
Ag_3SbS_3

64

Bezeichnung von den griech. Wörtern *pўr* – Feuer und *argyros* – Silber (Glocker, 1831)

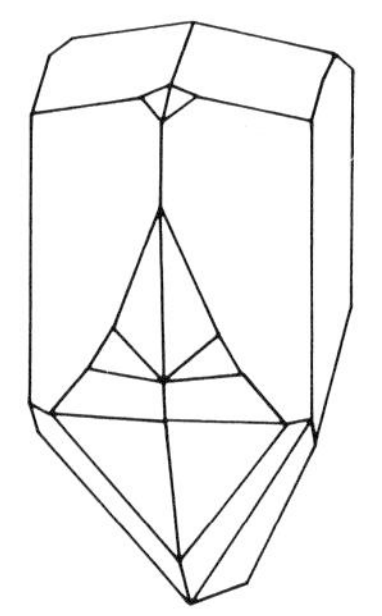

• Härte: 2,5–3 (spröde) • Strich: kirschrot • Farbe: dunkelrot bis graurot • Transparenz: in dünnen Körnern rötlich durchscheinend • Glanz: diamantartig, stark metallisch • Spaltbarkeit: gut nach /1011/ • Bruch: muschelig bis uneben • Ausbildung: Kristalle, körnige Aggregate, stückartig, Anflüge, Pseudomorphosen.
• Dichte: 5,85 • Kristallsystem: trigonal • Kristallformen: prismatisch, hemiedrisch, Zwillinge • Chemische Zusammensetzung: Ag 59,76 %, Sb 22,48 %, S 17,76 %, Beimengung von As • Chemische Eigenschaften: schmilzt vor dem Lötrohr, löslich in HNO_3, HCl und KOH • Behandlung: Reinigung mit destilliertem Wasser, vor Licht schützen • Ähnliche Minerale: Proustit **(63),** Cinnabarit **(76),** Cuprit **(209)** • Unterscheidung: von Proustit durch die dunklere Strichfarbe, von Cinnabarit und Cuprit durch Paragenese, chemisch.
• Genese: hydrothermal • Paragenese: Silber **(49),** Stephanit **(67),** Akanthit **(75)** u. a. • Vorkommen: selten; Deutschland (St. Andreasberg, Gonderbach, Freiberg), ČSFR (Příbram, Banská Štiavnica), Spanien, Chile (Chañarcillo), Mexiko (Zacatecas und Guanajuato – Kristalle bis 3 cm groß), USA, Peru, UdSSR, Kanada • Verwendung: Ag-Erz.

Pyrostilpnit (Feuerblende)

Sulfide
Ag_3SbS_3

65

Bezeichnung aus den griech. Wörtern *pўr* – Feuer und *stilpnos* – glänzend (Dana, 1868)

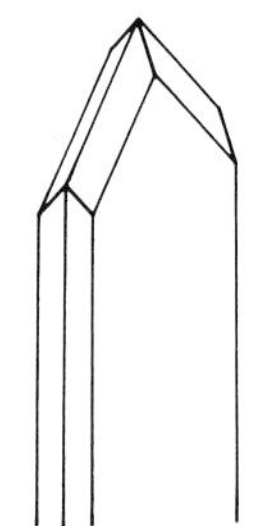

• Härte: 2 • Strich: orangegelb • Farbe: orangerot • Transparenz: durchscheinend • Glanz: diamantartig, perlmuttartig • Spaltbarkeit: vollkommen nach /010/ • Bruch: muschelig • Andere Kohäsionsmerkmale: in feinen Blättchen biegsam • Ausbildung: Kristalle, garbige und nadelige Aggregate.
• Dichte: 5,94 • Kristallsystem: monoklin • Kristallformen: gestreckte Tafeln (vertikal gefurcht), selten Zwillinge • Chemische Zusammensetzung: Ag 59,76 %, Sb 22,48 %, S 17,76 % • Chemische Eigenschaften: löslich in HNO_3, schmilzt vor dem Lötrohr • Behandlung: Reinigung mit Wasser, vor Licht schützen • Ähnliche Minerale: Cinnabarit (nadelig) **(76)** • Unterscheidung: Dichte, chemisch.
• Genese: hydrothermal • Paragenese: Silber **(49),** Miargyrit **(60),** Pyrargyrit **(64),** Akanthit **(75)** • Vorkommen: selten; Deutschland (St. Andreasberg, Wolfach, Freiberg), ČSFR (Příbram), Rumänien (Baia Sprie), Chile (Chañarcillo), Spanien.

1. Proustit – prismatische Kristalle (9 mm) mit Calcit; ČSFR (Jáchymov). **2. Pyrargyrit** – längliche Kristalle (bis zu 4 mm) in einem Quarzhohlraum; ČSFR (Banská Štiavnica).

Proustit, Pyrargirit

H
2—3

Xanthokon (Rittingerit)

Sulfide
Ag_3AsS_3

66

Bezeichnung aus den griech. Wörtern *xanthos* – goldgelb und *konis* – Staub (Braithaupt, 1840)

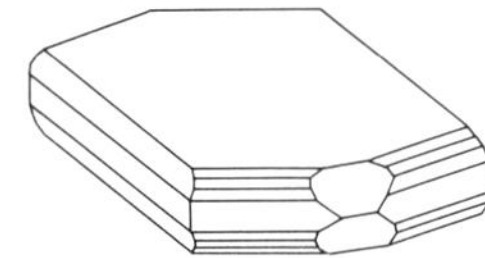

• Härte: 2–3 (spröde) • Strich: orangegelb • Farbe: karminrot bis braun, im durchscheinenden Licht zitronengelb • Transparenz: durchscheinend bis durchsichtig • Glanz: diamantartig auf der Fläche /001/ perlmuttartig • Spaltbarkeit: halbmuschelig • Ausbildung: Kristalle, erdig.
• Dichte: 5,5–5,6 • Kristallsystem: monoklin • Kristallformen: tafelig, pseudorhombisch • Chemische Zusammensetzung: Ag 65,42 %, As 15,14 %, S 19,44 % • Chemische Eigenschaften: schmilzt vor dem Lötrohr unter Knoblauchgeruchentwicklung, löslich in HNO_3 • Behandlung: Reinigung mit destilliertem Wasser, vor Licht schützen • Ähnliche Minerale: Proustit **(63)** • Unterscheidung: Strich, Kristallfarbe.
• Genese: hydrothermal • Paragenese: Proustit, Arsen **(176)** • Vorkommen: selten; Deutschland (Wittichen, Freiberg), ČSFR (Jáchymov), Frankreich, Rumänien, Chile.

Stephanit (Sprödglaserz)

Sulfide
Ag_5SbS_4

67

Benannt nach dem österreichischen Grubendirektor A. Stephan (Haidinger, 1845)

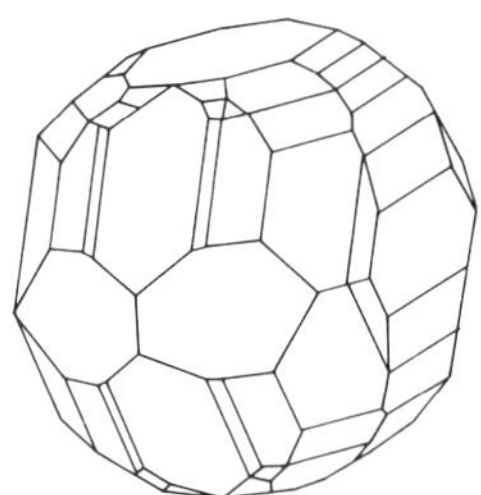

• Härte: 2,5 (spröde) • Strich: schwarz, glänzend • Farbe: eisernschwarz • Transparenz: opak • Glanz: metallisch, wird am Licht allmählich matt • Spaltbarkeit: unvollkommen • Bruch: muschelig bis uneben • Ausbildung: Kristalle, körnige Aggregate, massiv.
• Dichte: 6,2–6,3 • Kristallsystem: rhombisch • Kristallformen: kurzprismatisch (oft pseudohexagonal), vielflächig, grobtafelig • Chemische Zusammensetzung: Ag 68,33 %, Sb 15,42 %, S 16,25 %, Beimengung von As, Cu, Fe • Chemische Eigenschaften: schmilzt vor dem Lötrohr, löslich in heißem HNO_3 • Behandlung: Reinigung mit destilliertem Wasser, vor Licht schützen • Ähnliche Minerale: Polybasit **(9),** Akanthit **(75)** • Unterscheidung: Kristallform, Härte, Dichte.
• Genese: hydrothermal und sekundär • Paragenese: Silber **(49),** Pyrargyrit **(64),** Akanthit und andere Minerale Ag • Vorkommen: selten; Deutschland (Wolfach, St. Andreasberg, Freiberg), ČSFR (Příbram), Italien, USA, Mexiko, Chile • Verwendung: Ag-Erz.

Chalkosin (Kupferglanz)

Sulfide
Cu_2S

68

Bezeichnung aus dem griech. Wort *chalkos* – Kupfer (Beudant, 1832)

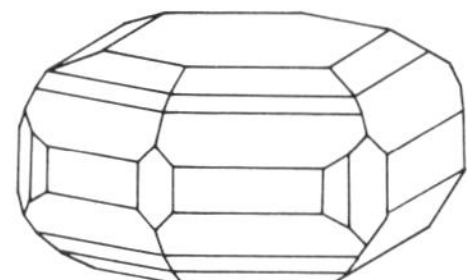

• Härte: 2,5–3 (spröde) • Strich: dunkelgrau, metallglänzend • Farbe: bleiern, dunkelt schnell, läuft ins Blaue oder Grüne • Transparenz: opak • Glanz: an frischem Bruch metallisch • Spaltbarkeit: unvollkommen • Bruch: muschelig bis uneben • Ausbildung: Kristalle, massiv, körnige Aggregate, erdig, Pseudomorphosen.
• Dichte: 5,7–5,8 • Kristallsystem: dimorph, unter 103 °C rhombisch, über 103 °C hexagonal • Kristallformen: grobtafelig, kurz prismatisch, selten dipyramidal, bekannt sind auch Zwillings- und Drillingsverwachsungen • Chemische Zusammensetzung: Cu 79,8 %, S 20,2 %, Beimengungen von Ag, Fe • Chemische Eigenschaften: sprüht vor dem Lötrohr, schmilzt auf Holzkohle in der Reduktionsflamme unter Entstehung von Kupferkügelchen, löslich in HNO_3 • Behandlung: Reinigung mit Wasser • Ähnliche Minerale: Akanthit **(75),** Tetraedrit **(190),** Bornit **(192)** • Unterscheidung: Strich, Farbe, Dichte, Kristallformen.
• Genese: hydrothermal, sekundär (in sog. eisernen Hüten) • Paragenese: Kupfer **(47),** Chalkopyrit **(188),** Bornit **(192),** Cuprit **(209)** u. a. • Vorkommen: häufig; kommt primär in Großbritannien (Cornwall – Lagerstätte Redruth) vor, wo es bis 4,5 cm große Kristalle hervorbringt, in der UdSSR (Lagerstätte Dsheskasgan). Sekundär bekannt aus den USA (Butte, Bisbee), aus Deutschland (Mansfelder Schiefer), Chile (Chucuiqamate) • Verwendung: Cu-Erz.

1. Xanthokon – idiomorpher Kristall (2 mm); ČSFR (Jáchymov). **2. Stephanit** – kurzsäulige Kristalle (bis zu 4 mm) auf Quarz; ČSFR (Banská Štiavnica). **3. Chalcosin** – Druse aus pseudohexagonalen Kristallen (größte Täfelchen 7 mm); Großbritannien (Redruth).

Xanthokon, Stephanit, Chalkosin

H
2—3

Emplektit (Kupferwismutglanz)

Sulfide
$CuBiS_2$

69

Bezeichnung aus dem griech. Wort *emplektos* – verflochten (Kenngott, 1853)

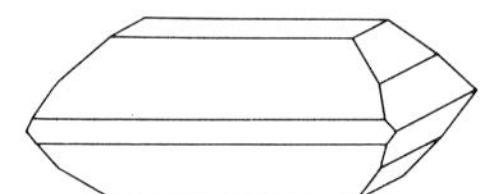

• Härte: 2 (spröde) • Strich: schwarz • Farbe: zinnweiß bis stahlgrau mit grünlichem Hauch • Transparenz: opak • Glanz: metallisch • Spaltbarkeit: vollendet • Bruch: uneben • Ausbildung: stengelige Kristalle, körnige und massive Aggregate.
• Dichte: 6,4 • Kristallsystem: rhombisch • Kristallformen: längliche Tafeln, Nadeln, lang prismatisch, längsgefurcht, Verwachsungen • Chemische Zusammensetzung: Cu 18,88 %, Bi 62,08 %, S 19,04 % • Chemische Eigenschaften: schmilzt vor dem Lötrohr, löslich in HNO_3 • Behandlung: Reinigung mit destilliertem Wasser • Ähnliche Minerale: Wittichenit (70), Bismuthinit (71) und andere Bi-Minerale • Unterscheidung: Spaltbarkeit, Dichte.
• Genese: hydrothermal Bi-Co-Ni-Formation • Paragenese: Bismuthinit, Chalkopyrit **(185),** Quarz **(534)** • Vorkommen: selten; Deutschland (Wittichen, Schwarzenberg) Rumänien (Baiţa), ČSFR (Krásno), Peru (Cerro de Pasco), Chile (Copiapó).

Wittichenit

Sulfide
Cu_3BiS_3

70

Benannt nach der Fundstelle Wittichen in Deutschland (Kenngott, 1853)

• Härte: 2,5 (spröde) • Strich: schwarz • Farbe: bleiern, oft mit zahlreichen Anläufen • Transparenz: opak • Glanz: metallisch • Spaltbarkeit: fehlt • Bruch: muschelig bis uneben • Ausbildung: Kristalle, massive Aggregate.
• Dichte: 6,3–6,7 • Kristallsystem: rhombisch • Kristallformen: säulig bis nadelig, längliche Tafeln • Chemische Zusammensetzung: Cu 38,46 %, Bi 42,15 %, S 19,39 %, Beimengung Ag • Chemische Eigenschaften: schmilzt vor dem Lötrohr, löslich in HCl und HNO_3 • Behandlung: Reinigung mit destilliertem Wasser • Ähnliche Minerale: Emplektit **(69),** Bismuthinit **(71)** • Unterscheidung: Spaltbarkeit, chemisch.
• Genese: hydrothermal •Paragenese: Bismuthinit, Tennantit **(192),** Baryt **(243),** Fluorit **(292)** • Vorkommen: selten; Deutschland (Wittichen), Namibia (Tsumeb), USA (Butte), Großbritannien (Cornwall).

Bismuthinit (Wismutglanz, Bismuthin)

Sulfide
Bi_2S_3

71

Nach der Zusammensetzung benannt (Dana, 1868)

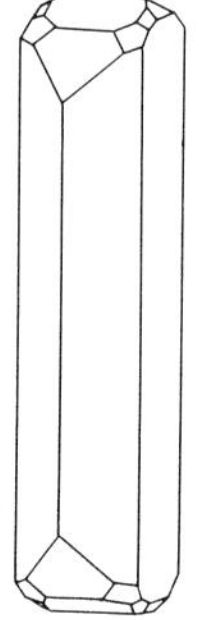

• Härte: 2 • Strich: grau, glänzend • Farbe: stahlgrau mit schwach gelblichem oder bläulichem Hauch • Transparenz: opak • Glanz: metallisch • Spaltbarkeit: vollkommen nach /010/ • Bruch: uneben • Andere Kohäsionsmerkmale: biegsam, läßt sich mit dem Messer schneiden • Ausbildung: Kristalle, strahlige, blättrige und körnige Aggregate.
• Dichte: 6,8–7,2 • Kristallsystem: rhombisch • Kristallformen: lang prismatisch, vertikal gefurcht • Chemische Zusammensetzung: Bi 81,30 %, S 18,70 % • Chemische Eigenschaften: schmilzt bereits in der Kerzenflamme, siedet und sprüht vor dem Lötrohr, löslich in HNO_3, in heißer HCl und in Basen • Behandlung: Reinigung mit Wasser • Ähnliche Minerale: Emplektit **(69),** Wittichenit **(70),** Cosalit **(72)** u. a.
• Unterscheidung: niedere Schmelze, Spaltbarkeit, Farbe.
• Genese: hydrothermal, Pegmatite, kontaktmetasomatisch • Paragenese: Chalkopyrit **(185),** Arsenopyrit **(344),** Kassiterit **(548),** Wolframit **(369),** Quarz **(534)** u. a.
• Vorkommen: selten; Deutschland (Schneeberg, Altenberg, Lobenstein), ČSFR (Jáchymov), Rumänien (Baita), Bolivien (hübsche Kristalle in Tasna), Großbritannien (Cornwall), Peru (Cerro de Pasco) • Verwendung: Bi-Erz.

1. Emplektit – nadelige Kristalle (bis zu 3 mm) in einem Quarzhohlraum; Rumänien (Oraviţa). **2. Bismuthinit** – prismatische Kristalle (bis zu 20 mm) in Siderit; Italien (Brosso). **3. Wittichenit** – langsäulige Kristalle (21 mm), in Baryt eingewachsen; Deutschland (Wittichen).

Emplektit, Bismuthinit, Wittichenit

H
2—3

Cosalit

Sulfide
$Pb_2Bi_2S_5$

72

Benannt nach der Fundstelle – der Grube Cosala in Mexiko
(Genth, 1877)

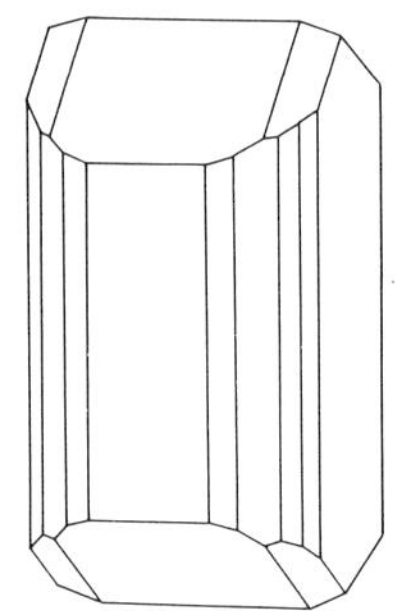

• Härte: 2,5 • Strich: schwarz • Farbe: bleiern bis stahlgrau • Transparenz: opak • Glanz: metallisch • Spaltbarkeit: gut • Bruch: uneben • Ausbildung: strahlige und körnige Aggregate.
• Dichte: 6,4–6,8 • Kristallsystem: rhombisch • Kristallformen: langprismatisch (vertikal gefurcht) • Chemische Zusammensetzung: Pb 41,75 %, Bi 42,10 %, S 16,15 % • Chemische Eigenschaften: schmilzt vor dem Lötrohr, löslich in HCl und HNO_3 • Behandlung: Reinigung mit Wasser • Ähnliche Minerale: Bismuthinit **(71)** und andere Bleisulfosalze • Unterscheidung: mit Röntgen, chemisch.
• Genese: hydrothermal • Paragenese: Bi-Sulfosalze mit Pb, Cu • Vorkommen: selten; Rumänien (Baita), Mexiko (Cosala), Kanada (Cobalt), Australien (Kingsgate), UdSSR (Bukuka, Sochodo), ČSFR • Verwendung: Bi-Erz.

Galenobismutit

Sulfide
$PbBi_2S_4$

73

Bezeichnung aufgrund der chemischen Zusammensetzung
(Sjögren, 1878)

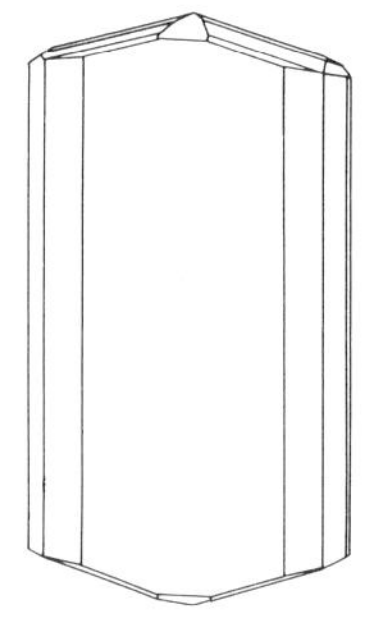

• Härte: 2,5–3 • Strich: grauschwarz, glänzend • Farbe: zinnweiß, hellgrau mit Anlauffarben • Transparenz: opak • Glanz: metallisch • Spaltbarkeit: gut • Bruch: uneben • Andere Kohäsionsmerkmale: biegsam • Ausbildung: Kristalle, strahlige, faserige und massive Aggregate.
• Dichte: 7,1 • Kristallsystem: rhombisch • Kristallformen: prismatisch, oft gekrümmt, Nadeln, Tafeln • Chemische Zusammensetzung: Pb 27,50 %, Bi 55,48 %, S 17,02 % • Chemische Eigenschaften: schmilzt vor dem Lötrohr, leicht löslich in HNO_3 unter Bildung von gelbem Niederschlag • Behandlung: Reinigung mit Wasser, faserige Aggregate mit Luft • Ähnliche Minerale: Bismuthinit **(71)**, Cosalit **(72)** • Unterscheidung: chemisch, von Bismuthinit durch die Schmelzbarkeit, von Cosalit durch die Spaltbarkeit.
• Genese: hydrothermal, Fumarolen • Paragenese: Wismut **(48)**, Gold **(50)**, Bismuthinit, Telluride Au u. a. • Vorkommen: selten; Schweden, Deutschland (Rammelsberg), Italien, Kanada • Verwendung: manchmal Bi-Erz.

Berzelianit

Selenide
Cu_2Se

74

Benannt nach dem Entdecker J. J. Berzelius (1799–1848)
(Beudant, 1832)

• Härte: 2 • Strich: glänzend • Farbe: silberweiß mit bläulichem Ton, wird schnell matt und schwarz • Transparenz: opak • Glanz: am Bruch metallisch, matt • Spaltbarkeit: fehlt • Bruch: uneben • Ausbildung: körnige, massive Aggregate, Dendrite, Imprägnierungen.
• Dichte: 6,7 • Kristallsystem: kubisch • Kristallformen: unbekannt • Chemische Zusammensetzung: Cu 61,62 %, Se 38,38 %, Beimengungen Ag und Tl • Chemische Eigenschaften: löslich in HNO_3 • Behandlung: Reinigung mit Wasser, vor Licht schützen • Ähnliche Minerale: andere Selenide • Unterscheidung: mit Röntgen und chemisch.
• Genese: hydrothermal • Paragenese: Clausthalit **(79)**, Tiemannit **(80)**, Umangit **(201)** und andere Selenide • Vorkommen: selten; Deutschland (Lehrbach, Clausthal, Tilkerode), Schweden (Skrikerum), ČSFR (Předbořice, Petrovice, Bukov), Argentinien (Sierra de Cacheuta).

1. Cosalit – Aggregat aus nadeligen Kristallen (bis zu 10 mm) in einer Quarz-Sideritader; ČSFR (Prachovce). **2. Berzelianit** – unregelmäßige, körnige Ballungen in Carbonaten (Ausschnittbreite 23 mm); ČSFR (Bukov).

Cosalit, Berzelianit

H
2—3

Akanthit (Argentit, Silberglanz)

Sulfide
Ag_2S

75

Bezeichnung vom griech. Wort *akantha* – Pfeil für Akanthit; (Kenngott, 1855) Bezeichnung vom lat. Wort *argentum* – Silber für Argentit (Haidinger, 1845)

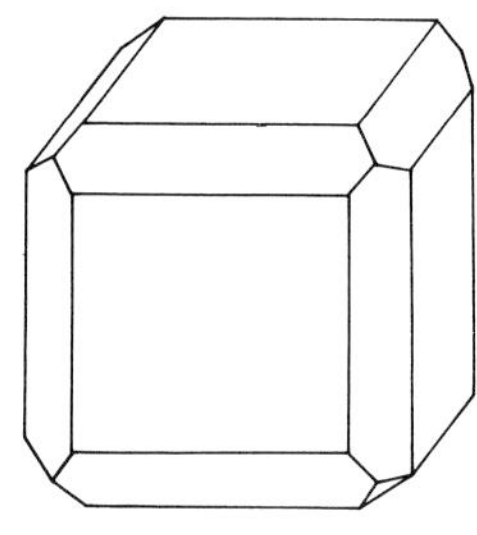

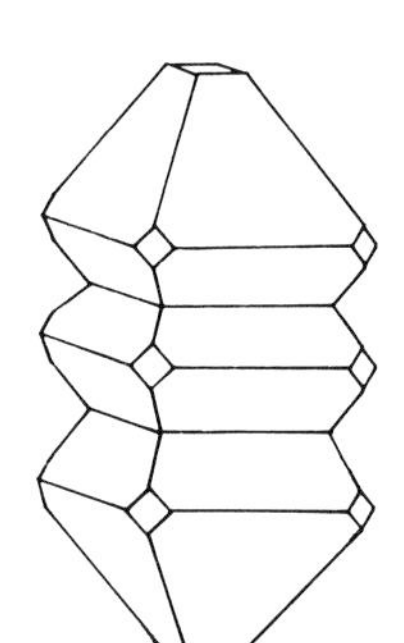

• Härte: 2 • Strich: schwarz, halbglänzend • Farbe: bleiern bis schwarz, wird am Licht matt • Transparenz: opak • Glanz: auf frischer Fläche metallisch, sonst matt • Spaltbarkeit: unvollkommen • Bruch: muschelig, uneben • Andere Kohäsionsmerkmale: hämmerbar, biegsam, mit dem Messer schneidbar • Ausbildung: Kristalle, Dendrite, Skelette, körnige und massive Aggregate, Pseudomorphosen.
• Dichte: 7,3 • Kristallsystem: dimorph, unter 179 °C stabiles Akanthit (rhombisch), über 179 °C Argentit (kubisch) • Kristallformen: Oktaeder, Hexaeder, Rhombododekaeder (Argentit), oft gekrümmte und ungerade Flächen, Zwillingsverwachsungen, Tafeln, isometrisch, säulig (Akanthit). Akanthit bildet auch häufig Pseudomorphosen nach Argentit aus • Chemische Zusammensetzung: Ag 87,06 %, S 12,94 % • Chemische Eigenschaften: löslich in HNO_3, HCl, Ammoniak • Behandlung: Reinigung mit destilliertem Wasser, vor Licht schützen • Ähnliche Minerale: Silber **(49),** Chalkosin **(68),** Galenit **(77)** • Unterscheidung: Dichte, Kristallform, Spaltbarkeit, Schmiedbarkeit.
• Genese: hydrothermal, sekundär • Paragenese: Polybasit **(9),** Silber, Proustit **(63),** Pyrargyrit **(64),** Stephanit **(67),** Galenit • Vorkommen: selten; Deutschland (Schneeberg, Annaberg, Johanngeorgenstadt, Freiberg – Kristalle von bis zu 4 kg Gewicht), ČSFR (Jáchymov, Banská Štiavnica), Norwegen (Kongsberg), Großbritannien (Cornwall), Mexiko, USA u. a. • Verwendung: wichtiges Ag-Erz.

Cinnabarit (Zinnober)

Sulfide
HgS

76

Bezeichnung historisch, wahrscheinlich aus Indien stammend (Theophrastus, 315 v. Chr.)

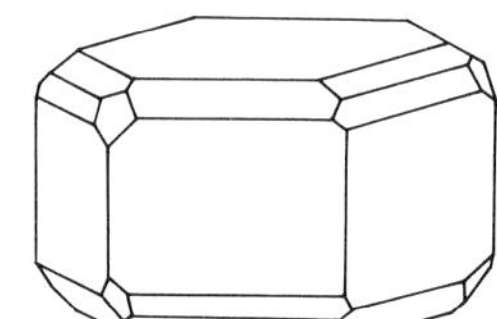

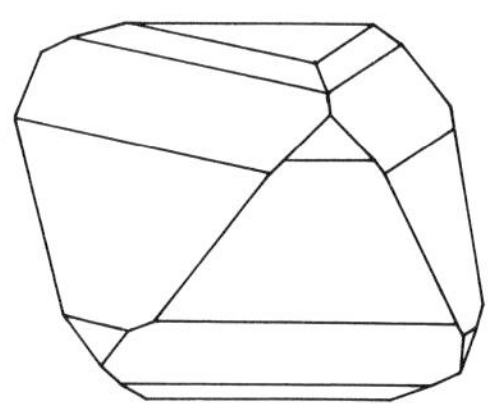

• Härte: 2–2,5 (spröde) • Strich: rot • Farbe: rot, braunrot • Transparenz: durchscheinend • Glanz: auf Spalt- und Kristallflächen diamantartig, sonst matt • Spaltbarkeit: vollkommen • Bruch: uneben, splittrig • Ausbildung: Kristalle (selten), körnige, massive, staubförmige Aggregate, Pseudomorphosen.
• Dichte: 8,1 (schwankt stark je nach Beimengungen) • Kristallsystem: trigonal • Kristallformen: tafelige, rhomboedrische, trapezoedrische, Zwillingsverwachsungen • Chemische Zusammensetzung: Hg 86,21 %, S 13,79 %, Beimengungen Se, Te, Sb, Bitumen • Chemische Eigenschaften: verdampft vor dem Lötrohr, unlöslich in HNO_3 und H_2SO_4 • Behandlung: Reinigung mit Wasser, Säuren • Ähnliche Minerale: Realgar **(5),** Proustit **(63),** Cuprit **(209),** Rutil **(464),** Hämatit **(472)** u. a.
• Unterscheidung: eindeutig größere Dichte, Schmelzbarkeit, chemisch.
• Genese: hydrothermal, selten sekundär • Paragenese: Antimonit **(51),** Pyrit **(436),** Markasit **(437),** Chalcedon **(449),** Quarz **(534)** • Vorkommen: häufig; Deutschland (Moschellandsberg), Italien (Monte Amiata), Spanien (Almaden), Jugoslawien (Idria – unvollkommene Kristalle), ČSFR (Rudňany), UdSSR (Nikitowka – schöne Zwillinge), USA (Terlingua, New Idria, New Almaden), China (Hunan – Lagerstätte Wanshanchang – große Kristalle und schöne Zwillinge bis 4,5 cm) • Verwendung: wichtiges Hg-Erz, ganz ausnahmsweise als Edelstein.

1. Akanthit – idiomorph ausgebildete Kristalle (4 mm) auf Quarz; ČSFR (Jáchymov). **2. Cinnabarit** – karminrote Kristalle (9 mm) auf Quarz; Spanien (Almaden).

Akanthit, Cinnabarit

H
2—3

Galenit (Bleiglanz)

77

Bezeichnung historisch – als *galena* beschrieb Plinius Bleierz

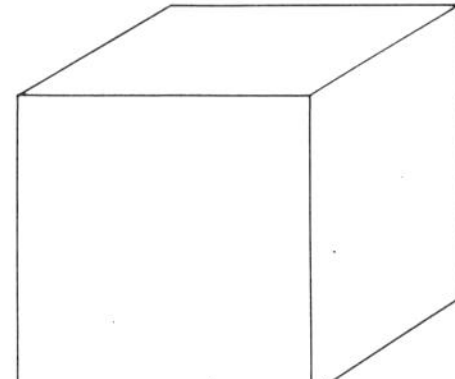

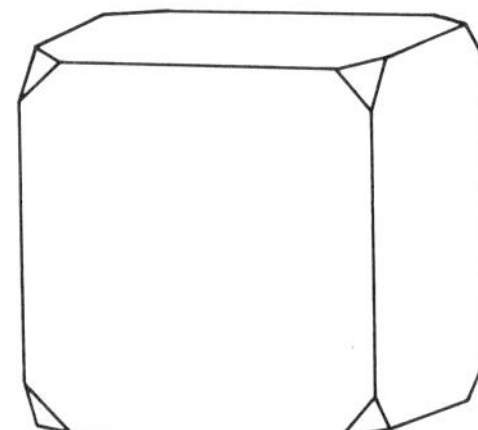

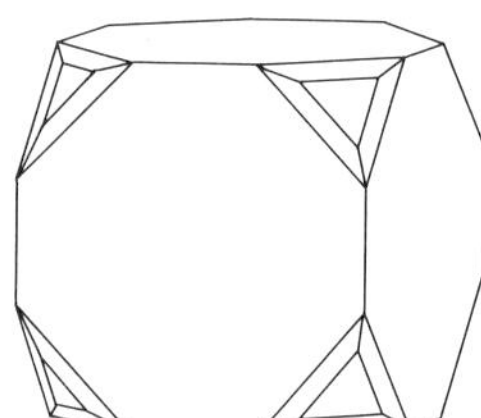

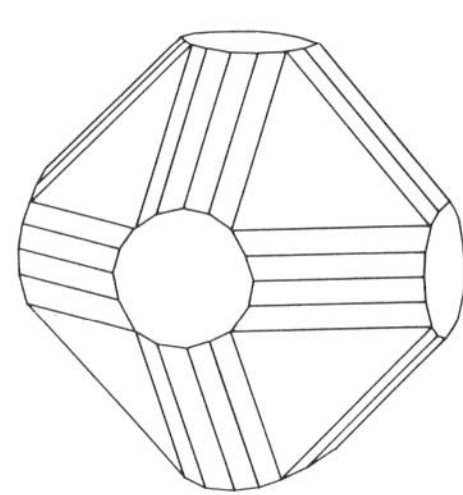

• Härte: über 2,5 (spröde) • Strich: grauschwarz, bläulich glänzend • Farbe: hell oder dunkel bleiern, am frischen Bruch mit bläulichem Ton • Transparenz: opak • Glanz: metallisch, an den Spaltflächen stark • Spaltbarkeit: sehr gut nach /100/, unvollkommen nach /111/ • Andere Kohäsionsmerkmale: mürbe • Ausbildung: Kristalle, körnige, grobkörnige bis kompakte, skelettige oder tropfsteinartige Aggregate. Verwächst manchmal mit Sphalerit **(181)** oder bildet Pseudomorphosen, z. B. nach Pyromorphit **(262).** Kristalloberfläche oft ausgebrochen, manchmal mit einer Quarz- **(534)** oder Calcitschicht **(217)** überzogen, sonst quasi dicht mit Chalkopyritkristallen **(185)** bedeckt.

• Dichte: 7,2–7,6 • Kristallsystem: kubisch • Kristallformen: Hexaeder, Oktaeder und ihre gegenseitigen Kombinantionen, selten Tafeln und Zwillinge • Chemische Zusammensetzung: Pb 86,60 %, S 13,40 %, Beimengungen Ag, Sb, Bi, Se, Fe, Zn, Au • Chemische Eigenschaften: läßt sich auf Holzkohle sehr leicht schmelzen unter Entstehung von Schwefeldämpfen und kleinen formbaren Kügelchen, löslich in HNO_3 und HCl • Behandlung: Reinigung mit Wasser, bei mechanischer Reinigung Spaltbarkeit berücksichtigen, Calcitbeläge lassen sich in Essigsäure entfernen • Ähnliche Minerale: massives Stückantimonit **(51),** Altait **(78),** Clausthalit **(79),** Bournonit **(193)** • Unterscheidung: von Antimonit und Bournonit durch höhere Dichte, vollkommene Spaltbarkeit, chemisch und die Kristallformen, von Altait und Clausthalit durch geringere Dichte und chemisch.

• Genese: hydrothermal, selten sekundär, sedimentär, kontaktmetasomatisch • Paragenese: Sphalerit, Calcit, Baryt **(240),** Fluorit **(291),** Pyrit **(436),** Quarz u. a. • Vorkommen: häufig; Deutschland (Oberharz; Bad Gründ, Clausthal; Siegerland, Bensberg bei Köln/Rhein, Christian Levin bei Essen, Altenberg bei Aachen, Freiberg, Neudorf), ČSFR (Příbram, in der Lagerstätte Stříbro kamen hexaedrische, bis 12 cm große Kristalle vor, schöne Kristalldrusen sind aus der Lagerstätte Banská Štiavnica bekannt), Jugoslawien (Trepča), Spanien (Linares und La Carolina), USA (Idaho, Gebiet Coeur d'Aléne, Colorado – Leadville und Aspen, sehr hübsche Drusen aus Missouri – Joplin). Große Galenitkristalle wurden in Großbritannien auf der Insel Man gefunden, die eine Größe von 25 cm erreichten. Ferner sind eine ganze Reihe Lagerstätten in der UdSSR bekannt (Sadon, Turlan), aus Polen (Olkusz, Bytom, Trzebionka), aus Österreich (Bleiberg), Italien (Raibl bei Tarvisien), aus Burma (Bawdin-Mine), Tasmanien (Roseberry) und Sambia (Kabwe) • Verwendung: wichtigstes Pb-Erz; der oft hohe Ag-Gehalt macht Galenit auch zu einem der wichtigsten Silbererze.

Galenit – Druse aus idiomorphen Kristallen (20 mm); Deutschland (Freiberg).

Galenit

H
2—3

Altait (Tellurblei)

Telluride
PbTe

78

Benannt nach der Fundstelle – dem Altaigebirge in der UdSSR (Rose, 1837)

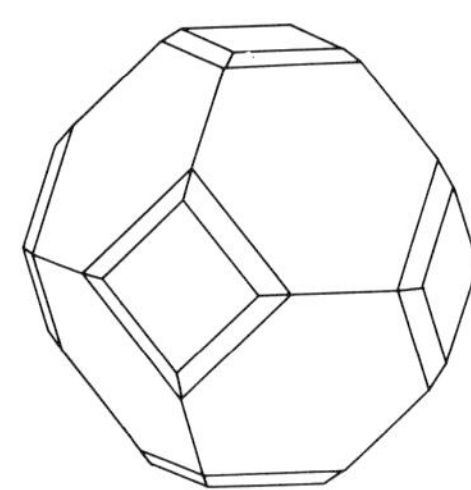

● Härte: 2,5 (spröde) ● Strich: schwarz ● Farbe: zinnweiß mit gelblichem Ton, bronzefarbene Anläufe ● Transparenz: opak ● Glanz: metallisch ● Spaltbarkeit: vollkommen nach /100/ ● Bruch: muschelig bis uneben ● Ausbildung: Kristalle, körnig, massiv.

● Dichte: 8,1–8,2 ● Kristallsystem: kubisch ● Kristallformen: Hexaeder, Oktaeder ● Chemische Zusammensetzung: Pb 61,91 %, Te 38,09 %, Beimengungen von Ag, Au, Cu ● Chemische Eigenschaften: löslich in HNO_3, H_2SO_4 ● Behandlung: Reinigung mit destilliertem Wasser. ● Ähnliche Minerale: Galenit **(77)** ● Unterscheidung: Altait hat eine hellere Farbe und größere Dichte.

● Genese: hydrothermal ● Paragenese: Silber **(49)**, Gold **(50)**, Galenit, Tetraedrit **(190)** u. a. ● Vorkommen: selten, UdSSR (Sawodinsk, Stepnjak), Rumänien (Sacarimb), USA (Kalifornien – Stanislaus-Mine), Chile (Coquimbo) ● Verwendung: manchmal als Te-Quelle.

Clausthalit (Selenblei)

Selenide
PbSe

79

Benannt nach der Fundstelle in der Grube Lorenz bei Clausthal/Harz (Beudant, 1832)

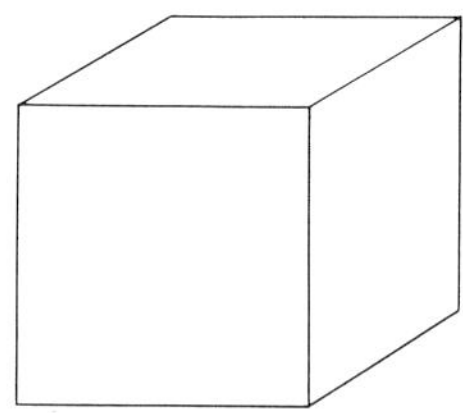

● Härte: 2,5–3 ● Strich: grauschwarz ● Farbe: bleiern, schwach bläulich ● Transparenz: opak ● Glanz: metallisch ● Spaltbarkeit: vollkommen nach /001/ ● Ausbildung: körnig, stückartig.

● Dichte: 8,28 ● Kristallsystem: kubisch ● Kristallformen: unbekannt ● Chemische Zusammensetzung: Pb 72,34 %, Se 27,66 %, Beimengungen Hg, Co, Cu ● Chemische Eigenschaften: löslich in HNO_3 und H_2SO_4 ● Behandlung: Reinigung mit destilliertem Wasser ● Ähnliche Minerale: Galenit **(77)**, Altait **(78)** ● Unterscheidung: zuverlässig nur chemisch.

● Genese: hydrothermal ● Paragenese: Berzelianit **(74)**, Tiemannit **(80)** und andere Selenide ● Vorkommen: selten; Deutschland (Clausthal, Lehrbach, Tilkerode), ČSFR (Předbořice, Zálesí, Petrovice, Bukov), Argentinien (Cerro de Cacheuta), Bolivien (Pacajake), Schweden.

Tiemannit

Selenide
HgSe

80

Benannt nach dem Entdecker C. W. F. Tiemann (Naumann, 1855)

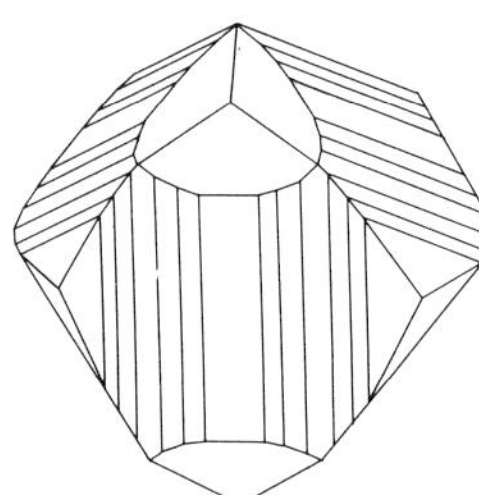

● Härte: 2,5 (spröde) ● Strich: schwarz ● Farbe: dunkel bleiern ● Transparenz: opak ● Glanz: metallisch ● Spaltbarkeit: fehlt ● Bruch: uneben ● Ausbildung: Kristalle, körnig, kompakt.

● Dichte: 8,26 ● Kristallsystem: kubisch ● Kristallformen: tetraedrisch (sehr selten) ● Chemische Zusammensetzung: Hg 71,70 %, Se 28,30 %, Beimengungen Cd, S ● Chemische Eigenschaften: nur in Königswasser löslich ● Behandlung: Reinigung mit Wasser, Säuren ● Ähnliche Minerale: Chalkosin **(68)** ● Unterscheidung: chemisch, Dichte, Säurelöslichkeit.

● Genese: hydrothermal ● Paragenese: Clausthalit **(79)**, Umangit **(203)**, Calcit **(217)**, Baryt **(243)** u. a. ● Vorkommen: selten; Deutschland (Clausthal, Lehrbach, Zorge, Tilkerode), ČSFR (Předbořice, Černý Důl, Petrovice), USA (Utah – Marysville, Piute Co., Kalifornien – Clear Lake).

1. Clausthalit – graue feinkörnige unregelmäßige Häufungen in Carbonaten; Deutschland (Lerbach). **2. Tiemannit** – feinkörnige Häufung in Assoziation mit Carbonaten und Chalkopyrit (Ausschnittbreite 52 mm); Deutschland (Clausthal).

Altait, Tiemannit

H 2—3

Krennerit

Telluride
$(Au, Ag)Te_2$

81

Benannt nach dem ungarischen Mineralogen J. A. Krenner (1839–1920) (Rath, 1877)

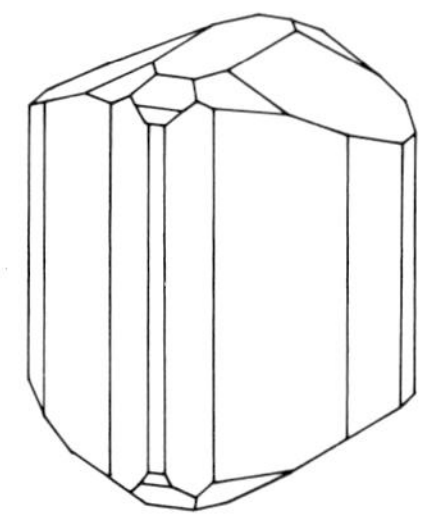

• Härte: 2–3 (spröde) • Strich: silbrigweiß • Farbe: silbrigweiß bis hell messinggelb • Transparenz: opak • Glanz: metallisch • Spaltbarkeit: vollkommen nach /001/ • Ausbildung: Kristalle, körnige Aggregate.

• Dichte: 8,6 • Kristallsystem: rhombisch • Kristallformen: kurz prismatisch, tief gefurcht • Chemische Zusammensetzung: Au 32,99 %, Ag 7,22 %, Te 59,79 %, Verhältnis Au:AG schwankt • Chemische Eigenschaften: löslich in HNO_3, bei Erhitzung mit H_2SO_4 färbt sich die Lösung himbeerrot • Behandlung: Reinigung mit Wasser • Ähnliche Minerale: Sylvanit **(12),** Petzit **(82),** Calaverit **(83)** • Unterscheidung: von Calaverit und Petzit durch Spaltbarkeit, geringere Dichte, von Sylvanit durch größere Härte.

• Genese: hydrothermal • Paragenese: Sylvanit, Calaverit, Gold **(50),** Pyrrhotin **(283),** Pyrit A **(436)** • Vorkommen: selten; Rumänien (Sacarimb), USA (Colorado, Cripple Creek), Australien (Kalgoorlie) • Verwendung: Au-Erz.

Petzit

Telluride
Ag_3AuTe_2

82

Benannt nach W. Petz, der es erstmalig analysiert hat (Haidinger, 1845)

• Härte: 2,5 (spröde) • Strich: grauschwarz • Farbe: stahlgrau bis schwarz • Transparenz: opak • Glanz: stark, metallisch • Spaltbarkeit: fehlt • Bruch: uneben • Ausbildung: massive und körnige Aggregate.

• Dichte: 9,13 • Kristallsystem: kubisch • Kristallformen: unbekannt • Chemische Zusammensetzung: Ag 41,71 %, Au 25,42 %, Te 32,87 % • Chemische Eigenschaften: löslich in HNO_3 (Au bleibt zurück), in heißer H_2SO_4 entsteht himbeerrote Färbung • Behandlung: Reinigung mit Wasser • Ähnliche Minerale: Coloradoit **(198)** • Unterscheidung: chemisch, Härte, Dichte.

• Genese: hydrothermal • Paragenese: Sylvanit **(12),** Calaverit **(83),** Tellur **(46)** u. a. • Vorkommen: selten; Rumänien (Sacarimb), USA (Colorado – Cripple Creek), Australien (Kalgoorlie) • Verwendung: Ag- und Au-Erz.

Calaverit

Telluride
$AuTe_2$

83

Benannt nach der Fundstelle Calaveras County in Kalifornien

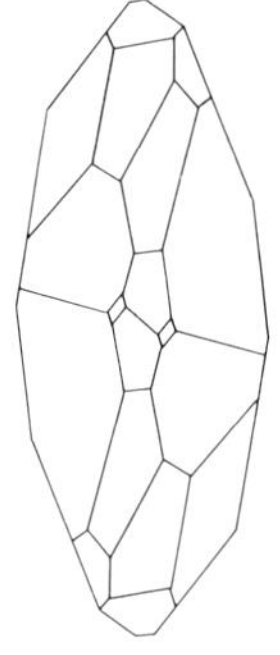

• Härte: 2,5 (spröde) • Strich: grüngrau, gelbgrau • Farbe: bronzegelb bis silberweiß • Transparenz: opak • Glanz: metallisch • Spaltbarkeit: fehlt • Bruch: uneben • Ausbildung: selten Kristalle, körnige Aggregate.

• Dichte: 9,3 • Kristallsystem: monoklin • Kristallformen: prismatisch, vielflächig, gefurcht, nadelig, Zwillingsverwachsungen • Chemische Zusammensetzung: Au 43,59 %, Te 56,41 %, Beimengung Ag • Chemische Eigenschaften: löslich in HNO_3 und H_2SO_4 • Behandlung: Reinigung mit Wasser • Ähnliche Minerale: Pyrit **(436),** andere Telluride • Unterscheidung: von Pyrit durch geringere Härte, Kristallform, von den Telluriden chemisch.

• Genese: hydrothermal • Paragenese: Gold **(50),** Sylvanit **(12)** und andere Telluride • Vorkommen: selten; USA (Kalifornien, Calaveras County, Colorado – Cripple Creek), Australien (Kalgoorlie), Rumänien, UdSSR, Mexiko u. a. • Verwendung: Au-Erz.

1. Petzit – körniges Aggregat in Quarz (Ausschnittbreite 42 mm); Rumänien (Sacarimb). **2. Krennerit** – kurz prismatische geriefte Kristalle (bis 2 mm) mit Quarz; Rumänien (Sacarimb). **3. Calaverit** – Verwachsungen längsgeriefter säuliger Kristalle in Quarz (Ausschnittbreite 12 mm); USA (Cripple Creek).

Petzit, Krennerit, Calaverit

H
2—3

Carnallit

Halogenide
$KMgCl_3 \cdot 6\ H_2O$

84

Benannt nach dem deutschen Grubeningenieur R. von Carnall (1804 bis 1874) (Rose, 1856)

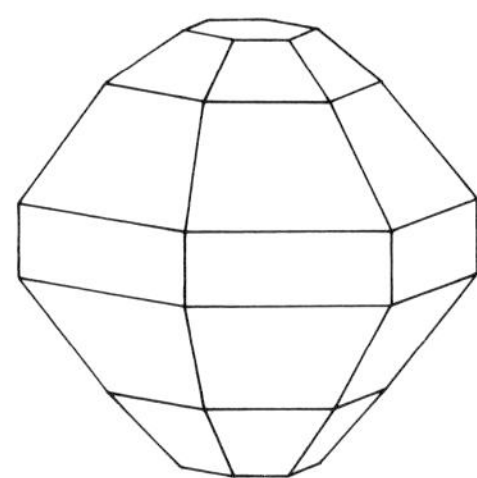

• Härte: 2,5 • Strich: weiß • Farbe: farblos, gelblich, blaßrosa, bräunlich, hellgrün • Transparenz: durchsichtig bis durchscheinend • Glanz: glasig, auf der Bruchfläche fettig • Spaltbarkeit: fehlt • Bruch: muschelig • Ausbildung: selten Kristalle, körnige und faserige Aggregate • Löslichkeit: leicht wasserlöslich, wobei ein Knarrgeräusch entsteht • Andere Eigenschaften: Bittergeschmack.

• Dichte: 1,6 • Kristallsystem: rhombisch • Kristallformen: grobtafelig, dipyramidal, pseudohexagonal • Chemische Zusammensetzung: K 14,07 %, Mg 8,75 %, Cl 38,28 %, H_2O 38,90 % • Chemische Eigenschaften: leicht schmelzbar, färbt die Flamme violett • Behandlung: hygroskopisch – in geschlossenen Gefäßen aufbewahren • Ähnliche Minerale: Sylvin **(85),** Halit **(86)** • Unterscheidung: keine Spaltbarkeit, spröde.

• Genese: ozeanische Lagerstätten und Salzseen • Paragenese: Sylvin, Halit • Vorkommen: häufig; Deutschland (Beienrode, Stassfurt), UdSSR (Kalusch) • Verwendung: Gewinnung von K, Mg.

Sylvin

Halogenide
KCl

85

Benannt nach dem holländischen Chemiker Sylvius de la Boë (1614 bis 1672) (Beudant, 1832)

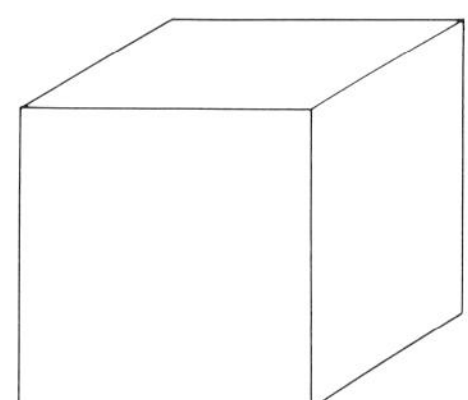

• Härte: 2 • Strich: weiß • Farbe: weiß, gelblich, rötlich, grau, bläulich • Transparenz: durchsichtig bis durchscheinend • Glanz: glasig • Spaltbarkeit: vollkommen • Bruch: muschelig • Ausbildung: Kristalle, körnige, faserige, erdige Aggregate, auch Rinden • Löslichkeit: leicht wasserlöslich • Andere Eigenschaften: bittersalziger Geschmack.

• Dichte: 1,99 • Kristallsystem: kubisch • Kristallformen: hexaedrisch, oktaedrisch, abgestumpft • Chemische Zusammensetzung: K 52,44 %, Cl 47,56 %, Beimengungen Na • Chemische Eigenschaften: hygroskopisch, läßt sich in der Kerzenflamme schmelzen, färbt die Flamme violett • Behandlung: in geschlossenen Gefäßen aufbewahren • Ähnliche Minerale: Halit **(86)** • Unterscheidung: Geschmack, Färbung der Flamme.

• Genese: ozeanische Salzlagerstätten, Salzseen, Vulkanergüsse • Paragenese: Carnallit **(84),** Halit **(86)** • Vorkommen: selten; Deutschland (bei Hannover, Stassfurt), UdSSR (Kalusch), Kanada, USA • Verwendung: K-Gewinnung.

Halit (Steinsalz)

Halogenide
NaCl

86

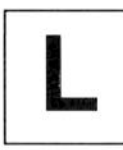

Bezeichnung von den griech. Wörtern *hals* – Salz und *lithos* – Stein abgeleitet (Glocker, 1847)

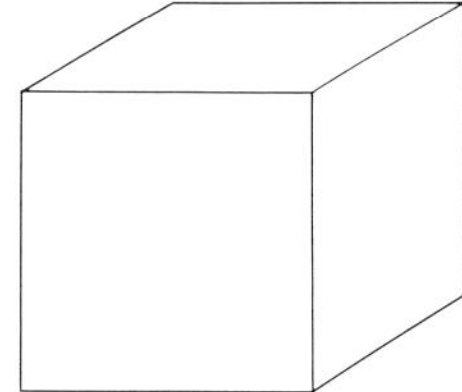

• Härte: 2 (spröde) • Strich: weiß • Farbe: weiß, schwach grau, schwach rosig, bläulich, violett, orangen u. a. • Transparenz: durchsichtig bis durchscheinend • Glanz: glasig, fettig • Spaltbarkeit: vollkommen nach /100/ • Bruch: muschelig • Ausbildung: Kristalle bis 15 cm groß, körnige, faserige Aggregate, Rinden, tropfsteinartige Gebilde • Löslichkeit: leicht wasserlöslich • Andere Eigenschaften: salziger Geschmack.

• Dichte: 2,1–2,2 • Kristallsystem: kubisch • Kristallformen: Hexaeder, selten Oktaeder, Skelettkristalle, Verwachsungen • Lumineszenz: rot bis rosig • Chemische Zusammensetzung: Na 39,34 %, Cl 60,66 %, Beimengung J, Br • Chemische Eigenschaften: sprüht vor dem Lötrohr, färbt die Flamme intensiv gelb • Behandlung: Reinigung mit Alkohol, schwach hygroskopisch – trocken bewahren • Ähnliche Minerale: Sylvin **(85),** Anhydrit **(235)** • Unterscheidung: Salzgeschmack, Spaltbarkeit, Färbung der Flamme, Härte.

• Genese: ozeanische Lagerstätten, Salzseen, Seewasser, Vulkanergüsse • Paragenese: Gips **(29),** Carnallit **(84),** Sylvin, Anhydrit • Vorkommen: sehr häufig; Deutschland (Heilbronn, Berchtesgaden, Stassfurt), Österreich (Salzkammergut, Hall), Polen (Wieliczka), UdSSR (Solikamsk), USA (Great Salt Lake) • Verwendung: Lebensmittelindustrie, Chemie u. a.

1. Carnallit – rötliches, körniges Aggregat; UdSSR (Ural, Solikamsk). **2. Sylvin** – körniges Aggregat; stellenweise mit hypidiomorph begrenzten Kristallen in Assoziation mit Halit (Ausschnittbreite 90 mm); Frankreich (Buggingen). **3. Halit** – Druse aus hexaedrischen Kristallen (max. Größe 21 mm); Österreich (Salzkammer).

Carnallit, Sylvin, Halit

H
2—3

Villiaumit

Halogenide
NaF

87

Benannt nach dem französischen Reisenden Villiaume (Lacroix, 1908)

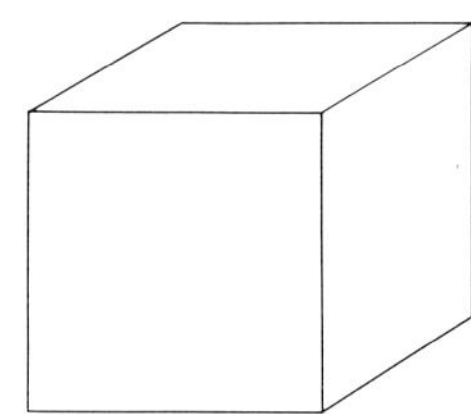

• Härte: 2 • Strich: weiß, blaßrosa • Farbe: karminrot, dunkel kirschrot, klar • Transparenz: durchsichtig bis durchscheinend • Glanz: glasig • Spaltbarkeit: vollkommen nach /100/ • Ausbildung: selten Kristalle, körnige Aggregate • Löslichkeit: leicht löslich in kaltem Wasser.

• Dichte: 2,79 • Kristallsystem: kubisch • Kristallformen: unvollkommene Hexaeder • Chemische Zusammensetzung: Na 54,76 %, F 45,24 % • Chemische Eigenschaften: leicht schmelzbar • Behandlung: Reinigung mit Alkohol.

• Genese: alkalisches Ergußgestein • Paragenese: Astrophyllit **(278),** Nephelin **(397),** Sodalith **(393)** • Vorkommen: selten; Guinea (Insel Los), UdSSR (Halbinsel Kola – Lowosersker Tundra, wo es in einer Apatitlagerstätte Aggregate von einigen Zentimetern Größe bildet, ferner Chibinsker Massiv), Grönland (Ilimaussak).

Kryolith

Halogenide
Na_3AlF_6

88

Bezeichnung abgeleitet von den griech. Wörtern *kryos* – Frost und *lithos* – Stein (Abildgaard, 1799)

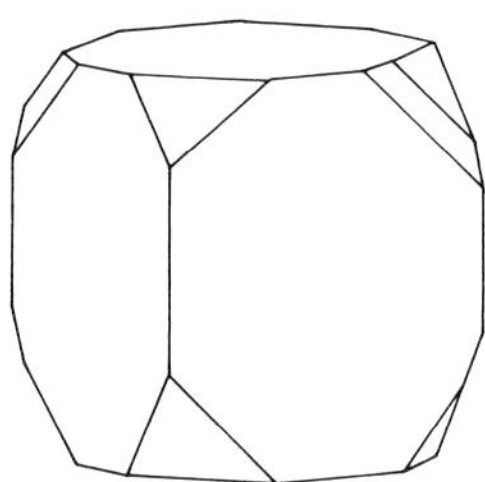

• Härte: 2,5–3 (spröde) • Strich: weiß • Farbe: weiß, grau, rötlich, bräunlich • Transparenz: durchsichtig bis durchscheinend • Glanz: glasig bis fettig, auf der Fläche /001/ perlmuttartig • Spaltbarkeit: gut nach /001/ • Bruch: uneben • Ausbildung: Kristalle, körnige Aggregate (Oberfläche hat oft parkettähnliches Aussehen).

• Dichte: 2,95 • Kristallsystem: monoklin • Kristallformen: pseudotetragonal, pseudokubisch, Zwillingsverwachsungen • Chemische Zusammensetzung: Na 32,86 %, Al 12,84 %, F 54,30 % • Chemische Eigenschaften: läßt sich leicht zu farblosem Glas schmelzen, löslich in H_2SO_4, teilweise auch in HCl • Behandlung: Reinigung mit Wasser • Ähnliche Minerale: Anhydrit **(235),** Baryt **(240)** • Unterscheidung: Härte, Dichte.

• Genese: Pegmatite • Paragenese: Galenit **(77),** Siderit **(306),** Pyrit **(436),** Quarz **(534)** • Vorkommen: selten; Grönland (in den Pegmatiten von Ivigtut), selten in den USA (Colorado – Pikes Peak), UdSSR (Ural-Miass), Nigeria (in den Graniten von Kaffa) • Verwendung: Herstellung von Glasuren, optischem Glas u. ä.

Diaboleit

Halogenide
$2\ Pb(OH)_2 \cdot CuCl_2$

89

Zusammengesetzte Bezeichnung aus dem griech. Wort *dia* – durch und dem Mineralnamen Boleit (Spenser, 1923)

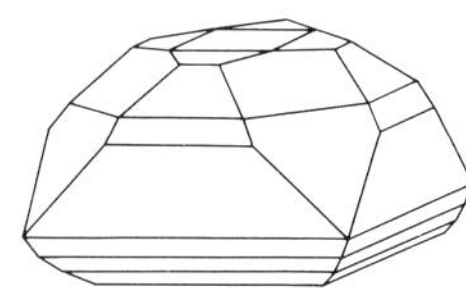

• Härte: 2,5 (spröde) • Strich: blau • Farbe: dunkelblau • Transparenz: durchsichtig bis durchscheinend • Glanz: diamantartig • Spaltbarkeit: vollkommen nach /001/ • Bruch: muschelig • Ausbildung: Kristalle, Körner, Beläge.

• Dichte: 5,4 • Kristallsystem: tetragonal • Kristallformen: Tafeln • Chemische Zusammensetzung: Pb 67,18 %, Cu 10,30 %, Cl 11,49 %, O 5,19 %, H_2O 5,84 % • Chemische Eigenschaften: löslich in HNO_3 • Behandlung: Reinigung mit Wasser • Ähnliche Minerale: Linarit **(110)** • Unterscheidung: intensivere Färbung, größere Dichte und geringere Härte.

• Genese: sekundär • Paragenese: Boleit **(207),** Cerussit **(225),** Wulfenit **(243)** und andere sekundäre Minerale • Vorkommen: selten; Deutschland (Christian Levin bei Essen), Großbritannien (Mendip Hills), USA (Arizona – Mammonth Mine).

1. Villiaumit – spatiges Aggregat in Nephelinsyenit (Ausschnittbreite 34 mm); Guinea (Insel Los). **2. Kryolith** – kristallines Aggregat von parkettähnlichem Aussehen (Ausschnittbreite 44 mm); Grönland (Ivigtut).

Villiaumit, Kryolith

Gibbsit (Hydrargillit)

Hydroxide
γ-$Al(OH)_3$

90

Benannt nach dem amerikanischen Sammler G. Gibbs (1776–1833) (Torrey, 1822)

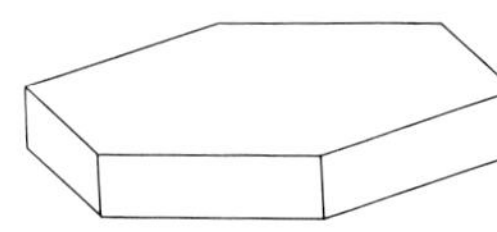

• Härte: 2,5–3 • Strich: weiß • Farbe: weiß, grauweiß, grünweiß • Transparenz: durchsichtig bis durchscheinend • Glanz: glasig, auf Spaltflächen perlmuttartig • Spaltbarkeit: vollkommen nach /001/, schuppig • Ausbildung: Kristalle, schuppige, kryptokristalline, radialstrahlige und Sinterkrusten-Aggregate.
• Dichte: 2,3–2,4 • Kristallsystem: monoklin • Kristallformen: Tafeln, Schuppen, Zwillingsverwachsungen • Lumineszenz: manchmal grün, ggf. orange (Kw) • Chemische Zusammensetzung: Al_2O_3 65,4 %, H_2O 34,6 %, Beimengungen Fe, Ga • Chemische Eigenschaften: löslich in heißen Säuren und KOH, schmilzt nicht, sondern glüht, setzt Wasser frei, bekommt eine weiße Farbe und wird hart • Behandlung: Reinigung mit destilliertem Wasser • Ähnliche Minerale: Muskovit **(165)**, Diaspor **(463)** • Unterscheidung: Dichte, Härte.
• Genese: hydrothermal, sekundär • Paragenese: Boehmit **(208)**, Limonit **(355)**, Diaspor, Korund **(598)** • Vorkommen: häufig; Deutschland (Vogelsberg), UdSSR (Ural – hübsche Kristalle bis zu 5 cm Größe in der Gegend von Slatoustj), Schweden (Routivaare), bedeutende Komponente der Laterite und Bauxite in Brasilien, Frankreich, Jugoslawien, Ungarn • Verwendung: Ausgangsmaterial zur Aluminiumherstellung.

Brucit

Hydroxide
$Mg(OH)_2$

91

Benannt nach dem amerikanischen Mineralogen A. Bruce (1777–1818) (Beudant, 1824)

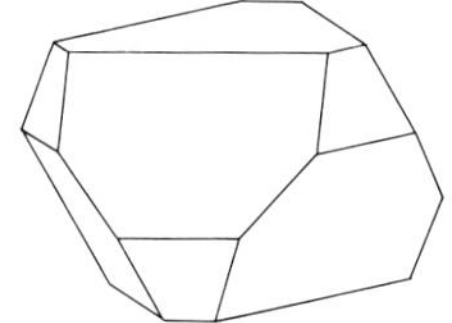

• Härte: 2,5 • Strich: weiß • Farbe: weiß, grünlich • Transparenz: durchscheinend bis durchsichtig • Glanz: glasig, auf den Spaltflächen perlmuttartig • Spaltbarkeit: vollkommen nach /0001/, schuppig • Andere Kohäsionsmerkmale: die Schuppen sind biegsam • Ausbildung: Kristalle, schuppige, faserige oder körnige Aggregate.
• Dichte: 2,4 • Kristallsystem: trigonal • Kristallformen: Tafeln • Lumineszenz: blau, blauweiß • Chemische Zusammensetzung: MgO 69 %, H_2O 31 %, Beimengungen Mn, Fe • Chemische Eigenschaften: löslich in Säuren, schmilzt nicht, gibt beim Glühen ein klares Licht • Behandlung: Reinigung mit destilliertem Wasser • Ähnliche Minerale: Talk **(41)**, Pyrophyllit **(42)**, Gibbsit **(90)** • Unterscheidung: Löslichkeit in HCl, Härte, mit Röntgen, chemisch.
• Genese: hydrothermal, sekundär • Paragenese: Chlorit **(158)**, Hydromagnesit **(214)**, Serpentin **(273)** • Vorkommen: häufig; Italien (Predazzo), UdSSR (Kasachstan-Chromtan), Schweden, USA (Texas), Republik Südafrika (Palabora), Kanada (Quebec – Asbestos) u. a. • Verwendung: in größeren Mengen Mg-Quelle.

Nemalith (Faseriger Brucit)

Hydroxide
$Mg(OH)_2$

92

Bezeichnung zusammengesetzt aus den griech. Wörtern *nēma* – Faden, Garn, und *lithos* – Stein; faserige Abart von Brucit

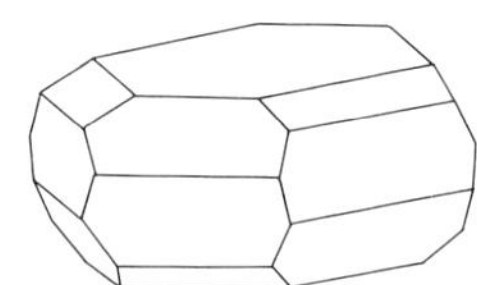

Physikalische und chemische Eigenschaften sind identisch mit Brucit **(91)**, von dem es sich durch höheren Fe-Gehalt und Faserstruktur der Aggregate unterscheidet, die weitgehend an Asbest erinnern. Am häufigsten ist es goldgelb bis gelbgrün gefärbt und hat perlmuttartigen bis seidigen Glanz.
• Genese und Paragenese sind ebenfalls mit Brucit identisch • Vorkommen: häufig; Kanada (Quebec – in der Lagerstätte Asbestos finden sich bis zu 50 cm lange Nemalithfasern), UdSSR (Ural – Bashenowsk), Schweden (Jakobsberg), ČSFR (wurde in Assoziation mit Hydromagnesit in den Serpentiniten bei Jaklovce gefunden), USA.

1. Gibbsit – fließkrustige Aggregate, teilweise durch Fe-Hydroxide eingefärbt; Brasilien (Gamba). **2. Brucit** – derbes Aggregat mit schwacher, tafeliger Spaltbarkeit (Ausschnittbreite 52 mm); UdSSR (Chromtau). **3. Nemalith** – faserige Aggregate (Faserlänge bis zu 30 mm); USA (Hoboken).

Gibbsit, Brucit, Nemalith

H
2—3

Senarmontit

Oxide
Sb_2O_3

93

Benannt nach dem französischen Mineralogen H. H. de Sènarmont (1808–1862) (Dana, 1851)

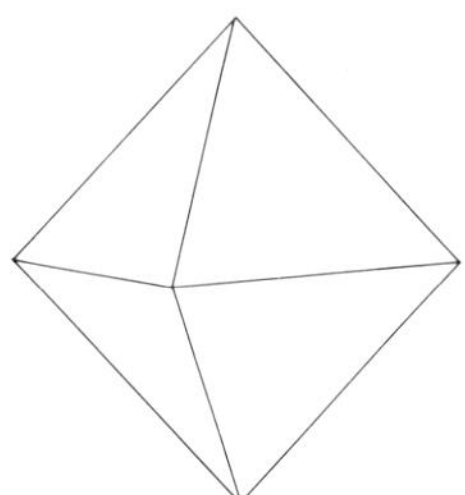

• Härte: 2 (spröde) • Strich: weiß • Farbe: weiß bis grauweiß • Transparenz: durchsichtig oder durchscheinend • Glanz: diamantartig, seidig bis fettig • Spaltbarkeit: unvollkommen nach /111/ • Bruch: muschelig bis uneben • Ausbildung: Kristalle, körnige oder massive Aggregate.
• Dichte: 5,2–5,3 • Kristallsystem: kubisch • Kristallformen: oktaedrisch • Chemische Zusammensetzung: Sb 83,54 %, O 16,46 % • Chemische Eigenschaften: leicht löslich in HCl, bildet auf Kohle einen weißen Anflug • Behandlung: Reinigung mit Wasser • Ähnliche Minerale: Fluorit **(291)** • Unterscheidung: geringe Härte, höhere Dichte, leichte Löslichkeit in HCl.
• Genese: sekundär • Paragenese: Kermesit **(7)**, Antimonit **(51)**, Valentinit **(94)**, Cervantit **(294)** • Vorkommen: selten; Algerien (Kristalle an der Lagerstätte Djebel-Hamimat), ČSFR (Pernek, Dúbrava), Kanada (South Ham), Deutschland (Arnsberg), Rumänien (Baia Sprie), Italien (Sardinien).

Valentinit (Antimonblüte)

Oxide
Sb_2O_3

94

Benannt nach dem deutschen Alchimisten aus dem 16. Jh. B. Valentinus (Haidinger, 1845)

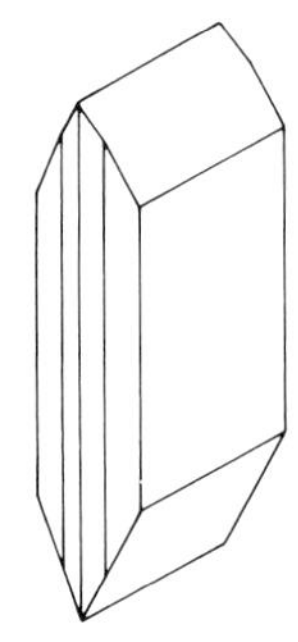

• Härte: 2–3 (spröde) • Strich: weiß • Farbe: weiß, grau, gelbgrau bis rötlich • Transparenz: durchscheinend • Glanz: diamantartig, Spaltflächen perlmuttartig • Spaltbarkeit: vollkommen nach /110/ und /010/ • Ausbildung: Kristalle, oft gefurcht, fächerig, radialstrahlige und körnige Aggregate.
• Dichte: 5,6–5,8 • Kristallsystem: rhombisch • Kristallformen: prismatisch, selten tafelig • Chemische Zusammensetzung: Sb 83,54 %, O 16,46 %, Beimengungen von As • Chemische Eigenschaften: schmilzt leicht vor dem Lötrohr, löslich in HCl und Weinsäure, bei Erwärmung auch in HNO_3 • Behandlung: Reinigung mit Wasser • Ähnliche Minerale: Cerussit **(225)** • Unterscheidung: geringere Dichte und Härte, Kristallformen und Paragenese.
• Genese: sekundär • Paragenese: Antimonit **(51)**, Senarmontit **(93)**, Cervantit **(294)** • Vorkommen: selten; Deutschland (Wolfsberg, hübsche Kristalle bei Bräunsdorf), ČSFR (Příbram, Pernek, Pezinok), Frankreich (Allemont), Algerien (Sensa Mine, als Sb-Erz gefördert), Bolivien (Tatasi).

Minium (Mennige)

Oxide
Pb_3O_4

95

Historische Bezeichnung altspanischen Ursprungs nach dem Fluß Minius in NW-Spanien

• Härte: 2–3 • Strich: orangegelb • Farbe: hellrot bis braunrot • Transparenz: undurchsichtig • Glanz: matt bis fettig • Spaltbarkeit; vollkommen nach /110/ • Bruch: erdig • Ausbildung: Schuppen, staubförmige oder massive Aggregate.
• Dichte: 8,2 • Kristallsystem: tetragonal • Kristallformen: mikroskopische Schuppen • Chemische Zusammensetzung: Pb 90,67 %, O 9,33 % • Chemische Eigenschaften: löslich in HCl und HNO_3 • Behandlung: vorsichtige Reinigung mit Wasser • Ähnliche Minerale: Realgar **(5)**, Cinnabarit **(76)** • Unterscheidung: von Realgar durch geringere Dichte und Farbe, von Cinnabarit durch HNO_3-Löslichkeit.
• Genese: sekundär • Paragenese: Galenit **(77)**, Cerussit **(225)** • Vorkommen: selten; Deutschland (Badenweiler, Bleialf bei Kall), Jugoslawien (Mežica), Großbritannien (Leadhills), Mexiko (Bolanos).

1. Senarmontit – oktaedrischer Kristall (4 mm) mit fächerigem Antimonitaggregat; ČSFR (Pernek). **2. Minium** – staubförmiger Anflug auf Carbonat (Ausschnittbreite 29 mm); Mexiko (Bolanos). **3. Valentinit** – stengelige Drusen mit Perlmuttglanz (Stengel bis zu 14 mm); ČSFR (Příbram).

Senarmontit, Minium, Valentinit

H
2—3

Ianthinit

Oxide
$[UO_2 | (OH)_2]$

96

R

Bezeichnung aus dem griech. Wort *ianthinos* – violett (Schoep, 1926)

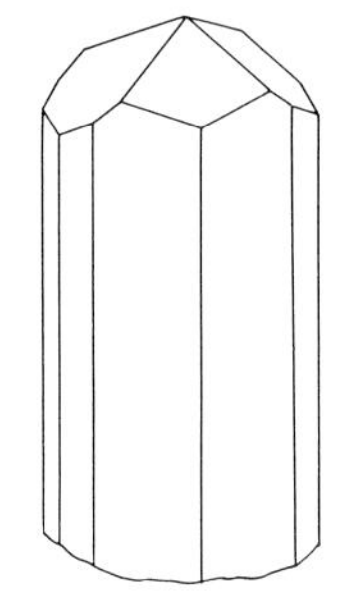

• Härte: 2–3 • Strich: braunviolett • Farbe: schwarzviolett, violett, purpurviolett • Transparenz: durchscheinend • Glanz: glasig bis halbmetallisch • Spaltbarkeit: vollkommen • Ausbildung: Kristalle, körnige Aggregate.
• Dichte: 5,16 • Kristallsystem: rhombisch • Kristallformen: tafelig, prismatisch bis nadelig • Radioaktivität: stark • Chemische Zusammensetzung: UO_2 80,87 %, H_2O 19,13 % • Chemische Eigenschaften: löslich in HNO_3 (gelbe Lösung), HCl und H_2SO_4 • Behandlung: Reinigung mit Wasser • Ähnliche Minerale: Mourit • Unterscheidung: unlöslich in H_2SO_4 und schwach löslich in HCl.
• Genese: sekundär • Paragenese: Uraninit **(482)** u. a. • Vorkommen: selten; Deutschland (Wölsendorf), Zaïre (Shinkolobwe), Frankreich (Bigay, La Crouzille, Puy-de-Dome).

Borax (Tinkal)

Hydroxide
$Na_2[B_4O_5(OH)_4] . 8\ H_2O$

97

L

Bezeichnung vom arab. Wort *buraq* – weiß abgeleitet (Wall, 1848)

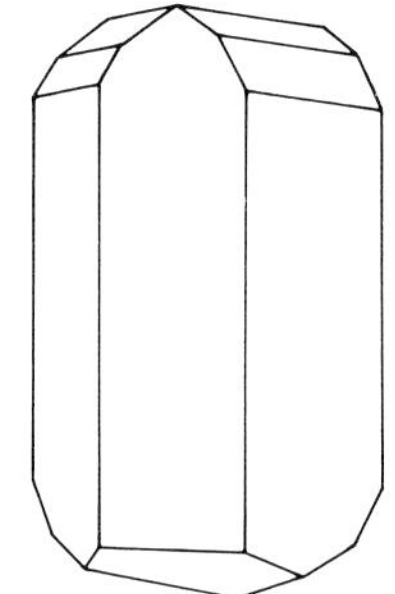

• Härte: 2–2,5 (spröde) • Strich: weiß • Farbe: farblos, weiß, grau, gelblich • Transparenz: durchsichtig bis durchscheinend • Glanz: glasig, fettig • Spaltbarkeit: vollkommen • Bruch: muschelig • Ausbildung: Kristalle, erdige Massen • Löslichkeit: leicht wasserlöslich • Andere Eigenschaften: süßlicher Geschmack.
• Dichte: 1,7–1,8 • Kristallsystem: monoklin • Kristallformen: prismatisch, selten Zwillingsverwachsungen • Lumineszenz: manchmal blaugrün • Chemische Zusammensetzung: Na_2O 16,26 %, B_2O_3 36,51 %, H_2O 47,23 % • Chemische Eigenschaften: schmilzt vor dem Lötrohr unter Entstehung eines durchscheinenden Kügelchens, löslich in Säuren, verliert an der Luft rasch Wasser, wird matt und verwandelt sich zu feinem Pulver (Tinkalkonit) • Behandlung: in geschlossenen Gefäßen oder Kunststoffbehältern aufbewahren. • Ähnliche Minerale: Sassolin **(18),** Kernit **(101)** • Unterscheidung: Härte, Dichte.
• Genese: Boraxseen • Paragenese: Natrit **(20),** Mirabilit **(23),** Halit **(86)** • Vorkommen: selten; China (Westtibet), USA (Kalifornien, Clear Lake und Borax Lake), Chile (Prov. Tarapaca) • Verwendung: Chemie, Lebensmittelindustrie, Dünger, Glas-, Papierherstellung.

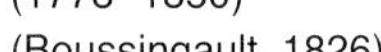

Gaylussit (Natrocalcit)

Karbonate
$CaNa_2[CO_3]_2 . 5\ H_2O$

98

L

Benannt nach dem französischen Chemiker und Physiker J. L. Gay-Lussac (1778–1850) (Boussingault, 1826)

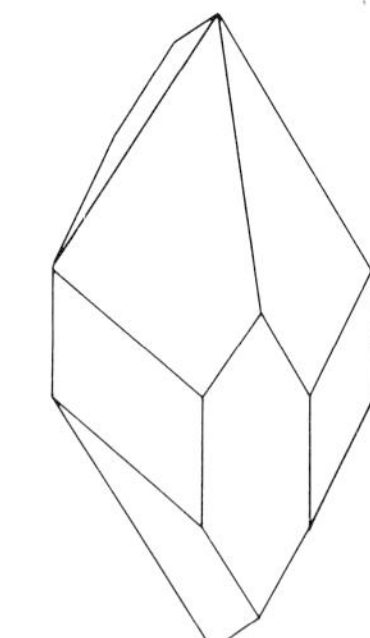

• Härte: 2,5 (spröde) • Strich: grauweiß • Farbe: weiß, weißgelb • Transparenz: durchsichtig bis durchscheinend • Glanz: glasig, matt • Spaltbarkeit: vollkommen nach /110/ • Bruch: muschelig • Ausbildung: Kristalle • Löslichkeit: schwach wasserlöslich, schäumt in HCl.
• Dichte: 1,99 • Kristallsystem: monoklin • Kristallformen: säulig, pseudooktaedrisch • Lumineszenz: manchmal cremeweiß • Chemische Zusammensetzung: CaO 18,94 %, Na_2O 20,93 %, CO_2 29,72 %, H_2O 30,41 % • Chemische Eigenschaften: löslich in Säuren, zerfällt allmählich an der Luft • Behandlung: in geschlossenen Gefäßen oder Kunststoffbehältern aufbewahren.
• Genese: mit Lehmen in alkalischen Seen • Paragenese: Natrit **(20),** Borax **(97),** Calcit **(217)** • Vorkommen: selten; ostafrikanische Seen, Mongolei (Salzseen in der Wüste Gobi), USA (Kalifornien, Searles Lake), Venezuela (bei Merida), große Kristalle finden sich im Wüstensand von Namibia.

1. Borax – freie Kristalle; USA (Borax-Lake). **2. Gaylussit** – freie Kristalle (Ausschnittbreite 36 mm); USA (Searles Lake).

Borax, Gaylussit

H
2—3

Inderit

Borate
$Mg[B_3O_3(OH)_5] . 5 H_2O$

99

Benannt nach der Fundstelle – dem Inder-See in Kasachstan (UdSSR) (Boldyreva, 1937)

• Härte: 2,5 • Strich: weiß • Farbe: weiß, blaßrosa • Transparenz: durchsichtig • Glanz: glasig • Spaltbarkeit: gut nach /110/ • Bruch: uneben • Ausbildung: Kristalle massive Aggregate.
• Dichte: 1,8 • Kristallsystem: monoklin • Kristallformen: prismatisch, nadelig • Chemische Zusammensetzung: MgO 14,41 %, B_2O_3 37,32 %, H_2O 48,27 % • Chemische Eigenschaften: löslich in verdünnter warmer HCl • Behandlung: Reinigung mit Wasser • Ähnliche Minerale: Inoyit **(100),** Ascharit **(213)** • Unterscheidung: chemisch, Ascharit – andere Dichte.
• Genese: Boratseen • Paragenese: Hydroboracit • Vorkommen: selten; UdSSR (Kasachstan – Inder), USA (Kalifornien – in Boratseen bis 40 cm große Kristalle) • Verwendung: chemische Industrie.

Inyoit

Borate
$Ca[B_3O_3(OH)_5] . 4 H_2O$

100

Benannt nach der Fundstelle Inyo County in Kalifornien (Schaller, 1914)

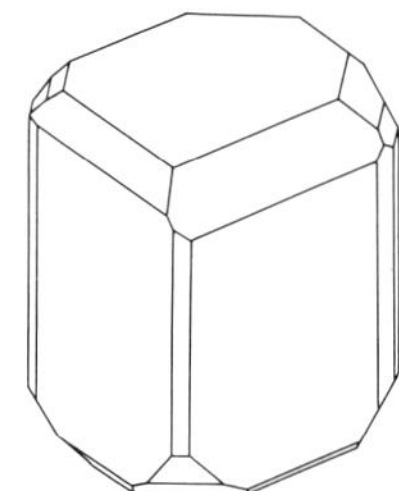

• Härte: 2 (spröde) • Strich: weiß • Farbe: weiß, blaßrosa • Transparenz: durchscheinend • Glanz: glasig • Spaltbarkeit: gut nach /001/ • Bruch: uneben • Ausbildung: Kristalle, massive und sphaerolithische Aggregate.
• Dichte: 1,87 • Kristallsystem: monoklin • Kristallformen: kurz prismatisch, tafelig • Lumineszenz: manchmal gelbweiß • Chemische Zusammensetzung: CaO 20,20 %, B_2O_3 37,61 %, H_2O 42,19 % • Chemische Eigenschaften: löslich in warmem Wasser und verdünnten Säuren • Behandlung: Reinigung mit kaltem Wasser • Ähnliche Minerale: Inderit **(99),** Ascharit **(213)** • Unterscheidung: chemisch, Ascharit – andere Dichte.
• Genese: Boratseen • Paragenese: Priceit **(212),** Oolemannit **(301)** u. a. • Vorkommen: selten; USA (Kalifornien – Death Valley), UdSSR (Kasachstan – Inder), Kanada (Hillsborough) • Verwendung: chemische Industrie.

Kernit

Borate
$Na_2[B_4O_6(OH)_2] . 3 H_2O$

101

Benannt nach dem Fundort Kern County in Kalifornien (USA) (Schaller, 1927)

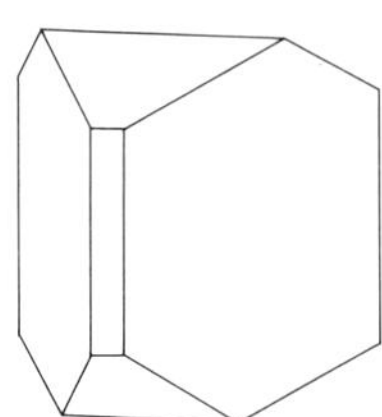

• Härte: 2,5 • Strich: weiß • Farbe: weiß • Transparenz: durchsichtig • Glanz: glasig, auf den Spaltflächen perlmuttartig • Spaltbarkeit: vollkommen nach /100/ und /001/ • Ausbildung: Kristalle, massive und faserige Aggregate • Andere Kohäsionsmerkmale: biegsam, elastisch • Löslichkeit: schwach wasserlöslich.
• Dichte: 1,95 • Kristallsystem: monoklin • Kristallformen: isometrische Zwillinge • Chemische Zusammensetzung: Na_2O 22,68 %, B_2O_5 50,95 %, H_2O 26,37 % • Chemische Eigenschaften: säurelöslich • Behandlung: in geschlossenen Gefäßen oder Kunststoffbehältern aufbewahren • Ähnliche Minerale: Borax **(97)** • Unterscheidung: chemisch.
• Genese: Boratseen unter Beteiligung von Intrusionskontaktwirkungen • Paragenese: Ulexit **(19),** Borax • Vorkommen: selten; USA (Kalifornien – Kern Co. – Kristalle von einer Größe bis zu 1 × 2,5 m), Argentinien (Tincalaya), Spanien (Sallent) • Verwendung: chemische Industrie.

1. Inyoit – derbes, teilweise spaltiges Aggregat; Türkei (Bandirma). **2. Kernit** – grauweißes faseriges derbes Aggregat (Ausschnittbreite 65 mm); USA (Kalifornien – Kern County). **3. Inderit** – blaßgraues derbes Aggregat; USA (Kalifornien – Kern County).

Inyoit, Kernit, Inderit

H
2—3

Trona (Urao)

Karbonate
$Na_3H[CO_3]_2 \cdot 2\,H_2O$

102

L

Vereinfachter Ausdruck arabischer Herkunft (Natron) (Bagge, 1773)

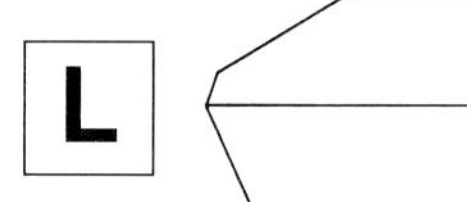

• Härte: 2,5 • Strich: weiß • Farbe: grau, gelblich, weiß • Transparenz: durchscheinend • Glanz: glasig • Spaltbarkeit: vollkommen nach /100/ • Bruch: uneben bis halbmuschelig • Ausbildung: Kristalle, faserige bis kompakte Aggregate, kristallische Rinden • Andere Eigenschaften: hat alkalischen Geschmack • Löslichkeit: wasserlöslich.
• Dichte: 2,17 • Kristallsystem: monoklin • Kristallformen: prismatische Tafeln • Lumineszenz: manchmal weiß und blau • Chemische Zusammensetzung: Na_2O 41,14 %, CO_2 38,94 %, H_2O 19,92 % • Chemische Eigenschaften: sprudelt in Säuren • Behandlung: in geschlossenen Gefäßen oder Kunststoffbehältern aufbewahren.
• Genese: Salzseen, Bodenausblühungen • Paragenese: Natrit **(20),** Halit **(86),** Thenardit **(125)** u. a. • Vorkommen: häufig; Salzseen in Tibet, Iran, Sudan, in der Mongolei, den USA (Owens Lake, Searles Lake) • Verwendung: zur Sodaherstellung, dient in Ägypten auch als Baumaterial.

Hydrozinkit (Zinkblüte)

Karbonate
$Zn_5[(OH)_3|CO_3]_2$

103

L

Nach der Zusammensetzung benannt (Kenngot, 1853)

• Härte: 2–2,5 (spröde) • Strich: weiß • Farbe: weiß, hellgelb, grau, blaßrosa, hellblau • Transparenz: durchscheinend, üblich undurchsichtig • Glanz: kristallische Aggregate perlmuttartig, massive seidig bis matt • Spaltbarkeit: vollkommen nach /100/ • Ausbildung: Kristalle, selten massive, erdige, staubförmige Aggregate, Tropfsteine, Rinden.
• Dichte: 3,2–3,8, schwankt beträchtlich • Kristallsystem: monoklin, selten amorph • Kristallformen: Tafeln • Lumineszenz: hellblau • Chemische Zusammensetzung: ZnO 74,12 %, CO_2 16,03 %, H_2O 9,85 % • Chemische Eigenschaften: sprudelt in Säuren • Behandlung: Reinigung mit destilliertem Wasser • Ähnliche Minerale: Smithsonit **(373)** • Unterscheidung: geringere Härte und Dichte.
• Genese: sekundär • Paragenese: Aurichalcit **(106),** Sphalerit **(181),** Cerussit **(225),** Smithsonit • Vorkommen: selten; Österreich (Bleiberg), Deutschland (Brilon), Spanien, Mexiko (Mina Ojuela), Polen, UdSSR, Algerien, USA • Verwendung: Zn-Erz.

Alumohydrocalcit

Karbonate
$CaAl_2[(OH)_4|(CO_3)_2] \cdot 3\,H_2O$

104

Benannt aufgrund der Zusammensetzung (Bilibin, 1926)

• Härte: 2,5 (spröde) • Strich: weiß • Farbe: weiß, blauweiß, violett, hellgelb • Transparenz: durchscheinend • Glanz: glasig • Spaltbarkeit: vollkommen nach /100/ • Ausbildung: Kristalle, faserige Aggregate, Sphärolithe.
• Dichte: 2,23 • Kristallsystem: monoklin • Kristallformen: faserig, nadelig • Chemische Zusammensetzung: CaO 17,63 %, Al_2O_3 32,05 %, CO_2 27,67 %, H_2O 22,65 %, Beimengungen von Cr • Chemische Eigenschaften: löslich in heißem Wasser und in Säuren, schäumt in HCl • Behandlung: Reinigung mit kaltem Wasser • Ähnliche Minerale: Dawsonit **(215),** Calcit **(217),** Wavellit **(247),** Artinit **(105)** • Unterscheidung: Löslichkeit in heißem Wasser, chemisch.
• Genese: sekundär • Paragenese: Allophan **(266),** Wad, Limonit **(355)** u. a. • Vorkommen: selten; UdSSR, ČSFR (Ladomirov), Deutschland (Bergisch Gladbach).

1. Trona – schwarzbräunliches faseriges Aggregat; USA (Sunsetwater County). **2. Alumohydrocalcit** – strahlige weiße Überzüge auf Sandstein (Ausschnittbreite 85 mm); ČSFR (Ladomírov). **3. Hydrozinkit** – stalaktitisches Aggregat; Österreich (Bleiberg).

Trona, Alumohydrocalcit, Hydrozinkit

H
2—3

Artinit

Karbonate
$Mg_2[(OH)_2|CO_3] . 3 H_2O$

105

Benannt nach dem italienischen Mineralogen E. Artini (1866–1928) (Brugnatelli, 1902)

● Härte: 2,5 (spröde) ● Strich: weiß ● Farbe: weiß ● Transparenz: durchsichtig ● Glanz: glasig, seidig ● Spaltbarkeit: vollkommen nach /100/, gut nach /001/ ● Ausbildung: Kristalle, faserige Aggregate, Sphärolithe, Rinden u. a.
● Dichte: 2,03 ● Kristallsystem: monoklin ● Kristallformen: Nadeln, Fasern ● Chemische Zusammensetzung: MgO 41,0 %, CO_2 22,37 %, H_2O 36,63 % ● Chemische Eigenschaften: leicht säurelöslich. ● Ähnliche Minerale: Dawsonit **(215)** ● Unterscheidung: chemisch.
● Genese: niederhydrothermal ● Paragenese: Brucit **(91),** Hydromagnesit **(214),** Calcit **(217),** Aragonit **(221)** u. a. ● Vorkommen: selten; Italien (Val Brutta), Österreich (Gulsen bei Kraubath), USA (Hoboken/New York – nadelige Kristalle sind von Long Island bekannt).

Aurichalcit

Karbonate
$(Zn, Cu)_5[(OH)_6|(CO_3)_2]$

106

Die Bezeichnung stammt wahrscheinlich vom griechischen Wort *oreichalkos* – Bergkupfer (Böttger, 1839)

● Härte: 2 (spröde) ● Strich: heller als die Färbung ● Farbe: hellblau, grünblau ● Transparenz: durchscheinend ● Glanz: perlmuttartig, seidig ● Spaltbarkeit: vollkommen nach /010/ ● Ausbildung: kleine Kristalle, Rinden oder körnige Aggregate.
● Dichte: 3,9 ● Kristallsystem: rhombisch ● Kristallformen: Nadeln, Tafeln und Blättchen ● Chemische Zusammensetzung: CuO 19,92 %, ZnO 54,08 %, CO_2 16,11 %, H_2O 9,89 % ● Chemische Eigenschaften: löslich in Säuren (schäumt) und Ammoniak ● Behandlung: Reinigung mit destilliertem Wasser ● Ähnliche Minerale: Leadhillit **(108),** Cyanotrichit **(126),** Chrysokoll **(268)** ● Unterscheidung: Dichte, chemisch.
● Genese: sekundär ● Paragenese: Hydrozinkit **(103),** Limonit **(355),** Smithsonit **(373),** Hemimorphit **(403)** ● Vorkommen: selten; Italien (Monteponi), Griechenland (Lavrion), Mexiko (hübsche Kristalle in Mapimi), Namibia (Tsumeb), Japan (Nagato), USA, UdSSR, Iran, Rumänien.

Phosgenit (Bleihornerz)

Karbonate
$Pb_2[Cl_2|CO_3]$

107

Bezeichnung vom Wort Phosgen ($COCl_2$) abgeleitet (Breithaupt, 1841)

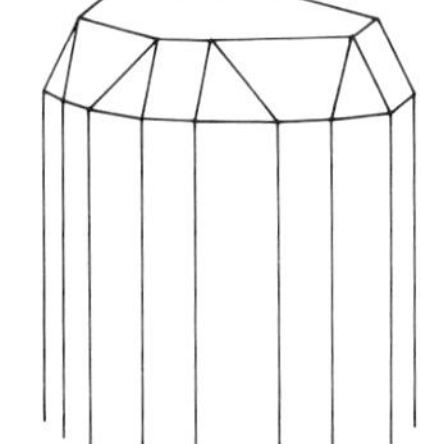

● Härte: 2,5–3 ● Strich: weiß ● Farbe: weiß, grau, gelb, grünlich, rosa ● Transparenz: durchsichtig, durchscheinend ● Glanz: diamantartig, glasig, fettig ● Spaltbarkeit: vollkommen nach /110/ und /001/ ● Bruch: muschelig ● Ausbildung: Kristalle, erdige und massive Aggregate ● Andere Eigenschaften: läßt sich leicht mit dem Messer schneiden.
● Dichte: 6–6,3 ● Kristallsystem: tetragonal ● Kristallformen: kurz prismatisch, tafelig oder pyramidal (oft vielflächig) ● Lumineszenz: hellgelb ● Chemische Zusammensetzung: PbO 81,86 %, Cl 13,00 %, CO_2 5,14 % ● Chemische Eigenschaften: schmilzt vor dem Lötrohr, löslich in verdünnter HNO_3 (schäumt) ● Behandlung: Reinigung mit Wasser ● Ähnliche Minerale: Cerussit **(225),** Anglesit **(242)** ● Unterscheidung: chemisch.
● Genese: sekundär ● Paragenese: Cerussit, Anglesit und andere Pb-Minerale ● Vorkommen: selten; Italien (Kristalle bis 12 cm aus Monte Poni), Großbritannien (Matlock), Polen (Tarnów), Deutschland (grobtafelige Kristalle aus der Grube Christian Levin bei Essen), USA, Argentinien, Tunis, Namibia (Tsumeb).

1. Aurichalcit – längliches Aggregat aus feinblättrigen Kristallen auf Hohlräumen in Limonit (Ausschnittbreite 28 mm); Mexiko (Mapimi). **2. Phosgenit** – kurz prismatische Kristalle (bis zu 12 mm); Italien (Monteponi).

Artinit, Phosgenit

H
2—3

Leadhillit

Karbonate
$Pb_4[(OH)_2|SO_4|(CO_3)_2]$

108

L

Benannt nach dem Fundort in Leadhills – Schottland (Beudant, 1832)

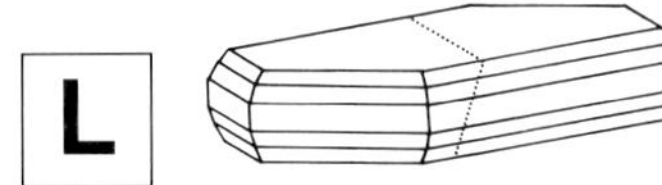

• Härte: 2,5 • Strich: weiß • Farbe: farblos, weiß, grau, hellgrün, hellblau • Transparenz: durchsichtig bis durchscheinend • Glanz: diamantartig, perlmuttartig bis seidig • Spaltbarkeit: vollkommen • Bruch: muschelig • Andere Kohäsionsmerkmale: läßt sich leicht mit dem Messer schneiden • Ausbildung: Kristalle, körnige, massive, manchmal schalenförmige Aggregate.

• Dichte: 6,45–6,55 • Kristallsystem: monoklin • Kristallformen: Tafeln, Schuppen, Rhomboeder, Zwillings- und Drillingsverwachsungen • Lumineszenz: manchmal gelblich • Chemische Zusammensetzung: PbO 82,75 %, SO_3 7,42 %, CO_2 8,16 %, H_2O 1,67 % • Chemische Eigenschaften: schmilzt vor dem Lötrohr, löslich in heißem Wasser, schäumt und zerfällt in HNO_3 • Behandlung: Reinigung mit kaltem Wasser • Ähnliche Minerale: Cerussit **(225)** • Unterscheidung: Härte, chemisch, Heißwasserlöslichkeit.

• Genese: sekundär • Paragenese: Caledonit **(109),** Linarit **(110),** Cerussit, Anglesit **(242)** u. a. • Vorkommen: selten; Großbritannien (Schottland – Leadhills), Italien (Igelsias, Monte Poni), Tunesien (Djebel Ressa), USA (Arizona – Mammonth Mine, Utah – Tintic), Namibia (Tsumeb).

Caledonit

Karbonate
$Pb_5Cu_2[(OH)_6|CO_3|(SO_4)_3]$

109

Benannt nach Caledonien, der alten Bezeichnung für Schottland (Beudant, 1832)

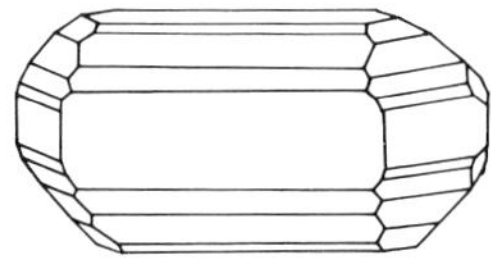

• Härte: 2,5–3 (spröde) • Strich: grünweiß • Farbe: dunkelgrün, grünblau • Transparenz: durchscheinend • Glanz: glasig, fettig • Spaltbarkeit: gut • Bruch: uneben • Ausbildung: Kristalle, massive, krustige, radial-strahlige Aggregate.

• Dichte: 5,7 • Kristallsystem: rhombisch • Kristallformen: prismatisch (oft gefurcht), nadelig • Chemische Zusammensetzung: CuO 9,86 %, PbO 69,17 %, SO_3 14,89 %, CO_2 2,73 %, H_2O 3,35 % • Chemische Eigenschaften: schmilzt vor dem Lötrohr, löslich in HNO_3 (sprudelt) • Behandlung: Reinigung mit Wasser • Ähnliche Minerale: Langit **(130),** Posnjakit **(131)** • Unterscheidung: chemisch, mit Röntgen.

• Genese: sekundär • Paragenese: Cerussit **(225),** Anglesit **(245),** Malachit **(307)** u. a. • Vorkommen: selten; Großbritannien (Schottland – Leadhills), USA (Arizona – hübsche Kristalle in Mammonth Mine), UdSSR (Beresowsk), Japan (Toroku Mine), Namibia (Tsumeb), Chile (Challacallo), Rumänien (Baita).

Linarit (Bleilasur)

Sulfate
$PbCu[(OH)_2|SO_4]$

110

Benannt nach dem Fundort Linares in Spanien (Brooke, 1822)

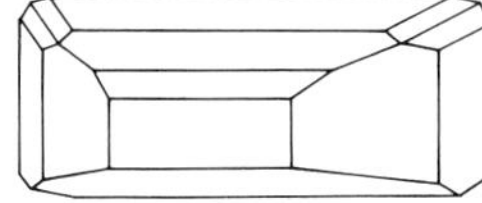

• Härte: 2,5 • Strich: hellblau • Farbe: lasuritblau • Transparenz: durchscheinend • Glanz: glasig • Spaltbarkeit: vollkommen • Bruch: muschelig • Ausbildung: Kristalle, körnige und rindige Aggregate.

• Dichte: 5,3–5,5 • Kristallsystem: monoklin • Kristallformen: prismatisch (gefurcht) und Tafeln • Chemische Zusammensetzung: CuO 19,85 %, PbO 55,68 %, SO_3 19,97 %, H_2O 4,50 % • Chemische Eigenschaften: löslich in verdünnten HNO_3 und HCl • Behandlung: Reinigung mit destilliertem Wasser • Ähnliche Minerale: Azurit **(226),** Lasurit **(392)** • Unterscheidung: Härte, Dichte, bildet in HCl weißes PbCl.

• Genese: sekundär • Paragenese: Aurichalcit **(106),** Gerussit **(225),** Antlerit **(227),** Malachit **(307),** Hemimorphit **(403)** u. a. • Vorkommen: selten; Spanien (Linares), Österreich (Lölling), Deutschland (Schapbachtal, Badenweiler), UdSSR (Nertschinsk), Großbritannien (in Red Gill wurden bis 2,5 cm große Kristalle gefunden), Namibia (Tsumeb), USA (Utah – Tintic), Argentinien (Sierra de Capillitas) u. a.

1. Leadhillit – tafelige Kristalle (5 mm) mit gelbweißer Färbung; Namibia (Tsumeb). **2. Linarit** – dunkelblaue, idiomorph ausgebildete Kristalle (bis zu 10 mm) auf Quarz und Limonit; Großbritannien (Cumberland, Red Hill).

Leadhillit, Linarit

Epsomit (Bittersalz)

Sulfate
$MgSO_4 . 7 H_2O$

111

Benannt nach der Fundstelle Epsom in Großbritannien (Beudant, 1824)

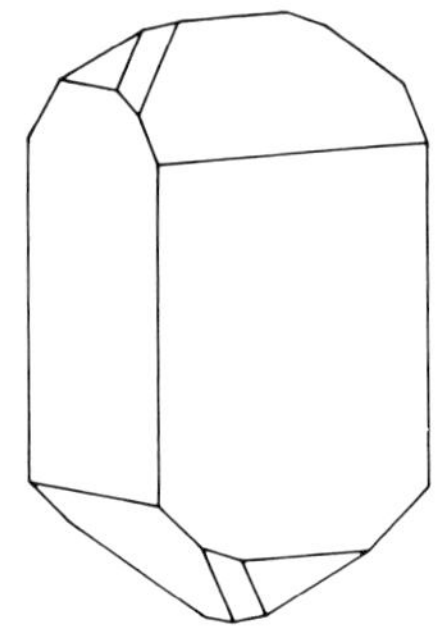

• Härte: 2–2,5 (spröde) • Strich: weiß • Farbe: weiß, gelblich, grünlich, rötlich, rosa • Transparenz: durchsichtig bis durchscheinend • Glanz: seidig • Spaltbarkeit: vollkommen • Ausbildung: Kristalle, faserige Aggregate, Rinden, Tropfsteine, Sinterablagerungen, staubförmig • Löslichkeit: in Wasser • Andere Eigenschaften: bitter-salziger Geschmack.

• Dichte: 1,68 • Kristallsystem: rhombisch • Kristallformen: prismatisch, nadelig • Chemische Zusammensetzung: MgO 16,36 %, SO_3 32,48 %, H_2O 51,16 % • Chemische Eigenschaften: verliert an der Luft Wasser und wird matt • Behandlung: Reinigung nur mit Alkohol, in geschlossenen Gefäßen oder Plasten aufbewahren • Ähnliche Minerale: Halotrichit **(27),** Pickeringit **(28),** Kieserit **(231)** • Unterscheidung: mit Röntgen und chemisch.

• Genese: sekundär • Paragenese: Halotrichit, Melanterit **(114),** Kieserit und andere Sulfate • Vorkommen: häufig; UdSSR (Bitterssen Dshaman-Klytsch, Dshelon), Großbritannien (Epsom), USA (Kalifornien – Death Valley; Washington – Salzseen im Kruger-Gebirge mit Kristallen bis 2 cm Größe), ČSFR (Hodruša bei Banská Štiavnica) • Verwendung: früher in der Heilkunde u. a.

Hexanhydrit

Sulfate
$MgSO_4 . 6 H_2O$

112

Bezeichnung aufgrund der Wassermolekülzahl *hexa* – sechs, *hydōr* – Wasser (Johnston, 1911)

• Härte: unbekannt, wahrscheinlich wie Epsomit **(111)** • Strich: weiß • Farbe: weiß, hellgrün • Transparenz: durchsichtig • Glanz: perlmuttartig • Spaltbarkeit: vollkommen • Bruch: muschelig • Ausbildung: Kristalle, faserige Aggregate • Löslichkeit: wasserlöslich • Andere Eigenschaften: salziger bis bittersalziger Geschmack.

• Dichte: 1,76 • Kristallsystem: monoklin • Kristallformen: Tafeln • Chemische Zusammensetzung: MgO 17,64 %, SO_3 35,04 %, H_2O 47,32 % • Chemische Eigenschaften: nimmt an der Luft Wasser auf und geht in Epsomit über • Behandlung: in geschlossenen Gefäßen oder Plasten aufbewahren • Ähnliche Minerale: andere Magnesiumsulfate • Unterscheidung: chemisch und mit Röntgen.

• Genese: Salzseen, sekundär • Paragenese: Epsomit • Vorkommen: häufig; Polen (Boleslaw), UdSSR (Krim, im Gebiet des Kaspisees), Kanada (Bonaparte River), USA (Washington – Oroville).

Goslarit (Zinkvitriol)

Sulfate
$ZnSO_4 . 7 H_2O$

113

Benannt nach der Fundstelle Goslar in Deutschland (Haidinger, 1845)

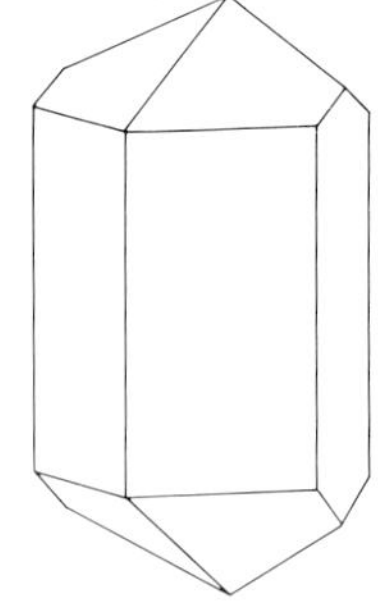

• Härte: 2–2,5 • Strich: weiß • Farbe: weiß, gelbweiß • Transparenz: duchsichtig bis durchscheinend • Glanz: glasig • Spaltbarkeit: vollkommen • Ausbildung: tropfsteinartige Gebilde, Rinden, staubförmige, körnige oder faserige Aggregate • Löslichkeit: in Wasser • Andere Eigenschaften: zusammenziehender Geschmack.

• Dichte: 2,0 • Kristallsystem: rhombisch • Kristallformen: nadelig • Chemische Zusammensetzung: ZNO 28,30 %, SO_3 27,84 %, H_2O 43,86 % • Chemische Eigenschaften: dehydriert an der Luft • Behandlung: in geschlossenen Gefäßen oder Plasten aufbewahren, Reinigung mit Alkohol • Ähnliche Minerale: Alunogen **(26),** Halotrichit **(27)** u. a. • Unterscheidung: mit Röntgen und chemisch.

• Genese: sekundär • Paragenese: Epsomit **(111),** Melanterit **(114)** • Vorkommen: selten; Deutschland (Rammelsberg bei Goslar, Freiberg, Altenberg), ČSFR (Banská Štiavnica), Schweden (Falun), Frankreich, Spanien, USA, Peru, Chile.

Epsomit – langnadelige Kristalle (bis zu 28 mm) auf Quarz aufgewachsen; ČSFR (Banská Štiavnica).

Epsomit

H
2—3

Melanterit (Eisenvitriol)

Sulfate
$FeSO_4 . 7 H_2O$

114

Bezeichnung vom griech. Wort *melas* – schwarz abgeleitet (Beudant, 1832)

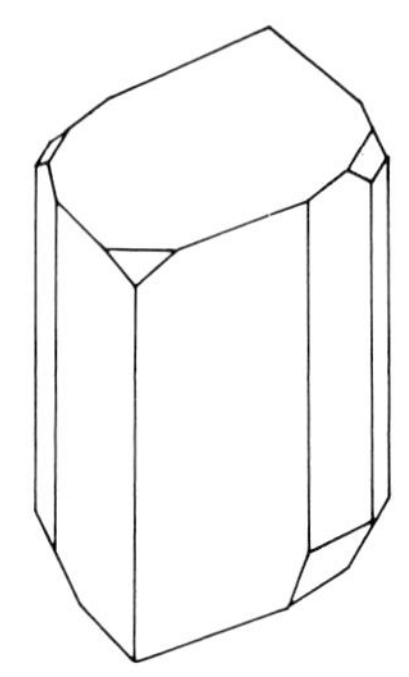

• Härte: 2 • Strich: weiß • Farbe: grün, gelbgrün, selten fast braunschwarz • Transparenz: durchsichtig bis durchscheinend • Glanz: glasig • Spaltbarkeit: vollkommen nach /001/ • Ausbildung: Kristalle, körnige und rindige Aggregate, Tropfsteine • Löslichkeit: leicht wasserlöslich • Andere Eigenschaften: Tintengeschmack.
• Dichte: 1,9 • Kristallsystem: monoklin • Kristallformen: kurz prismatisch, tafelig, pseudorhomboedrisch • Chemische Zusammensetzung: FeO 25,9 %, SO_3 28,8 %, H_2O 45,3 %, Beimengungen von Cu (Pisanit **115**), Mg (Kirovit) • Chemische Eigenschaften: verliert an der Luft Wasser und zerfällt • Behandlung: in geschlossenen Gefäßen oder Plasten aufbewahren • Ähnliche Minerale: Goslarit **(113)** • Unterscheidung: mit Röntgen und chemisch.
• Genese: sekundär • Paragenese: Alunogen **(26),** Halotrichit **(27),** Pyrhotin **(283),** Pyrit **(436)** • Vorkommen: häufig; Deutschland (Rammelsberg), Spanien (Rio Tinto), Schweden (Falun), ČSFR (Smolník), Jugoslawien (Idria), Ungarn (Recsk).

Pisanit (blau gefärbter Melanterit)

Sulfate
$(Fe,Cu)SO_4 . 7 H_2O$

115

Benannt nach dem französischen Chemiker F. Pisani (1831–1920) (Kenngott, 1860)

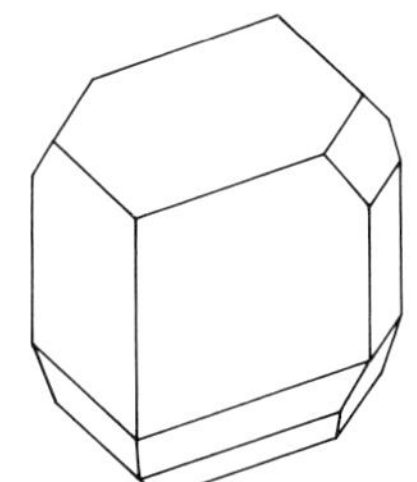

• Härte: 2 • Strich: weiß • Farbe: hellgrün, hellblau • Transparenz: durchscheinend • Glanz: glasig • Spaltbarkeit: vollkommen nach /001/ • Ausbildung: körnig, Tropfsteine, Sinteranlagerungen, Krusten • Löslichkeit: wasserlöslich.
• Dichte: 1,9 • Kristallsystem: monoklin • Kristallformen: kurzprismatisch, grobtafelig • Chemische Zusammensetzung: wie Melanterit **(114),** CuO-Gehalt von 9 bis 18 % • Ähnliche Minerale: Chalkanthit **(116)** • Unterscheidung: mit Röntgen und chemisch.
• Genese: sekundär • Paragenese: Halotrichit **(27),** Melanterit und andere Sulfate • Vorkommen: wie Melanterit.

Chalkanthit (Kupfervitriol)

Sulfate
$CuSO_4 . 5 H_2O$

116

Die Bezeichnung ist aus den griech. Wörtern *chalkos* – Kupfer und *anthos* – Blüte zusammengesetzt (Kobell, 1853)

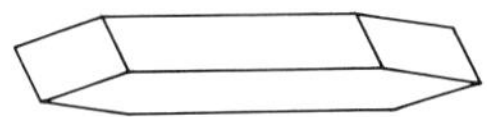

• Härte: 2,5 • Strich: weiß • Farbe: blau • Transparenz: durchsichtig • Glanz: glasig • Spaltbarkeit: unvollkommen nach /1$\bar{1}$0/ und /110/ • Bruch: muschelig • Ausbildung: Kristalle, Rinden, tropfsteinartige Gebilde, körnige und quergefaserte Adern • Löslichkeit: wasserlöslich • Andere Eigenschaften: widerlicher Geschmack (giftig).
• Dichte: 2,2–2,3 • Kristallsystem: triklin • Kristallformen: grobtafelig, kurzprismatisch • Chemische Zusammensetzung: CuO 31,87 %, SO_3 32,06 %, H_20 36,07 %, Beimengungen von Fe, Mg, Co • Chemische Eigenschaften: verliert an der Luft Wasser und zerfällt auf der Oberfläche zu grünweißen staubförmigen Aggregaten • Behandlung: in geschlossenen Gefäßen oder Plasten aufbewahren • Ähnliche Minerale: Kröhnkit **(127),** Lirokonit **(144)** • Unterscheidung: mit Röntgen und chemisch.
• Genese: sekundär • Paragenese: Pickeringit **(28),** Epsomit **(111),** Melanterit **(114),** Fibroferrit **(120)** • Vorkommen: selten; Deutschland (Rammelsberg, Goslar), ČSFR (Špania Dolina), Großbritannien (Cornwall), Spanien (Rio Tinto), Chile (Chuquicamata).

1. Pisanit – hell- bis dunkelblaues kristallines Aggregat; ČSFR (Smolník). **2. Melanterit** – tropfsteinartiges Aggregat, grüne Färbung; Deutschland (Rammelsberg). **3. Chalkanthit** – blau gefärbtes feinkristallines Aggregat (Ausschnittbreite 77 mm); Spanien (Rio Tinto).

Pisanit, Melanterit, Chalkanthit

H
2—3

Bieberit

Sulfate
$CoSO_4 . 7 H_2O$

117

Benannt nach dem Fundort Bieber in Hessen – Deutschland
(Haidinger, 1845)

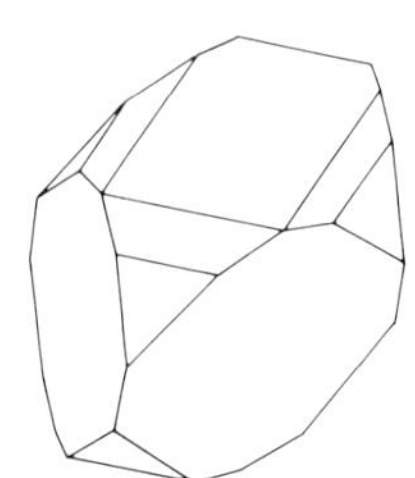

• Härte: 2 • Strich: weiß • Farbe: rosigrot, fleischrot • Transparenz: durchscheinend bis undurchsichtig • Glanz: glasig, wird durch Dehydrierung matt • Spaltbarkeit: vollkommen nach /001/ • Ausbildung: tropfsteinartige Gebilde und Krusten • Löslichkeit: leicht wasserlöslich.
• Dichte: 1,9 • Kristallsystem: monoklin • Kristallformen: nur synthetisch bekannt • Chemische Zusammensetzung: CoO 26,66 %, SO_3 28,48 %, H_2O 44,86 % • Chemische Eigenschaften: dehydriert an der Luft • Behandlung: in geschlossenen Gefäßen oder Plasten aufbewahren.
• Genese: sekundär • Paragenese: Pharmakolith **(139),** Erythrin **(141)** • Vorkommen: selten; Deutschland (Bieber, Siegen), Frankreich (Chalanches), USA, Chile.

Morenosit (Nickelvitriol)

Sulfate
$NiSO_4 . 7 H_2O$

118

Benannt nach dem Spanier Moreno
(Casares, 1851)

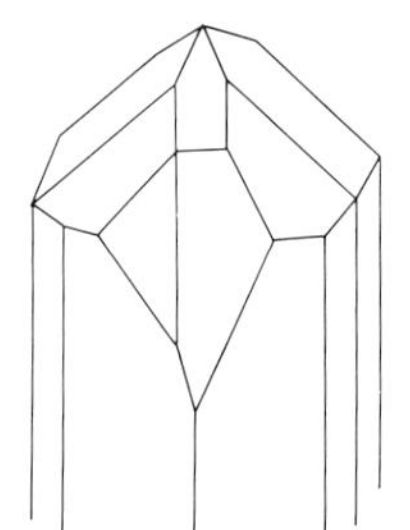

• Härte: 2–2,5 • Strich: grünweiß • Farbe: smaragdgrün, grünweiß • Glanz: glasig • Spaltbarkeit: gut nach /010/ • Ausbildung: kleine Kristalle, Tropfsteingebilde, Krusten • Löslichkeit: leicht wasserlöslich.
• Dichte: 2,0 • Kristallsystem: rhombisch • Kristallformen: nadelig, synthetische Kristalle sind prismatisch • Chemische Zusammensetzung: NiO 26,59 %, So_3 28,51 %, H_2O 44,90 % • Chemische Eigenschaften: dehydriert an der Luft • Behandlung: in geschlossenen Gefäßen oder Plasten aufbewahren.
• Genese: sekundär • Paragenese: Erythrin **(141),** Annabergit **(142),** • Vorkommen: selten; Spanien (Cap Ortegal), Deutschland (Richelsdorf, Lichtenburg), ČSFR (Jáchymov), Italien, Frankreich, USA, Kanada, Peru.

Botryogen

Sulfate
$MgFe^{3+}[OH|(SO_4)_2] . 7 H_2O$

119

Aus den griech. Wörtern *botrys* – Traube und *genos* – das Erzeugte, Art, zusammengesetzte Bezeichnung
(Haidinger, 1828)

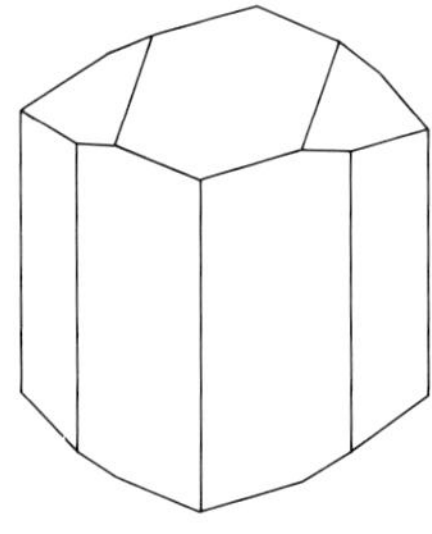

• Härte: 2 • Strich: ockergelb • Farbe: hyazinthrot • Transparenz: durchsichtig bis durchscheinend • Glanz: glasig • Spaltbarkeit: vollkommen nach /010/, gut nach /110/ • Ausbildung: Kristalle, traubige bis radialstrahlige Aggregate.
• Dichte: 2–2,1 • Kristallsystem: monoklin • Kristallformen: langprismatisch, auch kurzprismatisch • Chemische Zusammensetzung: MgO 9,64 %, Fe_2O_3 19,28%, SO_3 38,55 %, H_2O 32,53 % • Chemische Eigenschaften: heißwasserlöslich, in HCl löslich • Behandlung: Reinigung mit destilliertem Wasser • Ähnliche Minerale: Realgar **(5),** Cinnabarit **(76)** • Unterscheidung: Härte (Realgar), Dichte (Cinnabarit).
• Genese: sekundär • Paragenese: Epsomit **(111),** Coquimbit **(121),** Copiapit **(123),** Voltait **(233)** u. a. • Vorkommen: selten; Deutschland (Rammelsberg), Schweden (Falun), ČSFR (Smolník), Mexiko (Paracutin), Chile (Chuquiacamata), USA (Knoxville).

1. Morenosit – Kristallgruppe (Ausschnittbreite 24 mm); Spanien (Cap Ortegal). **2. Botryogen** – auf Halotrichit aufgewachsene kugelige Aggregate (Kugelgröße 2 mm); ČSFR (Smolník).

Morenosit, Botryogen

H
2—3

Fibroferrit (Stypticit)

Sulfate
$Fe^{3+}[OH|SO_4] \cdot 5\,H_2O$

120

Bezeichnung zusammengesetzt aus den lat. Wörtern *fibra* – Faser und *ferrum* – Eisen (Rose, 1833)

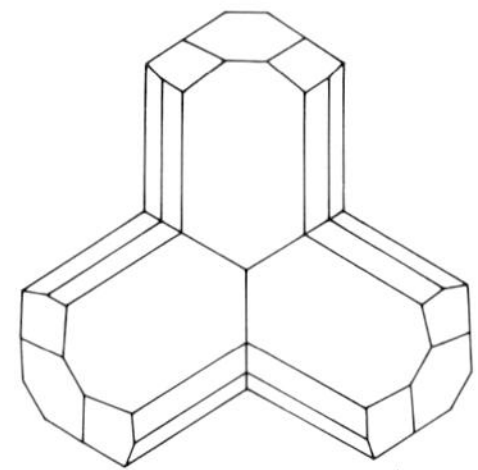

• Härte: 2 • Strich: weiß • Farbe: hellgelb, weiß, grüngrau bis hellgrün • Transparenz: durchscheinend • Glanz: seidig, perlmuttartig • Spaltbarkeit: vollkommen nach /001/ • Ausbildung: Kristalle, massive, krustige, radialstrahlige und traubige Aggregate • Löslichkeit: leicht wasserlöslich.
• Dichte: 1,9 • Kristallsystem: rhombisch • Kristallformen: nadelig • Chemische Zusammensetzung: Fe_2O_3 30,83 %, SO_3 30,91 %, H_2O 38,26 % • Behandlung: in geschlossenen Gefäßen oder Plasten aufbewahren.
• Genese: sekundär • Paragenese: Alunogen **(26),** Halotrichit **(27),** Melanterit **(114)** und andere Sulfate • Vorkommen: selten; Frankreich (Palieres), ČSFR (Valachov), Argentinien (in den Gruben von Santa Elena sind bis 3 m starke Fibroferritkrusten vorgekommen), Chile (Tierra Amanilly), Bolivien, eine Reihe von Lokalitäten in den USA und in der UdSSR.

Coquimbit

Sulfate
$Fe_2^{3+}[SO_4]_3 \cdot 9\,H_2O$

121

Benannt nach der Provinz Coquimbo – Chile (Breithaupt, 1841)

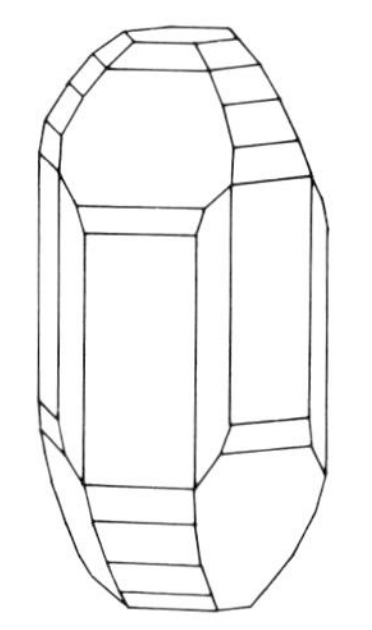

• Härte: 2 • Strich: weiß • Farbe: grünlich, bläulich bis hell violett • Transparenz: durchsichtig • Glanz: glasig • Spaltbarkeit: unvollkommen nach /1011/ • Ausbildung: Kristalle, körnige und staubförmige Aggregate • Andere Eigenschaften: hat zusammenziehenden Geschmack • Löslichkeit: leicht wasserlöslich.
• Dichte: 2,1 • Kristallsystem: hexagonal • Kristallformen: grobtafelig oder kurz prismatisch • Chemische Zusammensetzung: Fe_2O_3 28,41 %, SO_3 42,74 %, H_2O 28,85 %, Beimengungen Al_2O_3 • Chemische Eigenschaften: verliert an der Luft Wasser und zerfällt • Behandlung: in geschlossenen Gefäßen oder Plasten aufbewahren • Ähnliche Minerale: Quenstedtit, Copiapit **(123),** Pyrit **(436),** und andere Sulfate • Vorkommen: selten; Deutschland (Rammelsberg), ČSFR (Smolník), Spanien (Huelva), Chile (Chuquicamata, Copiapo), USA.

Quenstedtit

Sulfate
$Fe_2^{3+}[SO_4]_3 \cdot 10\,H_2O$

122

Nach dem deutschen Mineralogen F. A. Quenstedt (1809–1889) benannt (Linck, 1888)

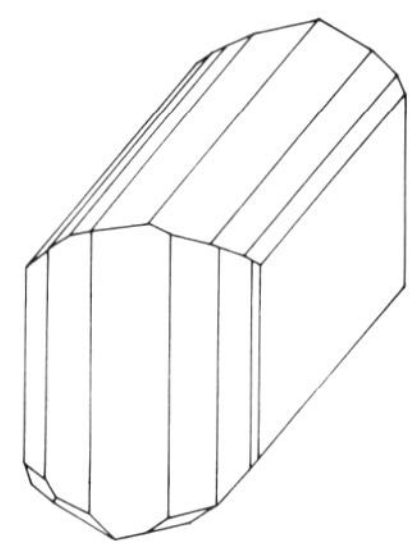

• Härte: 2,5 • Strich: weiß, blaßviolett • Farbe: hellviolett, bis rotviolett • Transparenz: durchsichtig • Glanz: glasig • Spaltbarkeit: vollkommen nach /010/ • Ausbildung: Kristalle, körnige Aggregate • Löslichkeit: leicht wasserlöslich.
• Dichte: 2,14 • Kristallsystem: triklin • Kristallformen: tafelig oder kurz prismatisch (oft gefurcht) • Chemische Zusammensetzung: Fe_2O_3 27,53 %, SO_3 41,41 %, H_2O 31,06 % • Chemische Eigenschaften: dehydriert und geht in Coquimbit **(121)** über • Behandlung: in geschlossenen Gefäßen oder Plasten aufbewahren • Ähnliche Minerale: Coquimbit • Unterscheidung: mit Röntgen und chemisch.
• Genese: sekundär • Paragenese: Coquimbit, Copiapit **(123),** Pyrit **(436)** • Vorkommen: selten; Chile (Tierra Amarilla, Alcaparrosa).

1. Fibroferrit – radialstrahlige Aggregate (bis 3 mm); Chile (Copiapó). **2. Coquimbit** – feintafelige bis dichte Aggregate mit gelben Copiapitkörnern (Ausschnittbreite 70 mm); Chile (Coquimbo).

Fibroferrit, Coquimbit

H
2—3

Copiapit

Sulfate
$MgFe_4^{3+}[OH(SO_4)_3]_2 \,.\, 18\,H_2O$

123

Benannt nach der Lokalität Copiapó in Chile (Haidinger, 1845)

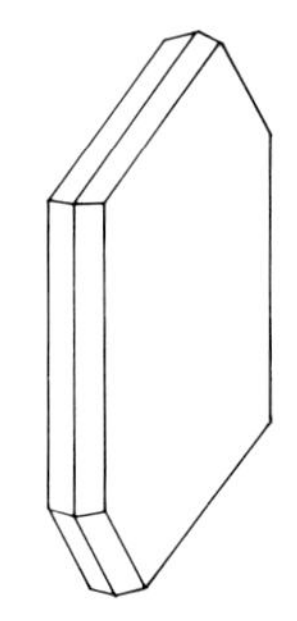

• Härte: 2,5 • Strich: heller als die Färbung • Farbe: gelb, gelbgrün, orangegelb • Transparenz: durchsichtig bis durchscheinend • Glanz: perlmuttartig • Spaltbarkeit: vollkommen nach /010/ • Ausbildung: kleine Kristalle, staubförmige und krustige Aggregate • Löslichkeit: leicht wasserlöslich.
• Dichte: 2,1 • Kristallsystem: triklin • Kristallformen: Tafeln • Chemische Zusammensetzung: MgO 3,4 %, Fe_2O_3 27,0 %, SO_3 40,7 %, H_2O 28,9 %, Beimengungen von Cu (Cuprocopiapit), Ca, Al • Behandlung: in geschlossenen Gefäßen oder Plasten aufbewahren.
• Genese: sekundär • Paragenese: Halotrichit **(27)**, Pickeringit **(28)**, Pyrit **(436)**, Markasit **(437)** • Vorkommen: selten; Deutschland (Rammelsberg), ČSFR (Dubník), Schweden (Falun), Frankreich, Spanien, Chile (Copiapó, Chuquicamata), USA.

Ferrinatrit

Sulfate
$Na_3Fe^{3+}[SO_4]_3 \,.\, 3\,H_2O$

124

Nach der chemischen Zusammensetzung benannt (Scharizer, 1905)

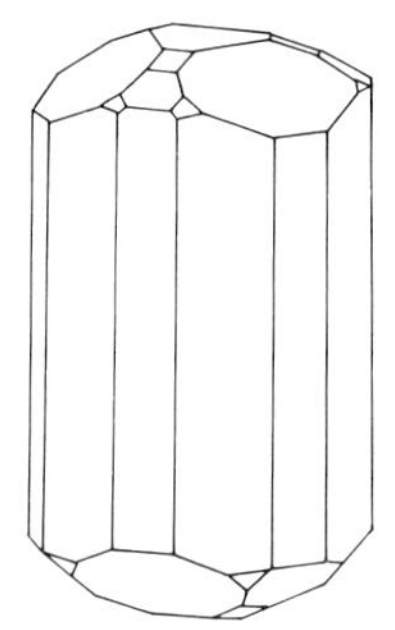

• Härte: 2,5 • Strich: weiß • Farbe: grauweiß, hellgrün, blaugrün • Transparenz: durchsichtig bis durchscheinend • Glanz: glasig • Spaltbarkeit: vollkommen nach /1010/ • Bruch: splittrig • Ausbildung: Kristalle, faserige und kryptokristalline Massen, auch sternförmige Kristallaggregate • Löslichkeit: leicht wasserlöslich.
• Dichte: 2,55 • Kristallsystem: hexagonal • Kristallformen: kurzprismatisch • Chemische Zusammensetzung: Na_2O 19,91 %, Fe_2O_3 17,10 %, SO_3 51,52 %, H_2O 11,57 % • Chemische Eigenschaften: wandelt sich bei Feuchtigkeit zu Sideronatrit **(30)** um • Behandlung: in geschlossenen Gefäßen oder in Plasten aufbewahren.
• Genese: sekundär, Fumarolen • Paragenese: Sideronatrit, Copiapit **(123)** und andere Sulfate • Vorkommen: selten; Lokalitäten mit trockenem Klima – Chile (Sierra Corda, Alcaparosa, Chuquicamata), auch in Fumarolenprodukten – Italien (Vesuv).

Thenardit

Sulfate
Na_2SO_4

125

Nach dem französischen Chemiker L. J. Thénard (1777–1857) benannt (Casaseca, 1826)

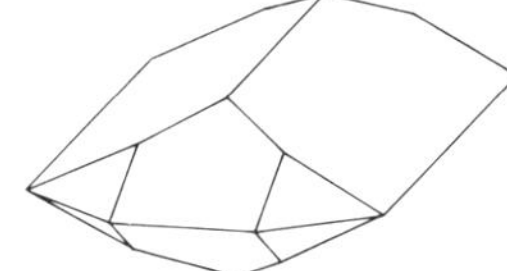

• Härte: 2,5 • Strich: weiß • Farbe: grauweiß, gelblich, rötlich • Transparenz: durchsichtig bis durchscheinend • Glanz: glasig bis fettig • Spaltbarkeit: vollkommen nach /010/ • Bruch: splittrig bis uneben • Ausbildung: Kristalle, auch Krusten und Anflüge • Löslichkeit: wasserlöslich • Andere Eigenschaften: schwach salziger Geschmack.
• Dichte: 2,67 • Kristallsystem: rhombisch • Kristallformen: Tafeln, dipyramidal, selten prismatisch, Zwillingsverwachsungen • Lumineszenz: gelbweiß, gelb, gelbbraun • Chemische Zusammensetzung: Na_2O 43,7 %, SO_3 56,3 % • Behandlung: in geschlossenen Gefäßen oder in Plasten aufbewahren • Ähnliche Minerale: Mirabilit **(23)** • Unterscheidung: mit Röntgen und chemisch.
• Genese: Salzseen in heißem Klima, Fumarolen • Paragenese: Mirabilit, Gips **(29)**, Epsomit **(111)** u. a. • Vorkommen: häufig; Wüstengebiete in Chile, Peru, den USA, der UdSSR, in Spanien, in Fumarolenprodukten in Italien (Vesuv) • Verwendung: Glasindustrie.

Copiapit – kristallines Aggregat in Assoziation mit Halotrichit und Fe-Hydroxiden (Ausschnittbreite 23 mm); Chile (Copiapó).

Copiapit

H
2—3

Cyanotrichit (Kupfersamterz)

Sulfate
$Cu_4Al_2[(OH)_{12}|SO_4] . 2 H_2O$

126

Bezeichnung aus den griech. Wörtern *kyaneos* – schwarzblau und *triches* – Haare zusammengesetzt (Glocker, 1839)

• Härte: um 2 (unbekannt) • Strich: hellblau • Farbe: dunkelblau • Transparenz: durchsichtig • Glanz: seidig • Spaltbarkeit: gut, nicht näher bestimmt • Ausbildung: Kristalle, radialstrahlige und igelförmige Aggregate.
• Dichte: 2,7 • Kristallsystem: rhombisch • Kristallformen: Nadeln • Chemische Zusammensetzung: CuO 49,39 %, Al_2O_3 15,82 %, SO_3 12,42 %, H_2O 22,37 % • Chemische Eigenschaften: säurelöslich • Behandlung: Reinigung mit destilliertem Wasser • Ähnliche Minerale: Aurichalcit **(106)** • Unterscheidung: Dichte, mit Röntgen.
• Genese: sekundär • Paragenese: Azurit **(226),** Malachit **(307),** Limonit **(355)** u. a.
• Vorkommen: selten; Rumänien (Moldova Nouă), Frankreich (La Garonne), Griechenland (Lavrion), USA (Morenci, Majuba Hill), UdSSR (Mednorudnjansk) u. a.

Kröhnkit

Sulfate
$Na_2Cu[SO_4]_2 . 2 H_2O$

127

Nach B. Kröhnke benannt, der es erstmalig analysiert hat (Domeyko, 1876)

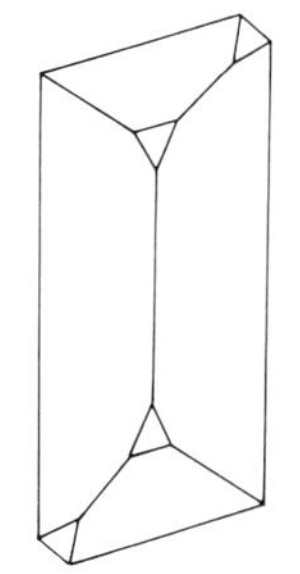

• Härte: 2,5–3 • Strich: weiß • Farbe: blau bis hellblau • Transparenz: durchsichtig bis durchscheinend • Glanz: glasig • Spaltbarkeit: vollkommen nach /010/ • Bruch: muschelig •Ausbildung: Kristalle, faserige und krustige Aggregate, auch körnige oder massive • Löslichkeit: leicht wasserlöslich.
• Dichte: 2,9 • Kristallsystem: monoklin • Kristallformen: prismatisch, pseudooktaedrisch • Chemische Zusammensetzung: Na_2O 18,36 %, CuO 23,56 %, SO_3 47,41 %, H_2O 10,67 % • Ähnliche Minerale: Chalkanthit **(116)** • Unterscheidung: mit Röntgen und chemisch.
• Genese: sekundär • Paragenese: Chalkanthit, Atacamit **(206),** Antlerit **(227)** u. a.
• Vorkommen: selten; Chile (Chuquicamata, Mine Quentena).

Spangolith

Sulfate
$Cu_6Al[Cl|(OH)_{12}|SO_4] . 3 H_2O$

128

Benannt nach dem Amerikaner N. Spang (Penfield, 1890)

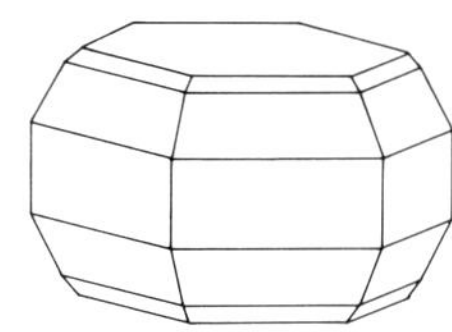

• Härte: 2–3 (spröde) • Strich: hellgrün • Farbe: dunkelgrün, blaugrün, smaragdgrün • Transparenz: durchsichtig bis durchscheinend • Glanz: glasig • Spaltbarkeit: vollkommen nach /0001/ • Bruch: muschelig • Ausbildung: Kristalle.
• Dichte: 3,1 • Kristallsystem: hexagonal • Kristallformen: kurz prismatisch, tafelig
• Chemische Zusammensetzung: CuO 59,82 %, Al_2O_3 6,39 %, SO_3 10,03 %, Cl 4,44 %, H_2O 20,32 % (O=Cl 1,00 %) • Chemische Eigenschaften: leicht in Säuren löslich, wasserunlöslich • Behandlung: Reinigung mit destilliertem Wasser.
• Genese: sekundär • Paragenese: Tirolit **(32),** Azurit **(226),** Adamin **(258),** Malachit **(307)** u. a. • Vorkommen: selten; Rumänien (Moldova), Griechenland (Lavrion), Italien (Sardinien – Arenas), Großbritannien (Cornwall – St. Day), USA (New Mexico – Blanchard Mine, Arizona – Czar Mine, Nevada – Myler Mine).

1. **Cyanotrichit** – blaue, nadelige Aggregate, auf Limonit aufgewachsen (Ausschnittbreite 90 mm); Rumänien (Moldova Nouă). **2. Kröhnkit** – querfaseriges Aggregat in einer 13 mm mächtigen Ader; Chile (Chuquicamata). **3. Spangolith** – Aggregat aus tafeligen Kristallen (3 mm), blaugrüne Farbe; Griechenland (Lavrion).

Cyanotrichit, Kröhnkit, Spangolith

H
2—3

Devillin (Herrengrundit)

Sulfate
$CaCu_4[(OH)_6|(SO_4)_2] . 3 H_2O$

129

Nach dem französischen Chemiker H. E. S. C. Deville (1818–1881) benannt (Pisani, 1864)

• Härte: 2,5 • Strich: hellgrün • Farbe: dunkelgrün, smaragdgrün bis blaugrün • Transparenz: durchsichtig • Glanz: glasig bis perlmuttartig • Spaltbarkeit: vollkommen nach /001/ • Ausbildung: Kristalle, rosettenförmige und krustige Aggregate.
• Dichte: 3,1 • Kristallsystem: monoklin • Kristallformen: Tafeln • Chemische Zusammensetzung: CaO 8,73 %, CuO 49,53 %, SO_3 24,92 %, H_2O 16,82 % • Chemische Eigenschaften: löslich in HNO_3, unlöslich in Wasser und konzentrierter H_2SO_4 • Behandlung: Reinigung mit destilliertem Wasser.
• Genese: sekundär • Paragenese: Gips **(29)**, Azurit **(226)**, Malachit **(307)** • Vorkommen: selten; Großbritannien (Cornwall), Österreich (Schwaz), ČSFR (Špania Dolina), UdSSR (Uspensk), USA (Pennsylvanien – Montgomery).

Langit

Sulfate
$Cu_3[(OH)_4|SO_4] . H_2O$

130

Benannt nach dem Wiener Physiker V. v. Lang (1838–1921) (Maskelyne, 1864)

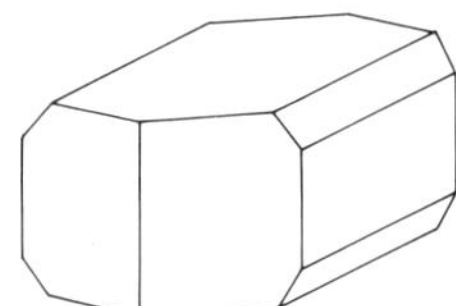

• Härte: 2,5–3 • Strich: blaugrün • Farbe: blaugrün bis blau • Transparenz: durchscheinend • Glanz: glasig • Spaltbarkeit: vollkommen nach /001/ • Ausbildung: Kristalle, krustige, erdige und faserige Aggregate.
• Dichte: 3,5 • Kristallsystem: rhombisch • Kristallformen: isometrisch oder gestreckt nach /100/, Zwillingsverwachsungen • Chemische Zusammensetzung: CuO 67,66 %, SO_3 15,32 %, H_2O 17,02 % • Chemische Eigenschaften: leicht in Säuren und Ammoniak löslich, nicht wasserlöslich • Behandlung: Reinigung mit destilliertem Wasser • Ähnliche Minerale: Posnjakit **(131)** • Unterscheidung: mit Röntgen und chemisch.
• Genese: sekundär • Paragenese: Gips **(29)**, Chalkopyrit **(185)** u. a. • Vorkommen: selten; Frankreich (Mollau), Großbritannien (Cornwall – St. Just und St. Blazey), Deutschland (Hagendorf), Österreich (Eschbach), ČSFR (Špania Dolina), USA (Nevada – Ward Mine).

Posnjakit

Sulfate
$Cu_4[(OH)_6|SO_4] . H_2O$

131

Benannt nach dem Geochemiker E. W. Posnjak (1888–1949) (Komkov, 1967)

• Härte: 2–3 • Strich: bläulich • Farbe: blau bis dunkelblau • Glanz: glasig • Spaltbarkeit: unbekannt • Ausbildung: Kristalle, Beläge.
• Dichte: 3,4 • Kristallsystem: monoklin • Kristallformen: Tafeln • Chemische Zusammensetzung: CuO 67,66%, SO_3 17,02 %, H_2O 15,32 % • Chemische Eigenschaften: wie Langit **(130)** • Behandlung: Reinigung mit destilliertem Wasser • Ähnliche Minerale: Langit • Unterscheidung: mit Röntgen und chemisch.
• Genese: sekundär • Paragenese: Gips **(29)**, Aurichalcit **(106)**, Langit • Vorkommen: selten; UdSSR (Nuratalkinskoje), ČSFR (Špania Dolina), Deutschland (Wittichen).

1. Devillin – halbkugelige Aggregate aus tafeligen Kristallen (bis zu 7 mm); ČSFR (Špania Dolina). **2. Langit** – kleine Kristalle (bis zu 2 mm); USA (Ward Mine). **3. Posnjakit** – dendritisches Kristallaggregat in einem Quarzspalt (Aggregatgröße 11 mm); ČSFR (Richtárová).

Devillin, Langit, Posnjakit

Ferrimolybdit

Molybdänate
$Fe_2^{3+}[MoO_4]_3 . 7 H_2O$

132

Nach der chemischen Zusammensetzung benannt (Pilipenko, 1914)

• Härte: 2 • Strich: hellgelb • Farbe: gelb • Glanz: diamantartig bis seidig • Spaltbarkeit: vollkommen • Ausbildung: Kristalle, faserige, schuppige und erdige Aggregate.
• Dichte: 4–4,5 • Kristallsystem: rhombisch • Kristallformen: Nadeln, Schuppen • Chemische Zusammensetzung: Fe_2O_3 22,25 %, MoO_3 60,17 %, H_2O 17,58 % • Chemische Eigenschaften: in Säuren und Ammoniak löslich, leicht schmelzbar • Behandlung: Reinigung mit destilliertem Wasser.
• Genese: sekundär • Paragenese: Molybdänit **(8)** • Vorkommen: häufig; Deutschland (Altenberg), Italien (Baveno), Österreich (Schmirn), ČSFR (Hůrky), Australien (Mt. Mulgine), UdSSR (Jenisseisk), USA (Colorado-Climax), Kanada (Renfrew) u. a.

Krokoit (Rotbleierz)

Chromate
$PbCrO_4$

133

Bezeichnung vom griech. Wort *krokos* – Safran abgeleitet (Breithaupt, 1841)

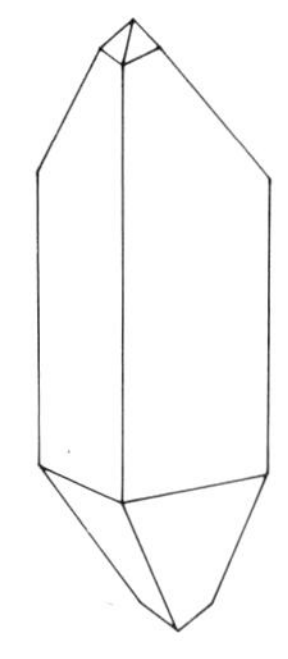

• Härte: 2,5–3 • Strich: orangegelb • Farbe: orangerot, dunkelorange, gelbrot • Transparenz: durchsichtig • Glanz: diamantartig • Spaltbarkeit: gut • Bruch: muschelig bis uneben • Andere Kohäsionsmerkmale: mit dem Messer schneidbar • Ausbildung: Kristalle, massiv, körnig.
• Dichte: 6,0 • Kristallsystem: monoklin • Kristallformen: prismatisch, selten rhomboedrisch • Lumineszenz: dunkelbraun • Chemische Zusammensetzung: PbO 69,06 %, CrO 30,94 % • Chemische Eigenschaften: löslich in heißer HCl, KOH, färbt Phosphorsalz- und Boraxperle smaragdgrün • Behandlung: Reinigung mit Ultraschall und destilliertem Wasser • Ähnliche Minerale: Realgar **(5),** Cinnabarit **(76)** • Unterscheidung: Härte, Dichte, Kristallformen, Säurelöslichkeit.
• Genese: sekundär • Paragenese: Galenit **(77),** Limonit **(355),** Quarz **(534)** u. a.
• Vorkommen: selten; Deutschland (Callenberg), UdSSR (Beresowsk), Rumänien, Philippinen (Insel Luzon), Brasilien (Minas Gerais), Australien (Tasmanien – Dundas – bis 20 cm große Kristalle), USA • Verwendung: gelegentlich als Edelstein (Facetten, Cabochonschliffe).

Stolzit (Scheelbleierz)

Wolframate
$PbWO_4$

134

Benannt nach J. A. Stolz (1803–1896) aus Teplice – ČSFR (Haidinger, 1845)

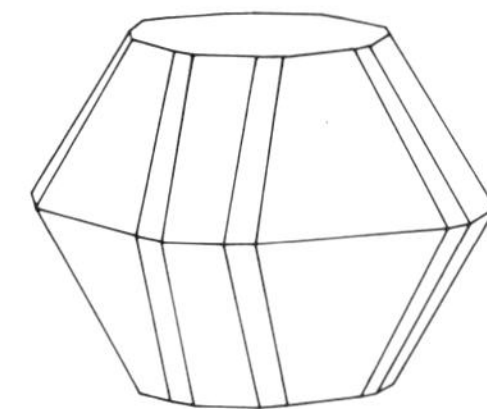

• Härte: 2,5–3 (spröde) • Strich: weiß • Farbe: rotbraun, gelbbraun, braun, grünlich • Transparenz: in dünnen Splittern durchsichtig • Glanz: fettig bis halbdiamantartig • Spaltbarkeit: unvollkommen • Bruch: muschelig bis uneben • Ausbildung: Kristalle, körnig.
• Dichte: 7,9–8,2 • Kristallsystem: tetragonal • Kristallformen: dipyramidal, grobtafelig • Lumineszenz: grünweiß • Chemische Zusammensetzung: PbO 49,04 %, WO_3 50,96 % • Chemische Eigenschaften: säurelöslich • Behandlung: Reinigung mit destilliertem Wasser • Ähnliche Minerale: Scheelit **(310)** • Unterscheidung: Härte, Dichte, Lumineszenz.
• Genese: sekundär • Paragenese: Scheelit, Wolframit **(369),** Quarz **(534),** Kassiterit **(548)** u. a. • Vorkommen: selten; Deutschland (Oberwolfach), Italien (Domodossola), ČSFR (Cínovec), Australien (Neusüdwales – Broken Hill – Kristalle bis 2,5 cm), USA (Hauchuca Mts.), Nigeria (Abuja) u. a.

1. Ferrimolybdit – gelbe Aggregate und Überzüge auf Quarz (Ausschnittbreite 33 mm); USA (Colorado, Climax). **2. Krokoit** – langprismatische Kristalle (bis zu 30 mm) auf Limonit; Australien (Dundas).

Ferrimolybdit, Krokoit

H
2—3

Phosphate

Delvauxit

$Fe_2^{3+}[(OH)_3|PO_4] . 3,5\ H_2O$

135

Benannt nach dem Chemiker J. S. P. J. Delvaux de Feuffe (1782–?) (Haidinger, 1845)

• Härte: 2,5 • Strich: gelb • Farbe: gelbbraun, braun, rotbraun, braunschwarz • Glanz: glasig, fettig, schwach wächsern • Transparenz: undurchsichtig • Spaltbarkeit: fehlt • Bruch: muschelig • Ausbildung: Knollen, tropfsteinartige Gebilde, Krusten, Gelmassen • Löslichkeit: schäumt in Wasser auf und zerfällt.

• Dichte: 1,85–2,0 • Kristallsystem: unbekannt • Kristallformen: unbekannt • Chemische Zusammensetzung: Fe_2O_3 49,79 %, P_2O_5 22,13 %, H_2O 28,08 % • Chemische Eigenschaften: zerspringt vor dem Lötrohr, färbt sich schwarz und verwandelt sich in magnetische Schlacke.

• Genese: sekundär • Paragenese: Limonit **(355),** Hämatit **(472)** u. a. • Vorkommen: selten; Belgien (Berneau bei Visé), ČSFR (Železník, Litošice), Deutschland (Nassau), Österreich (Peierbach), UdSSR (Kertsch).

Phosphate

Vivianit

$Fe_3[PO_4]_2 . 8\ H_2O$

136

E

Benannt nach dem englischen Mineralogen J. G. Vivian (Werner, 1817)

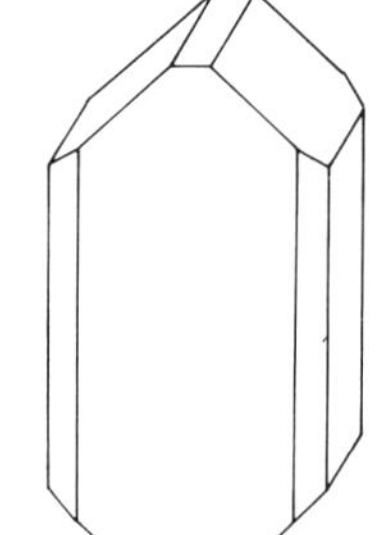

• Härte: 2 • Strich: weiß, wird schnell blau • Farbe: weiß, wird mit der Zeit grünblau, indigo- bis schwarzblau • Transparenz: durchscheinend, opak • Glanz: glasig, perlmuttartig, matt • Spaltbarkeit: vollkommen • Bruch: uneben • Andere Kohäsionsmerkmale: mit dem Messer schneidbar, Blättchen biegsam • Ausbildung: Kristalle, faserige, kugelige, erdige und radialstrahlige Aggregate.

• Dichte: 2,6–2,7 • Kristallsystem: monoklin • Kristallformen: prismatisch, tafelig, isometrisch • Chemische Zusammensetzung: FeO 42,96 %, P_2O_5 28,31 %, H_2O 28,73 % • Chemische Eigenschaften: säurelöslich, wird vor dem Lötrohr rot und verwandelt sich in ein magnetisches Kügelchen • Behandlung: Reinigung mit destilliertem Wasser • Ähnliche Minerale: Lazulith **(378)** • Unterscheidung: Härte, Säurelöslichkeit, schmilzt in der Flamme nicht.

• Genese: sekundär • Paragenese: Siderit **(306),** Limonit **(355)** u. a. • Vorkommen: häufig; Deutschland (Waldsassen), Großbritannien (Cornwall – St. Agens), ČSFR (Litošice), Jugoslawien (hübsche Kristalle in Treptsch), Bolivien (aus der Lagerstätte Llollagua und Poopó stammen über 10 cm große Kristalle), USA (Utah – über 15 cm große Kristalle sind aus der Lagerstätte Bingham bekannt), Kamerun (bis über 1 m große Kristalle aus N'gaoundere) • Verwendung: Farbstoff, manchmal auch als Edelstein.

Arsenate

Symplesit

$Fe_3[AsO_4]_2 . 8\ H_2O$

137

Die Bezeichnung besteht aus den griech. Wörtern *syn* – zusammen und *plēsiazein* – sich gesellen (Breithaupt, 1837)

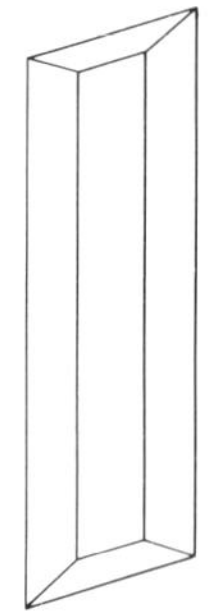

• Härte: 2,5 (spröde) • Strich: blauweiß • Farbe: grasgrün bis indigoblau • Transparenz: frische Proben durchsichtig • Glanz: glasig, auf den Spaltflächen perlmuttartig • Spaltbarkeit: vollkommen • Bruch: uneben • Ausbildung: Kristalle, sphärische Aggregate, erdig.

• Dichte: 3,0 • Kristallsystem: triklin • Kristallformen: prismatisch oder Tafeln • Chemische Zusammensetzung: FeO 36,56 %, As_2O_5 38,99 %, H_2O 24,45 % • Chemische Eigenschaften: säurelöslich, schmilzt in der Flamme nicht, sondern wird schwarz und magnetisch • Behandlung: Reinigung mit destilliertem Wasser.

• Genese: sekundär • Paragenese: Pharmakosiderit **(140),** Erythrin **(141),** Annabergit **(142),** Skorodit **(254),** Limonit **(355)** • Vorkommen: selten; Deutschland (Lobenstein, Neustedtel), Österreich (Lölling), Rumänien (Baia Sprie) u. a.

1. Delvauxit – Knollen von rotbrauner Farbe (Ausschnittbreite 52 mm); UdSSR (Kertsch). **2. Vivianit** – säulige Kristalle (bis zu 20 mm); Japan (Ashio).

Delvauxit, Vivianit

H
2—3

Chalkophyllit

Arsenate
$Cu_{18}Al_2[(OH)_9|SO_4|AsO_4]_3 . 36 H_2O$

138

Bezeichnung aus den griech. Wörtern *chalkos* – Kupfer und *phyllon* – Blatt zusammengesetzt (Breithaupt, 1847)

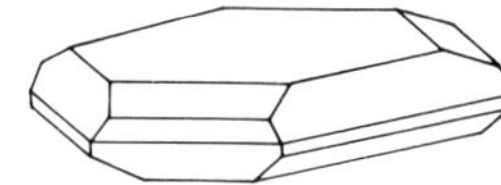

• Härte: 2 • Strich: heller als Färbung • Farbe: smaragdgrün, blaugrün bis grasgrün • Transparenz: durchsichtig bis durchscheinend • Glanz: glasig, diamantartig, perlmuttartig • Spaltbarkeit: vollkommen nach /0001/ • Ausbildung: Kristalle, rosettenförmige Aggregate, auch massiv.
• Dichte: 2,4–2,6 • Kristallsystem: trigonal • Kristallformen: Tafeln • Chemische Zusammensetzung: CuO 47,55 %, Al_2O_3 3,39 %, As_2O_5 11,45 %, SO_3 7,98 %, H_2O 29,63 % • Chemische Eigenschaften: löslich in Säuren und Ammoniak, leicht schmelzbar • Behandlung: Reinigung mit destilliertem Wasser.
• Genese: sekundär • Paragenese: Azurit **(226),** Chrysokoll **(268),** Malachit **(307),** Limonit **(355)** • Vorkommen: selten; Deutschland (Grube Clara bei Oberwolfach, Neubulach), Österreich (Schwaz), Großbritannien (Redruth), UdSSR (Nishnij Tagil), Chile (Braden), USA (Arizona und Utah) u. a.

Pharmakolith

Arsenate
$CaH[AsO_4] . 2 H_2O$

139

Bezeichnung aus den griech. Wörtern *pharmakon* – Gift und *lithos* – Stein zusammengesetzt (Karsten, 1800)

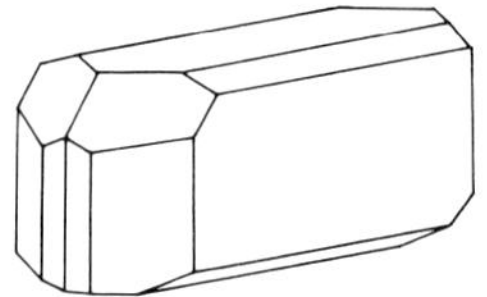

• Härte: 2–2,5 • Strich: weiß • Farbe: weiß, gelb, rötlich • Transparenz: durchscheinend • Glanz: glasig, seidig • Spaltbarkeit: gut nach /010/ • Bruch: uneben • Andere Kohäsionsmerkmale: manchmal biegsam • Ausbildung: Kristalle, faserige, traubige, tropfsteinartige, staubförmige und krustige Aggregate • Löslichkeit: schwach wasserlöslich.
• Dichte: 2,6 • Kristallsystem: monoklin • Kristallformen: nadelig • Chemische Zusammensetzung: CaO 25,96 %, As_2O_5 53,20 %, H_2O 20,84 % • Chemische Eigenschaften: säurelöslich • Behandlung: Reinigung mit destilliertem Wasser.
• Genese: sekundär • Paragenese: Erythrin **(141),** Annabergit **(142),** Gersdorffit **(343),** Nickelin **(351)** u. a. • Vorkommen: selten; Deutschland (Wittichen, St. Andreasberg), ČSFR (Jáchymov), USA (Kalifornien – San Gabriel Canyon).

Pharmakosiderit (Würfelerz)

Arsenate
$KFe_4[(OH)_4|(AsO_4)_3] . 7 H_2O$

140

Bezeichnung aus den griech. Worten *pharmakon* – Gift und *sidēros* – Eisen zusammengesetzt (Hausmann, 1813)

• Härte: 2,5 • Strich: heller als Farbe • Farbe: olivgrün, smaragdgrün bis rotbraun • Transparenz: durchsichtig bis durchscheinend • Glanz: diamantartig bis fettig • Spaltbarkeit: unvollkommen nach /100/ • Bruch: uneben • Andere Kohäsionsmerkmale: leicht mit dem Messer schneidbar • Ausbildung: Kristalle, körnig, erdig.
• Dichte: 2,8–2,9 • Kristallsystem: kubisch • Kristallformen: Würfel, Tetraeder • Chemische Zusammensetzung: K_2O 5,39 %, Fe_2O_3 36,57 %, As_2O_5 39,47 %, H_2O 18,57 % • Chemische Eigenschaften: schmilzt in der Flamme unter Entstehung eines magnetischen Kügelchens, wird in Ammoniak rot und nimmt nach wiederholtem Eintauchen in verdünnte HCl wieder die ursprüngliche Färbung an • Behandlung: Reinigung mit destilliertem Wasser.
• Genese: sekundär • Paragenese: Skorodit **(254),** Arsenopyrit **(344),** Limonit **(355)** u. a. • Vorkommen: selten; Deutschland (Lobenstein, Wittichen, Bergwerk Clara bei Oberwolfach, Neubulach), Großbritannien (Cornwall), ČSFR (Nová Baňa), USA (Nevada – Majuba Hill), Australien (Victoria).

1. **Chalkophyllit** – Aggregat aus tafeligen Kriställchen (2 mm) auf Azurit aufgewachsen; ČSFR (Špania Dolina). 2. **Pharmakolith** – weiße, kugelförmige Aggregate mit Erythrin (Kügelchen 1 mm); ČSFR (Dobšiná). 3. **Pharmakosiderit** – pseudohexagonale Kristalle (bis 6 mm) auf Limonit; ČSFR (Nová Baňa).

Chalkophyllit, Pharmakolith, Pharmakosiderit

H
2—3

Erythrin (Kobaltblüte)

Arsenate
$Co_3[AsO_4]_2 \cdot 8\,H_2O$

141

L

Bezeichnung vom griech. Wort *erythros* – rot abgeleitet (Beudant, 1832)

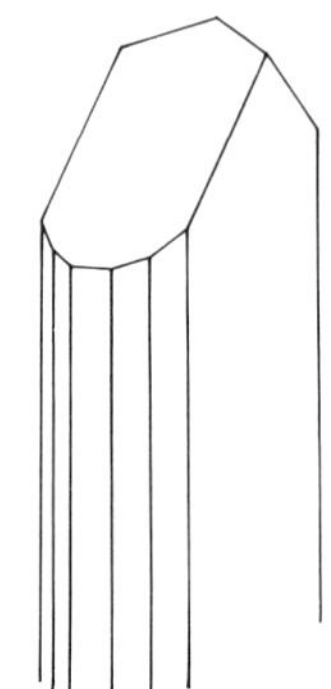

• Härte: 2 • Strich: rosarot • Farbe: purpurrot, rosarot bis violett • Transparenz: durchsichtig bis durchscheinend • Glanz: diamantartig, perlmuttartig • Spaltbarkeit: vollkommen nach /010/ • Andere Kohäsionsmerkmale: mit dem Messer schneidbar, biegsam • Ausbildung: Kristalle, radialstrahlige, erdige oder staubförmige Aggregate.
• Dichte: 3,07 • Kristallsystem: monoklin • Kristallformen: prismatisch, nadelig (gefurcht) • Lumineszenz: orange • Chemische Zusammensetzung: Co 37,54 %, As_2O_5 38,39 %, H_2O 24,07 % • Chemische Eigenschaften: in HNO_3 löslich unter Entstehung einer rosavioletten Lösung, färbt die Flamme hellgrün, schmilzt vor dem Lötrohr zu einem grauen, nach Knoblauch riechenden Kügelchen, verliert dabei Wasser und wird blau • Behandlung: Reinigung mit destilliertem Wasser.
• Genese: sekundär • Paragenese: Pharmakolith **(139),** Annabergit **(142),** Chloanthit **(346)** u. a. • Vorkommen: häufig; Deutschland (hübsche Kristalle stammen aus Schneeberg, Saalfeld, Richelsdorf, Bieber, Wittichen), Frankreich (Allemont), ČSFR (Jáchymov), Österreich (Schladming), Großbritannien (Cornwall), Kanada (Cobalt), Mexiko (Alamos), Marokko (die schönsten Kristalle stammen aus der Lagerstätte Bou Azzer).

Annabergit (Nickelblüte)

Arsenate
$Ni_3[AsO_4]_2 \cdot 8\,H_2O$

142

Benannt nach der Lokalität Annaberg (Deutschland) (Brooke und Miller, 1852)

• Härte: 2 (spröde) • Strich: hellgrün • Farbe: grün, grünweiß, apfelgrün • Transparenz: durchscheinend bis opak • Glanz: diamantartig, perlmuttartig, matt • Spaltbarkeit: vollkommen nach /010/ • Ausbildung: Kristalle, erdige und staubförmige Aggregate, Krusten.
• Dichte: 3,0–3,1 • Kristallsystem: monoklin • Kristallformen: prismatisch, nadelig • Chemische Zusammensetzung: NiO 37,46 %, As_2O_5 38,44 %, H_2O 24,10 %, häufige Beimengungen von Mg (bis 6 %), Ca, Zn, Fe • Chemische Eigenschaften: säurelöslich, leicht zu schmelzen • Behandlung: Reinigung mit destilliertem Wasser • Ähnliche Minerale: Antlerit **(227)** • Unterscheidung: Härte, Dichte, Säurelöslichkeit, Ni-Probe.
• Genese: sekundär • Paragenese: Erythrin **(141),** Gersdorffit **(343),** Chloanthit **(346)** u. a. • Vorkommen: selten; Deutschland (Schneeberg, Annaberg, Wittichen, Richelsdorf), Griechenland (Lavrion), ČSFR (Jáchymov, Dobšiná), Spanien (Sierra Cabrera), Kanada (Cobalt), Frankreich (Allemont), USA, Chile, Mexiko.

Cabrerit (Mg-haltige Abart)

Arsenate
$(Ni,Mg)_3[AsO_4]_2 \cdot 8\,H_2O$

143

Benannt nach dem Fundort Sierra Cabreira in Portugal (Dana, 1868)

• Härte: 2 • Strich: heller als Farbe • Farbe: apfelgrün • Transparenz: durchscheinend • Glanz: diamantartig, perlmuttartig • Spaltbarkeit: vollkommen nach /010/ • Ausbildung: Kristalle, staubförmige Aggregate.
• Dichte: 3,1 • Kristallsystem: monoklin • Kristallformen: prismatisch, nadelig • Chemische Zusammensetzung: genauso wie Annabergit **(142),** enthält bis 6 % MgO • Chemische Eigenschaften: wie Annabergit • Behandlung: Reinigung mit destilliertem Wasser.
• Genese: sekundär • Paragenese: wie Annabergit • Vorkommen: selten; Portugal (Sierra Cabreira), Griechenland (Lavrion), Österreich (Hirt).

1. Erythrin – garbige Kriställchen in Quarz (Ausschnittbreite 85 mm); Deutschland (Schneeberg). **2. Annabergit** – fächerförmiges Aggregat (12 mm) mit Calcit; Griechenland (Lavrion). **3. Cabrerit** – garbige Aggregate (bis zu 5 mm) auf Calcit; Griechenland (Lavrion).

Erythrin, Annabergit, Cabrerit

H
2—3

Lirokonit (Linsenerz)

Arsenate
$Cu_2Al[(OH)_4|AsO_4] . 4 H_2O$

144

Bezeichnung aus den griech. Wörtern *leiros* – bleich und *konia* – Staub zusammengesetzt (Moha, 1820)

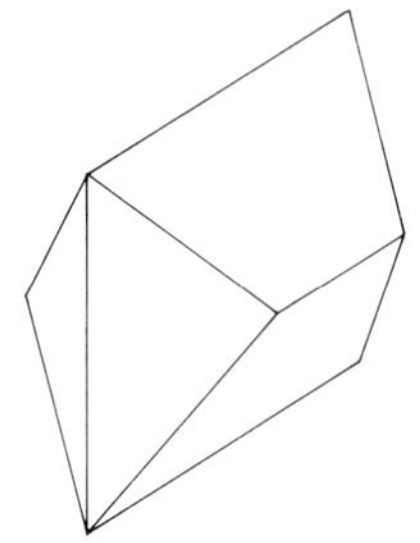

● Härte: 2–2,5 ● Strich: hellblau bis grün ● Farbe: hellblau bis grün ● Transparenz: durchsichtig bis durchscheinend ● Glanz: glasig ● Spaltbarkeit: unvollkommen nach /011/ ● Bruch: uneben bis muschelig ● Ausbildung: Kristalle, körnige Aggregate.
● Dichte: 2,9–3,0 ● Kristallsystem: monoklin ● Kristallformen: abgeplattet oktaedrisch, linsenförmig ● Chemische Zusammensetzung: CuO 36,74 %, Al_2O_3 11,77 %, As_2O_5 26,53 %, H_2O 24,96 % ● Chemische Eigenschaften: säurelöslich, läßt sich leicht zu dunkelgrauem Glas schmelzen ● Behandlung: Reinigung mit destilliertem Wasser ● Ähnliche Minerale: Chalkanthit **(116)** ● Unterscheidung: Strich, nicht in Wasser löslich.
● Genese: sekundär ● Paragenese: Chalkophyllit **(138),** Malachit **(307),** Limonit **(355)** ● Vorkommen: selten; Großbritannien (Cornwall), Deutschland (Sayda, Ullersreuth, Hirschberg, Siegerland), USA (Kalifornien), Zaire, Sambia (Lagerstätte N'Kana).

Lavendulan

Arsenate
$(Ca,Na)_2Cu_5[Cl|(AsO_4)_4] . 4–5 H_2O$

145

Nach der Lavendelfärbung benannt (Breithaupt, 1837)

● Härte: 2,5 ● Strich: heller als Färbung ● Farbe: blau, lavendelblau ● Transparenz: durchsichtig ● Glanz: glasig bis wächsern, auch seidig ● Spaltbarkeit: gut nach /001/ ● Ausbildung: Schuppen, faserige und traubige Aggregate, Krusten.
● Dichte: 3,54 ● Kristallsystem: rhombisch ● Kristallformen: Tafeln ● Chemische Zusammensetzung: variabel.
● Genese: sekundär ● Paragenese: Erythrin **(141),** Olivenit **(257)** ● Vorkommen: selten; ČSFR (Jáchymov), Deutschland (Annaberg, Wittichen, Müllenbach), Chile (San Juan), USA (Utah – Gold Hill).

Klinoklas

Arsenate
$Cu_3[(OH)_3|AsO_4]$

146

Bezeichnung aus den griech. Wörtern *klinein* – neigen und *klas* – brechen zusammengesetzt (Breithaupt, 1830)

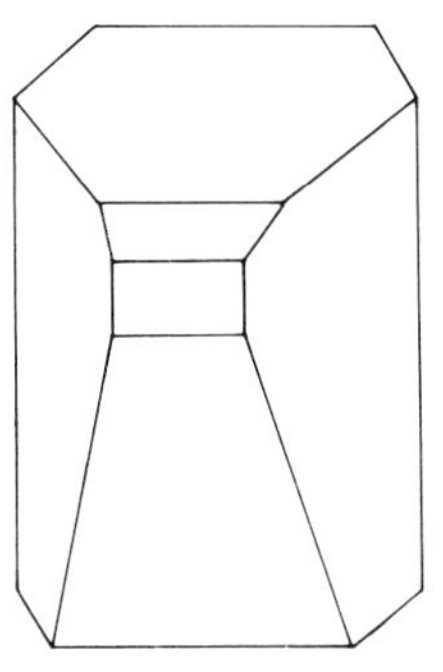

● Härte: 2,5–3 (spröde) ● Strich: blaugrün ● Farbe: grünschwarz, blaugrün ● Transparenz: durchsichtig bis durchscheinend ● Glanz: glasig, auf den Spaltflächen perlmuttartig ● Spaltbarkeit: sehr gut nach /001/ ● Bruch: uneben ● Ausbildung: Kristalle, faserige, kugelige Aggregate, Anflüge, Krusten.
● Dichte: 4,2–4,4 ● Kristallsystem: monoklin ● Kristallformen: prismatisch, tafelig, pseudorhombisch ● Chemische Zusammensetzung: CuO 62,71 %, As_2O_5 30,19 %, H_2O 7,10 % ● Chemische Eigenschaften: leicht schmelzbar, in Säuren und Ammoniak löslich ● Behandlung: Reinigung mit destilliertem Wasser ● Ähnliche Minerale: Azurit **(226)** ● Unterscheidung: Härte, Dichte, Azurit schäumt in HCl.
● Genese: sekundär ● Paragenese: Tirolit **(32),** Chalkophyllit **(138),** Olivenit **(257),** Cornwallit **(320)** u. a. ● Vorkommen: selten; Deutschland (Sayda, Bergwerk Clara bei Oberwolfach, Freudenstadt), ČSFR (Novoveská Huta), Großbritannien (Cornwall), Chile (Collahuasi), USA (Utah – Tintic).

1. Lirokonit – Druse aus dunkelblauen Kriställchen (bis zu 10 mm); Großbritannien (Cornwall). **2. Lavendulan** – feinkristalline Krusten auf Limonit (Ausschnittbreite 40 mm); Chile (San Juan). **3. Klinoklas** – tafelige Aggregate (Tafeln bis zu 6 mm); Großbritannien (Cornwall).

Lirokonit, Lavendulan, Klinoklas

H
2—3

Straschimirit

Arsenate
$Cu_4[OH|AsO_4]_2 \cdot 2,5\ H_2O$

147

Benannt nach dem bulgarischen Petrographen Straschimir Dimitrow (Stefanova, 1968)

• Härte: ca. 2,5–3 • Strich: weiß • Farbe: weiß, hellgrün • Transparenz: durchscheinend • Glanz: perlmuttartig, fettig • Spaltbarkeit: unbekannt • Ausbildung: Kristalle, faserige und sphärolithische Aggregate, Krusten, Beläge.
• Dichte: 3,8 • Kristallsystem: monoklin • Kristallformen: Nadeln, Fasern • Chemische Zusammensetzung: CuO 52,08 %, As_2O_5 37,60 %, H_2O 10,32 %.
• Genese: sekundär • Paragenese: Azurit **(226)**, Euchroit **(256)**, Olivenit **(257)**, Malachit **(307)** • Vorkommen: selten; Bulgarien (Zapachitsa), Deutschland (Oberwolfach), ČSFR (Novoveská Huta).

Autunit (Kalkuranglimmer)

Phosphate
$Ca[UO_2|PO_4]_2 \cdot 8–12\ H_2O$

148

Benannt nach der Lokalität Autun in Frankreich (Brooke, 1852)

L

R

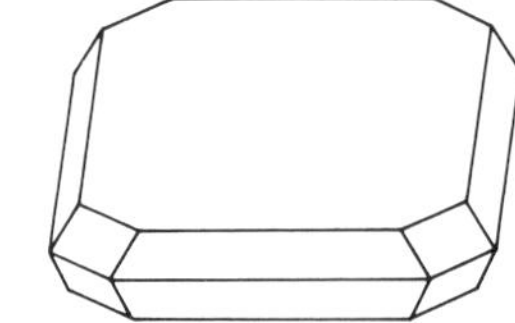

• Härte: 2–2,5 • Strich: hellgelb • Farbe: gelb bis hellgrün • Transparenz: durchscheinend • Glanz: perlmuttartig, glasig • Spaltbarkeit: gut • Ausbildung: Kristalle, schuppige, krustige und erdige Aggregate • Dichte: 3,2 • Kristallsystem: tetragonal • Kristallformen: Tafeln, Verwachsungen • Lumineszenz: gelbgrün • Radioaktivität: stark • Chemische Zusammensetzung: CaO 5,69 %, UO_3 58,00 %, P_2O_5 14,39 %, H_2O 21,92 % (bei 12 H_2O) • Chemische Eigenschaften: löslich in HNO_3, färbt die Flamme orangerot, mit Borax Reaktion auf U • Behandlung: Reinigung mit destilliertem Wasser • Ähnliche Minerale: Torbernit **(149)** • Unterscheidung: chemisch.
• Genese: sekundär • Paragenese: andere Uranglimmer • Vorkommen: häufig; Deutschland (Hagendorf, Pleystein, Johanngeorgenstadt), ČSFR (Jáchymov), Frankreich (Autun), Portugal (Sabugal), Großbritannien (Cornwall), USA, Australien • Verwendung: U-Erz.

Torbernit (Kupferuranglimmer)

Phosphate
$Cu[UO_2|PO_4]_2 \cdot 8–12\ H_2O$

149

Benannt nach dem schwedischen Chemiker Tornbern Bergmann (1735–1784) (Werner, 1786)

R

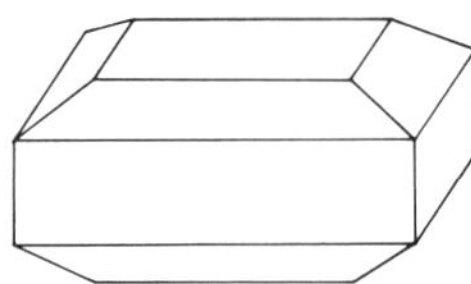

• Härte: 2–2,5 (spröde) • Strich: hellgrün • Farbe: grün • Transparenz: durchscheinend • Glanz: glasig, perlmuttartig • Spaltbarkeit: vollkommen • Ausbildung: Kristalle, schuppige und erdige Aggregate • Dichte: 3,3 • Kristallsystem: tetragonal • Kristallformen: Tafeln, selten dipyramidal • Radioaktivität: stark • Chemische Zusammensetzung: CuO 7,88 %, UO_3 56,65 %, P_2O_5 14,06 %, H_2O 21,41 % (bei 12 H_2O) • Chemische Eigenschaften: löslich in HNO_3, geht bei einer Temperatur von 45 °C in Meta-Torbernit **(152)** über • Behandlung: Reinigung mit destilliertem Wasser • Ähnliche Minerale: Autunit **(148)**, Zeunerit **(153)** • Unterscheidung: Lumineszenz, Reaktion auf HNO_3, mit Röntgen und chemisch.
• Genese: sekundär • Paragenese: Uranglimmer • Vorkommen: häufig; Deutschland (Schneeberg, Menzenschwand, Müllenbach, Bergwerk Clara bei Oberwolfach), ČSFR (Jáchymov, Cínovec), Frankreich (Puy-de-Dôme), Portugal, Großbritannien (Cornwall), Zaire • Verwendung: U-Erz.

Tujamunit

Vanadate
$Ca[(UO_2)_2|V_2O_8] \cdot 5–8\ H_2O$

150

Benannt nach dem Fundort Tjuja Mujun in Turkestan/UdSSR (Nenadkewitsch, 1912)

• Härte: 1–2 • Strich: hellgelb • Farbe: gelb mit grünlichem oder orangem Ton • Transparenz: durchsichtig bis undurchsichtig • Glanz: perlmuttartig bis diamantartig • Spaltbarkeit: ausgezeichnet nach /001/ • Ausbildung: Kristalle, schuppige bis erdige Aggregate, auch Rinden und Anflüge • Dichte: 3,3–3,6 • Kristallsystem: rhombisch • Kristallformen: Tafeln bis Schuppen • Lumineszenz: manchmal gelbgrün • Radioaktivität: stark • Chemische Zusammensetzung: CaO 5,87 %, UO_3 59,96 %, V_2O_5 19,06 %, H_2O 15,11 % (bei 8 H_2O).
• Genese: sekundär • Paragenese: Carnotit **(154)**, Asphalt, Vanadinit **(263)** und andere Sekundärminerale • Vorkommen: selten; UdSSR (Fergana), USA (Colorado, Utah, Neumexiko, Arizona) • Verwendung: U- und V-Erz.

1. Autunit – Druse aus tafeligen Kristallen (bis zu 7 mm), hellgrün; Frankreich (Autun). **2. Torbernit** – tafelige Kristalle in Drusen (bis zu 4 mm); Großbritannien (Cornwall). **3. Tujamunit** – Aggregate aus tafeligen gelben Kristallen (bis zu 2 mm); USA (Grants, Valencia Co).

Autunit, Torbernit, Tujamunit

H
2—3

Meta-Autunit

Phosphate
$Ca[UO_2|PO_4]_2 . 2–6\ H_2O$

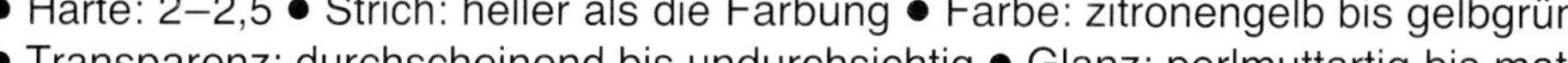

151

Wie Autunit, wegen des geringeren Wassergehalts mit der Vorsilbe *meta* (Gauber, 1904)

R

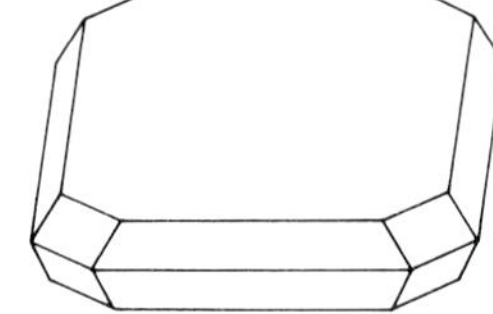

• Härte: 2–2,5 • Strich: heller als die Färbung • Farbe: zitronengelb bis gelbgrün • Transparenz: durchscheinend bis undurchsichtig • Glanz: perlmuttartig bis matt • Spaltbarkeit: gut nach /001/ • Ausbildung: Kristalle, Pseudomorphosen, staubförmige Aggregate.

• Dichte: 3,45–3,55 • Kristallsystem: tetragonal • Kristallformen: Tafeln • Lumineszenz: schwächer als bei Autunit **(148)** • Radioaktivität: stark • Chemische Zusammensetzung: CaO 6,96 %, UO_3 70,96 %, P_2O_5 17,61 %, H_2O 4,47 % (bei 2 H_2O) • Sonstige Eigenschaften, Genese und Vorkommen genauso wie bei Autunit.

Meta-Torbernit

Phosphate
$Cu[UO_2|PO_4]_2 . 8\ H_2O$

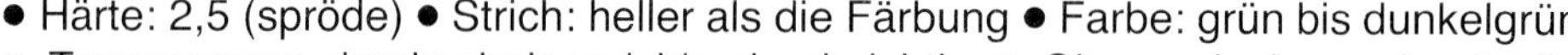

152

Wie Torbernit, wegen des geringeren Wassergehalts mit der Vorsilbe *meta* (Halimond, 1916)

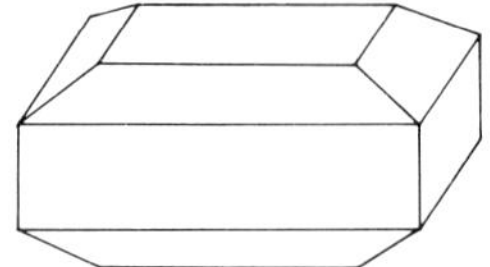

• Härte: 2,5 (spröde) • Strich: heller als die Färbung • Farbe: grün bis dunkelgrün • Transparenz: durchscheinend bis durchsichtig • Glanz: glasig, perlmuttartig • Spaltbarkeit: gut • Ausbildung: Kristalle, schuppige und rosettenförmige Aggregate, Pseudomorphosen nach Torbernit **(149)**.

• Dichte: 3,7 • Kristallsystem: tetragonal • Kristallformen: Tafeln • Radioaktivität: stark • Chemische Zusammensetzung: CuO 8,48 %, UO_3 61,01 %, P_2O_5 15,14%, H_2O 15,37 % • Sonstige Eigenschaften, Genese und Vorkommen genauso wie bei Torbernit.

Zeunerit

Arsenate
$Cu[UO_2|AsO_4]_2 . 8–12\ H_2O$

153

Benannt nach dem deutschen Physiker G. A. Zeuner (1828–1907) (Weisbach, 1872)

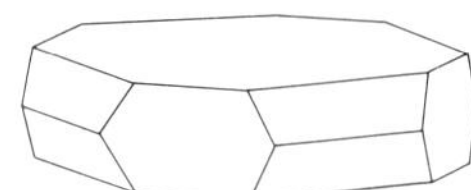

• Härte: 2,5 • Strich: heller als die Färbung • Farbe: gelbgrün, bis smaragdgrün • Transparenz: hydratiert durchsichtig • Glanz: glasig • Spaltbarkeit: ausgezeichnet nach /001/ • Ausbildung: Kristalle, schuppige Aggregate.

• Dichte: 3,4 • Kristallsystem: tetragonal • Kristallformen: Tafeln • Radioaktivität: stark • Chemische Zusammensetzung: CuO 6,75 %, UO_3 48,57 %, As_2O_5 26,33 %, H_2O 18,35 % (für 12 H_2O) • Chemische Eigenschaften: löslich in HNO_3, bildet auf Kohle einen weißen Anflug von As_2O_3 • Ähnliche Minerale: Torbernit **(149)** • Unterscheidung: mit Röntgen und chemisch • Behandlung: Reinigung mit destilliertem Wasser.

• Genese: sekundär • Paragenese: Torbernit und andere U-Minerale • Vorkommen: selten; Deutschland (Schneeberg, Wittichen, Heubachtal, Weiler bei Lahr, Menzenschwand), USA (Utah – Dexter Mine).

Carnotit

Vanadate
$K_2[(UO_2)_2|V_2O_8] . 3\ H_2O$

154

Benannt nach dem französischen Chemiker N. A. Carnot (1839–1920) (Friedel, 1899)

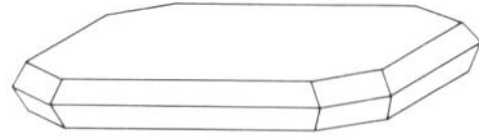

• Härte: 2 • Strich: hellgelb • Farbe: kanariengelb, gelbgrün • Transparenz: durchsichtig • Glanz: Aggregate matt, erdig, Kristalle perlmuttartig • Spaltbarkeit: ausgezeichnet nach /001/, glimmerartig • Ausbildung: Kristalle, staubförmige, erdige und mikrokristalline Aggregate.

• Dichte: 3,7–4,7 • Kristallsystem: monoklin • Kristallformen: Tafeln, rhomboedrisch • Radioaktivität: stark • Chemische Zusammensetzung: K_2O 10,44 %, UO_3 63,42 %, V_2O_5 20,16 %, H_2O 5,98 % • Chemische Eigenschaften: säurelöslich • Ähnliche Minerale: Copiapit **(123)**, Tujamunit **(150)** • Unterscheidung: Radioaktivität, Dichte, optisch und chemisch.

• Genese: sekundär • Paragenese: Tujamunit, Asphalt, Vanadinit **(263)** u. a. • Vorkommen: selten; USA (Colorado Plateau), Australien (Radium Hill), Zaire (Kambove), Marokko (El Borouj), UdSSR (Fergana) • Verwendung: U-Erz, V-Erz.

1. **Meta-Autunit** – feintafeliges Aggregat in gelber Farbe; ČSFR (Jáchymov). 2. **Meta-Torbernit** – Druse aus grünen tafeligen Kristallen; Großbritannien (Cornwall). 3. **Carnotit** – gelbes staubförmiges Aggregat auf Quarz; USA (Arizona). 4. **Zeunerit** – smaragdgrüne tafelige Kriställchen (Ausschnittbreite 89 mm); Deutschland (Schneeberg).

Meta-Autunit, Meta-Torbernit, Carnotit, Zeunerit

H
2—3

Sepiolith (Meerschaum)

Silikate
$Mg_4[(OH)_2|Si_6O_{15}] \cdot 2\ H_2O + 4\ H_2O$

155

L

E

Bezeichnung aus den griech. Wörtern *sēpia* – Sepia und *lithos* – Stein zusammengesetzt aufgrund von Farbe und Porigkeit (Glocker, 1847)

• Härte: 2–2,5 • Strich: weiß • Farbe: weiß, grauweiß, gelblich, grünblau • Transparenz: undurchsichtig • Glanz: matt • Spaltbarkeit: unbekannt • Bruch: muschelig • Ausbildung: kryptokristallin, erdige, massive, poröse, faserige Aggregate • Andere Eigenschaften: schwimmt auf dem Wasser, haftet an der Zunge.
• Dichte: 2 • Kristallsystem: rhombisch • Kristallformen: kryptokristallin, faserig, auch amorph • Lumineszenz: manchmal weißgelb oder blauweiß • Chemische Zusammensetzung: MgO 24,88 %, SiO_2 55,65 %, H_2O 19,47 % • Chemische Eigenschaften: schwer schmelzbar, löslich in HCl • Behandlung: Reinigung mit destilliertem Wasser.
• Genese: sekundär in Serpentiniten • Paragenese: Serpentin **(273),** Magnesit **(302),** Opal **(440)** • Vorkommen: häufig; Türkei (Eskisehir), Spanien (Vallecas), Griechenland (Insel Samos) • Verwendung: Elektrotechnik, Zierat, Pharmazie u. a.

Palygorskit (Bergkork, Bergholz, Bergleder)

Silikate
$(Mg,Al)_2[OH|Si_4O_{10}] \cdot 2\ H_2O + 2\ H_2O$

156

Benannt nach dem Fundort im Ural/UdSSR (Sawtschenkow, 1862)

• Härte: 2–2,5 • Strich: weiß • Farbe: weiß, grau, bräunlich • Transparenz: durchscheinend bis undurchsichtig • Glanz: matt • Spaltbarkeit: gut nach /110/ • Andere Kohäsionsmerkmale: feine Bruchstücke sind leicht biegsam • Ausbildung: kryptokristallin, faserige, massive Aggregate • Andere Eigenschaften: stark porös – schwimmt auf dem Wasser.
• Dichte: 2,1–2,2 • Kristallsystem: monoklin • Kristallformen: faserig • Chemische Zusammensetzung: unbeständig und variabel • Chemische Eigenschaften: schmilzt vor dem Lötrohr zu porigem Milchglas, löst sich in HCl und heißer H_2SO_4 auf.
• Genese: sekundär • Paragenese: Chlorit **(158),** Magnesit **(302),** Opal **(440),** Chalcedon **(449)** • Vorkommen: selten; Großbritannien (Schottland), Frankreich, ČSFR, Österreich, USA (Georgia und Washington), UdSSR • Verwendung: wärme- und schallisolierendes Material.

Garnierit (Noumeait, Nickelantigonit)

Silikate
$(Ni,Mg)_6[(OH)_8|Si_4O_{10}]$

157

Benannt nach dem französischen Ingenieur J. Garnier (1839–1904) (Clarke, 1874)

• Härte: 2–4 (spröde) • Strich: hellgrün • Farbe: grün, blaugrün • Transparenz: undurchsichtig • Glanz: matt • Spaltbarkeit: fehlt • Bruch: uneben, muschelig • Ausbildung: kryptokristallin, gelartige, erdige und sinterartige Aggregate.
• Dichte: 2,2–2,7 • Kristallsystem: monoklin • Kristallformen: mikroskopisch, subparallele faserige Aggregate • Chemische Zusammensetzung: NiO 34,09 %, MgO 18,39 %, SiO_2 36,56 %, H_2O 10,96 % (bei Ni:Mg = 1:1) Garnierit ist oft eine Mischung von Ni-Hydrosilikaten • Chemische Eigenschaften: löslich in heißer HCl • Behandlung: Reinigung mit destilliertem Wasser.
• Genese: sekundär • Paragenese: Magnesit **(302),** Limonit **(355),** Opal **(440),** Chrysopras **(457)** • Vorkommen: selten; Neukaledonien (Nouméa), Kuba, Brasilien, UdSSR (Ufalej), Deutschland (St. Egedien) • Verwendung: Ni-Erz.

1. Palygorskit – grauweißes faseriges Aggregat; Deutschland (Schneeberg). **2. Sepiolith** – faserige Aggregate auf Marmor; ČSFR (Hejná). **3. Garnierit** – hellgrünes derbes Aggregat auf Serpentinit (Ausschnittbreite 76 mm); Polen (Szklary).

Palygorskit, Sepiolith, Garnierit

H
2—3

Chlorite (Mineralgruppe)

Silikate
Fe-Mg

158

Bezeichnung vom griech. Wort *chloros* – grün abgeleitet

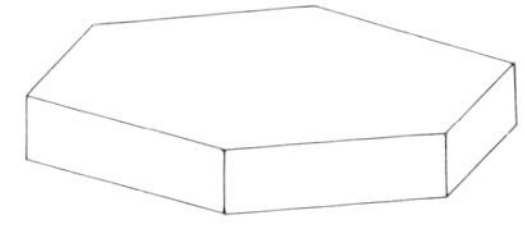
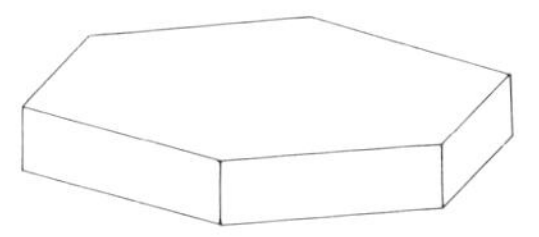
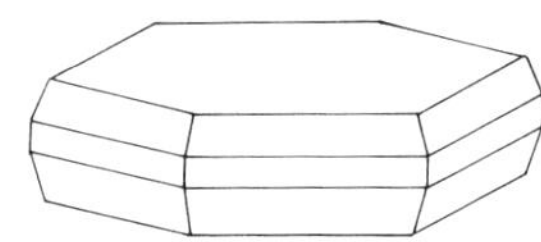

• Härte: 2–2,5 • Strich: weiß bis hellgrün • Farbe: grün, schwarzgrün, auch rötlich, violett, weiß • Transparenz: durchsichtig bis durchscheinend • Glanz: glasig bis perlmuttartig • Spaltbarkeit: ausgezeichnet nach /001/ • Andere Kohäsionsmerkmale: biegsam, aber nicht elastisch • Ausbildung: Kristalle, massive, schuppige und körnige Aggregate.
• Dichte: 2,5–4,8 • Kristallsystem: monoklin • Kristallformen: Tafeln • Chemische Zusammensetzung: unbeständig. Zu den Chloriten gehören Klinochlor **(159),** Pennin **(160),** Rhipidolith **(161),** Kämmererit **(162),** Delessit **(163),** Thuringit **(164)** • Chemische Eigenschaften: vorwiegend säurelöslich • Behandlung: Reinigung mit destilliertem Wasser.
• Genese: magmatisch, metamorph, hydrothermal, sedimentär • Paragenese: Calcit **(217),** Rutil **(464),** Quarz **(534)** u. a. • Vorkommen: häufig als gesteinsbildende Minerale.

Klinochlor

Silikate
$(Mg,Fe^{2+},Al)_6[(OH)_8|(Al,Si)_4O_{10}]$

159

L

Bezeichnung besteht aus den griech. Wörtern *klinein* – neigen und *chlōros* – grün (Jeremjev, 1861)

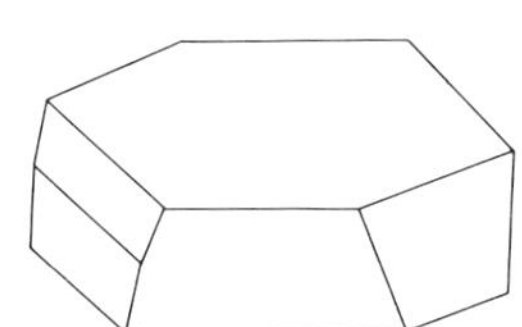

• Härte: 2–2,5 • Strich: weiß • Farbe: schwarzgrün, blaugrün, grün, farblos • Transparenz: durchscheinend • Glanz: glasig, perlmuttartig bis fettig • Spaltbarkeit: ausgezeichnet nach /001/ • Andere Kohäsionsmerkmale: Schuppen sind biegsam, aber nicht elastisch • Ausbildung: Kristalle, schuppige, körnige bis erdige Aggregate.
• Dichte: 2,55–2,75 • Kristallsystem: monoklin • Kristallformen: hexagonal geformte Tafeln • Lumineszenz: manchmal matt orangen • Chemische Zusammensetzung: kompliziert und variabel, Beimengungen von Mn, Cr und Ca, Abarten Leuchtenbergit, Kotschubeit • Chemische Eigenschaften: in H_2SO_4 schäumend löslich • Behandlung: Reinigung mit destilliertem Wasser • Ähnliche Minerale: übrige Chlorite.
• Genese: metamorph • Paragenese: Calcit **(217),** Diopsid **(505),** Epidot **(513),** Granate **(577)** • Vorkommen: häufig; gesteinbildendes Mineral, hübsche Kristalle gibt es in den Chloritschiefern in Italien (Val d'Ala/Piemont), Österreich (Pfitsch und Zillertal), in der UdSSR (Ural – Achmatowsk bei Zlatoust), große Kristalle gibt es in den USA (Pennsylvanien – Westchester).

Pennin

Silikate
$(Mg,Fe^{2+},Al)_6[(OH)_8|(Al,Si)_4O_{10}]$

160

Nach dem Vorkommen in den Penniner Alpen (Schweiz) benannt (Fröbel, 1840)

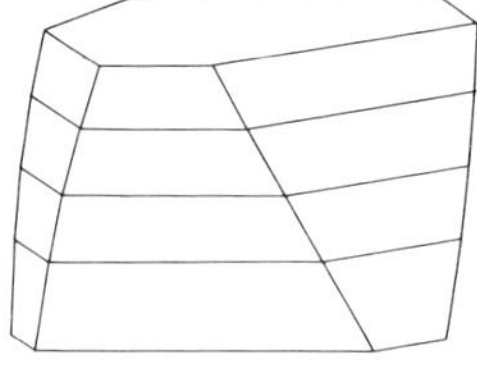

• Härte: 2–2,5 • Strich: weiß • Farbe: olivgrün, weiß • Transparenz: durchscheinend • Glanz: galsig, auf den Spaltflächen perlmuttartig • Spaltbarkeit: ausgezeichnet nach /001/, glimmerartig • Andere Kohäsionsmerkmale: Schuppen biegsam, aber nicht elastisch • Ausbildung: Kristalle, schuppige, massive und körnige Aggregate.
• Dichte: 2,5–2,6 • Kristallsystem: monoklin • Kristallformen: Tafeln, Rhomboeder • Chemische Zusammensetzung: kompliziert und variabel, Beimengung von Cr (Kämmererit), enthält von allen Chloriten am meisten SiO_2 • Chemische Eigenschaften: löslich in HCl und H_2SO_4 • Behandlung: Reinigung mit destilliertem Wasser • Ähnliche Minerale: übrige Chlorite.
• Genese: metamorph • Paragenese: Aktinolith **(413),** Epidot **(513),** Granate **(577)** • Vorkommen: häufig in kristallinen Schiefern. Hübsche Kristalle gibt es in der Schweiz (Rimppfischwäge bei Zermatt), in Österreich (Zillertal), Italien (Val d'Ala/Piemont) und in der UdSSR (Ural).

1. Chlorit – feinschuppiges dunkelblaues Aggregat; Österreich (Zillertal). **2. Klinochlor** – tafelige Kristalle mit Hessonit (Ausschnittbreite 66 mm); Italien (Val d'Ala). **3. Pennin** – tafelige Kristalle (bis zu 70 mm); Italien (Passo di Vizze).

Chlorite, Klinochlor, Pennin

H
2—3

2

3

Rhipidolith

Silikate
$(Mg,Fe^{2+},Al)_6[(OH)_8|(Al,Si)_4O_{10}]$

161

Bezeichnung aus den griech. Wörtern *rhipis* – Fächer und *lithos* – Stein zusammengesetzt (Kobell, 1839)

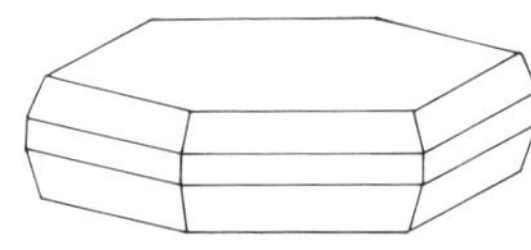

• Härte: ca. 2 • Strich: hellgrün • Farbe: graugrün, schwarzgrün bis braungrün • Transparenz: durchsichtig bis durchscheinend • Glanz: perlmuttartig • Spaltbarkeit: ausgezeichnet nach /001/ • Andere Kohäsionsmerkmale: Schuppen biegsam, aber nicht elastisch • Ausbildung: Kristalle, massive, körnige und schuppige Aggregate.

• Dichte: 2,8–3,0 • Kristallsystem: monoklin • Kristallformen: Tafeln • Chemische Zusammensetzung: kompliziert und variabel • Chemische Eigenschaften: löslich in H_2SO_4 • Behandlung: Reinigung mit destilliertem Wasser • Ähnliche Minerale: übrige Chlorite • Unterscheidung: mit Röntgen und chemisch.

• Genese: metamorph, Adern von alpinen Typ • Paragenese: Titanit **(430),** Albit **(493),** Quarz **(534)** u. a. • Vorkommen: häufig; Großbritannien, USA, Madagaskar, Neuseeland.

Kämmererit

Silikate
$(Mg,Cr)_6[(OH)_8(Al,Si)_3O_{10}]$

162

L

Benannt nach dem russischen Grubendirektor A. A. Kämmerer (1789–1858) (Nordenskjöld, 1841)

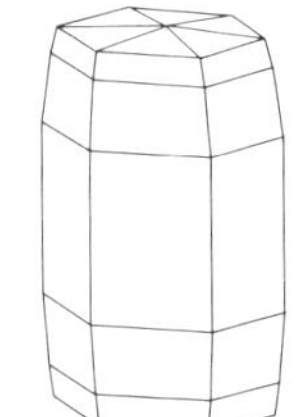

• Härte: 2–2,5 • Strich: rötlich • Farbe: rot • Transparenz: durchscheinend bis durchsichtig • Glanz: glasig • Spaltbarkeit: ausgezeichnet nach /001/ • Andere Kohäsionsmerkmale: Schuppen biegsam • Ausbildung: Kristalle, schuppige Aggregate.

• Dichte: 2,64 • Kristallsystem: monoklin • Kristallformen: hexagonale Tafeln • Lumineszenz: manchmal matt orange • Chemische Zusammensetzung: kompliziert und unbeständig • Chemische Eigenschaften: löslich in HCl und H_2SO_4 • Behandlung: Reinigung mit destilliertem Wasser.

• Genese: metamorph • Paragenese: Chromit **(371),** Uwarowit **(581)** • Vorkommen: selten; UdSSR (Ural – Syssersk), Türkei (Kolpak bei Erzincan, Guleman), USA.

Delessit (Mg-reicher Chamosit)

Silikate
$(Mg,Fe^{2+},Fe^{3+},Al)_6[(O,OH)_8|(Al,Si)_4O_{10}]$

163

Benannt nach dem französischen Mineralogen A. E. Delesse (1817–1881) (Naumann, 1850)

• Härte: 2–3 • Strich: graugrün bis olivgrün • Farbe: grünschwarz bis schwarz • Spaltbarkeit: ausgezeichnet nach /001/ • Ausbildung: massive und schuppige Aggregate, auch radial-faserige Aggregate.

• Dichte: 2,73 • Kristallsystem: monoklin • Kristallformen: Tafeln • Chemische Zusammensetzung: kompliziert und variabel • Chemische Eigenschaften: säurelöslich • Behandlung: Reinigung mit destilliertem Wasser • Ähnliche Minerale: Eisenchlorite • Unterscheidung: mit Röntgen und chemisch.

• Genese: vulkanogen • Paragenese: Calcit **(217),** Zeolit, Quarz **(534)** u. a. • Vorkommen: selten; Deutschland (Zwickau, Idar-Oberstein), USA.

Thuringit

Silikate
$(Fe^{2+},Fe^{3+},Mg)_6[(OH)_8|(Al,Si)_4O_{10}]$

164

Benannt nach dem Vorkommen in Thuringien (ursprünglicher Name Thüringens) (Breithaupt, 1832)

• Härte: 2–2,5 • Strich: grüngrau • Farbe: olivgrün bis dunkelbraun • Transparenz: durchscheinend • Glanz: matt, perlmuttartig • Spaltbarkeit: vollkommen nach /001/ • Ausbildung: schuppige, massive Aggregate.

• Dichte: 3,2 • Kristallsystem: monoklin • Kristallformen: selten Schuppen • Chemische Zusammensetzung: kompliziert und variabel • Chemische Eigenschaften: läßt sich zu schwarzem magnetischen Glas schmelzen, leicht säurelöslich • Behandlung: Reinigung mit destilliertem Wasser • Ähnliche Minerale: Chamosit **(277)** • Unterscheidung: chemisch.

• Genese: metamorph, sedimentär • Paragenese: Siderit **(306),** Limonit **(355),** Magnetit **(367)** • Vorkommen: selten; lokal häufig; Deutschland (Thüringen – Schmiedefeld), ČSFR (Šternberk), Österreich (Zirmsee), USA, Republik Südafrika • Verwendung: Eisenerz.

1. Kämmererit – Kristalldruse (bis zu 3 mm); Türkei (Erzincan). **2. Rhipidolith** – Druse aus tafeligen Kristallen; Großbritannien (Cornwall). **3. Thuringit** – grauschwarzes feinkristallines Aggregat (Ausschnittbreite 82 mm); ČSFR (Šternberk).

Kämmererit, Rhipidolith, Thuringit

H
2—3

Muskovit

Silikate
$KAl_2[(OH,F)_2|AlSi_3O_{10}]$

165

Bezeichnung vom altenglischen Namen Moskaus (Muskov) abgeleitet (Dana, 1850)

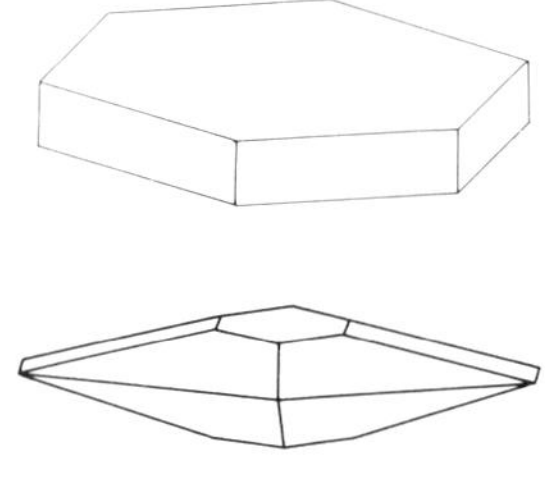

● Härte: 2–2,5 ● Strich: weiß ● Farbe: weiß, grau, silberweiß, bräunlich, grünlich, gelbgrün ● Transparenz: durchsichtig, durchscheinend ● Glanz: perlmuttartig, glasig, seidig ● Spaltbarkeit: ausgezeichnet nach /001/, glimmerig ● Andere Kohäsionsmerkmale: Schuppen biegsam und elastisch ● Ausbildung: Kristalle, schuppige, körnige, massive Aggregate, kryptokristalline (Abart Sericit).

● Dichte: 2,7–2,8 ● Kristallsystem: monoklin ● Kristallformen: Tafeln, prismatisch-pyramidenförmig ● Chemische Zusammensetzung: kompliziert und variabel. Abarten: Hydromuskovit (enthält mehr OH und weniger K), Phengit (mehr Si, weniger H_2O), Mariposit (weniger Si und ca. 1 % Cr_2O_3), Fuchsit **(166)** – bis 5 % Cr_2O_3O).

● Chemische Eigenschaften: nicht säurelöslich ● Behandlung: Reinigung mit verdünnten Säuren, Wasser ● Ähnliche Minerale: andere Glimmer ● Unterscheidung: mit Röntgen, chemisch.

● Genese: magmatisch, pegmatitisch, hydrothermal, metamorph ● Paragenese: Feldspate, Biotit **(167),** Quarz **(534)** u. a. ● Vorkommen: sehr häufig; große und schöne Kristalle finden sich in den Pegmatiten von Norwegen, Schweden, der UdSSR, von Österreich und Deutschland. Aus Indien (Lagerstätte Inikurti) stammen bis 5 m^2 große blättrige Kristalle, bis zu 85 t schwer, über 0,5 m lange Kristalle gibt es in der UdSSR (Ural – Mamsk), bis 10 cm lange Kristalle sind aus den USA bekannt (Süddakota – Pegmatitlandschaft Custer). ● Verwendung: Elektroindustrie, Isolatoren, Keramikindustrie u. a.

Fuchsit (Chrom-Muskovit)

Silikate
$K(Al,Cr)_2[(OH,F)_2|AlSi_3O_{10}]$

166

Benannt nach dem deutschen Mineralogen J. N. v. Fuchs (1774–1856) (Schaffhäutl, 1843)

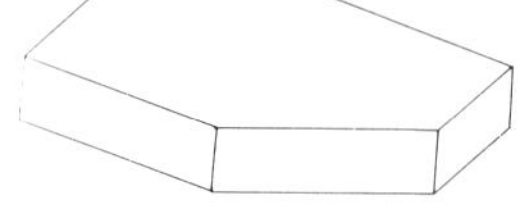

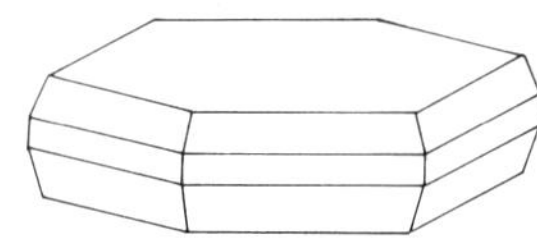

● Härte: 2,5 ● Strich: hellgrün bis weiß ● Farbe: smaragdgrün ● Transparenz: durchscheinend ● Glanz: perlmuttartig bis seidig ● Spaltbarkeit: ausgezeichnet nach /001/, glimmerig ● Ausbildung: schuppige bis massige Aggregate.

● Dichte: 2,8–2,9 ● Kristallsystem: monoklin ● Kristallformen: Tafeln ● Chemische Zusammensetzung: wie Muskovit mit einem Cr_2O_3-Gehalt bis 5 % ● Chemische Eigenschaften: säureunlöslich ● Behandlung: Reinigung mit verdünnten Säuren oder destilliertem Wasser.

● Genese: hydrothermal ● Paragenese: Karbonate, Quarz **(534)** ● Vorkommen: selten; Österreich (Schwarzenstein), ČSFR (Dobšiná, Rudňany), Schweiz (Lengenbach), UdSSR (Ural) u. a. ● Verwendung: vereinzelt zur Herstellung künstlerischer Gegenstände (Guatemala).

Muskovit – tafeliger Kristall (50 mm) mit Perlmuttglanz aus Pegmatiten; ČSFR (Maršíkov).

Muskovit

H
2—3

Silikate

Biotit

$K(Mg,Fe^{2+})_3[(OH)_2|(Al,Fe^{3+})Si_3O_{10}]$

167

Benannt nach dem französischen Physiker J. B. Biot (1774–1862) (Hausmann, 1847)

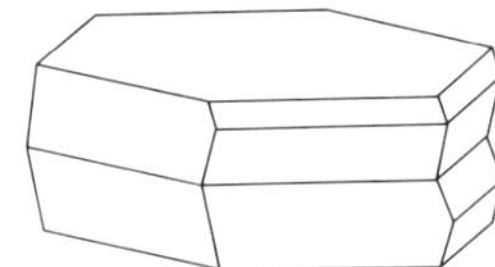

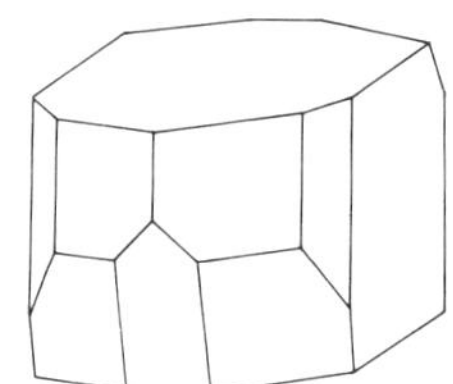

• Härte: 2,5–3 • Strich: weiß, grau • Farbe: dunkelbraun, braungrün, braunschwarz • Transparenz: durchsichtig bis durchscheinend • Glanz: glasig, perlmuttartig, opak • Spaltbarkeit: ausgezeichnet nach /001/, glimmerig • Andere Kohäsionsmerkmale: Schuppen elastisch, aber spröde • Ausbildung: Kristalle, massige, schuppige Aggregate.

• Dichte: 2,8–3,2 • Kristallsystem: monoklin • Kristallformen: Tafeln, kurzprismatisch • Chemische Zusammensetzung: kompliziert und variabel. Beimengungen von Ti, Na, Li, Ba, Sr, Cs, Mn (Manganophyllit), Fe (Lepidomelan) • Chemische Eigenschaften: läßt sich schwer zu schwarzem magnetischem Glas schmelzen, löslich in konzentrierter H_2SO_4 (entsteht SiO_2-Skelett) • Behandlung: Reinigung mit verdünnten Säuren (außer H_2SO_4), destilliertem Wasser • Ähnliche Minerale: Phlogopit **(168)** • Unterscheidung: zuverlässig mit Röntgen, chemisch, Phlogopit schmilzt nicht zu magnetischem Glas.

• Genese: magnetisch, pegmatitisch, metamorph, Kontakte • Paragenese: Feldspate, Muskovit **(165),** Quarz **(534)** • Vorkommen: häufiges gesteinsbildendes Mineral. Große Kristalle bis 7 m^2 gibt es in Norwegen (Evje), vollkommene Kristalle in Italien (um den Vesuv), in Schweden, der UdSSR, den USA, in Österreich, Großbritannien (Schottland) u. a. • Verwendung: Isolationsmaterial.

Silikate

Phlogopit

$KMg_3[(OH,F)_2|AlSi_3O_{10}]$

168

Bezeichnung vom griech. Wort *phlogōpos* – feurig abgeleitet (Breithaupt, 1841)

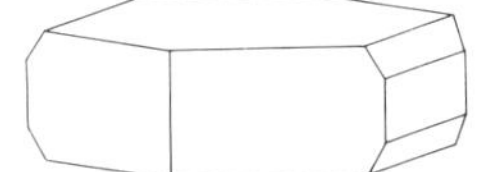

• Härte: 2,0–2,5 • Strich: weiß • Farbe: braun, grau, grün, gelb, rotbraun • Transparenz: durchsichtig bis durchscheinend • Glanz: perlmuttartig • Spaltbarkeit: ausgezeichnet nach /001/, glimmerartig • Andere Kohäsionsmerkmale: Schuppen biegsam und elastisch • Ausbildung: Kristalle, schuppige Aggregate.

• Dichte: 2,7–2,9 • Kristallsystem: monoklin • Kristallformen: Tafeln, kurzprismatisch, grobtafelig • Lumineszenz: manchmal matt gelb, kurzwellige Fluoreszenz • Chemische Zusammensetzung: kompliziert und variabel. Beimengungen von Ba, Fe, Mn und Cr • Chemische Eigenschaften: schwer schmelzbar, löslich in konzentrierten Säuren, vor allem in H_2SO_4 • Behandlung: Reinigung mit verdünnten Säuren und destilliertem Wasser • Ähnliche Minerale: andere Glimmer • Unterscheidung: mit Röntgen und chemisch (Muskovit **(165)** ist nicht säurelöslich).

• Genese: pegmatitisch, kontakt-metasomatisch, magmatisch (Ultrabasite) • Paragenese: Calcit **(217),** Skapolith **(398),** Diopsid **(505)** u. a. • Vorkommen: häufig; Finnland (Pargas), Schweden (Åker), Italien (Campolungo), große Kristalle bis 5 m sind aus Kanada bekannt (Ontario – Sydenham), der UdSSR (Sljudank), aus dem Süden der Insel Madagaskar. • Verwendung: Elektrotechnik.

Biotit – tafeliger Kristall (12 mm); Österreich (Alpen).

Biotit

H
2—3

Silikate

Lepidolith

$K(Li,Al)_3[(OH,F)_2|(AlSi)_4O_{10}]$

169

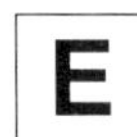

Bezeichnung von den griech. Wörtern *lepidion* – Schüppchen und *lithos* – Stein abgeleitet (Klaproth, 1792)

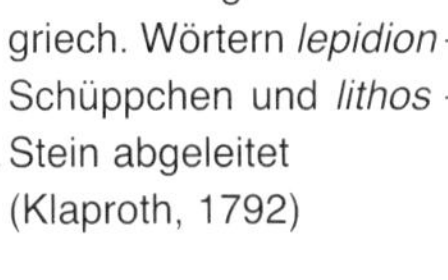

● Härte: 2,5–3 ● Strich: weiß, hellrosa ● Farbe: violett, hellrot, grau, grünlich, weiß ● Transparenz: durchscheinend bis durchsichtig ● Glanz: perlmuttartig ● Spaltbarkeit: ausgezeichnet nach /001/ ● Andere Kohäsionsmerkmale: Schuppen biegsam und elastisch ●Ausbildung: Kristalle, schuppige, massive, körnige Aggregate.
● Dichte: 2,8–2,9 ● Kristallsystem: monoklin ● Kristallformen: Tafeln ● Lumineszenz: manchmal grün ● Chemische Zusammensetzung: kompliziert und variabel ● Behandlung: Reinigung mit Wasser. ● Ähnliche Minerale: Zinnwaldit **(276)** ● Unterscheidung: chemisch.
● Genese: Pegmatite, Groison ● Paragenese: Orthoklas **(486),** Albit **(493),** Quarz **(534),** Kassiterit **(548),** Elbait **(567),** Topas **(595)** u. a. ● Vorkommen: selten; Deutschland (Penig), ČSFR (Rožná), Italien (Insel Elba), USA, Madagaskar, Moçambique, UdSSR, Japan, Brasilien u. a. ● Verwendung: Li-Erz, Cabochonschliffe.

Silikate

Lamprophyllit

$Na_3Sr_2Ti_3[(O,OH,F)_2|Si_2O_7]_2$

170

Bezeichnung von den griech. Wörtern *lampros* – glänzend und *phyllon* – Blatt abgeleitet (Ramsey, 1894)

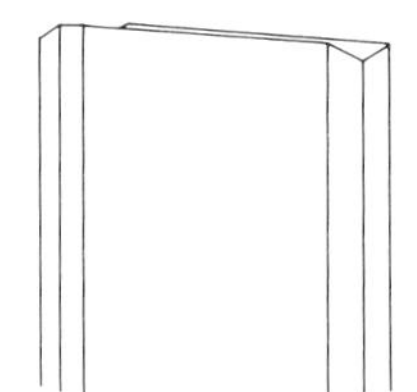

● Härte: 2,5 (spröde) ● Strich: weiß, braungelb ● Farbe: goldbraun, gelbgrün, braun ● Transparenz: durchscheinend ● Glanz: glasig, auf den Spaltflächen seidig ● Spaltbarkeit: gut nach /001/ ● Bruch: uneben ● Ausbildung: Kristalle, sternförmige, radialstrahlige und nadelige Aggregate.
● Dichte: 3,44 ● Kristallsystem: rhombisch ● Kristallformen: Tafeln, selten prismatisch ● Chemische Zusammensetzung: kompliziert und variabel ● Behandlung: Reinigung mit destilliertem Wasser.
● Genese: magmatisch, pegmatitisch ● Paragenese: Nephelin **(397),** Eudialyt **(402),** Mikroklin **(490)** u. a. ● Vorkommen: selten; UdSSR (Lowoserkser Tundra), USA (Montana – Bearpaw Mts.), Norwegen, Republik Südafrika.

Silikate

Chapmanit

$Fe_2Sb[OH|(SiO_4)_2]$

171

Benannt nach dem kanadischen Mineralogen E. J. Chapman (1821–1904) (Walker, 1924)

● Härte: 2,5 ● Strich: wie Färbung ● Farbe: grüngelb, gelb, olivgrün ● Glanz: matt ● Ausbildung: Kristalle, körnige, staubförmige bis erdige Aggregate.
● Dichte: 3,7 ● Kristallsystem: rhombisch ● Kristallformen: Tafeln, prismatisch ● Chemische Zusammensetzung: Fe_2O_3 36,73 %, Sb_2O_3 33,55 %, SiO_2 27,65 %, H_2O 2,07 % ● Behandlung: Reinigung mit destilliertem Wasser.
● Genese: hydrothermal oder sekundär ● Paragenese: Antimonit **(51),** Berthierit **(52)** u. a. ● Vorkommen: selten; Deutschland (Bräunsdorf, Freiberg), ČSFR (Smilkov), Mexiko, Kanada.

Silikate

Uranophan (Uranotil)

$CaH_2[UO_2|SiO_4]_2 . 5 H_2O$

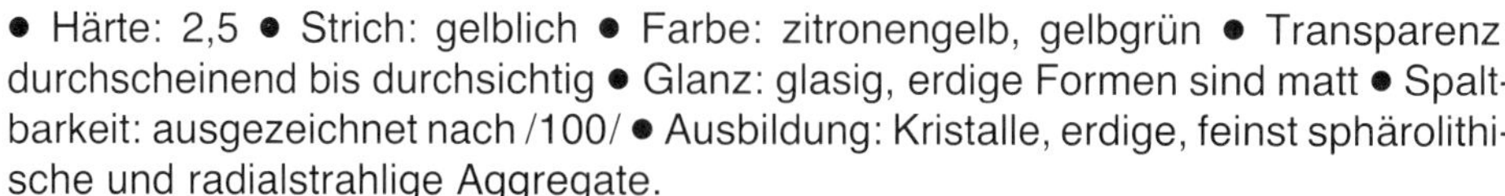

172

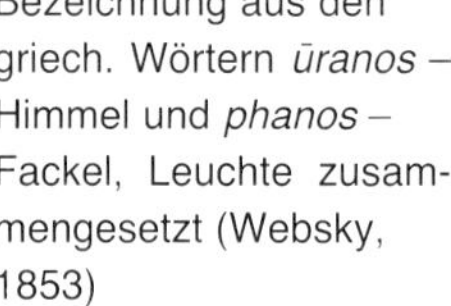

Bezeichnung aus den griech. Wörtern *úranos* – Himmel und *phanos* – Fackel, Leuchte zusammengesetzt (Websky, 1853)

● Härte: 2,5 ● Strich: gelblich ● Farbe: zitronengelb, gelbgrün ● Transparenz: durchscheinend bis durchsichtig ● Glanz: glasig, erdige Formen sind matt ● Spaltbarkeit: ausgezeichnet nach /100/ ● Ausbildung: Kristalle, erdige, feinst sphärolithische und radialstrahlige Aggregate.
● Dichte: 3,9 ● Kristallsystem: monoklin ● Kristallformen: prismatisch, nadelig ● Radioaktivität: stark ● Lumineszenz: schwach grüngelb ● Chemische Zusammensetzung: CaO 6,55 %, UO_3 66,80 %, SiO_2 14,03 %, H_2O 12,62 % ● Behandlung: Reinigung mit destilliertem Wasser.
● Genese: Pegmatite, sekundär ● Paragenese: U-Minerale ● Vorkommen: häufig; Deutschland (Wölsendorf, Menzenschwand), ČSFR (Jáchymov), Polen (Medzianka), Zaire (Kasolo), Kanada (Ontario – radiale Aggregate in Faraday Uran Mine), USA (Black Hills) u. a. ● Verwendung: U-Erz.

1. Lepidolith – rosig-violette gekrümmte schuppige Aggregate aus Li-Pegmatiten; ČSFR (Dobrá Voda). **2. Chapmanit** – gelbgrüne staubförmige Überzüge; ČSFR (Smilkov). **3. Uranophan** – gelbe feinkörnige Aggregate (Ausschnittbreite 120 mm); Finnland (Pankkajarraara).

Lepidolith, Chapmanit, Uranophan

H
2—3

Bernstein (Succinit)

Organische Substanz
$C_{12}H_{20}O$

173

L

E

Altgermanische Bezeichnung (urspr. Brennstein)

● Härte: 2–2,5 (spröde) ● Strich: weiß ● Farbe: honiggelb, orange, gelbweiß bis hyazinthrot ● Transparenz: durchsichtig, durchscheinend ● Glanz: fettig ● Spaltbarkeit: fehlt ● Bruch: muschelig ● Ausbildung: Gerölle, tropfsteinartige Gebilde, auch Imprägnierungen.

● Dichte: 1,0–1,1 ● Kristallsystem: amorph ● Kristallformen: fehlen ● Lumineszenz: blauweiß, grün ● Chemische Zusammensetzung: unbeständig, häufige Beimengung von H_2S ● Chemische Eigenschaften: schmilzt leicht in der Kerzenflamme mit charakteristischer Geruchsentwicklung, löslich in 20–25 % Alkohol, 18–23 % Äther, 9,8 % Benzol ● Behandlung: Reinigung mit Wasser und Seife.

● Genese: Fossiles Harz in Oligozänsedimenten, Anschwemmungen ● Vorkommen: stellenweise häufig; das klassische Bernsteingebiet ist die Ostseeküste in der Umgebung von Kaliningrad. Kommt aber auch in Rumänien, Italien, Großbritannien, Burma u. a. vor ● Verwendung: Edelstein, zur Herstellung von Schmucksachen, Cabochons, Facetten usw.

Mellit (Honigstein)

Organische Substanz
$Al_2[C_{12}O_{12}] \cdot 18\ H_2O$

174

L

Bezeichnung vom lat. Wort *mel* – Honig aufgrund der Mineralfarbe abgeleitet (Gmelin, 1793)

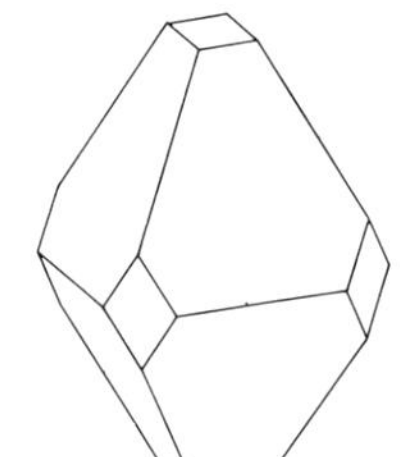

● Härte: 2–2,5 (spröde) ● Strich: weiß ● Farbe: honiggelb, goldbraun, bräunlich bis rötlich ● Transparenz: durchsichtig bis durchscheinend ● Glanz: glasig, seidig ● Spaltbarkeit: unvollkommen nach /011/ ● Bruch: muschelig ● Ausbildung: Kristalle, massive und körnige Aggregate.

● Dichte: 1,6 ● Kristallsystem: tetragonal ● Kristallformen: pyramidal ● Lumineszenz: blau ● Chemische Zusammensetzung: Al_2O_3 14,3 %, C 20,15 %, O 20,15 %, H_2O 45,4 % ● Chemische Eigenschaften: löslich in HNO_3, KOH, zersetzt sich in kochendem Wasser ● Behandlung: Reinigung mit kaltem destilliertem Wasser.

● Genese: sekundär ● Paragenese: Kohle ● Vorkommen: selten; in Ungarn (bei Tatabanya), in der Braunkohle in Deutschland (Thüringen – Artern), ČSFR (Lužice, Valchov), in Steinkohle in der UdSSR (Malowka) und in Frankreich (Pariser Bekken).

Whewellit

Organische Substanz
$Ca[C_2O_4] \cdot H_2O$

175

Benannt nach dem englischen Naturforscher W. Whewell (1794–1866) (Brooke, 1852)

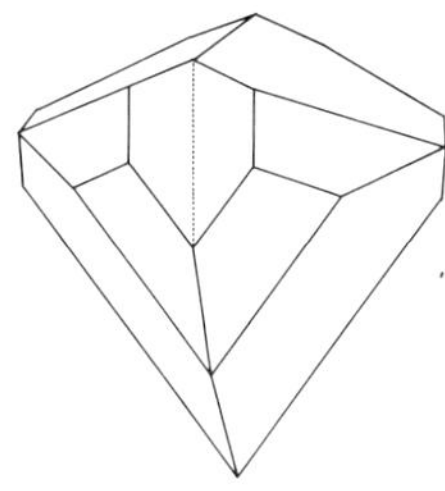

● Härte: 2,5 (spröde) ● Strich: weiß ● Farbe: weiß, gelblich ● Transparenz: durchsichtig, durchscheinend ● Glanz: glasig, perlmuttartig ● Spaltbarkeit: sehr gut nach /101/ ● Bruch: muschelig ● Ausbildung: Kristalle, körnige Aggregate.

● Dichte: 2,23 ● Kristallsystem: monoklin ● Kristallformen: kurz prismatisch, isometrische herzförmige Verwachsungen ● Chemische Zusammensetzung: CaO 38,38 %, CO_2 49,28 %, H_2O 12,34 % ● Chemische Eigenschaften: säurelöslich, schmelzbar ● Behandlung: Reinigung mit destilliertem Wasser ● Ähnliche Minerale: Calcit **(217)**, Baryt **(240)** ● Unterscheidung: Härte, Dichte, Verwachsungsformen.

● Genese: sekundär in Kohlenlagerstätten ● Paragenese: Steinkohle ● Vorkommen: selten; Deutschland (in Steinkohle in Burg bei Dresden, Kristalle 3,5 cm groß auch bei Zwickau), ČSFR (Kladno), Rumänien, Ungarn, Frankreich, USA (Montana), UdSSR (im Gebiet der Erdölfelder bei Majkope).

1. Bernstein – gelb, geglänzt, mit einer Insekten-Inklusion (Ausschnittbreite 30 mm); Polen (Sopoty). **2. Mellit** – Gruppe pyramidenförmiger Kristalle (20 mm); Ungarn (Tatabanya). **3. Whewellit** – kurz prismatische Kristalle (4 mm) mit Ankerit; ČSFR (Kladno).

Bernstein, Mellit, Whewellit

H
2—3

Arsen

Elemente
As

176

Bezeichnung vom griech. Wort *arsēn* – tapfer, mannhaft abgeleitet (Breithaupt, 1823)

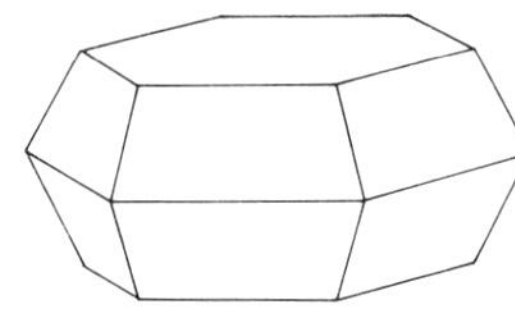

• Härte: 3–4 (spröde) • Strich: schwarz • Farbe: zinnweiß, dunkelt rasch • Transparenz: opak • Glanz: am frischen Bruch metallisch, wird schnell matt • Spaltbarkeit: ausgezeichnet nach /0001/ • Bruch: körnig oder muschelig • Ausbildung: Kristalle, Sinterablagerungen (mit konzentrischem Bau), körnige und erdige Aggregate.
• Dichte: 5,4–5,9 • Kristallsystem: trigonal • Kristallformen: rhomboedrisch, pseudokubisch, auch nadelig • Chemische Zusammensetzung theoretisch: As 100 %, Beimengungen von Sb, Fe, Ni • Behandlung: Reinigung mit Wasser • Ähnliche Minerale: Allemontit **(177),** Antimon **(178)** • Unterscheidung: chemisch und mit Röntgen.
• Genese: hydrothermal • Paragenese: Silber **(49),** Proustit **(63),** Galenit **(77),** Sphalerit **(181),** Chloanthit **(346)** u. a. • Vorkommen: selten; Deutschland (Schneeberg, Freiberg, Marienberg, Wittichen), ČSFR (Jáchymov, Příbram), Norwegen (Kongsberg), hübsche Kristalle finden sich in den USA (New Jersey – Sterling Hill) und in Frankreich (Sainte Marie-aux-Mines) u. a.

Allemontit

Elemente
AsSb

177

Benannt nach der Lokalität Allemont in Frankreich (Heidinger, 1845)

• Härte: 3–4 • Strich: grau • Farbe: zinnweiß, graue bis braunschwarze Anlauffarben • Transparenz: opak • Glanz: metallisch • Spaltbarkeit: ausgezeichnet in einer Richtung • Ausbildung: körnige, massive und nierige Aggregate.
• Dichte: 5,8–6,2 • Kristallsystem: trigonal • Kristallformen: fasern, gebogene Tafeln • Chemische Zusammensetzung theoretisch: As 38,09 %, Sb 61,91 %, Beimengung As, Sb • Behandlung: Reinigung mit destilliertem Wasser.
• Genese: hydrothermal • Paragenese: Antimonit **(51),** Arsen **(176),** Antimon **(178),** Sphalerit **(181)** • Vorkommen: selten; Frankreich (Allemont), ČSFR (Příbram), Deutschland (Marienberg), in den Pegmatiten von Schweden (Varuträsk), USA (Nevada – Ophit Mine).

Antimon

Elemente
Sb

178

Historische Bezeichnung

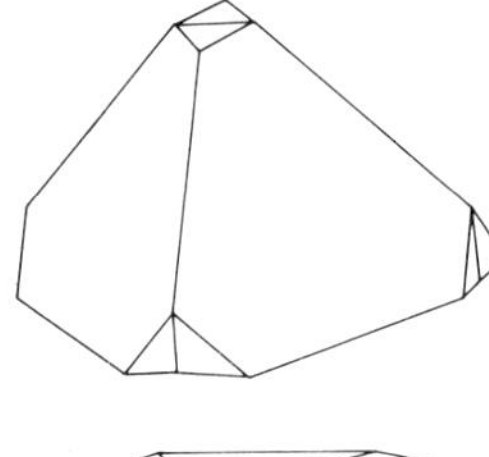

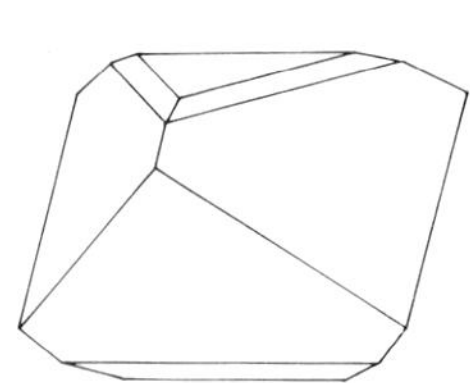

• Härte: 3–3,5 • Strich: bleigrau • Farbe: zinnweiß • Transparenz: opak • Glanz: metallisch • Spaltbarkeit: gut nach /0001/ • Bruch: uneben • Ausbildung: Kristalle, körnige und traubige Aggregate, manchmal mit strahligem Bau, Imprägnationen.
• Dichte: 6,6–6,7 • Kristallsystem: trigonal • Kristallformen: rhomboedrisch, grob tafelig • Chemische Zusammensetzung theoretisch: Sb 100 %, Beimengungen von Fe, Ag, As • Behandlung: Reinigung mit destilliertem Wasser.
• Genese: hydrothermal • Paragenese: Antimonit **(51),** Berthierit **(52),** Allemontit **(177)** u. a. • Vorkommen: selten; Deutschland (St. Andreasberg), Frankreich (Allemont), ČSFR (Příbram), Schweden (Sala), Portugal (Mizarella), Insel Borneo (Sarawak), Australien (Broken Hill) u. a.

1. Arsen – nieriges Aggregat (Ausschnittbreite 50 mm); ČSFR (Příbram). **2. Allemontit** – nierige Aggregate (bis zu 30 mm); Frankreich (Allemont).

Arsen, Allemontit

H
3—4

Ag-Amalgame (Kongsbergit, Moschellandsbergit)

Elemente
AgHg bis Ag_2Hg_3

179

Bezeichnung aufgrund der Fundorte: Kongsberg in Norwegen und Moschellandsberg in Deutschland (Pisani, 1872; Berman, 1938)

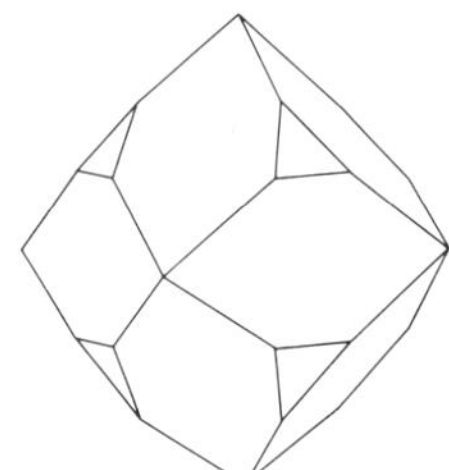

• Härte: 3–3,5 (spröde) • Strich: silberweiß • Farbe: silberweiß • Transparenz: opak • Glanz: metallisch • Spaltbarkeit: sehr unvollkommen nach /110/ • Bruch: uneben, muschelig • Andere Kohäsionsmerkmale: schmiedbar • Ausbildung: Kristalle, körnige, kompakte und dendritische Aggregate, Anflüge.

• Dichte: 13,7–14,1 • Kristallsystem: kubisch • Kristallformen: dodekaedrisch, oktaedrisch, hexaedrisch • Chemische Zusammensetzung: α-Ag-Amalgam (Kongsbergit) 5–30 % Hg, γ-Ag-Amalgam (Moschellandsbergit) ca. 70 % Hg • Chemische Eigenschaften: löslich in HNO_3, läßt sich leicht schmelzen unter Entstehung eines Ag-Kügelchens • Behandlung: Reinigung mit destilliertem Wasser, verdünnter HCl, im Dunklen aufbewahren.

• Genese: sekundär, hydrothermal • Paragenese: Akanthit **(75)**, Galenit **(77)**, Sphalerit **(181)**, Cinnabarit **(76)** • Vorkommen: sehr selten; Kongsbergit in Norwegen (Kongsberg), Schweden (Bala), in der ČSFR (Nižná Slaná); Moschellandsbergit in Deutschland (Moschellandsberg), Frankreich (Chalanches) und Chile (Coquimbo).

Alabandin (Manganblende)

Sulfide
MnS

180

Benannt nach der Fundstelle Alabanda in der Türkei (Beudant, 1832)

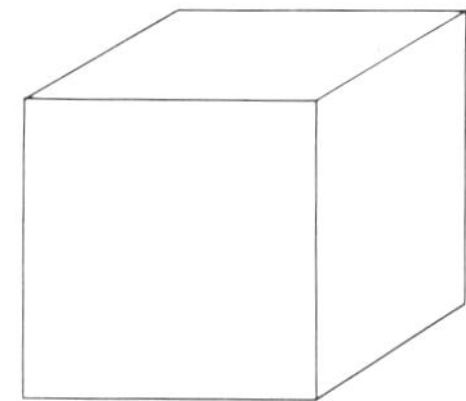

• Härte: 3,5–4 (spröde) • Strich: grün bis schwarzgrün • Farbe: schwarz, stählern mit einem Braunton, grünschwarz • Transparenz: opak • Glanz: halbmetallisch, wird mit der Zeit matt • Spaltbarkeit: ausgezeichnet nach /100/ • Bruch: uneben • Ausbildung: Kristalle, körnige und massive Aggregate, Imprägnationen.

• Dichte: 4,0 • Kristallsystem: kubisch • Kristallformen: selten Oktaeder, Hexaeder • Magnetismus: schwach magnetisch • Chemische Zusammensetzung: Mn 63,14 %, S 36,86 %, Beimengungen von Fe (Abart Ferroalabandin) • Chemische Eigenschaften: löslich in HCl und HNO_3, leicht schmelzbar • Behandlung: möglichst nicht mit Wasser reinigen (oxidiert) oder aber die Probe gut austrocknen. Im Dunkeln aufbewahren, Licht verändert die Oberfläche.

• Genese: hydrothermal • Paragenese: Galenit **(77)**, Sphalerit **(181)**, Rhodochrosit **(304)**, Pyrit **(436)**, Rhodonit **(531)** • Vorkommen: selten; Rumänien (Rosia Montana, Sacarimb), Bulgarien (Obroshiste), Türkei, Peru (Morococha), USA (Arizona – Tombstone); Ferroalabandin gibt es in Deutschland (in Phonolithen bei Vorberg).

1. Ag-Amalgam – silberweißer Überzug (Ausschnittbreite 58 mm); Deutschland (Moschellandsberg). **2. Alabandin** – grünschwarzes derbes Aggregat in Carbonaten (Ausschnittbreite 62 mm); Bulgarien (Obroshiste).

Ag-Amalgame, Alabandin

H
3—4

Sphalerit (Zinkblende)

Sulfide
ZnS

181

Bezeichnung vom griech. Wort *sphaleros* – täuschend abgeleitet Glocker, 1847)

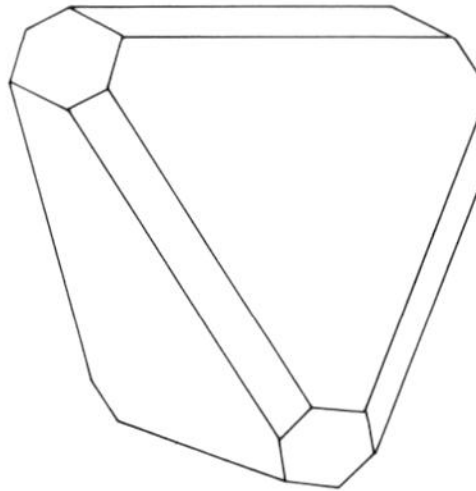

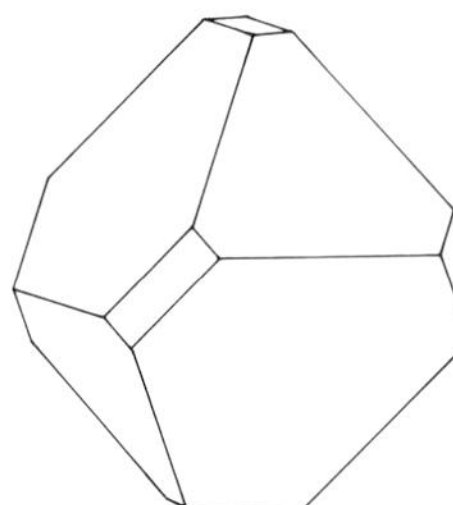

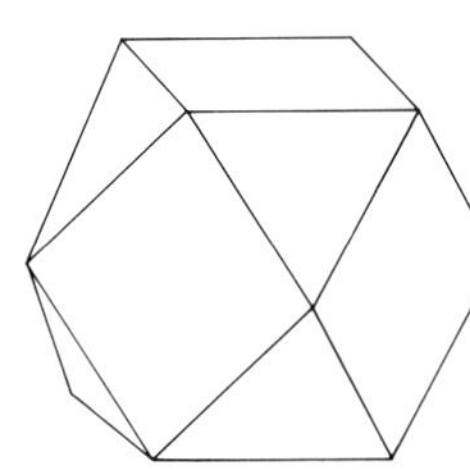

● Härte: 3,5–4 (spröde) ● Strich: bei hellgefärbten Stücken weiß, bei intensiver gefärbten hellbraun ● Farbe: hell bis dunkelbraun, auch gelb, rot, rotbraun, grün, gelbgrün, auch weiß und schwarz ● Transparenz: durchsichtig, durchscheinend und opak ● Glanz: auf den Spaltflächen diamantartig, auf den Kristallflächen glasig, fettig bis matt ● Spaltbarkeit: ausgezeichnet nach /110/ ● Ausbildung: Kristalle, körnige, erdige, massive und kolomorphe Aggregate, oft verschiedenfarbig geschichtet, manchmal gemeinsam mit Wurtzit **(184),** ggf. auch mit Galenit **(77).**

● Dichte: 3,9–4,2 ● Kristallsystem: kubisch ● Kristallformen: Tetraeder, Dodekaeder, häufig Zwillingsverwachsungen ● Lumineszenz: gelb, rot, orange, blau ● Magnetismus: diamagnetisch ● Chemische Zusammensetzung: Zn 67,06 %, S 32,94 %, Beimengung von Fe (bis 26 %, Abart Marmatit **(182)** und Christophit), Cd (bis 2,5 % Abart Příbramit), Sn, Pb, Ag, Hg, Mn, In, Tl, Ga, Ge. Sphalerit mit geringem Fe- und Mn-Gehalt heißt Cleiophan **(183);** weißes, erdiges Sphalerit ist Bruckit, himbeerrotes, kolomorphes Gumucionit ●Chemische Eigenschaften: löslich in HCl und HNO_3, hinterläßt auf Kohle einen weißen ZnO-Anflug, platzt vor dem Lötrohr, schmilzt aber nicht ● Behandlung: mit destilliertem Wasser oder verdünnten Säuren außer HCl und HNO_3 reinigen ● Ähnliche Minerale: Metacinnabarit **(200),** Kassiterit **(548),** Granat **(577)** ● Unterscheidung: Härte, Dichte und Spaltbarkeit (Granate, Kassiterit), Strich, Dichte (Metacinnabarit), auch Reaktion vor dem Lötrohr und in Säuren.

● Genese: hydrothermal, magnetisch, pegmatitisch-pneumatolithisch und sedimentär ● Paragenese: Galenit **(77),** Chalkopyrit **(185),** Tetraedrit **(190),** Pyrit **(436)** und andere Sulfide, Calcit **(217),** Quarz **(534)** usw. ● Vorkommen: häufig; Deutschland (Schauinsland, Bensberg bei Köln/Rh., Altenberg bei Aachen, Hagensdorf, Freiberg), ČSFR (Příbram; hübsche kristalline Drusen in Banská Štiavnica), Schweiz (Binnatal – kleine, aber hübsche Kristalle), Jugoslawien (Treptscha – große und schöne Kristalle), Rumänien (Cavnic, Rodna), Spanien (Picos de Europa, Santander), Burma (Bawdwin Mine), USA, Australien, Peru, Kanada, Japan u. a. ● Verwendung: wichtigstes Zn-Erz, die hell gefärbten und durchsichtigen bis durchscheinenden Sphalerite werden als Edelsteine (Facetten und Cabochons) bearbeitet.

Sphalerit – Druse aus idiomorphen Kristallen (bis 12 mm) auf Quarz; Rumänien (Cavnic).

Sphalerit

H
3—4

Marmatit (Fe-reicher Sphalerit)

Sulfide
(ZnFe)S

182

Bezeichnung nach der Lokalität Marmato in Kolumbien (Boussingault, 1829)

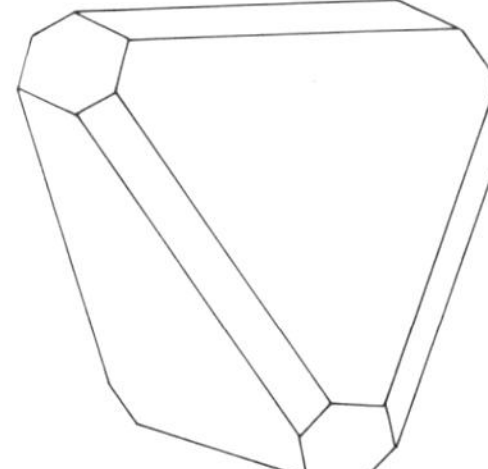

• Härte: 3,5–4 • Strich: braun • Farbe: schwarzbraun bis schwarz • Transparenz: opak • Glanz: diamantartig • Spaltbarkeit: wie Sphalerit **(181)** • Bruch: wie Sphalerit • Ausbildung: wie Sphalerit.
• Dichte: 3,9–4,1 • Kristallsystem: kubisch • Kristallformen: Dodekaeder, Hexa-Oktaeder, Tetraeder • Chemische Zusammensetzung: enthält bis zu 26 % Fe (die an Fe reichste Abart ist Christophit) • Chemische Eigenschaften: wie Sphalerit.
• Genese: hochthermal • Vorkommen: Jugoslawien (hübsche Kristalle in der Lagerstätte Treptscha), Deutschland (St. Christoph), ČSFR (Kutná Hora), Italien (Bottino), Rumänien (Cavnic), Großbritannien (Alston Moore).

Cleiophan (Weißer Sphalerit)

Sulfide
ZnS

183

Bezeichnung aus den griech. Wörtern *keyos* – Glas und *phanos* – Fakkel, Leuchte zusammengesetzt

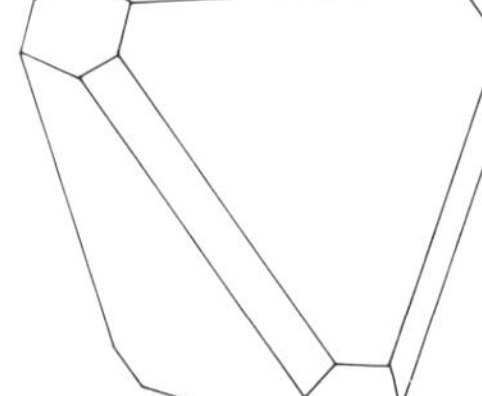

• Härte: 3,5–4 (spröde) • Strich: weiß • Farbe: weiß, gelbweiß, gelbgrün, honiggelb • Transparenz: durchsichtig bis durchscheinend • Glanz: diamantartig • Bruch: muschelig • Spaltbarkeit wie Sphalerit **(181)** • Ausbildung: wie Sphalerit.
• Dichte: 3,9–4,1 • Kristallsystem: kubisch • Kristallformen: wie Sphalerit • Lumineszenz: orange, gelb, bläulich • Chemische Zusammensetzung: wie Sphalerit, ohne Fe- und Mn-Beimengungen • Chemische Eigenschaften: wie Sphalerit.
• Genese: niederthermal • Paragenese: Boulangerit **(55)**, Galenit **(77)**, Calcit **(217)** u. a. • Vorkommen: ČSFR (Banská Štiavnica), Rumänien (Baia Sprie), Spanien (Picos de Europa, Santander), USA (New Jersey – Franklin), Polen (Olkusz), Mexiko (Cananea, Sonora) • Verwendung: häufig als Edelstein verwendet.

Wurtzit (Strahlblende)

Sulfide
β-ZnS

184

Benannt nach dem französischen Chemiker Ch. A. Wurtz (1817 bis 1884) (Friedel, 1861)

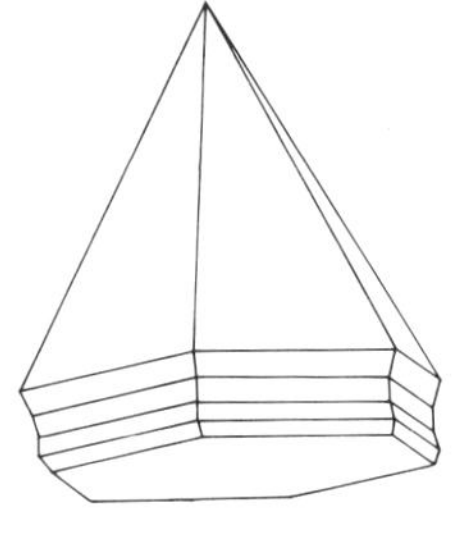

• Härte: 3,5–4 (spröde) • Strich: hellbraun • Farbe: hell bis dunkelbraun • Transparenz: durchscheinend, opak • Glanz: diamantartig, fettig • Spaltbarkeit: gut nach $/10\bar{1}0/$ und /0001/ • Bruch: uneben • Ausbildung: Kristalle, strahlige, konzentrischschichtige und kolomorphe Aggregate.
• Dichte: 4,0 • Kristallsystem: hexagonal • Kristallformen: scharf pyramidal, tafelig • Chemische Zusammensetzung: Zn 67,06 %, S 32,94 %, Beimengungen von Cd, Fe • Chemische Eigenschaften: löslich in HCl und HNO_3, bildet auf Kohle einen weißen ZnO-Anflug • Behandlung: Reinigung mit destilliertem Wasser • Ähnliche Minerale: Hübnerit **(368)** • Unterscheidung: Härte, Dichte, Löslichkeit in HCl.
• Genese: hydrothermal • Paragenese: Galenit **(77)**, Sphalerit **(181)**, Chalkopyrit **(185)** u. a. • Vorkommen: selten; ČSFR (Příbram), Deutschland (Stolberg bei Aachen), Ungarn (Gyöngyösoroszi), Rumänien (Baia Sprie), UdSSR (Bljawa), Griechenland (Kirka), USA (Butte), Peru (relativ große tafelige Kristalle in Quispisize) • Verwendung: Zn-Erz.

1. Cleiophan – durchscheinender idiomorpher Kristall (22 mm); ČSFR (Banská Štiavnica). **2. Wurtzit** – konzentrisch geschichtetes Aggregat (Ausschnittbreite 72 mm); Ungarn (Gyöngyösoroszi).

1
2

Chalkopyrit (Kupferkies)

Sulfide
$CuFeS_2$

185

Bezeichnung von den griech Wörtern *chalkos* – Kupfer und *pȳr* – Feuer abgeleitet (Henckel, 1725)

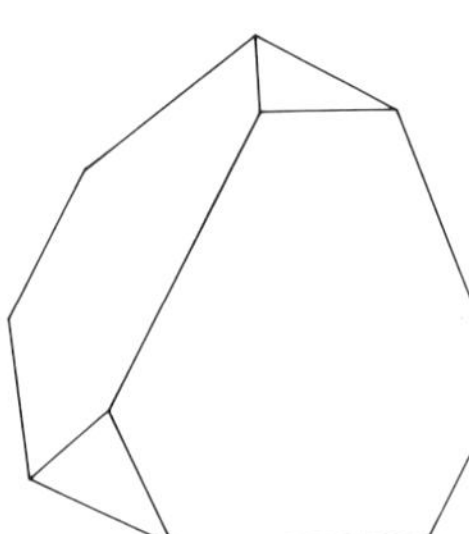

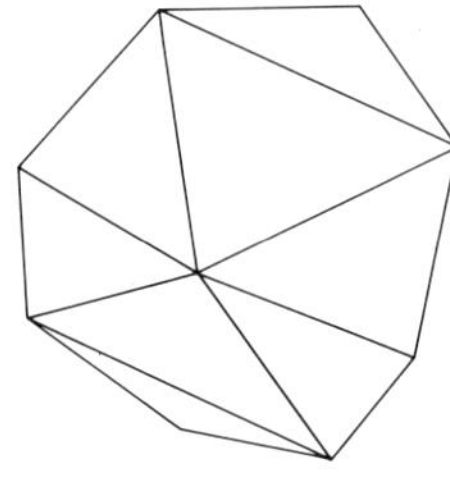

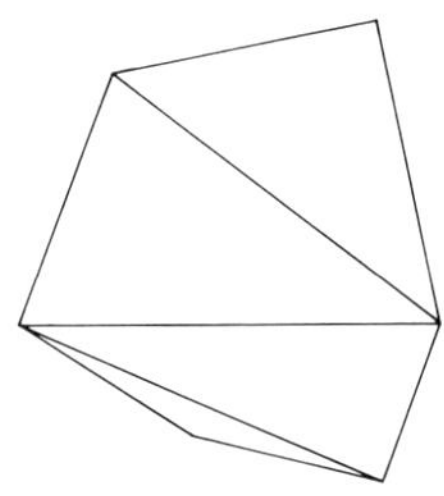

• Härte: 3,5–4 (spröde) • Strich: grünschwarz • Farbe: messinggelb, manchmal mit Grünton, goldgelb (sehr häufig bilden sich bunte Anlauffarben) • Transparenz: opak • Glanz: metallisch • Spaltbarkeit: sehr unvollkommen nach /112/ • Bruch: muschelig, uneben • Ausbildung: Kristalle, körnige, massive Aggregate, seltener auch nierig oder traubig, Imprägnationen, Beläge auf den Kristallen anderer Minerale, Pseudomorphosen.

• Dichte: 4,2–4,3 • Kristallsystem: tetragonal • Kristallformen: pseudotetraedrisch, pseudooktaedrisch, oft Zwillings- oder mehrfache Verwachsungen • Magnetismus: fehlt • Elektrische Leitfähigkeit: sehr gut • Chemische Zusammensetzung: Cu 34,5 %, Fe 30,5 %, S 35 %, Beimengungen von Ag, Au, Tl, Se, Te • Chemische Eigenschaften: löslich in konzentrierter HNO_3 unter Entstehung einer grünen Lösung, schmilzt in der Flamme zu einem magnetischen Kügelchen, ergibt mit Natrium auf Kohle eine Kupferkugel • Behandlung: Reinigung mit destilliertem Wasser (Vorsicht! gründlich trocknen, es entstehen irisierende Beläge), Säuren außer HNO_3.

• Genese: magmatisch, kontakt-metasomatisch, hydrothermal und sedimentär • Paragenese: Sphalerit **(181),** Pyrit **(436),** Markasit **(437),** Calcit **(217),** Quarz **(534)** u. a. • Vorkommen: häufig; Deutschland (hübsche Kristalle gibt es in Siegerland, Grube Clara, Wildschapbachtal, Rammelsberg, Freiberg, Annaberg, Johanngeorgenstadt, Mansfeld), Großbritannien (Cornwall – St. Agnes), Spanien (Rio Tinto), Jugoslawien (Bor), ČSFR (Banská Štiavnica, Smolník, Gelnica), Norwegen (Sulitelma), Schweden (Falun), Frankreich (Kristalle bis zu mehreren Zentimetern Größe in La Gardette), UdSSR (Ural – Turjinsker Lagerstätten, Dsheskasgan, Norilsk, Talnach, Montschetundra), Polen, Ungarn (Recsk), Bulgarien (Medet, Asrael, Sedmočislenice), Rumänien, Kanada (Sudburry), USA (Montana – Butte, Maine – Bingham, Arizona – Clifton-Morenci), Mexiko, Chile (Chuquicamata, Braden), Peru, Australien, Sambia u. a. • Verwendung: wichtigstes Cu-Erz für reines Kupfer oder in Legierungen: Messing, Bronze, Tombak, breite Verwendung in Elektro-, Chemie- und Maschinenbauindustrie, gelegentlich auch als Edelstein (Cabochons, Plättchen).

Chalkopyrit – Druse aus idiomorphen Kristallen (bis zu 4 mm) auf Quarz; ČSFR (Banská Štiavnica).

Chalkopyrit

H
3—4

Luzonit

Sulfide
Cu_3AsS_4

186

Benannt nach der Insel Luzon (Philippinen) (Weisbach, 1874)

• Härte: 3,5 • Strich: schwarz • Farbe: rosagrau • Transparenz: opak • Glanz: metallisch • Bruch: uneben bis muschelig • Spaltbarkeit: fehlt • Ausbildung: Kristalle, körnige Aggregate, Einzelkörner.
• Dichte: 4,4–4,6 • Kristallsystem: tetragonal • Kristallformen: kurzprismatisch, Zwillingsverwachsungen • Chemische Zusammensetzung: Cu 48,42 %, As 19,02 %, S 32,56 %. Dimorph mit Enargit **(187)**. Beimengungen von Sb (Stibioluzonit) • Behandlung: Reinigung mit destilliertem Wasser.
• Genese: hydrothermal • Paragenese: Sphalerit **(181)**, Chalkopyrit **(185)**, Enargit, Tetraedrit **(190)** u. a. • Vorkommen: selten; Deutschland (Wittichen), Jugoslawien (Bor), Argentinien (Sierra de Famatina), Peru (Cerro de Pasco), Japan (Hokuetsu), Insel Luzon (Mankyan), Taiwan (Kinkwaseki), USA (Montana – Butte).

Enargit

Sulfide
Cu_3AsS_4

187

Bezeichnung vom griech. Wort *enargēs* – offensichtlich abgeleitet (Breithaupt, 1850)

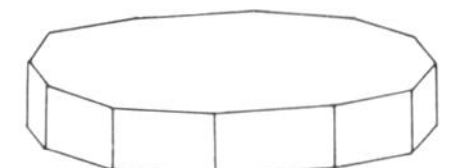

• Härte: 3,5 (spröde) • Strich: schwarz • Farbe: stahlgrau, grauschwarz, schwarz mit feinem Violetton • Transparenz: opak • Glanz: metallisch bis matt • Spaltbarkeit: gut nach /110/, unvollkommen nach /100/ und /010/ • Bruch: uneben • Ausbildung: Kristalle, stengelige, blättrige und körnige Aggregate.
• Dichte: 4,4 • Kristallsystem: rhombisch • Kristallformen: Tafeln, prismatisch, Zwillings- und mehrzählige Verwachsungen • Chemische Zusammensetzung: Cu 48,42 %, As 19,02 %, S 32,56 %, Beimengung von Sb, Fe, Zn • Chemische Eigenschaften: löslich in HNO_3, schmilzt in der Flamme unter Knoblauchgeruchentwicklung • Behandlung: Reinigung mit destilliertem Wasser • Ähnliche Minerale: Marmatit **(182)**, Luzonit **(186)**, Wolframit **(369)** • Unterscheidung: Farbe, Reaktion in der Flamme.
• Genese: hydrothermal • Paragenese: Chalkopyrit **(185)**, Luzonit **(186)**, Tetraedrit **(190)**, Bornit **(192)**, Pyrit **(436)** u. a. • Vorkommen: selten; Deutschland (Wittichen), Ungarn (Recsk), Jugoslawien (Bor), Österreich (Brixlegg), USA (Montana – Butte), Peru (Morococha, Cerro de Pasco), Chile (Chuquicamata), Argentinien (Famatina), Namibia, Insel Luzon u. a. • Verwendung: Cu-Erz.

Germanit

Sulfide
$Cu_3(Ge,Fe)S_4$

188

Benannt nach dem Germaniumgehalt (Pufahl, 1922)

• Härte: 3 (spröde) • Strich: dunkelgrau bis schwarz • Farbe: grau mit dunkelrotem Ton • Transparenz: opak • Glanz: metallisch • Spaltbarkeit: fehlt • Ausbildung: mikroskopische Kristalle, massive Aggregate.
• Dichte: 4,58 • Kristallsystem: kubisch • Kristallformen: unbekannt • Chemische Zusammensetzung: unbeständig, Beimengungen von Ga, Zn, Fe, Mo • Chemische Eigenschaften: löslich in HNO_3 • Behandlung: Reinigung mit destilliertem Wasser • Ähnliche Minerale: Enargit **(187)**, Bornit **(192)** • Unterscheidung: Bornit chemisch, Enargit durch den charakteristischen Knoblauchgeruch beim Schmelzen.
• Genese: hydrothermal • Paragenese: Galenit **(77)**, Sphalerit **(181)**, Tennantit **(189)** • Vorkommen: selten; Namibia (Tsumeb), UdSSR (Armenien – Dastakert) • Verwendung: Ge-Erz.

1. Enargit – kurzsäulige Kristalle (bis zu 20 mm); USA (Butte). **2. Luzonit** – körniges, kristallines Aggregat (Ausschnittbreite 53 mm); Jugoslawien (Bor). **3. Germanit** – graurotes derbes Aggregat (Ausschnittbreite 47 mm); Namibia (Tsumeb).

Enargit, Luzonit, Germanit

H
3—4

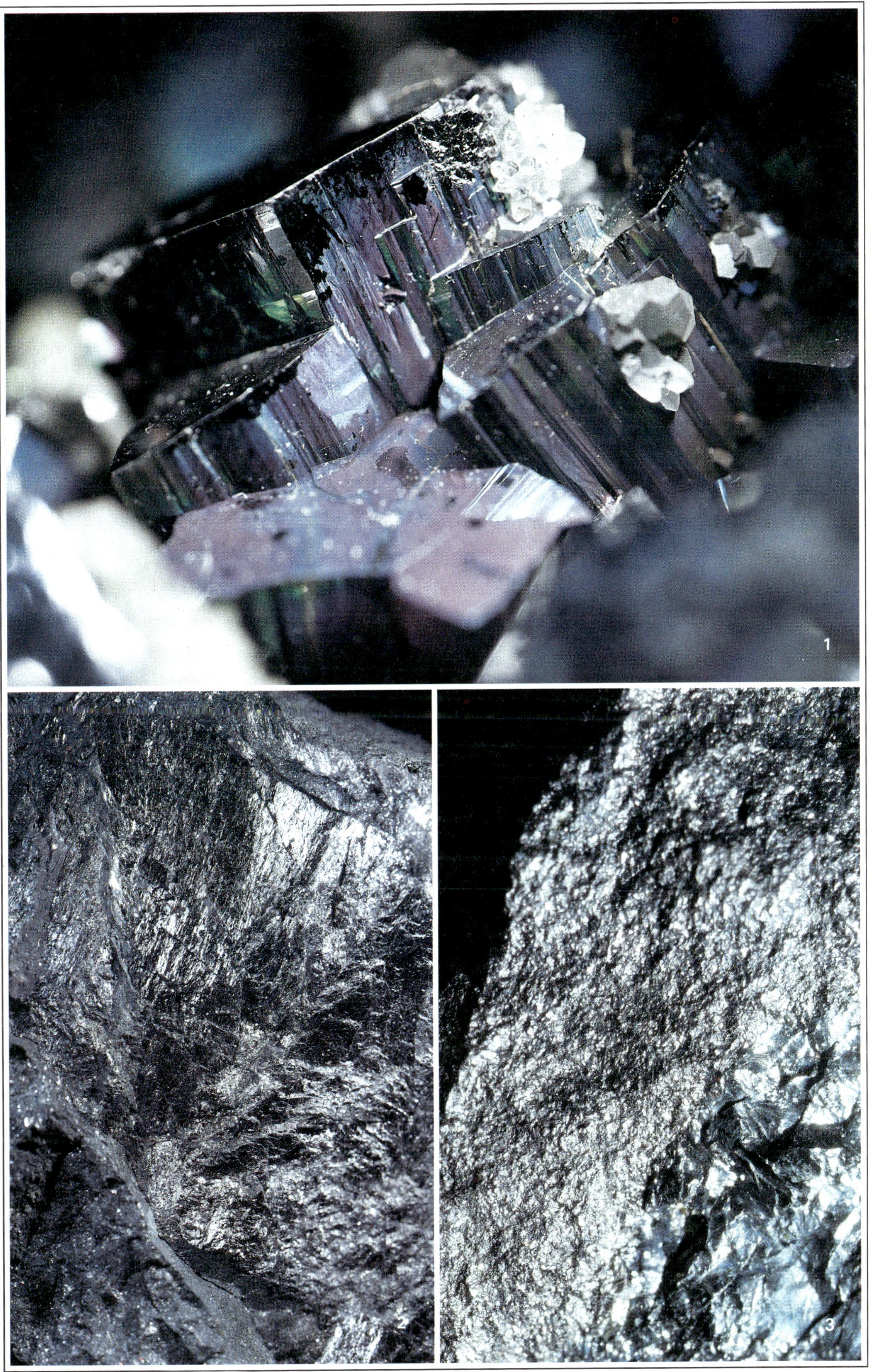

Tennantit

Sulfide
$Cu_3AsS_{3,25}$

189

Benannt nach dem englischen Chemiker S. Tennant (1761–1815) (Phillips, 1819)

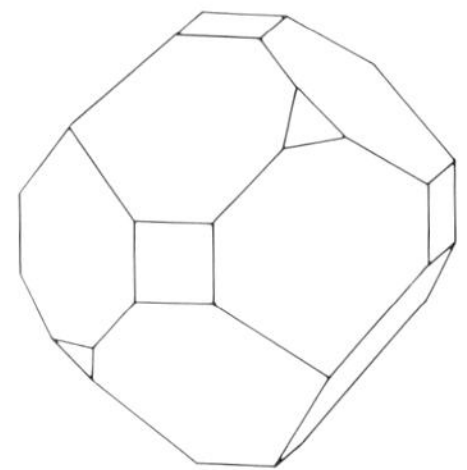

• Härte: 3–4 (spröde) • Strich: stahlgrau mit kirschrotem Ton • Farbe: stahlgrau, schwarz • Transparenz: opak • Glanz: metallisch, halbmetallisch • Spaltbarkeit: fehlt • Bruch: muschelig, uneben, hackig • Ausbildung: Kristalle, körnige, massive Aggregate, Imprägnationen.
• Dichte: 4,6–4,7 • Kristallsystem: kubisch • Kristallformen: Tetraeder, selten Oktaeder • Chemische Zusammensetzung: Cu 51,57 %, As 20,26 %, S 28,17 %, konstante Beimengungen von Bi (Abart Annivit), Ag, Zn (Abart Binnit), Fe (bis 10,9 % Abart Ferrotennantit) • Chemische Eigenschaften: löslich in HNO_3, leicht schmelzbar, bildet auf Kohle ein graues Kügelchen mit charakteristischem Knoblauchgeruch • Behandlung: Reinigung mit destilliertem Wasser • Ähnliche Minerale: Chalkosin **(68),** Tetraedrit **(190),** Bournonit **(193)** • Unterscheidung: von Bournonit durch Härte, Dichte, Färbung der HNO_3-Lösung, von Chalkosin durch Härte, Dichte, von Tetraedrit durch den Knoblauchgeruch beim Schmelzen, immer mit Röntgen und chemisch.
• Genese: hydrothermal • Paragenese: Sphalerit **(181),** Chalkopyrit **(185),** Tetraedrit **(190),** Pyrit **(436),** Arsenopyrit **(344)** • Vorkommen: häufig; Deutschland (Rammelsberg, Freiberg), Schweden (Poliden), Namibien (Tsumeb), USA (Montana – Butte), Mexiko (Zacatecas – hübsche Kristalle) • Verwendung: Cu-Erz.

Tetraedrit (Fahlerz)

Sulfide
$Cu_3SbS_{3,25}$

190

Benannt nach der Kristallform (Haidinger, 1845)

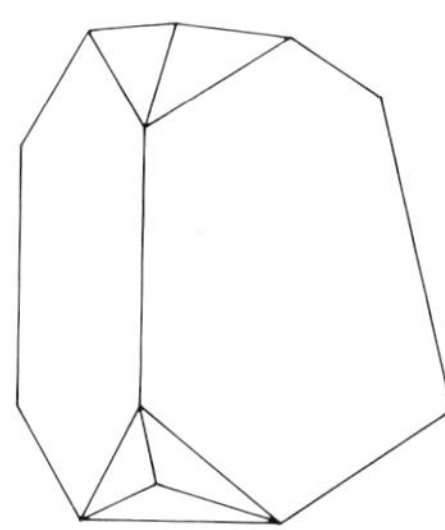

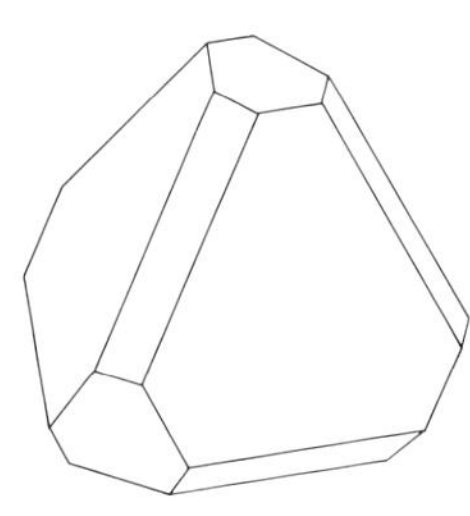

• Härte: 3–4 (spröde) • Strich: schwarz • Farbe: stahlgrau bis schwarz • Transparenz: opak • Glanz: metallisch • Spaltbarkeit: fehlt • Bruch: muschelig, uneben • Ausbildung: Kristalle, körnige und massive Aggregate.
• Dichte: 4,6–5,2 • Kristallsystem: kubisch • Kristallformen: Tetraeder, selten Oktaeder • Chemische Zusammensetzung: Cu 45,77 %, Sb 29,22 %, S 25,01 %, Beimengungen von Hg (Abart Schwazit), Ag (Abart Freibergit), Fe (Abart Ferrotetraedrit), Ni (Abart Frigiedit), Te (Abart Goldfieldit), Zn, Sn, Bi • Chemische Eigenschaften: löslich in HNO_3, leicht schmelzbar, bildet auf Kohle ein graues Kügelchen • Behandlung: Reinigung mit destilliertem Wasser • Ähnliche Minerale: Chalkosin **(68),** Tennantit **(189),** Bournonit **(193)** • Unterscheidung: am zuverlässigsten mit Röntgen und chemisch.
• Genese: hydrothermal • Paragenese: Sphalerit **181),** Chalkopyrit **(185),** Tennantit, Siderit **(306),** Pyrit **(436),** Quarz **(534)** u. a. • Vorkommen: häufig; Deutschland (Clausthal, Siegen, Dillenburg, Freiberg – Freibergitvorkommen, Marienberg, Annaberg), ČSFR (Příbram, Rožňava, Rudňany), Rumänien (Cavnic – hübsche Kristalle), Österreich (Schwaz – große Kristalle, Schwazitvorkommen), Großbritannien (Liskeard), USA (Idaho – Sunshine Mine), UdSSR (Beresowsk) • Verwendung: Cu- teilweise auch Ag-Erz.

Tetraedrit – idiomorphe Kristalle (17 mm) auf Calcit; Rumänien (Cavnic).

Tetraedrit

H
3—4

Chalkostibit (Wolfsbergit)

Sulfide
$CuSbS_2$

191

Bezeichnung aus den griech. Wörtern *chalkos* – Kupfer und *stibi* – Antimon zusammengesetzt (Glocker, 1847)

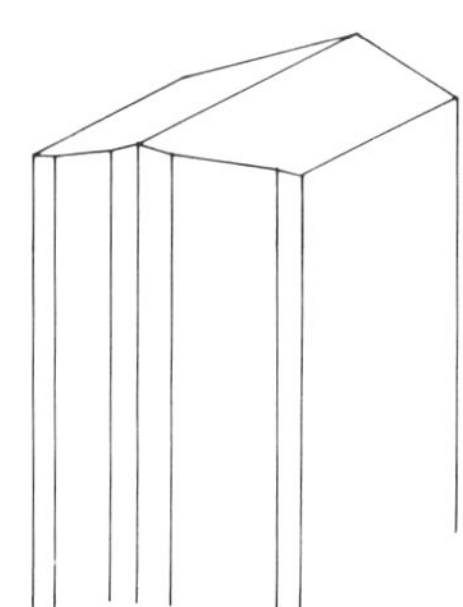

● Härte: 3,5 (spröde) ● Strich: schwarz ● Farbe: bleiern bis schwarz, manchmal bunte Anlauffarben ● Transparenz: opak ● Glanz: metallisch ● Spaltbarkeit: gut nach /001/ ● Bruch: halbmuschelig bis uneben ● Ausbildung: Kristalle, körnige, massive Aggregate.
● Dichte: 4,8–5,0 ● Kristallsystem: rhombisch ● Kristallformen: gestreckte Tafeln mit deutlicher Parallelfurchung ● Chemische Zusammensetzung: Cu 25,64 %, Sb 48,45 %, S 25,91 %, Beimengungen von Pb, Fe, Zn ● Chemische Eigenschaften: löslich in HNO_3, leicht schmelzbar, bildet auf Kohle Sb_2O_3-Anflug ● Behandlung: Reinigung mit destilliertem Wasser ● Ähnliche Minerale: Diaphorit **(610)** ● Unterscheidung: Härte, Dichte, chemisch.
● Genese: hydrothermal ● Paragenese: Jamesonit **(53),** Chalkopyrit **(185),** Bornit **(192)** ● Vorkommen: selten; Deutschland (Wolfsberg), Spanien (Guajar), Bolivien (Pulacayo, Tapi), Marokko (Rar el Anz – hübsche Kristalle).

Bornit (Buntkupferkies, Pfauenerz)

Sulfide
Cu_5FeS_4

192

Benannt nach dem österreichischen Mineralogen I. v. Born (1742–1891) (Haidinger, 1845)

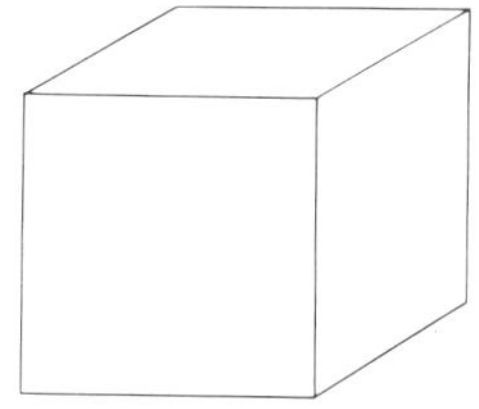

● Härte: 3 (spröde) ● Strich: grauschwarz ● Farbe: bronzebraun, kupferrot, oft bunte (blauviolette) Anlauffärbung ● Transparenz: opak ● Glanz: halbmetallisch bis metallisch ● Spaltbarkeit: unvollkommen nach /111/ ● Bruch: muschelig bis undeutlich ● Ausbildung: selten Kristalle, massive und körnige Aggregate, oft nierig.
● Dichte: 4,9–5,3 ● Kristallsystem: kubisch ● Kristallformen: Hexaeder, Dodekaeder, selten Oktaeder, Kristalle meist unvollkommen, selten Zwillinge ● Chemische Zusammensetzung: Cu 63,33 %, Fe 11,12 %, S 25,55 %, Beimengungen Ag, Bi, In ● Chemische Eigenschaften: löslich in HNO_3 und konzentrierter HCl, läßt sich zu einem magnetischen Kügelchen schmelzen ● Behandlung: Reinigung mit destilliertem Wasser, gut trocknen. Vorsicht – an der Luft entstehen Anlauffarben ● Ähnliche Minerale: Covellin **(6),** Germanit **(188),** Umangit **(201),** Pyrrhotin **(283),** Renierit **(285),** Nickelin **(351)** ● Unterscheidung: Härte, Dichte, mit Röntgen und chemisch.
● Genese: hydrothermal, pneumatolytisch, magmatisch, ● Paragenese: Covellin, Chalkosin **(68),** Chalkopyrit **(185)** ● Vorkommen: häufig; Deutschland (Mansfeld – sedimentäre Kupferschiefer, Wittichen, Neubulach), Schweden (Norberg), Großbritannien (Cornwall – Redruth, hübsche Kristalle), USA (Montana – Butte), Namibia (Tsumeb), UdSSR (Dshezkasgan) ● Verwendung: wichtiges Cu-Erz.

1. Chalkostibit – derbes Aggregat mit Azurit- und Malachitadern (Ausschnittbreite 56 mm); Marokko (Rhar-el-Hauz). **2. Bornit** – derbes Aggregat mit bunten Anlauffarben zusammen mit Pyrrhotin und Chalkopyrit (Ausschnittbreite 76 mm); UdSSR (Dsheskasgan).

Chalkostibit, Bornit

H
3—4

Bournonit

Sulfide
$PbCuSbS_3$

193

Benannt nach dem französischen Mineralogen J. L. de Bournon (1751 bis 1825) (Jameson, 1805)

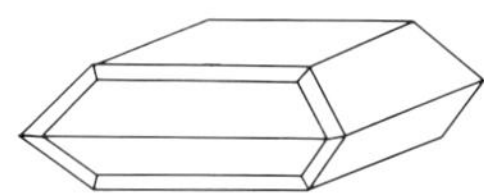

• Härte: 3 (spröde) • Strich: grau • Farbe: bleiern, schwarz • Transparenz: opak • Glanz: metallisch • Spaltbarkeit: unvollkommen • Bruch: muschelig bis uneben • Ausbildung: Kristalle, körnige Aggregate.

• Dichte: 5,7–5,9 • Kristallsystem: rhombisch • Kristallformen: Tafeln, kurz prismatisch, pseudokubisch, oft Viererverwachsungen • Chemische Zusammensetzung: Pb 42,54 %, Cu 13,04 %, Sb 24,65 %, S 19,77 % • Chemische Eigenschaften: löslich in HNO_3 (blaue Lösung), leicht schmelzbar • Behandlung: Reinigung mit destilliertem Wasser • Ähnliche Minerale: Tetraedrit **(190)** • Unterscheidung: Dichte, Strich, starker Glanz.

• Genese: hydrothermal • Paragenese: Galenit **(77)**, Sphalerit **(181)**, Chalkopyrit **(185)**, Tetraedrit • Vorkommen: selten; Deutschland (hübsche Kristalle stammen aus Neudorf, Clausthal, Horhausen), Österreich (Hüttenberg), ČSFR (Příbram, Rožňava – hübsche Kristalle), Rumänien (Cavnic, Sacarimb), Großbritannien (Cornwall), Bolivien (Machacamarca), UdSSR, Peru u. a. • Verwendung: Pb-, Cu- und Sb-Erz.

Pentlandit (Eisennickelkies)

Sulfide
$(Ni,Fe)_9S_8$

194

Benannt nach dem irischen Naturforscher J. B. Pentland (1797–1873) (Dufrenoy, 1856)

• Härte: 3,5–4 (spröde) • Strich: grünschwarz • Farbe: bronzegelb • Transparenz: opak • Glanz: metallisch • Spaltbarkeit: gut • Bruch: muschelig • Ausbildung: Kristalle, körnige Aggregate, einzelne Körner.

• Dichte: 4,6–5,0 • Kristallsystem: kubisch • Kristallformen: unbekannt • Chemische Zusammensetzung: variabel • Chemische Eigenschaften: löslich in HNO_3 (färbt die Lösung grün), läßt sich vor dem Lötrohr zu einer schwarzen magnetischen Kugel schmelzen • Behandlung: Reinigung mit destilliertem Wasser • Ähnliche Minerale: Pyrrhotin **(283)**, Millerit **(195)** • Unterscheidung: Farbe, chemisch, mit Röntgen.

• Genese: hydrothermal, magmatisch • Paragenese: Pyrrhotin, Chalkopyrit **(185)**, Magnetit **(367)** u. a. • Vorkommen: selten; Deutschland (Horbach, Sohland), Norwegen (Evje), Finnland (Nivala), UdSSR (Talnakh, Norilsk), Republik Südafrika (Bushveld – Lakkolith), Kanada (Sudbury) • Verwendung: Ni-Erz.

Millerit (Haarkies)

Sulfide
NiS

195

Benannt nach dem englischen Mineralogen W. H. Miller (1801–1880) (Haidinger, 1845)

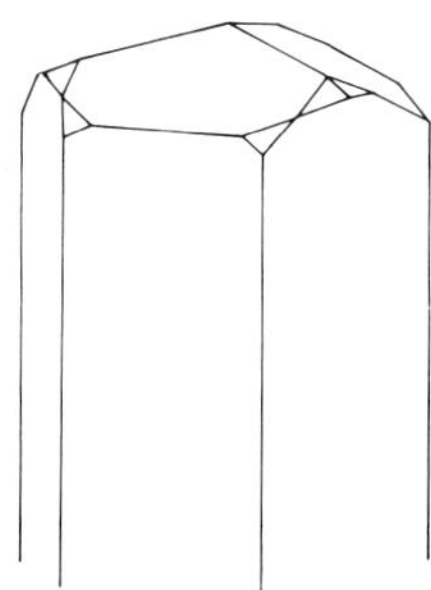

• Härte: 3,5 (spröde) • Strich: grünschwarz • Farbe: hellgelb, gelbbraun • Transparenz: opak • Glanz: metallisch • Spaltbarkeit: gut • Bruch: uneben • Ausbildung: Kristalle, radial-strahlige, haarige und körnige Aggregate.

• Dichte: 5,3 • Kristallsystem: trigonal • Kristallformen: stengelig und nadelig • Chemische Zusammensetzung: Ni 64,67 %, S 35,33 %, Beimengungen von Co, Fe, Cu • Chemische Eigenschaften: löslich in HNO_3 (färbt die Lösung grün) • Behandlung: Reinigung mit destilliertem Wasser.

• Genese: hydrothermal, magmatisch, sedimentär • Paragenese: Chalkopyrit **(185)**, Siderit **(306)**, Pyrit **(436)** • Vorkommen: selten; Deutschland (Freiberg, Schneeberg, Siegerland, Nassau, Saarbrücken, Oberlara – bis 7 cm große Kristalle), Großbritannien (Wales – hübsche Kristalle aus Merthyr Tidfil), aus den USA (St. Louis), Kanada (Sudbury) u. a. • Verwendung: Ni-Erz.

1. Bournonit – Kristalldruse (bis zu 10 mm); Deutschland (Hornhausen). **2. Millerit** – nadelige, garbig geordnete Kristalle (bis zu 15 mm) in einem Pelosiderit-Hohlraum; ČSFR (Kladno).

Bournonit, Millerit

H
3—4

Sulfide
$6\ PbS\ .\ 7\ Sb_2S_3$

Zinckenit

196

Benannt nach dem Mineralogen und Bergbauingenieur J. K. L. Zincken (1798–1862) (Rose, 1826)

• Härte: 3 (spröde) • Strich: stahlgrau mit rotbraunem Ton • Farbe: bleiern bis dunkelgrau mit bläulichem Hauch • Transparenz: opak • Glanz: metallisch • Spaltbarkeit: unvollkommen nach /1120/ • Bruch: uneben • Ausbildung: Kristalle, nadelige, radial-strahlige Aggregate.
• Dichte: 5,3 • Kristallsystem: rhombisch (pseudohexagonal) • Kristallformen: Nadeln, prismatisch mit vertikaler Furchung • Chemische Zusammensetzung: Pb 32,60 %, Sb 44,70 %, S 22,70 %, Beimengungen von Ag, Cu, Fe, As • Chemische Eigenschaften: löslich in HNO_3, schmilzt leicht auf Kohle und hinterläßt gelbe und weiße Anflüge • Behandlung: Reinigung mit destilliertem Wasser • Ähnliche Minerale: Jamesonit **(53),** Boulangerit **(55)** • Unterscheidung: chemisch und mit Röntgen.
• Genese: hydrothermal • Paragenese: Antimonit **(51),** Jamesonit, Boulangerit, Galenit **(77),** u. a. • Vorkommen: selten; Deutschland (Wolfsberg, Adlerbachtal, Welschensteinach, Sulzburg), Rumänien (Sacarimb), ČSFR (Liptovská Dúbrava), USA (Arkansas – Sevier Co., Colorado – San Juan), Bolivien (Oruro).

Sulfide
$(Ag,Cu)_{16}As_2S_{11}$

Pearceit

197

Benannt nach dem amerikanischen Chemiker R. Pearce (1837–1927) (Penfield, 1896)

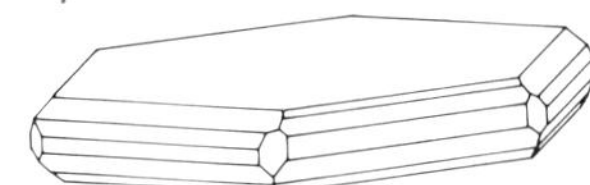

• Härte: 3 (spröde) • Strich: schwarz • Farbe: schwarz • Transparenz: opak • Glanz: metallisch • Spaltbarkeit: fehlt • Bruch: uneben bis muschelig • Ausbildung: Kristalle, körnige Aggregate.
• Dichte: 6,1 • Kristallsystem: monoklin • Kristallformen: Tafeln • Chemische Zusammensetzung: variabel • Chemische Eigenschaften: löslich in HNO_3, leicht schmelzbar • Behandlung: Reinigung mit destilliertem Wasser und Ultraschall • Ähnliche Minerale: Polybasit **(9)** • Unterscheidung: chemisch und mit Röntgen.
• Genese: hydrothermal • Paragenese: Silber **(49),** Akanthit **(75)** • Vorkommen: selten; Deutschland (Wittichen), ČSFR (Banská Hodruša), USA (Colorado – Mollie Gibson Mine – wurde als Ag-Erz gefördert, Montana – Phillipsburg), Chile (Argueros – hübsche Kristalle) • Verwendung: manchmal Ag-Lieferant.

Telluride
HgTe

Coloradoit

198

Nach dem Fundort im Staat Colorado/USA benannt (Genth, 1877)

• Härte: 3 (spröde) • Strich: schwarz • Farbe: schwarz • Transparenz: opak • Glanz: metallisch • Spaltbarkeit: fehlt • Bruch: uneben • Ausbildung: massive und körnige Aggregate.
• Dichte: 8,0–8,1 • Kristallsystem: kubisch • Kristallformen: unbekannt • Chemische Zusammensetzung: Hg 61,14 %, Te 38,86 % • Chemische Eigenschaften: löslich in heißer HNO_3, verdampft in der Flamme und färbt sie hellgrün • Behandlung: Reinigung mit destilliertem Wasser, Säuren • Ähnliche Minerale: Petzit **(82)** • Unterscheidung: Löslichkeit in H_2SO_4, Reaktion in der Flamme.
• Genese: hydrothermal • Paragenese: Telluride von Au und Ag • Vorkommen: selten; Australien (Kalgoorlie), USA (Colorado – Boulder Co., Kalifornien – Stanislaus Mine), ČSFR (Jílové).

1. Pearceit – tafeliger Kristall (Ausschnittbreite 26 mm); ČSFR (Jáchymov). **2. Coloradoit** – derbes Aggregat, in Quarz eingewachsen (Ausschnittbreite 56 mm); Australien (Kalgoorlie).

Pearceit, Coloradoit

H
3—4

1
2

Greenockit

Sulfide
CdS

199

Benannt nach Ch. M. Cathcart (1783–1859), dem späteren Lord Greenock (Jameson, 1840)

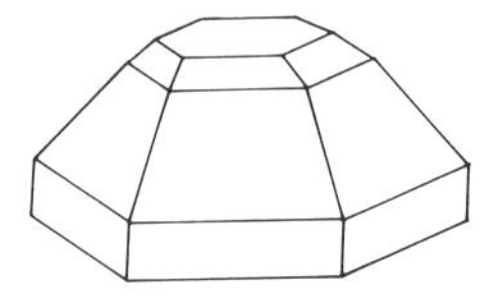

● Härte: 3–3,5 (spröde) ● Strich: orangegelb, glänzend ● Farbe: gelb, orange bis rötlich ● Transparenz: durchsichtig ● Glanz: diamantartig, auch fettig ● Spaltbarkeit: unvollkommen nach /1010/ ● Bruch muschelig ● Ausbildung: selten Kristalle, staubförmige Aggregate, Anflüge, Beläge.
● Dichte: 4,9–5,0 ● Kristallsystem: hexagonal ● Kristallformen: pyramidal, weniger prismatisch und tafelig ● Chemische Zusammensetzung: Cd 77,81 %, S 22,19 % ● Chemische Eigenschaften: löslich in HCl und HNO_3, hinterläßt auf Kohle einen rötlichen CdO-Anflug ● Behandlung: Reinigung mit destilliertem Wasser ● Ähnliche Minerale: Wulfenit **(243)** ● Unterscheidung: Härte, Dichte, chemisch, mit Röntgen.
● Genese: sekundär ● Paragenese: Galenit **(77),** Sphalerit **(181),** Smithsonit **(273)** ● Vorkommen: selten; Großbritannien (Schottland – Bishoptown), Ungarn (Gyöngyösoroszi), USA (Franklin), Bolivien (Llallagua), UdSSR (Sibai) ● Verwendung: manchmal Cd-Quelle.

Metacinnabarit

Sulfide
HgS

200

Bezeichnung aus dem griech. Wort *meta* und dem lat. *cinnabar* zusammengesetzt im Hinblick auf die gleiche chemische Zusammensetzung und Assoziation mit Cinnabarit (Moore, 1870)

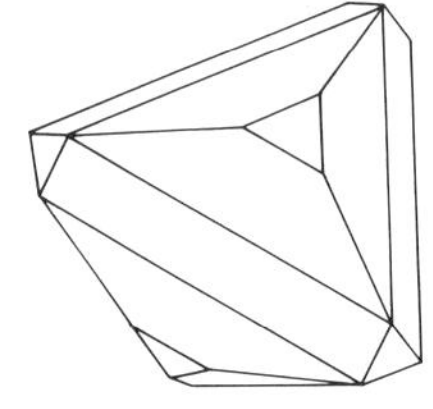

● Härte: 3 (spröde) ● Strich: schwarz ● Farbe: grauschwarz, schwarz ● Transparenz: opak ● Glanz: metallisch ● Spaltbarkeit: fehlt ● Bruch: uneben, halbmuschelig ● Ausbildung: Kristalle, körnige, staubförmige Aggregate, Anflüge.
● Dichte: 7,7–7,8 ● Kristallsystem: kubisch ● Kristallformen: Tetraeder, Zwillingsverwachsungen ● Chemische Zusammensetzung: Hg 86,21 %, S 13,79 %, Beimengungen von Zn (bis 4 % Abart Guadalcazarit), Se (Abart Onofrit) ● Behandlung: Reinigung mit destilliertem Wasser, Säuren.
● Genese: hydrothermal ● Paragenese: Realgar **(5),** Antimonit **(51),** Cinnabarit **(76),** Calcit **(217)** ● Vorkommen: selten; ČSFR (Merník), Jugoslawien (Idrie), Rumänien (Baia Sprie), UdSSR (Wyschkowo), Mexiko (San Onofre – Abart Onofrit, Guadalcazare – Abart Guadalcazarit), USA (Utah – Marysvale), China.

Umangit

Selenide
Cu_3Se_2

201

Benannt nach der Sierra de Umango in Argentinien (Klockmann, 1891)

● Härte: 3 ● Strich: schwarz ● Farbe: auf frischem Bruch dunkel kirschrot mit leichtem Violetton, dunkelt rasch nach zu violettgrau (ähnlich wie Bornit-**192**) ● Transparenz: opak ● Glanz: metallisch ● Spaltbarkeit: in zwei Richtungen ● Bruch: uneben ● Ausbildung: körnige Aggregate.
● Dichte: 6,78 ● Kristallsystem: rhombisch ● Kristallformen: unbekannt ● Chemische Zusammensetzung: Cu 54,70 %, Se 43,30 %, Beimengung von Ag ● Chemische Eigenschaften: löslich in HNO_3, brennt rot in der Flamme ● Behandlung: Reinigung mit destilliertem Wasser ● Ähnliche Minerale: Bornit ● Unterscheidung: mit Röntgen, Flammenfärbung.
● Genese: hydrothermal ● Paragenese: Berzelianit **(74),** Tiemannit **(80),** Chalkopyrit **(185),** Bornit ● Vorkommen: selten; Deutschland (Clausthal, St. Andreasberg, Lehrbach, Tilkerode), ČSFR (Předbořice, Slavkovice, Bukov), Argentinien (Sierra de Umango), Schweden (Skrikerum).

1. Greenockit – idiomorpher Kristall (3 mm), auf Quarz aufgewachsen; Bolivien (Llallagua). **2. Umangit** – blaßviolettes körniges Aggregat (Ausschnittbreite 38 mm); ČSFR (Předbořice). **3. Metacinnabarit** – Ader (1 mm mächtig) in Calcit–Cinnabarit–Ganggestein; ČSFR (Merník).

Greenockit, Umangit, Metacinnabarit

H
3—4

Jordanit

Sulfide
$Pb_4As_2S_7$

202

Benannt nach H. Jordan aus Saarbrücken (Rath, 1864)

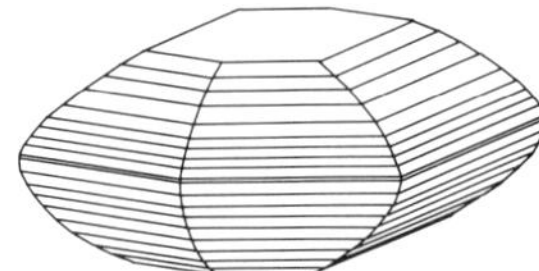

• Härte: 3 (spröde) • Strich: schwarz • Farbe: dunkel-bleiern, häufig Anlauffarben • Transparenz: opak • Glanz: metallisch • Spaltbarkeit: gut nach /010/ • Bruch: muschelig • Ausbildung: Kristalle, körnige, kugelige und traubige Aggregate.
• Dichte: 6,4 • Kristallsystem: monoklin • Kristallformen: dünn und tafelig • Chemische Zusammensetzung: Pb 71,90 %, As 10,30 %, S 17,80 % • Chemische Eigenschaften: löslich in HNO_3, läßt sich leicht auf Holzkohle schmelzen • Behandlung: Reinigung mit destilliertem Wasser • Ähnliche Minerale: Bournonit **(193)** • Unterscheidung: chemisch und mit Röntgen.
• Genese: hydrothermal • Paragenese: Galenit **(77),** Sphalerit **(181),** Pyrit **(436)** u. a. • Vorkommen: selten; Deutschland (Wiesloch), Schweiz (Binnatal – hübsche Kristalle in Dolomit), Rumänien (Sacarimb), Namibien (Kuiferberg), Japan (Mutsu – Aggregate bis zu 1 kg), UdSSR (Altai – Lagerstätte Kok-Kul).

Domeykit

Arsenide
Cu_3As

203

E

Benannt nach dem chilenischen Mineralogen I. Domeyk (1802–1889) (Haidinger, 1845)

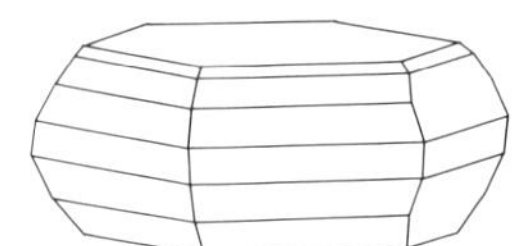

• Härte: 3–3,5 (spröde) • Strich: schwarz • Farbe: zinnweiß, läuft schnell gelb bis tombakbraun an • Transparenz: opak • Glanz: metallisch, wird an der Luft matt • Spaltbarkeit: fehlt • Bruch: uneben • Andere Kohäsionsmerkmale: teilweise schmiedbar • Ausbildung: dicht, körnig, Überkrustungen.
• Dichte: 7,2–8,1 • Kristallsystem: dimorph: α-Domeykit – kubisch, β-Domeykit – hexagonal • Kristallformen: unbekannt • Chemische Zusammensetzung: Cu 71,79 %, As 28,21 % • Chemische Eigenschaften: löslich in HNO_3, leicht schmelzbar (As-Dämpfe), auf Kohle As_2O_3-Anflug • Behandlung: Reinigung mit destilliertem Wasser • Ähnliche Minerale: Silber **(49),** Wismut **(48)** • Unterscheidung: Härte, Anlauffarben.
• Genese: hydrothermal • Paragenese: Kupfer **(47),** Silber • Vorkommen: selten; Deutschland (Zwickau), Frankreich (Lautaret), ČSFR (Běloves), Chile (Coquimbo, Copiapo), Iran (Mesanki) • Verwendung: in den USA selten als Edelstein.

Dyskrasit

Antimonide
Ag_3Sb

204

Abgeleitet vom griech. Wort *dyskrasia* – schlechte Mischung (Fröbel, 1837)

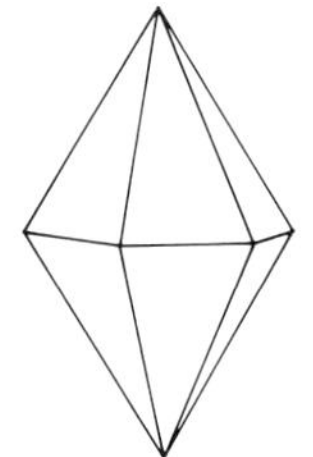

• Härte: 3,5 (spröde) • Strich: silberweiß • Farbe: silberweiß mit grauen oder goldbraunen Anlauffarben • Transparenz: opak • Glanz: stark, metallisch • Spaltbarkeit: unvollkommen nach /001/ und /011/ • Bruch: uneben • Andere Kohäsionsmerkmale: läßt sich leicht mit dem Messer schneiden • Ausbildung: dicht, Kristalle, körnige und blättrige Aggregate.
• Dichte: 9,4–10,0 • Kristallsystem: rhombisch • Kristallformen: pseudohexagonal • Chemische Zusammensetzung: Ag 72,66 %, Sb 27,34 % • Chemische Eigenschaften: löslich in HNO_3, läßt sich leicht auf Holzkohle schmelzen, gibt einen weißen Sb_2O_3-Änflug mit Ag-Kügelchen • Behandlung: Reinigung mit destilliertem Wasser • Ähnliche Minerale: Silber **(49),** Antimon **(178)**• Unterscheidung: Härte, Geschmeidigkeit, mit Röntgen und chemisch.
• Genese: hydrothermal • Paragenese: Silber, Pyrargyrit **(64),** Galenit **(77)** u. a. • Vorkommen: selten; Deutschland (Wolfach, St. Andreasberg), Frankreich (Sainte Marie-aux-Mines), Spanien (Quadalcanal), ČSFR (Příbram), Chile (Chañarcillo), Australien • Verwendung: u. a. Ag-Gewinnung.

1. Jordanit – idiomorpher Kristall (15 mm); Schweiz (Binnatal). **2. Domeykit** – körniges Aggregat in Cuprit und Malachit (Ausschnittbreite 90 mm); ČSFR (Běloves). **3. Dyskrasit** – Kristalldruse (bis zu 3 mm); Deutschland (Wolfach).

Cuprit

H
3—4

Ramsdellit

Oxide
MnO_2

211

Benannt nach dem amerikanischen Mineralogen L. S. Ramsdell (1895 bis 1975) (Fleischer, 1943)

• Härte: ca. 3 (spröde) • Strich: matt schwarz mit bräunlichem Ton • Farbe: stahlgrau bis schwarz • Transparenz: opak • Glanz: metallisch • Ausbildung: Kriställchen, feinkörnige und radialstrahlige Aggregate.
• Dichte: 4,37 • Kristallsystem: rhombisch • Kristallformen: Tafeln (Pseudomorphosen nach Groutit) • Chemische Zusammensetzung: Mn 63,19 %, O 36,81 % • Chemische Eigenschaften: reagiert nicht mit HNO_3 und HCl • Behandlung: Reinigung mit Wasser • Ähnliche Minerale: Pyrolusit **(474)** • Unterscheidung: Härte, Dichte, mit Röntgen.
• Genese: unterschiedliche Genese in Mn-Erzen • Paragenese: Psilomelan **(357)**, Pyrolusit • Vorkommen: selten; ČSFR (Horní Blatná), Türkei (Eregli, Mustafa Pasha), USA (Neumexiko – Lake Valley, Montana – Butte, Minnesota – Chisholm), in Ägypten, Indien u. a. • Verwendung: zusammen mit anderen Mineralen Mn-Erz.

Priceit (Pandermit)

Borate
$Ca_4B_{10}O_{19} . 7 H_2O$

212

L

Benannt nach dem amerikanischen Metallurgen T. Price (1837–?) (Silliman, 1873)

• Härte: 3–3,5 • Strich: weiß • Farbe: schneeweiß • Transparenz: durchscheinend • Glanz: matt • Spaltbarkeit: sehr gut nach /001/ • Bruch: muschelig, erdig • Ausbildung: Konkretionen, erdige oder harte Massen.
• Dichte: 2,4 • Kristallsystem: triklin • Kristallformen: rhombisch (nur mikroskopisch) • Lumineszenz: gelb • Chemische Zusammensetzung: CaO 32,11 %, B_2O_3 49,84 %, H_2O 18,05 % • Chemische Eigenschaften: säurelöslich • Behandlung: Reinigung mit destilliertem Wasser • Ähnliche Minerale: Ulexit **(19)**, Colemanit **(301)** • Unterscheidung: Härte, Löslichkeit in Wasser und Säuren, mit Röntgen.
• Genese: Boratseen • Paragenese: Gips **(29)**, Colemanit • Vorkommen: selten; Türkei (Panderma, Sultan Tschair), USA (Oregon – Chetko, Kalifornien – Furnace Creek Wash) • Verwendung: Borsäureherstellung, chemische Industrie.

Ascharit (Szajbelyit)

Borate
$Mg_2[B_2O_5] . H_2O$

213

Benannt nach der lat. Bezeichnung für die sächsische Provinz Aschersleben *Ascharia* (Feit, 1891)

• Härte: 3–3,5 • Strich: weiß • Farbe: weiß • Transparenz: durchscheinend • Glanz: seidig, matt bis erdig • Spaltbarkeit: fehlt • Bruch: muschelig, erdig • Ausbildung: faserige Aggregate, querfaserige Adern, Knollen.
• Dichte: 2,65 • Kristallsystem: rhombisch • Kristallformen: unbekannt • Chemische Zusammensetzung: MgO 47,91 %, B_2O_3 41,38 %, H_2O 10,71 % • Chemische Eigenschaften: schwach säurelöslich, färbt die Flamme grün • Behandlung: Reinigung mit destilliertem Wasser • Ähnliche Minerale: Inderit **(99)**, Inyoit **(100)**, Chrysotil **(275)** • Unterscheidung: Härte, Dichte.
• Genese: Borat- und Salzseen, sedimentär, sekundär • Paragenese: Carnallit **(84)**, Sylvin **(85)**, Halit **(86)**, Borax **(97)** • Vorkommen: selten; Deutschland (Aschersleben, Stassfurt), UdSSR (Inder), Korea (Holkol), USA (Kalifornien – Stinson Beach), Kanada (Douglas Lake) • Verwendung: Borsäureherstellung, chemische Industrie.

Ramsdellit – strahlige Aggregate (Ausschnittbreite 44 mm); ČSFR (Horní Blatná).

Ramsdellit

Hydromagnesit

Carbonate
$Mg_5[OH(CO_3)_2]_2 . 4 H_2O$

214

L

Benannt nach der chemischen Zusammensetzung (Kobell, 1835)

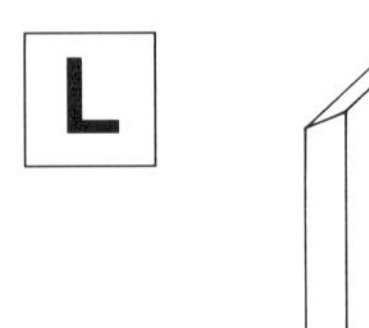

• Härte: 3,5 • Strich: weiß • Farbe: weiß • Transparenz: durchsichtig • Glanz: glasig, bei Aggregaten seidig • Spaltbarkeit: gut nach /010/ • Ausbildung: Kristalle, feine Nadeln, Rosetten, derbe Aggregate.
• Dichte: 2,2 • Kristallsystem: monoklin • Kristallformen: Nadeln • Lumineszenz: grün in KW, weiß bis bläulich in LW • Chemische Zusammensetzung: MgO 49,93 %, CO_2 27,75 %, H_2O 22,32 % • Chemische Eigenschaften: säurelöslich, wird in der Flamme weiß, schmilzt aber nicht • Behandlung: Reinigung mit Ultraschall • Ähnliche Minerale: Artinit **(105),** Dawsonit **(215)** • Unterscheidung: Paragenese, am besten chemisch und mit Röntgen.
• Genese: sekundär in Serpentiniten • Paragenese: Artinit, Calcit **(217),** Magnesit **(302)** u. a. • Vorkommen: selten; Österreich (Kraubath), ČSFR (Hrubšice, Jaklovce), Italien (Val Malenco), Deutschland (Limburg), USA (New York – Long Island), Iran (Dovez, Sonhan Mine).

Dawsonit

Carbonate
$NaAl[(OH)_2|CO_3]$

215

L

Benannt nach dem kanadischen Geologen J. W. Dawson (1820–1899) (Harrington, 1874)

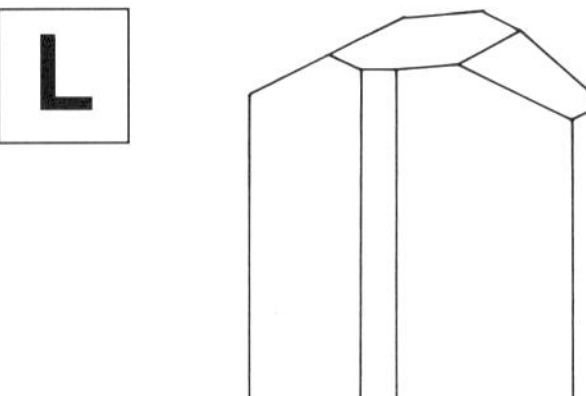

• Härte: 3 • Strich: weiß • Farbe: weiß • Transparenz: durchsichtig • Glanz: seidig, bei Kristallen glasig • Spaltbarkeit: gut nach /110/ • Ausbildung: Kristalle, kugelige und krustige Aggregate, Rosetten.
• Dichte: 2,44 • Kristallsystem: rhombisch • Kristallformen: Nadeln, dünne, gestreckte Tafeln • Lumineszenz: in KW matt weiß • Chemische Zusammensetzung: Na_2O 21,53 %, Al_2O_3 35,40 %, CO_2 30,56 %, H_2O 12,51 % • Chemische Eigenschaften: löst sich in Säuren und braust, bläht sich in der Flamme auf, schmilzt aber nicht • Behandlung: nicht reinigen • Ähnliche Minerale: Artinit **(105),** Hydromagnesit **(214)** • Unterscheidung: chemisch und mit Röntgen.
• Genese: hydrothermal • Paragenese: Calcit **(217),** Dolomit **(218),** Pyrit **(436)** • Vorkommen: selten; Italien (Monte Amiata), Österreich (Terlau), Albanien (Komana), Algerien (Tenés), Kanada (Quebec – St. Michel), Tansania (Olduvai) u. a.

Zaratit

Carbonate
$Ni_3[(OH)_4|CO_3] . 4 H_2O$

216

Benannt nach dem Spanier Zarate (Casares, 1851)

• Härte: 3–3,5 (spröde) • Strich: hellgrün • Farbe: smaragdgrün • Transparenz: durchsichtig bis durchscheinend • Glanz: glasig bis fettig • Spaltbarkeit: unbekannt • Bruch: muschelig • Ausbildung: Krusten, Massen, Staub, Tropfsteine.
• Dichte: 2,6 • Kristallsystem: kubisch • Kristallformen: prismatisch • Chemische Zusammensetzung: NiO 59,56 %, CO_2 11,70 %, H_2O 28,74 % • Chemische Eigenschaften: löslich in HCl, verliert im Glaskolben Wasser und CO_2 (grauschwarzer magnetischer Überrest), schmilzt in der Flamme nicht • Behandlung: nicht reinigen • Ähnliche Minerale: Morenosit **(118)** • Unterscheidung: Härte, Dichte, Löslichkeit in H_2O.
• Genese: hypergen • Paragenese: Brucit **(91),** Millerit **(195),** Serpentin **(273),** Chrysotil **(275),** Chromit **(371)** • Vorkommen: selten; Österreich (Kraubath), ČSFR (Kladno), Spanien (Kap Ortegal), Shetlands (Insel Unst), Australien (Tasmanien), USA, Indien usw.

1. Hydromagnesit – feinkugelige Aggregate (Kugelgröße 2 mm) aus nadeligen Kriställchen auf einer Serpentinitspalte; Italien (Valle d'Aosta). **2. Dawsonit** – radialstrahlige nadelige Kristalle (10 mm), auf Carbonat aufgewachsen; Kanada (St. Michel). **3. Zaratit** – smaragdgrüne derbe Massen (Ausschnittbreite 38 mm); USA (Woor Mine).

Hydromagnesit, Dawsonit, Zaratit

H
3—4

Calcit (Kalkspat)

Carbonate
$CaCO_3$

217

Bezeichnung vom lat. Wort *calx* – Kalk abgeleitet (Haidinger, 1845)

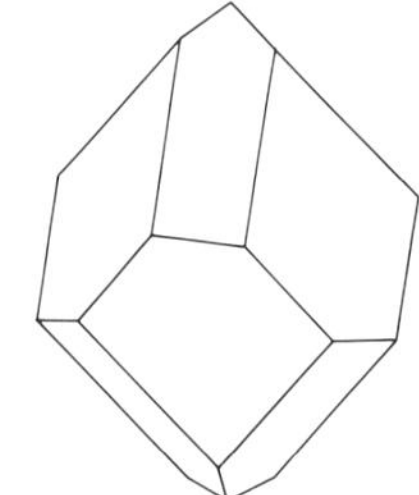

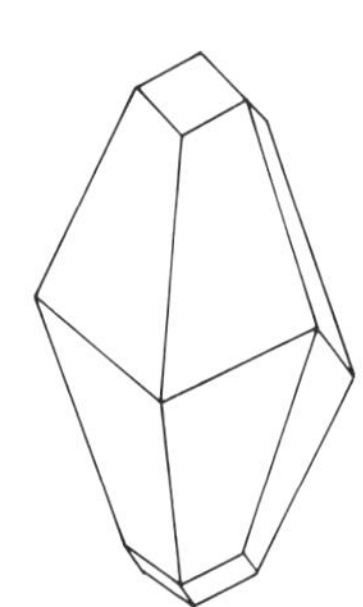

● Härte: 3 (spröde) ● Strich: weiß ● Farbe: farblos, weiß, gelb, braun, rötlich, bläulich bis schwarz ● Transparenz: durchsichtig bis durchscheinend ● Glanz: glasig bis perlmuttartig ● Spaltbarkeit: ausgezeichnet nach /$10\bar{1}1$/ ● Bruch: muschelig ● Ausbildung: Kristalle, körnige, tropfsteinartige, stalaktitische, derbe, erdige, krustige Aggregate, Überkrustungen, Konkretionen, Geoden.
● Dichte: 2,6–2,8 ● Kristallsystem: trigonal ● Kristallformen: Rhomboeder (über 80 Formen), Skalenoeder (über 200 Formen), Tafeln, Zwillinge, Verzerrungen (über 1000 Kristallformen und deren Kombinationen) ● Lumineszenz: weiß, gelblich, bläulich, rötlich, orange, sogar grünlich ● Chemische Zusammensetzung: CaO 56 %, CO_2 44 %, Beimengungen von Mg, Fe, Mn, Ba, Sr, Pb, Zn. Je nach Beimengung unterscheidet man die verschiedenen Calcitvarietäten: Islandkalkspat, chemisch reiner Calcit; Manganocalcit: bis zu 17 % MnO-Beimengung; Plumbocalcit: Beimengung von submikroskopischem Cerussit (Pb); Strontiocalcit: Beimengung von Sr u. a. ● Chemische Eigenschaften: platzt in der Flamme und setzt CO_2 frei, das entstehende CaO färbt die Flamme orange, braust heftig in HCl ● Behandlung: Reinigung mit destilliertem Wasser ● Ähnliche Minerale: Dolomit **(218),** Aragonit **(221),** Baryt **(240),** Magnesit **(302),** Chabasit **(325)** ● Unterscheidung: Härte, Dichte, Löslichkeit in HCl.
● Genese: hydrothermal, sedimentär, sekundär, auch metamorphogen und magmatisch. Wichtiges gesteinsbildendes Mineral ● Paragenese: Dolomit, Quarz **(534),** Tonminerale, Galenit **(77),** Sphalerit **(181)** u. a. ● Vorkommen: sehr häufig; Deutschland (schöne Kristalle stammen aus St. Andreasberg, Freiberg, Schneeberg, Bräunsdorf), ČSFR (Příbram, Banská Štiavnica), Rumänien (Cavnic), Belgien (Rhisnes), Großbritannien (Derbyshire, Cornwall, Cumberland), Mexiko (Guanajuato) und an einer ganzen Reihe weiterer Lokalitäten. Besonders schöne Calcitkristalle wurden in den USA gefunden (Missouri – Joplin), auf Island (Lokalität Helgustadir – ein rhomboedrischer Kristall von 6 × 2 m Größe). Ein Calcit von 25 t Gewicht wurde in den USA gefördert (Neumexiko – Lokalität Itseberg). Die größten Calcitmengen kommen in Gesteinen wie Kalkstein, Marmor, Travertin usw. vor, die überall auf der Erde Gebirgsmassive bilden ● Verwendung: Optik, Zementindustrie, Bauindustrie, Hüttenwesen, Dekormaterial, Ziergegenstände. Einige Calcitarten lassen sich auch zu Schliffen verarbeiten (Facetten, Cabochons).

Calcit – Druse paralleler Kristallverwachsungen (bis zu 6 mm) in Assoziation mit Pyrit (Ausschnittbreite 60 mm); ČSFR (Příbram).

Calcit

H
3—4

Dolomit

Carbonate
$CaMg[CO_3]_2$

218

Benannt nach dem französischen Mineralogen und Geologen D. de Dolomieu (1750–1801) (Saussure, 1796)

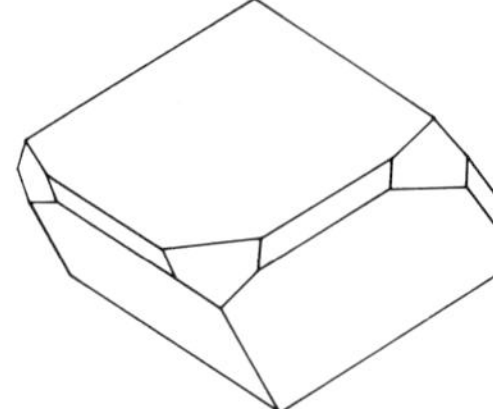

● Härte: 3,5–4 (spröde) ● Strich: weiß ● Farbe: weiß, grau, rötlich, bräunlich ● Transparenz: durchsichtig bis durchscheinend ● Glanz: glasig, perlmuttartig ● Spaltbarkeit: ausgezeichnet nach /1011/ ● Bruch: muschelig ● Ausbildung: Kristalle, Drusen, körnige, dichte, kugelige Aggregate, Pseudomorphosen.

● Dichte: 2,85–2,95 ● Kristallsystem: trigonal ● Kristallformen: Rhomboeder, prismatisch mit rhomboedrischen Flächen usw. ● Lumineszenz: orange, gelb, weiß, cremefarben, hellgrün, bräunlich. Einige Dolomite weisen Triboluminseszenzfähigkeit auf ● Chemische Zusammensetzung: CaO 30,41 %, MgO 21,86 %, CO_2 47,73 %, Beimengungen von Fe, Mn, Co, Pb, Zn, Abarten: Ferrodolomit (Fe), Mangandolomit (Mn) ● Chemische Eigenschaften: löst sich in kalten Säuren nur sehr langsam, platzt in der Flamme und leuchtet orange ● Behandlung: Reinigung mit destilliertem Wasser ● Ähnliche Minerale: Calcit **(217)**, Ankerit **(219)**, Magnesit **(302)** ● Unterscheidung: am besten chemisch und mit Röntgen (Calcit braust in HCl, Magnesit färbt die Flamme nicht).

● Genese: hydrothermal, sedimentär, metasomatisch ● Paragenese: Galenit **(77)**, Sphalerit **(181)**, Calcit, Pyrit **(436)**, Quarz **(534)** u. a. ● Vorkommen: sehr häufig; Kristalle gibt es in Deutschland (Freiberg), Österreich (Leogang, Tirol – Lokalität Pfitsch), Mexiko (Guanajuato) u. a. In verschiedenen Erdzeitaltern hat Dolomit ganze Bergmassive entstehen lassen ● Verwendung: Bauwesen, Kunstdünger, feuerfestes Material usw. Farblose Varietäten wurden auch als Edelsteine verwendet (Facetten).

Ankerit (Braunspat)

Carbonate
$CaFe[CO_3]_2$

219

Benannt nach dem österreichischen Mineralogen M. J. Anker (1771–1843) (Haidinger, 1825)

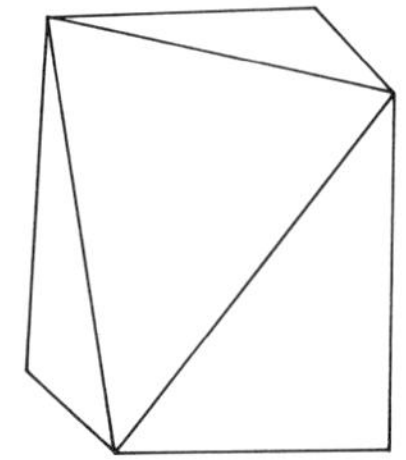

● Härte: 3,5–4 (spröde) ● Strich: weiß ● Farbe: weiß, grau, gelb, braun ● Transparenz: durchscheinend bis undurchscheinend ● Glanz: glasig, perlmuttartig ● Spaltbarkeit: gut nach /1011/ ● Bruch: halbmuschelig ● Ausbildung: Kristalle, körnige und dichte Aggregate.

● Dichte: 3,0–3,1 ● Kristallsystem: trigonal ● Kristallformen: Rhomboeder ● Lumineszenz: Stücke von einigen Lokalitäten mittelorange in LW ● Chemische Zusammensetzung: CaO 30,49 %, FeO 39,06 %, CO_2 30,45 %, Beimengung von Mg, Mn, selten auch Ce, La (Abart Codasit) ● Chemische Eigenschaften: löst sich in Säuren langsam, platzt in der Flamme und wird braun ● Behandlung: Reinigung mit destilliertem Wasser, gut trocknen – verwittert an der Luft! ● Ähnliche Minerale: Dolomit **(218)**, Kutnahorit **(220)**, Magnesit **(302)**, Siderit **(306)** ● Unterscheidung: Dichte, vor allem aber chemisch.

● Genese: hydrothermal, metasomatisch ● Paragenese: Dolomit, Siderit, Quarz **(534)**, Cu-Sulfide usw. ● Vorkommen: häufig; Österreich (Eisenerz, Erzberg), Deutschland (Freiberg), Rumänien (Cavnic), ČSFR (Mlynky – Kristalle bis zu 5 cm), Kristalle stammen auch von Lokalitäten in Italien (Traverselle) und der Schweiz (Lengenbach, Binnatal). Höchst durchsichtige Kristalle gibt es in Algerien (Djelfa) ● Verwendung: armes Eisenerz.

1. Ankerit – hellblaue rhomboedrische Kristalle (bis zu 10 mm); Österreich (Eisenerz). **2. Dolomit** – rosigweiße rhomboedrische Kristalle (bis zu 10 mm); Rumänien (Baita).

Ankerit, Dolomit

H
3—4

Kutnahorit

Carbonate
$CaMn[CO_3]_2$

220

Benannt nach dem Fundort in der ČSFR (Bukovský, 1901)

• Härte: 3,5–4 (spröde) • Strich: weiß • Farbe: weiß, hellgelb, hellrosa • Transparenz: durchscheinend • Glanz: glasig, matt • Spaltbarkeit: gut nach /10$\bar{1}$1/ • Bruch: muschelig • Ausbildung: körnige und dichte Aggregate.
• Dichte: 3,1 • Kristallsystem: trigonal • Kristallformen: Rhomboeder • Chemische Zusammensetzung: CaO 30,64 %, MnO 38,76 %, CO_2 30,60 %, Beimengungen von Mg, Fe.
• Genese: hydrothermal • Paragenese: Dolomit **(218),** Mn-Minerale • Vorkommen: selten; ČSFR (Kutná Hora), Italien (Val Malenco), Japan (Ryujima Mine), USA (New Jersey – Franklin).

Aragonit

Carbonate
$CaCO_3$

221

Benannt nach der Fundstelle in Aragonien (Spanien) (Werner, 1796)

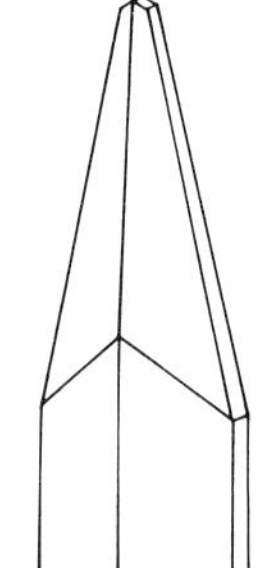

• Härte: 3,5–4 (spröde) • Strich: weiß • Farbe: weiß, gelblich, bläulich • Transparenz: durchsichtig bis durchscheinend • Glanz: glasig, auf den Spaltflächen perlmuttartig, matt • Spaltbarkeit: unvollkommen nach /010/ • Bruch: muschelig • Ausbildung: Kristalle, faserige, radialstrahlige, tropfsteinartige, korallige (Erbsenstein), krustige Aggregate (Sprudelstein).
• Dichte: 2,95 • Kristallsystem: rhombisch • Kristallformen: prismatisch, nadelig • Lumineszenz: weiß, gelb, cremefarben, orange, grünlich • Chemische Zusammensetzung: CaO 56 %, CO_2 44 % • Chemische Eigenschaften: braust in Säuren und löst sich auf • Behandlung: Reinigung mit destilliertem Wasser • Ähnliche Minerale: Calcit **(217),** Strontianit **(222)** • Unterscheidung: Härte, Spaltbarkeit, mit Röntgen.
• Genese: niederthermal, hypergen • Paragenese: Calcit, Zeolithe, Limonit **(355)** • Vorkommen: häufig; Deutschland (Kaiserstuhl, Eisleben), Österreich (Eisenerz), ČSFR (Podrečany – Kristalle bis zu 30 cm, Karlovy Vary, Hořenec), Spanien (Molina de Aragon), Sizilien, Namibia (Tsumeb), USA (Süddakota – Windcave, Neumexiko – Socorro) u. a. • Verwendung: Dekorstein, vereinzelt Schliffherstellung.

Strontianit

Carbonate
$SrCO_3$

222

Benannt nach der Lokalität Strontian in Schottland (Sulzer, 1790)

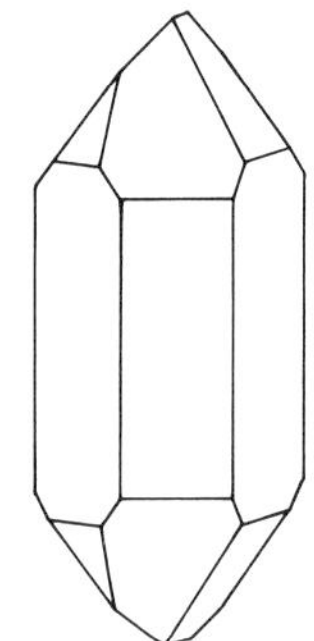

• Härte: 3,5 (spröde) • Strich: weiß • Farbe: weiß, grau, gelb, grünlich, rosa, violett • Transparenz: durchsichtig, durchscheinend • Glanz: glasig, fettig • Spaltbarkeit: unvollkommen nach /110/ • Bruch: uneben bis halbmuschelig • Ausbildung: Kristalle, nadelige, faserige, radiale Aggregate.
• Dichte: 3,7 • Kristallsystem: rhombisch • Kristallformen: prismatisch, scharf pyramidal • Lumineszenz: manchmal weiß, cremefarben • Chemische Zusammensetzung: SrO 70,19 %, CO_2 29,81 % • Chemische Eigenschaften: braust in Säuren und löst sich leicht, bläht sich vor dem Lötrohr blumenkohlförmig auf, färbt die Flamme karminrot • Behandlung: Reinigung mit destilliertem Wasser • Ähnliche Minerale: Aragonit **(221),** Natrolith **(387)** • Unterscheidung: Dichte, Reaktion vor dem Lötrohr, Härte.
• Genese: hydrothermal, sedimentär • Paragenese: Calcit **(217),** Baryt **(240)** • Vorkommen: selten; Deutschland (Clausthal, Grund, Münster), Österreich (Leogang, Oberdorf), Großbritannien (Schottland – Strontian), USA (New York – Schoharie, Kalifornien – Strontium Hills) • Verwendung: früher in der Zuckerraffinerie, Pyrotechnik, manchmal Sr-Gewinnung.

1. Aragonit – Druse aus lang prismatischen Kristallen, auf Dolomit aufgewachsen (Ausschnittbreite 81 mm); Österreich (Eisenerz).
2. Strontianit – Druse aus prismatischen Kristallen (bis 20 mm); USA (Pennsylvanien – Winfield).

Aragonit, Strontianit

Witherit

Carbonate
$BaCO_3$

223

Benannt nach dem englischen Naturwissenschaftler W. Withering (1741–1799) (Werner, 1790)

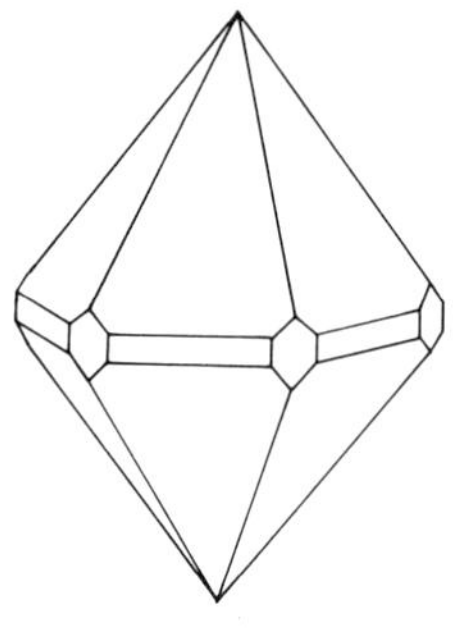

• Härte: 3,3 (spröde) • Strich: weiß • Farbe: weiß, gelb, grau, bräunlich • Transparenz: durchscheinend bis durchsichtig • Glanz: glasig, fettig • Spaltbarkeit: unvollkommen • Bruch: uneben • Ausbildung: Kristalle, körnige, faserige und derbe Aggregate, kugelige Aggregate.
• Dichte: 4,3 • Kristallsystem: rhombisch • Kristallformen: pseudohexagonale Bipyramiden, prismatisch, Tafeln • Lumineszenz: gelb bis gelbgrün, blau • Chemische Zusammensetzung: BaO 77,7 %, CO_2 22,3 % • Chemische Eigenschaften: löslich in HCl und HNO_3, färbt die Flamme grün • Behandlung: Reinigung mit destilliertem Wasser – Vorsicht, giftig! • Ähnliche Minerale: Aragonit **(221)**, Strontianit **(222)**, Cerussit **(225)**, Quarz **(534)** • Unterscheidung: Dichte, Härte, Flammenfärbung.
• Genese: hydrothermal • Paragenese: Siderit **(306)**, Galenit **(77)**, Sphalerit **(181)**
• Vorkommen: selten; Großbritannien (Fallowfield, Dufton, Alston Moor), Österreich (Leogang, Peggau), UdSSR (Sibirien), USA (Kalifornien – El Portal) u. a.
• Verwendung: vereinzelt zur Herstellung von Ba-Verbindungen.

Otavit (Cadmiumspat)

Carbonate
$CdCO_3$

224

Benannt nach der Fundstelle bei Otaví in Namibia (Schneider, 1906)

• Härte: etwa 3,5–4 • Strich: weiß • Farbe: weiß, gelbbraun bis rötlich • Transparenz: durchscheinend • Glanz: diamantartig, perlmuttartig • Ausbildung: Krusten, Kriställchen.
• Dichte: 5,03 • Kristallsystem: trigonal • Kristallformen: Rhomboeder • Chemische Zusammensetzung: CdO 74,47 %, CO_2 25,53 %.
• Genese: sekundär • Paragenese: Cerussit **(225)**, Azurit **(226)**, Malachit **(307)**, Smithsonit **(373)** • Vorkommen: selten; Namibia (Tsumeb, Otaví), Vietnam (Mo Ba), USA (Neumexiko – Cally).

Cerussit (Weißbleierz)

Carbonate
$PbCO_3$

225

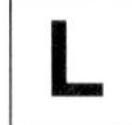

Bezeichnung vom lat. Wort *cerussa* – Bleiweiß abgeleitet (Haidinger, 1845)

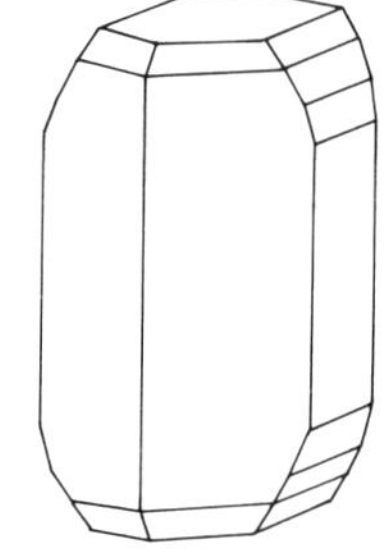

• Härte: 3–3,5 (spröde) • Strich: weiß • Farbe: farblos, weiß, gelb, braun, grau, auch schwarz • Transparenz: durchsichtig, durchscheinend • Glanz: diamantartig • Spaltbarkeit: unvollkommen nach /110/ und /021/ • Bruch: uneben, muschelig • Ausbildung: Kristalle, körnige Aggregate, selten faserige, Überkrustungen und tropfsteinartige Aggregate.
• Dichte: 6,4–6,6 • Kristallsystem: rhombisch • Kristallformen: Tafeln, Doppelpyramiden, Nadeln, Verwachsungen • Lumineszenz: grünlich, bläulich in KW, schwach rosaorange in LW • Chemische Zusammensetzung: PbO 83,53 %, CO_2 16,47 % • Chemische Eigenschaften: löslich in HNO_3, platzt vor dem Lötrohr, schmilzt schließlich auch, färbt die Holzkohle gelb • Behandlung: Reinigung mit destilliertem Wasser • Ähnliche Minerale: Coelestin **(239)**, Baryt **(240)**, Anglesit **(242)**, Scheelit **(310)** • Unterscheidung: Härte, Dichte, Formen der Verwachsungen, Glanz, mit Röntgen.
• Genese: sekundär • Paragenese: Anglesit, Galenit **(77)**, Pyromorphit **(262)**
• Vorkommen: häufig in den Oxidationszonen von Pb-Zn-Lagerstätten; Deutschland (Oberharz, Siegen, Mechernich, Badenweiler, Wildschapbachtal u. a.), ČSFR (hübsche Kristalle in Příbram und Stříbro), Italien (Sardinien – Monteponi), USA (Colorado – Leadville), Namibia (Tsumeb – sehr schöne Kristalle), Sambia (Kabwe), Australien (Broken Hill) u. a. • Verwendung: Pb-Erz.

1. Witherit – Pyramidenförmige idiomorphe Kristalle (bis zu 20 mm); Großbritannien (Hexham). **2. Cerussit** – weiße Kristalldruse (bis zu 20 mm); ČSFR (Příbram).

Witherit, Cerussit

H
3—4

Azurit (Kupferglasur)

Carbonate
$Cu_3[OH|CO_3]_2$

226

Bezeichnung abgeleitet vom persischen Wort *lāğwārd* – blau (Beudant, 1824)

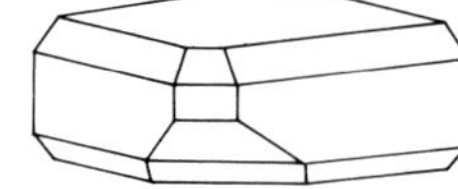

• Härte: 3,5–4 (spröde) • Strich: hellblau • Farbe: azurblau • Transparenz: durchscheinend, opak • Glanz: glasig • Spaltbarkeit: unvollkommen nach /100/ • Bruch: muschelig, uneben • Ausbildung: Kristalle, körnige, erdige, radialstrahlige Aggregate, Überkrustungen, Pseudomorphosen.
• Dichte: 3,7–3,9 • Kristallsystem: monoklin • Kristallformen: Tafeln, säulig • Chemische Zusammensetzung: CuO 69,24 %, CO_2 25,53 %, H_2O 5,23 % • Chemische Eigenschaften: leicht löslich in Säuren und Ammoniak, läßt sich in der Flamme schmelzen • Behandlung: Reinigung mit Wasser • Ähnliche Minerale: Linarit **(110),** Vivianit **(136),** Lasurit **(392)** • Unterscheidung: Härte, Dichte, Flammenfarbe.
• Genese: sekundär • Paragenese: Chalkosin **(68),** Cuprit **(209),** Malachit **(307),** Limonit **(355)** usw. • Vorkommen: sehr häufig; Deutschland (Mechernich, Wallerfangen, Wildschapbachtal), Frankreich (Chessy), UdSSR (Nishnyj Tagilsk), Chile (Copiapó), Namibia (Tsumeb), Australien (Burra), USA (Arizona), usw. • Verwendung: Cu-Erz, Farbstoffe, manchmal als Edelstein.

Antlerit

Sulfate
$Cu_3[(OH)_4|SO_4]$

227

Benannt nach der Lokalität Antler Mine (Arizona, USA) (Hillebrand, 1889)

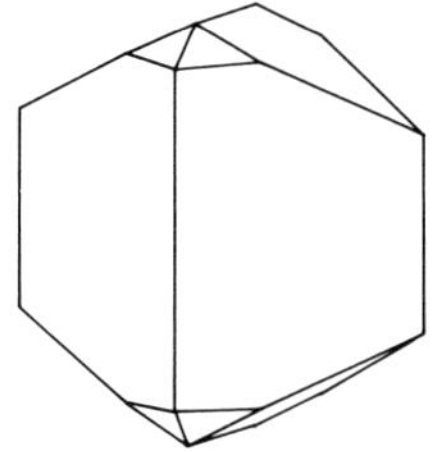

• Härte: 3,5 • Strich: hellgrün • Farbe: grün • Transparenz: durchscheinend • Glanz: glasig • Spaltbarkeit: gut nach /010/ • Ausbildung: Kristalle, körnige, faserige und staubförmige Aggregate.
• Dichte: 3,9 • Kristallsystem: rhombisch • Kristallformen: Tafeln, Prismen • Chemische Zusammensetzung: CuO 67,28 %, SO_3 22,57 %, H_2O 10,15 % • Chemische Eigenschaften: löslich in H_2SO_4, läßt sich in der Flamme schmelzen • Behandlung: Reinigung mit destilliertem Wasser • Ähnliche Minerale: Brochantit **(228)** • Unterscheidung: löslich in Säuren und Ammoniak, mit Röntgen.
• Genese: sekundär • Paragenese: Atacamit **(206),** Brochantit u. a. • Vorkommen: selten; Deutschland (Grube Clara bei Oberwolfach), ČSFR (Špania Dolina), Chile (Chuquicamata), USA (Arizona – Antler Mine), Mexiko (Coahuila), Alaska (Kennecott) • Verwendung: manchmal Cu-Erz.

Brochantit

Sulfate
$Cu_4[(OH)_6|SO_4]$

228

Benannt nach dem französichen Geologen und Mineralogen A. J. F. M. Brochant de Villiers (1772–1840) (Lévy, 1824)

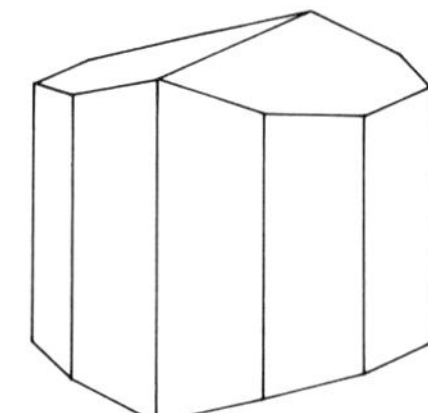

• Härte: 3,5–4 • Strich: hellgrün • Farbe: smaragdgrün, schwarzgrün • Transparenz: durchsichtig bis durchscheinend • Glanz: glasig, auf den Spaltflächen perlmuttartig • Spaltbarkeit: gut • Ausbildung: Kristalle, faserige, körnige und nadelige Aggregate.
• Dichte: 3,97 • Kristallsystem: monoklin • Kristallformen: prismatisch • Chemische Zusammensetzung: CuO 70,36 %, SO_3 17,7 %, H_2O 11,94 % • Chemische Eigenschaften: löslich in Säuren und Ammoniak, schmilzt in der Flamme leicht • Behandlung: Reinigung mit destilliertem Wasser • Ähnliche Minerale: Antlerit **(227),** Malachit **(307)** • Unterscheidung: Löslichkeit in Säuren und Ammoniak, mit Röntgen.
• Genese: sekundär • Paragenese: Linarit **(110),** Azurit **(226),** Antlerit, Malachit • Vorkommen: selten; Deutschland (Grube Clara bei Wolfach, Wittichen, Neubulach), Rumänien (Baiţa), Griechenland (Lavrion), USA (Neumexiko, Arizona), Chile u. a. • Verwendung: gelegentlich als Edelstein.

1. Antlerit – smaragdgrüne körnige u. faserige Aggregate auf Quarz (Ausschnittbreite 32 mm); Chile (Chuquicamata). **2. Azurit** – Aggregat aus Kristallen (bis zu 4 mm); Namibia (Tsumeb). **3. Brochantit** – Druse aus nadeligen Kristallen in einem Quarzhohlraum (Ausschnittbreite 18 mm); ČSFR (Borovec).

Antlerit, Azurit, Brochantit

H
3—4

Kainit

Sulfate
$KMg[Cl|SO_4] \cdot 3\ H_2O$

229

Bezeichnung vom griech. Wort *kainos* – neu abgeleitet (Zincken, 1865)

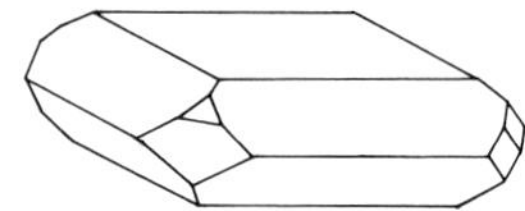

• Härte: 3 • Strich: weiß • Farbe: weiß, gelb, grau, rötlich • Transparenz: durchscheinend • Glanz: glasig • Spaltbarkeit: gut nach /001/ • Ausbildung: Kristalle, körnige Aggregate • Löslichkeit: leicht wasserlöslich • Andere Eigenschaften: bitter-salziger Geschmack.
• Dichte: 2,1 • Kristallsystem: monoklin • Kristallformen: Tafeln, pseudorhombisch • Chemische Zusammensetzung: K 15,70 %, MgO 16,19 %, SO_3 32,16 %, Cl 14,24 %, H_2O 21,71 % • Chemische Eigenschaften: schmilzt in der Flamme • Ähnliche Minerale: Carnallit **(84)** • Unterscheidung: Härte, Carnallit ist hygroskopisch.
• Genese: sedimentär • Paragenese: Sylvin **(85),** Carnallit, Halit **(86),** Anhydrit **(235)** • Vorkommen: häufig; Deutschland (Stassfurt), Österreich (Hallstadt, Bad Ischl), UdSSR (Kalush), USA • Verwendung: Kunstdünger, Kalisalze.

Slavikit

Sulfate
$MgFe_3^{3+}[(OH)_3|(SO_4)_4] \cdot 18\ H_2O$

230

Benannt nach dem tschechischen Mineralogen F. Slavík (1876–1957) (Jirkovský, 1926)

• Härte: ca. 3,5 • Strich: heller als die Färbung • Farbe: gelbgrün • Transparenz: durchscheinend • Glanz: glasig • Spaltbarkeit: unbekannt • Ausbildung: Kristalle, Krusten, feinkörnige Aggregate.
• Dichte: 2,1 • Kristallsystem: trigonal • Kristallformen: Tafeln • Chemische Zusammensetzung: MgO 4,24 %, Fe_2O_3 25,18 %, SO_3 33,66 %, H_2O 36,92 %.
• Genese: sekundär • Paragenese: Alunogen **(26),** Halotrichit **(27),** Pyrit **(436)** • Vorkommen: selten; ČSFR (Valachov), Österreich (Pöham), Italien, Argentinien.

Kieserit

Sulfate
$MgSO_4 \cdot H_2O$

231

Benannt nach dem Präsidenten der Jenaer Akademie D. G. Kieser (1779–1826) (Reichardt, 1861)

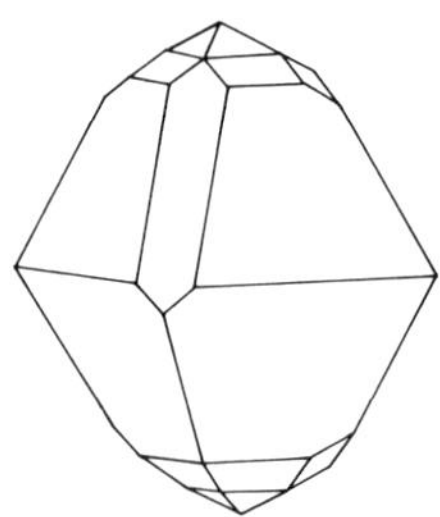

• Härte: 3,5 • Strich: weiß • Farbe: weiß, gelblich • Transparenz: durchsichtig • Glanz: glasig • Spaltbarkeit: ausgezeichnet nach /110/ und /111/ • Ausbildung: Kristalle, dichte und körnige Aggregate • Löslichkeit: wasserlöslich.
• Dichte: 2,57 • Kristallsystem: monoklin • Kristallformen: dipyramidal • Chemische Zusammensetzung: MgO 29,0 %, SO_3 58,0 %, H_2O 13,0 % • Chemische Eigenschaften: schmilzt vor dem Lötrohr und verliert Wasser, nimmt an der Luft Wasser auf und wandelt sich zu Epsomit **(111)** • Behandlung: in geschlossenen Gefäßen aufbewahren • Ähnliche Minerale: Epsomit • Unterscheidung: Geschmack, Wasserlöslichkeit.
• Genese: sedimentär • Paragenese: Sylvin **(85),** Halit **(86),** Epsomit • Vorkommen: selten; Kalisalzlagerstätten in Deutschland, Österreich (Hallstadt), in der UdSSR (Kalusch), USA (New Mexiko, Utah) u. a. • Verwendung: Mg-Salzherstellung.

Alunit (Alaunstein)

Sulfate
$KAl_3[(OH)_6|(SO_4)_2]$

232

Bezeichnung aus dem Lateinischen übernommen: *alumen* – Alaun (Beudant, 1824)

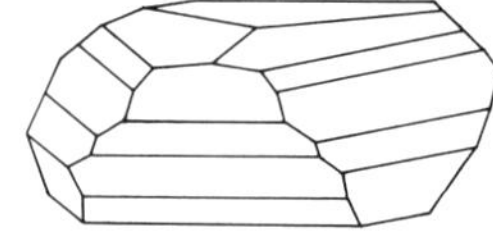

• Härte: 3,5–4 • Strich: weiß • Farbe: weiß, grau, gelblich, rötlich • Transparenz: durchscheinend • Glanz: glasig, perlmuttartig, bei den Aggregaten erdig • Spaltbarkeit: gut • Ausbildung: Kristalle, erdige, körnige und faserige Aggregate.
• Dichte: 2,7–2,8 • Kristallsystem: trigonal • Kristallformen: Rhomboeder, Tafeln • Lumineszenz: manchmal orange, weiß • Chemische Zusammensetzung: K_2O 11,4 %, Al_2O_3 37,0 %, SO_3 38,6 %, H_2O 13,0 % • Chemische Eigenschaften: schwer löslich in H_2SO_4, platzt vor dem Lötrohr, schmilzt aber nicht • Behandlung: Reinigung mit destilliertem Wasser • Ähnliche Minerale: Aluminit **(25)** • Unterscheidung: Säurelöslichkeit, Härte, Dichte.
• Genese: sedimentär, postvulkanisch • Paragenese: Halloysit **(34),** Kaolinit **(38),** Gibbsit **(90)** • Vorkommen: selten; Italien (Tolfa), Ungarn, UdSSR, USA (Nevada), Australien • Verwendung: Herstellung von Alaun und Al-Sulfaten.

1. Slavikit – grünbraune Aggregate; ČSFR (Valachov). **2. Alunit** – feinkörniges blaßgraues Aggregat; UdSSR (Kalush). **3. Kainit** – rötliches feinkörniges Aggregat; Deutschland (Stassfurt). **4. Kieserit** – weißes dichtes Aggregat (Ausschnittbreite 85 mm); UdSSR (Beregowo).

Slavikit, Alunit, Kainit, Kieserit

H
3—4

Voltait

Sulfate
$K_2Fe_5^{2+}Fe_4^{3+}[SO_4]_{12} \cdot 18\ H_2O$

233

Benannt nach dem italienischen Physiker A.G.A.A. Volta (1745 bis 1827) (Scacchi, 1841)

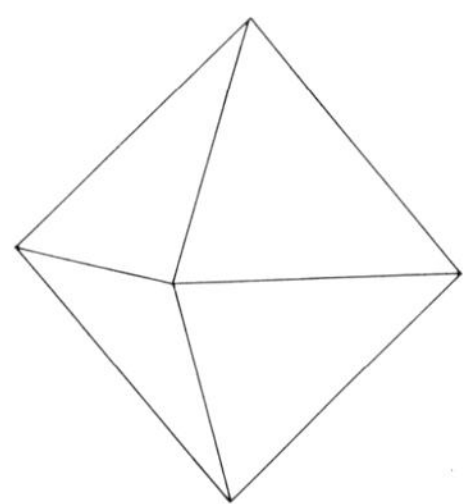

● Härte: 3(spröde) ● Strich: graugrün ● Farbe: dunkelgrün bis schwarz ● Transparenz: undurchsichtig, an den Kristallrändern grün durchscheinend ● Glanz: seidig ● Spaltbarkeit: fehlt ● Bruch: muschelig ● Ausbildung: Kristalle, körnige und dichte Aggregate ● Löslichkeit: warmwasserlöslich.

● Dichte: 2,6–2,8 ● Kristallsystem: kubisch ● Kristallformen: Oktaeder, Dodekaeder ● Chemische Zusammensetzung: K_2O 4,58 %, FeO 17,46 %, Fe_2O_3 15,52 %, SO_3 46,68 %, H_2O 15,76 % ● Chemische Eigenschaften: säurelöslich ● Behandlung: nicht reinigen, in geschlossenen Behältern oder Plasten aufbewahren (geht an der Luft in gelbes staubförmiges Coquimbit **(121)** über).

● Genese: sekundär ● Paragenese: Alunogen **(26),** Halotrichit **(27),** Melanterit **(114)** ● Vorkommen: selten; Deutschland (Rammelsberg, Waldsassen), Italien (Solfatara), Iran (Madeni Zakh), Spanien (Huelva).

Polyhalit

Sulfate
$K_2Ca_2Mg[SO_4]_4 \cdot 2\ H_2O$

234

Bezeichnung aus den griech. Wörtern *polys* – viel und *hals* – Salz zusammengesetzt (Stromeyer, 1818)

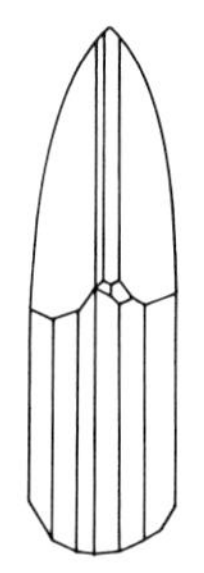

● Härte: 3–3,5 (spröde) ● Strich: weiß bis rotweiß ● Farbe: weiß, gelblich, grau oder fleischrot ● Transparenz: durchsichtig bis durchscheinend ● Glanz: glasig ● Spaltbarkeit: ausgezeichnet nach /101/ ● Ausbildung: Kristalle, körnige, faserige, kugelige oder derbe Aggregate ● Löslichkeit: wasserlöslich.

● Dichte: 2,77 ● Kristallsystem: triklin ● Kristallformen: Tafeln ● Chemische Zusammensetzung: K_2O 15,6 %, MgO 6,6 %, CaO 18,6 %, SO_3 53,2 %, H_2O 6,0 % ● Behandlung: vor Feuchtigkeit schützen.

● Genese: sedimentär ● Paragenese: Gips **(29),** Halit **(86),** Anhydrit **(235)** ● Vorkommen: häufig in den Salzlagerstätten im Norden Deutschlands, Österreich (Hallstadt, Bad Ischl), Frankreich, USA, Mexiko, UdSSR u. a. ● Verwendung: Kunstdünger.

Anhydrit

Sulfate
$CaSO_4$

235

Bezeichnung vom griech. Wort *anhydros* – wasserfrei abgeleitet, im Gegensatz zum wasserhaltigen Gips (Werner, 1803)

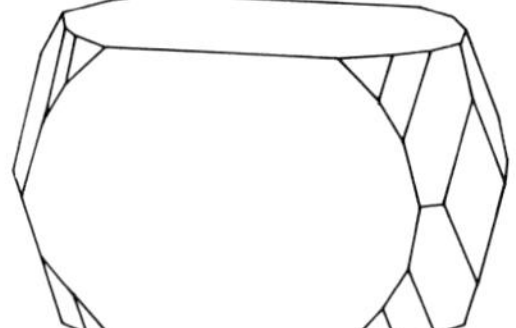

● Härte: 3,5 (spröde) ● Strich: weiß ● Farbe: weiß, bläulich, grau, rötlich oder violett ● Transparenz: durchscheinend ● Glanz: glasig bis perlmuttartig ● Spaltbarkeit: ausgezeichnet nach /010/, gut nach /100/ ● Ausbildung: Kristalle, körnige, faserige, kugelige Aggregate, Pseudomorphosen ● Löslichkeit: schwach wasserlöslich.

● Dichte: 2,9–3,0 ● Kristallsystem: rhombisch ● Kristallformen: Tafeln, prismatisch, auch hexaederähnlich, Zwillinge. Bei den prismatischen Kristallen sind die Flächen intensiv gerieft ● Lumineszenz: manchmal rot in LW ● Chemische Zusammensetzung: CaO 41,2 %, SO_3 58,8 % ● Chemische Eigenschaften: schmilzt in der Flamme zu weißer Emaille, färbt die Flamme rotgelb, schwach löslich in HCl und H_2SO_4 ● Behandlung: Reinigung mit Alkohol ● Ähnliche Minerale: Gips **(29),** Kryolith **(88),** Calcit **(217),** Baryt **(240)** ● Unterscheidung: Härte, Säurelöslichkeit, Dichte, zuverlässig chemisch und mit Röntgen.

● Genese: hydrothermal, sedimentär, postvulkanisch, magmatisch ● Paragenese: Gips, Halit **(86),** Polyhalit **(234)** ● Vorkommen: häufig; Deutschland (in der Gegend von Hannover, Stassfurt), Frankreich, Österreich, Großbritannien, Indien, USA, UdSSR, Chile u. a. ● Verwendung: Bauwesen, manchmal auch zu Herstellung von Ziergegenständen, Facetten- und Cabochonschliffe für Schmuck.

1. Voltait – schwarzes feinkörniges Aggregat (Ausschnittbreite 90 mm); Spanien (Huelva). **2. Polyhalit** – rötliche Kristalldruse (Ausschnittbreite 25 mm); Österreich (Bad Ischl). **3. Anhydrit** – feinkristallines Aggregat in Dolomitbrekzie (Ausschnittbreite 50 mm); Österreich.

Voltait, Polyhalit, Anhydrit

H
3—4

Jarosit (Gelbeisenerz)

Sulfate
$KFe_3[(OH)_6|(SO_4)_2]$

236

Benannt nach der Lokalität Barranco Jaroso in Südspanien (Breithaupt, 1852)

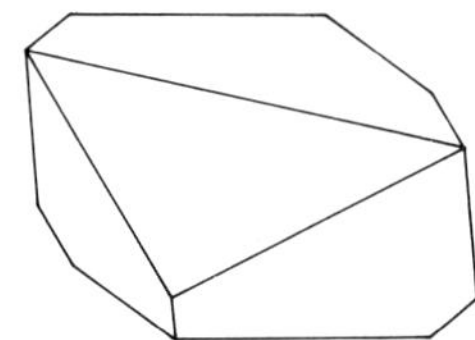

• Härte: 3–4 (spröde) • Strich: gelb • Farbe: gelb, braun, braunschwarz, ockergelb • Transparenz: durchscheinend • Glanz: stark glasig • Spaltbarkeit: unvollkommen nach /0001/ • Ausbildung: Kristalle, körnige, faserige, schuppige und erdige Massen, Krusten, Staubüberzüge • Andere Eigenschaften: fühlt sich fettig an.
• Dichte: 3,1–3,3 • Kristallsystem: trigonal • Kristallformen: Tafeln, Rhomboeder • Chemische Zusammensetzung: K_2O 9,41 %, Fe_2O_3 47,83 %, SO_3 31,97 %, H_2O 10,79 %, Beimengungen von Na, Ag, Pb • Chemische Eigenschaften: säurelöslich, setzt bei Erwärmung im Glaskolben Wasser frei • Behandlung: Reinigung mit destilliertem Wasser • Ähnliche Minerale: Copiapit **(123),** Limonit **(355)** • Unterscheidung: Copiapit ist wasserlöslich, Limonit fühlt sich rauh an, zuverlässig chemisch und mit Röntgen.
• Genese: sekundär • Paragenese: Alunit **(232),** Limonit, Hämatit **(472)** • Vorkommen: häufig; Deutschland (Grube Clara bei Oberwolfach, Schwarzenberg), UdSSR (Bljawa), Spanien (Barranco Jaroso), Griechenland (Lavrion), Chile (Chuquicamata, Alcaparosa), Mexiko, Bolivien u. a.

Natrojarosit

Sulfate
$NaFe^{3+}_3[(OH)_6|(SO_4)_2]$

237

Bezeichnung aufgrund der chemischen Zusammensetzung u. der Verwandtschaft mit Jarosit (Hillebrand, 1902)

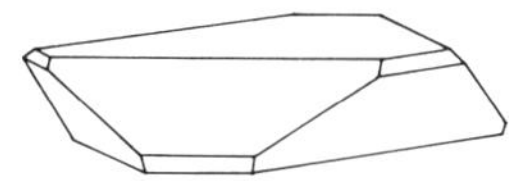

• Härte: 3 (spröde) • Strich: hellgelb • Farbe: gelb, ockergelb bis braun • Transparenz: durchsichtig bis durchscheinend • Glanz: glasig, matt (pulverige Aggregate) • Spaltbarkeit: gut • Ausbildung: Kristalle, körnige und erdige Aggregate, Krusten • Löslichkeit: löst sich langsam in HCl.
• Dichte: 2,9–3,2 • Kristallsystem: trigonal • Kristallformen: Tafeln • Chemische Zusammensetzung: Na_2O 6,40 %, Fe_2O_3 49,42 %, SO_3 33,04 %, H_2O 11,14 %.
• Genese: sekundär • Paragenese: Gips **(29),** Alunit **(232),** Jarosit **(236),** Limonit **(355)** • Vorkommen: selten; Deutschland (Wiesloch), ČSFR (Valachov), Italien (Insel Elba), USA (Nevada – Soda Spring), Mexiko (Chihuahua), Chile (Chuquicamata).

Plumbojarosit

Sulfate
$PbFe^{3+}_6[(OH)_6|(SO_4)_2]_2$

238

Bezeichnung aufgrund der chemischen Zusammensetzung, der Verwandtschaft mit Jarosit und des Bleigehalts (Hillebrand, 1902)

• Härte: unbekannt (weich) • Strich: heller als die Färbung • Farbe: gelbbraun bis dunkelbraun • Transparenz: durchscheinend, undurchsichtig • Glanz: matt, glasig • Spaltbarkeit: unvollkommen • Ausbildung: Kristalle, Krusten, derbe und ockerartige Massen • Löslichkeit: löst sich langsam in HCl.
• Dichte: 3,6 • Kristallsystem: trigonal • Kristallformen: Tafeln • Chemische Zusammensetzung: PbO 19,72 %, Fe_2O_3 42,44 %, SO_3 28,29 %, H_2O 9,55 % • Chemische Eigenschaften: löslich in HCl, ergibt auf Kohle mit Soda einen Anflug und ein Bleikörnchen • Behandlung: Reinigung mit destilliertem Wasser • Ähnliche Minerale: Jarosit **(236),** Natrojarosit **(237)** • Unterscheidung: chemisch, mit Röntgen.
• Genese: sekundär • Paragenese: Cerussit **(225),** Jarosit, Limonit **(355)** • Vorkommen: selten; USA (Neumexiko – Cooks Peak, Nevada – Boss Mine), Türkei (Bolkardag), Griechenland (Lavrion), ČSFR (Ochtiná).

1. Jarosit – gelbweißes körniges Aggregat; Chile (Alcaparosa). **2. Plumbojarosit** – gelbbraune bis braune körnige Aggregate (Ausschnittbreite 96 mm); USA (Nevada – Boss Mine, Clarke Co.). **3. Natrojarosit** – orangegelbe erdige Massen (Ausschnittbreite 110 mm); USA (Nevada – Soda Springs).

Jarosit, Plumbojarosit, Natrojarosit

H
3—4

Coelestin

Sulfate
$SrSO_4$

239

E

Bezeichnung vom lat. Wort *caelestis* – himmlisch abgeleitet (Werner, 1798)

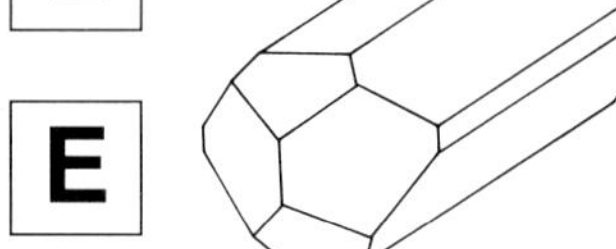

● Härte: 3–3,5 (spröde) ● Strich: weiß ● Farbe: farblos, weiß, blau, gelb, rot ● Transparenz: durchsichtig, durchscheinend ● Glanz: glasig, perlmuttartig ● Spaltbarkeit: ausgezeichnet nach /001/, gut nach /210/ ● Ausbildung: Kristalle, körnige, faserige, derbe und auch drusige Aggregate.

● Dichte: 3,9–4,0 ● Kristallsystem: rhombisch ● Kristallformen: Tafeln, prismatisch ● Lumineszenz: bläulich, manchmal grünweiß ● Chemische Zusammensetzung: SrO 56,4 %, SO_3 43,6 %, Beimengungen von Ba, Ca ● Chemische Eigenschaften: löslich in H_2SO_4, schmilzt in der Flamme zu einem weißen Kügelchen zusammen, färbt die Flamme karminrot ● Behandlung: Reinigung mit verdünnten Säuren ● Ähnliche Minerale: Calcit **(217),** Baryt **(240),** Gips ● Unterscheidung: Härte, Dichte, Flammenfärbung, Säurelöslichkeit.

● Genese: sedimentär, hydrothermal ● Paragenese: Schwefel **(1),** Calcit, Aragonit **(221)** ● Vorkommen: häufig; Deutschland (Waldeck, Stassfurt, Bernburg, Rüdersdorf), Polen, Großbritannien (Bristol), Italien (Agrigento), ČSFR (Špania Dolina), Libyen, Madagaskar, Mexiko (Matehuala) u. a. ● Verwendung: Sr-Herstellung, selten als Edelstein (Facetten, Cabochons).

Baryt (Schwerspat)

Sulfate
$BaSO_4$

240

Bezeichnung vom griech. Wort *barys* – schwer abgeleitet (Karsten, 1800)

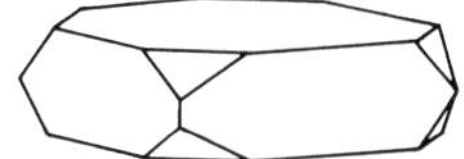

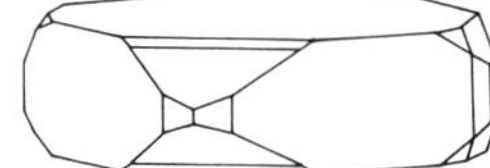

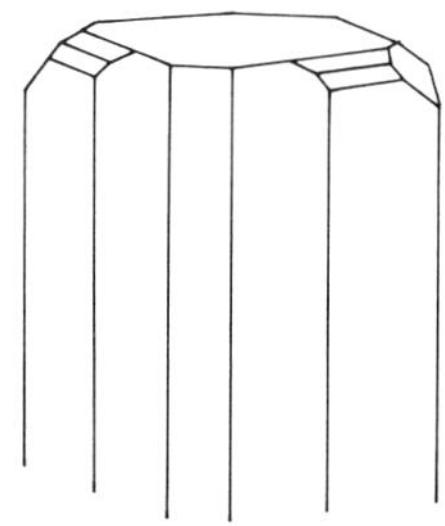

● Härte: 3–3,5 (spröde) ● Strich: weiß ● Farbe: farblos, weiß, grau, gelb, blau, rot, braun ● Transparenz: durchsichtig, durchscheinend ● Glanz: glasig, perlmuttartig ● Spaltbarkeit: vollkommen nach /001/, gut nach /210/ ● Bruch: muschelig ● Ausbildung: Kristalle, körnige, dichte, erdige Aggregate, auch Tropfstein, Überkrustungen, Pseudomorphosen, strahlige Aggregate, Knollen, Konkretionen.

● Dichte: 4,48 ● Kristallsystem: rhombisch ● Kristallformen: Tafeln, selten prismatisch ● Lumineszenz: weiß, grünweiß, gelbgrün, auch blaugrün ● Chemische Zusammensetzung: BaO 65,7 %, SO_3 34,3 %, Beimengungen von Sr (Abart Strontiobaryt), Pb (Abart Hokutolith), Ca ● Chemische Eigenschaften: schwach löslich in H_2SO_4, platzt vor dem Lötrohr, färbt die Flamme gelbgrün ● Behandlung: Reinigung mit Wasser ● Ähnliche Minerale: Calcit **(217),** Aragonit **(221),** Coelestin **(239)** u. a. ● Unterscheidung: Härte, Dichte, Flammenfärbung, oft nur chemisch und mit Röntgen.

● Genese: hydrothermal, sedimentär, sekundär ● Paragenese: Calcit, Fluorit **(291),** Quarz **(534)** und Erzminerale ● Vorkommen: sehr häufig; Deutschland (Oberwolfach, Neuntershausen, Meggen, Ilmenau), ČSFR (Příbram, Banská Štiavnica), Großbritannien (Alston Moor, Egremont), UdSSR (Kutaisi), Rumänien (Baia Sprie, Cavnic), Frankreich (Flaviac), viele Lagerstätten in den USA, Kanada, Mexiko, Algerien, Tunis ● Verwendung: Ba-Erz, Bohrtechnik, Chemie-, Gummiindustrie u. a. Selten als Edelstein genutzt.

1. Coelestin – hellblaue Kriställchen (12 mm) auf Aragonit; ČSFR (Špania Dolina). **2. Baryt** – farblose tafelige Aggregate (max. Kristallgröße 21 mm); Rumänien (Baia Sprie).

Coelestin, Baryt

H 3—4

Powellit

Molybdänate
$CaMoO_4$

241

Benannt nach dem amerikanischen Geologen J. W. Powell (1834–1902) (Melville, 1891)

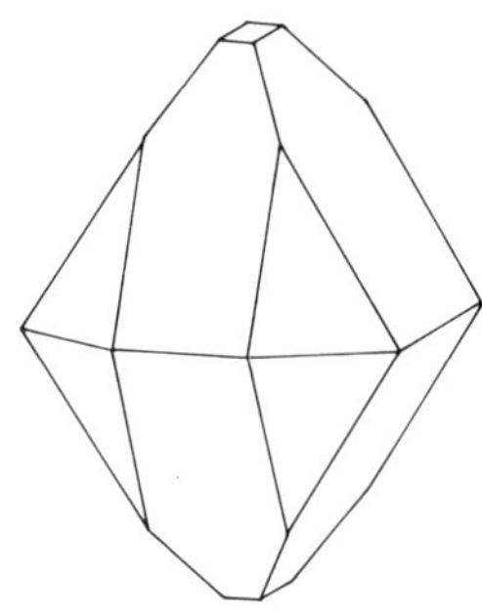

• Härte: 3,5–4 • Strich: hellgelb bis grünlich • Farbe: hellgelb, gelbgrün • Transparenz: durchsichtig • Glanz: diamantartig, fettig • Spaltbarkeit: unvollkommen • Bruch: uneben • Ausbildung: Kristalle, erdige, schuppige, staubförmige Aggregate, Pseudomorphosen.
• Dichte: 4,3 • Kristallsystem: tetragonal • Kristallformen: scharfe Dipyramiden, Tafeln • Lumineszenz: goldgelb • Chemische Zusammensetzung: CaO 28,48 %, MoO_3 71,52 % • Chemische Eigenschaften: löslich in HNO_3, in H_2SO_4 • Behandlung: Reinigung mit destilliertem Wasser • Ähnliche Minerale: Scheelit **(310)** • Unterscheidung: Härte, Dichte, Säurelöslichkeit.
• Genese: sekundär • Paragenese: Molybdänit **(8)**, Scheelit • Vorkommen: selten; Deutschland (Malsburg), Marokko (Azegour), USA (Idaho – Seven Devils), UdSSR (Minussinsk), Türkei.

Anglesit

Sulfate
$PbSO_4$

242

Benannt nach der Insel Anglesey (Wales) (Beudant, 1832)

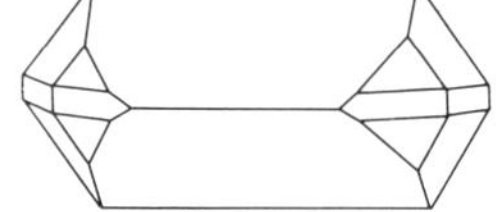

E

• Härte: 3 (spröde) • Strich: weiß • Farbe: farblos weiß, grau • Transparenz: durchsichtig bis durchscheinend • Glanz: diamantartig, seidig • Spaltbarkeit: unvollkommen • Bruch: muschelig • Ausbildung: Kristalle, körnig, Tropfstein, seltener Aggregate.
• Dichte: 6,3 • Kristallsystem: rhombisch • Kristallformen: prismatisch, Tafeln, Dipyramiden • Lumineszenz: gelborange, gelbweiß bis cremefarben • Chemische Zusammensetzung: PbO 73,6 %, SO_3 26,4 % • Chemische Eigenschaften: löslich in heißer H_2SO_4, löst sich in KOH vollständig auf • Behandlung: Reinigung mit destilliertem Wasser • Ähnliche Minerale: Phosgenit **(107)**, Cerussit **(225)**, Scheelit **(310)** • Unterscheidung: Dichte, Löslichkeit in Säuren und KOH, zuverlässig mit Röntgen.
• Genese: sekundär, hydrothermal • Paragenese: Galenit **(77)**, Cerussit, Limonit **(355)** • Vorkommen: selten; Deutschland (Badenweiler, Wildschapbachtal, Einbachtal), Österreich (Schwarzenbach), Sardinien (Monteponi), Großbritannien (Wales – Anglesey, Schottland – Leadhills), Namibia (Tsumeb), Mexiko, UdSSR • Verwendung: Pb-Erz, gelegentlich auch als Edelstein.

Wulfenit (Gelbbleierz)

Molybdänate
$PbMoO_4$

243

Benannt nach dem österreichischen Mineralogen F. X. Wülfen (1728–1805) (Haidinger, 1841)

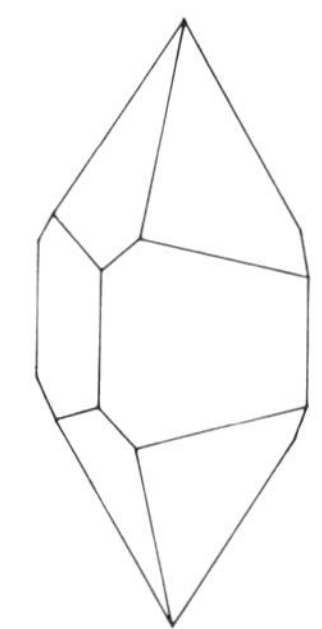

• Härte: 3 (spröde) • Strich: gelbweiß • Farbe: honiggelb, orange, rötlich • Transparenz: durchsichtig bis durchscheinend • Glanz: diamantartig fettig • Spaltbarkeit: unvollkommen • Bruch: muschelig • Ausbildung: Kristalle, erdige und körnige Aggregate.
• Dichte: 6,7–6,9 • Kristallsystem: tetragonal • Kristallformen: Tafeln, Verwachsungen • Chemische Zusammensetzung: PbO 61,4 %, MoO_3 38,6 % • Chemische Eigenschaften: schmilzt vor dem Lötrohr, bildet auf Holzkohle mit Soda ein Bleikügelchen, löslich in Säuren • Behandlung: Reinigung mit destilliertem Wasser oder Ultraschall • Ähnliche Minerale: Baryt **(240)** – gelbe Tafeln • Unterscheidung: Dichte, Löslichkeit in HCl.
• Genese: sekundär • Paragenese: Galenit **(77)**, Calcit **(217)**, Dolomit **(218)**, Smithsonit **(373)** • Vorkommen: häufig; Deutschland (Wildschapbachtal, Weiler bei Lahr, Aitern, Badenweiler), Österreich (Bleiberg), Jugoslawien (Mežic), ČSFR (Příbram), Kongo (rote Kristalle in Minpouli), Namibia (Tsumeb), Mexiko (Los Lamentos), USA, in Marokko, Algerien, Australien u. a. • Verwendung: selten als Pb- und Mo-Erz, gelegentlich als Edelstein.

1. Anglesit – idiomorphe Kristalle (bis zu 14 mm); Italien (Sardinien, Monteponi). **2. Wulfenit** – Druse aus tafeligen Kristallen (bis zu 18 mm); Mexiko (Los Lamentos).

Anglesit, Wulfenit

H
3—4

Evansit

Phosphate
$Al_3[(OH)_6|PO_4] . 6\,H_2O$

244 Benannt nach dem englischen Hüttenfachmann B. Evans (1797–1862) (Forbes, 1864)

L

• Härte: 3,5–4 (spröde) • Strich: weiß • Farbe: weiß, gelb, bläulich • Transparenz: durchscheinend • Glanz: glasig, perlmuttartig • Spaltbarkeit: fehlt • Bruch: muschelig • Ausbildung: Überkrustungen, stalaktitische, derbe, nierige und traubige Aggregate.
• Dichte: 1,9 • Kristallsystem: amorph • Lumineszenz: manchmal in KW grün, in LW weiß • Chemische Zusammensetzung: Al_2O_3 39,60 %, P_2O_5 18,40 %, H_2O 42,0 %, Beimengungen Cu und Pb (Abart Rossieresit) • Chemische Eigenschaften: säurelöslich, schmilzt nicht • Behandlung: Reinigung mit destilliertem Wasser oder Ultraschall • Ähnliche Minerale: manchmal Opale **(440),** Chalcedon **(449)** • Unterscheidung: Säurelöslichkeit.
• Genese: hypergen • Paragenese: Allophan **(266),** Limonit **(355)** u. a. • Vorkommen: selten; ČSFR (Železník, Nižná Slaná), Rumänien, Frankreich, Spanien, USA, Madagaskar u. a.

Diadochit (Destinesit)

Phosphate
$Fe_2[OH|SO_4|PO_4] . 5\,H_2O$

245 Bezeichnung vom griech. Wort *diadochos* – Nachfolger abgeleitet (Breithaupt, 1837)

• Härte: 3–4 (spröde) • Strich: heller als die Färbung • Farbe: gelb, braun, gelbgrün, zimtbraun, gelbweiß • Transparenz: durchscheinend, undurchsichtig • Glanz: matt, wachsartig • Spaltbarkeit: fehlt • Bruch: muschelig, uneben, erdig • Ausbildung: Krusten, Massen, Knollen, Tropfsteine.
• Dichte: 2,0–2,4 • Kristallsystem: triklin • Kristallformen: mikrokristalline Täfelchen (Destinesit), amorphe Massen (Diadochit) • Chemische Zusammensetzung: Fe_2O_3 38,97 %, P_2O_5 17,32 %, SO_3 19,53 %, H_2O 24,18 % • Chemische Eigenschaften: säurelöslich, schmilzt in der Flamme zu einer schwarzen Masse • Behandlung: Reinigung mit destilliertem Wasser, gut trocknen • Ähnliche Minerale: Bukovskyit **(376)** • Unterscheidung: As-Probe, mit Röntgen und chemisch.
• Genese: sekundär • Paragenese: Delvauxit **(135),** Vivianit **(136),** Limonit **(355)** • Vorkommen: häufig; in den Oxidationszonen von Pyritlagerstätten in Deutschland (Saalfeld), ČSFR (Litošice), in Österreich (Leoben), Frankreich, USA, in Belgien u. a.

Kakoxen

Phosphate
$Fe_4^{3+}[OH|PO_4]_3 . 12\,H_2O$

246 Bezeichnung aus den griech. Wörtern *kakos* – schlecht und *xenos* – Gast zusammengesetzt (Steinmann, 1825)

• Härte: ca. 3 (spröde) • Strich: strohgelb • Farbe: gelb, ockergelb, braun • Transparenz: durchscheinend • Glanz: seidig, fettig • Spaltbarkeit: fehlt • Ausbildung: radialstrahlige, faserige und sphärolithische Aggregate.
• Dichte: 2,3 • Kristallsystem: hexagonal • Kristallformen: Nadeln • Chemische Zusammensetzung: Fe_2O_3 41,18 %, P_2O_5 27,46 %, H_2O 31,36 % • Chemische Eigenschaften: säurelöslich, schmilzt in der Flamme zu einem schwarzen magnetischen Kügelchen • Behandlung: vorsichtig mit Wasser reinigen • Ähnliche Minerale: Karpholit **(401)** • Unterscheidung: chemisch.
• Genese: sekundär • Paragenese: Wavellit **(247),** Strengit **(249),** Limonit **(355)** • Vorkommen: selten; Deutschland (Amberg – Auerbach, Hagendorf, Pleystein, Hühnerkobel), ČSFR (Hrbek), Schweden (Kriunavaara), USA.

1. Evansit – milchweiße tropfsteinartige und traubige Anflüge (Ausschnittbreite 90 mm); ČSFR (Nižná Slaná). **2. Kakoxen** – gelbe perlmuttglänzende nadelige, radialstrahlige Aggregate in einem Hohlraum (Ausschnittbreite 25 mm); Deutschland (Weilburg).

Evansit, Kakoxen

H
3—4

Wavellit

Phosphate
$Al_3[(OH)_3|(PO_4)_2] . 5 H_2O$

247

L

Benannt nach dem englischen Physiker W. Wavell (Babington, 1805)

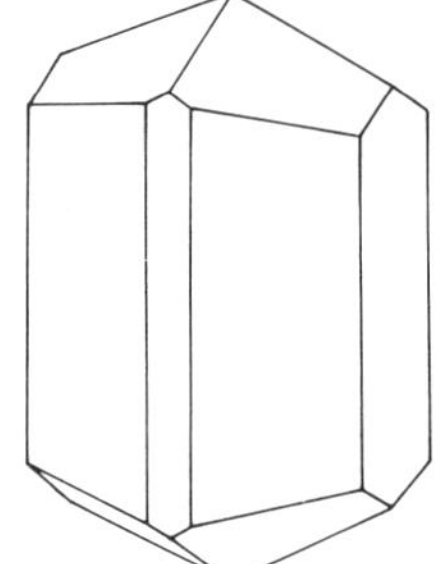

• Härte: 3,5–4 (spröde) • Strich: weiß • Farbe: weiß, gelb, grünlich, braun, bläulich • Transparenz: durchsichtig • Glanz: glasig, seidig • Spaltbarkeit: gut nach /110/ • Bruch: uneben, halbmuschelig • Ausbildung: Kristalle, radialstrahlige, sphärische Aggregate, stalaktitisch, Überkrustungen.

• Dichte: 2,3–2,4 • Kristallsystem: rhombisch • Kristallformen: kurzprismatisch und lang prismatisch • Lumineszenz: grünweiß, cremeweiß • Chemische Zusammensetzung: Al_2O_3 37,11 %, P_2O_5 34,47 %, H_2O 28,42 % • Chemische Eigenschaften: säurelöslich, schmilzt in der Flamme nicht • Behandlung: Reinigung mit Ultraschall • Ähnliche Minerale: Minyulit **(248),** Prehnit **(525)** • Unterscheidung: Härte, Reaktion in der Flamme und in HCl.

• Genese: hydrothermal, sekundär • Paragenese: Limonit **(355),** Hämatit **(472),** Pyrolusit **(474)** • Vorkommen: häufig; Deutschland (Dünsberg, Waldgirmes, Langenstriegis), ČSFR (Cerhovice), Großbritannien (Cornwall – St. Austell), Brasilien (Ouro Preto), Bolivien (Llallagua), USA (Arkansas – Montgomery Co.).

Minyulit

Phosphate
$KAl_2[(OH,F)|(PO_4)_2] . 4 H_2O$

248

Bezeichnung nach der Lokalität Minyulo Well in Westaustralien (Simpson, 1933)

• Härte: 3,5 (spröde) • Strich: weiß • Farbe: weiß, grünlich • Transparenz: durchsichtig • Glanz: seidig • Spaltbarkeit: vollkommen nach /001/ • Ausbildung: Kristalle, radiale Aggregate.

• Dichte: 2,46 • Kristallsystem: rhombisch • Kristallformen: Nadeln • Chemische Zusammensetzung: kompliziert • Chemische Eigenschaften: löslich in heißen Säuren und NaOH, schmilzt zu einem weißen Kügelchen • Behandlung: Reinigung mit destilliertem Wasser • Ähnliche Minerale: Wavellit **(247)** • Unterscheidung: Reaktion in der Flamme, Säurelöslichkeit.

• Genese: sekundär • Paragenese: Phosphate • Vorkommen: selten; Belgien, Frankreich (Pannecé), Australien (Minyulo Well, Noarlunga).

Strengit

Phosphate
$Fe^{3+}[PO_4] . 2 H_2O$

249

Benannt nach dem deutschen Mineralogen J. A. Streng (1830–1897) (Nies, 1877)

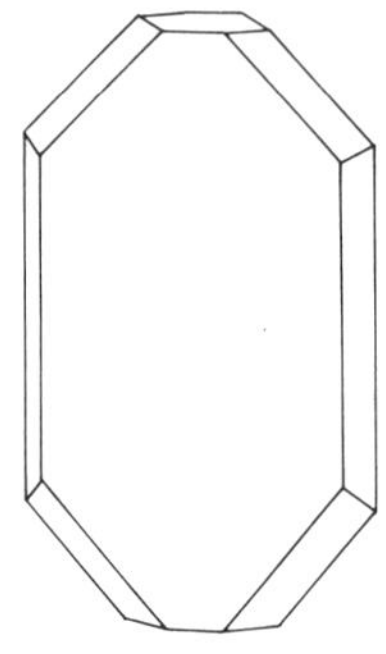

• Härte: 3–4 (spröde) • Strich: weiß • Farbe: hell- bis dunkelviolett, rot • Transparenz: durchsichtig, durchscheinend • Glanz: glasig • Spaltbarkeit: gut nach /010/ • Bruch: muschelig • Ausbildung: Kristalle, sphärische, radialstrahlige und kugelige Aggregate.

• Dichte: 2,87 • Kristallsystem: rhombisch • Kristallformen: oktaedrisch, Tafeln, prismatisch • Chemische Zusammensetzung: Fe_2O_3 42,72 %, P_2O_5 38,00 %, H_2O 19,28 %, Beimengung von Al (Abart Barrandit) • Chemische Eigenschaften: schmilzt leicht zu einem glänzenden schwarzen Kügelchen, löslich in HCl, nicht löslich in HNO_3 • Behandlung: Reinigung mit destilliertem Wasser • Ähnliche Minerale: einige Wavellite **(247),** Phosphosiderit **(250)** • Unterscheidung: mit Röntgen.

• Genese: sekundär • Paragenese: Triphyllin **(315),** Magnetit **(367),** Hämatit **(472)** und andere Phosphate • Vorkommen: selten; Deutschland (Pleystein, Hagendorf, Grube Eleonora bei Gießen), ČSFR (Hrbek – Abart Barrandit), Schweden (Kiruna), USA (Kalifornien – Pala).

1. Wavellit – radialstrahlige kreisrunde Aggregate (bis zu 20 mm); ČSFR (Cerhovice). **2. Minyulit** – grauweiße radialstrahlige Aggregate (Ausschnittbreite 23 mm); Frankreich (Pannecé). **3. Strengit** – rotviolette Kristalle (bis zu 3 mm) auf einem Quarzhohlraum; Deutschland (Pleystein).

Wavellit, Minyulit, Strengit

H
3—4

Phosphosiderit (Metastrengit)

Phosphate
$Fe^{3+}[PO_4] . 2\ H_2O$

250 Bezeichnung aufgrund der chemischen Zusammensetzung (Bruhns-Bush, 1890)

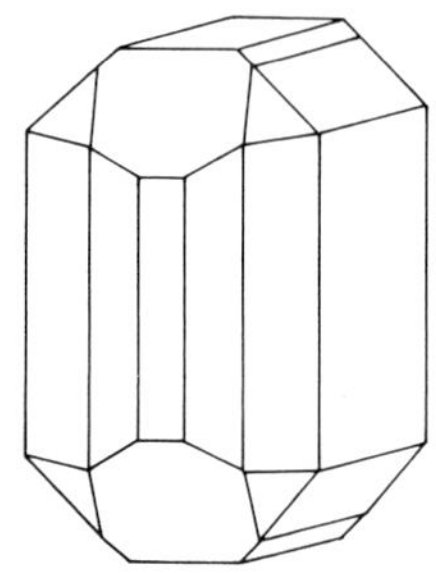

• Härte: 3,5–4 (spröde) • Strich: weiß • Farbe: rotviolett, purpurn • Transparenz: durchsichtig, durchscheinend • Glanz: glasig • Spaltbarkeit: nach /010/ • Bruch: uneben • Ausbildung: Kristalle, Krusten mit radialem Bau, kugelige Aggregate.
• Dichte: 2,76 • Kristallsystem: monoklin • Kristallformen: Tafeln, kurzprismatisch • Chemische Zusammensetzung: Fe_2O_3 42,73 %, P_2O_5 37,99 %, H_2O 19,28 %, Beimengungen von Al (Klinobarrandit) und Mn (Vilateit) • Chemische Eigenschaften: löslich in HCl, läßt sich leicht zu einem schwarzen magnetischen Kügelchen schmelzen • Behandlung: Reinigung mit destilliertem Wasser • Ähnliche Minerale: Strengit **(249)** • Unterscheidung: mit Röntgen.
• Genese: sekundär • Paragenese: Pharmakosiderit **(140),** Limonit **(355)** • Vorkommen: selten; Deutschland (Kalterborn bei Eiserfeld, Hagendorf, große Kristalle in Pleystein), Italien (Sardinien – San Giovanneddu), Frankreich (La Vilase bei Chanteloube – Abart Vilateit), USA (Süddakota – Bull Moose Mine – bis zu 1 cm große Kristalle).

Phosphophyllit

Phosphate
$Zn_2Fe[PO_4]_2 . 4\ H_2O$

251 Name aus der Bezeichnung einer chem. Komponente und dem griech. Wort *phyllon* – Blatt zusammengesetzt (Laubmann u. Steinmetz, 1920)

E

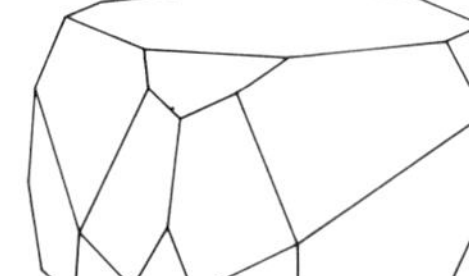

• Härte: 3,5 (spröde) • Strich: weiß • Farbe: blaugrün • Transparenz: durchsichtig • Glanz: glasig • Spaltbarkeit: ausgezeichnet nach /100/ • Bruch: uneben • Ausbildung: Kristalle, Drusen, bei den Kristallen oft Verzwillingungen.
• Dichte: 3,1 • Kristallsystem: monoklin • Kristallformen: langprismatisch, dünntafelig • Lumineszenz: violett in KW • Chemische Zusammensetzung: ZnO 36,27 %, FeO 16,02 %, P_2O_5 31,64 %, H_2O 16,07 %, Beimengung Mn • Chemische Eigenschaften: löslich in Säuren, schmilzt leicht • Behandlung: Reinigung mit destilliertem Wasser.
• Genese: sekundär • Paragenese: Vivianit **(136),** Sphalerit **(181),** Triplit **(332),** Apatit **(379)** • Vorkommen: selten; Deutschland (Hagendorf), Bolivien (Potosi – bis zu 6 cm große Kristalle) • Verwendung: gelegentlich als Edelstein (Facetten, Cabochons).

Hopeit

Phosphate
$Zn_3[PO_4]_2 . 4\ H_2O$

252 Benannt nach dem schottischen Chemiker T. Ch. Hope (Brewster, 1823)

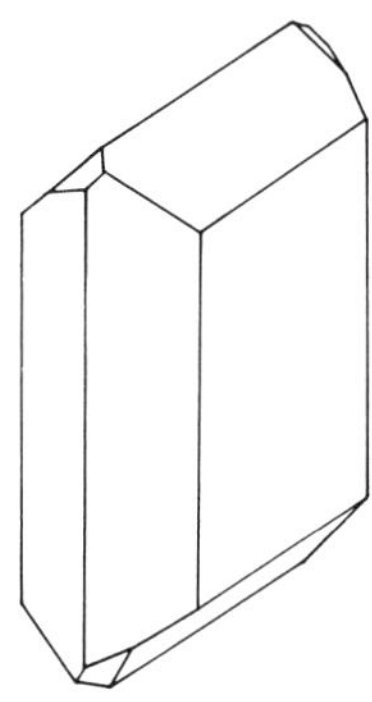

• Härte: 3 (spröde) • Strich: weiß • Farbe: weiß, grau, gelb • Transparenz: durchsichtig bis durchscheinend • Glanz: glasig, auf den Spaltflächen perlmuttartig • Spaltbarkeit: sehr gut nach /100/, gut nach /010/ • Bruch: uneben • Ausbildung: Kristalle, körnige und krustige Aggregate, auch derb.
• Dichte: ca. 3 • Kristallsystem: rhombisch • Kristallformen: prismatisch und tafelig • Chemische Zusammensetzung: ZnO 53,28 %, P_2O_5 31,00 %, H_2O 15,72 % • Chemische Eigenschaften: schmilzt leicht zu einem farblosen Kügelchen zusammen, leicht löslich in HCl • Behandlung: Reinigung mit destilliertem Wasser.
• Genese: sekundär in Oxidationszonen • Paragenese: Vanadinit **(263),** Hemimorphit **(403)** • Vorkommen: selten; Deutschland (Altenberg bei Aachen), Sambia (Kabwe –Kristalle bis zu 1 cm), Kanada (Hudson Bay Mine).

1. Phosphorphyllit – hellblaue spaltige Aggregate (Ausschnittbreite 28 mm); Deutschland (Hagendorf). **2. Phosphorsiderit** – kugelige Aggregate (bis zu 3 mm); Deutschland (Pleystein). **3. Hopeit** – Kriställchen (bis zu 2 mm); Sambia (Kabwe).

Phosphophyllit, Phosphosiderit, Hopeit

H
3—4

Messelit

Phosphate
$Ca_2Fe[PO_4]_2 . 2 H_2O$

253

Benannt nach der Lokalität Messel in Deutschland (Muthmann, 1889)

• Härte: 3,5 (spröde) • Strich: weiß • Farbe: weiß, grau, grünlich • Transparenz: durchsichtig, durchscheinend • Glanz: glasig bis perlmuttartig • Spaltbarkeit: sehr gut nach /001/, gut nach /010/ • Bruch: uneben • Ausbildung: Kristalle, radiale Aggregate, schuppige Massen.
• Dichte: 3,16 • Kristallsystem: triklin • Kristallformen: prismatisch, Tafeln • Chemische Zusammensetzung: CaO 30,98 %, FeO 19,85 %, P_2O_5 39,21 %, H_2O 9,96 % • Chemische Eigenschaften: säurelöslich • Behandlung: Reinigung mit destilliertem Wasser.
• Genese: hydrothermal, auch in bituminösen Tonschiefern • Paragenese: Siderit **(306),** Triphylin **(315),** Vivianit **(136)** • Vorkommen: selten; Deutschland (Messel, Hagendorf), UdSSR (Semisersk), ČSFR (Přibyslavice), USA (Süddakota).

Skorodit

Arsenate
$Fe^{3+}[AsO]_4 . 2 H_2O$

254

Bezeichnung vom griech. Wort *skoroda* – Knoblauch abgeleitet (Breithaupt, 1817)

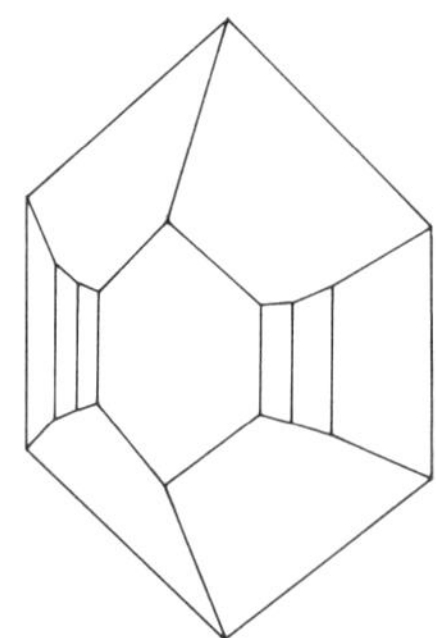

• Härte: 3,5–4 (spröde) • Strich: grünweiß • Farbe: gelbgrün, blaugrün bis schwarzgrün • Transparenz: durchscheinend • Glanz: glasig, fettig • Spaltbarkeit: unvollkommen • Bruch: splitterig bis uneben • Ausbildung: kugelige, faserige, geschichtet körnige und erdige Aggregate.
• Dichte: 3,1–3,3 • Kristallsystem: rhombisch • Kristallformen: dipyramidal, Tafeln, prismatisch • Chemische Zusammensetzung: Fe_2O_3 34,60 %, As_2O_5 49,79 %, H_2O 15,61 % • Chemische Eigenschaften: löslich in HNO_3 und HCl, färbt die KHO-Lösung rotbraun, schmilzt leicht und färbt die Flamme blau unter Knoblauchgeruchentwicklung • Behandlung: Reinigung mit Ultraschall • Ähnliche Minerale: Pharmakosiderit **(140),** Adamin **(258)** • Unterscheidung: Härte, Dichte, Kristallformen.
• Genese: Oxidationszonen von Erzadern • Paragenese: Arsenopyrit **(344),** Limonit **(355),** Pyrit **(436)** • Vorkommen: selten; Deutschland (Grube Clara bei Oberwolfach, Dernbach, Wittichen, Johanngeorgenstadt, Schneeberg), Österreich (Lölling), Großbritannien (Cornwall), UdSSR (Nertschinsk), Algerien, Namibia (Tsumeb), Brasilien (Antonio Pereira) u. a.

Mixit

Arsenate
$(Bi,CaH)Cu_6[(OH)_6|(AsO_4)_3] . 3 H_2O$

255

Benannt nach dem Bergrat A. Mixa aus Jáchymov (ČSFR) (Schrauf, 1879)

• Härte: 3–4 • Strich: heller als die Färbung • Farbe: grün, smaragdgrün, blaugrün • Transparenz: durchscheinend • Glanz: diamantartig, Aggregate matt • Spaltbarkeit: unbekannt • Ausbildung: Kristalle, radialfaserige Aggregate, Überkrustungen, auch derb.
• Dichte: 3,8 • Kristallsystem: hexagonal • Kristallformen: nadelig • Chemische Zusammensetzung: CuO 44,20 %, BiO 10,42 %, As_2O_5 31,93 %, H_2O 10,85, CaO 2,60 % • Chemische Eigenschaften: säurelöslich • Behandlung: Reinigung mit destilliertem Wasser • Ähnliche Minerale: Cyanotrichit **(126)** • Unterscheidung: Härte, chemisch, mit Röntgen.
• Genese: sekundär • Paragenese: Bismuthinit **(71),** gediegenes Bi und andere sekundäre Bi-Minerale • Vorkommen: selten; Deutschland (Wittichen, Freudenstadt, Neubulach), ČSFR (Jáchymov, Moldava), Griechenland (Lavrion), USA (Utah – Tintic), Mexiko (Durango).

1. Skorodit – Kruste; USA (Brewster). **2. Mixit** – kleine Kriställchen auf einer Kluft (Ausschnittbreite 70 mm); ČSFR (Jáchymov).

Skorodit, Mixit

H
3—4

Arsenate

Euchroit

$Cu_2[OH|AsO_4] . 3 H_2O$

256

Bezeichnung aus den griech. Worten *eu* – gut und *chrōma* – Farbe zusammengesetzt (Breithaupt, 1823)

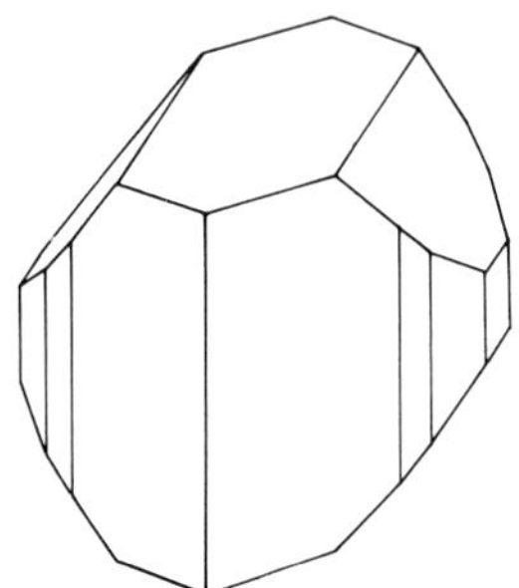

• Härte: 3,5 (spröde) • Strich: grün • Farbe: smaragdgrün • Transparenz: durchsichtig • Glanz: glasig • Spaltbarkeit: unvollkommen • Bruch: uneben, halbmuschelig • Ausbildung: Kristalle, Krusten, Drusen.
• Dichte: 3,45 • Kristallsystem: rhombisch • Kristallformen: kurzprismatisch, tafelig, isometrisch • Chemische Zusammensetzung: CuO 47,21 %, As_2O_5 34,09 %, H_2O 18,70 % • Chemische Eigenschaften: säurelöslich, schmilzt in der Flamme • Behandlung: Reinigung mit destilliertem Wasser • Ähnliche Minerale: Dioptas **(432)** • Unterscheidung: Härte, keine Reaktion in der Flamme.
• Genese: sekundär in Oxidationszonen • Paragenese: Olivenit **(257)**, Azurit **(226)**, Malachit **(307)** • Vorkommen: selten; ČSFR (Lubietová – Kristalle bis zu 2 cm), Bulgarien (Zapačica), Frankreich (Chessy).

Arsenate

Olivenit

$Cu_2[OH|AsO_4]$

257

Bezeichnung aufgrund der Färbung (Jameson, 1820)

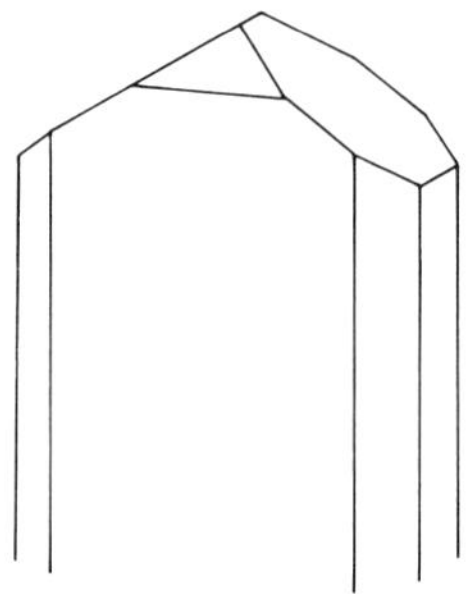

• Härte: 3 (spröde) • Strich: gelbgrün • Farbe: olivgrün, gelbbraun bis schmutzigweiß • Transparenz: durchsichtig, durchscheinend • Glanz: glasig, seidig, fettig • Spaltbarkeit: unvollkommen • Bruch: muschelig • Ausbildung: Kristalle, nierige, erdige und faserige Aggregate.
• Dichte: ca. 4,3 • Kristallsystem: rhombisch • Kristallformen: prismatisch, nadelig, auch tafelig • Chemische Zusammensetzung: CuO 56,22 %, As_2O_5 40,60 %, H_2O 3,18 % • Chemische Eigenschaften: schmilzt leicht, löslich in Säuren und Ammoniak • Behandlung: Reinigung mit destilliertem Wasser • Ähnliche Minerale: Atacamit **(206)**, Libethenit **(319)** • Unterscheidung: schafft auf Kohle einen weißen As_2O_3-Anflug.
• Genese: sekundär in Oxidationszonen • Paragenese: Tirolit **(32)**, Klinoklas **(146)**, Chalkopyrit **(185)**, Azurit **(226)**, Malachit **(307)**, Arsenopyrit **(344)** • Vorkommen: selten; Deutschland (Grube Clara bei Oberwolfach), Großbritannien (Cornwall), ČSFR (Ľubietová), UdSSR (Nishnij Tagil), Griechenland (Lavrion), Chile, USA (Utah), Namibia (Tsumeb) u. a.

Arsenate

Adamin

$Zn_2[OH]AsO_4$

258

Benannt nach dem französischen Mineralogen G. J. Adam (1795–1881) (Friedel, 1866)

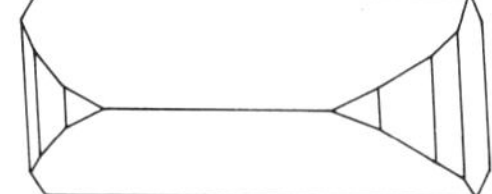

• Härte: 3,5 • Strich: weiß • Farbe: gelb, grün, violett, rosig • Transparenz: durchsichtig • Glanz: glasig • Spaltbarkeit: vollkommen • Bruch: uneben • Ausbildung: Kristalle, körnige Aggregate, Drusen, Krusten.
• Dichte: 4,3–4,5 • Kristallsystem: rhombisch • Kristallformen: Tafeln, selten prismatisch • Lumineszenz: manchmal grünweiß, zitronengelb • Chemische Zusammensetzung: ZnO 56,77 %, As_2O_5 40,09 %, H_2O 3,14 %, Beimengung von Cu (Var. Cuproadamin) • Chemische Eigenschaften: zerfällt bei Erhitzung leicht, wird weiß und porzellanartig, leicht säurelöslich • Behandlung: Reinigung mit destilliertem Wasser • Ähnliche Minerale: Skorodit **(254)**, Legrandit **(318)** • Unterscheidung: Dichte, Strich, chemisch und mit Röntgen.
• Genese: sekundär • Paragenese: Limonit **(355)**, Smithsonit **(373)**, Hemimorphit **(403)** • Vorkommen: selten; Deutschland (Schwarzwald), Griechenland (Lavrion), Österreich (Rädelgraben bei Werfen), Mexiko (Durango), Chile (Chanarcillo), Namibia (Tsumeb), USA (Utah).

1. Adamin – Kristallaggregate (Kriställchen bis zu 4 mm) auf Limonit; Mexiko (Mapimi). **2. Olivenit** – faseriges Aggregat (5 mm) auf Quarz; Großbritannien (Cornwall, St. Day). **3. Euchroit** – Kristallgruppe (größter 12 mm) auf Limonit; ČSFR (Lubietová).

Adamin, Olivenit, Euchroit

H
3—4

Mottramit (Cuperodescloizit)

Vanadate
$Pb(Cu,Zn)[OH|VO_4]$

259

Benannt nach der Lokalität Mottram in Großbritannien (Roscoe, 1876)

• Härte: 3,5 (spröde) • Strich: hellbraun, hellgrün • Farbe: hell- und dunkelgrün, schwarz • Transparenz: durchsichtig bis undurchsichtig • Glanz: fettig bis diamantartig • Spaltbarkeit: fehlt • Bruch: uneben, halbmuschelig • Ausbildung: Kristalle, radialfaserige, krustige Aggregate.
• Dichte: 5,9 • Kristallsystem: rhombisch • Kristallformen: prismatisch, tafelig • Chemische Zusammensetzung: PbO 55,30 %, ZnO 10,08 %, CuO 9,86 %, V_2O_5 22,53 %, H_2O 2,23 % (bei Cu:Zn = 1:1) – in Mottramit überwiegt Cu vor Zn • Chemische Eigenschaften: leicht schmelzbar, leicht säurelöslich • Behandlung: Reinigung mit destilliertem Wasser • Ähnliche Minerale: Descloizit **(260)** • Unterscheidung: chemisch.
• Genese: sekundär in Oxidationszonen • Paragenese: Cerussit **(225),** Pyromorphit **(262),** Vanadinit **(263)** • Vorkommen: selten; Deutschland (Hofsgrund), Österreich (Obir), Großbritannien (Mottram), Italien (Sardinien), USA (Kalifornien –Crestmore, Arizona), Argentinien, Namibia (Tsumeb).

Descloizit

Vanadate
$Pb(Zn,Cu)[OH|VO_4]$

260

Benannt nach dem französischen Mineralogen A.L.O.L. Des Cloizeaux (1817–1897) (Damour, 1854)

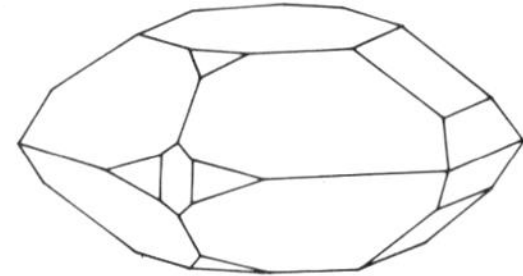

• Härte: 3,5 (spröde) • Strich: hellbraun, hellgrün • Farbe: orangerot, braun, braunschwarz, grün • Transparenz: durchsichtig bis undurchsichtig • Glanz: fettig bis diamantartig • Spaltbarkeit: fehlt • Bruch: uneben, halbmuschelig • Ausbildung: Kristalle, kristalline oder krustige Aggregate.
• Dichte: 6,2 • Kristallsystem: rhombisch • Kristallformen: prismatisch, tafelig • Chemische Zusammensetzung: PbO 55,30 %, ZnO 10,08 %, CuO 9,86 %, V_2O_5 22,53 %, H_2O 2,23 % (bei Zn:Cu = 1:1) – in Descloizit überwiegt Zn vor Cu • Chemische Eigenschaften: leicht schmelzbar, leicht säurelöslich • Behandlung: Reinigung mit destilliertem Wasser • Ähnliche Minerale: Mottramit **(259)** • Unterscheidung: nur chemisch.
• Genese: sekundär in Oxidationszonen • Paragenese: Cerussit **(225),** Pyromorphit **(262),** Vanadinit **(263)** • Vorkommen: selten; Deutschland (Schauinsland), Namibia (Tsumeb, Otavi), Sambia (Kabwe), USA (Süddakota – Galena) u. a. • Verwendung: gelegentlich V-Gewinnung.

Vesignieit

Vanadate
$BaCu_3[OH|VO_4]_2$

261

Benannt nach dem französischen Mineralsammler L. Vésignié (1870–1954) (Guillemin, 1955)

• Härte: 3–4 • Strich: hellgrün • Farbe: gelbgrün bis olivgrün • Transparenz: durchsichtig, durchscheinend • Glanz: glasig • Spaltbarkeit: gut • Ausbildung: Kristalle, lamellare Aggregate, polysynthetische Zwillinge, Krusten, staubförmige Aggregate.
• Dichte: 4,05 • Kristallsystem: monoklin • Kristallformen: Tafeln • Chemische Zusammensetzung: BaO 25,91 %, Cu 40,33 %, V_2O_5 30,72 %, H_2O 3,04 % • Behandlung: Reinigung mit destilliertem Wasser.
• Genese: sekundär • Paragenese: Cuprit **(209),** Calcit **(217),** Baryt **(240)** • Vorkommen: selten; Deutschland (Friedrichsroda), ČSFR (Vrančice, Horní Kalná), UdSSR (Agalik).

1. **Mottramit** – Kristalle (bis zu 3 cm); Namibia (Tsumeb). 2. **Descloizit** – Kristallgruppe (Ausschnittbreite 20 mm); Namibia (Tsumeb). 3. **Vesignieit** – lamellare Aggregate (Ausschnittbreite 40 mm); UdSSR (Agalik).

Mottramit, Descloizit, Vesignieit

H
3—4

Pyromorphit (Grünbleierz, Buntbleierz)

Phosphate
$Pb_5[Cl|(PO_4)_3]$

262 Bezeichnung aus den griech Wörtern *pȳr* – Feuer und *morphē* – Gestalt zusammengesetzt (Hausmann, 1813)

L

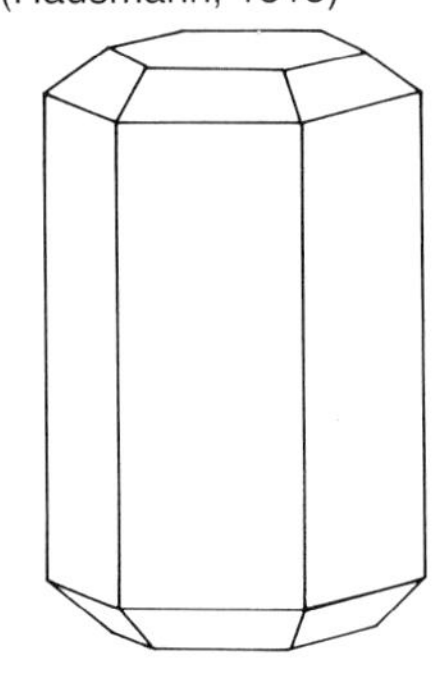

• Härte: 3,5–4 (spröde) • Strich: weiß • Farbe: grün, gelb, braun, grauweiß, gelbrot • Transparenz: durchscheinend • Glanz: diamantartig, fettig • Spaltbarkeit: unvollkommen • Bruch: uneben, halbmuschelig • Ausbildung: Kristalle, drusige, nierige und kugelige Aggregate • Dichte: 6,7–7,0 • Kristallsystem: hexagonal • Kristallformen: prismatisch, tafelig • Lumineszenz: zitronengelb in LW • Chemische Zusammensetzung: PbO 82,0 %, P_2O_5 15,4 %, Cl 2,6 % • Chemische Eigenschaften: löslich in HNO_3 und KOH, leicht schmelzbar, auf Kohle entsteht ein gelber $PbCl_2$-Anflug • Behandlung: Reinigung mit destilliertem Wasser • Ähnliche Minerale: Mimetesit **(264)**, Apatit **(379)** • Unterscheidung: Härte, Dichte, Glanz, chemisch, mit Röntgen.

• Genese: sekundär • Paragenese: Galenit **(77)**, Cerussit **(225)**, Mimetesit • Vorkommen: selten; Deutschland (Clausthal), ČSFR (Příbram), Großbritannien (Cornwall), Frankreich, UdSSR, USA u. a. • Verwendung: selten als Pb-Erz.

Vanadinit

Vanadate
$Pb_5[Cl|(VO_4)_3]$

263 Benannt nach dem Vanadiumgehalt (Kobell, 1838)

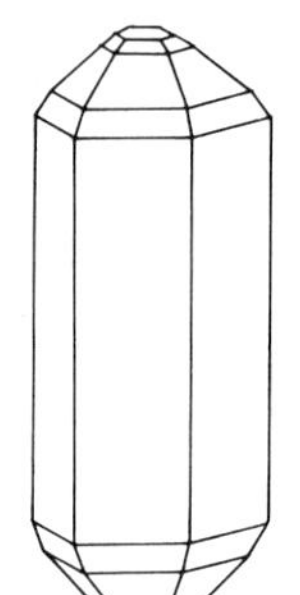

• Härte: 3 (spröde) • Strich: gelb, bräunlich • Farbe: gelb, braun, orange, rot • Transparenz: durchscheinend • Glanz: diamantartig • Spaltbarkeit: fehlt • Bruch: muschelig, uneben • Ausbildung: Kristalle, körnige, nierige und faserige Aggregate • Dichte: 6,8–7,1 • Kristallsystem: hexagonal • Kristallformen: prismatisch, scharf pyramidenförmig • Chemische Zusammensetzung: PbO 78,35 %, V_2O_5 19,16 %, Cl 2,49 % • Chemische Eigenschaften: leicht schmelzbar, löslich in HNO_3 und HCl • Behandlung: Reinigung mit destilliertem Wasser • Ähnliche Minerale: Mimetesit **(264)** • Unterscheidung: Reaktion bei Erhitzung, chemisch, mit Röntgen.

• Genese: sekundär in Oxidationszonen • Paragenese: Wulfenit **(243)**, Pyromorphit **(262)**, Mimetesit • Vorkommen: selten; Österreich (Obir), Großbritannien, Marokko (Mibladen), Namibia (Tsumeb), Sambien (Kabwe), Mexiko (Los Lamentos), USA (Arizona u. Neumexiko) u. a. • Verwendung: selten als V-Erz.

Mimetesit (Mimetit)

Arsenate
$Pb_5Cl(AsO_4)_3$

264 Bezeichnung vom griech. Wort *mimētēs* – Nachahmer abgeleitet (Beudant, 1832)

E

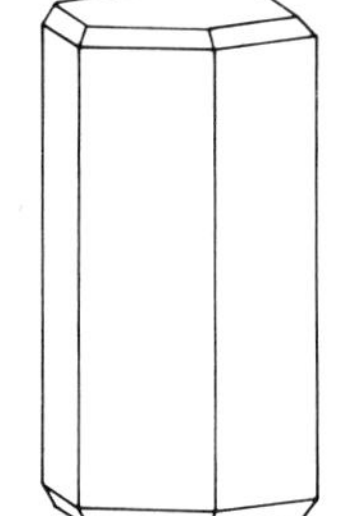

• Härte: 3,5–4 (spröde) • Strich: weiß • Farbe: weiß, gelb, orange, braun, grünlich, grau • Transparenz: durchscheinend • Glanz: diamantartig, fettig • Spaltbarkeit: unvollkommen • Bruch: muschelig, uneben • Ausbildung: Kristalle, krustige, körnige, erdige und faserige Aggregate • Dichte: ca. 7,1 • Kristallsystem: hexagonal • Kristallformen: prismatisch, tafelig, dipyramidal • Lumineszenz: orangerot in KW • Chemische Zusammensetzung: PbO 74,59 %, As_2O_5 23,04 %, Cl 2,37 % • Chemische Eigenschaften: löslich in H_2SO_4, HNO_3 und KOH, schmilzt leicht unter Knoblauchgeruchentwicklung • Behandlung: Reinigung mit destilliertem Wasser • Ähnliche Minerale: Pyromorphit **(262)**, Vanadinit **(263)** • Unterscheidung: chemisch und mit Röntgen, Knoblauchgeruch.

• Genese: sekundär • Paragenese: Galenit **(77)**, Pyromorphit **(262)**, Psilomelan **(357)** • Vorkommen: selten; Deutschland (Clausthal), ČSFR (Příbram), Schweden, Mexiko u. a. • Verwendung: vereinzelt als Edelstein.

Kampylith (Mimetesit-Abart)

Arsenate
$Pb_5[Cl|((As,P)O_4)_3]$

265 Bezeichnung von den griech Wörtern *kampē* – Krümmung, *lithos* – Stein (Breithaupt, 1841)

• Physikalische Eigenschaften mit Mimetesit identisch. • Vorkommen: selten; ČSFR (Příbram), Großbritannien (Cumberland), Frankreich.

1. Pyromorphit – Druse aus hexagonalen Kristallen (22 mm); Deutschland (Grube Friedrichshagen). **2. Vanadinit** – kristallines Aggregat (größter Kristall 8 mm); Marokko (Mibladen). **3. Mimetesit** – säulige (Kristalle (bis zu 10 mm); Namibia (Tsumeb). **4. Kampylith** – kugelige Aggregate (bis zu 7 mm) mit Psilomelan; Großbritannien (Cumberland).

Pyromorphit, Vanadinit, Mimetesit, Kampylit

H
3—4

Allophan

Silikate
$Al_2[SiO_5] . n H_2O$

266

L

Bezeichnung aus den griech. Wörtern *allos* – anders und *phanos* – Fackel, Leuchte zusammengesetzt (Stromeyer, 1816)

• Härte: 3 (spröde) • Strich: weiß • Farbe: weiß, grün, blau, gelb, braun • Transparenz: durchsichtig bis durchscheinend • Glanz: glasig, fettig, wachsartig • Spaltbarkeit: fehlt • Bruch: muschelig • Ausbildung: Überkrustungen, stalaktitisch.
• Dichte: 1,9 • Kristallsystem: unbekannt • Lumineszenz: weiß, cremefarben, grün und gelbgrün • Chemische Zusammensetzung: unbeständig • Chemische Eigenschaften: zerfällt vor dem Lötrohr, schmilzt aber nicht, gibt in HCl eine gellartige SiO_2-Lösung • Behandlung: Reinigung mit destilliertem Wasser • Ähnliche Minerale: Variscit **(311),** Opal **(440)** • Unterscheidung: Härte, Dichte, Löslichkeit in HCl.
• Genese: sekundär • Paragenese: Halloyzit **(34),** Limonit **(355)** • Vorkommen: selten; Deutschland (Wittichen, Neubulach, Wolfach, Badenweiler), Österreich (Großarltal), ČSFR (Zlaté Hory), Großbritannien (Bridgestone), UdSSR, USA u. a.

Thaumasit

Silikate
$Ca_3[CO_3 | SO_4 | Si(OH)_6] . 12 H_2O$

267

Bezeichnung vom griech. Wort *thaumasios* – wunderlich abgeleitet (Nordenskjöld, 1878)

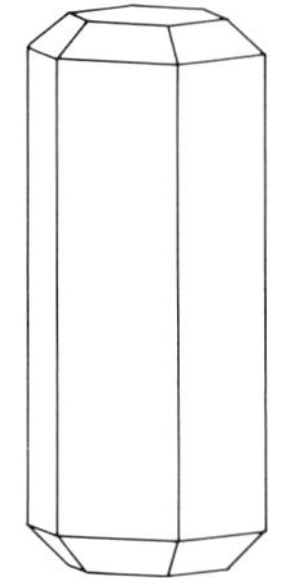

• Härte: 3,5 (spröde) • Strich: weiß • Farbe: weiß • Transparenz: durchscheinend, durchsichtig • Glanz: glasig, seidig • Ausbildung: Kristalle, radialstrahlige und faserige Aggregate.
• Dichte: 1,9 • Kristallsystem: hexagonal • Kristallformen: prismatisch, nadelig • Lumineszenz: manchmal in KW weiß • Chemische Zusammensetzung: CaO 10,98 %, CO_2 8,62 %, SO_3 15,68 %, SiO_2 11,77 %, H_2O 52,95 % • Chemische Eigenschaften: löslich in HCl unter leichtem Brausen und Entstehung von amorphem SiO_2 • Behandlung: Reinigung mit destilliertem Wasser • Ähnliche Minerale: Dawsonit **(215),** Garronit **(327)** • Unterscheidung: Härte, Dichte, Säurelöslichkeit, mit Röntgen.
• Genese: hydrothermal • Paragenese: Alumohydrocalcit **(204),** Calcit **(217),** Laumontit **(272),** Apophyllit **(331)** • Vorkommen: selten; Deutschland (Haslach), Schweden (Långban), Norwegen (Sulitelma), USA (New Jersey, Kalifornien) u. a.
• Verwendung: gelegentlich als Edelstein.

Chrysokoll (Kupfergrün, Kieselkupfererz)

Silikate
$CuSiO_3 . n H_2O$

268

E

Bezeichnung aus den griech. Wörtern *chrysos* – Gold und *kolla* – Leim (Brochant, 1808)

• Härte: 2–4 • Strich: hellgrün • Farbe: grün, blaugrün bis blau • Transparenz: durchscheinend, opak • Glanz: glasig, matt • Spaltbarkeit: fehlt • Bruch: muschelig • Ausbildung: geflossene Überkrustungen, stalaktitische und traubige Aggregate, Krusten, derb, erdig.
• Dichte: 2,0–2,2 • Kristallsystem: amorph (monoklin?) • Chemische Zusammensetzung: unbeständig • Chemische Eigenschaften: färbt die Flamme grün, schmilzt nicht, säurelöslich, setzt im Kolben Wasser frei und wird schwarz • Behandlung: Reinigung mit destilliertem Wasser • Ähnliche Minerale: Aurichalcit **(106)** • Unterscheidung: Härte, Dichte.
• Genese: sekundär • Paragenese: Cuprit **(209),** Azurit **(226),** Malachit **(307)** u. a.
• Vorkommen: häufig; Deutschland (Halsbach, Wittichen, Schauinsland, Badenweiler), Großbritannien (Lizard), UdSSR (Bogoslowsk), ČSFR (Novoveská Huta), USA, Mexiko, Chile, Zaire • Verwendung: als Edelstein.

1. Allophan – nieriges Aggregat (Ausschnittbreite 38 mm); Deutschland (Wittichen). **2. Thaumasit** – strahlige Aggregate (15 mm) auf Calcit; USA (New Jersey, West Paterson). **3. Chrysokoll** – nieriges Aggregat (Ausschnittbreite 22 mm); ČSFR (Novoveská Huta).

Allophan, Thaumasit, Chrysokoll

H
3—4

Silikate

Stilbit (Desmin)

$Ca[Al_2Si_7O_{18}] \cdot 7\ H_2O$

269

Bezeichnung vom griech. Wort *stilbe* – Glanz abgeleitet (Hauy, 1796)

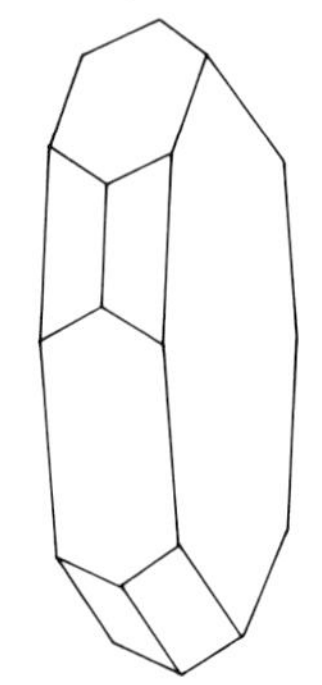

● Härte: 3,5–4 (spröde) ● Strich: weiß ● Farbe: weiß, rötlich, gelblich, bräunlich ● Transparenz: durchsichtig, durchscheinend ● Glanz: glasig, perlmuttartig, seidig ● Spaltbarkeit: vollkommen ● Ausbildung: Kristalle, radialstrahlige, garbige Aggregate ● Dichte: 2,1–2,2 ● Kristallsystem: monoklin ● Kristallformen: Tafeln, säulig ● Chemische Zusammensetzung: CaO 7,96 %, Al_2O_3 14,47 %, SiO_2 59,67 %, H_2O 17,90 % ● Chemische Eigenschaften: spaltet und bläht sich vor dem Lötrohr, löslich in HCl ● Behandlung: Reinigung mit destilliertem Wasser ● Ähnliche Minerale: Heulandit **(270),** Prehnit **(515)** ● Unterscheidung: Kristallform, Härte, Dichte.

● Genese: hydrothermal, postvulkanisch ● Paragenese: Heulandit, Laumontit **(272),** Chabasit **(325)** ● Vorkommen: häufig; Island (Berufjord), Färöer, Großbritannien, Indien (Poonah), USA u. a.

Silikate

Heulandit

$Ca[Al_2Si_7O_{18}] \cdot 6\ H_2O$

270

L

Benannt nach dem englischen Mineralsammler J. H. Heuland (1778–1856) (Brooke, 1822)

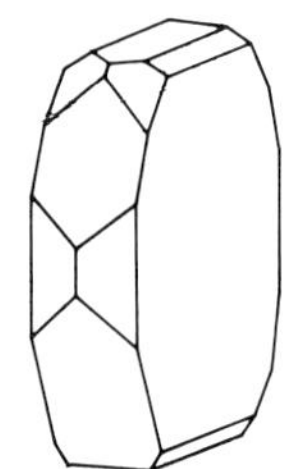

● Härte: 3,5–4 (spröde) ● Strich: weiß ● Farbe: weiß, grau, rötlich, bräunlich ● Transparenz: durchsichtig, durchscheinend ● Glanz: glasig, perlmuttartig ● Spaltbarkeit: vollkommen ● Bruch: uneben ● Ausbildung: Kristalle, strahlige und blättrige Aggregate ● Dichte: 2,2 ● Kristallsystem: monoklin ● Kristallformen: Tafeln, Schuppen ● Lumineszenz: manchmal hellblau in LW ● Chemische Zusammensetzung: CaO 9,2 %, Al_2O_3 16,8 %, SiO_2 59,29 %, H_2O 14,8 % ● Chemische Eigenschaften: spaltet und bläht sich vor dem Lötrohr, schmilzt zu weißem Email, löslich in HCl ● Behandlung: Reinigung mit destilliertem Wasser ● Ähnliche Minerale: Stilbit **(269)** ● Unterscheidung: Kristallformen.

● Genese: hydrothermal ● Paragenese: Calcit **(217),** Stilbit, Chabazit **(325)** ● Vorkommen: selten; Deutschland (Idar-Oberstein), ČSFR, Italien (Valle di Fassa), Norwegen, Island (Berufjord), Indien (Poonah).

Silikate

Klinoptilolith

$(Na,K,Ca)_{2-3}[Al_3(Al,Si)_2Si_{13}O_{36}] \cdot 12\ H_2O$

271

Bezeichnung aus den griech. Wörtern *klinein* – beugen, *ptylon* – Flaum, Feder, *lithos* – Stein zusammengesetzt (Schaller, 1923)

● Härte: 3,5–4 ● Strich: weiß ● Farbe: weiß, rot ● Transparenz: durchsichtig, durchscheinend ● Glanz: glasig ● Spaltbarkeit: vollkommen ● Bruch: uneben ● Ausbildung: kristalline Aggregate ● Dichte: 2,1–2,2 ● Kristallsystem: monoklin ● Kristallformen: Tafeln ● Behandlung: mit Wasser reinigen.

● Genese: hydrothermal ● Paragenese: andere Zeolithe ● Vorkommen: selten; USA, Australien, Neuseeland, ČSFR, Ungarn ● Verwendung: als Kunstdünger.

Silikate

Laumontit (Faserzeolith)

$Ca[Al_2Si_4O_{12}] \cdot 4\ H_2O$

272

L

Benannt nach dem Franzosen F. P. N. de Laumont (Werner, 1803)

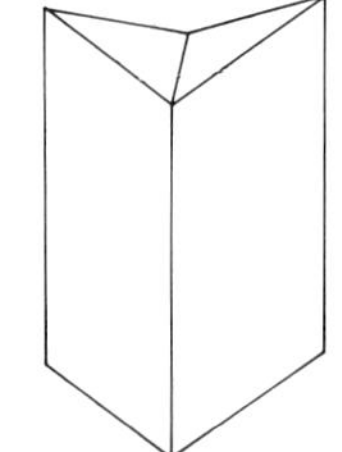

● Härte: 3–3,5 (spröde) ● Strich: weiß ● Farbe: weiß, grau, gelblich, rot ● Transparenz: durchscheinend ● Glanz: glasig, perlmuttartig, matt ● Spaltbarkeit: vollkommen ● Ausbildung: Kristalle, faserige, derbe und erdige Aggregate ● Dichte: 2,25–2,35 ● Kristallsystem: monoklin ● Kristallformen: prismatisch ● Lumineszenz: weiß in LW ● Chemische Zusammensetzung: CaO 11,92 %, Al_2O_3 21,67 %, SiO_2 51,09 %, H_2O 15,32 % ● Chemische Eigenschaften: löslich in HCl ● Behandlung: Reinigung mit Wasser. Vorsicht – verliert in trockener Umgebung Wasser, kann zerfallen. ● Ähnliche Minerale: Barenit **(399)** ● Unterscheidung: Härte, Säurelöslichkeit.

● Genese: hydrothermal ● Paragenese: Heulandit **(270),** Chabazit **(325)** ● Vorkommen: häufig; Deutschland (Idar-Oberstein, Mantelhofs), ČSFR, Italien, USA, Brasilien, Rumänien, Großbritannien u. a.

1. **Stilbit** – garbiges Aggregat (30 mm) mit Heulandit; Island (Berufjord). 2. **Heulandit** – plattiges Aggregat (15 mm) mit Perlmuttglanz; ČSFR (Kozákov). 3. **Klinoptilolit** – kugelige kristalline Aggregate (3 mm); ČSFR (Hončová Hůrka). 4. **Laumontit** – Kristalldruse auf einer Kluft in Andesit; ČSFR (Šiatorská Bukovinka).

Stilbit, Heulandit, Klinoptilolith, Laumontit

H
3—4

Serpentin

Silikate
$Mg_6[(OH)_8Si_4O_{10}]$

273

L

E

Bezeichnung vom lat. Wort *serpens* – Schlange abgeleitet (French, 1753)

• Härte: 3–4 • Strich: weiß, grau • Farbe: grün, gelb, braun, schwarz, auch rötlich • Transparenz: durchscheinend • Glanz: fettig, matt • Spaltbarkeit: gut • Bruch: muschelig • Ausbildung: mikrokristalline, derbe, schuppige und faserige Aggregate.

• Dichte: 2,5–2,6 • Kristallsystem: monoklin • Kristallformen: Tafeln, Schuppen, Fasern • Chemische Zusammensetzung: MgO 43,0 %, SiO_2 44,1 %, H_2O 12,9 % • Chemische Eigenschaften: läßt sich vor dem Lötrohr schwer schmelzen, löslich in HCl und H_2SO_4 • Behandlung: Reinigung mit Wasser. • Ähnliche Minerale: Talk **(41)** • Unterscheidung: Säurelöslichkeit, Härte.

• Genese: hydrothermal-metasomatisch aus ultrabasischem Gestein • Paragenese: Chromit **(371),** Quarz **(534)** • Vorkommen: reichlich; Deutschland, Schweiz, Österreich, Norwegen, Großbritannien, ČSFR, UdSSR, USA, Iran, Simbabwe, Republik Südafrika u. a. • Verwendung: als Edelstein.

Antigorit (Blätterserpentin)

Silikate
$Mg_6[(OH)_8|Si_4O_{10}]$

274

E

Benannt nach der Lokalität Antigorio in Italien (Schweizer, 1840)

• Härte: 3–4 (spröde) • Strich: grünweiß • Farbe: grün, grau, bläulich, braun, auch schwarz • Transparenz: durchscheinend, opak • Glanz: glasig, fettig • Spaltbarkeit: sehr gut • Bruch: Schuppen und Tafeln sind spröde • Ausbildung: Kristalle, dichte, schuppige und tafelige Aggregate.

• Dichte: 2,5–2,6 • Kristallsystem: monoklin • Kristallformen: Tafeln, Schuppen • Chemische Zusammensetzung: wie bei Serpentin **(273)** • Chemische Eigenschaften: schmilzt schwer, löslich in HCl und H_2SO_4 • Behandlung: Reinigung mit Wasser, verdünnt Säuren • Ähnliche Minerale: Talk **(41),** Chlorite • Unterscheidung: Säurelöslichkeit, Härte, Biegsamkeit.

• Genese: hydrothermal, durch Umwandlung ultrabasischer Gesteine • Paragenese: Karbonate, Chromit **(371),** Titanit **(430),** Quarz **(534)** • Vorkommen: reichlich; Italien, Österreich, Norwegen, Finnland, USA, UdSSR, Republik Südafrika • Verwendung: gelegentlich als Edelstein.

Chrysotil (Faserserpentin)

Silikate
$Mg_6[(OH)_8|Si_4O_{10}]$

275

E

Bezeichnung aus den griech. Wörtern *chrysos* – Gold u. *tilos* – Faser zusammengesetzt (Kobell, 1834)

• Härte: 3–4 • Strich: weiß, grau • Farbe: graublau, graugelb, gelb, grünlich • Transparenz: durchscheinend • Glanz: seidig • Spaltbarkeit: zu Fasern spaltbar • Ausbildung: faserige Aggregate.

• Dichte: 2,5–2,6 • Kristallsystem: monoklin • Kristallformen: Fasern • Lumineszenz: cremefarben in LW • Chemische Zusammensetzung: wie Serpentin **(273)** • Chemische Eigenschaften: schmilzt nicht vor dem Lötrohr, sondern wird weiß, löslich in HCl, hinterläßt ein faseriges SiO_2-Skelett • Behandlung: Reinigung mit Wasser, Ultraschall • Ähnliche Minerale: Brucit – Abart Nemalith **(92),** Tremolit **(412)** • Unterscheidung: Härte, Säurelöslichkeit, mit Röntgen und chemisch.

• Genese: hydrothermale Umwandlung ultrabasischer Gesteine • Paragenese: Serpentin, Tremolit, Olivin **(524)** • Vorkommen: reichlich; Italien, ČSFR, UdSSR, Kanada (Quebeck), Simbabwe, Republik Südafrika u. a. • Verwendung: feuerfeste Materialien, Isoliermaterial, Papierindustrie, manchmal auch als Edelstein.

1. Antigorit – faseriges Aggregat; Bulgarien (Rhodopen, Dobamirei). **2. Chrysotil** – faseriges Aggregat auf einer Kluft in Serpentinit (Ausschnittbreite 63 mm); ČSFR (Dobšiná).

Antigorit, Chrysotil

H
3—4

Zinnwaldit (Lithiumeisenglimmer)

Silikate
$K(Li,Fe^{2+},Al)_3[(OH)_2AlSi_3O_{10}]$

276

Benannt nach der Lokalität Zinnwald im Erzgebirge (Haidinger, 1845)

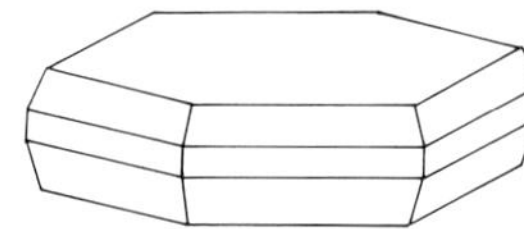

• Härte: 2,5–4 (spröde) • Strich: weiß • Farbe: hellbraun, silberweiß, gelblich, grünlich • Transparenz: durchsichtig, durchscheinend • Glanz: perlmuttartig • Spaltbarkeit: sehr gut • Andere Kohäsionsmerkmale: biegsam • Ausbildung: Kristalle, schuppige und tafelige Aggregate.
• Dichte: 2,9–3,1 • Kristallsystem: monoklin • Kristallformen: Tafeln, Schuppen • Chemische Zusammensetzung: sehr variabel • Chemische Eigenschaften: läßt sich leicht zu dunklem, schwach magnetischem Glas schmelzen, färbt die Flamme rot, säurelöslich • Behandlung: Reinigung mit Wasser • Ähnliche Minerale: Lepidolith **(169)** • Unterscheidung: Lepidolith schmilzt zu weißem Email.
• Genese: hydrothermal, pneumatolytisch • Paragenese: Fluorit **(291),** Wolframit **(369),** Quarz **(534),** Cassiterit **(548),** Topas **(595)** • Vorkommen: selten; Deutschland (Epprechstein), ČSFR (Cínovec), Großbritannien (Cornwall), USA (Kalifornien) • Verwendung: gelegentlich zur Li-Gewinnung.

Chamosit

Silikate
$(Mg,Fe^{2+})_3Fe_3^{3+}[(OH)_8(Al,Si_3)O_{10}]$

277

Benannt nach der Lokalität Chamoson in der Schweiz (Berthier, 1820)

• Härte: 3 • Strich: graugrün • Farbe: grau, graugrün, braun, grünschwarz • Transparenz: opak • Glanz: glasig, matt • Spaltbarkeit: fehlt • Bruch: uneben • Ausbildung: derbe, körnige und oolithische, staubförmige Aggregate.
• Dichte: 3,0–3,4 • Kristallsystem: monoklin • Chemische Zusammensetzung: veränderlich • Chemische Eigenschaften: wird vor dem Lötrohr in der Oxidationsflamme rot, in der Reduktionsflamme schwarz (magnetisches Glas), löslich in HCl • Behandlung: Reinigung mit Wasser • Ähnliche Minerale: Delessit **(163),** Thuringit **(164)** • Unterscheidung: mit Röntgen und chemisch.
• Genese: sedimentär • Paragenese: Calcit **(217),** Siderit **(306),** Limonit **(355),** Magnetit **(367)** • Vorkommen: häufig; Deutschland (Schmiedefeld, Wittmansgereuth), Schweiz (Chamoson), Frankreich (Lothringen), ČSSR (Nučice, Chrustenice) u. a.
• Verwendung: Fe-Erz.

Astrophyllit

Silikate
$(K_2,Na_2,Ca)(Fe^{2+},Mn)_4(Ti,Zr)[OH|Si_2O_7]_2$

278

Bezeichnung aus den griech. Wörtern *asteron* – Stern und *phyllon* – Blatt zusammengesetzt (Scheerer, 1854)

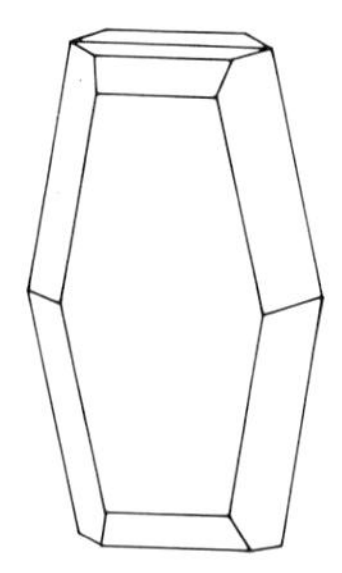

• Härte: 3,5 (spröde) • Strich: gelbbraun • Farbe: braun, braunrot • Transparenz: durchsichtig, durchscheinend • Glanz: perlmuttartig bis metallisch • Spaltbarkeit: vollkommen • Andere Kohäsionsmerkmale: biegsam • Ausbildung: Kristalle, tafelige, sternförmige Aggregate.
• Dichte: 3,3–3,4 • Kristallsystem: triklin • Kristallformen: Tafeln, Schuppen, Nadeln • Chemische Zusammensetzung: kompliziert und unbeständig • Chemische Eigenschaften: schmilzt leicht zu einem schwarzen Magnetkügelchen, löslich in HCl und H_2SO_4 • Behandlung: Reinigung mit destilliertem Wasser • Ähnliche Minerale: Lamprophyllit **(170)** • Unterscheidung: Schmelze mit Röntgen und chemisch.
• Genese: magmatisch, pegmatitisch, metamorph • Paragenese: Amphibole, Glimmer, Zirkon **(587)** • Vorkommen: selten; Norwegen, UdSSR, Kanada, Guinea, USA, Grönland u. a.

1. Zinnwaldit – blättrige Aggregate (bis zu 10 mm) mit Quarz; ČSFR (Cínovec). **2. Chamosit** – körniges bis dichtes Aggregat (Ausschnittbreite 48 mm); Deutschland (Wittmannsgereuth). **3. Astrophyllit** – säuliger Kristall (8 mm); UdSSR (Kola, Chibinsk).

Zinnwaldit, Chamosit, Astrophyllit

H
3—4

Eisen

Elemente
Fe

279

Historische Bezeichnung

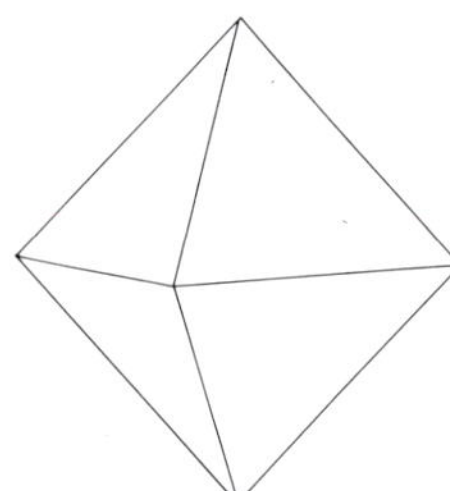

• Härte: 4–5 • Strich: grau, glänzend • Farbe: stahlgrau • Transparenz: opak • Glanz: metallisch • Spaltbarkeit: vollkommen • Bruch: hakig • Ausbildung: Kriställchen, schwammige und mikrokristalline Aggregate, Körnchen, Imprägnationen.
• Dichte: 7,88 (gediegenes Fe) • Kristallsystem: kubisch • Kristallformen: in der Natur unbekannt. Man unterscheidet terrestrisches (irdisches) und meteorisches (kosmisches) Eisen • Magnetismus: stark • Chemische Zusammensetzung theoretisch: Fe 100 %, Beimengung von Ni • Chemische Eigenschaften: löslich in HCl und HNO_3 • Behandlung: Reinigung mit destilliertem Wasser. • Ähnliche Minerale: Platin **(281)** • Unterscheidung: Magnetkraft, Härte, Dichte.
• Genese: magmatisch, Meteoriten • Paragenese: Pentlandit **(194),** Pyrrhotin **(283),** Olivin **(524)** • Vorkommen: selten; terrestrisch: Deutschland (Bühl bei Kassel – Zweige und Nester bis zu 5 kg in Basalten), Grönland (auf der Insel Disco – bis 25 t), Nordirland (Antrim) usw; meteorisch: vorwiegend Eisen- und Eisensteinmeteoriten.

Nickel (Eisennickel)

Elemente
Ni(Ni, Fe)

280

Bezeichnung vom deutschen Wort *Nickel* – Kobold abgeleitet (Ramdor, 1967)

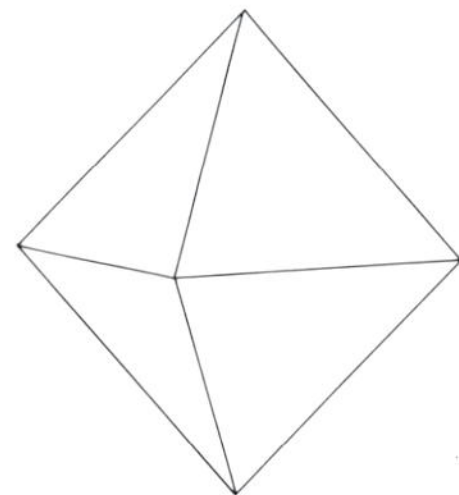

• Härte: 4,5–5,5 • Strich: grauweiß • Farbe: grauweiß, silberweiß • Transparenz: opak • Glanz: metallisch • Bruch: hakig • Ausbildung: Kristalle, Körner.
• Dichte: 8,9 (Ni), 7,8–8,2 (Ni, Fe) • Kristallsystem: kubisch • Chemische Zusammensetzung theoretisch: Ni 100 %, Beimengung von Fe • Chemische Eigenschaften: schwach säurelöslich.
• Genese: Ultrabasite, Meteoriten • Paragenese: Eisen **(279)** • Vorkommen: selten; Nickel wurde nur auf Neuseeland (Lokalität Bogota) in Form von idiomorphen Körnern in Heazlewoodit gefunden, Eisennickel kommt im Meteorglas von Henbury und in Mondproben vor.

Platin

Elemente
Pt

281

Bezeichnung vom spanischen Wort *plata* – Silber abgeleitet (Ulloa, 1748)

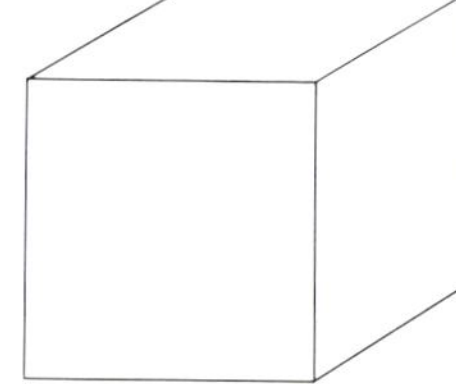

• Härte: 4–4,5 • Strich: stahlgrau, silberweiß • Farbe: stahlgrau, silberweiß • Transparenz: opak • Glanz: metallisch • Bruch: hakig • Ausbildung: selten Kriställchen, Körner, Klumpen (Nuggets), unregelmäßige Massen • Andere Eigenschaften: schmiedbar.
• Dichte: 14–19 (gediegenes Pt 21,5) • Kristallsystem: kubisch • Kristallformen: sehr selten Würfel • Magnetismus: bei einer Fe-Beimengung polarmagnetisch • Chemische Zusammensetzung theoretisch: Pt 100 %, fast immer eine Beimengung von Fe, Ir, Pd, Rh, Ni, Os • Chemische Eigenschaften: nur in Königswasser löslich, hoher Schmelzpunkt (1773,5 °C) • Behandlung: Reinigung mit Säuren • Ähnliche Minerale: Eisen **(279)** • Unterscheidung: Säurelöslichkeit, Dichte.
• Genese: magmatisch (Ultrabasite), Seifen • Paragenese: Ilmenit **(365),** Magnetit **(367),** Chromit **(371)** u. a. • Vorkommen: selten; UdSSR (Ural, Nishnij Tagil, Norilsk), Kanada (Sudbury), Republik Südafrika (Bushveld), Kolumbien, Äthiopien u. a. • Verwendung: Goldschmiedearbeiten, Elektrotechnik, Chemie usw.

1. **Platin** – Rollstück aus Anschwemmungen (Ausschnittbreite 45 mm); UdSSR (Nishnij Tagil). **2. Eisen** u. **Nickel** – Meteoritanschliff mit Widmannstättenschen Figuren: die hellen Lamellen werden von Taenit (γ-NiFe) gebildet, die dunkleren von Kamacit (FeNi); Ausschnittbreite 45 mm; Lokalität unbekannt.

1
2

Hauerit

Sulfide
MnS_2

282 Benannt nach den österreichischen Geologen J. R. Hauer (1778–1863) u. F. R. Hauer (1822 bis 1899) (Haidinger, 1846)

• Härte: 4 • Strich: rotbraun • Farbe: braungrau, braunschwarz • Transparenz: opak, durchscheinend • Glanz: diamantartig, halbmetallisch • Spaltbarkeit: vollkommen • Bruch: uneben, halbmuschelig • Ausbildung: Kristalle, Körner, selten dichte Aggregate.
• Dichte: 3,5 • Kristallsystem: kubisch • Kristallformen: Oktaeder, Dodekaeder • Chemische Zusammensetzung: Mn 46,14 %, S 53,86 % • Chemische Eigenschaften: schmilzt, löslich in HCl • Behandlung: Reinigung mit Wasser, ggf. verdünnten Säuren außer HCl • Ähnliche Minerale: limonitisiertes Pyrit **(436)** • Unterscheidung: Mn-Probe, mit Röntgen.
• Genese: sedimentär, Exhalation • Paragenese: Schwefel **(1)**, Gips **(29)**, Pyrit, Markasit **(437)** u. a. • Vorkommen: selten; ČSFR (Kalinka), Italien (Raddusa), UdSSR (Tschiaturi), USA (Texas, Louisiana) u. a.

Pyrrhotin (Magnetkies)

Sulfide
FeS

283 Bezeichnung vom griech. Wort *pyrros* – feuerrot abgeleitet (Breithaupt, 1835)

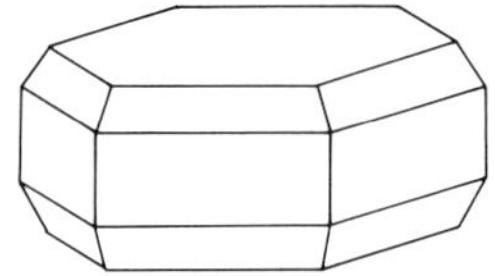

• Härte: 4 (spröde) • Strich: grauschwarz • Farbe: gelbbraun, bronzen, an der Luft tombakbraun anlaufend • Transparenz: opak • Glanz: metallisch • Spaltbarkeit: unvollkommen • Bruch: uneben • Ausbildung: Kristalle, körnige, derbe und tafelige Aggregate.
• Dichte: 4,6 • Kristallsystem: hexagonal • Kristallformen: Tafeln, selten dipyramidal, fäßchenförmig • Magnetismus: paramagnetisch • Elektrische Leitfähigkeit: guter Leiter • Chemische Zusammensetzung: Fe 63,53 %, S 36,47 % • Chemische Eigenschaften: schmilzt auf Kohle zu schwarzer magnetischer Masse, löslich in HCl und HNO_3 (beschränkt) • Behandlung: Reinigung mit verdünnten Säuren, gut mit Wasser abspülen • Ähnliche Minerale: Chalkopyrit **(185)**, Bornit **(192)** • Unterscheidung: Härte, Magnetismus, chemisch und mit Röntgen.
• Genese: magmatisch, hydrothermal, durch Kontakt, metamorph, meteorisch • Paragenese: Chalkopyrit, Markasit **(437)**, Pyrit **(436)** u. a. • Vorkommen: häufig; Deutschland (Bodenmais, Horbach, Schauinsland, Waldsassen Freiberg), Jugoslawien (Trepca), Rumänien (Chiusbaia), Kanada (Sudbury), UdSSR (Norilsk) u. a.
• Verwendung: gelegentlich Fe-Erz.

Stannin (Zinnkies)

Sulfide
Cu_2FeSnS_4

284 Bezeichnung vom lat. Wort *stannum* – Zinn abgeleitet (Beudant, 1832)

• Härte: 4 (spröde) • Strich: schwarz • Farbe: stahlgrau, auf frischem Bruch olivgrünlich • Transparenz: opak • Glanz: metallisch, wird schnell matt • Spaltbarkeit: unvollkommen • Bruch: muschelig, uneben • Ausbildung: dicht, feinkristallin, selten Kristalle.
• Dichte: 4,3–4,5 • Kristallsystem: tetragonal • Kristallformen: tetraedrische Skalenoeder, häufig Zwillinge • Chemische Zusammensetzung: Cu 29,58 %, Fe 12,99 %, Sn 27,61 %, S 29,82 % • Chemische Eigenschaften: schmilzt auf Kohle und wird weiß, löslich in HNO_3, dabei entsteht eine blaue Lösung • Behandlung: Reinigung mit destilliertem Wasser • Ähnliche Minerale: Tetraedrit **(190)** • Unterscheidung: Färbung, mit Röntgen, chemisch.
• Genese: hydrothermal • Paragenese: Tetraedrit, Pyrit **(436)**, Arsenopyrit **(344)**, Kassiterit **(548)** u. a. • Vorkommen: häufig; Deutschland (Freiberg, Zinnwald), ČSFR (Cínovec), Großbritannien (Cornwall), Australien (Tasmanien), Bolivien (Oriro, Llallagua), UdSSR u. a. • Verwendung: gelegentlich als Sn-Erz.

1. Hauerit – oktaedrischer Kristall mit Schwefel (10 mm); ČSFR (Viglašská Huta). **2. Pyrrhotin** – gut spaltige pseudohexagonale Kristalle (bis zu 20 mm); Rumänien (Chiusbaia).

1
2

Renierit

Sulfide
$Cu_3(Fe,Ge)S_4$

285

Benannt nach dem belgischen Geologen A. Reniér (Vaes, 1948)

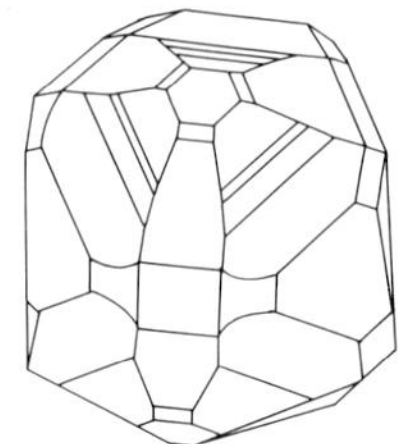

• Härte: 4,5 (spröde) • Strich: dunkelgrau bis schwarz • Farbe: bronzegelb, rosigbraun • Transparenz: opak • Glanz: metallisch • Spaltbarkeit: fehlt • Bruch: uneben • Ausbildung: Kriställchen, körnige Aggregate.
• Dichte: 4,3 • Kristallsystem: tetragonal • Kristallformen: Tetraeder, Hexaeder, Rhombododekaeder • Magnetismus: stark • Chemische Zusammensetzung: unbeständig, bildet eine isomorphe Mischungsreihe mit Germanit **(188)** im Verhältnis Fe:Ge 1:1 bis 1:2 (Germanit) oder 2:1 (Renierit) • Chemische Eigenschaften: löslich in HNO_3 • Behandlung: Reinigung mit destilliertem Wasser • Ähnliche Minerale: Germanit, Bornit **(192)** • Unterscheidung: Härte, mit Röntgen und chemisch.
• Genese: hydrothermal • Paragenese: Germanit, Tetraedrit **(190),** Enargit **(187),** Bornit • Vorkommen: selten; Zaire (Kipushi), Namibia (Tsumeb – Kriställchen bis 1,5 mm groß), UdSSR (Armenien – Dastakert).

Gudmundit

Sulfide
FeSbS

286

Benannt nach der Lokalität Gudmundstorp in Schweden (Johansson, 1928)

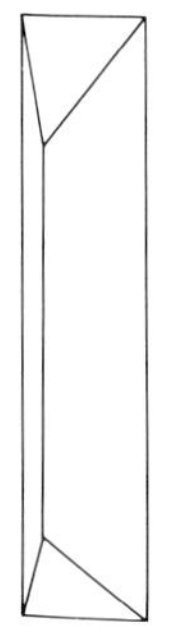

• Härte: 4 • Strich: schwarz • Farbe: silberweiß • Transparenz: opak • Glanz: stark, metallisch • Spaltbarkeit: fehlt • Bruch: uneben • Ausbildung: Kristalle, kristalline Aggregate.
• Dichte: 6,72 • Kristallsystem: monoklin • Kristallformen: prismatisch, häufig Zwillinge • Chemische Zusammensetzung: Fe 26,83 %, Sb 57,76 %, S 15,41 % • Chemische Eigenschaften: löslich in HNO_3 • Behandlung: Reinigung mit destilliertem Wasser • Ähnliche Minerale: Arsenopyrit **(344)** • Unterscheidung: Härte, Sb-Probe.
• Genese: hydrothermal • Paragenese: Antimonit **(51),** Pyrrhotin **(283),** Arsenopyrit u. a. • Vorkommen: selten; Deutschland (Waldsassen), Schweden (Gudmundstorp, Boliden), Norwegen (Sulitelma), ČSFR, Japan (Nikko), Australien (Broken Hill), Türkei (Turhal) u. a.

Safflorit

Sulfide
$CoAs_2$

287

Bezeichnung vom dt. Wort *Safflor* – Färberdistel abgeleitet (Breithaupt, 1835)

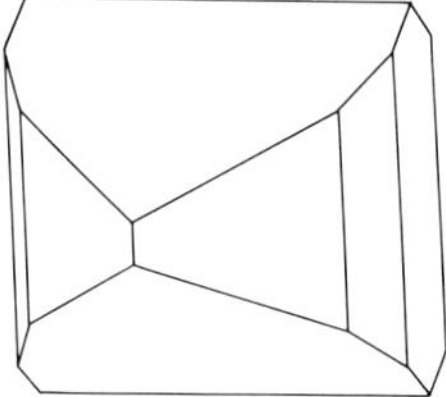

• Härte: 4,5–5,5 (spröde) • Strich: grauschwarz • Farbe: zinnweiß, grauweiß, dunkelt mit der Zeit nach • Transparenz: opak • Glanz: metallisch • Spaltbarkeit: unvollkommen nach /010/ • Bruch: muschelig, uneben • Ausbildung: selten Kristalle, derbe, körnige oder radiale Aggregate.
• Dichte: 6,9–7,3 • Kristallsystem: monoklin • Kristallformen: kurz- und langprismatisch (dem Arsenopyrit sehr ähnlich), manchmal Zwillinge • Elektrische Leitfähigkeit: sehr gut • Chemische Zusammensetzung: Co 28,23 %, As 71,77 %, Beimengungen von Fe, Ni und S • Chemische Eigenschaften: schmilzt auf Kohle, löslich in HNO_3 (rosa Lösung) • Behandlung: Reinigung mit destilliertem Wasser oder HCl • Ähnliche Minerale: Skutterudit **(438),** Chloanthit **(346),** Arsenopyrit **(344)** • Unterscheidung: mit Röntgen und chemisch.
• Genese: hydrothermal • Paragenese: Löllinggit **(350),** Skutterudit u. a. • Vorkommen: selten; Deutschland (Wittichen, Niederramstadt, Schneeberg), ČSFR (Jáchymov), Kanada (Cobalt), UdSSR, Italien, Schweden u. a. • Verwendung: gelegentlich Co-Erz.

1. Gudmundit – körniges Aggregat in dunklerem Antimonit (Ausschnittbreite 46 mm); Türkei (Turhal). **2. Safflorit** – radialstrahliges Aggregat (20 mm); Deutschland (Schneeberg).

Gudmundit, Safflorit

H
4—5

Hodruschit

Sulfide
$Cu_8Bi_{12}S_{22}$

288

Benannt nach der Lokalität Hodruša in der Tschechoslowakei (Kupčík, 1968)

• Härte: 4–4,5 (spröde) • Strich: grauschwarz • Farbe: stahlgrau, auf frischem Bruch Gelbton, bronzefarbene Überzüge • Transparenz: opak • Glanz: metallisch • Spaltbarkeit: fehlt • Ausbildung: Kriställchen, feinkörnige Aggregate, unregelmäßige Körner.
• Dichte: 6,45 • Kristallsystem: monoklin • Kristallformen: Nadeln • Chemische Zusammensetzung: Cu 13,66 %, Bi 67,39 %, S 18,95 % • Chemische Eigenschaften: löslich in HNO_3 • Behandlung: Reinigung mit destilliertem Wasser • Ähnliche Minerale: Emplektit **(69),** Bismuthinit **(71)** • Unterscheidung: mit Röntgen und chemisch.
• Genese: hydrothermal • Paragenese: Chalkopyrit **(185),** Hämatit **(472),** Quarz **(543),** Bismuthin u. a. • Vorkommen: selten; ČSFR (Hodruša) u. a.

Heyrovskyit

Sulfide
$Pb_6Bi_2S_9$

289

Nach dem tschechischen Chemiker J. Heyrovský (1890–1967) benannt (Klominský, 1971)

• Härte: 4–4,5 • Strich: grauschwarz • Farbe: zinnweiß (auf frischem Bruch) • Transparenz: opak • Glanz: metallisch • Spaltbarkeit: fehlt • Ausbildung: Kriställchen.
• Dichte: 7,18 • Kristallsystem: rhombisch • Kristallformen: Nadeln • Chemische Zusammensetzung: Pb 63,76 %, Bi 21,44 %, S 14,80 % • Chemische Eigenschaften: löslich in HNO_3 • Behandlung: Reinigung mit destilliertem Wasser • Ähnliche Minerale: **(72)** • Unterscheidung: Härte, mit Röntgen und chemisch.
• Genese: hydrothermal • Paragenese: Molybdänit **(8),** Galenit **(77),** Pyrit **(436),** Quarz **(534)** u. a. • Vorkommen: selten; ČSFR (Hůrky), Schweiz (Furka).

Prosopit

Halogenide
$CaAl_2(F,OH)_8$

290

Bezeichnung vom griech. Wort *prosōpon* – Maske abgeleitet (Scheerer, 1853)

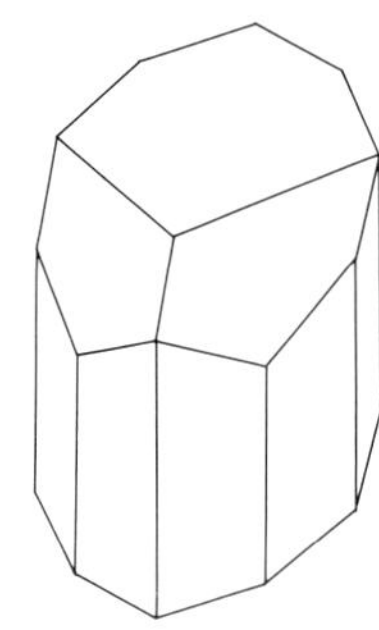

• Härte: 4,5 (spröde) • Strich: weiß • Farbe: weiß, grünlich, rötlich • Transparenz: durchsichtig, durchscheinend • Glanz: glasig, matt, fettig • Spaltbarkeit: vollkommen nach /111/ • Bruch: uneben, muschelig • Ausbildung: Kristalle, körnige Aggregate.
• Dichte: 2,89 • Kristallsystem: monoklin • Kristallformen: Tafeln • Lumineszenz: strahlt in zerstoßenem Zustand manchmal goldgelbes Licht aus (Lokalität Altenberg) • Chemische Zusammensetzung: Ca 16,84 %, Al 22,66 %, F 31,92 %, OH 28,58 % • Chemische Eigenschaften: löslich in heißer H_2SO_4, sprüht in der Flamme und wird schnell weiß, schmilzt aber nicht • Behandlung: Reinigung mit destilliertem Wasser.
• Genese: hydrothermal • Paragenese: Fluorit **(291),** Siderit **(306),** Hämatit **(472)** u. a. • Vorkommen: selten; Deutschland (Altenberg – Kristalle bis zu 3 cm), USA (Colorado – Pikes Peak), Grönland (Ivigtut) u. a.

1. **Hodruschit** – Aggregat aus feinen Nädelchen (Größe bis 2 mm) mit Chalkopyrit und Quarz im Anschliff; ČSFR (Hodruša). **2. Heyrovskyit** – kristallines Aggregat (Ausschnittbreite 25 mm); ČSFR (Hůrky).

Hodruschit, Heyrovskyit

H
4—5

Fluorit (Flußspat)

Halogenide
CaF_2

291

Bezeichnung vom lat. Wort *fluere* – fließen abgeleitet (Napione, 1797)

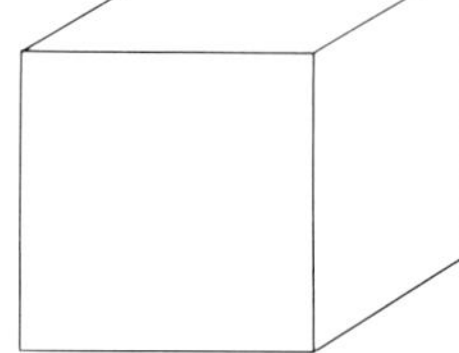

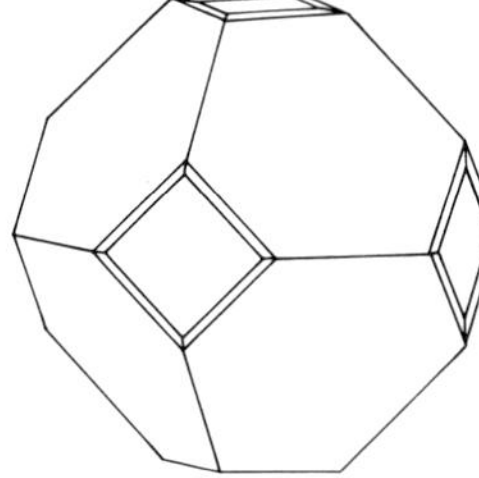

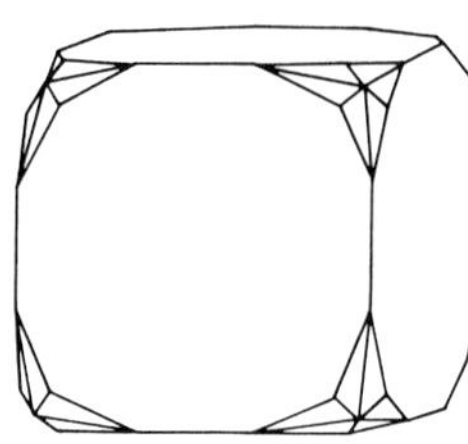

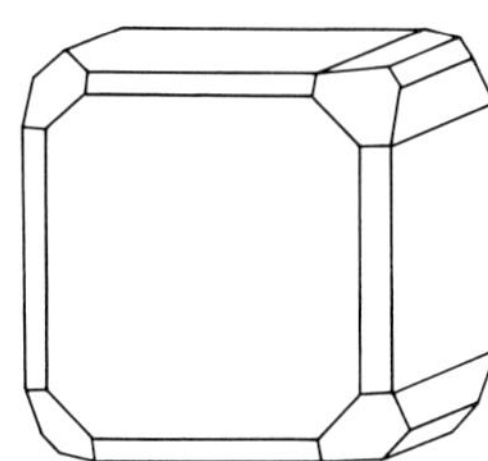

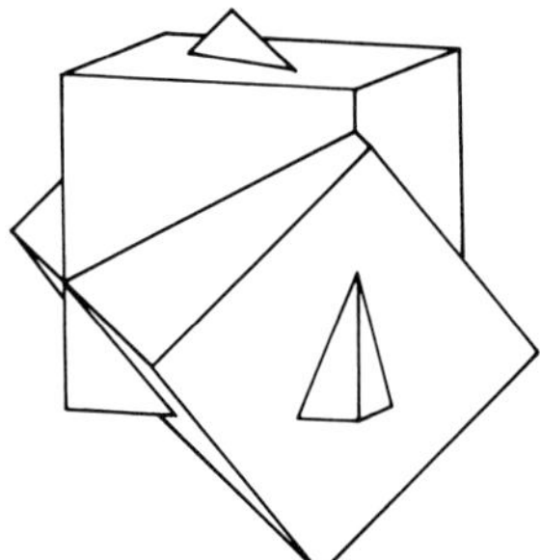

• Härte: 4 (spröde) • Strich: weiß • Farbe: weiß, weingelb, grün, violett, rotviolett, rosa, ausnahmsweise blau oder sogar schwarz (Antozonit), bei vielen Individuen kann man auch Farbwechsel beobachten (Erwärmung kann zu Farbverlust führen) • Transparenz: durchsichtig • Glanz: glasig • Spaltbarkeit: vollkommen nach /111/ • Ausbildung: Kristalle, vor allem aber körnige Aggregate und erdige Massen. • Dichte: 3,18 • Kristallsystem: kubisch • Kristallformen: Hexaeder, Oktaeder und ihre Kombinationen, rhombische Dodekaeder, seltener Zwillinge • Lumineszenz: fluoresziert in UV-Strahlen blau bis violett, leuchtet bei Erwärmung auf (Thermolumineszenz) • Chemische Zusammensetzung: Ca 51,33 %, F 48,67 %, Beimengungen von Cl, seltener Erden u. a. • Chemische Eigenschaften: löslich in H_2SO_4 unter Entstehung von HF (Vorsicht – ätzt Glas und Optik) • Behandlung: Reinigung mit destilliertem Wasser oder verdünnter HCl, wird bei mechanischer Reinigung leicht beschädigt • Ähnliche Minerale: Kryolith **(88),** Senermontit **(93),** Baryt **(240),** Apatit **(379),** Amethyst **(536)** • Unterscheidung: Härte (gegenüber Kryolith, Senermontit und Baryt größer, gegenüber Apatit und Amethyst geringer), vollkommene Spaltbarkeit.

• Genese: hydrothermal, Pegmatite, pneumatolytisch, alpine Klüfte, sedimentär • Paragenese: Galenit **(77),** Sphalerit **(181),** Calcit **(217),** Dolomit **(218),** Baryt, Apatit, Kassiterit **(548),** Turmalin **(564)** u. a. • Vorkommen: häufig; Deutschland (Badenweiler, Wölsendorf, Freiberg – hellgelbe Kristalle), Schweiz (Oktaeder aus alpinen Klüften), ČSFR (Horní Slavkov, Moldava, Harrachov, Litice), Großbritannien (Durham und Cumberland – schöne, vorwiegend violette Kristalle aus Galenitgängen), Norwegen, Italien (Bergamo), Bulgarien (Michalkovo), Kanada (Neufundland), USA (Illinois – Rosiclaire, Kentucky – Salem, New Hampshire – Westmoreland, hübsche grüne Kristalle, New York – Jefferson Co.), Australien, China, Mongolei u. a. • Verwendung: Schon die alten Griechen verwendeten Fluorit zur Herstellung von kostbaren Vasen und Gefäßen, die als „vasa murrhina“ bekannt waren. Gegenwärtig findet es in der Metallurgie, Chemie, Glasindustrie, Optik u. a. Verwendung. Einige Typen werden als Edelsteine verarbeitet (Facetten, Cabochons), sind jedoch weich und spaltbar.

Fluorit – Oktaeder (40 mm), aufgewachsen auf Quarz und Siderit; ČSFR (Horní Slavkov).

Fluorit

H
4—5

Stibiconit (Antimonocker)

Oxide
$SbSb_2O_6(OH)$

292

Bezeichnung vom lat. *stibium* – Antimon und griech. *konis* – Staub abgeleitet (Brush, 1862)

• Härte: 3–7 (schwankt beträchtlich zwischen staubförmigen und derben Aggregaten) • Strich: hellbelb, weiß • Farbe: hellgelb, weiß, braungelb • Transparenz: durchsichtig, durchscheinend • Glanz: glasartig, fettig, matt • Spaltbarkeit: unbekannt • Bruch: uneben, erdig • Ausbildung: erdige, derbe, krustige und staubförmige Aggregate, Pseudomorphosen nach Antimonit **(51).**
• Dichte: 4,1–5,8 • Kristallsystem: kubisch • Chemische Zusammensetzung: Sb 76,3 %, O 21,75 %, H_2O 1,88 % (inkonstant) • Chemische Eigenschaften: säurelöslich, ergibt auf Kohle mit Soda einen weißen Anflug • Behandlung: vorsichtig mit destilliertem Wasser reinigen • Ähnliche Minerale: Bindheimit **(293),** Cervantit **(294),** Romeit **(361)** • Unterscheidung: mit Röntgen und chemisch.
• Genese: sekundär auf Sb-Lagerstätten • Paragenese: Antimonit, Cervantit, Romeit u. a. • Vorkommen: selten; Deutschland (Goldkronach, Neubulach), Mexiko (Sonora), China (Sikwanshan), Algerien (Algier), Peru (Cajamarca), UdSSR, USA, Australien u. a.

Bindheimit

Oxide
$Pb_2Sb(O,OH,F,H_2O)_7$

293

Benannt nach dem deutschen Chemiker J. J. Bindheim (1750–1825) (Bindheim, 1792)

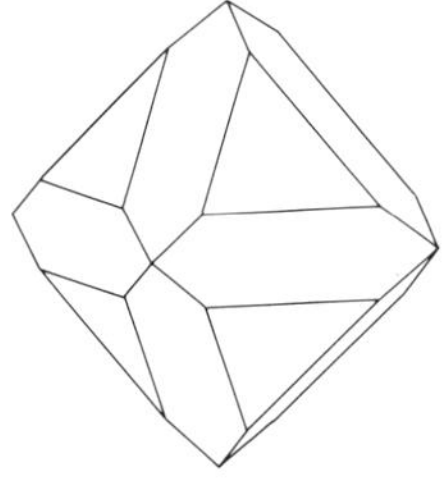

• Härte: 4–4,5 • Strich: heller als die Färbung • Farbe: gelb, grüngelb, grün, bräunlich, weiß, grau • Transparenz: durchscheinend, undurchsichtig • Glanz: fettig, matt • Spaltbarkeit: fehlt • Bruch: muschelig • Ausbildung: erdige, staubförmige, derbe, kryptokristalline Aggregate, Krusten, Pseudomorphosen.
• Dichte: 4,6–7,3 • Kristallsystem: kubisch • Kristallformen: unbekannt • Chemische Zusammensetzung: schwankend, inkonstant • Chemische Eigenschaften: löslich in HCl und HNO_3, bildet auf Kohle ein metallisches Pb-Kügelchen • Behandlung: Reinigung mit Ultraschall • Ähnliche Minerale: Stibiconit **(292)** • Unterscheidung: Reaktion auf Pb, mit Röntgen und chemisch.
• Genese: sekundär auf Pb-Sb-Lagerstätten • Paragenese: Boulangerit **(55),** Tetraedrit **(190),** Bournonit **(193)** u. a. • Vorkommen: selten; Deutschland (Adlersbachtal, Wildschapbachtal, Welchensteinach), ČSFR (Milín, Rudník), Österreich (Oberzeiring), USA (Kalifornien – San Bernardino Co.), Australien (Broken Hill), UdSSR (Nertschinsk).

Cervantit

Oxide
Sb_2O_4

294

Benannt nach der Lokalität Cervantes in Spanien (Dana, 1854)

• Härte: 4–5 • Strich: heller als die Farbe • Farbe: gelb, orangegelb, weiß • Transparenz: durchscheinend • Glanz: fettig, matt, auch perlmuttartig • Spaltbarkeit: vollkommen nach /001/ • Bruch: muschelig • Ausbildung: feinkörnige, derbe und erdige Aggregate, selten Kristalle.
• Dichte: 6,5–6,6 • Kristallsystem: rhombisch • Kristallformen: Nadeln • Chemische Zusammensetzung: Sb 79,19 %, O 20,81 % • Chemische Eigenschaften: schmilzt nicht, nur schwer in HCl löslich • Behandlung: Reinigung mit Ultraschall • Ähnliche Minerale: Valentinit **(94),** Stibiconit **(292)** • Unterscheidung: Dichte, Schmelzen, mit Röntgen und chemisch.
• Genese: sekundär auf Sb-Lagerstätten • Paragenese: Antimonit **(51),** Valentinit, Stibiconit u. a. • Vorkommen: häufig; Deutschland (Grube Clara bei Oberwolfach), Spanien (Cervantes), Italien (Pereta), Jugoslawien (Brasina), Rumänien (Baia Sprie), Bolivien (Pocca) • Verwendung: manchmal Sb-Erz.

1. Bindheimit – Pseudomorphose nach PbSb-Sulphosalz (Ausschnittbreite 15 mm); UdSSR (Nertschinsk). **2. Stibiconit** – Überzüge auf Antimonit (Ausschnittbreite 60 mm); ČSFR (Malá Lehota). **3. Cervantit** – nieriger Überzug auf Antimonitkristallen (Ausschnittbreite 38 mm); Rumänien (Baia Sprie).

Bindheimit, Stibiconit, Cervantit

H
4—5

Manganit

Hydroxide
γ-MnOOH

295

Benannt nach der chemischen Zusammensetzung (Haidinger, 1827)

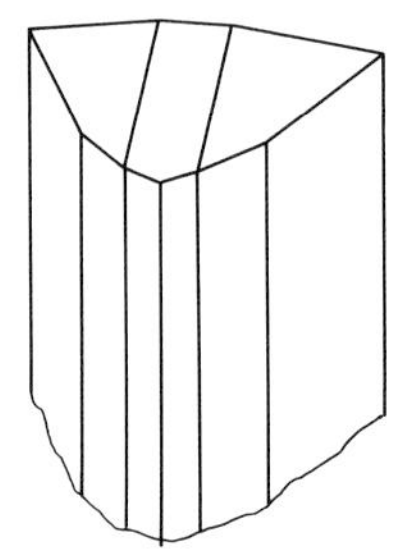

• Härte: 4 (spröde) • Strich: dunkelbraun • Farbe: schwarz, grau, braunschwarz • Transparenz: opak, in dünnen Splittern rötlich durchscheinend • Glanz: halbmetallisch, matt • Spaltbarkeit: vollkommen • Bruch: uneben • Ausbildung: Kristalle, körnige, erdige, nadelige und strahlige Aggregate, Überkrustungen, Konkretionen. • Dichte: 4,3–4,4 • Kristallsystem: monoklin • Kristallformen: prismatisch, nadelig (vertikal gerieft), Zwillinge • Chemische Zusammensetzung: Mn_2O_3 89,76 %, H_2O 10,24 %, (Mn 62,47 %) • Chemische Eigenschaften: schmilzt vor dem Lötrohr nicht, löslich in HCl • Behandlung: Reinigung mit Wasser, schwarze Überzüge mit Ultraschall • Ähnliche Minerale: Antimonit **(51)** • Unterscheidung: Härte, Strich. • Genese: hydrothermal, sedimentär • Paragenese: Calcit **(217),** Baryt **(240),** Hämatit **(472),** Pyrolusit **(474)** u. a. • Vorkommen: häufig; Deutschland (Grube Clara bei Oberwolfach, Ilfeld), Großbritannien (Cornwall), UdSSR (Ukraine), Kanada (Brideville), Schweden (Långban), Indien, Australien, Brasilien, China u. a. • Verwendung: Mn-Erz.

Zinkit (Rotzinkerz)

Oxide
ZnO

296

Bezeichnung aufgrund der chemischen Zusammensetzung (Haidinger, 1845)

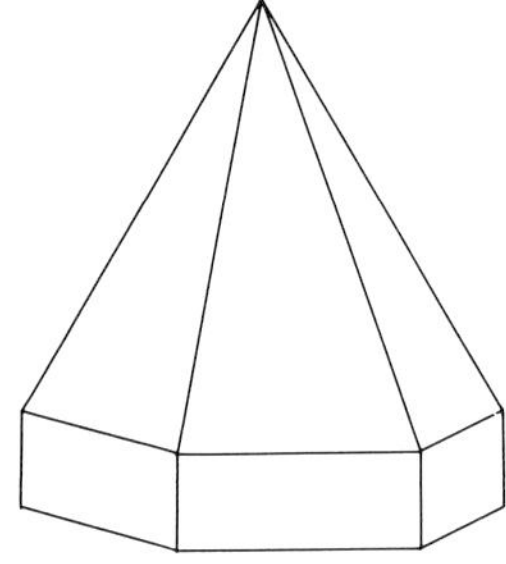

• Härte: 4,5–5 (spröde) • Strich: orangegelb, braungelb • Farbe: rot, rotgelb, rotbraun • Transparenz: durchscheinend, opak • Glanz: diamantartig, halbmetallisch • Spaltbarkeit: vollkommen • Bruch: muschelig • Ausbildung: selten Kristalle, körnige, blättrige Aggregate. • Dichte: 5,4–5,7 • Kristallsystem: hexagonal • Magnetismus: diamagnetisch • Chemische Zusammensetzung: Zn 80,34 %, O 19,66 % • Chemische Eigenschaften: schmilzt in der Flamme nicht, säurelöslich • Behandlung: Reinigung mit destilliertem Wasser • Ähnliche Minerale: Cinnabarit **(76),** Rutil **(464)** • Unterscheidung: Härte, Dichte, Zn-Probe. • Genese: hydrothermal, kontaktmetamorph • Paragenese: Calcit **(217),** Willemit **(404),** Franklinit **(470),** Rhodonit **(531)** u. a. • Vorkommen: selten; Deutschland (Schneeberg), Polen (Olkusz), Italien (Bottino), Jugoslawien (Kučajna) u. a. • Verwendung: selten als Zn-Erz und als Edelstein.

Betafit

Oxide
$(Ca, Fe, U)_{2-x}(Nb, Ti, Ta)_2O_6(OH, F)_{1-z}$

297

Benannt nach der Lokalität Betafo auf Madagaskar (Lacroix, 1912)

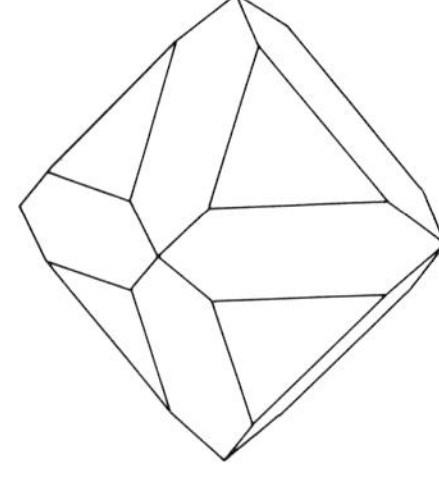

• Härte: 3–5,5 • Strich: gelb, weiß • Farbe: braun, schwarz, braungrün, gelb • Transparenz: opak • Glanz: fettig, glasartig • Spaltbarkeit: fehlt • Bruch: muschelig • Ausbildung: Kristalle, derbe, körnige und krustige Aggregate. • Dichte: 3,7–5 • Kristallsystem: kubisch • Kristallformen: Oktaeder, Dodekaeder • Radioaktivität: stark • Chemische Zusammensetzung: stark schwankend und inkonstant • Chemische Eigenschaften: säurelöslich, schmilzt in der Flamme an den Rändern und verfärbt sich schwarz • Behandlung: Reinigung mit destilliertem Wasser. • Genese: Pegmatite, Carbonatite • Paragenese: Allanit **(410),** Euxenit **(471),** Amazonit **(491),** Monazit **(383),** Xenotim **(324)** • Vorkommen: selten; Madagaskar, UdSSR, Brasilien, Kanada, USA u. a.

1. Manganit – prismatische, vertikal geriefte Kristalle (15 mm); Deutschland (Harz, Ilfeld). **2. Zinkit** – körniges Aggregat (12 mm) in Calcit; USA (New Jersey, Franklin). **3. Betafit** – derbes Aggregat (Ausschnittbreite 40 mm); Finnland (Impilanti).

Manganit, Zinkit, Betafit

Brannerit

Oxide
$(U, Ca, Th, Se)(Ti, Fe)_2O_6$

298

R

Benannt nach dem amerikanischen Geologen G. Branner (1850–1922) (Hess, Wells 1920)

• Härte: ca. 4,5 • Strich: dunkelbraun, grünbraun • Farbe: schwarz • Transparenz: opak, in dünnen Splittern braunviolett und gelb durchscheinend • Glanz: halbmetallisch, diamantartig, auch fettig • Spaltbarkeit: unbekannt • Bruch: uneben, muschelig • Ausbildung: Kriställchen, isometrische Körner, Pseudomorphosen.
• Dichte: 6,35 • Kristallsystem: monoklin • Kristallformen: prismatisch, isometrisch • Magnetismus: schwach • Radioaktivität: stark • Chemische Zusammensetzung: sehr inkonstant, UO_2 62,83 %, TiO_2 37,17 % (theoretisch für UTi_2O_6) • Chemische Eigenschaften: löslich in heißer HNO_3, H_2SO_4 • Behandlung: Reinigung mit destilliertem Wasser • Ähnliche Minerale: Allanit **(410)** • Unterscheidung: Härte, mit Röntgen und chemisch.
• Genese: magmatisch, Pegmatite, Seifen • Paragenese: Ilmenit **(365),** Feldspäte, Apatit **(379),** Zirkon **(587)** u. a. • Vorkommen: selten; Spanien (Kristalle in Hornachuelos), Marokko (Bou Azzer), USA (Idaho – Kelley Gulch), Kanada (Ontario – Blind River District), Australien, Republik Südafrika u. a. • Verwendung: seltene Erden, U-Erz.

Bismit

Oxide
α-Bi_2O_3

299

Bezeichnung aufgrund der chemischen Zusammensetzung (Dana, 1868)

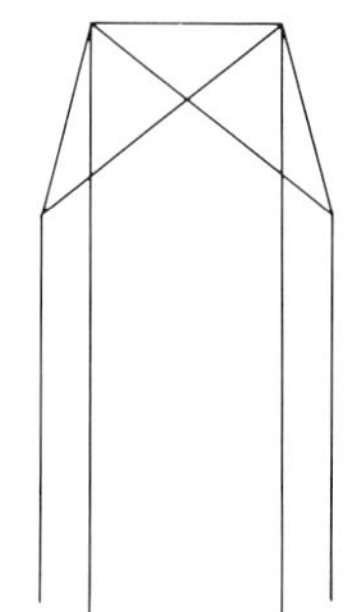

• Härte: 4,5 • Strich: graugelb, hellgelb • Farbe: strohgelb, grüngelb, grauweiß, graugelb • Transparenz: durchsichtig, durchscheinend • Glanz: diamantartig, erdig • Spaltbarkeit: fehlt • Bruch: uneben, muschelig, erdig • Ausbildung: körnig, pulverförmig, erdig, Pseudomorphosen.
• Dichte: ca. 9 • Kristallsystem: monoklin • Kristallformen: prismatisch • Chemische Zusammensetzung: Bi 89,68 %, O 10,32 % • Chemische Eigenschaften: löslich in HNO_3, schmilzt auf Kohle leicht unter Entstehung von metallischem Bi.
• Genese: sekundär in der Oxidationszone • Paragenese: Bismuthinit **(71),** gediegenes Bi u. a. • Vorkommen: selten; Deutschland (Wittichen, Schneeberg, Schwarzenberg), ČSFR (Jáchymov), Bolivien (Colavi), UdSSR (Beresowsk, Adrasman).

Curit

Oxide
$3\,PbO \cdot 8\,UO_3 \cdot 4\,H_2O$

300

Benannt nach dem französischen Physiker P. Curie (1859–1906) (Schoep, 1921)

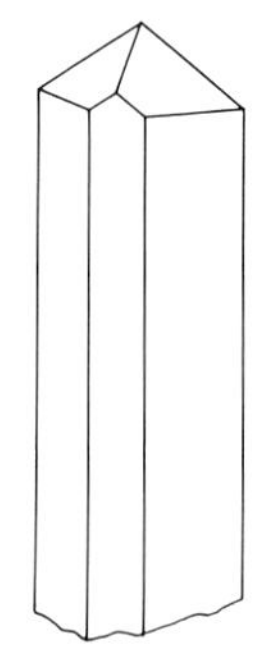

• Härte: 4,5 (spröde) • Strich: oranges • Farbe: gelb, rotorange, braungelb • Transparenz: durchscheinend • Glanz: diamantartig • Spaltbarkeit: gut nach /100/ und /110/ • Ausbildung: Kriställchen, faserige, derbe, körnige Aggregate, Krusten, Pseudomorphosen.
• Dichte: 7,19 • Kristallsystem: rhombisch • Kristallformen: Nadeln • Radioaktivität: stark • Chemische Zusammensetzung: PbO 22,10 %, UO_3 75,52 %, H_2O 2,38 % • Chemische Eigenschaften: leicht säurelöslich, reagiert auf Pb • Behandlung: Reinigung mit Ultraschall.
• Genese: sekundär in den Oxidationszonen von U-Lagerstätten • Paragenese: Kasolit **(338),** Monazit **(383),** Allanit **(410),** Uraninit **(482)** • Vorkommen: selten; Deutschland (Wölsendorf, Menzenschwand), Frankreich (Puy-de-Dôme), Zaire (Kasolo), Madagaskar (Malakialina), Australien u. a. • Verwendung: gelegentlich U-Erz.

Curit – körniges Aggregat mit Anlauffarben (Ausschnittbreite 43 mm); Zaire (Kasolo).

Siderit

H
4—5

Malachit

Carbonate
$Cu_2[(OH)_2|CO_3]$

307

E

Historische Bezeichnung

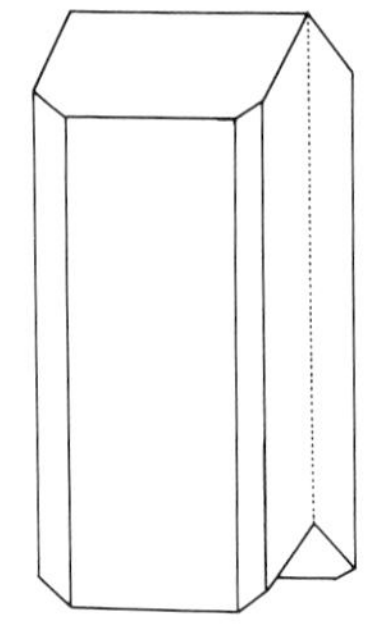

• Härte: 4 (spröde) • Strich: hellgrün • Farbe: grün, schwarzgrün • Transparenz: durchscheinend, opak • Glanz: glasig, seidig, matt • Spaltbarkeit: gut • Bruch: muschelig • Ausbildung: Kristalle, körnige, dichte, stalaktitartige, faserige und erdige Aggregate, Krusten, Imprägnationen, Pseudomorphosen.
• Dichte: 4,0 • Kristallsystem: monoklin • Kristallformen: Prismen • Chemische Zusammensetzung: CuO 71,95 %, CO_2 19,90 %, H_2O 8,15 % • Chemische Eigenschaften: löslich in HCl (braust), färbt mit HCl befeuchtet die Flamme grün • Behandlung: Reinigung mit Wasser • Ähnliche Minerale: Chrysokoll **(268),** Rosasit **(308),** Pseudomalachit **(321)** • Unterscheidung: Dichte, mit Röntgen und chemisch.
• Genese: sekundär • Paragenese: Kupfer **(47),** Cuprit **(209),** Chalkopyrit **(185),** Azurit **(226)** u. a. • Vorkommen: häufig; Deutschland (Betzdorf – hübsche Kristalle, Rheinbreitbach), Frankreich (Chessy), Rumänien (Baita), UdSSR (Nishnij Tagil), USA (Arizona), Zaire (Shaba), Namibia (Tsumeb) u. a. • Verwendung: Cu-Erz, Edelstein.

Rosasit

Carbonate
$(Cu, Zn)_2[(OH)_2|CO_3]$

308

Benannt nach der Grube Rosas auf Sardinien (Lovisato, 1908)

• Härte: ca. 4 • Strich: heller als Färbung • Farbe: blaugrün, hellblau • Transparenz: durchscheinend, opak • Glanz: glasig, seidig • Spaltbarkeit: in zwei Richtungen • Ausbildung: Kristalle, faserige und sphärolithische Aggregate, Krusten.
• Dichte: 4,0–4,2 • Kristallsystem: monoklin • Kristallformen: Tafeln • Chemische Zusammensetzung: CuO 41,15 %, ZnO 30,99 %, CO_2 19,77 %, H_2O 8,09 % • Chemische Eigenschaften: säurelöslich, schmilzt in der Flamme • Behandlung: Reinigung mit destilliertem Wasser • Ähnliche Minerale: Malachit **(307)** • Unterscheidung: mit Röntgen und chemisch (Zn-Probe).
• Genese: sekundär in Oxidationszonen • Paragenese: Hydrozinkit **(103),** Aurichalcit **(106),** Brochantit **(228),** Malachit • Vorkommen: selten; Italien (Sardinien), UdSSR (Kisil Espe), Namibia (Tsumeb), USA (Kalifornien, New Mexico) u. a.

Beudantit

Arsenate
$PbFe_3^{3+}[(OH)_6|SO_4|AsSO_4]$

309

Benannt nach dem französischen Mineralogen F. S. Beudant (1787–1850) (Lévy, 1826)

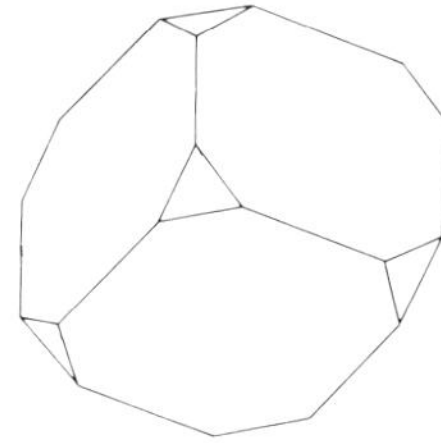

• Härte: 4 (spröde) • Strich: gelb, grüngelb • Farbe: dunkelgrün, braun, schwarz • Transparenz: durchsichtig, durchscheinend, • Glanz: diamantartig, glasig, fettig • Spaltbarkeit: gut • Ausbildung: Kristalle.
• Dichte: 4,3 • Kristallsystem: trigonal • Kristallformen: Hexaeder, Rhomboeder, pseudokubisch, Tafeln • Chemische Zusammensetzung: PbO 31,55 %, Fe_2O_3 33,68 %, SO_3 11,24 %, As_2O_5 16,14 %, H_2O 7,59 % • Chemische Eigenschaften: schmilzt in der Flamme, löslich in HCl • Behandlung: Reinigung mit destilliertem Wasser • Ähnliche Minerale: Pharmakosiderit **(140)** • Unterscheidung: Härte, Dichte.
• Genese: sekundär • Paragenese: Pharmakosiderit, Malachit **(307),** Limonit **(355)** u. a. • Vorkommen: selten; Deutschland (Horhausen, Grube Clara bei Oberwolfach), ČSFR (Moldava), Griechenland (Lavrion), Australien (Mt. McGrath), Namibia (Tsumeb).

Malachit – polierte Fläche mit konzentrischem Bau (Ausschnittbreite 70 mm); Zaire (Shaba).

Malachit

H
4—5

Scheelit (Tungstein)

Wolframate
$CaWO_4$

310

Benannt nach dem schwedischen Chemiker K. W. Scheel (1742 bis 1786) (Leonhard, 1821)

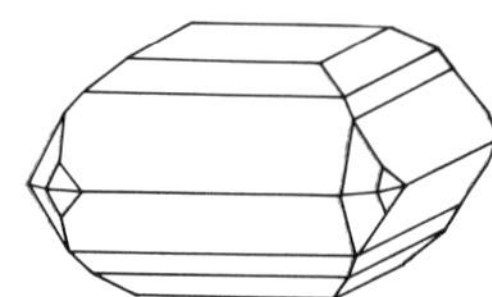

• Härte: 4,5–5 (spröde) • Strich: weiß • Farbe: weiß, gelb, braun, grünlich, rötlich, grauweiß • Transparenz: durchsichtig, durchscheinend • Glanz: diamantartig, fettig • Spaltbarkeit: unvollkommen nach /101/ • Bruch: muschelig • Ausbildung: Kristalle, körnige und derbe Aggregate, Krusten, Imprägnationen, Pseudomorphosen.
• Dichte: 5,9–6,1 • Kristallsystem: tetragonal • Kristallformen: dipyramidal, pyramidal, Tafeln • Lumineszenz: stark, in KW hellblau • Chemische Zusammensetzung: CaO 19,47 %, WO_3 80,53 % • Chemische Eigenschaften: schwer schmelzbar, löslich in HCL und HNO_3 • Behandlung: Reinigung mit destilliertem Wasser • Ähnliche Minerale: Cerussit **(225)**, Baryt **(240)**, Powellit, Anglesit **(242)**, Quarz **(534)** • Unterscheidung: Härte, Dichte, Lumineszenz, Pb-Probe bei Cerussit und Anglesit, mit Röntgen.
• Genese: pegmatit-pneumatolitisch, hydrothermal, kontaktmetamorph • Paragenese: Molybdänit **(8)**, Fluorit **(291)**, Wolframit **(369)**, Quarz u. a. • Vorkommen: häufig; Deutschland (Roßgrabeneck, Schwaigwald – Kristalle bis 1,5 cm, Eisenbach, Zinnwald, Altenberg), Österreich, ČSFR (Cínovec, Obří důl), UdSSR (Tyrny Aus), Finnland (Pitkäranta), Großbritannien (Cornwall), Namibia (Natas Mine), Australien (Tasmanien – Kings Island), Bolivien (Condeauque), Kanada, USA, Korea u. a. • Verwendung: W-Erz, manchmal auch als Edelstein.

Variscit

Phosphate
$Al[PO_4] \cdot 2\,H_2O$

311

Bezeichnung vom alten Namen für das Vogtland (Variscia) abgeleitet (Breithaupt, 1837)

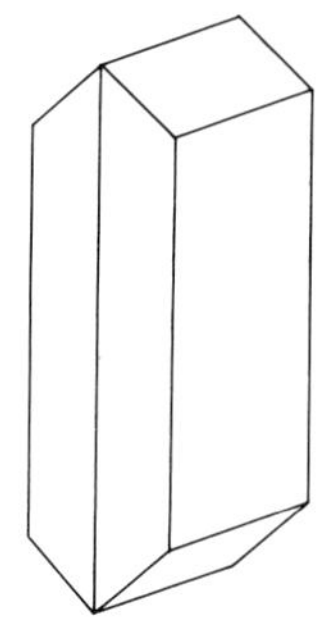

• Härte: 4–5 • Strich: weiß • Farbe: weiß, grün, blaugrün • Transparenz: durchscheinend • Glanz: matt, fettig • Spaltbarkeit: vollkommen nach /010/ • Bruch: muschelig • Ausbildung: dichte, krustige und nierige Aggregate.
• Dichte: 2,52 • Kristallsystem: rhombisch • Kristallformen: Pseudooktaeder, kurzprismatisch • Lumineszenz: grün, cremegrün • Chemische Zusammensetzung: Al_2O_3 32,26 %, P_2O_5 44,94 %, H_2O 22,80 %, Beimengungen Fe und As • Chemische Eigenschaften: schmilzt nicht, löslich in KOH • Behandlung: Reinigung mit destilliertem Wasser • Ähnliche Minerale: Wavellit **(247)** • Unterscheidung: andere Kristallform, Härte, mit Röntgen und chemisch.
• Genese: sekundär • Paragenese: Wavellit, Bolivarit, Limonit **(355)** u. a. • Vorkommen: selten; Deutschland (Messbach), Österreich (Leoben), ČSFR (Třenice), USA (Arkansas – Montgomery County, Utah – Mercur), Bolivien (Posokoni) u. a.
• Verwendung: gelegentlich als Edelstein (Cabochons).

Cyrilovit

Phosphate
$NaFe_3[(OH)_4|(PO_4)_2] \cdot 2\,H_2O$

312

Benannt nach der Lokalität Cyrilov in der Tschechoslowakei (Novotný, Staněk, 1953)

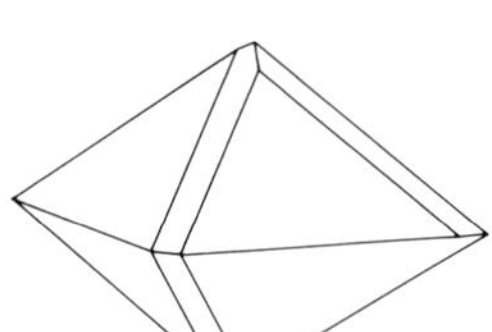

• Härte: ca. 4 • Strich: gelb • Farbe: gelb, orangegelb, braun • Transparenz: durchsichtig • Glanz: glasartig • Ausbildung: Kristalle, Aggregate.
• Dichte: 3,08 • Kristallsystem: tetragonal • Kristallformen: Pseudooktaeder, Tetraeder.
• Genese: Pegmatite • Paragenese: Strengit **(249)**, Graftonit **(381)** u. a. • Vorkommen: selten; Deutschland (Hagendorf), ČSFR (Cyrilov), Brasilien (Sapucaia) u. a.

1. Scheelit – Kristall (15 mm) in Quarz eingewachsen; Deutschland (Fürstenberg). **2. Variscit** – derbes poliertes Aggregat (Ausschnittbreite 45 mm); USA (Lewiston).

1
2

Goyazit (Hamlinit)

Phosphate
$SrAl_3[(OH)_6|PO_4|PO_3OH]$

313

Benannt nach der Provinz Goyaz in Brasilien (Damour, 1884)

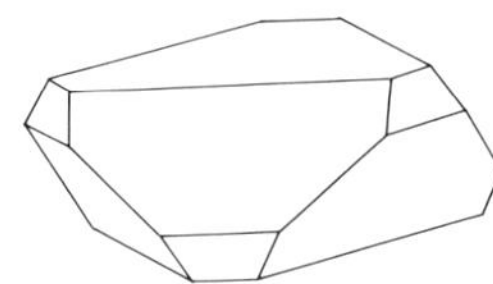

● Härte: 4,5 ● Strich: weiß ● Farbe: zitronengelb, rosa ● Transparenz: durchsichtig ● Glanz: glasartig, fettig ● Spaltbarkeit: vollkommen nach /0001/ ● Bruch: uneben ● Ausbildung: Kristalle, isometrische Körner.
● Dichte: 3,2 ● Kristallsystem: trigonal ● Kristallformen: Rhomboeder, Tafeln ● Chemische Zusammensetzung: SrO 22,45 %, Al_2O_3 33,14 %, P_2O_5 30,75 %, H_2O 13,66 %, Beimengungen von Ba, F ● Chemische Eigenschaften: löst sich langsam in Säuren ● Behandlung: Reinigung mit destilliertem Wasser ● Ähnliche Minerale: Apatit **(379),** Topas **(595)** ● Unterscheidung: Härte.
● Genese: Pegmatite, sekundär ● Paragenese: Baryt **(240),** Apatit, Pyrit **(436),** Bertrandit **(485)** u. a. ● Vorkommen: selten; Deutschland (Fuchsbach), Schweiz (Lengenbach), UdSSR (Romny), USA (Maine – Greenwood, Colorado – Boulder Co.), Brasilien (Serra de Congonhas) u. a.

Sicklerit

Phosphate
$Li_{<1}(Mn^{2+}, Fe^{3+})[PO_4]$

314

Benannt nach Sickler, dem Entdecker der Lagerstätte Pala in Kalifornien (Schaller, 1912)

● Härte: ca. 4 ● Strich: heller als Färbung ● Farbe: dunkelbraun, gelb ● Transparenz: opak ● Glanz: matt ● Spaltbarkeit: gut nach /100/ ● Bruch: uneben ● Ausbildung: derbe Aggregate.
● Dichte: 3,4 ● Kristallsystem: rhombisch ● Kristallformen: unbekannt ● Chemische Zusammensetzung: inkonstant, mit schwankendem Fe- und Mn-Gehalt ● Chemische Eigenschaften: schmilzt leicht, säurelöslich ● Behandlung: Reinigung mit destilliertem Wasser ● Ähnliche Minerale: manchmal Graftonit **(381)** ● Unterscheidung: Härte, mit Röntgen und chemisch.
● Genese: sekundär in Pegmatiten ● Paragenese: Triphylin **(315),** Purpurit **(316)** u. a. ● Vorkommen: selten; Deutschland (Hühnerkobel, Hagendorf), Schweden (Varuträsk), USA (Kalifornien – Pala), Australien (Wodgina) u. a.

Triphylin

Phosphate
$Li(Fe^{2+}, Mn^{2+})[PO_4]$

315

Bezeichnung von den griech. Wörtern *treis* – drei und *phylon* – Sippe abgeleitet (Fuchs, 1834)

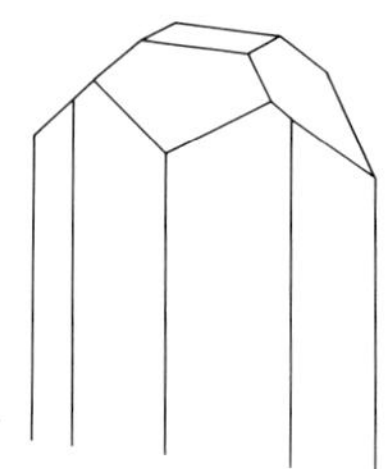

● Härte: 4–5 ● Strich: grauweiß ● Farbe: grüngrau, blaugrau, braun ● Transparenz: durchsichtig, durchscheinend ● Glanz: fettig ● Spaltbarkeit: gut nach /100/ ● Bruch: uneben, muschelig ● Ausbildung: Kristalle, körnige und derbe Aggregate.
● Dichte: 3,4–3,6 ● Kristallsystem: rhombisch ● Kristallformen: prismatisch ● Chemische Zusammensetzung: Li_2O 9,47 %, FeO 45,54 %, P_2O_5 44,99 %, ständige Mn-Beimengung (Endglied der isomorphen Mischungsreihe ist Lithiophilit – LiMn PO_4) ● Chemische Eigenschaften: leicht schmelzbar, säurelöslich ● Behandlung: Reinigung mit destilliertem Wasser ● Ähnliche Minerale: Lithiophilit ● Unterscheidung: chemisch.
● Genese: Pegmatiten ● Paragenese: Amblygonit **(377),** Spodumen **(302),** Kassiterit **(548),** Beryll **(554)** u. a. ● Vorkommen: selten; Deutschland (Hühnerkobel, Hagendorf), Portugal (Mangualde), ČSFR (Přibyslavice), Schweden (Norrö), USA (New Hampshire – Newport), Namibia (Karibib) u. a.

1. Goyazit – isolierte Körner (bis zu 5 mm); Brasilien (Serra de Congonhas). **2. Triphylin** – körniges Aggregat (Ausschnittbreite 44 mm); USA (Newport).

Goyazit, Triphylin

H
4—5

Purpurit

Phosphate
$(Mn^{2+}, Fe^{3+})[PO_4]$

316

E

Bezeichnung vom lat. Wort *purpureus* – purpurrot abgeleitet (Graton, Schaller, 1905)

• Härte: 4,5 • Strich: rot • Farbe: dunkelrot bis dunkelviolett • Transparenz: durchscheinend, opak • Glanz: matt • Spaltbarkeit: vollkommen nach /100/ und /001/ • Bruch: uneben • Ausbildung: körnige und dichte Aggregate.
• Dichte: 3,4 • Kristallsystem: rhombisch • Kristallformen: unbekannt • Chemische Zusammensetzung: Mn_2O_3 52,66 %, P_2O_5 47,34 %, Beimengung von Fe (Endglied der isomorphen Mischungsreihe ist Heterosit – $Fe^{3+}[PO_4]$) • Chemische Eigenschaften: schmilzt leicht, löslich in HCl • Behandlung: dunkle Überzüge mit verdünnten Säuren (ausgenommen HCl) entfernen • Ähnliche Minerale: Heterosit • Unterscheidung: Farbe, chemisch.
• Genese: sekundär in Pegmatiten • Paragenese: Sicklerit **(314),** Triphylin **(315)** u. a. • Vorkommen: selten; Frankreich (Chanteloube), Australien (Wodgina), USA (Süddakota – Custer Co., Kalifornien – Pala) • Verwendung: gelegentlich als Edelstein (Cabochon).

Plumbogummit (Bleigummi)

Phosphate
$PbAl_3[(OH)_6|PO_4|PO_3OH]$

317

Bezeichnung aus lat. *plumbum* – Blei und *gummi* – Kautschuk zusammengesetzt (Laumont, 1819)

• Härte: 4–4,5 • Strich: weiß • Farbe: weiß, grau, gelb, blaugrün, rotbraun • Transparenz: durchscheinend • Glanz: matt, fettig • Spaltbarkeit: unbekannt • Bruch: muschelig • Ausbildung: gelartige, dichte, sinterige, stalagtitische, krustige Aggregate mit konzentrischem Bau.
• Dichte: 4–5 • Kristallsystem: trigonal • Kristallformen: hexagonal • Chemische Zusammensetzung: PbO 38,41 %, Al_2O_3 26,32 %, P_2O_5 24,42 %, H_2O 10,85 % • Chemische Eigenschaften: quillt in der Flamme auf und schmilzt teilweise, löslich in heißen Säuren • Behandlung: Reinigung mit destilliertem Wasser.
• Genese: sekundär in Oxidationszonen • Paragenese: Cerussit **(225),** Anglesit **(242),** Wulfenit **(243),** Pyromorphit **(262)** • Vorkommen: selten; Frankreich (Huelgoat, Nussiére), Großbritannien (Roughten), Brasilien (Diamantina), USA (Kalifornien – Cerro Gordo Mine).

Legrandit

Arsenate
$Zn_2[OH|AsO_4] . H_2O$

318

Benannt nach dem belgischen Bergbauunternehmer Legrand (Drugmann, Hey, 1932)

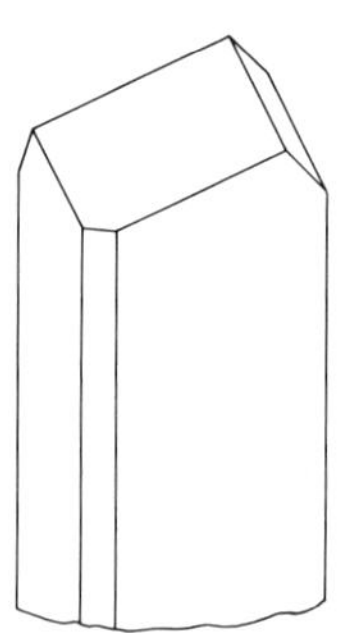

• Härte: 4,5 • Strich: weiß • Farbe: gelb • Transparenz: durchsichtig, durchscheinend • Glanz: glasig • Spaltbarkeit: unvollkommen nach /100/ • Ausbildung: Kristalle, kristalline Aggregate.
• Dichte: 4,0 • Kristallsystem: monoklin • Kristallformen: prismatisch • Chemische Zusammensetzung: Zn 53,42 %, As_2O_5 37,71 %, H_2O 8,87 % • Behandlung: Reinigung mit destilliertem Wasser.
• Genese: sekundär • Paragenese: Hemmimorphit **(403),** Adamin **(258),** Limonit **(355)** u. a. • Vorkommen: selten; Mexiko (Lampazos, Mapimi).

1. **Purpurit** – derbes Aggregat (Ausschnittbreite 90 mm); Namibia (Grube Sandamab). 2. **Legrandit** – säuliges Aggregat in Limonit (Ausschnittbreite 20 mm); Mexiko (Mapimi).

Purpurit, Legrandit

H
4—5

Libethenit

Phosphate
$Cu_2[OH|PO_4]$

319

Benannt nach der Lokalität Ľubietová (deutsch Libethen) in der Tschechoslowakei (Breithaupt, 1823)

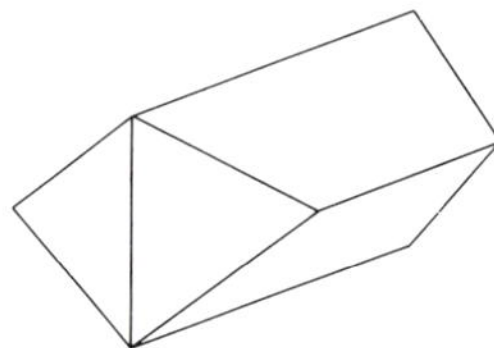

• Härte: 4 (spröde) • Strich: hellgrün • Farbe: dunkelgrün, grünschwarz • Transparenz: durchsichtig, durchscheinend • Glanz: fettig, glasartig • Spaltbarkeit: unvollkommen • Bruch: uneben, muschelig • Ausbildung: Kristalle, körnige Aggregate.
• Dichte: 3,9–4,0 • Kristallsystem: rhombisch • Kristallformen: Dipyramiden, kurz prismatisch • Chemische Zusammensetzung: CuO 66,54 %, P_2O_5 29,69 %, H_2O 3,77 % • Chemische Eigenschaften: schmilzt zu einem schwarzen kristallinen Kügelchen, leicht in Säuren und Ammoniak löslich • Behandlung: Reinigung mit destilliertem Wasser • Ähnliche Minerale: Atacamit **(206),** Olivenit **(257),** Malachit **(307)** • Unterscheidung: Härte; zuverlässig mit Röntgen und chemisch.
• Genese: sekundär • Paragenese: Cuprit **(209),** Malachit, Pseudomalachit **(321),** Limonit **(355)** u. a. • Vorkommen: selten; ČSFR (Ľubietová), Frankreich (Montebras), Großbritannien (Cornwall), USA (Nevada – Yerington), Zaire (Shaba), UdSSR (Nishnij Tagil).

Cornwallit

Arsenate
$Cu_5[(OH)_2|AsO_4]_2$

320

Benannt nach der Landschaft Cornwall in Großbritannien (Zippe, 1846)

• Härte: 4,5–5 (spröde) • Strich: apfelgrün • Farbe: dunkelgrün, smaragdgrün • Transparenz: durchscheinend, opak • Glanz: matt • Spaltbarkeit: fehlt • Bruch: muschelig • Ausbildung: sinterartige Aggregate mit radialfaseriger Struktur, Krusten.
• Dichte: 4,0–4,1 • Kristallsystem: monoklin • Kristallformen: Plättchen • Chemische Zusammensetzung: CuO 59,97 %, As_2O_5 34,63 %, H_2O 5,40 % • Chemische Eigenschaften: schmilzt zu schwarzem Glas • Behandlung: Reinigung mit destilliertem Wasser • Ähnliche Minerale: Malachit **(307),** Pseudomalachit **(321)** • Unterscheidung: mit Röntgen und chemisch.
• Genese: sekundär • Paragenese: Tenorit **(210),** Olivenit **(257),** Malachit u. a. • Vorkommen: selten; Deutschland (Freudenstadt, Grube Clara bei Oberwolfach, Neubulach), Großbritannien (Cornwall), ČSFR (Novoveská Huta), Frankreich (Chessy), USA (Nevada – Majuba Hill) u. a.

Pseudomalachit

Phosphate
$Cu_5[(OH)_2|PO_4]_2$

321

E

Bezeichnung aus den Wörtern *pseudein* – täuschen und *Malachit* zusammengesetzt (Hausmann, 1832)

• Härte: 4,5 (spröde) • Strich: blaugrün • Farbe: dunkelgrün, smaragdgrün • Transparenz: durchsichtig, durchscheinend • Glanz: glasartig, fettig • Spaltbarkeit: unvollkommen • Bruch: muschelig • Ausbildung: sinterartige, stalaktitische, traubige Aggregate, selten Kristalle.
• Dichte: 4,34 • Kristallsystem: monoklin • Kristallformen: prismatisch • Chemische Zusammensetzung: CuO 69,09 %, P_2O_5 24,65 %, H_2O 6,26 % • Chemische Eigenschaften: schmilzt in der Flamme, säurelöslich • Behandlung: Reinigung mit destilliertem Wasser • Ähnliche Minerale: Malachit **(307),** Cornwallit **(320)** • Unterscheidung: mit Röntgen und chemisch.
• Genese: sekundär • Paragenese: Azurit **(226),** Malachit, Limonit **(355),** Chalcedon **(449)** u. a. • Vorkommen: selten; Deutschland (Rheinbreitbach, Hirschberg, Hagendorf), ČSFR (Ľubietová), Großbritannien (Cornwall), Portugal (Bogolo), UdSSR (Nishnij Tagil) • Verwendung: gelegentlich als Edelstein (Cabochon).

1. Libethenit – idiomorphe Kristalle (bis zu 2 mm) auf Quarz; ČSFR (Lubietová). **2. Pseudomalachit** – nieriges Aggregat (Ausschnittbreite 68 mm); ČSFR (Lubietová).

Libethenit, Pseudomalachit

H
4—5

Bayldonit

Arsenate
$PbCu_3[OH|AsO_4]_2$

322

E

Benannt nach J. Bayldon (Church, 1865)

● Härte: 4,5 ● Strich: grün ● Farbe: gelb bis grün ● Transparenz: durchscheinend ● Glanz: fettig ● Spaltbarkeit: unbekannt ● Bruch: uneben ● Ausbildung: Kristalle, Krusten, körnige und staubförmige Aggregate, Pseudomorphosen.
● Dichte: 5,5 ● Kristallsystem: monoklin ● Kristallformen: Tafeln ● Chemische Zusammensetzung: PbO 31,45 %, CuO 33,62 %, As_2O_5 32,39 %, H_2O 2,54 % ● Chemische Eigenschaften: schmilzt leicht, löst sich schwer in HCl ● Behandlung: Reinigung mit destilliertem Wasser ● Ähnliche Minerale: Olivenit **(257),** Malachit **(307)** ● Unterscheidung: unterschiedliche Kristallformen.
● Genese: sekundär in Oxidationszonen ● Paragenese: Anglesit **(242),** Mimetesit **(264),** Beudantit **(309)** ● Vorkommen: selten; Deutschland (Grube Clara bei Oberwolfach, Freudenstadt), Großbritannien (St. Day), ČSFR (Moldava), Namibia (Tsumeb), UdSSR (Agalik) u. a. ● Verwendung: vereinzelt als Edelstein.

Hedyphan (Mimetesit-Varietät)

Arsenate
$(Ca, Pb)_5[Cl|(AsO_4)_3]$

323

Bezeichnung von den griech. Wörtern *hēdys* – angenehm und *phainein* – erscheinen abgeleitet (Breithaupt, 1830)

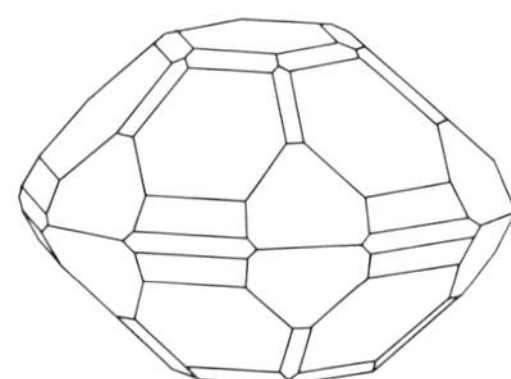

● Härte: 4,5 ● Strich: weiß ● Farbe: weiß, gelbweiß, bläulich ● Transparenz: durchscheinend ● Glanz: fettig ● Spaltbarkeit: unvollkommen ● Bruch: muschelig, uneben ● Ausbildung: Kristalle, dichte und körnige Aggregate.
● Dichte: 5,8 ● Kristallsystem: hexagonal ● Kristallformen: prismatisch ● Chemische Zusammensetzung: wie Mimetesit **(264),** aber mit 13,10 % CaO-Gehalt ● Chemische Eigenschaften: wie Mimetesit ● Behandlung: Reinigung mit destilliertem Wasser.
● Genese und Paragenese: wie Mimetesit ● Vorkommen: selten; Schweden (Långban, Paisberg), ČSFR (Vrančice), USA (New Jersey – Franklin).

Xenotim

Phosphate
$Y[PO_4]$

324

Bezeichnung von den griech. Wörtern *xenos* – fremd und *timē* – Ehre abgeleitet (Beudant, 1832)

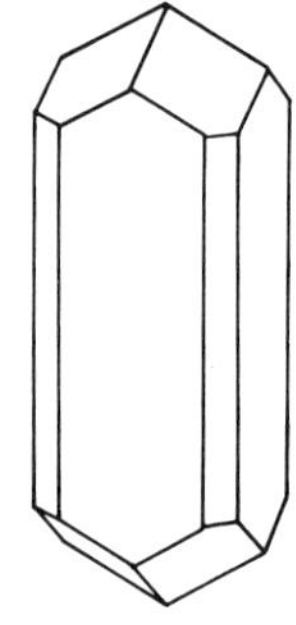

● Härte: 4–5 (spröde) ● Strich: weiß, gelbbraun ● Farbe ● gelbbraun, grünlich, grau, braun ● Transparenz: durchscheinend ● Glanz: fettig, glasartig ● Spaltbarkeit: vollkommen ● Bruch: splittrig ● Ausbildung: Kristalle, körnige und grob radiale Aggregate.
● Dichte: 4,5–5,1 ● Kristallsystem: tetragonal ● Kristallformen: prismatisch, dipyramidal, Tafeln ● Magnetismus: schwach paramagnetisch ● Radioaktivität: ist manchmal radioaktiv ● Chemische Zusammensetzung: Y_2O_3 61,40 %, P_2O_5 38,60 %, Beimengungen seltener Erden Th, U, Zr ● Chemische Eigenschaften: schmilzt in der Flamme nicht, in Säuren fast unlöslich, färbt nach Netzung mit H_2SO_4 die Flamme blaugrün ● Behandlung: Reinigung mit destilliertem Wasser ● Ähnliche Minerale: Kassiterit **(548),** Zirkon **(587)** ● Unterscheidung: Härte, Dichte, mit Röntgen und chemisch.
● Genese: magmatisch, pegmatitisch, Seifen ● Paragenese: Apatit **(379),** Monazit **(383),** Zirkon u. a. ● Vorkommen: selten; Deutschland (Lausitz), Schweiz (St. Gotthard, Binnatal), Norwegen (Hitterö), Schweden (Ytterby), in alluvialen Seifen in Brasilien, den USA, in Australien, auf Madagaskar u. a. ● Verwendung: Gewinnung seltener Erden.

1. **Bayldonit** – feine kristalline Lagen auf derbem Mimetesit mit Azuritkristallen (Ausschnittbreite 20 mm); Namibia (Tsumeb). **2. Hedyphan** – in Pegmatit eingewachsener Kristall (3 mm); ČSFR (Písek). **3. Xenotim** – idiomorpher Kristall (3 mm); Schweiz (Binnatal).

Bayldonit, Hedyphan, Xenotim

H 4—5

Chabasit

Silikate
$Ca[Al_2Si_4O_{12}] . 6 H_2O$

325

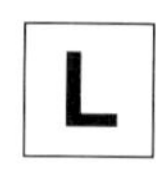

Historischer griech. Name (Bosc d'Antic, 1788)

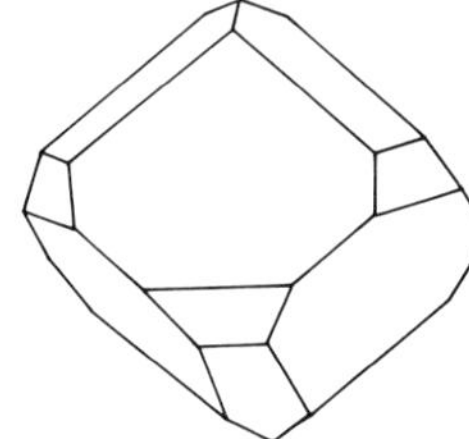

• Härte: 4,5 (spröde) • Strich: weiß • Farbe: weiß, gelb, rötlich • Transparenz: durchsichtig, durchscheinend • Glanz: glasig • Spaltbarkeit: unvollkommen nach /1011/ • Bruch: uneben • Ausbildung: Kristalle, Kristalldrusen.
• Dichte: 2,08 • Kristallsystem: trigonal • Kristallformen: Rhomboeder, Zwillinge • Lumineszenz: manchmal in KW grün • Chemische Zusammensetzung: CaO 14,52 %, Al_2O_3 26,39 %, SiO_2 31,10 %, H_2O 27,99 % • Chemische Eigenschaften: löslich in HCl, schmilzt vor dem Lötrohr nur schwer zu weißer, durchscheinender Emaille • Behandlung: Reinigung mit destilliertem Wasser • Ähnliche Minerale: Calcit **(217),** Dolomit **(218)** • Unterscheidung: Härte, Dichte, mit Röntgen und chemisch.
• Genese: hydrothermal, postvulkanisch • Paragenese: Calcit, Stilbit **(269),** Heulandit **(270),** Analcim **(386)** u. a. • Vorkommen: häufig; Deutschland (Idar-Oberstein, Vogelsberg), ČSFR (Řepčice, Střekov, Maglovec), Island, Färöerinseln, Australien (große Kristalle in Richmond), Neuseeland, USA u. a.

Gmelinit

Silikate
$(Na_2, Ca)[Al_2Si_4O_{12}] . 6 H_2O$

326

Benannt nach dem deutschen Mineralogen und Chemiker Ch. G. Gmelin (1792–1860) (Brooke, 1825)

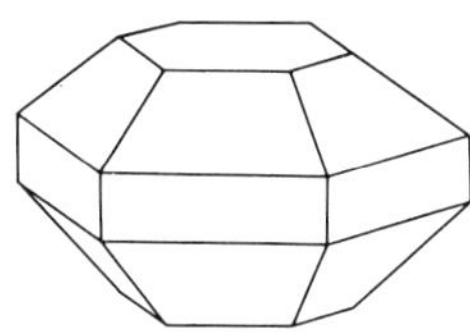

• Härte: 4,5 (spröde) • Strich: weiß • Farbe: weiß, gelb, rötlich oder rosa • Transparenz: durchsichtig, durchscheinend • Glanz: glasartig • Spaltbarkeit: unvollkommen nach /10$\bar{1}$1/ • Bruch: uneben • Ausbildung: Kristalle, Kristalldrusen.
• Dichte: 2,03 • Kristallsystem: hexagonal • Kristallformen: Rhomboeder, Tafeln, Doppelpyramide, vereinzelt Zwillinge • Chemische Zusammensetzung: Na_2O 6,08 %, CaO 5,50 %, Al_2O_3 20,01 %, SiO_2 47,19 %, H_2O 21,22 % • Chemische Eigenschaften: löslich in HCl, läßt sich leicht zu weißer Emaille schmelzen • Behandlung: Reinigung mit destilliertem Wasser • Ähnliche Minerale: Gismondin **(328)** • Unterscheidung: mit Röntgen und chemisch.
• Genese: hydrothermal, postvulkanisch • Paragenese: Calcit **(217),** Heulandit **(270),** Chabasit **(325)** u. a. • Vorkommen: selten; Großbritannien (Nordirland – Glenarm, Magee, Schottland – Insel Skye), Deutschland (Grube Samson bei St. Andreasberg), USA (New Jersey – Bergen Hill), Australien (Insel Flinders) u. a.

Garronit

Silikate
$NaCa_{2,5}[Al_3Si_5O_{16}]_2 . 13,5 H_2O$

327

Benannt nach der Lokalität Garron Plateau in Nordirland (Walker, 1962)

• Härte: ca. 4 • Strich: weiß • Farbe: weiß • Transparenz: durchscheinend, durchsichtig • Glanz: glasartig • Spaltbarkeit: in zwei Richtungen • Ausbildung: kompakte faserige Aggregate, radiale Aggregate.
• Dichte: 2,1–2,2 • Kristallsystem: tetragonal • Kristallformen: Nadeln • Chemische Zusammensetzung: Na_2O 2,30 %, CaO 12,47 %, Al_2O_3 22,67 %, SiO_2 44,53 %, H_2O 18,03 % • Chemische Eigenschaften: schmilzt leicht, löslich in HCl • Behandlung: Reinigung mit destilliertem Wasser.
• Genese: postvulkanisch, hydrothermal • Paragenese: Gismondin **(328),** Phillipsit **(329),** Chabasit **(325),** Thompsonit **(389)** • Vorkommen: selten; Nordirland (mehrere Lokalitäten in der Gegend von Antrim), ČSFR (Fintice), Island u. a.

1. Chabasit – Durchwachsung aus rhomboedrischen Kristallen (25 mm); ČSFR (Maglovce). **2. Gmelinit** – Kristallgruppe (bis zu 3 mm) mit Quarz; Australien (Flinders).

Chabasit, Gmelinit

H
4—5

Gismondin

Silikate
$Ca[Al_2Si_2O_8] . 4 H_2O$

328

Benannt nach dem italienischen Mineralogen C. G. Gismondi (1762 bis 1824) (Leonhard, 1827)

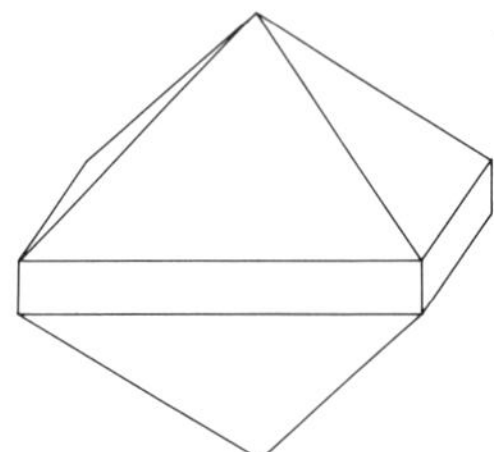

• Härte: 4,5 (spröde) • Strich: weiß • Farbe: weiß, grau, rötlich • Transparenz: durchsichtig, durchscheinend • Glanz: glasartig • Spaltbarkeit: unvollkommen nach /101/ • Bruch: muschelig • Ausbildung: Kristalle, halbkugelige, garbige Aggregate.
• Dichte: 2,26 • Kristallsystem: monoklin • Kristallformen: pseudotetragonale Dipyramiden, Zwillinge • Chemische Zusammensetzung: CaO 19,32 %, Al_2O_3 35,14 %, SiO_2 20,70 %, H_2O 24,84 % • Chemische Eigenschaften: schmilzt leicht, löslich in HCl • Behandlung: Reinigung mit destilliertem Wasser • Ähnliche Minerale: Gmelinit **(326)** • Unterscheidung: mit Röntgen und chemisch.
• Genese: hydrothermal, postvulkanisch • Paragenese: andere Zeolithe • Vorkommen: selten; Deutschland (Groschlattengrün, Schiffenberg, Homberg), Italien (Sizilien – Aci Castello), ČSFR (Zálezly, Dobrná), Hawaii, Australien u. a.

Phillipsit

Silikate
$KCa[Al_3Si_5O_{16}] . 6 H_2O$

329

Benannt nach dem englischen Mineralogen W. Phillips (1775–1829) (Lévy, 1825)

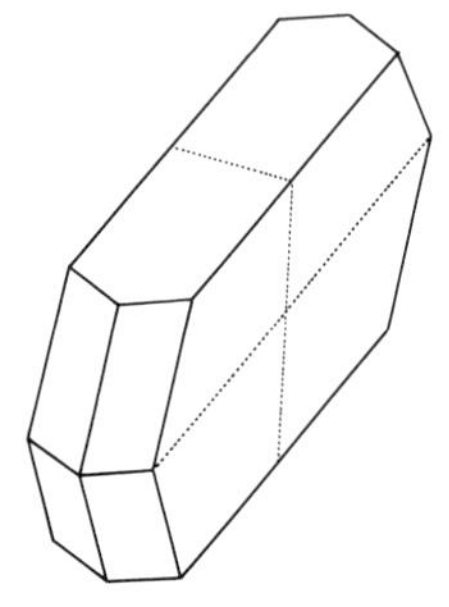

• Härte: 4,5 (spröde) • Strich: weiß • Farbe: weiß, gelb, rötlich • Transparenz: durchsichtig, durchscheinend • Glanz: glasartig • Spaltbarkeit: gut nach /010/ und /001/ • Bruch: uneben • Ausbildung: Kristalle.
• Dichte: 2,2 • Kristallsystem: monoklin • Kristallformen: prismatisch, oft Verwachsungen • Chemische Zusammensetzung: K_2O 7,09 %, CaO 8,44 %, Al_2O_3 23,01 %, SiO_2 45,19 %, H_2O 16,27 % • Chemische Eigenschaften: schmilzt leicht, löslich in HCl • Behandlung: Reinigung mit destilliertem Wasser • Ähnliche Minerale: Harmotom **(332)** • Unterscheidung: mit Röntgen und chemisch.
• Genese: hydrothermal, postvulkanisch • Paragenese: Calcit **(217),** Chabasit **(325),** Analcim **(386)** u. a. • Vorkommen: selten; Deutschland (Nidda, Habichtswald, Sasbach, Rossberg, Groschlattengrün), ČSFR (Zálezly), Italien (Sizilien – Aci Castello), Nordirland (Antrim), Island u. a.

Epistilbit

Silikate
$Ca[Al_2Si_6O_{16}] . 5 H_2O$

330

Bezeichnung aus dem griech. Wort *epi* – nahe und Stilbit zusammengesetzt (Rose, 1826)

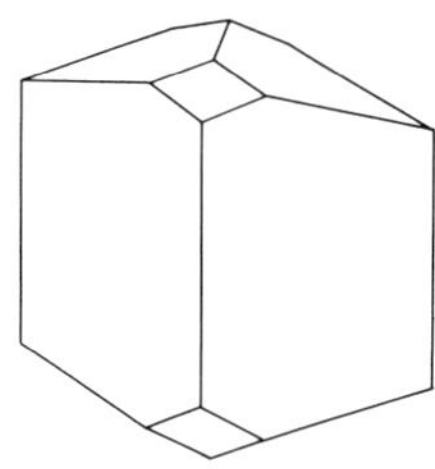

• Härte: 4 (spröde) • Strich: weiß • Farbe: weiß, gelblich, rötlich, bräunlich • Transparenz: durchsichtig, durchscheinend • Glanz: glasartig • Spaltbarkeit: vollkommen nach /010/ • Bruch: uneben • Ausbildung: Kristalle, garbige und sphärolithische Aggregate.
• Dichte: 2,2–2,3 • Kristallsystem: monoklin • Kristallformen: prismatisch • Chemische Zusammensetzung: CaO 6,01 %, Al_2O_3 10,93 %, SiO_2 73,40 %, H_2O 9,66 % • Chemische Eigenschaften: schmilzt leicht, löslich in HCl • Behandlung: Reinigung mit destilliertem Wasser • Ähnliche Minerale: Stilbit **(269),** Mesolith **(358)** • Unterscheidung: mit Röntgen und chemisch.
• Genese: hydrothermal, postvulkanisch • Paragenese: Heulandit **(270),** Laumontit **(272),** Chabasit **(325),** Mesolith u. a. • Vorkommen: selten; Island (Berufjord), Färöerinseln, Großbritannien (Schottland – Inseln Skye), ČSFR (Fintice), Indien (Poonah), USA, Kanada u. a.

1. Phillipsit – kristalline Hohlraumauffüllung (Kristalle bis zu 1 mm); Deutschland (Limburg). **2. Epistilbit** – gelbbraune sphärolithische Aggregate (Ausschnittbreite 36 mm); ČSFR (Fintice).

Phillipsit, Epistilbit

H
4—5

Silikate

Apophyllit

$KCa_4[F|(Si_4O_{10})_2] \cdot 8\ H_2O$

331

L

E

Bezeichnung vom griech. Ausdruck *apophyllisein* – sich schälen abgeleitet (Haüy, 1806)

• Härte: 4,5–5,0 (spröde) • Strich: weiß • Farbe: farblos, weiß, rot, grün, violett • Transparenz: durchsichtig, durchscheinend • Glanz: glas-, perlmuttartig • Spaltbarkeit: vollkommen • Bruch: uneben • Ausbildung: Kristalle, derbe und körnige Aggregate.

• Dichte: 2,3–2,4 • Kristallsystem: tetragonal • Kristallformen: grobtafelig, bipyramidal, pseudokubisch • Lumineszenz: manchmal gelb, grünweiß oder blaugrün in LW • Chemische Zusammensetzung: veränderlich • Chemische Eigenschaften: spaltet sich in der Flamme, löslich in HCl • Behandlung: Reinigung mit destilliertem Wasser.

• Genese: hydrothermal, postvulkanisch • Paragenese: Calcit **(217),** Analcim **(386),** Natrolith **(387)** • Vorkommen: selten; Deutschland (Sasbach, Haslach, St. Andreasberg), ČSFR (Ústí nad Labem), Italien (Valle di Fassa), Großbritannien (Schottland – Insel Skye), Indien (hübsche Kristalle aus Poonah), Brasilien, USA u. a. • Verwendung: gelegentlich als Edelstein.

Silikate

Harmotom

$Ba[Al_2Si_6O_{16}] \cdot 6\ H_2O$

332

Bezeichnung aus den griech. Wörtern *harmos* – Verbindung und *temnein* – schneiden zusammengesetzt (Haüy, 1801)

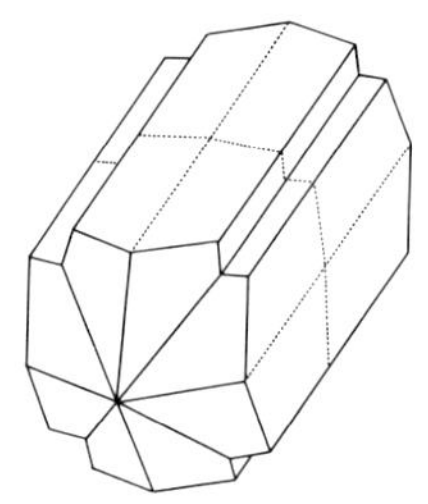

• Härte: 4,5 (spröde) • Strich: weiß • Farbe: weiß, grau, gelb, rot • Transparenz: durchsichtig, durchscheinend • Glanz: glasartig • Spaltbarkeit: unvollkommen • Bruch: uneben • Ausbildung: Kristalle.

• Dichte: 2,44–2,5 • Kristallsystem: monoklin • Kristallformen: prismatisch, Tafeln, häufige Verwachsungen • Chemische Zusammensetzung: BaO 21,18 %, Al_2O_3 14,08 %, SiO_2 49,80 %, H_2O 14,94 %, Beimengung K • Chemische Eigenschaften: schwer schmelzbar, löslich in HCl • Behandlung: Reinigung mit destilliertem Wasser • Ähnliche Minerale: Phillipsit **(329),** Unterscheidung: mit Röntgen und chemisch.

• Genese: hydrothermal • Paragenese: Calcit **(217),** Baryt **(240),** Phillipsit, Quarz **(534),** u. a. • Vorkommen: selten; Deutschland (hübsche Kristalle gibt es in St. Andreasberg, Idar-Oberstein), Norwegen (Kongsberg), Großbritannien (Schottland – Old Kilpatrick, England – Strontian), USA (New York – Westchester Co.) u. a.

Silikate

Edingtonit

$Ba[Al_2Si_3O_{10}] \cdot 3\ H_2O$

333

Benannt nach dem Entdecker Edington aus Glasgow (Haidinger, 1825)

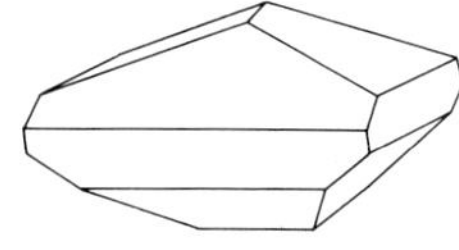

• Härte: 4–4,5 • Strich: weiß • Farbe: weiß, grau, rosa • Transparenz: durchsichtig, durchscheinend • Glanz: glasartig • Spaltbarkeit: vollkommen • Bruch: uneben • Ausbildung: Kristalle, derbe Aggregate.

• Dichte: 2,7 • Kristallsystem: rhombisch • Kristallformen: pyramidal • Chemische Zusammensetzung: BaO 31,32 %, Al_2O_3 20,82 %, SiO_2 36,82 %, H_2O 11,04 % • Chemische Eigenschaften: löslich in HCl, schmilzt vor dem Lötrohr schwer zu klarem Glas • Behandlung: Reinigung mit destilliertem Wasser • Ähnliche Minerale: Gmelinit **(326),** Gismondin **(328)** • Unterscheidung: mit Röntgen und chemisch.

• Genese: hydrothermal • Paragenese: Calcit **(217),** Phillipsit **(329),** Harmotom **(332)** u. a. • Vorkommen: selten; Großbritannien (Schottland – Kilpatrick), Schweden (Insel Götland – Bölet) u. a.

1. Apophyllit – Kristalldruse (40 mm); Indien (Poonah). **2. Harmotom** – beidseitig begrenzter Kristall (10 mm); Deutschland (St. Andreasberg). **3. Edingtonit** – Kristalle (bis zu 7 mm) mit nadeligem Milarit; ČSFR (Staré Ransko).

Apophyllit, Harmotom, Edingtonit

H
4—5

Tugtupit

Silikate
$Na_8[Cl_2|BeAlSi_4O_{12})_2]$

334

L

E

Benannt nach der Lokalität Tugtup in Grönland (Sörensen, 1962)

• Härte: ca. 4 (spröde) • Strich: weiß • Farbe: weiß, rosa bis karminrot, auch blau und grün • Transparenz: durchscheinend, durchsichtig • Glanz: fettig, glasartig • Spaltbarkeit: unvollkommen nach /111/ • Bruch: uneben • Ausbildung: derbe Aggregate.
• Dichte: 2,36 • Kristallsystem: tetragonal • Kristallformen: unbekannt • Lumineszenz: hellrosa • Chemische Zusammensetzung: kompliziert • Behandlung: Reinigung mit destilliertem Wasser.
• Genese: niederthermal • Paragenese: Analcim **(386),** Natrolith **(387),** Nephelin **(397),** Albit **(493)** • Vorkommen: selten; Grönland (Tugtup, Ilimaussaq), UdSSR (Kola – Lovosero) • Verwendung: Edelstein (kunsthandwerkliche Erzeugnisse, Cabochons, Facetten).

Wollastonit

Silikate
$Ca_3[Si_3O_9]$

335

Benannt nach dem englischen Mineralogen und Chemiker W. H. Wollaston (1766–1828) (Leman, 1818)

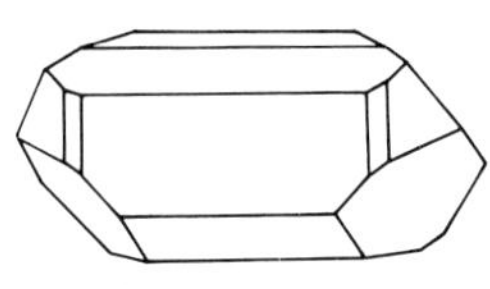

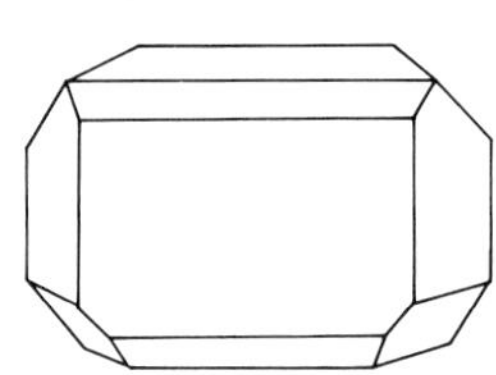

• Härte: 4,5–5,0 (spröde) • Strich: weiß • Farbe: weiß, gelb, grau • Transparenz: durchscheinend • Glanz: glas-, seidenartig • Spaltbarkeit: vollkommen nach /100/ und /001/ • Ausbildung: Kristalle, radialstrahlige, blättrige und faserige Aggregate.
• Dichte: 2,8–2,9 • Kristallsystem: triklin • Kristallformen: Tafeln, oft in einer Richtung verlängert • Lumineszenz: gelegentlich rotorange, cremefarben • Chemische Zusammensetzung: CaO 48,3 %, SiO_2 51,7 % • Chemische Eigenschaften: schmilzt schwer, löslich in HCl • Behandlung: Reinigung mit destilliertem Wasser oder verdünnten Säuren, ausgenommen HCl • Ähnliche Minerale: Pektolith **(400),** Tremolit **(412)** • Unterscheidung: Härte, mit Röntgen und chemisch.
• Genese: Kontaktmineral, in metamorphen Gesteinen • Paragenese: Vesuvian **(522),** Quarz **(534),** Granat **(577)** u. a. • Vorkommen: häufig; Deutschland (Gengenbach, Auerbach), Rumänien (Cziklova), Finnland (Pargas), Mexiko, USA (New York – Willsboro), Kanada (Greenville), Namibia (Karibib) u. a. • Verwendung: Keramik, Elektroisolation, Metallurgie, Papierindustrie u. a.

Margarit (Perlglimmer)

Silikate
$CaAl_2[(OH)_2|Al_2Si_2O_{10}]$

336

Bezeichnung vom griech. Wort *margaritēs* – Perle abgeleitet (Fuchs, 1823)

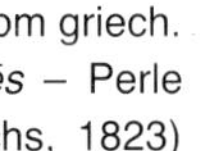

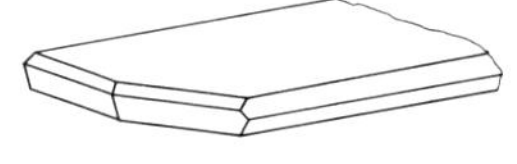

• Härte: ca. 4 (spröde) • Strich: weiß • Farbe: weiß, grau, graurosa, rötlich • Transparenz: durchscheinend • Glanz: perlmuttartig • Spaltbarkeit: sehr gut nach /001/ • Andere Kohäsionsmerkmale: nicht biegsam, bricht • Ausbildung: Kriställchen, körnig-tafelige und schuppige Aggregate.
• Dichte: 3,0 • Kristallsystem: monoklin • Kristallformen: Tafeln, Zwillinge • Chemische Zusammensetzung: CaO 14,00 %, Al_2O_3 51,30 %, SiO_2 30,10 %, H_2O 4,60 %, Beimengungen von Na, Mg, Cr, Li, Mn, Fe • Chemische Eigenschaften: spaltet sich vor dem Lötrohr, wird weiß und schmilzt an den Rändern teilweise, in heißer HCl schwach löslich • Behandlung: Reinigung mit verdünnten Säuren • Ähnliche Minerale: Chlorite, Glimmer • Unterscheidung: Perlmuttglanz, Härte, Biegsamkeit der Schuppen.
• Genese: metamorph • Paragenese: Chlorit **(158),** Diaspor **(463),** Rutil **(464),** Korund **(598)** u. a. • Vorkommen: selten; Österreich (Chloritschiefer in Greiner), UdSSR (Takowaja), Griechenland, Italien, Türkei, viele Staaten der USA, Japan, Republik Südafrika.

1. Tugtupit – rotes derbes Aggregat; Grönland (Ilimaussag). **2. Wollastonit** – faseriges, dichtes Aggregat (Ausschnittbreite 60 mm); ČSFR (Stříbrná Skalice).

Tugtupit, Wollastonit

H
4—5

Cuprosklodowskit

Silikate
$CuH_2[UO_2|SiO_4]_2 . 5 H_2O$

337

R

Bezeichnung aufgrund der Zusammensetzung und der Verwandtschaft mit Sklodowskit (Buttgenbach, 1933)

• Härte: 4 • Strich: grüngelb • Farbe: grün, dunkelgrün • Transparenz: durchscheinend • Glanz: glas-, seidenartig • Spaltbarkeit: gut nach /100/ • Ausbildung: Kristalle, radialstrahlige, nadelige und staubförmige Aggregate, Krusten.
• Dichte: 3,8 • Kristallsystem: Kristallformen: Nadeln • Radioaktivität: stark • Chemische Zusammensetzung: CuO 9,00 %, UO_3 65,02 %, SiO_2 13,65 %, H_2O 12,29 % • Chemische Eigenschaften: säurelöslich • Behandlung: Reinigung mit destilliertem Wasser.
• Genese: sekundär in Oxidationszonen • Paragenese: Torbernit **(149),** Uranophan **(172),** Brochantit **(228),** Kasolit **(338)** • Vorkommen: selten; Deutschland (Krunkelbachtal, bei Menzenschwand, Johanngeorgenstadt), ČSFR (Jáchymov), Marokko (Amelal), Zaire (Shaba), USA (Utah – San Juan Co.).

Kasolit

Silikate
$Pb_2[UO_2|SiO_4]_2 . 2 H_2O$

338

Benannt nach der Lokalität Kasolo in Zaire (Schoep, 1921)

• Härte: 4 • Strich: hell, braungelb • Farbe: braungelb, rotorange, selten grün • Transparenz: durchsichtig, durchscheinend • Glanz: fettig, halbdiamantartig, auch matt • Spaltbarkeit: vollkommen nach /001/ • Ausbildung: Kristalle, rosettenartige, radialstrahlige und derbe Aggregate, Krusten.
• Dichte: 6,5 • Kristallsystem: monoklin • Kristallformen: prismatisch • Radioaktivität: stark • Chemische Zusammensetzung: PbO 37,54 %, UO_3 49,26 %, SiO_2 10,17 %, H_2O 3,03 %, Beimengungen As, P, Ba • Chemische Eigenschaften: leicht säurelöslich, schmilzt in der Flamme • Behandlung: Reinigung mit destilliertem Wasser.
• Genese: sekundär in Oxidationszonen • Paragenese: Torbernit **(149),** Cerussit **(225),** Uraninit **(482)** u. a. • Vorkommen: selten; Deutschland (Weiler bei Lahr, Menzenschwand, Wölsendorf), Frankreich (Lingol, Morbihan, Grury), Zaire (Shinkolobwe), Kanada (Lake Athabasca).

Thorit (Orangit)

Silikate
$ThSiO_4$

339

Bezeichnung aufgrund der chemischen Zusammensetzung (Berzelius, 1829)

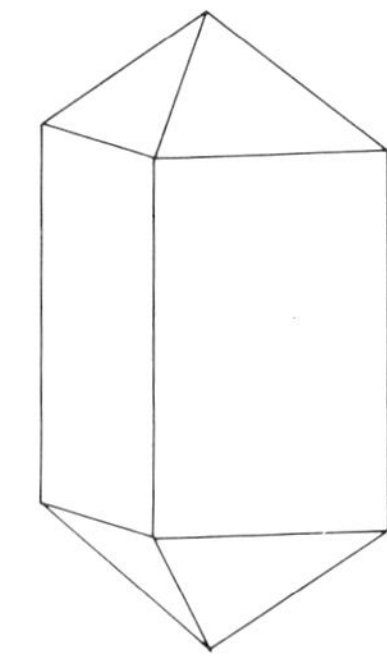

• Härte: 4,5–5 (spröde) • Strich: braun, orangegelb • Farbe: braungelb, rotbraun, orange, schwarz • Transparenz: durchscheinend, opak • Glanz: glasig, fettig • Spaltbarkeit: unvollkommen nach /110/ • Bruch: muschelig • Ausbildung: Kristalle, dichte und körnige Aggregate, Imprägnationen.
• Dichte: 4,4–6,7 • Kristallsystem: tetragonal • Kristallformen: dipyramidal, prismatisch • Radioaktivität: gelegentlich, je nach Beimengungen • Chemische Zusammensetzung: ThO_2 81,42 %, SiO_2 18,58 %, Beimengungen U, Fe, Ca, P, Al, Ti • Chemische Eigenschaften: löslich in HCl • Behandlung: Reinigung mit destilliertem Wasser • Ähnliche Minerale: Xenotim **(324),** Zirkon **(587)** • Unterscheidung: Härte; Löslichkeit in HCl, mit Röntgen und chemisch.
• Genese: magmatisch, pegmatitisch, Seifen • Paragenese: Fluorit **(291),** Magnetit **(367),** Zirkon • Vorkommen: selten; Norwegen (Brevik – Kristall bis 6 cm groß), USA (Kalifornien – San Bernardino Co.), UdSSR (Limansker Berge), Seifen in Nigeria, Zaire, Australien, Japan u. a. • Verwendung: Th-Gewinnung.

1. Cuprosklodowskit – staubförmige Überzüge (Ausschnittbreite 25 mm); Kanada (Großer Bärensee). **2. Kasolit** – radialstrahlige Aggregate (bis zu 15 mm); Zaire (Shinkolobwe).

Anatas, Brookit

H
5—6

Goethit (Nadeleisenerz)

Oxide
α-FeOOH

354

Benannt nach dem deutschen Dichter J. W. Goethe (1749 bis 1832) (Lenz, 1806)

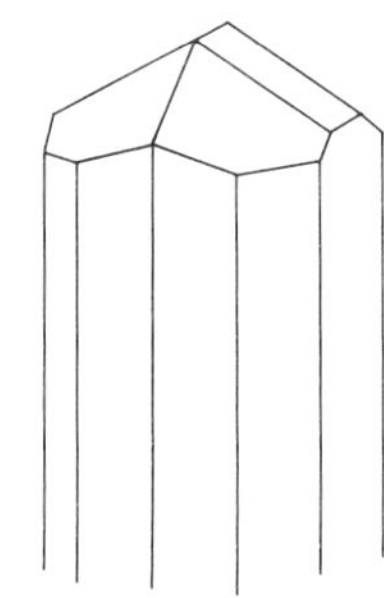

• Härte: 5–5,5 (spröde) • Strich: gelb • Farbe: braun, schwarz • Transparenz: durchscheinend, opak • Glanz: diamantartig, halbmetallisch, seidig • Spaltbarkeit: vollkommen • Bruch: uneben bis hakig • Ausbildung: Kristalle, stalaktitische, derbe und erdige Aggregate mit radialstrahligem Bau, Oolithe, Konkretionen, Pseudomorphosen.

• Dichte: 4,3 • Kristallsystem: rhombisch • Kristallformen: prismatisch und faserig • Magnetismus: paramagnetisch • Chemische Zusammensetzung: Fe_2O_3 89,86 %, H_2O 10,14 % • Chemische Eigenschaften: in HCl langsam löslich, schmilzt in der Flamme nicht • Behandlung: Reinigung mit Wasser • Ähnliche Minerale: Manganit **(295),** Lepidokrokit **(356),** Hämatit **(472)** • Unterscheidung: Härte (Manganit), Dichte (Hämatit), auch mit Röntgen und chemisch.

• Genese: sekundär • Paragenese: Siderit **(306),** Pyrit **(436),** Hämatit u. a. • Vorkommen: reichlich; begleitet Erzlagerstätten in Deutschland (Siegerland, Schwarzwald, Harz, Erzgebirge), ČSFR (Slovenské Rudohorie, Příbram, Jáchymov), Großbritannien (Cornwall), UdSSR, USA, Mexiko, Australien u. a. • Verwendung: Fe-Erz, gelegentlich als Edelstein.

Limonit (Brauneisenerz)

Hydroxide
FeOOH . n H_2O

355

Bezeichnung historisch, vom lat. Wort *limus* – Schlamm abgeleitet (Hausmann, 1813)

• Härte: 5–5,5 (auch geringer) • Strich: braun, gelbbraun • Farbe: gelb, braun bis schwarz, irisierende Anlauffarben • Transparenz: opak • Glanz: halbglasig, matt, seidig, erdig • Spaltbarkeit: fehlt • Bruch: muschelig, faserig • Ausbildung: kryptokristalline, faserige, erdige, überzugartige, stalaktitische, oolithische und derbe Aggregate, häufig Pseudomorphosen.

• Dichte: 3,6–3,7 • Kristallsystem: rhombisch • Kristallformen: kryptokristallin • Chemische Zusammensetzung: Fe_2O_3 89,86 %, H_2O 10,14 % • Chemische Eigenschaften: langsam löslich in HCl • Behandlung: Reinigung mit verdünnter HCl oder Wasser • Ähnliche Minerale: Hämatit **(472)** • Unterscheidung: Dichte, Härte, Strich.

• Genese: sekundär • Paragenese: Hämatit, Pyrolusit **(474)** • Vorkommen: häufig; begleitet die Oxidationszonen der Erzlagerstätten als Goethit **(354)** • Verwendung: Fe-Erz.

Lepidokrokit (Rubinglimmer)

Oxide
γ-FeOOH

356

Bezeichnung von den griech. Wörtern *lepis* – Schuppe und *krokys* – Faser abgeleitet (Ullmann, 1813)

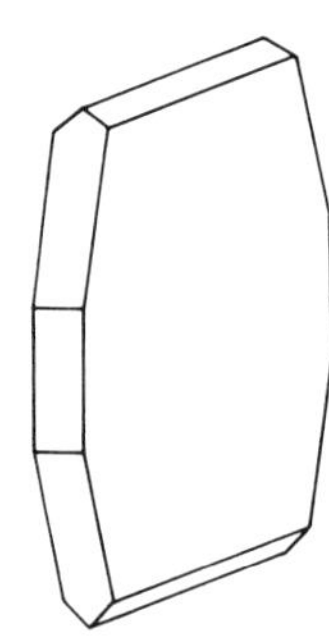

• Härte: 5 (spröde) • Strich: dunkelgelb, braun • Farbe: rot • Transparenz: durchscheinend, opak • Glanz: diamantartig, halbmetallisch, seidig • Spaltbarkeit: vollkommen • Bruch: uneben • Ausbildung: Kristalle, schuppige, faserige, rosettenförmige, auch staubförmige Aggregate.

• Dichte: 4,0 • Kristallsystem: rhombisch • Kristallformen: Tafeln • Chemische Zusammensetzung: Fe_2O_3 89,86 %, H_2O 10,14 % • Chemische Eigenschaften: löslich in HCl • Behandlung: Reinigung mit Wasser • Ähnliche Minerale: Goethit **(354)** • Unterscheidung: mit Röntgen, Kristalle.

• Genese: sekundär • Paragenese: Goethit, Hämatit **(472)** • Vorkommen: selten; Deutschland (Eiserfeld, Grube Clara bei Oberwolfach, Neubulach, Schneeberg), ČSFR (Rožňava, Železník), USA (Kalifornien, Süddakota), Mexiko (Mapimi), Italien u. a.

1. Goethit – strahliges Aggregat; USA (Florisant). **2. Limonit** – traubiges Aggregat (Ausschnittbreite 124 mm); ČSFR (Rožňava). **3. Lepidokrokit** – feinkristallines Aggregat (Ausschnittbreite 22 mm); Deutschland (Roßbach).

Goethit, Limonit, Lepidokrokit

Psilomelan

Oxide
$(Ba,H_2O)Mn_5O_{10}$

357

E

Bezeichnung von den griech. Wörtern *psilos* – glatt und *melas* – schwarz abgeleitet (Haidinger, 1827)

• Härte: 5 (spröde) • Strich: schwarz, braun • Farbe: schwarz • Transparenz: opak • Glanz: halbmetallisch, matt • Spaltbarkeit: fehlt • Bruch: uneben, muschelig • Ausbildung: kryptokristalline, erdige, derbe, überzugsartige und stalaktitische Aggregate, Dendriten.

• Dichte: 4,4–4,7 • Kristallsystem: monoklin • Chemische Zusammensetzung: unbeständig • Chemische Eigenschaften: leicht löslich in HCl, H_2SO_4, Oxal- und Askorbinsäure, sprüht in der Flamme und färbt sie grün • Behandlung: Reinigung mit destilliertem Wasser • Ähnliche Minerale: Hausmannit **(358),** Pyrolusit **(474)** • Unterscheidung: mit Röntgen, Dichte, Strich.

• Genese: sekundär • Paragenese: Calcit **(217),** Baryt **(240),** Siderit **(306),** Limonit **(355),** Pyrolusit u. a. • Vorkommen: häufig; Deutschland (Schneeberg, Ilfeld), ČSFR (Železník), UdSSR (Nikopol), Großbritannien (Cornwall), Brasilien (Ouro Preto), USA, Indien (Nagpur) u. a. • Verwendung: Mn-Erz, gelegentlich als Edelstein.

Hausmannit

Oxide
Mn_3O_4

358

Benannt nach dem deutschen Mineralogen J. F. L. Hausmann (1782 bis 1859) (Haidinger, 1827)

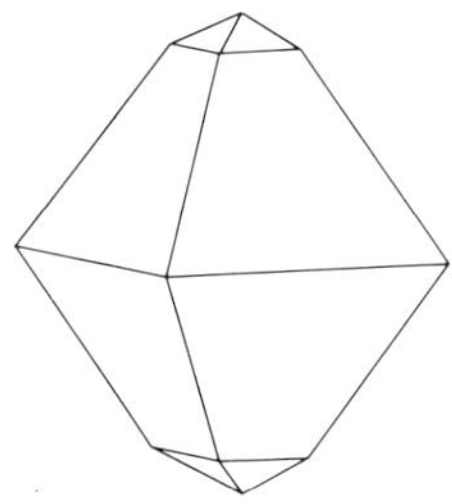

• Härte: 5,5 (spröde) • Strich: braun • Farbe: schwarz • Transparenz: durchscheinend, opak • Glanz: halbmetallisch, metallisch • Spaltbarkeit: vollkommen • Bruch: uneben • Ausbildung: Kristalle, körnige, derbe Aggregate, Pseudomorphosen.

• Dichte: 4,7–4,8 • Kristallsystem: tetragonal • Kristallformen: dipyramidal, pseudooktaedrisch, Zwillinge • Chemische Zusammensetzung: Mn 72 %, O 28 % • Chemische Eigenschaften: schmilzt nicht, löslich in HCl • Behandlung: Reinigung mit Wasser • Ähnliche Minerale: Psilomelan **(357),** Magnetit **(367)** • Unterscheidung: Dichte, Strich, Magnetismus.

• Genese: metamorph, metasomatisch, hydrothermal • Paragenese: Dolomit **(218),** Baryt **(240),** Psilomelan u. a. • Vorkommen: selten; Deutschland (Ilmenau, Ilfeld), Schweden (Långban), UdSSR (Sapalsk), Brasilien, USA (Arkansas), Indien u. a. • Verwendung: Mn-Erz.

Pyrochlor

Oxide
$(Na,Ca)_2(Nb,Ti,Ta)_2O_6(OH,F,O)$

359

R

Bezeichnung von den griech. Wörtern *pÿr* – Feuer und *chlōros* – grün abgeleitet (Wöhler, 1826)

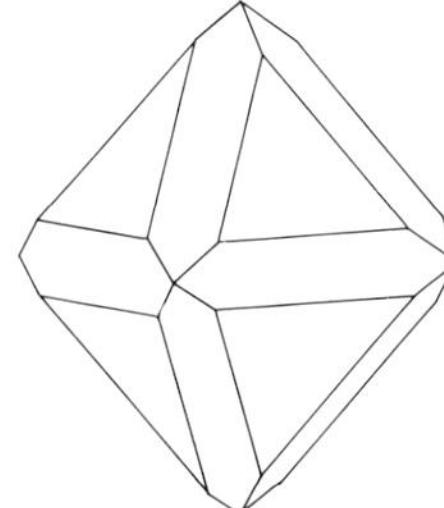

• Härte: 5–5,5 (spröde) • Strich: braun, gelbbraun • Farbe: braun, grünlich, rötlich • Transparenz: durchscheinend, opak • Glanz: fettig • Spaltbarkeit: unvollkommen • Bruch: muschelig, uneben • Ausbildung: Kristalle, körnige Aggregate, Imprägnationen.

• Dichte: 4,3–4,5 • Kristallsystem: kubisch • Kristallformen: Oktaeder, Hexaeder, Zwillinge • Radioaktivität: unterschiedliche Grade, je nach U-Beimengung • Chemische Zusammensetzung: sehr unbeständig und schwankend, häufig Beimengungen von U und seltenen Erden • Chemische Eigenschaften: nur schwer in HCl, H_2SO_4 und HF löslich, schmilzt in der Flamme nur an den Rändern • Behandlung: Reinigung mit verdünnten Säuren • Ähnliche Minerale: Mikrolith **(360),** Perowskit **(363)** • Unterscheidung: Strichfarbe, mit Röntgen und chemisch.

• Genese: Carbonatite, Pegmatite • Paragenese: Apatit **(379),** Nephelin **(397),** Allanit **(410),** Zirkon **(587)** • Vorkommen: selten; Deutschland (Laacher See, Kaiserstuhl), Norwegen (Fredriksvärn), Tansania, Uganda, Simbabwe, Malawi u. a. • Verwendung: Gewinnung von Nb und seltenen Erden einschließlich U.

1. **Hausmannit** – kristallines Aggregat (größter Kristall 10 mm); Deutschland (Oehrenstock). 2. **Psilomelan** – dendritisches Aggregat auf einer Kalksteinspalte (Ausschnittbreite 66 mm); Deutschland (Solnhofen). 3. **Pyrochlor** – idiomorpher Kristall (6 mm) in Feldspat; UdSSR (Miass).

Hausmannit, Psilomelan, Pyrochlor

H
5—6

Mikrolith

Oxide
$(Ca,Na)_2(Ta,Nb,Ti)_2O_6(OH,O,F)$

360

Bezeichnung aus den griech. Wörtern *mikros* – klein und *lithos* – Stein zusammengesetzt (Shephard, 1835)

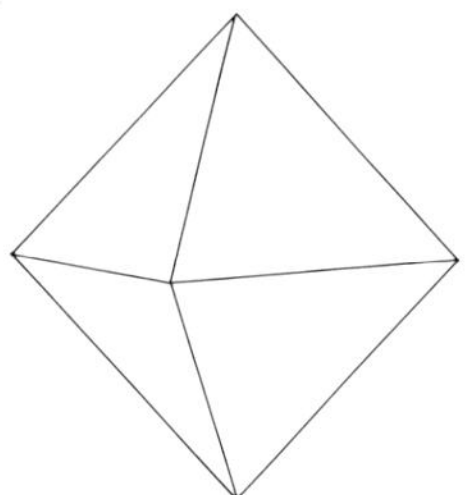

• Härte: 5–5,5 (spröde) • Strich: hellgelb, weiß • Farbe: gelbbraun, grünbraun, rötlich, grau • Transparenz: durchsichtig, durchscheinend • Glanz: glasig, fettig • Spaltbarkeit: unvollkommen • Bruch: muschelig, uneben • Ausbildung: Kristalle, körnige Aggregate.

• Dichte: 4,3–5,7 • Kristallsystem: kubisch • Kristallformen: Oktaeder, Hexaeder und ihre Kombinationen • Chemische Zusammensetzung: unbeständig, schwankt beträchtlich • Chemische Eigenschaften: in H_2SO_4 langsam löslich • Behandlung: Reinigung mit verdünnten Säuren, ausgenommen H_2SO_4 • Ähnliche Minerale: Pyrochlor **(259)** • Unterscheidung: mit Röntgen und chemisch.

• Genese: Pegmatite • Paragenese: Lepidolith **(169),** Pollucit **(500),** Spodumen **(502)** u. a. • Vorkommen: selten; Italien (Insel Elba), Norwegen (Iveland), Schweden (Varuträsk), Simbabwe (Bikita), Australien (Wodgina), USA (Virginia) • Verwendung: gelegentlich Ta-Gewinnung.

Romeit

Oxide
$(Ca,Na,H)Sb_2O_6(O,OH,F)$

361

Benannt nach dem französischen Kristallographen J. B. Romé de l'Isle (1736–1770) (Damour, 1841)

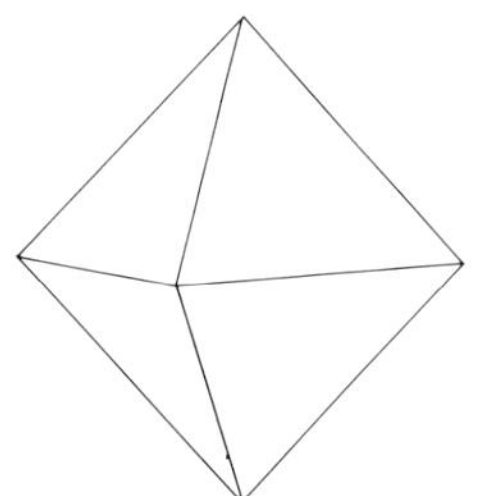

• Härte: 5,5–6,0 • Strich: gelb, braun • Farbe: weiß, gelb, gelbbraun, braunrot • Transparenz: opak, durchscheinend • Glanz: glasig, fettig • Spaltbarkeit: unvollkommen • Bruch: hakig, muschelig • Ausbildung: Kriställchen, erdige Krusten, staubförmige und derbe Aggregate.

• Dichte: 4,9–5,4 • Kristallsystem: kubisch • Kristallformen: Oktaeder • Chemische Zusammensetzung: unbeständig, schwankt beträchtlich • Chemische Eigenschaften: in HCl, HNO_3 und H_2SO_4 unlöslich, läßt sich nicht schmelzen • Behandlung: Reinigung mit destilliertem Wasser.

• Genese: sekundär in Oxidationszonen • Paragenese: Antimonit **(51),** Cinnabarit **(76),** Braunit **(469)** u. a. • Vorkommen: selten; Deutschland (Grube Clara bei Oberwolfach, Schneeberg), Italien (St. Marcel), Schweden (Långban) u. a.

Plattnerit (Schwerbleierz)

Oxide
PbO_2

362

Benannt nach dem deutschen Metallurgen K. F. Plattner (1800–1858) (Haidinger, 1845)

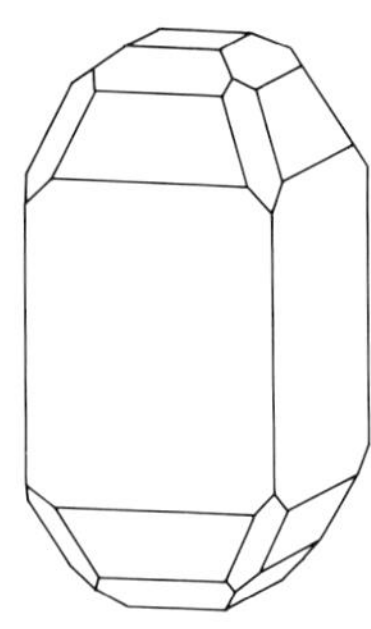

• Härte: 5,5 (spröde) • Strich: braun • Farbe: grauschwarz, schwarz • Transparenz: opak, in dünnen Bruchstücken rubinrot durchscheinend • Glanz: stark metallisch, diamantartig • Spaltbarkeit: fehlt • Bruch: muschelig • Ausbildung: Kriställchen, Anflüge, Überkrustungen, derbe und fasrige Aggregate.

• Dichte: 9,63 • Kristallsystem: tetragonal • Kristallformen: prismatisch, dipyramidal • Chemische Zusammensetzung: Pb 86,62 %, O 13,38 % • Chemische Eigenschaften: leicht löslich in HCl, schwer in HNO_3 und H_2SO_4. Läßt sich leicht schmelzen, wechselt vor dem Lötrohr die Farbe nach hellgelb • Behandlung: Reinigung mit destilliertem Wasser • Ähnliche Minerale: Psilomelan **(357)** • Unterscheidung: Verhalten vor dem Lötrohr.

• Genese: sekundär in den Oxidationszonen trockener Gebiete • Paragenese: Cerussit **(225),** Jarosit **(236),** Wulfenit **(243),** Pyromorphit **(262)** u. a. • Vorkommen: selten; Großbritannien (Schottland – Leadhills), USA (bildet auf den Pb-Lagerstätten von Idaho Überzugsmassen bis zu 80 kg), Mexiko (Mapimi), Iran (Zaudjit).

Plattnerit – Anflüge auf orangefarbenem Mimetesit (Ausschnittbreite 25 mm); Iran (Anarak).

Plattnerit

H
5—6

Perowskit

Oxide
$CaTiO_3$

363

Benannt nach dem russischen Mineralogen L. A. Perowskij (1792 bis 1856) (Rose, 1839)

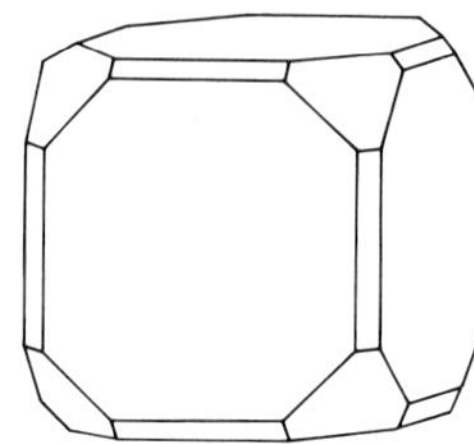

• Härte: 5,5 • Strich: weiß, grau • Farbe: schwarz, rotbraun, gelb • Transparenz: opak, durchscheinend • Glanz: diamantartig, metallisch, fettig • Spaltbarkeit: gut • Bruch: muschelig • Ausbildung: Kristalle, körnige Aggregate, nierige Massen.
• Dichte: 4,0 • Kristallsystem: rhombisch • Kristallformen: Pseudohexaeder, Pseudooktaeder, Zwillinge • Radioaktivität: je nach Beimengungen • Chemische Zusammensetzung: CaO 41,24 %, TiO_2 58,76 % • Chemische Eigenschaften: braust und lößt sich in H_2SO_4, auch in kaltem HF löslich, schmilzt nicht • Behandlung: Reinigung mit destilliertem Wasser • Ähnliche Minerale: Magnetit **(367)** • Unterscheidung: Magnetismus, Strich.
• Genese: Ultrabasite, Carbonatite, Basalte • Paragenese: Pyrochlor **(359),** Ilmenit **(365),** Leucit **(396),** Titanit **(430)** u. a. • Vorkommen: selten; Deutschland (Kaiserstuhl), Schweiz (Zermatt), UdSSR (Achmatowsk), Finnland (Vuorijärvi), Brasilien (Bagagem), USA (Arkansas – Magnet Cove) • Verwendung: Gewinnung von Ti und seltenen Erden.

Pyrophanit

Oxide
$MnTiO_3$

364

Bezeichnung aus den griech. Worten *pýr* – Feuer und *phanos* – glänzend zusammengesetzt (Hamberg, 1890)

• Härte: 5 • Strich: ockergelb • Farbe: dunkelrot, himbeerrot und schwarz • Transparenz: durchscheinend • Glanz: metallisch, diamantartig • Spaltbarkeit: vollkommen • Ausbildung: Kristalle, Schuppen.
• Dichte: 4,5 • Kristallsystem: trigonal • Kristallformen: Tafeln • Chemische Zusammensetzung: MnO_2 46,96 %, TiO_2 53,04 % • Chemische Eigenschaften: sehr schwach säurelöslich • Behandlung: Reinigung mit verdünnten Säuren oder mit Wasser • Ähnliche Minerale: manchmal Ilmenit **(365)** • Unterscheidung: Strich, mit Röntgen, chemisch.
• Genese: metamorph, pegmatitisch • Paragenese: Nephelin **(397),** Titanit **(430),** Rhodonit **(531)** u. a. • Vorkommen: selten; Schweden (Pajsberg), Norwegen, UdSSR (Lowoserskij massiv), Großbritannien (Wales – Benallt Mine), Brasilien (Minas Gerais – Piquery Mine).

Ilmenit (Titaneisenerz)

Oxide
$FeTiO_3$

365

Benannt nach der Fundstelle in den Ilmenbergen (UdSSR) (Kupffer, 1827)

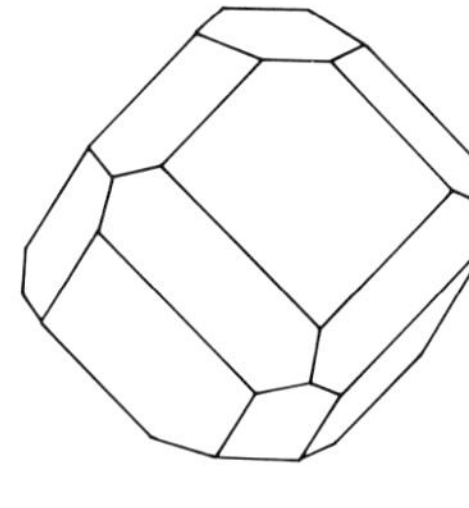

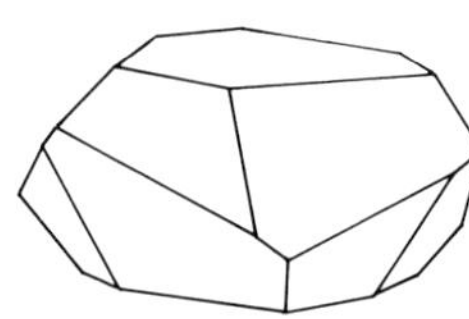

• Härte: 5–6 • Strich: schwarzbraun • Farbe: schwarz • Transparenz: opak • Glanz: metallisch, fettig • Spaltbarkeit: fehlt • Bruch: muschelig, uneben • Ausbildung: Kristalle, derbe, körnige, rosettenförmige Aggregate.
• Dichte: 4,5–5,0 • Kristallsystem: trigonal • Kristallformen: Tafeln • Magnetismus: schwach magnetisch • Radioaktivität: gelegentlich, je nach Beimengungen • Chemische Zusammensetzung: FeO 47,34 %, TiO_2 52,66 % • Chemische Eigenschaften: säureunlöslich • Behandlung: Reinigung mit verdünnten Säuren oder mit Wasser • Ähnliche Minerale: Pyrophanit **(364),** Magnetit **(367),** Chromit **(371),** Hämatit **(472)** • Unterscheidung: Strich, Magnetismus, mit Röntgen und chemisch.
• Genese: Magmatisch, Pegmatite, alpine Klüfte, Seifen • Paragenese: Magnetit, Apatit **(379),** Titanit **(430),** Hämatit, Rutil **(464)** u. a. • Vorkommen: häufig; Deutschland (Aschaffenbrug), Schweiz (St. Gotthard, Binnatal), Frankreich (Bourg d'Oisans), Großbritannien (Cornwall), Norwegen, UdSSR, USA (New York), Kanada (Quebec) • Verwendung: Ti-Erz.

1. Perowskit – idiomorphe Kristalle (bis 10 mm); UdSSR (Ural). **2. Ilmenit** – unvollkommene Kristalle (bis 10 mm); Schweden (Pletherhorn).

Perowskit, Ilmenit

H
5—6

Jakobsit

Oxide
$MnFe_2O_4$

366

Benannt nach der Lokalität Jakobsberg in Schweden (Damour, 1869)

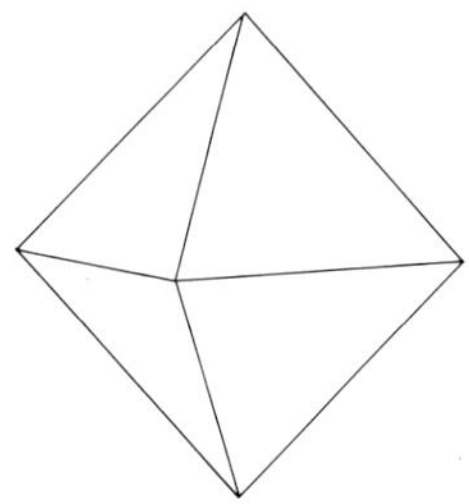

• Härte: 5,5–6,0 (spröde) • Strich: rotschwarz • Farbe: eisenschwarz • Transparenz: opak • Glanz: metallisch bis halbmetallisch • Spaltbarkeit: fehlt • Bruch: uneben, muschelig • Ausbildung: Kristalle, dichte und körnige Aggregate.
• Dichte: 4,75 • Kristallsystem: kubisch • Kristallformen: Oktaeder • Magnetismus: stark • Chemische Zusammensetzung: MnO 30,76 %, Fe_2O_3 69,24 % • Chemische Eigenschaften: löslich in HCl, schmilzt nicht • Behandlung: Reinigung mit destilliertem Wasser oder verdünnten Säuren (ausgenommen HCl) • Ähnliche Minerale: Magnetit **(367)** • Unterscheidung: Reaktion auf Mn.
• Genese: metamorph • Paragenese: Hausmannit **(358),** Magnetit, Hämatit **(472),** Pyrolusit **(474)** u. a. • Vorkommen: selten; Schweden (Jakobsberg, Långban), UdSSR (Karadshal, Dshumart), Australien (Wibong), Indien (Kadur), Republik Südafrika (Postmasburg) u. a. • Verwendung: in Ausnahmen Mn-Erz.

Magnetit (Magneteisenerz)

Oxide
Fe_3O_4

367

Bezeichnung aus dem griech. *magnēs* – Magnet (Haidinger, 1845)

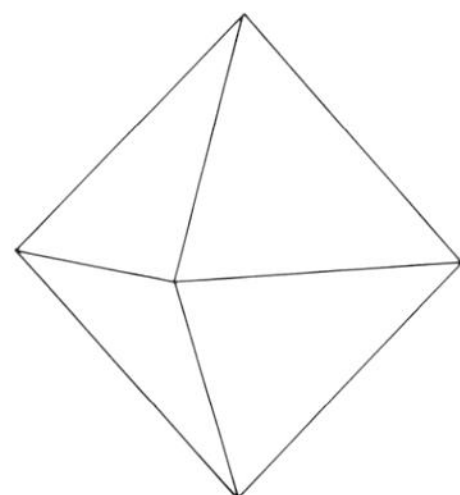

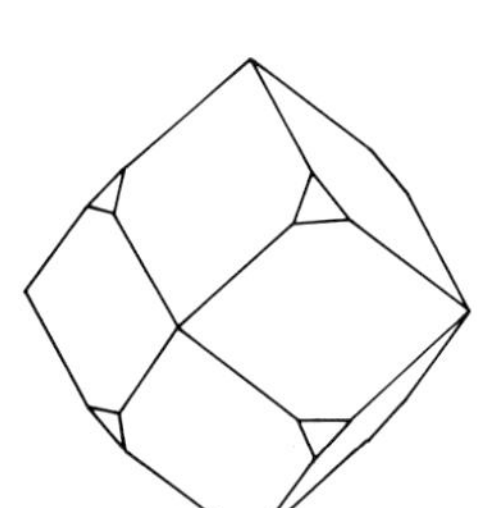

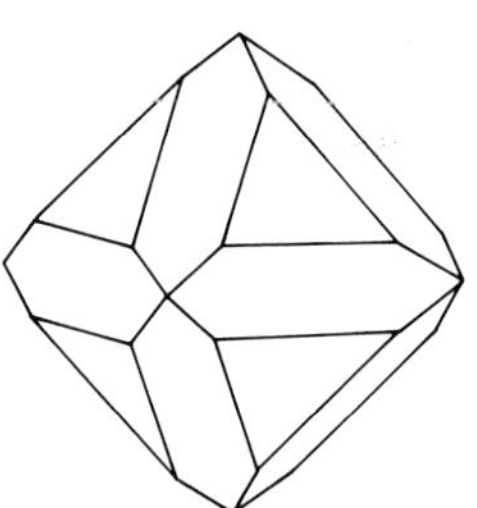

• Härte: 5,5 (spröde) • Strich: schwarz • Farbe: schwarz • Transparenz: opak • Glanz: metallisch, fettig, matt • Spaltbarkeit: unvollkommen nach /111/ • Bruch: muschelig • Ausbildung: Kristalle, derbe und körnige Aggregate, Imprägnationen.
• Dichte: 5,2 • Kristallsystem: kubisch • Kristallformen: Oktaeder, Dodekaeder, Zwillinge • Magnetismus: stark • Chemische Zusammensetzung: FeO 31,03 %, Fe_2O_3 68,97 %, Beimengungen von Ti, V, Mn, Mg, Al, Cr, die Varietät mit Ilmenitentmischungen im Magnetit heißt Titanomagnetit • Chemische Eigenschaften: schwer löslich in HCl, schmilzt in der Flamme nicht • Behandlung: Reinigung mit verdünnten Säuren oder destilliertem Wasser, gut abtrocknen • Ähnliche Minerale: Ilmenit **(365),** Jakobsit **(366),** Chromit **(371),** Hämatit **(472)** • Unterscheidung: Strichfarbe, Magnetismus, mit Röntgen und chemisch.
• Genese: magmatisch, metamorph, kontaktmetasomatisch, hydrothermal, selten pegmatitisch, sedimentär, in Seifen angereichert • Paragenese: Ilmenit, Apatit **(379),** Augit **(429),** Hämatit, Amphibole u. a. • Vorkommen: häufig; Deutschland (Auerbach, Göttingen – Titanomagnetite; Berggießhübel, Pöhla), Schweden (Luossavaara, Kirunavaara, Gällivaara, Dannemora, Taberg), Finnland (Otanmäki), UdSSR (Magnitnaja Gora, Blagodat, Daschkesan), Rumänien (Ocna de fier, Dagnacea), Italien (Kristalle in Alto Adige), Österreich (Zillertal), Schweiz (Binnatal), Große Lagerstätten in Australien, Brasilien, den USA, der UdSSR, Indien, Ägypten (Seifen im Nildelta) u. a. • Verwendung: hochwertiges Fe-Erz.

Magnetit – idiomorpher oktaedrischer Kristall (20 mm) mit tafeligen Hämatitaggregaten (alpine Rosen), Adern alpinen Typs; Schweiz (Alpen).

Chromit, Ludwigit

H
5—6

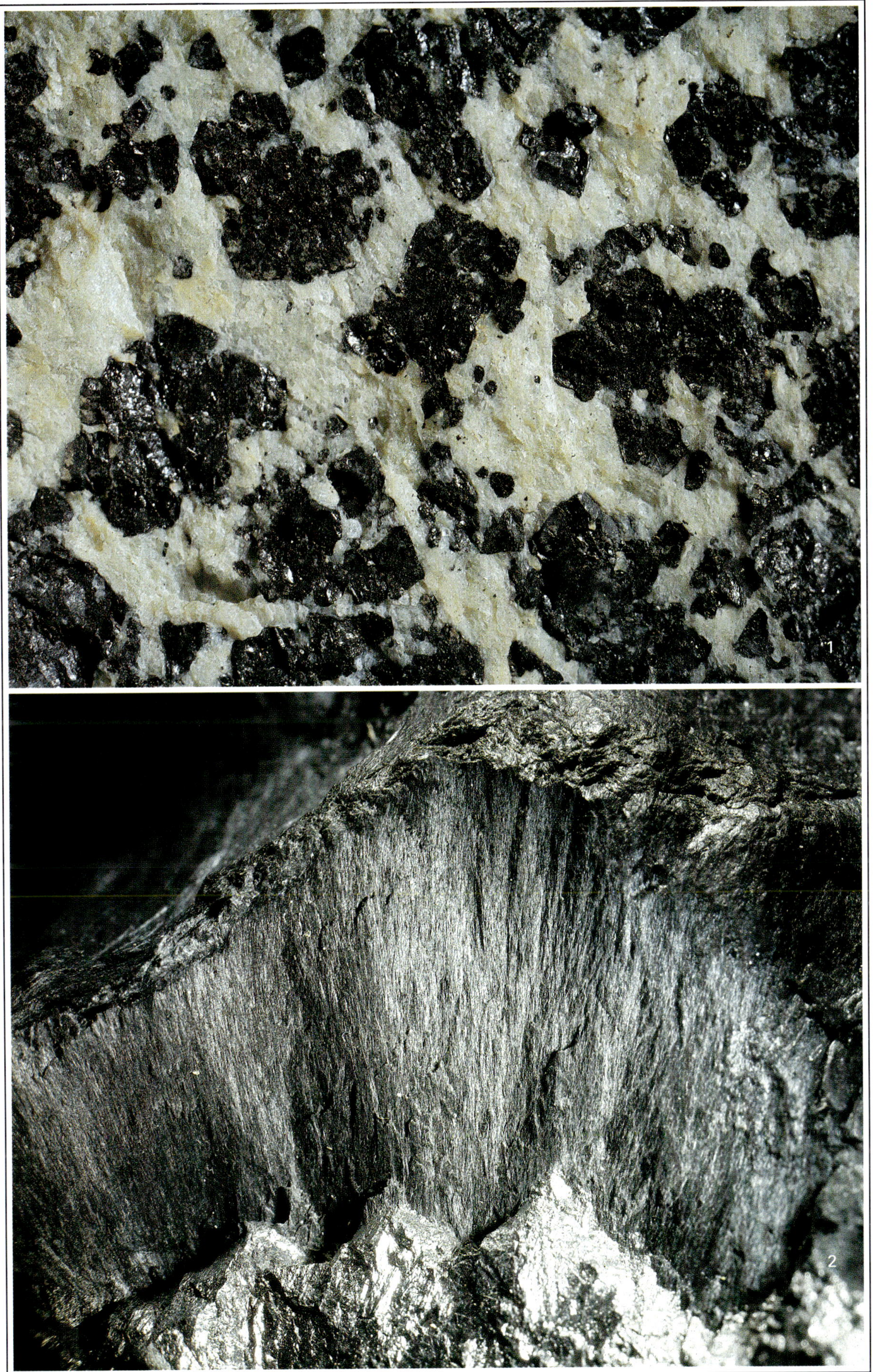

Smithsonit (Zinkspat)

Carbonate
$ZnCO_3$

373

Benannt nach dem englischen Mineralogen J. Smithson (1765–1829) (Beudant, 1832)

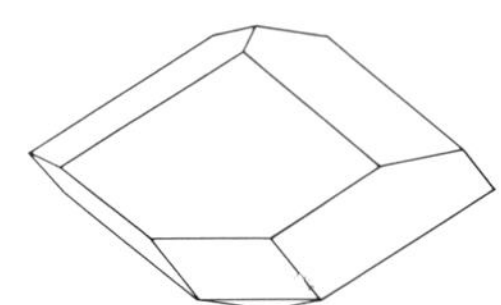

• Härte: 5 (spröde) • Strich: weiß • Farbe: weiß, gelb, rot, grün, blaugrün • Transparenz: durchsichtig, durchscheinend • Glanz: glasig, perlmuttartig • Spaltbarkeit: vollkommen • Bruch: uneben • Ausbildung: Kristalle, kristalline Krusten, Stalaktiten, körnige und erdige Aggregate.
• Dichte: 4,3–4,5 • Kristallsystem: trigonal • Kristallformen: Rhomboeder • Lumineszenz: manchmal weiß, blauweiß oder grünweiß • Chemische Zusammensetzung: ZnO 64,90 %, CO_2 35,10 % • Chemische Eigenschaften: säurelöslich, schmilzt nicht • Behandlung: Reinigung mit Wasser • Ähnliche Minerale: Calcit **(217),** Hemimorphit **(403),** Chalcedon **(449)** • Unterscheidung: Härte, Dichte, mit Röntgen und chemisch.
• Genese: sekundär in Oxidationszonen • Paragenese: Galenit **(77),** Hydrozinkit **(103),** Sphalerit **(181),** Hemimorphit • Vorkommen: häufig; Deutschland (Altenberg, Wiesloch), Österreich (Raibl, Bleiberg), Griechenland (Lavrion), Italien (Sardinien – Monteponi), Großbritannien (Matlock), UdSSR, Namibia (Tsumeb), Algerien, USA, Vietnam, Australien, u. a. • Verwendung: Zn-Erz, gelegentlich als Edelstein.

Türkis (Kallait)

Phosphate
$CuAl_6[(OH)_2|PO_4]_4 . 4 H_2O$

374

Benannt nach der Türkei, über die die ersten Türkise nach Europa gelangt sind (Tavernier, 1678)

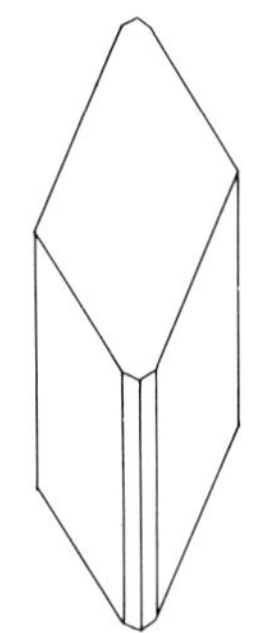

• Härte: 5–6 (spröde) • Strich: weiß • Farbe: hellblau bis apfelgrün • Transparenz: undurchsichtig • Glanz: fettig • Spaltbarkeit: gut • Bruch: uneben, muschelig • Ausbildung: kryptokristallin, derb, dicht, bildet auch Adern und Nester.
• Dichte: 2,6–2,8 • Kristallsystem: triklin • Lumineszenz: grüngelb, hellblau • Chemische Zusammensetzung: CuO 9,78 %, Al_2O_3 37,60 %, P_2O_5 34,90 %, H_2O 17,72 % • Chemische Eigenschaften: schwach löslich in HCl, schmilzt in der Flamme nicht, sondern verfärbt sich braun. Imitationen sind schmelzbar und färben die Flamme grün • Behandlung: Reinigung mit Wasser • Ähnliche Minerale: Lazulith **(378),** Lasurit **(392)** • Unterscheidung: Härte, Dichte, Lötrohrreaktion, Löslichkeit in HCl.
• Genese: sekundär • Paragenese: Limonit **(355),** Chalcedon **(499)** u. a. • Vorkommen: selten; Deutschland (Oelsnitz), Polen, UdSSR, Iran, Ägypten, USA, China (Mandschurei) • Verwendung: als Edelstein.

Brasilianit

Phosphate
$NaAl_3[(OH)_2|PO_4]_2$

375

Benannt nach dem ersten Fund in Brasilien (Pough, 1945)

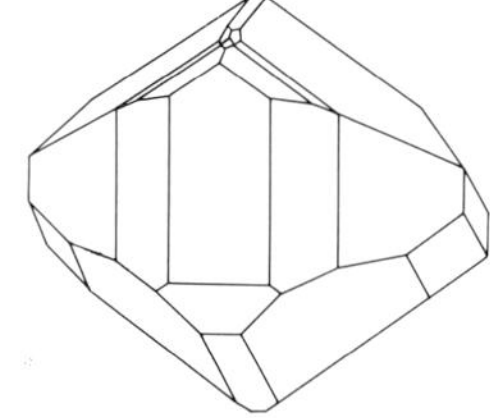

• Härte: 5,4 (spröde) • Strich: weiß • Farbe: hellgelb, gelbgrün • Transparenz: durchsichtig • Glanz: glasig • Spaltbarkeit: gut • Bruch: muschelig • Ausbildung: Kristalle, sphärolithische Aggregate.
• Dichte: 2,98 • Kristallsystem: monoklin • Kristallformen: isometrisch, prismatisch • Chemische Zusammensetzung: Na_2O 8,56 %, Al_2O_3 42,25 %, P_2O_5 39,23 %, H_2O 9,96 % • Chemische Eigenschaften: schmilzt nur schwach und bläht sich, wird weiß, löslich in HF und heißer H_2SO_4 • Behandlung: Reinigung mit Wasser • Ähnliche Minerale: Topas **(515)** • Unterscheidung: Härte, Dichte.
• Genese: Pegmatite • Paragenese: Muskovit **(165),** Apatit **(379),** Albit **(493)** • Vorkommen: selten; Brasilien (Minas Gerais), USA (New Hampshire) u. a. • Verwendung: Edelstein.

1. Türkis – Nest (Anschliff) (Ausschnittbreite 25 mm); Iran (Nishapur). **2. Smithsonit** – Aggregat aus kugeligen Kristallen (Ausschnittbreite 41 mm); Australien (Broken Hill). **3. Brasilianit** – Kristall (20 mm); Brasilien (Minas Gerais).

Türkis, Smithsonit, Brasilianit

H
5—6

Bukowskyit

Arsenate
$Fe_2^{3+}[OH|SO_4|AsO_4] . 7 H_2O$

376

Benannt nach dem tschechischen Chemiker A. Bukovský (1865–1950) (Novák, 1967)

● Härte: 5 ● Strich: gelbweiß ● Farbe: hellgelb, orangerot, graugrün ● Transparenz: durchscheinend, undurchsichtig ● Bruch: uneben, erdig ● Ausbildung: Knollen, Nester, mikrokristalline Aggregate.
● Dichte: 2,34 ● Kristallsystem: monoklin ● Kristallformen: Nadel, faserig ● Chemische Zusammensetzung: Fe_2O_3 32,61 %, SO_3 16,34 %, As_2O_5 23,46 %, H_2O 27,59 % ● Ähnliche Minerale: Delvauxit **(135),** Diadochit **(245)** ● Unterscheidung: Härte, As-Probe.
● Genese: sekundär ● Paragenese: Gips **(29),** Arsenopyrit **(344),** Limonit **(355)** ● Vorkommen: selten; ČSFR (Kaňk bei Kutná Hora.)

Amblygonit

Phosphate
$(Li, Na)Al[(F, OH)|PO_4]$

377

L

E

Bezeichnung aus den griech. Wörtern *amblys* – stumpf und *gōnia* – Winkel zusammengesetzt (Breithaupt, 1817)

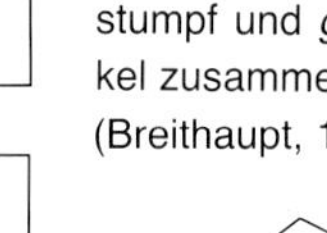

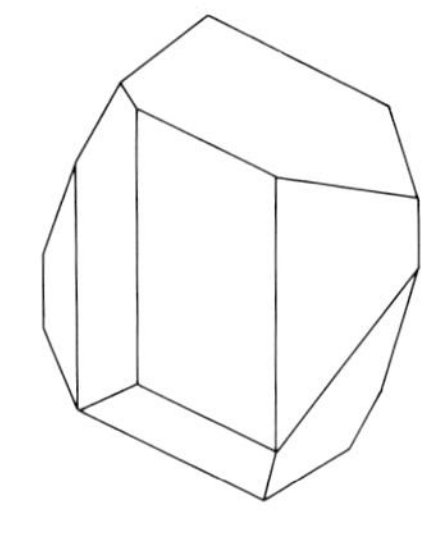

● Härte: 5,5–6 ● Strich: weiß ● Farbe: weiß, gelb, grau, bläulich, grünlich ● Transparenz: durchsichtig, durchscheinend ● Glanz: glasig, fettig, perlmuttartig ● Spaltbarkeit: vollkommen, gut nach /110/ ● Bruch: uneben, halbmuschelig ● Ausbildung: Kristalle, derb.
● Dichte: 3,0–3,1 ● Kristallsystem: triklin ● Kristallformen: prismatisch ● Lumineszenz: manchmal in LW orange ● Chemische Zusammensetzung: unbeständig, das Verhältnis Li : Na ändert sich ähnlich wie F : OH ● Chemische Eigenschaften: schmilzt leicht, bläht sich und verwandelt sich zu einem undurchsichtigen weißen Kügelchen. In Säuren schwer löslich ● Behandlung: Reinigung mit destilliertem Wasser ● Ähnliche Minerale: Albit **(493)** ● Unterscheidung: Dichte, optisch, mit Röntgen und chemisch.
● Genese: Pegmatite, pneumatolytisch ● Paragenese: Apatit **(379),** Pollucit **(500),** Spodumen **(502),** Turmalin **(564)** u. a. ● Vorkommen: selten; Schweden (Varuträsk), Frankreich (Montebras), Burma, Namibia, USA (Maine, Süddakota), Brasilien (Paraiba) u. a. ● Verwendung: Li-Gewinnung, Edelstein.

Lazulith (Blauspat)

Phosphate
$(Mg, Fe)Al_2[OH|PO_4]_2$

378

L

E

Bezeichnung von arab. *azul* – Himmel und griech. *lithos* – Stein abgeleitet (Klaproth, 1795)

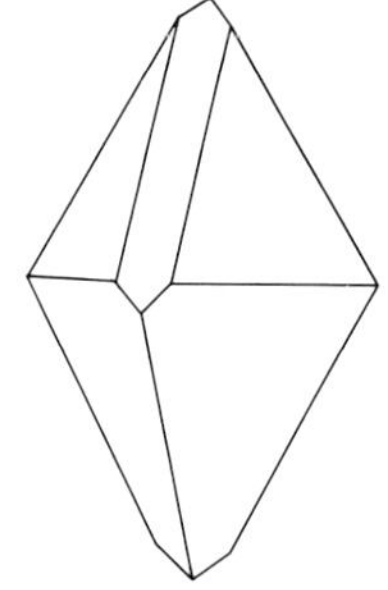

● Härte: 5–6 (spröde) ● Strich: weiß ● Farbe: blau, blaugrün, blauweiß ● Transparenz: durchscheinend, opak ● Glanz: glasig ● Spaltbarkeit: nach /001/ ● Bruch: uneben, splittrig ● Ausbildung: Kristalle, derbe und körnige Aggregate.
● Dichte: 3,0 ● Kristallsystem: monoklin ● Kristallformen: spitze Pyramiden ● Lumineszenz: weiß ● Chemische Zusammensetzung: kompliziert ● Chemische Eigenschaften: in heißen Säuren langsam löslich, schmilzt nicht ● Behandlung: Reinigung mit verdünnter HCl ● Ähnliche Minerale: Türkis **(374),** Lazurit **(392)** ● Unterscheidung: Dichte, Säurelöslichkeit, Schmelzen, zuverlässig mit Röntgen und chemisch.
● Genese: Pegmatite, in Quarziten metamorph ● Paragenese: Muskovit **(165),** Quarz **(534)** u. a. ● Vorkommen: selten; Österreich (Rädelgraben bei Werfen, Krieglach), Schweiz (Zermatt), ČSFR (Nitra), Schweden (Horrsjöberg), Brasilien (Tijuco), Madagaskar (Bity), USA (Georgia, Kalifornien) u. a. ● Verwendung: Edelstein.

Lazulith – körniges Netz in Quarz (Ausschnittbreite 30 mm); ČSFR (Nitra).

Lazulith

H
5—6

Apatit

Phosphate
$Ca_5[(F, OH) | (PO_4)_3]$

379

L

E

R

Bezeichnung vom griech. Wort *apatan* – betrügen abgeleitet (Werner, 1786)

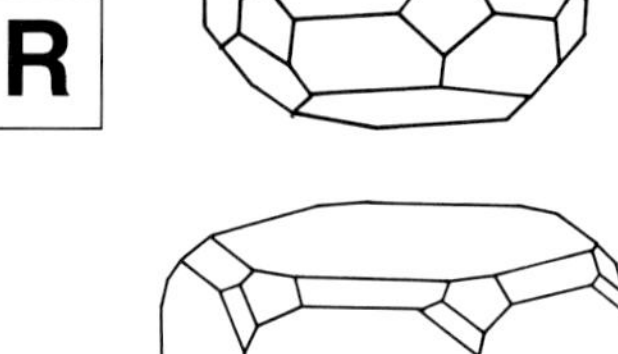

• Härte: 5 (spröde) • Strich: weiß • Farbe: weiß, gelbgrün, schmutzig grün, blaugrün, violett, rot, braunrot • Transparenz: durchsichtig, durchscheinend • Glanz: glasig, fettig • Spaltbarkeit: unvollkommen nach /0001/ und /10$\bar{1}$0/ • Bruch: uneben, muschelig • Ausbildung: Kristalle, körnige, derbe, krustige, erdige und oolithische Aggregate.
• Dichte: 3,16–3,22 • Kristallsystem: hexagonal • Kristallformen: kurz u. lang prismatisch, grob tafelig • Lumineszenz: gelb, gelborange, rosa, hellgrün, blau und weiß • Chemische Zusammensetzung: kompliziert, häufig Beimengungen von Cl (Chlorapatit), Sr und seltenen Erden (Var. Belovit), Si (Var. Wilkeit), Ce (Var. Britholith), S^{6+} (Var. Allestadit), Mn (Var. Mangualdit) u. a. • Chemische Eigenschaften: löslich in Säuren, schmilzt nur an den Rändern • Behandlung: Reinigung mit destilliertem Wasser • Ähnliche Minerale: Nephelin **(347),** Quarz **(534),** Beryll **(554)** • Unterscheidung: Härte, Dichte, Löslichkeit in Säuren.
• Genese: magmatisch, pegmatitisch, pneumatolytisch, hydrothermal, sedimentär • Paragenese: Fluorit **(291),** Arsenopyrit **(344),** Kassiterit **(548),** Topas **(595)** u. a.
• Vorkommen: häufig; Deutschland (Menzenschwand, Waldstein, Ehrenfriedersdorf), ČSFR (Horní Slavkov), Portugal (Panasqueira), Norwegen (Ödegarden), Schweiz (St. Gotthard), Mexiko (Durango), UdSSR (Halbinsel Kola), Schweden (Kiruna), Republik Südafrika (Palabora). Apatit ist ein wichtiger Bestandteil der „Phosphorite“, die in den USA (Florida), in Marokko, auf der Insel Nauru usw. gefördert werden • Verwendung: Kunstdünger, chemische Industrie, manchmal als Edelstein (Facetten, Cabochons).

Scorzalith

Phosphate
$(Fe^{2+}, Mg)Al_2[OH | PO_4]_2$

380

Benannt nach dem brasilianischen Mineralogen E. P. Scorzu (Pecora, Fakey, 1947)

• Härte: 5,5–6 (spröde) • Strich: weiß • Farbe: dunkelblau bis blaugrün • Transparenz: durchscheinend, undurchsichtig • Glanz: glasig, matt • Spaltbarkeit: gut nach /110/ • Bruch: uneben • Ausbildung: derbe, dichte und körnige Aggregate.
• Dichte: 3,27 • Kristallsystem: monoklin • Kristallformen: Bipyramiden, Tafeln • Chemische Zusammensetzung: wie Lazulith **(378),** aber mit Fe > Mg • Chemische Eigenschaften: in heißen Säuren langsam löslich • Behandlung: Reinigung mit verdünnter HCl oder destilliertem Wasser • Ähnliche Minerale: Lasurit **(392)** • Unterscheidung: Lötrohrreaktion, Löslichkeit in HCl, Dichte.
• Genese: Pegmatite • Paragenese: Brasilianit **(375),** Apatit **(379),** Albit **(493)** u. a.
• Vorkommen: selten; Brasilien (Minas Gerais – Corrego Frio Mine), USA (Süddakota – Victory Mine, Kalifornien – Mono Co.) u. a.

1. Apatit – in Feldspat eingewachsener Kristall (20 mm); Kanada (Wibeforce). **2. Scorzalith** – blaues körniges Aggregat (Auschnittbreite 35 mm); UdSSR (Sibirien).

Apatit, Scorzalith

H
5—6

Graftonit

Phosphate
$(Fe, Mn, Ca)_3[PO_4]_2$

381

Benannt nach der Fundstelle bei Grafton (New Hampshire, USA) (Penfield, 1900)

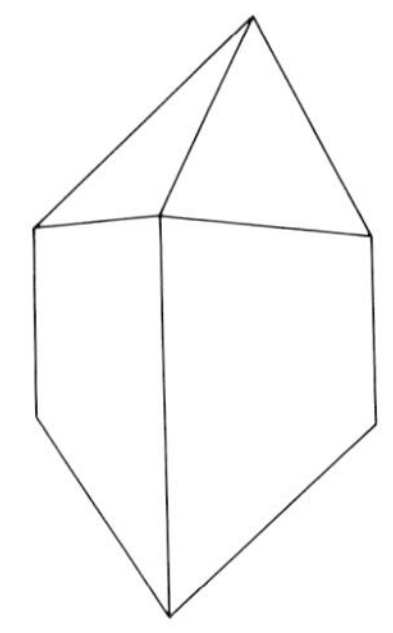

• Härte: 5 • Strich: hell rosa • Farbe: rosa bis braun • Transparenz: durchscheinend • Glanz: glasig, fettig • Spaltbarkeit: vollkommen • Bruch: uneben, muschelig • Ausbildung: unvollkommene Kristalle, derb.
• Dichte: 3,67 • Kristallsystem: monoklin • Kristallformen: kurzprismatisch • Chemische Zusammensetzung: Cao 9,50 %, FeO 31,51 %, MnO 18,13 %, P_2O_5 40,86% • Chemische Eigenschaften: schmilzt leicht zu einem schwarzen magnetischen Kügelchen, leicht säurelöslich • Behandlung: Reinigung mit destilliertem Wasser • Ähnliche Minerale: manchmal Sicklerit **(314)** • Unterscheidung: mit Röntgen, chemisch, Härte.
• Genese: pegmatitisch • Paragenese: Triphilin **(315),** Beryll **(554),** Turmalin **(564)** u. a. • Vorkommen: selten; Schweiz (Brissago), ČSFR (Přibyslavice), USA (New Hampshire – Grafton, Maine – Greenwood) u. a.

Triplit

Phosphate
$(Mn, Fe)_2[F|PO_4]$

382

Bezeichnung vom griech. Wort *triplûs* – dreifach abgeleitet (Hausmann, 1813)

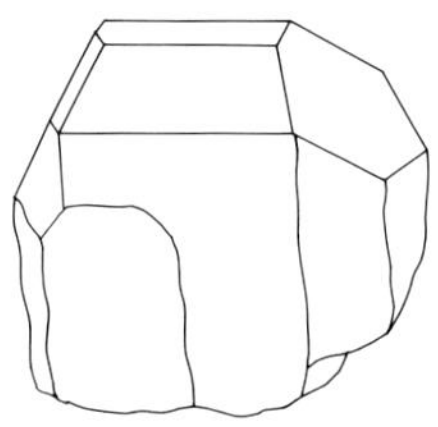

• Härte: 5 • Strich: gelbgrau • Farbe: braun, rot bis schwarz • Transparenz: durchscheinend, undurchsichtig • Glanz: glasig, fettig • Spaltbarkeit: gut • Bruch: uneben, muschelig • Ausbildung: selten Kristalle, körnige und derbe Aggregate.
• Dichte: 3,5–3,9 • Kristallsystem: monoklin • Kristallformen: isometrisch • Chemische Zusammensetzung: variabel, isomorphe Mischungsreihe mit den Endgliedern Triplit (Mn $>$ Fe) und Zwieselit (Fe $>$ Mn) • Chemische Eigenschaften: säurelöslich, schmilzt leicht zu einem stahlgrauen magnetischen Kügelchen • Behandlung: Reinigung mit destilliertem Wasser.
• Genese: pegmatitisch • Paragenese: Apatit **(379),** Quarz **(534),** Kassiterit **(548)** u. a. • Vorkommen: selten; Deutschland (Zwiesel, Hagendorf), ČSFR (Cyrilov), USA (Connecticut – Branchville, Süddakota – Black Hills, Colorado – El Paso Co.), Argentinien (Sierra de Cordoba) u. a.

Monazit

Phosphate
$Ce[PO_4]$

383

Bezeichnung vom griech. Wort *monazein* – einzig sein abgeleitet (Breithaupt, 1829)

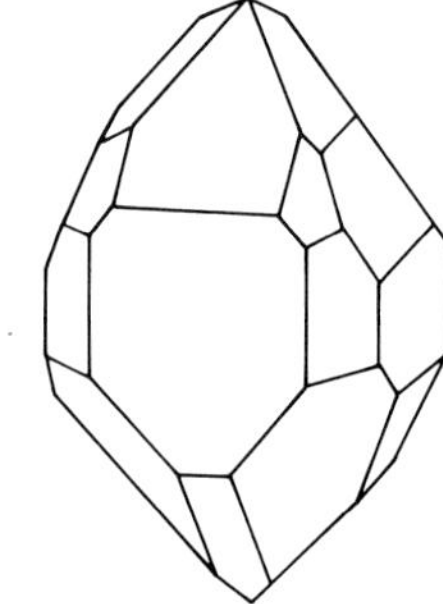

• Härte: 5–5,5 (spröde) • Strich: grauweiß • Farbe: braun, rot, gelb, orange • Transparenz: durchscheinend, opak • Glanz: diamantartig, fettig • Spaltbarkeit: vollkommen • Bruch: muschelig • Ausbildung: Kristalle, körnige Aggregate, in Anschwemmungen Rollstücke.
• Dichte: 4,8–5,5 • Kristallsystem: monoklin • Kristallformen: Tafeln, Prismen • Radioaktivität: bei Th-Gehalt • Chemische Zusammensetzung: Ce_2O_3 82,22 %, P_2O_5 17,78 %, ständige Beimengungen seltener Erden, Th, Ca, Si (die Varietät Cheralith weist bis zu 33 % Th auf) • Chemische Eigenschaften: schmilzt schwer, schwach säurelöslich • Behandlung: Reinigung mit destilliertem Wasser • Ähnliche Minerale: Allanit **(410)** • Unterscheidung: Lötrohrreaktion, Löslichkeit in HCl.
• Genese: magmatisch, pegmatitisch, Seifen • Paragenese: Ilmenit **(365),** Rutil **(464),** Zirkon **(587)** u. a. • Vorkommen: selten; Schweiz (Tavetschtal, Binnatal), Norwegen (Iveland, Narestö), UdSSR, Madagaskar (Antsirabe), Australien, USA, Brasilien, Indien u. a. • Verwendung: Gewinnung von seltenen Erden und Th.

1. Triplit – rotbraune, von Biotit gesäumte Aggregate in Feldspat (Ausschnittbreite 83 mm); Finnland (Viitaniemi). **2. Monazit** – auf Feldspat aufgewachsener Kristall (10 mm); Norwegen (Hiterö).

Triplit, Monazit

H
5—6

Mordenit (Ptilolith)

Silikate
$(Ca, K_2, Na_2)[AlSi_5O_{12}]_2 . 7 H_2O$

384

Benannt nach der Fundstelle in Morden (Neuschottland, Kanada) (How, 1864)

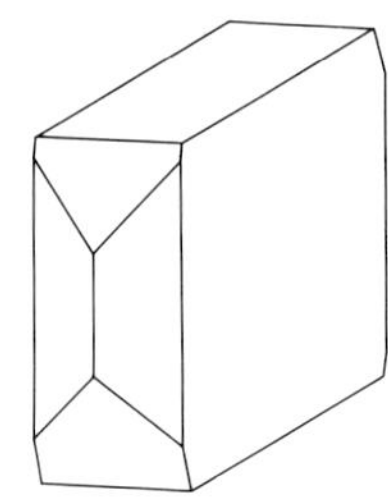

• Härte: 5 • Strich: weiß • Farbe: weiß, gelblich, rötlich • Transparenz: durchsichtig, durchscheinend • Glanz: glasig, seidig • Spaltbarkeit: vollkommen nach /100/ • Ausbildung: Kristalle, faserige und nadelige, oft auch nierige Aggregate.
• Dichte: 2,1 • Kristallsystem: rhombisch • Kristallformen: vertikal geriefte Nadeln • Chemische Zusammensetzung: CaO 2,08 %, Na_2O 2,30 %, K_2O 3,49 %, Al_2O_3 11,33 %, SiO_2 66,78%, H_2O 14,02 % • Chemische Eigenschaften: löslich in HCl • Behandlung: Reinigung mit destilliertem Wasser oder Ultraschall • Ähnliche Minerale: Natrolith **(387)** • Unterscheidung: mit Röntgen und chemisch.
• Genese: postvulkanisch • Paragenese: andere Zeolithe • Vorkommen: selten; Italien, Island (Berufjord), Kanada (Morden), USA (Colorado – Custer Co.; Wyoming – Hoodoo Mts).

Mesolith

Silikate
$Na_2Ca_2[Al_2Si_3O_{10}]_3 . 8 H_2O$

385

Bezeichnung vom griech. Wort *mesos* – mittel abgeleitet (Fuchs – Gehlen, 1813)

• Härte: 5 • Strich: weiß • Farbe: weiß, grau, gelblich • Transparenz: durchsichtig, durchscheinend • Glanz: glasig, seidig, matt • Spaltbarkeit: vollkommen nach /10$\bar{1}$/ und /101/ • Bruch: uneben, muschelig • Ausbildung: Kristalle, derbe, sphärolithische Aggregate, erdige Massen.
• Dichte: 2,2–2,4 • Kristallsystem: monoklin • Kristallformen: Nadeln • Chemische Zusammensetzung: Na_2O 5,32 %, CaO 9,63 %, Al_2O_3 26,26 %, SiO_2 46,42 %, H_2O 12,37 % • Chemische Eigenschaften: säurelöslich • Behandlung: Reinigung mit destilliertem Wasser • Ähnliche Minerale: Natrolith **(387),** Skolesit **(388)** • Unterscheidung: mit Röntgen und chemisch.
• Genese: postvulkanisch • Paragenese: Calcit **(217),** Chabasit **(325),** Epistilbit **(330)** u. a. • Vorkommen: selten; Deutschland (Pflasterkaute bei Eisenach), Großbritannien (Schottland – Insel Skye), Färöer, Nordirland (Giantt's Causeway) u. a.

Analcim

Silikate
$Na[AlSi_2O_6] . H_2O$

386

Bezeichnung vom griech. Wort *analkis* – schwach abgeleitet (Haüy, 1801)

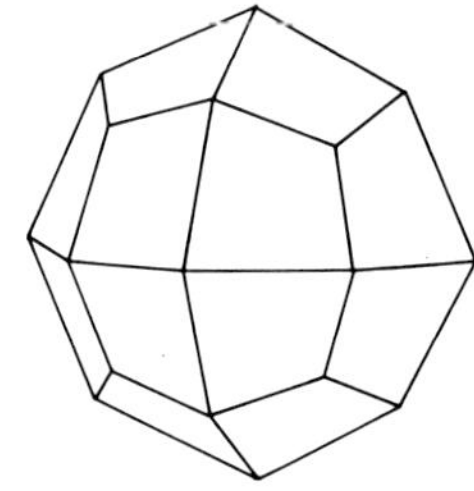

• Härte: 5,5 (spröde) • Strich: weiß • Farbe: weiß, gelb, rötlich, grau • Transparenz: durchsichtig, durchscheinend • Glanz: glasig, matt • Spaltbarkeit: sehr unvollkommen nach /001/ • Bruch: uneben, muschelig • Ausbildung: Kristalle, derbe und erdige Aggregate.
• Dichte: 2,2–2,3 • Kristallsystem: kubisch • Kristallformen: trapezoedrisch • Chemische Zusammensetzung: Na_2O 14,07 %, Al_2O_3 23,29 %, SiO_2 54,47 %, H_2O 8,17 %, Beimengung K • Chemische Eigenschaften: schmilzt leicht zu durchsichtigem Glas, setzt bei Erhitzung Wasser frei, löslich in HCl • Behandlung: Reinigung mit destilliertem Wasser • Ähnliche Minerale: Leucit **(396)** • Unterscheidung: Leucit schmilzt nicht, mit Röntgen und chemisch.
• Genese: hydrothermal, sedimentär • Paragenese: Zeolithe, Calcit **(217)** u. a. • Vorkommen: selten; Deutschland (St. Andreasberg), Italien (Montecchio Maggiore), ČSFR (České Středohoří), Färöerinseln, Island, Großbritannien (Schottland – Insel Skye), Kergueleninseln im Indischen Ozean u. a.

1. Mordenit – radialstrahliges Aggregat (Nadellänge 33 mm); UdSSR (Dol. Tunguska). **2. Mesolith** – strahlige Aggregate bis zu 30 mm; Italien (Monti Monzoni). **3. Analcim** – Kristallgruppe (max. Größe 20 mm); Italien.

Mordenit, Mesolith, Analcim

H
5—6

Natrolith

Silikate
$Na_2[Al_2Si_3O_{10}] . 2\ H_2O$

387

Bezeichnung aus den griech. Wörtern *natron* – Soda und *lithos* – Stein (Klaproth, 1803)

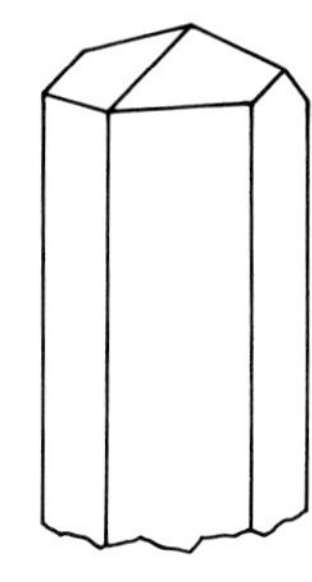

• Härte: 5–5,5 (spröde) • Strich: weiß • Farbe: weiß, grau, rotweiß, braungelb • Transparenz: durchsichtig, durchscheinend • Glanz: glasig, seidig • Spaltbarkeit: vollkommen • Bruch: muschelig bis uneben • Ausbildung: Kristalle, Drusen, radialstrahlige, kugelige, körnige und derbe Aggregate, staubförmige Massen.
• Dichte: 2,2 • Kristallsystem: rhombisch • Kristallformen: Nadeln • Lumineszenz: orange • Chemische Zusammensetzung: Na_2O 16,50 %, Al_2O_3 26,80 %, SiO_2 47,40 %, H_2O 9,30 % • Chemische Eigenschaften: schmilzt leicht zu durchsichtigem Glas, löslich in HCl • Behandlung: Reinigung mit Wasser oder Ultraschall • Ähnliche Minerale: Aragonit **(221),** Mesolith **(385),** Skolezit **(388),** Thomsonit **(389)** • Unterscheidung: Härte, mit Röntgen und chemisch.
• Genese: hydrothermal, postvulkanisch • Paragenese: andere Zeolithe, Calcit **(217)** u. a. • Vorkommen: häufig; Deutschland (Hohentwiel, Hammerunterwiesenthal), ČSFR, Italien, Färöerinseln, Island, Kanada (Thetford Asbest Mine), USA (New Jersey, Kalifornien).

Skolezit

Silikate
$Ca[Al_2Si_3O_{10}] . 3\ H_2O$

388

Bezeichnung vom griech. Wort *skolex* – Wurm abgeleitet (Fuchs, Gehlen 1813)

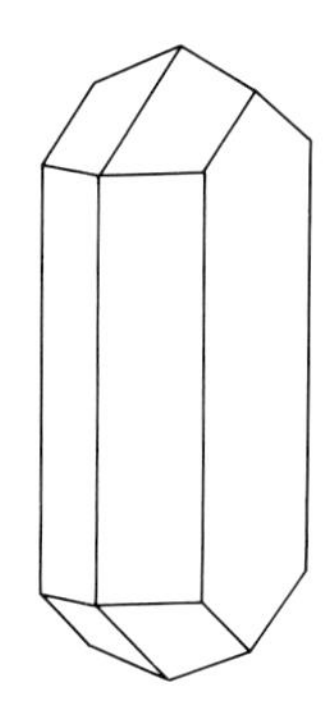

• Härte: 5–5,5 (spröde) • Strich: weiß • Farbe: weiß, gelb, bräunlich • Transparenz: durchsichtig, durchscheinend • Glanz: glasig, seidig • Spaltbarkeit: gut • Bruch: muschelig, uneben • Ausbildung: Kristalle, Drusen, radialstrahlige, kugelige, auch derbe Aggregate.
• Dichte: 2,1–2,4 • Kristallsystem: monoklin • Kristallformen: Nadeln, langprismatisch, Zwillinge • Chemische Zusammensetzung: CaO 14,30 %, Al_2O_3 26,00 %, SiO_2 45,90 %, H_2O 13,80 % • Chemische Eigenschaften: bläht sich vor dem Lötrohr und krümmt sich wurmartig, schmilzt zu porösem Glas, löslich in HCl • Behandlung: Reinigung mit Wasser oder Ultraschall • Ähnliche Minerale: Aragonit **(221),** Mesolith **(385),** Natrolith **(387)** • Unterscheidung: Härte, mit Röntgen und chemisch.
• Genese: postvulkanisch, hydrothermal • Paragenese: andere Zeolithe, Calcit **(217)** u. a. • Vorkommen: selten; Deutschland (Hammerunterwiesenthal), Island (Berufjord), Färöerinseln, USA, Brasilien.

Thomsonit

Silikate
$NaCa_2[Al_5Si_5O_{20}] . 6\ H_2O$

389

Benannt nach dem schottischen Chemiker T. Thomson (1773–1852) (Brooke, 1820)

• Härte: 5–5,5 (spröde) • Strich: weiß • Farbe: weiß, gelb, rötlich • Transparenz: durchsichtig, durchscheinend • Glanz: glasig • Spaltbarkeit: vollkommen nach /010/, gut nach /100/ • Bruch: uneben • Ausbildung: Kristalle, radialstrahlige, nierige und derbe Aggregate.
• Dichte: 2,3–2,4 • Kristallsystem: rhombisch • Kristallformen: Tafeln, kurzprismatisch, vertikal gerieft • Chemische Zusammensetzung: Na_2O 2,42 %, CaO 19,74 %, Al_2O_3 29,91 %, SiO_2 35,25 %, H_2O 12,68 % • Chemische Eigenschaften: löslich in HCl, bläht sich in der Flamme stark und schmilzt zu weißem Glas • Behandlung: Reinigung mit Wasser • Ähnliche Minerale: Natrolith **(387)** • Unterscheidung: mit Röntgen und chemisch.
• Genese: hydrothermal, postvulkanisch • Paragenese: andere Zeolithe, Calcit **(217)** u. a. • Vorkommen: selten; Deutschland (Roßberg bei Darmstadt, Pflasterkaute), Großbritannien (Schottland – Kilpatrick), Färöerinseln, Island, ČSFR, Kanada.

1. Natrolith – strahlige Aggregate (bis zu 20 mm) mit Apophyllit; ČSFR (Česká Lípa). **2. Skolecit** – radialstrahliges Aggregat aus nadeligen Kristallen (17 mm); ČSFR (Šiatorská Bukovinka). **3. Thomsonit** – radialstrahliges Aggregat (20 mm); ČSFR (České Středohoří).

Natrolith, Skolezit, Thomsonit

H
5—6

Silikate

Okenit

$Ca_{1,5}[Si_3O_6(OH)_3] \cdot 1,5\ H_2O$

390

Benannt nach dem deutschen Naturwissenschaftler L. Oken (1779 bis 1851) (Kobell, 1828)

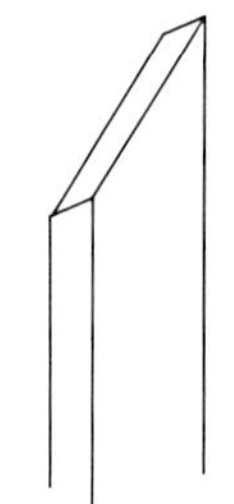

• Härte: 5 • Strich: weiß • Farbe: weiß, gelbweiß, blauweiß • Transparenz: durchsichtig, durchscheinend • Glanz: perlmuttartig • Spaltbarkeit: gut • Bruch: muschelig • Ausbildung: derbe und faserige Aggregate.
• Dichte: 2,3 • Kristallsystem: triklin • Kristallformen: lamellenartig • Lumineszenz: manchmal in KW cremeweiß • Chemische Zusammensetzung: CaO 26,42 %, SiO_2 56,60 %, H_2O 16,98 % • Chemische Eigenschaften: bläht sich in der Flamme und schmilzt zu Emaille, löslich in HCl • Behandlung: Reinigung mit Ultraschall.
• Genese: hydrothermal, postvulkanisch • Paragenese: Zeolithe, Apophyllit **(331)**, Chalcedon **(449)** u. a. • Vorkommen: selten; Deutschland (Bramburg), Grönland (Insel Disco), Island, Indien (Poonah), Nordirland (Antrim) u. a.

Silikate

Cancrinit

$Na_6Ca_2[(CO_3)_2 | (AlSiO_4)_6] \cdot 2\ H_2O$

391

Benannt nach dem russischen Minister E. F. Cancrin (1774–1845) (Rose, 1839)

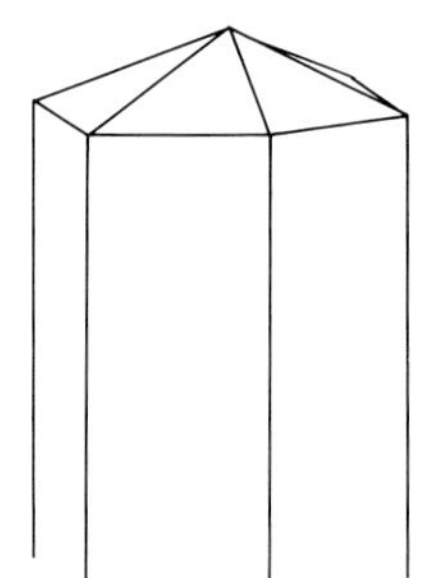

• Härte: 5–6 • Strich: weiß • Farbe: weiß, grau, blau, gelblich, grünlich • Transparenz: durchscheinend, undurchsichtig • Glanz: glasig, perlmuttartig • Spaltbarkeit: vollkommen nach /10$\bar{1}$0/, gut nach /0001/ • Bruch: uneben • Ausbildung: Kristalle, dichte und körnige Aggregate, Saumbildungen an Nephelin.
• Dichte: 2,4–2,6 • Kristallsystem: hexagonal • Kristallformen: kurzprismatisch, nadelig • Chemische Zusammensetzung: ziemlich variabel • Chemische Eigenschaften: schmilzt nur schwer zu blasigem Glas, löst sich brausend in HCl • Behandlung: Reinigung mit destilliertem Wasser • Ähnliche Minerale: Nephelin **(397)** • Unterscheidung: Spaltbarkeit, mit Röntgen und chemisch.
• Genese: magmatisch • Paragenese: Calcit **(217)**, Nephelin, Zeolithe • Vorkommen: selten; Deutschland (Laacher See), Norwegen (Umgebung von Oslo), Rumänien (Ditrau), UdSSR (Mias), USA (Maine – Litchfeld) u. a.

Silikate

Lasurit (Lapis lazuli)

$(Na, Ca)_8[(SO_4, S, Cl)_2 | (AlSiO_4)_6]$

392

Bezeichnung vom persischen Wort *lāğwārd* – blau abgeleitet (Brögger, 1890)

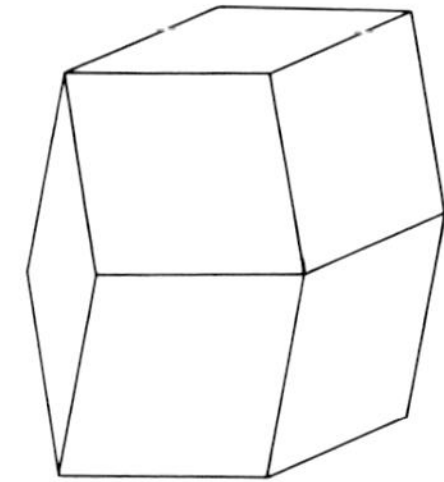

• Härte: 5,5 (spröde) • Strich: hellblau • Farbe: dunkelblau, blaugrün • Transparenz: opak • Glanz: fettig, matt • Spaltbarkeit: unvollkommen nach /110/ • Bruch: muschelig • Ausbildung: selten Kriställchen, derbe, dichte und feinkörnige Aggregate.
• Dichte: 2,38–2,42 • Kristallsystem: kubisch • Kristallformen: dodekaedrisch • Chemische Zusammensetzung: kompliziert und unbeständig, häufige Beimengungen von Cl, Ca, SO_4 • Chemische Eigenschaften: schmilzt zu weißem Glas, in HCl löslich unter intensiver Geruchsentwicklung von H_2S • Behandlung: Reinigung mit destilliertem Wasser • Ähnliche Minerale: Lazulith **(378)**, Sodalith **(393)**, Nosean **(394)**, Haüyn **(395)** • Unterscheidung: Paragenese, Strich, mit Röntgen und chemisch.
• Genese: kontaktmetamorph • Paragenese: Calcit **(217)**, Pyrit **(436)**, Diopsid **(505)** • Vorkommen: selten; Italien, UdSSR (am Baikalsee, bei Buchara werden bis zu 60 kg schwere Blöcke gefördert), Afghanistan (in der Provinz Badakhschan), Chile, USA (Kalifornien – San Bernardino Co.) u. a. • Verwendung: von altersher wurde Lasurit in Badakhschan abgebaut und zu Zierat oder Schmuck verarbeitet.

1. Okenit – nadelig-kugeliges Aggregat mit Apophyllit (Ausschnittbreite 60 mm); Indien (Poonah). **2. Lasurit** – körniges Aggregat mit Calcit und eingesprengtem Pyrit (Ausschnittbreite 40 mm); UdSSR (Sljudjanka).

Okenit, Lasurit

H
5—6

Silikate
$Na_8[Cl_2 | (AlSiO_4)_6]$

Sodalith

393

Bezeichnung aufgrund der chemischen Zusammensetzung (Thomson, 1811)

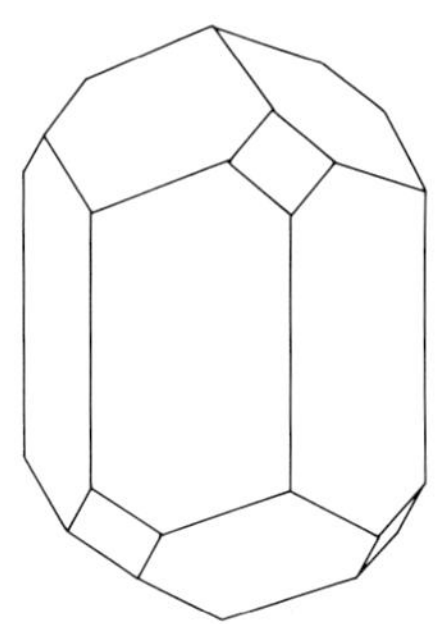

• Härte: 5–6 • Strich: weiß • Farbe: weiß, blau, grau, grün • Transparenz: durchscheinend bis undurchsichtig • Glanz: glasig, fettig • Spaltbarkeit: vollkommen • Bruch: muschelig, uneben • Ausbildung: Kristalle, körnige und derbe Aggregate. • Dichte: 2,3 • Kristallsystem: kubisch • Kristallformen: isometrisch, Zwillinge • Lumineszenz: manchmal orange, gelb • Chemische Zusammensetzung: Na_2O 25,00 %, Al_2O_3 31,00 %, SiO_2 37,00 %, Cl 7,00 % • Chemische Eigenschaften: verliert bei Erhitzung die grünne oder blaue Farbe und wandelt sich zu farblosem Glas, säurelöslich • Behandlung: Reinigung mit destilliertem Wasser • Ähnliche Minerale: Lasurit **(392),** Nosean **(394),** Haüyn **(395)** • Unterscheidung: Nosean und Haüyn ändern bei Erhitzung die Farbe nicht, Lasurit (Strich, ansonsten mit Röntgen und chemisch.

• Genese: magmatisch • Paragenese: Nephelin **(397),** Titanit **(430),** Zirkon **(587)** u. a. • Vorkommen: selten; Deutschland (Laacher See), Italien (Monte Somma), Rumänien (Ditrau), Portugal (Serra de Monchique), Grönland (Kangerdluarsuk), Bolivien (Cerro Sapo), Barma, UdSSR, USA, Kanada • Verwendung: Edelstein.

Silikate
$Na_8[SO_4 | (AlSiO_4)_6]$

Nosean

394

Benannt nach dem deutschen Mineralogen K. W. Nose (1753–1835) (Klaproth, 1815)

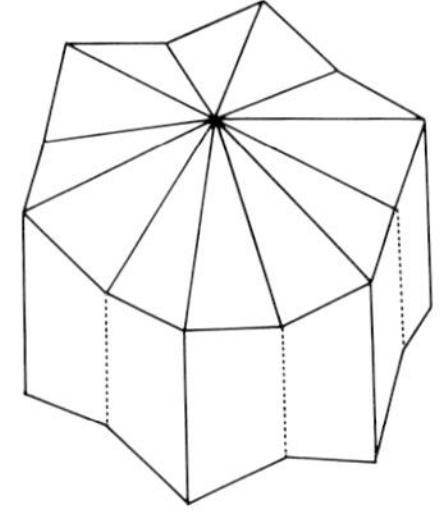

• Härte: 5–6 • Strich: weiß • Farbe: weiß, grau, blau, braun, schwarz • Transparenz: durchsichtig, durchscheinend • Glanz: glasig, fettig • Spaltbarkeit: vollkommen • Bruch: muschelig • Ausbildung: Kristalle, derbe und körnige Aggregate. • Dichte: 2,3–2,4 • Kristallsystem: kubisch • Kristallformen: isometrisch, Zwillinge • Chemische Zusammensetzung: Na_2O_3 21,11 %, Al_2O_3 26,04 %, SiO_2 46,03 %, SO_3 6,82 % • Chemische Eigenschaften: schmilzt vor dem Lötrohr, säurelöslich • Behandlung: Reinigung mit destilliertem Wasser • Ähnliche Minerale: Lasurit **(392),** Sodalith **(393),** Haüyn **(395)** • Unterscheidung: s. Sodalith.

• Genese: magmatisch, Eruptivgesteine • Paragenese: Haüyn, Leucit **(396),** Nephelin **(397)** u. a. • Vorkommen: selten; Deutschland (Laacher See), Italien (Monte Somma), Großbritannien (Cornwall – Wolf Rock), USA (Colorado – Cripple Creek) u. a.

Silikate
$(Na, Ca)_{8-4}[(SO_4)_{2-1} | (AlSiO_4)_6]$

Haüyn

395

Benannt nach dem französischen Kristallographen R. J. Haüyn (1743 bis 1822) (Brunn-Neergard, 1807)

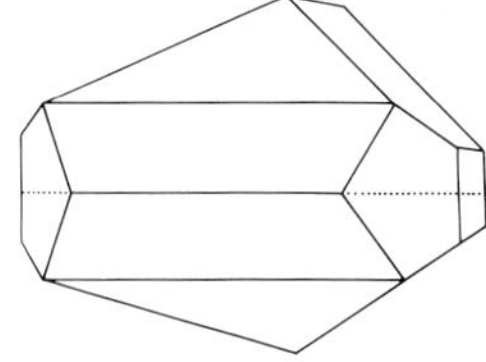

• Härte: 5–6 • Strich: weiß, bläulich • Farbe: blau, grün, rot, gelb, grau, weiß • Transparenz: durchsichtig, durchscheinend • Glanz: glasig, fettig • Spaltbarkeit: vollendet • Bruch: muschelig • Ausbildung: Kristalle, derbe und körnige Aggregate. • Dichte: 2,4–2,5 • Kristallsystem: kubisch • Kristallformen: isometrisch, dodekaedrisch, Zwillinge • Lumineszenz: manchmal orange • Chemische Zusammensetzung: unbeständig • Chemische Eigenschaften: schmilzt zu grünblauem Glas, löslich in HCl • Behandlung: Reinigung mit destilliertem Wasser • Ähnliche Minerale: Lasurit **(392),** Sodalith **(393),** Nosean **(394)** • Unterscheidung: s. Sodalith.

• Genese: magmatisch • Paragenese: Leucit **(396),** Nephelin **(397),** Nosean u. a. • Vorkommen: selten; Deutschland (Laacher See, Niedermendig), USA (Colorado), Italien (Monte Somma) u. a. • Verwendung: Edelstein.

1. Sodalith – körniges Aggregat; Kanada (Bancroft). **2. Nosean** – isolierte Kristalle; Deutschland (Laacher See). **3. Haüyn** – körniges Aggregat (Ausschnittbreite 120 mm); Deutschland (Niedermendig).

Sodalith, Nosean, Haüyn

H
5—6

Leucit

Silikate
$K[AlSi_2O_6]$

396

L

Bezeichnung vom griech. Wort *leukos* – weiß abgeleitet (Werner, 1791)

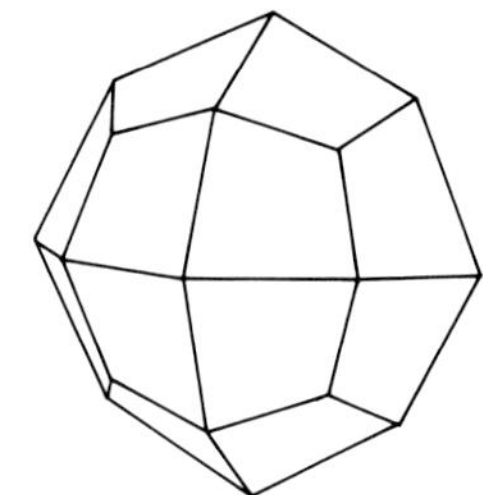

• Härte: 5,5–6 (spröde) • Strich: weiß • Farbe: weiß, grau • Transparenz: durchscheinend, undurchsichtig • Glanz: glasig, fettig, matt • Spaltbarkeit: fehlt • Bruch: muschelig, uneben • Ausbildung: Kristalle, körnige Aggregate, Pseudomorphosen.
• Dichte: 2,5 • Kristallsystem: dimorph, über 605 °C kubisch, unter 605 °C tetragonal • Kristallformen: isometrisch, Zwillinge • Lumineszenz: gelegentlich in LW orange • Chemische Eigenschaften: K_2O 21,50 %, Al_2O_3 23,50 %, SiO_2 55,00 % • Chemische Eigenschaften: schmilzt nicht, löslich in HCl • Behandlung: Reinigung mit Wasser • Ähnliche Minerale: Analcim **(386),** Granat **(577)** • Unterscheidung: Härte, Dichte, Lötrohrreaktion.
• Genese: magmatisch • Paragenese: Nephelin **(397),** Sanidin **(488)** • Vorkommen: selten; Deutschland (Laacher See), Italien (Vesuv), Brasilien, USA, Kanada u. a.

Nephelin (Eläolith)

Silikate
$KNa_3[AlSiO_4]_4$

397

L

Bezeichnung vom griech. Wort *nephelē* – Wolke abgeleitet (Haüy, 1800)

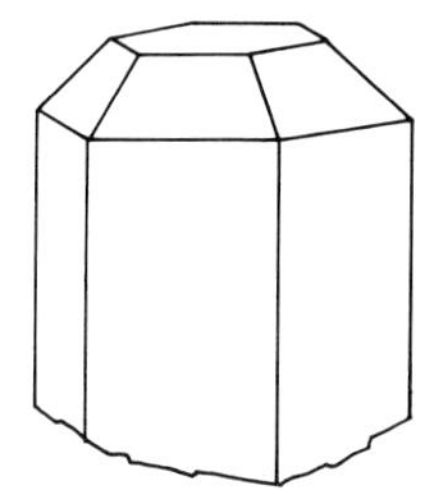

• Härte: 5,5–6 • Strich: weiß • Farbe: weiß, gelb, grünlich, blaugrün, braun, rot • Transparenz: durchsichtig, durchscheinend • Glanz: glasig, fettig • Spaltbarkeit: unvollkommen • Bruch: muschelig, uneben • Ausbildung: Kristalle, derbe und körnige Aggregate.
• Dichte: 2,60–2,65 • Kristallsystem: hexagonal • Kristallformen: prismatisch, grobtafelig • Lumineszenz: gelegentlich orangerot • Chemische Zusammensetzung: K_2O 8,06 %, Na_2O 15,91 %, Al_2O_3 34,90 %, SiO_2 41,13 % • Chemische Eigenschaften: schmilzt und färbt die Flamme gelb, säurelöslich • Behandlung: Reinigung mit destilliertem Wasser • Ähnliche Minerale: Apatit **(379),** Cancrinit **(391)** • Unterscheidung: Dichte, Lötrohrreaktion, mit Röntgen und chemisch.
• Genese: magmatisch, Pegmatite • Paragenese: Leucit **(396),** Augit **(429),** u. a.
• Vorkommen: häufig; gesteinsbildendes Mineral – Deutschland (Katzenbuckel, Löbau), Italien (Vesuv), Norwegen (Larvik), UdSSR, Rumänien, Portugal, Grönland, Madagaskar, Namibia u. a. • Verwendung: in der Glas- und Keramikindustrie.

Skapolith (Mineralgruppe)

Silikate

398

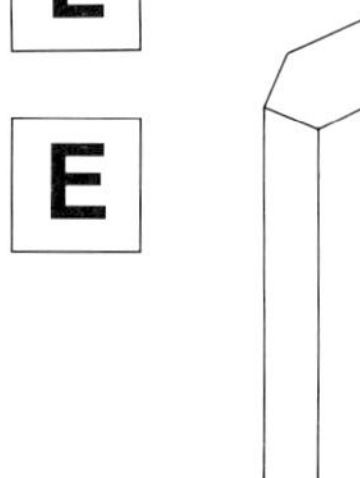

Bezeichnung von den griech. Wörtern *skapos* – Stiel und *lithos* – Stein abgeleitet (d'Andrade, 1800)

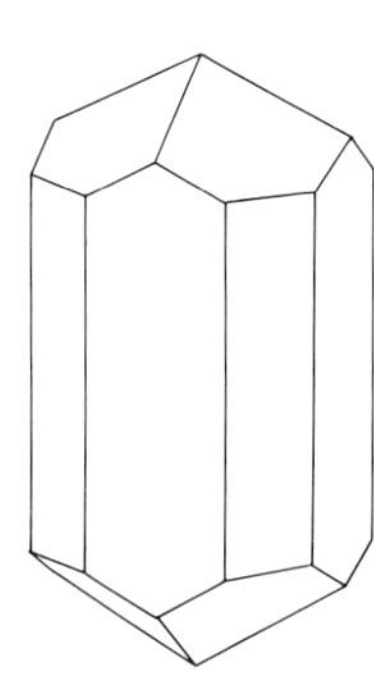

• Härte: 5–6 (spröde) • Strich: weiß • Farbe: weiß, grau, grüngrau, bläulich, rosa, violett • Transparenz: durchsichtig, durchscheinend • Glanz: glasig, perlmuttartig • Spaltbarkeit: vollkommen • Bruch: muschelig, uneben • Ausbildung: Kristalle, faserige und dichte Aggregate.
• Dichte: 2,54–2,77 • Kristallsystem: tetragonal • Kristallformen: prismatisch, kurzsäulig • Lumineszenz: manchmal gelb oder orange in LW • Chemische Zusammensetzung: Endglieder der isomorphen Mischungsreihe sind Marialith – $Na_3[Al_3Si_9O_{24}]$. NaCl, Mejonit – $Ca_3[Al_6Si_6O_{24}]$. $CaCO_3$ • Chemische Eigenschaften: schmilzt vor dem Lötrohr, bläht sich und verwandelt sich in weißes Glas, zersetzt sich in HCl • Behandlung: Reinigung mit Wasser • Ähnliche Minerale: Feldspate • Unterscheidung: Härte, Löslichkeit in HCl, Lötrohrreaktion.
• Genese: kontaktmetasomatisch, pneumatolytisch • Paragenese: Granate, Pyroxene, Epidot **(513),** Vesuvian **(522)** u. a. • Vorkommen: selten; Deutschland (Laacher See), Norwegen (Arendal), Schweden (Taunberg), Italien (Vesuv), UdSSR, Brasilien, Madagaskar, Tansania u. a. • Verwendung: einige Varietäten als Edelsteine.

1. Leucit – idiomorpher Kristall (15 mm); Italien (Vesuv). **2. Nephelin** – unvollkommen ausgebildete Kristalle (10 mm) in Nephelinsyenit; Italien (Monte Somma). **3. Skapolith** – Aggregat aus säuligen Kristallen (bis 30 mm) in Quarz; Finnland (Laurinravi).

Leucit, Nephelin, Skapolith

H
5—6

Bavenit

Silikate
$Ca_4Al_2Be_2[(OH)_2|Si_9O_{26}]$

399

Benannt nach der Fundstelle in Baveno (Italien) (Artini, 1901)

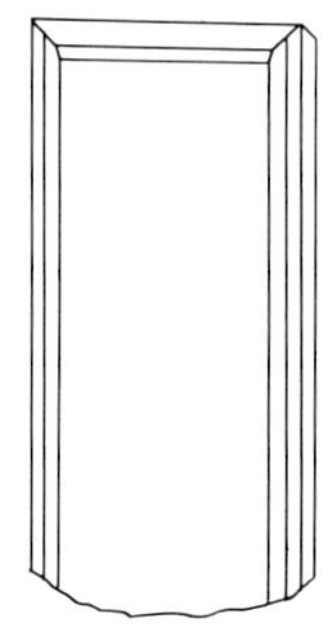

• Härte: 5,5 (spröde) • Strich: weiß • Farbe: weiß, grün, rosa, braun • Transparenz: durchsichtig, durchscheinend • Glanz: seidig, glasig, perlmuttartig • Spaltbarkeit: vollkommen • Bruch: fehlt • Ausbildung: Kristalle, rosettenförmige, radialfaserige und tafelige Aggregate.

• Dichte: 2,7 • Kristallsystem: rhombisch • Kristallformen: abgeflacht prismatisch, Zwillinge • Chemische Zusammensetzung: CaO 23,99 %, Al_2O_3 10,90 %, BeO 5,35 %, SiO_2 57,83 %, H_2O 1,93 % • Chemische Eigenschaften: leicht schmelzbar, bläht sich, säureunlöslich • Behandlung: Reinigung mit verdünnten Säuren oder Wasser.

• Genese: Pegmatite, hydrothermal • Paragenese: Fluorit **(291),** Albit **(493),** Beryll **(554)** u. a. • Vorkommen: selten; Deutschland (Tittling), ČSFR (Maršíkov), Italien (Baveno), Polen (Strzegom), USA (Kalifornien), Australien (Londonderry) u. a.

Pektolith

Silikate
$Ca_2NaH[Si_3O_9]$

400

L

E

Bezeichnung aus den griech. Wörtern *pektos* – geronnen und *lithos* – Stein gebildet (Kobell, 1828)

• Härte: 5 (spröde) • Strich: weiß • Farbe: weiß, grau, hellrosa, hellgrün • Transparenz: durchscheinend, undurchsichtig • Glanz: glasig, perlmuttartig, seidig • Spaltbarkeit: vollkommen • Bruch: muschelig, uneben • Ausbildung: Kristalle, derb, dicht, radialstrahlige und faserige Aggregate.

• Dichte: 2,8 • Kristallsystem: triklin • Kristallformen: prismatisch, nadelig, Zwillinge • Lumineszenz: manchmal in LW gelb bis orange • Chemische Zusammensetzung: Na_2O 9,31 %, CaO 33,68 %, SiO_2 54,31 %, H_2O 2,70 % • Chemische Eigenschaften: löslich in HCl, schmilzt leicht zu weißer Emaille, färbt die Flamme gelb • Behandlung: Reinigung mit Wasser • Ähnliche Minerale: Wollastonit **(335),** Zeolithe • Unterscheidung: Flammenfärbung.

• Genese: hydrothermal • Paragenese: Zeolithe, Calcit **(217)** u. a. • Vorkommen: selten; Italien (Monte Baldo), ČSFR (Želechov-Tal), Jugoslawien, USA (New Jersey) u. a. • Verwendung: ausnahmsweise als Edelstein.

Karpholith (Strohstein)

Silikate
$MnAl_2[(OH)_4|Si_2O_6]$

401

Bezeichnung aus den griech. Wörtern *karphos* – Stroh und *lithos* – Stein zusammengesetzt (Werner, 1817)

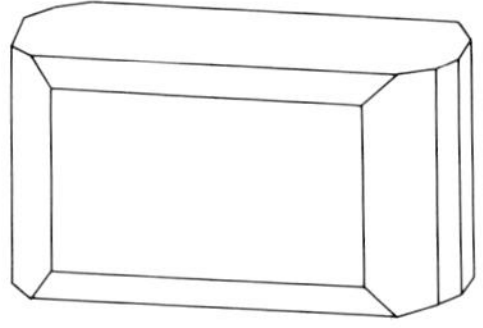

• Härte: 5,5 (spröde) • Strich: weiß • Farbe: strohgelb, graugrün, gelbbraun • Transparenz: durchscheinend • Glanz: seidig • Spaltbarkeit: unvollkommen • Bruch: uneben • Ausbildung: Kriställchen, faserige, radialstrahlige und derbe Aggregate.

• Dichte: 2,9 • Kristallsystem: rhombisch • Kristallformen: nadelig, faserig • Chemische Zusammensetzung: MnO 21,56 %, Al_2O_3 30,98 %, SiO_2 36,52 %, H_2O 10,94 % • Chemische Eigenschaften: schmilzt zu einem weißen oder gelbbraunen Kügelchen, säureunlöslich • Behandlung: Reinigung mit verdünnten Säuren.

• Genese: pneumatolytisch, Metamorphite • Paragenese: Fluorit **(291),** Quarz **(534),** Kassiterit **(548)** • Vorkommen: selten; Deutschland (Wippra), ČSFR (Horní Slavkov), Belgien (Meuville), Jugoslawien (Prilep), Großbritannien (Cornwall), Japan.

---

1. Bavenit – lammellar-rosettenförmige Aggregate (40 mm); ČSFR (Vlastějovice). **2. Pektolith** – radialstrahlige Aggregate (30 mm); ČSFR (Želechovské údolí). **3. Karpholith** – radialstrahliges Aggregat (Ausschnittbreite 40 mm); ČSFR (Horní Slavkov).

Bavenit, Pektolith, Karpholith

H
5—6

Silikate

Eudialyt

$Na_6Ca_3(Fe,Mn)_{<2}(Zr,Nb)_{<2}[Cl_{0,5}|Si_3O_9|Si_9O_{25}(OH)_2]$

402

Bezeichnung aus den griech. Wörtern *eu* – gut und *dialysis* – Auflösung zusammengesetzt (Stromeyer, 1819)

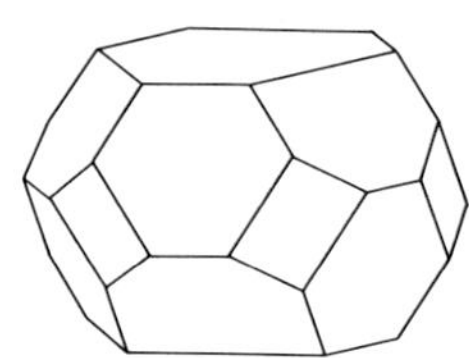

• Härte: 5–5,5 (spröde) • Strich: weiß • Farbe: rosa, rot, gelb, gelbbraun, violett • Transparenz: durchscheinend • Glanz: glasig • Spaltbarkeit: unvollkommen • Bruch: muschelig, uneben, splittrig • Ausbildung: Kristalle, körnige und derbe Aggregate.

• Dichte: 2,8–3,0 • Kristallsystem: trigonal • Kristallformen: tafelig, rhomboedrisch und prismatisch • Chemische Zusammensetzung: sehr variabel und kompliziert • Chemische Eigenschaften: säurelöslich • Behandlung: Reinigung mit Wasser • Ähnliche Minerale: einige Granate • Unterscheidung: Härte, leichte Säurelöslichkeit.

• Genese: magmatisch • Paragenese: Lamprophyllit **(170),** Nephelin **(397),** Ramsayit **(527),** Zirkon **(587)** u. a. • Vorkommen: selten; UdSSR, Norwegen, Grönland, Guinea, Madagaskar, USA, Kanada, Republik Südafrika.

Silikate

Hemimorphit (Calamin, Kieselzinkerz)

$Zn_4[(OH)_2|Si_2O_7] . H_2O$

403

L

Benannt nach den hemimorphen Kristallformen (Kenngott, 1853)

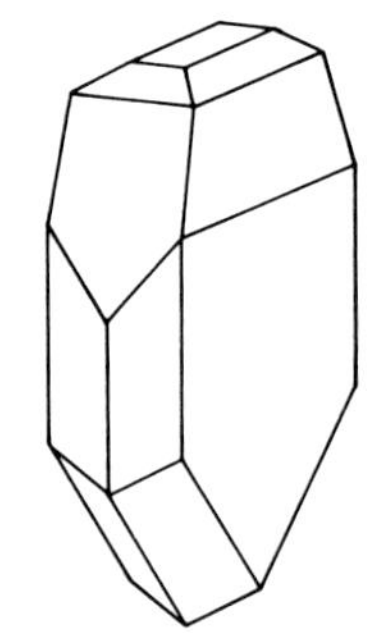

• Härte: 5 (spröde) • Strich: weiß • Farbe: farblos, weiß, bläulich, grünlich, grau, gelblich, braun • Transparenz: durchsichtig, durchscheinend • Glanz: glasig, perlmuttartig, seidig • Spaltbarkeit: vollkommen • Bruch: muschelig, uneben • Ausbildung: Kristalle, Krusten, rosettenförmige, fächerige und körnige Aggregate, Sinterkrusten, Stalaktite, Pseudomorphosen.

• Dichte: 3,3–3,5 • Kristallsystem: rhombisch • Kristallformen: hemimorph, Tafeln • Lumineszenz: manchmal gelb, orange, auch blauweiß • Chemische Zusammensetzung: ZnO 67,59 %, SiO_2 24,94 %, H_2O 7,47 % • Chemische Eigenschaften: löslich in konzentriertem KOH, schafft auf Kohle einen weißen ZnO-Anflug • Behandlung: Reinigung mit Wasser • Ähnliche Minerale: Smithsonit **(373),** Chalcedon **(449),** Prehnit **(515)** • Unterscheidung: Härte, Säurelöslichkeit, Dichte.

• Genese: sekundär • Paragenese: Sphalerit **(181),** Wulfenit **(243),** Limonit **(355),** Smithsonit u. a. • Vorkommen: selten; Deutschland (Schauinsland, Badenweiler), Österreich (Bleiberg), Polen (Olkuz), Italien (Sardinien), Großbritannien, UdSSR, Algerien, Iran, USA, Mexiko u. a. • Verwendung: Zn-Erz.

Silikate

Willemit

$Zn_2[SiO_4]$

404

Benannt nach dem holländischen König Willem I. (1772–1843) (Levy, 1830)

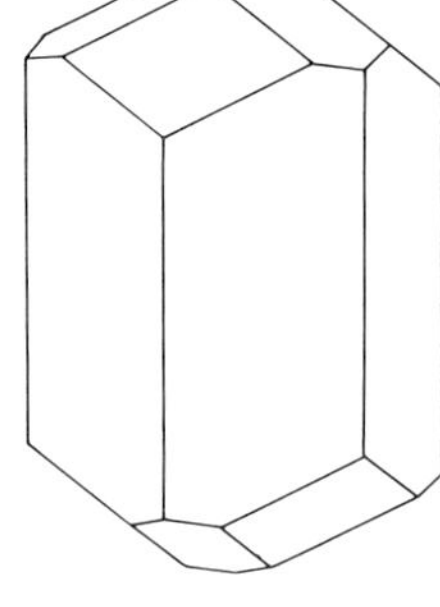

• Härte: 5,5 • Strich: weiß • Farbe: weiß, gelblich, grau, braun, blaugrün • Transparenz: durchsichtig, durchscheinend • Glanz: fettig, matt • Spaltbarkeit: vollkommen nach /11$\bar{2}$0/, unvollkommen nach /0001/ • Bruch: muschelig, splittrig • Ausbildung: Kriställchen, radialstrahlige, körnige, derbe und sinterige Aggregate.

• Dichte: 4,0 • Kristallsystem: trigonal • Kristallformen: kurzsäulig, rhomboedrisch, Tafeln • Lumineszenz: hellgrün • Chemische Zusammensetzung: ZnO 72,96 %, SiO_2 27,04 % • Chemische Eigenschaften: löslich in HCl, schmilzt nur schwer zu weißer Emaille, leuchtet vor dem Lötrohr auf • Behandlung: Reinigung mit Wasser • Ähnliche Minerale: Epidot **(513),** Olivin **(524)** u. a. • Unterscheidung: Härte, Dichte.

• Genese: sekundär, metamorph • Paragenese: Zinkit **(296),** Smithsonit **(373),** Hemimorphit **(403),** Franklinit **(470)** u. a. • Vorkommen: selten; Deutschland (Altenberg), Sambia, Algerien, Namibia, Australien, USA • Verwendung: Zn-Erz, gelbe durchsichtige Kristalle auch als Edelsteine.

1. **Eudialyt** – rotes körniges Aggregat (Ausschnittbreite 30 mm); UdSSR (Halbinsel Kola). 2. **Willemit** – unvollkommen ausgebildeter Kristall (35 mm) in Feldspat; USA (Sterling Hill). 3. **Hemimorphit** – strahliges Aggregat in Limonit (25 mm); Mexiko (Mapimi).

Eudialyt, Willemit, Hemimorphit

H
5—6

Silikate

Gehlenit

$Ca_2(Al,Mg)^{[4]}[(Al,Si)SiO_7]$

405

Benannt nach dem deutschen Chemiker A. F. Gehlen (1775 bis 1815) (Fuchs, 1815)

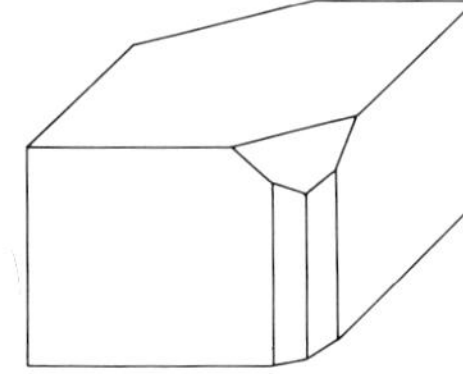

• Härte: 5–6 • Strich: weiß • Farbe: weiß, graugrün, braun • Transparenz: durchsichtig, durchscheinend, undurchsichtig • Glanz: glasig, fettig • Spaltbarkeit: gut • Bruch: uneben, muschelig • Ausbildung: Kristalle, körnige und derbe Aggregate.
• Dichte: 3,0 • Kristallsystem: tetragonal • Kristallformen: prismatisch, tafelig • Chemische Zusammensetzung: CaO 36,96 %, Al_2O_3 16,80 %, MgO 6,64 %, SiO_2 39,60 % • Chemische Eigenschaften: schmilzt zu grauem, gelbem oder grünem Glas, in HCl nur nach Schmelzen löslich • Behandlung: Reinigung mit Wasser und verdünnten Säuren • Ähnliche Minerale: Melilith **(406)**, Feldspate • Unterscheidung: Härte, Dichte, mit Röntgen und chemisch.
• Genese: kontaktmetamorph • Paragenese: Calcit **(217)**, Wollastonit **(335)**, Vesuvian **(522)**, Granat u. a. • Vorkommen: selten; Italien (Monzoni), Rumänien (Oravita), USA (Kalifornien), Mexiko u. a.

Silikate

Melilith

$(Ca,Na)_2(Mg,Al,Fe)^{[4]}[Si_2O_7]$

406

Bezeichnung aus den griech. Wörtern *meli* – Honig und *lithos* – Stein zusammengesetzt (Delametherie, 1796)

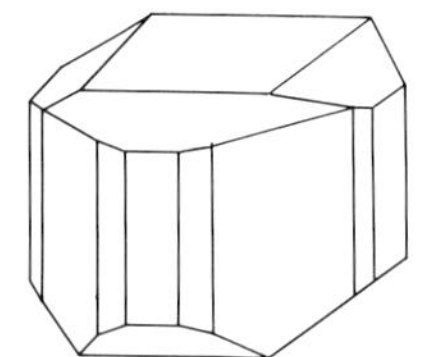

• Härte: 5–5,5 (spröde) • Strich: weiß • Farbe: weiß, gelblich, braun, grau, grünlich • Transparenz: durchsichtig, durchscheinend • Glanz: glasig, fettig • Spaltbarkeit: gut • Bruch: uneben, muschelig • Ausbildung: Kristalle, lammellare und körnige Aggregate.
• Dichte: 2,9–3,0 • Kristallsystem: tetragonal • Kristallformen: tafelig, prismatisch • Chemische Zusammensetzung: CaO 19,17 %, Na_2O 21,16 %, MgO 4,59 %, Al_2O_3 5,81 %, FeO 8,19 %, SiO_2 41,08 % • Chemische Eigenschaften: löslich in HCl, schmilzt zu grauem, gelbem oder grünem Glas • Behandlung: Reinigung mit Wasser • Ähnliche Minerale: Gehlenit **(405)**, Feldspate • Unterscheidung: Härte, Dichte, mit Röntgen und chemisch.
• Genese: magmatisch, kontaktmetamorph • Paragenese: Phlogopit **(168)**, Perowskit **(363)**, Magnetit **(367)**, Olivin **(524)** u. a. • Vorkommen: häufig; viele Melilithbasalte gibt es in Süd- und Mitteldeutschland, in Italien, Kenia, Uganda (Vulkan Katunga), UdSSR, USA, Japan, in der Republik Südafrika u. a.

Silikate

Datolith

$CaB^{[4]}[OH|SiO_4]$

407

Bezeichnung aus den griech. Wörtern *dateomai* – teilen und *lithos* – Stein zusammengesetzt (Esmark, 1805)

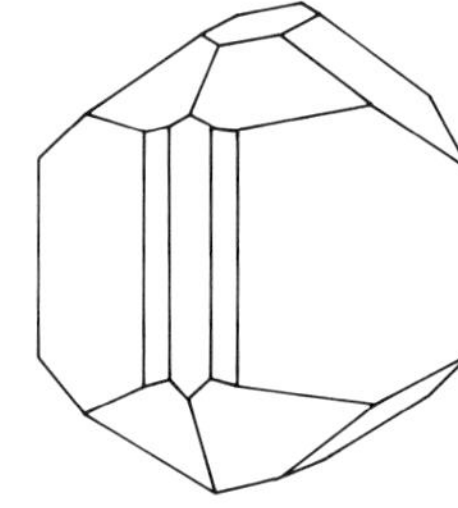

• Härte: 5–5,5 • Strich: weiß • Farbe: weiß, grau, gelblich, • Transparenz: durchsichtig, durchscheinend • Glanz: glasig, fettig • Spaltbarkeit: unvollkommen • Bruch: uneben, muschelig • Ausbildung: Kristalle, derbe, körnige, geflossene Aggregate, Krusten. Überkrustungen mit radialstrahligem Bau heißen Botryolith.
• Dichte: 2,9–3,0 • Kristallsystem: monoklin • Kristallformen: tafelig, prismatisch • Lumineszenz: manchmal blau oder weiß • Chemische Zusammensetzung: CaO 34,99 %, B_2O_3 21,78 %, SiO_2 37,63 %, H_2O 5,60 % • Chemische Eigenschaften: schmilzt leicht, bläht sich und färbt die Flamme grün. Teilweise löslich in HCl, HNO_3 und H_2SO_4 • Behandlung: Reinigung mit Wasser • Ähnliche Minerale: Colemanit **(301)**, Danburit **(572)** • Unterscheidung: Härte, Dichte, Säurelöslichkeit.
• Genese: hydrothermal, postvulkanisch • Paragenese: Zeolithe, Calcit **(217)**, Prehnit **(515)** u. a. • Vorkommen: selten; Deutschland (Haslach, St. Andreasberg), Italien, Großbritannien (Schottland – Fifeshire), Norwegen, Schweden, USA u. a.
• Verwendung: gelegentlich als Edelstein.

1. Gehlenit – Kristallaggregat (bis 10 mm); Italien (Monzoni). **2. Datolith** – idiomorpher Kristall (7 mm) auf Quarz; USA (Great Notch).

Gehlenit, Datolith

H
5—6

Silikate

Pumpellyit

$Ca_2MgAl_2[(OH)_2|SiO_4|Si_2O_7] . H_2O$

408

Benannt nach dem amerikanischen Geologen R. Pumpelly (1837–1923) (Palache, Vassar 1925)

• Härte: 5,5 • Strich: graugrün, grün • Farbe: blaugrün, olivgrün, braun • Transparenz: durchscheinend • Glanz: glasig • Spaltbarkeit: vollkommen nach /001/ • Bruch: halbmuschelig • Ausbildung: Kristalle, sphärolithische und faserige Aggregate.

• Dichte: 3,2 • Kristallsystem: monoklin • Kristallformen: Nadeln, Tafeln, Zwillinge • Chemische Zusammensetzung: unbeständig und schwankend, häufige Beimengungen Fe, Na, K, Ti • Chemische Eigenschaften: unlöslich in HCl • Behandlung: Reinigung mit Wasser • Ähnliche Minerale: Zoisit **(519)** • Unterscheidung: Härte, Kristallformen, optisch, mit Röntgen und chemisch.

• Genese: metamorph, hydrothermal • Paragenese: Epidot **(513),** Prehnit **(515),** Zeolithe u. a. • Vorkommen: selten; Deutschland (Königskopf), Rumänien (Lotru), USA (Halbinsel Keweenaw), Neuseeland (Lake Wakatipu), Republik Südafrika (Witwatersrand), Polen (Jordanów), UdSSR (Ural – Blagodat) u. a.

Silikate

Babingtonit

$Ca_2Fe^{2+}Fe^{3+}[Si_5O_{14}OH]$

409

Benannt nach dem irischen Physiker und Mineralogen W. Babington (1757–1833) (Levy, 1824)

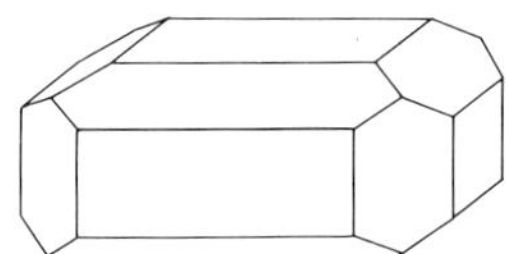

• Härte: 5,5–6 • Strich: grüngrau • Farbe: grünschwarz, braunschwarz • Transparenz: durchscheinend, undurchsichtig • Glanz: stark glasig • Spaltbarkeit: vollkommen nach /100/ und /001/ • Bruch: muschelig • Ausbildung: Kristalle, Kristalldrusen, fächerförmige Aggregate.

• Dichte: 3,4 • Kristallsystem: triklin • Kristallformen: kurzsäulig, tafelig, oft gerieft • Chemische Zusammensetzung: CaO 19,54 %, FeO 12,57 %, Fe_2O_3 13,96 %, SiO_2 52,36 %, H_2O 1,57 %, Beimengung von Mn • Chemische Eigenschaften: löslich in heißem HF, schmilzt leicht zu einem schwarzen, magnetischen Kügelchen • Behandlung: Reinigung mit Wasser und verdünnten Säuren.

• Genese: Kontakte, hydrothermal • Paragenese: Adular **(487),** Epidot **(513),** Prehnit **(515),** Zeolithe u. a. • Vorkommen: selten; Deutschland (Herbornseelbach), Italien (Baveno), Norwegen (Arendal), Japan (Yakubi Mine), USA (Massachusetts – hübsche Kristalle in Holyoke, Somerville und Westfield) u. a.

Silikate

Allanit (Orthit)

$Ca(Ce,Th)(Fe^{3+},Mg,Fe^{2+})Al_2[O|OH|SiO_4|Si_2O_7]$

410

Benannt nach dem schottischen Mineralogen T. Allan (1777–1833) (Thomson, 1810)

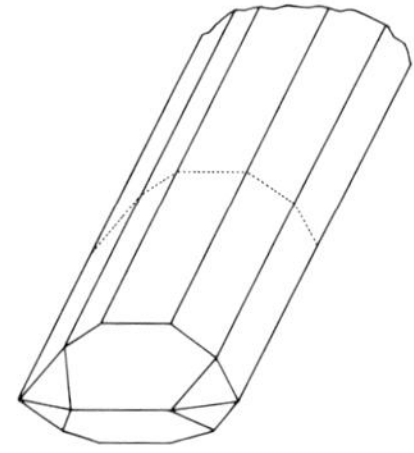

• Härte: 5,5 • Strich: grüngrau, braun • Farbe: braun, rot • Transparenz: durchscheinend, undurchsichtig • Glanz: glasig, fettig • Spaltbarkeit: sehr unvollkommen nach /001/ und /100/ • Bruch: uneben, muschelig • Ausbildung: Kristalle, körnige und derbe Aggregate, Imprägnationen.

• Dichte: 3,3–4,2 • Kristallsystem: monoklin • Kristallformen: Tafeln, Prismen, Zwillinge • Radioaktivität: variabel • Chemische Zusammensetzung: unbeständig und beträchtlich schwankend • Chemische Eigenschaften: löslich in HCl, schmilzt leicht zu schwarzem oder braunem magnetischem Glas • Behandlung: Reinigung mit Wasser.

• Genese: pegmatitisch, magmatisch, kontaktmetamorph, metamorph • Paragenese: Amphibole, Feldspäte, Monazit **(383),** Quarz **(534)** • Vorkommen: selten; Deutschland (Laacher See, Weinheim, Suhl, Ilmenau), Norwegen (Arendal, Hitterö), Schweden (Ytterby), Finnland (Vaarala), ČSFR, in der UdSSR, Kanada, USA, Australien u. a. • Verwendung: manchmal zur Gewinnung seltener Erden.

1. Pumpellyit – sphärolithisches faseriges Aggregat auf Quarz (Ausschnittbreite 38 mm); UdSSR (Blagodat'). **2. Allanit** – säuliger Kristall (20 mm); Bulgarien (Rila).

Pumpellyit, Allanit

H
5—6

Hornblende
(Gemeine Hornblende)

Silikate
$(Ca,Na,K)_{2-3}(Mg,Fe^{2+},Fe^{3+},Al)_5[OH|(AlSi_3)O_{11}]_2$

411

Bezeichnung tauchte im 18. Jh. in der Mineralogie auf (Werner, 1789)

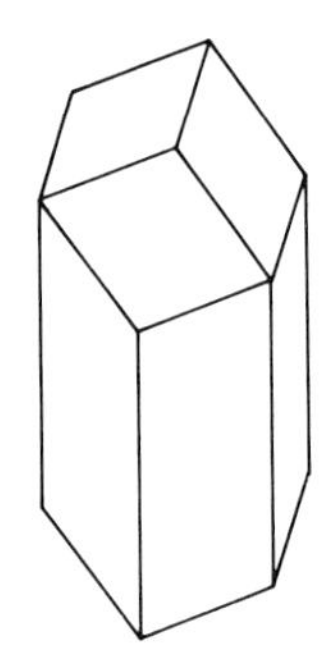

• Härte: 5–6 • Strich: grauweiß, braun • Farbe: grünschwarz, schwarz • Transparenz: durchscheinend, undurchsichtig • Glanz: glasig, fettig • Spaltbarkeit: vollkommen • Bruch: muschelig • Ausbildung: Kristalle, körnige, derbe oder radiale Aggregate, Pseudomorphosen.
• Dichte: 2,9–3,4 • Kristallsystem: monoklin • Kristallformen: prismatisch, Zwillinge • Chemische Zusammensetzung: sehr kompliziert und unbeständig, die Varietät mit hohem Fe_2O_3-Gehalt heißt basaltische Hornblende • Chemische Eigenschaften: schmilzt nur schwer zu dunkelgrünem Glas, säureunlöslich • Behandlung: Reinigung mit Wasser und verdünnten Säuren • Ähnliche Minerale: Augit **(429),** Turmalin **(564)** • Unterscheidung: Spaltbarkeitswinkel (Augit), Härte und fehlende Spaltbarkeit (Turmalin).
• Genese: magmatisch, metamorph, kontaktmetamorph • Paragenese: Biotit **(167),** Magnetit **(367),** Epidot **(513),** Quarz **(534)** u. a. • Vorkommen: häufig; gesteinsbildendes Mineral in Graniten, Granodioriten, Syeniten, Dioriten, Trachyten, Phonolithen, Andesiten und Basalten (basaltische Hornblende). Kommt auch in kristallinen Schiefern, Kontaktgesteinen und Meteoriten vor. Hübsche Kristalle stammen aus Italien (Vesuv) und der ČSFR (České Středohoří) u. a.

Tremolit (Grammatit)

Silikate
$Ca_2Mg_5[OH|Si_4O_{11}]_2$

412

E

Benannt nach der Fundstelle im Tremolotal (Alpen) (Hoffner, 1790)

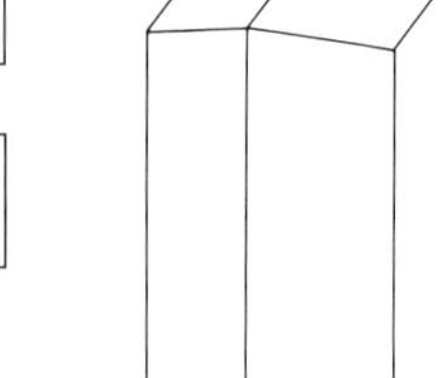

• Härte: 5–6 (spröde) • Strich: weiß • Farbe: weiß, grau, grünlich • Transparenz: durchscheinend, undurchsichtig • Glanz: glasig, seidig • Spaltbarkeit: vollkommen nach /110/, unvollkommen nach /010/ • Andere Kohäsionsmerkmale: feine Nadeln brechen • Ausbildung: Kristalle, körnige, derbe, garbige, radialstrahlige und faserige Aggregate – wattige Aggregate heißen Byssolith.
• Dichte: 2,9–3,1 • Kristallsystem: monoklin • Kristallformen: langprismatisch, faserig • Lumineszenz: manchmal rot bis rosa in LW oder gelb, gelbweiß in KW • Chemische Zusammensetzung: CaO 13,80 %, MgO 24,81 %, SiO_2 59,17 %, H_2O 2,22 % • Chemische Eigenschaften: schmilzt nur schwer zu farblosem Glas, säureunlöslich • Behandlung: Reinigung mit Wasser und verdünnten Säuren • Ähnliche Minerale: Chrysotil **(275),** Wollastonit **(335),** Commingtonit **(423),** Zoisit **(519)** • Unterscheidung: Härte, Löslichkeit in HCl, mit Röntgen und chemisch.
• Genese: metamorph, kontaktmetamorph • Paragenese: Calcit **(217),** Dolomit **(218),** Talk **(41)** u. a. • Vorkommen: häufig; Italien (Campolungo), Polen (Zloty Stok), Österreich (Zillertal), Schweiz (Binnatal), UdSSR (Sljudjanka) u. a. • Verwendung: manchmal werden Kristalle als Edelsteine verarbeitet.

1. Hornblende – idiomorpher Kristall (25 mm); ČSFR (Lukov). **2. Tremolit** – nadelige Aggregate (Ausschnittbreite 46 mm); Italien (Campolungo).

Hornblende, Tremolit

H
5—6

Silikate

Aktinolith (Strahlstein)

$Ca_2(Mg,Fe^{2+})_5[OH|Si_4O_{11}]_2$

413

E

Bezeichnung aus den griech. Wörtern *aktis* – Strahl und *lithos* – Stein zusammengesetzt (Kirwan, 1794)

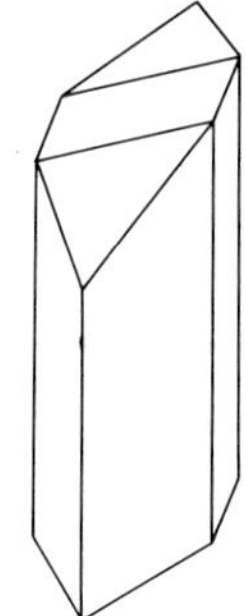

• Härte: 5–6 (spröde) • Strich: weiß • Farbe: grün, graugrün, dunkelgrün, smaragdgrün (Var. Smaragdit) • Transparenz: durchsichtig, durchscheinend, undurchsichtig • Glanz: glasig, seidig • Spaltbarkeit: vollkommen nach /110/ • Ausbildung: Kristalle, radiale, parallelfaserige und körnige Aggregate. Derbe und mikrokristalline Aggregate heißen Nephrit, filzige und watteartige Aggregate Amiant.
• Dichte: 3,0–3,2 • Kristallsystem: monoklin • Kristallformen: langprismatisch, nadelig, haarig • Chemische Zusammensetzung: CaO 12,59 %, MgO 11,31 %, FeO 20,15 %, SiO_2 53,93 %, H_2O 2,02 % • Chemische Eigenschaften: läßt sich nur schwierig zu graugrünem oder grünschwarzem Glas schmelzen, säureunlöslich • Behandlung: Reinigung mit Wasser und verdünnten Säuren • Ähnliche Minerale: Akmit **(509),** Epidot **(513),** Turmalin **(564)** • Unterscheidung: Härte, Lötrohrreaktion, mit Röntgen und chemisch.
• Genese: metamorph, kontaktmetamorph • Paragenese: Talk **(41),** Chlorit **(158),** Serpentin **(273),** Epidot • Vorkommen: häufig; Gesteinsbildner in kristallinen Schiefern; Österreich (Zillertal – Kristalle), ČSFR (Sobotín), Italien (Val Malenco) u. a.
• Verwendung: manchmal auch als Edelstein (Facetten, Cabochons).

Smaragdit (Aktinolithvarietät)

Silikate

414

E

Benannt nach der Färbung (Saussure, 1796)

Stimmt in den physikalischen und chemischen Eigenschaften mit Aktinolith überein, unterscheidet sich durch die schöne smaragdgrüne Farbe (Beimengung von Cr), Glasglanz und kurze Nadeln.
• Genese: kontaktmetamorph • Paragenese: Zoisit **(519),** Quarz **(534)** • Vorkommen: selten; das klassische Fundgebiet in der Schweiz ist die Zone Zermatt-Saas Fee, in Österreich kommt er in den Serpentiniten von Kraubath vor, bekannt auch von Korsika, aus der UdSSR und den USA • Verwendung: wird gelegentlich wie ein Edelstein verarbeitet (Cabochon).

Amiant (Aktinolithvarietät)

Silikate

415

Historische Bezeichnung

Physikalische und chemische Eigenschaften sind mit Aktinolith identisch, er unterscheidet sich durch die filzige bis watteartige Ausbildung der Kristallaggregate. Als Amiant werden manchmal auch filzige und watteartige Formen von Tremolit **(412)** bezeichnet.
• Genese: metamorph • Paragenese: Calcit **(217),** Albit **(493),** Epidot **(513)** u. a.
• Vorkommen: selten; Schweiz (Teufelstal), Italien (Val Malenco), ČSFR (Sobotín), UdSSR (Beloretschka, Gruschinsk) u. a. • Verwendung: gelegentlich in der Keramikindustrie, Isoliermaterial.

Byssolith (Aktinolith- bzw. Tremolitvarietät)

Silikate

416

Bezeichnung aus den griech. Wörtern *byssos* – Leinen und *lithos* – Stein zusammengesetzt (Saussure, 1797)

Die physikalischen und chemischen Eigenschaften stimmen mit den beiden genannten Mineralen überein. Nadelige Kristallentwicklung wird häufig mit Amiant **(415)** gleichgesetzt.
• Genese: metamorph, kontaktmetamorph • Paragenese: Calcit **(217),** Titanit **(430),** Albit **(493),** Epidot **(513),** Quarz **(534)** • Vorkommen: selten; kommt am häufigsten in den Alpen vor – Österreich (Knappenwald), Schweiz (Maderanertal), in Bulgarien (Mladenov), der UdSSR (Puiva), in Algerien, Kanada • Verwendung: gelegentlich in der Keramikindustrie, Isoliermaterial.

1. Aktinolith – säulige Kristalle (bis zu 40 mm); Österreich (Zillertal). **2. Smaragdit** – derbes Aggregat (Ausschnittbreite 20 mm); Schweiz (Zermatt). **3. Amiant** – radialstrahliges Aggregat (20 mm) in Schiefer; Österreich (St. Lorenzen).

Aktinolith, Smaragdit, Amiant

H
5—6

Nephrit (Aktinolithvarietät)

Silikate

417

E

Historische Bezeichnung, vom griech. Wort *nephros* – Niere abgeleitet (Werner, 1780)

In den physikalischen und chemischen Eigenschaften mit Aktinolith **(413)** identisch. Nephrit ist derb (mikroskopisch filzig) und sehr fest; durchscheinend. Die Färbung ist vorwiegend grün. • Ähnliche Minerale: Jadeit **(508)** • Unterscheidung: schwierige Schmelzbarkeit, chemisch.
• Genese: kontaktmetasomatisch • Paragenese: Talk **(41),** Chlorit **(158)** u. a.
• Vorkommen: selten; Deutschland (Harzburg), Polen (Jordanow), UdSSR (Chara-Shelga, Onotfluß, Kunlungebirge), Italien (Spezia), Neuseeland, Taiwan, Südchina, Burma, Alaska, Britisch Kolumbien, Kanada, Australien u. a. • Verwendung: wird von altersher als Schmuckstein, als Medizin und zur Herstellung von Werkzeugen genutzt.

Glaukophan

Silikate
$Na_2Mg_3Al_2[OH|Si_4O_{11}]_2$

418

Bezeichnung aus den griech. Wörtern *glaukos* – blau und *phanos* – aussehend zusammengesetzt (Hausmann, 1845)

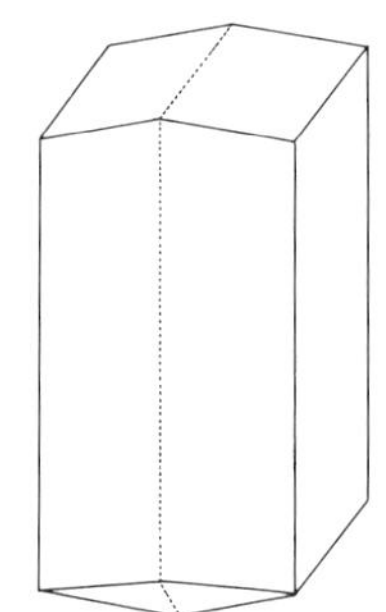

• Härte: 6 • Strich: blaugrau • Farbe: blaugrau, lavendelblau, blauschwarz • Transparenz: durchscheinend • Glanz: glasig • Spaltbarkeit: gut • Bruch: uneben, muschelig • Ausbildung: Kristalle, radialstrahlige, körnige und faserige Aggregate.
• Dichte: 3,0–3,1 • Kristallsystem: monoklin • Kristallformen: prismatisch, nadelig
• Chemische Zusammensetzung: Na_2O 7,90 %, MgO 15,43 %, Al_2O_3 13,01 %, SiO_2 61,36 %, H_2O 2,30 % • Chemische Eigenschaften: schmilzt in der Flamme, säureunlöslich • Behandlung: Reinigung mit Wasser und verdünnten Säuren
• Ähnliche Minerale: Cyanit **(435)** • Unterscheidung: Spaltbarkeit, Dichte, Lötrohrreaktion.
• Genese: metamorph, in kristallinen Schiefern • Paragenese: Chlorit **(158),** Pumpellyit **(408),** Epidot **(513),** Granat **(577)** u. a. • Vorkommen: gesteinsbildendes Mineral; Schweiz (Zermatt), Italien, Griechenland (Insel Euböa), Frankreich (Insel Croix), Japan (Insel Shikoku), USA (Kalifornien) u. a.

Anthophyllit

Silikate
$(Mg,Fe)_7[OH|Si_4O_{11}]_2$

419

L

Bezeichnung vom lat. Wort *anthophyllum* – Gewürznelke abgeleitet (Schumacher, 1801)

• Härte: 5,5 • Strich: weiß • Farbe: nelkenbraun, braungrün • Transparenz: durchscheinend • Glanz: glasig, perlmuttartig • Spaltbarkeit: gut • Bruch: muschelig
• Andere Kohäsionsmerkmale: Fasern elastisch • Ausbildung: Kristalle, halmige, radialstrahlige, faserige und körnige Aggregate, auch derb.
• Dichte: 2,9–3,2 • Kristallsystem: rhombisch • Kristallformen: prismatisch, faserig
• Lumineszenz: manchmal hellblau bis weiß • Chemische Zusammensetzung: MgO 15,83 %, FeO 28,22 %, SiO_2 53,93 %, H_2O 2,02 % (bei Mg:Fe = 1:1)
• Chemische Eigenschaften: schmilzt nur schwer zu einem schwarzen magnetischen Kügelchen, säureunlöslich • Behandlung: Reinigung mit Wasser und verdünnten Säuren • Ähnliche Minerale: Chrysotil **(275),** Cummingtonit **(423)** • Unterscheidung: Härte, Dichte, Löslichkeit in HCl, optisch und mit Röntgen, chemisch.
• Genese: metamorph, kontaktmetasomatisch • Paragenese: Biotit **(167),** Hornblende **(411),** Feldspate u. a. • Vorkommen: selten; gesteinsbildendes Mineral: Deutschland (Bodenmais), Norwegen (Kongsberg), Schweden (Falun), ČSFR (Heřmanov), USA (Montana), Australien (Hamersley) u. a. • Verwendung: faserige Formen in der chemischen Industrie.

1. Nephrit – poliertes Plättchen (Ausschnittbreite 90 mm); Neuseeland (Arahura River). **2. Anthophyllit** – radialstrahliges Aggregat (7 mm); ČSFR (Heřmanov).

1
2

Arfvedsonit

Silikate
$Na_3Fe_4^{2+}Al[OH|Si_4O_{11}]_2$

420

Benannt nach dem schwedischen Chemiker J. A. Arfvedson (1792 bis 1841) (Brooke, 1823)

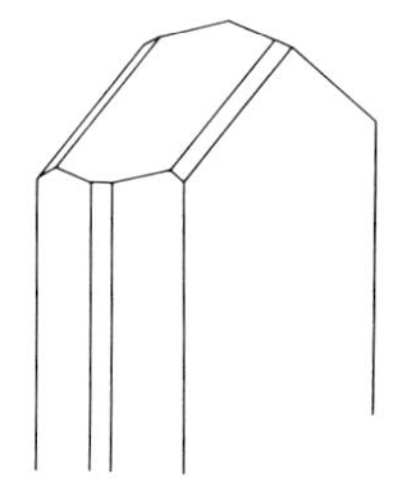

• Härte: 5,5–6 (spröde) • Strich: graungrün, blaugrau, weiß • Farbe: schwarz, dunkelblau • Transparenz: durchscheinend, opak • Glanz: glasig • Spaltbarkeit: vollkommen nach /110/ • Bruch: uneben • Ausbildung: selten Kristalle, stern-, fächerförmige, faserige und radialstrahlige Aggregate.
• Dichte: 3,4 • Kristallsystem: monoklin • Kristallformen: prismatisch, tafelig • Chemische Zusammensetzung: Na_2O 10,00 %, FeO 30,90 %, Al_2O_3 5,48 %, SiO_2 51,68 %, H_2O 1,94 %, Beimengungen Fe^{3+}, Mg, Ti, Mn, K • Chemische Eigenschaften: schmilzt leicht zu einem magnetischen Kügelchen, färbt die Flamme gelb, säureunlöslich • Behandlung: Reinigung mit Wasser und verdünnten Säuren • Ähnliche Minerale: Akmit **(509)** • Unterscheidung: zuverlässig mit Röntgen und chemisch.
• Genese: magmatisch (Syenite), pegmatitisch • Paragenese: Sodalith **(393),** Nephelin **(397),** Zirkon **(587)** u. a. • Vorkommen: selten; Deutschland (Katzenbuckel), Norwegen (Langesundsfjord), Grönland (Kangerdluarsuk), UdSSR (Mariupol), USA (Colorado – Boulder Co.) u. a. • Verwendung: einige faserige Formen als isolierendes und säurefestes Material.

Riebeckit

Silikate
$Na_2Fe_4^{3+}[OH|Si_4O_{11}]_2$

421

Benannt nach dem deutschen Forschungsreisenden E. Riebeck (1835–1885) (Sauer, 1888)

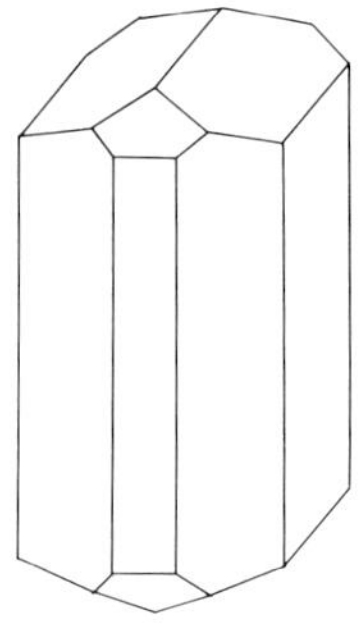

• Härte: 5,5–6 (spröde) • Strich: grünbraun, gelbbraun, weiß • Farbe: blau, dunkelblau, blauschwarz, dunkelgrün, schwarz • Transparenz: durchscheinend, undurchsichtig • Glanz: glasig, seidig, matt • Spaltbarkeit: vollkommen nach /110/ • Ausbildung: Kristalle, faserige, radialstrahlige und körnige Aggregate.
• Dichte: 2,9–3,4 • Kristallsystem: monoklin • Kristallformen: prismatisch (gerieft), faserig • Chemische Zusammensetzung: Na_2O 7,03 %, Fe_2O_3 36,29 %, SiO_2 54,63 %, H_2O 2,05 %, Beimengungen Fe^{2+}, Ti, Mg, Al • Chemische Eigenschaften: schmilzt in der Flamme und färbt sie gelb, säurefest • Behandlung: Reinigung mit Wasser und verdünnten Säuren • Ähnliche Minerale: Turmalin **(564)** • Unterscheidung: Paragenese, Härte, Spaltbarkeit, Lötrohrreaktion, mit Röntgen und chemisch.
• Genese: magmatisch, metamorph • Paragenese: Biotit **(167),** Nephelin **(397),** Arfvedsonit **(420),** Albit **(493)** u. a. • Vorkommen: selten; gesteinsbildendes Mineral – in den Graniten Nigerias und in einigen Staaten der USA (New Hampshire, Oklahoma, Washington, Colorado), in der Republik Südafrika, in Westaustralien, in der UdSSR (Halbinsel Kola, Nordosttuwa), Mongolei (Changajgebirge – Kristalle bis zu 15 cm Größe), Finnland (Poulanka), Tansania, Indien u. a. • Verwendung: faserige Formen als Asbeste.

Krokydolith (Riebeckitvarietät)

Silikate

422

Bezeichnung von den griech. Wörtern *krokys* – Faser und *lithos* – Stein abgeleitet (Hausmann, 1831)

Physikalische und chemische Eigenschaften stimmen mit Riebeckit **(421)** überein, Farbe dunkelblau, Seidenglanz, faserige Form. Außerordentlich säurefest.
• Genese: kontaktmetasomatisch • Paragenese: Riebeckit, Cummingtonit **(423),** Albit **(493)** u. a. • Vorkommen: selten; Republik Südafrika, UdSSR, Westaustralien u. a. • Verwendung: isolierendes und säurefestes Material.

1. Arfvedsonit – säulige Kristalle (80 mm); UdSSR (Mariupol). **2. Riebeckit** – säuliger, unvollkommen ausgebildeter Kristall (50 mm); USA (St. Peter's Dome). **3. Krokydolith** – faseriges Aggregat (Ausschnittbreite 40 mm); Südafrika (Griqualand).

Arfvedsonit, Riebeckit, Krokydolith

H
5—6

Cummingtonit

Silikate
$(Mg,Fe)_7[OH|Si_4O_{11}]_2$

423

Benannt nach der Fundstelle in Cummington (USA – Massachusetts) (Dewey, 1824)

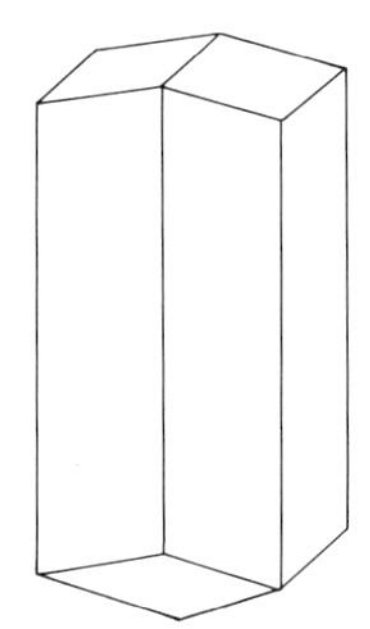

• Härte: 5–6 • Strich: weiß • Farbe: dunkelgrün, graugrün, braun, grau • Transparenz: durchscheinend, undurchsichtig • Glanz: glasig, seidig • Spaltbarkeit: vollkommen nach /110/ • Ausbildung: Kristalle, radialstrahlige, faserige und körnige Aggregate.

• Dichte: 3,1–3,4 • Kristallsystem: monoklin • Kristallformen: Nadeln, Fasern, Tafeln, Zwillinge • Chemische Zusammensetzung: MgO 15,84 %, FeO 28,21 %, SiO_2 53,93 %, H_2O 2,02 %, Beimengung von Mn (über 5 % MnO – Varietät Dannemorit **(424)**, Ca • Chemische Eigenschaften: schmilzt zu einem kleinen magnetischen Kügelchen, säureunlöslich • Behandlung: Reinigung mit Wasser und verdünnten Säuren • Ähnliche Minerale: Tremolit **(412)** • Unterscheidung: mit Röntgen und chemisch.

• Genese: Kontakt- und Regionalmetamorphosen • Paragenese: Chlorit **(158)**, Magnetit **(367)**, Granat **(577)** u. a. • Vorkommen: selten; Deutschland (Harzburg), UdSSR (Krivoj Rog), USA (Massachusetts – Cummington, Süddakota – Black Hills), Schweden, Finnland, Japan, Kanada u. a.

Dannemorit (Mn-Varietät von Cummingtonit)

Silikate

424

Benannt nach der Lokalität Dannemora in Schweden (Kenngott, 1855)

Physikalische und chemische Eigenschaften identisch mit Cummingtonit **(423)**, enthält über 5 % MnO.

• Genese: kontaktmetasomatisch • Paragenese: Ilvait **(425)**, Adular **(487)**, Granat **(577)** u. a. • Vorkommen: selten; ČSFR (Chvaletice), Schweden (Dannemora, Silfberg), Rumänien (Jacobeni), UdSSR (Dalnegorsk, Tschiwtschiner Berge), Indien u. a.

Ilvait (Lievrit)

Silikate
$CaFe_2^{2+}Fe^{3+}[OH|O|Si_2O_7]$

425

Bezeichnung vom lat. Namen der Insel Elba *(Ilva)* abgeleitet (Steffens, 1811)

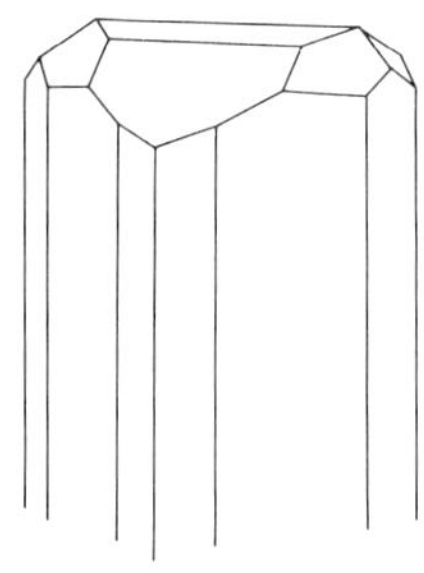

• Härte: 5,5–6 (spröde) • Strich: schwarz, schwarzgrün • Farbe: braunschwarz, schwarz • Transparenz: undurchsichtig • Glanz: glasig, fettig, halbmetallisch • Spaltbarkeit: gut nach /010/ und /001/ • Bruch: muschelig • Ausbildung: Kristalle, radiale, strahlige und faserige, auch derbe und körnige Aggregate.

• Dichte: 4,1 • Kristallsystem: rhombisch • Kristallformen: prismatisch (gerieft), isometrisch • Magnetismus: schwach • Chemische Zusammensetzung: CaO 13,69 %, FeO 35,20 %, Fe_2O_3 19,55 %, SiO_2 29,36 %, H_2O 2,20 %, Beimengungen von Mg, Mn • Chemiche Eigenschaften: löslich in HCl und Ameisensäure, schmilzt leicht zu einem schwarzen magnetischen Kügelchen • Behandlung: Reinigung mit destilliertem Wasser • Ähnliche Minerale: Ludwigit **(372)**, Aktinolith **(413)**, Turmalin **(564)** • Unterscheidung: Härte, Säurelöslichkeit, Dichte, Strich.

• Genese: kontaktmetasomatisch • Paragenese: Epidot **(513)**, Calcit **(217)**, Magnetit **(367)**, Hornblende **(411)**, Augit **(429)** • Vorkommen: selten; Deutschland (Hernbornseelbach, Huttal), Italien (Insel Elba – Rio Marina – große Kristalle, Campiglia), Griechenland (Seriphos), Grönland (Siorsuit), Jugoslawien (Trepča), USA (Idaho – Laxey Mine) u.a .

1. **Cummingtonit** – radialstrahlige Aggregate (Ausschnittbreite 32 mm); Neuseeland. 2. **Dannemorit** – Aggregat aus faserigen Kristallen (Ausschnittbreite 60 mm); ČSFR (Chvaletice). 3. **Ilvait** – beidseitig begrenzte Kristalle (5 mm) in Quarz; USA (Saxey Mine).

Cummingtonit, Dannemorit, Ilvait

H
5—6

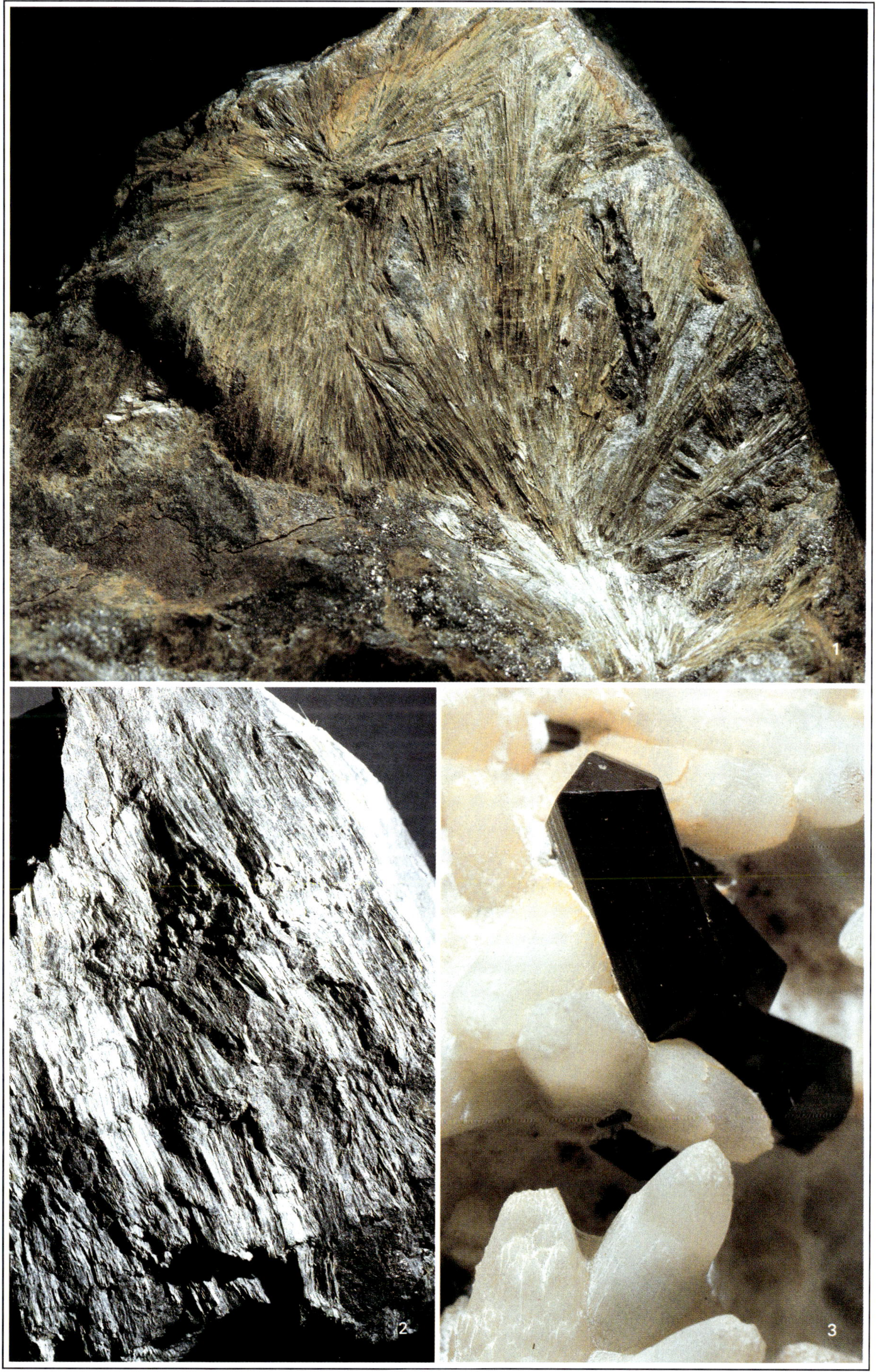

Enstatit

Silikate
$Mg_2[Si_2O_6]$

426

E

Bezeichnung vom griech. Wort *enstatēs* – Widersacher abgeleitet (Kenngott, 1855)

• Härte: 5,5 • Strich: weiß • Farbe: grau, grün, braun • Transparenz: durchscheinend, undurchsichtig • Glanz: glasig, perlmuttartig • Spaltbarkeit: unvollkommen • Bruch: uneben • Ausbildung: unvollkommene Kristalle, derbe, körnige und sphärolithische Aggregate.
• Dichte: 3,1–3,3 • Kristallsystem: rhombisch • Kristallformen: Tafeln, Prismen • Chemische Zusammensetzung: MgO 40,16 %, SiO_2 59,84 % • Chemische Eigenschaften: schmilzt nicht, unlöslich in HCl • Behandlung: Reinigung mit destilliertem Wasser oder verdünnten Säuren • Ähnliche Minerale: Phlogopit **(168),** Hypersthen **(428)** • Unterscheidung: Härte, Dichte, Spaltbarkeit.
• Genese: magmatisch, Pegmatite, Meteorite • Paragenese: Phlogopit, Apatit, Bronzit **(427),** Olivin **(524)** u. a. • Vorkommen: häufig; Deutschland (Eifel), Norwegen (Bamle), ČSFR, Österreich, Italien, UdSSR, USA (Arizona), Sri Lanka, Tansania, Brasilien, Mexico u. a. • Verwendung: durchsichtige grüne Kristalle als Edelsteine.

Bronzit

Silikate
$(Mg,Fe)_2[Si_2O_6]$

427

Benannt nach der charakteristischen Bronzefärbung (Karsten, 1807)

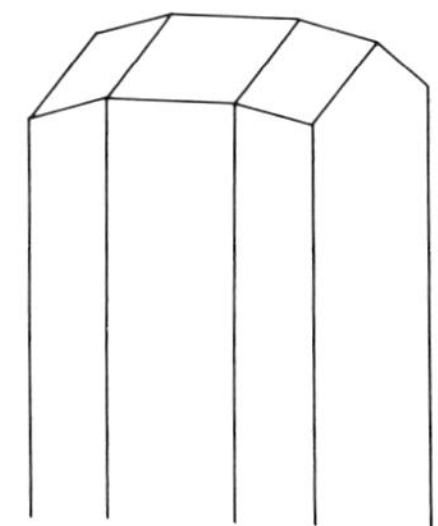

• Härte: 5–6 (spröde) • Strich: weiß, grau • Farbe: braun, bronzebraun, graugrün • Transparenz: durchscheinend, undurchsichtig • Glanz: glasig, perlmuttartig, halbmetallisch • Spaltbarkeit: gut • Andere Kohäsionsmerkmale: schuppige Absonderung • Bruch: uneben • Ausbildung: unvollkommene Kristalle, körnige, derbe und radiale Aggregate.
• Dichte: 3,2–3,4 • Kristallsystem: rhombisch • Kristallformen: prismatisch • Chemische Zusammensetzung: wie Enstatit **(426),** enthält aber isomorph anstatt MgO 5–15 % FeO • Chemische Eigenschaften: schwierig zu schmelzen, unlöslich in HCl • Behandlung: Reinigung mit Wasser oder verdünnten Säuren • Ähnliche Minerale: Enstatit, Hypersthen **(428)** • Unterscheidung: mit Röntgen und chemisch.
• Genese: magmatisch (basische und ultrabasische Gesteine), Meteorite • Paragenese: Serpentin **(273),** Magnetit **(367),** Chromit **(371),** Enstatit, Olivin **(524)** u. a.
• Vorkommen: häufig; Deutschland (Bad Harzburg), Österreich (Kraubath), Republik Südafrika (Bushveld), UdSSR, Schweiz, Großbritannien (Schottland), Schweden, Italien, USA u. a.

Hypersthen

Silikate
$(Fe,Mg)_2[Si_2O_6]$

428

E

Bezeichnung aus den griech. Wörtern *hyper* – über und *sthenos* – Kraft zusammengesetzt (Haüy, 1803)

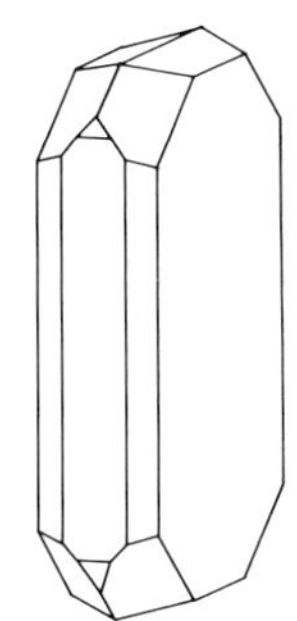

• Härte: 5–6 (spröde) • Strich: weiß, grau • Farbe: braun, grau, grün, schwarz • Transparenz: undurchsichtig • Glanz: glasig, perlmuttartig, seidig, metallisch • Spaltbarkeit: vollkommen (schuppige Absonderung) • Bruch: uneben • Ausbildung: unvollkommene Kristalle, körnige, blättrige, derbe und sphärische Aggregate.
• Dichte: 3,5–3,7 • Kristallsystem: rhombisch • Kristallformen: Tafeln, säulig • Chemische Zusammensetzung: wie Enstatit **(426),** enthält aber isomorph anstelle MgO 15–34 % FeO • Chemische Eigenschaften: schmilzt zu schwarzer Emaille, teilweise löslich in HCl • Behandlung: Reinigung mit Wasser oder verdünnten Säuren • Ähnliche Minerale: Enstatit, Bronzit **(427)** • Unterscheidung: mit Röntgen und chemisch.
• Genese: magmatisch, Metamorphite (kristalline Schiefer) • Paragenese: Biotit **(167),** Enstatit, Olivin **(524),** Feldspate u. a. • Vorkommen: häufig; Deutschland (Weiselberg, Bad Harzburg, Bodenmais), Ungarn (Tokajgebirge), Rumänien, Kanada (Labrador), Iran (Demavend), USA, UdSSR, Japan, Grönland, Großbritannien (Schottland) u. a. • Verwendung: gelegentlich als Edelstein.

1. Enstatit – unvollkommen ausgebildeter säuliger Kristall (39 mm); Norwegen (Bamle). **2. Bronzit** – Anschliff eines derben Aggregats (Größe 52 mm); Deutschland (Kupferberg). **3. Hypersthen** – eingewachsenes Aggregat (Ausschnittbreite 21 mm); Schweiz (Le Presse).

Enstatit, Bronzit, Hypersthen

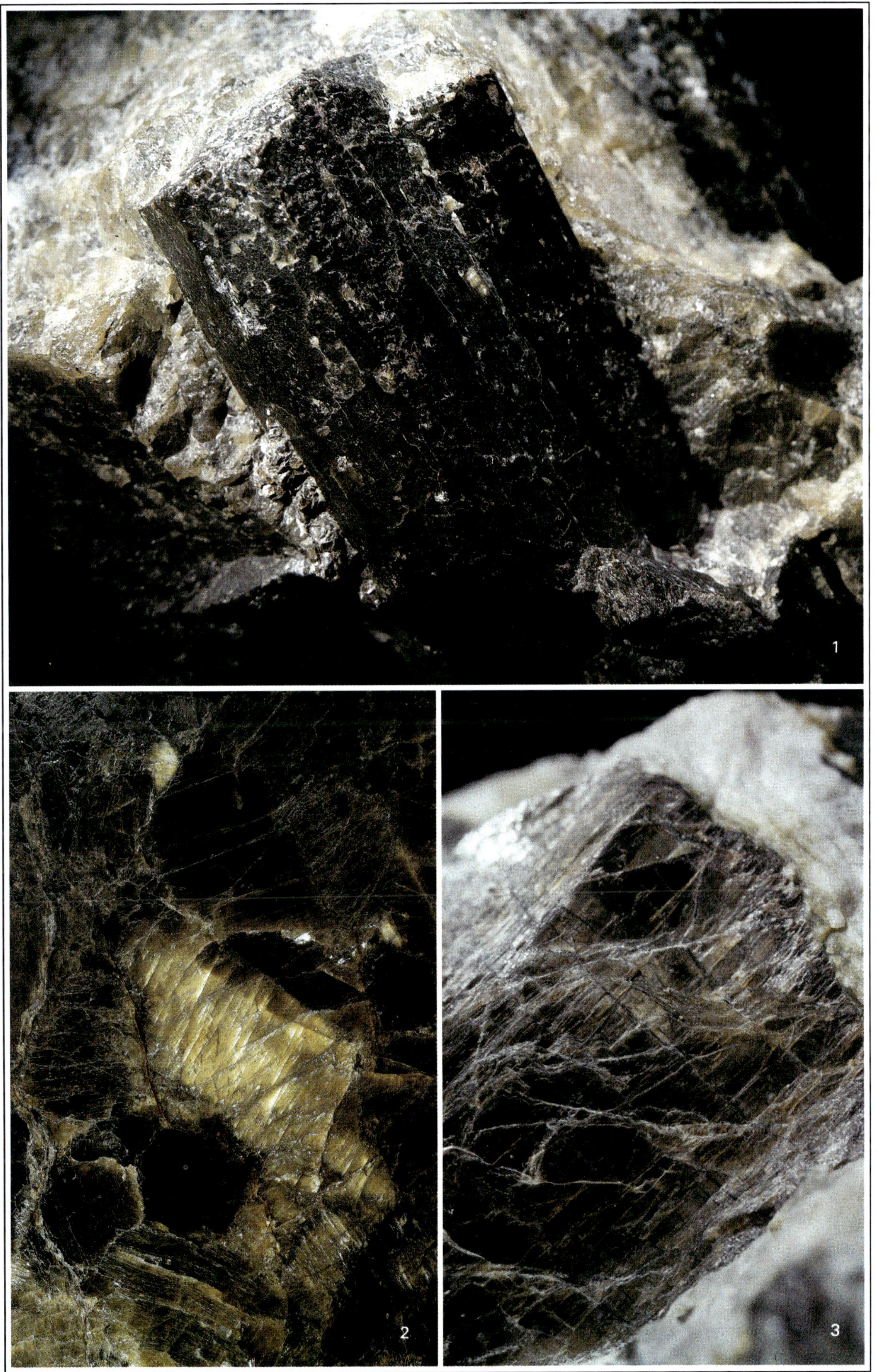

Augit

Silikate
$CaMg[Si_2O_6]$

429

Bezeichnung vom griech. Wort *augē* – Glanz abgeleitet (Werner, 1792)

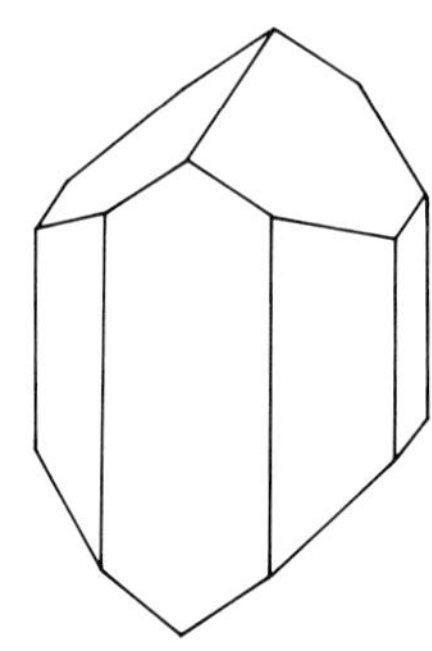

• Härte: 5,5–6 (spröde) • Strich: graugrün • Farbe: schwarz, braunschwarz, dunkelgrün • Transparenz: durchscheinend, undurchsichtig • Glanz: glasig • Spaltbarkeit: vollkommen nach /110/ • Bruch: uneben, muschelig • Ausbildung: Kristalle, körnige, derbe Aggregate, Imprägnationen.

• Dichte: 3,3–3,5 • Kristallsystem: monoklin • Kristallformen: kurzprismatisch, grobtafelig, Zwillinge • Chemische Zusammensetzung: unbeständig; stabile isomorphe Beimengungen von Al, Fe, manchmal auch Ti und Na (Varietäten Gemeiner Augit, Fassait) • Chemische Eigenschaften: in Säuren außer HF schwach löslich, schwierig zu schmelzen • Behandlung: Reinigung mit Wasser • Ähnliche Minerale: Hornblende **(411)** • Unterscheidung: Kristallformen, Spaltwinkel (Augit ca. 90°, Hornblende 120°).

• Genese: magmatisch (basische Eruptivgesteine, metamorph) • Paragenese: Hornblende, Olivin **(524)** • Vorkommen: häufig; gesteinsbildendes Mineral, das in Basalten, Diabasen, Melaphyren, Tuffen u. a. vorkommt. Hübsche Kristalle gibt es in der ČSFR (Lukov), Deutschland (Laacher See, Kaiserstuhl), Italien (Ariccio), Frankreich (Auvergne und viele andere Landschaften).

Titanit (Sphen)

Silikate
$CaTi[O|SiO_4]$

430

E

Nach der Zusammensetzung benannt (Klaproth, 1795)

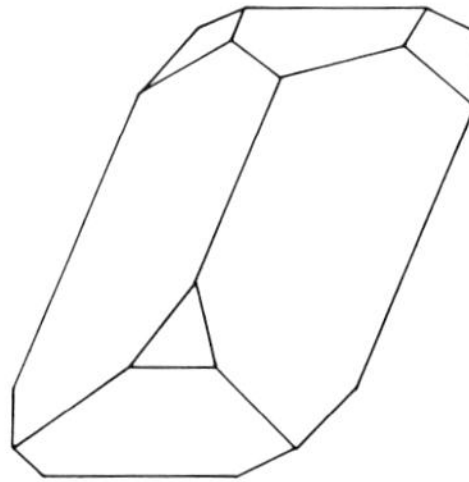

• Härte: 5–5,5 (spröde) • Strich: weiß, schwach bräunlich • Farbe: weiß, gelb, braun, rötlich, grünlich, schwarz • Transparenz: durchsichtig, durchscheinend • Glanz: glasig, fettig, diamantartig • Spaltbarkeit: vollkommen nach /110/ • Bruch: unvollkommen muschelig • Ausbildung: vorwiegend Kristalle, körnige, derbe, auch radiale Aggregate.

• Dichte: 3,4–3,6 • Kristallsystem: monoklin • Kristallformen: Tafeln, Prismen, häufig Zwillingsverwachsungen • Chemische Zusammensetzung: CaO 28,60 %, TiO_2 40,80 %, SiO_2 30,60 %, Beimengung von Fe, Al, Y, Ce (Varietäten Keilhauit, Grothit, Alshedit) • Chemische Eigenschaften: löslich in HF und H_2SO_4, schmilzt nur an den Rändern zu dunklem Glas • Behandlung: Reinigung mit Wasser und verdünnter HCl • Ähnliche Minerale: Axinit **(523)** • Unterscheidung: Härte, Lötrohrreaktion.

• Genese: magmatisch, hydrothermal, metamorph • Paragenese: Feldspäte, Chlorit **(158),** Rutil **(464),** Albit **(493),** Quarz **(534)** • Vorkommen: selten; akzessorisch (gelegentlich, in geringer Menge) in Gesteinen – Deutschland (Laacher See, Eifel, Plauenscher Grund bei Dresden), Schweiz (St. Gotthard, Tavetsch, Binnatal), Österreich (Zillertal, Sulzbachtal), Italien (Val Maggia, Passo di Vizze), UdSSR (Achmatowsk), Norwegen, Schweden, Kanada, USA u. a. • Verwendung: durchsichtige, schön gefärbte Kristalle werden als Edelsteine verarbeitet.

1. Augit – Kristall (22 mm); Italien (Vesuv). **2. Titanit** – aufgewachsener Kristall; Schweiz (St. Gotthard).

Silikate

Papagoit

$Ca_2Cu_2Al_2[(OH)_6 | Si_4O_{12}]$

431

Benannt nach dem Indianerstamm „Papago" aus Arizona (USA) (Hutton, 1960)

• Härte: 5–5,5 (spröde) • Strich: hellblau • Farbe: hellblau • Transparenz: durchsichtig, durchscheinend • Glanz: glasig • Spaltbarkeit: unvollkommen nach /100/ • Ausbildung: Kriställchen, mikrokristalline Aggregate, Überzüge.
• Dichte: 3,25 • Kristallsystem: monoklin • Kristallformen: isometrisch • Chemische Zusammensetzung: CaO 16,80 %, CuO 23,83 %, Al_2O_3 15,27 %, SiO_2 36,00 %, H_2O 8,10 % • Chemische Eigenschaften: staubförmig in heißer HCl löslich • Behandlung: Reinigung mit destilliertem Wasser.
• Genese: sekundär • Paragenese: Albit **(493),** Quarz **(534)** • Vorkommen: selten; kommt nur in den USA vor (in Arizona an der Lokalität Ajo in Poma Co.).

Silikate

Dioptas

$Cu_6[Si_6O_{18}] . 6 H_2O$

432

Bezeichnung aus den griech. Wörtern *dia* – durch und *optomai* – sehen zusammengesetzt (Haüy, 1801)

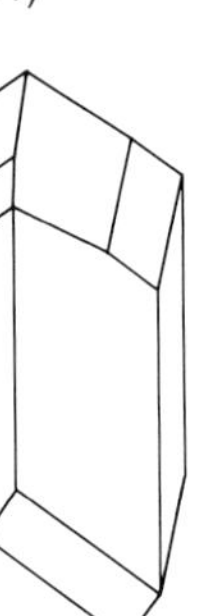

• Härte: 5 (spröde) • Strich: grün • Farbe: smaragdgrün, dunkelgrün • Transparenz: durchsichtig, durchscheinend • Glanz: glasig • Spaltbarkeit: gut nach /10$\bar{1}$1/ • Bruch: muschelig bis uneben • Ausbildung: Kristalle, Drusen, derbe Aggregate.
• Dichte: 3,3 • Kristallsystem: trigonal • Kristallformen: kurzprismatisch, isometrisch • Chemische Zusammensetzung: CuO 50,48 %, SiO_2 38,09 %, H_2O 11,43 % • Chemische Eigenschaften: löslich in HCl und HNO_3, färbt die Flamme grün, schmilzt nicht, aber wird schwarz • Behandlung: Reinigung mit destilliertem Wasser • Ähnliche Minerale: Atacamit **(206),** Euchroit **(256)** • Unterscheidung: Härte, Dichte, Kristallform, Flammenfärbung.
• Genese: sekundär in Oxidationszonen • Paragenese: Calcit **(217),** Chrysokoll **(268),** Malachit **(307),** Limonit **(355)** u. a. • Vorkommen: selten; UdSSR (Altyn Tübe), Namibia (Tsumeb, Guchab), Zaire (Kolwezi), Chile (Copiapo), USA (Arizona – Mammonth Mine), Peru, Iran u. a. • Verwendung: wird gelegentlich als Edelstein bearbeitet (Facetten, Cabochons).

Silikate

Plancheit

$Cu_8[(OU)_2 | Si_4O_{11}]_2 . H_2O$

433

Benannt nach Planche, der dieses Mineral als erster aus Afrika mitgebracht hat (Lacroix, 1908)

• Härte: 5,5 • Strich: hellblau • Farbe: blau, grünblau • Transparenz: durchscheinend • Glanz: diamantartig, seidig • Spaltbarkeit: unbekannt • Ausbildung: radiale und faserige Aggregate, staubförmige Überzüge.
• Dichte: 3,6–3,8 • Kristallsystem: rhombisch • Kristallformen: Nadeln, Fasern • Chemische Zusammensetzung: CuO 54,33 %, SiO_2 41,05 %, H_2O 4,62 % • Chemische Eigenschaften: schwer löslich in HCl, färbt die Flamme grün • Behandlung: Reinigung mit destilliertem Wasser • Ähnliche Minerale: Chrysokoll **(268)** • Unterscheidung: Härte, Dichte.
• Genese: sekundär in Oxidationszonen • Paragenese: Cuprit **(209),** Chrysokoll, Malachit **(307),** Dioptas **(432)** • Vorkommen: selten; Zaire (Tantara, Kambowe), Argentinien (Rioja), Italien (Insel Elba – Capo Calamita), USA (Arizona – Table Mountain Mine) u. a.

1. **Dioptas** – Kristalldruse (bis zu 9 mm); Namibia (Tsumeb). 2. **Plancheit** – radialstrahliges nadeliges Aggregat (Ausschnittbreite 9 mm); Zaire (Kambowe).

Dioptas, Plancheit

H
5—6

Neptunit

Silikate
$KNa_2Li(Fe^{2+}, Mn)Ti_2[O|Si_4O_{11}]_2$

434

Bezeichnung vom Meergott Neptun aus der römischen Mythologie (Flink, 1893)

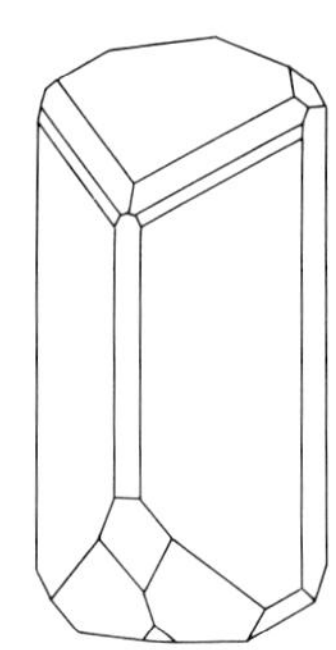

• Härte: 5,5 • Strich: rotbraun • Farbe: schwarz, schwarzbraun • Transparenz: durchscheinend, undurchsichtig • Glanz: glasig bis halbmetallisch • Spaltbarkeit: vollkommen nach /110/ • Bruch: muschelig • Ausbildung: Kristalle.
• Dichte: 3,23 • Kristallsystem: monoklin • Kristallformen: prismatisch, Zwillinge • Chemische Zusammensetzung: K_2O 5,48 %, Na_2O 7,21 %, Li_2O 3,48 %, FeO 4,18 %, MnO 5,06 %, TiO_2 18,61 %, SiO_2 55,98 % • Chemische Eigenschaften: schmilzt zu einem schwarzen Kügelchen, löslich in HF • Behandlung: Reinigung mit Wasser oder verdünnten Säuren, ausgenommen HF • Ähnliche Minerale: Ilvait **(425),** Turmalin **(464)** • Unterscheidung: Dichte, Paragenese, Säurelöslichkeit.
• Genese: magmatisch, metamorph, hydrothermal • Paragenese: Natrolith **(387),** Eudialyt **(402),** Benitoit **(530)** • Vorkommen: selten; Grönland (Igaliko), Irland (Barnavave), USA (Kalifornien – San Benito), Kanada (Quebec – Mont St. Hilaire), UdSSR (Halbinsel Kola).

Cyanit (Disthen)

Silikate
$Al_2^{[6]}[O|SiO_4]$

435

L

E

Bezeichnung vom griech. Wort *kyanos* – blau abgeleitet (Werner, 1790)

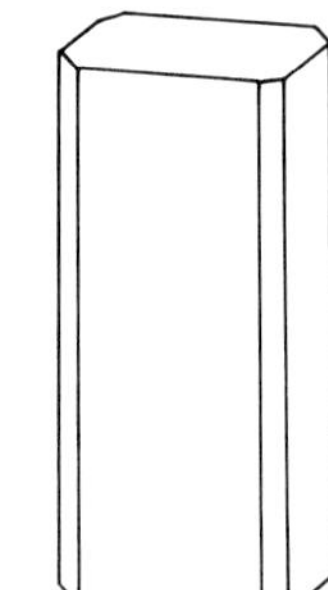

• Härte: auf den prismatischen Flächen 4–4,5, quer dazu 6–7 (spröde) • Strich: weiß • Farbe: weiß, bläulich, grau, grünlich, gelblich • Transparenz: durchsichtig, durchscheinend • Glanz: glasig, perlmuttartig • Spaltbarkeit: vollkommen nach /100/, unvollkommen nach /010/ • Ausbildung: Kristalle, garbige, radiale und derbe Aggregate.
• Dichte: 3,6–3,7 • Kristallsystem: triklin • Kristallformen: prismatisch, tafelig, Zwillinge • Lumineszenz: manchmal schwach rot • Chemische Zusammensetzung: Al_2O_3 62,93 %, SiO_2 37,07 %, Beimengungen von Fe, Cr • Chemische Eigenschaften: schmilzt nicht, säureunlöslich • Behandlung: Reinigung mit Wasser oder verdünnten Säuren • Ähnliche Minerale: Sillimanit **(516)** • Unterscheidung: Härte, Dichte, mit Röntgen und chemisch.
• Genese: metamorph, pegmatitisch • Paragenese: Sillimanit, Andalusit **(562),** Almandin **(585),** Staurolith **(586),** Korund **(598)** • Vorkommen: häufig, Kristalle bis zu 1 m Größe, z. B. in der UdSSR (Halbinsel Kola – Kejwy), in den USA (Nordkarolina – Selo Mine), in Italien (Monte Campione), ferner in Jugoslawien (Serbien – Prilep), Österreich (Pfitsch, Zillertal), in der Schweiz (Pizzo Forno), in Schweden (Horssjöberg), Kenia (Machakos), Indien (Staat Assam), Westaustralien (Mt. Margaret), Brasilien u. a. • Verwendung: feuer- und säurefestes Material, durchsichtige Kristalle als Edelsteine (Facetten, Cabochons).

1. Neptunit – idiomorpher Kristall (20 mm); USA (San Benito). **2. Cyanit** (Disthen) – säulige Kristalle (36 mm); Italien (Passo di Vizze).

Neptunit, Cyanit

H
5—6

Pyrit

Sulfide
FeS_2

436

Historische Bezeichnung, vom griech. Wort *pȳr* – Feuer abgeleitet

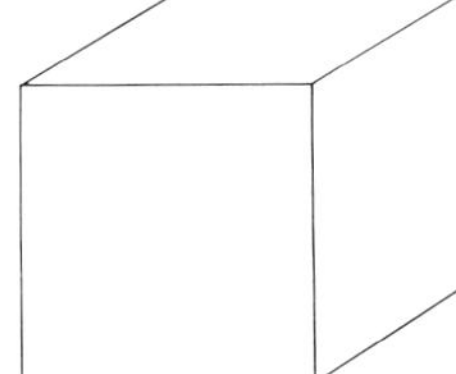

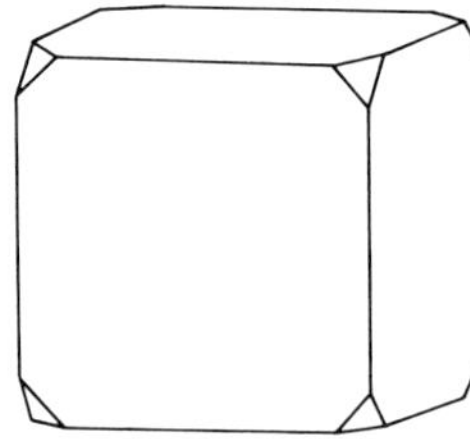

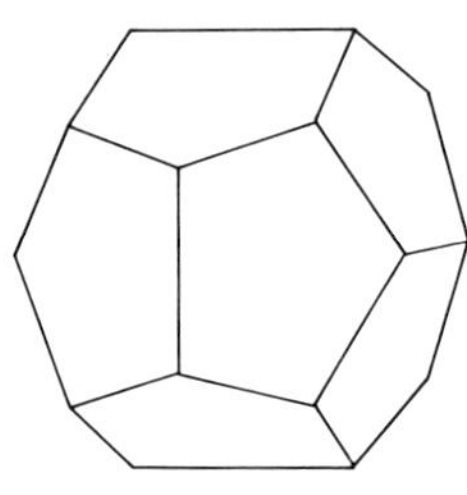

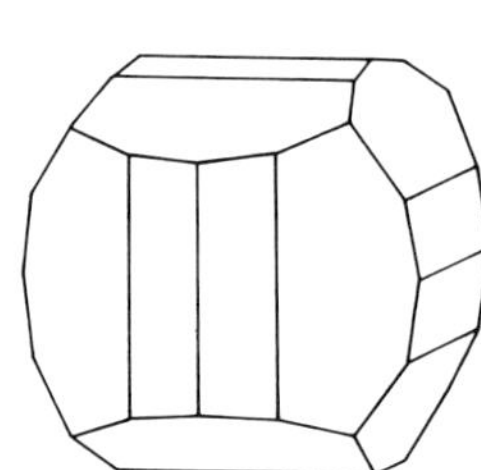

• Härte: 6–6,5 (spröde) • Strich: grünschwarz • Farbe: gelb, messinggelb, bunte Anlauffarben • Transparenz: opak • Glanz: metallisch • Spaltbarkeit: sehr unvollkommen nach /100/ und /110/ • Bruch: muschelig, uneben • Ausbildung: Kristalle, körnige und derbe Aggregate, Konkretionen, Überkrustungen, Imprägnationen, Überzüge, Dendriten, Pseudomorphosen, staubförmig (Melnikovit) • Andere Eigenschaften: bei Schlag Schwefelgeruch, bildet beim Schlagen mit Stahl Funken.
• Dichte: 5,0–5,2 • Kristallsystem: kubisch • Kristallformen: Hexaeder (gestreift), Oktaeder, Pentagondodekaeder, Zwillinge • Magnetismus: manchmal schwach magnetisch • Elektrische Leitfähigkeit: schwach • Chemische Zusammensetzung: Fe 46,60 %, S 53,40 %, Beimengungen von Ni, Co, As, Cu, Zn, Ag, Au, Ti • Chemische Eigenschaften: schwach löslich in HNO_3, schmilzt zu einem magnetischen Kügelchen, brennt auf Kohle mit blauer Flamme • Behandlung: Reinigung mit destilliertem Wasser, gut abtrocknen! Rostflecken mit HCl beseitigen • Ähnliche Minerale: Gold **(50),** Calaverit **(83),** Chalkopyrit **(185),** Markasit **(437)** • Unterscheidung: Härte, Dichte, Strich, Kristallformen, mit Röntgen.
• Genese: magmatisch, kontaktmetasomatisch, hydrothermal, sedimentär • Paragenese: Galenit **(77),** Sphalerit **(181),** Pyrrhotin **(283),** Arsenopyrit **(344),** Markasit u. a. • Vorkommen: häufig; das verbreitetste Sulfidmineral überhaupt; Deutschland (Rammelsberg, Waldsassen, Meggen, Elbingerode), Italien (Brosso, hübsche Kristalle auf der Insel Elba – Rio Marina), hexaedrische Kristalle bis zu 50 cm Größe in Griechenland (Xanthi), in der Schweiz (St. Gotthard), Großbritannien (Cornwall – St. Just), in vielen Lagerstätten in Spanien (Provinz Huelva – Rio Tinto, Tharsis, Pena del Hierro), Portugal (Prov. Alemtejo), Norwegen (Grong, Lökken, Sulitelma), Schweden (Falun), UdSSR (Ural), Rumänien (Baia Sprie, Rodna), ČSFR (Příbram, Smolník, Banská Štiavnica, Hnúšťa), Frankreich (Sain-Bell), Australien (Tasmanien – Mt. Lyell), Bolivien, Peru, Mexiko (Sonora – Arizpe), USA (Colorado – Central City, Pennsylvania – French Creek) und auf zahlreichen weiteren Lagerstätten in der Welt • Verwendung: Schwefelsäureherstellung, manchmal Gewinnung von Kupfer, auch von Kobalt, Gold, Selen und anderen Elementen, die als Beimengung an Pyriterz gebunden sind. Selten werden kleinere selbständige und vollkommen ausgebildete Kristalle wie Edelsteine verarbeitet (Facetten, Cabochons).

1. Pyrit – vollkommen ausgebildete eingewachsene Kristalle (bis zu 20 mm); Spanien (Navajum).

Pyrit

H
6—7

Markasit

Sulfide
FeS_2

437

Alter arabischer Name für Pyrit und pyritähnliche Minerale (Haidinger, 1845)

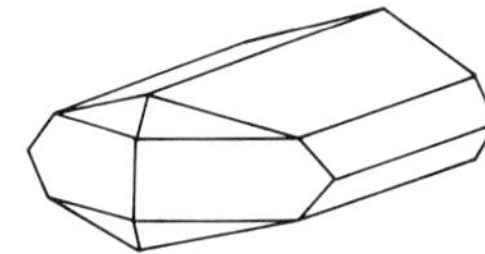

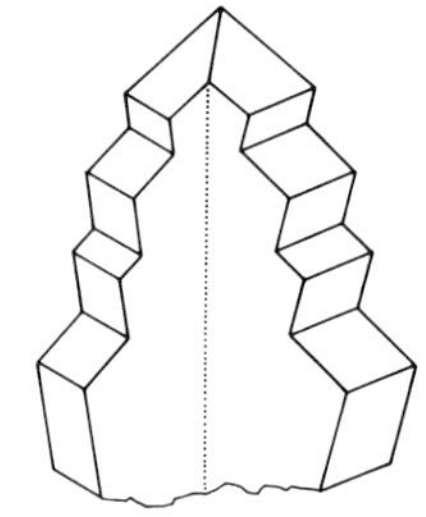

• Härte: 6–6,5 (spröde) • Strich: grüngrau, schwarzgrau • Farbe: messinggelb mit Grünton, häufig Anlauffarben • Transparenz: opak • Glanz: metallisch • Spaltbarkeit: unvollkommen • Bruch: uneben • Ausbildung: Kristalle, Drusen, derbe, körnige und krustige Aggregate, Konkretionen, Imprägnationen, Pseudomorphosen • Andere Eigenschaften: bei Schlag Schwefelgeruch.
• Dichte: 4,8–4,9 • Kristallsystem: rhombisch • Kristallformen: tafelig, speerförmig, prismatisch, Zwillinge • Chemische Zusammensetzung: Fe 46,55 %, S 53,45 %
• Chemische Eigenschaften: löslich in HNO_3, schmilzt zu einem magnetischen Kügelchen, brennt auf Kohle mit blauer Flamme • Behandlung: nicht reinigen • Ähnliche Minerale: Chalkopyrit **(185),** Pyrit **(436)** • Unterscheidung: Farbe, Kristallformen, Härte, optisch, mit Röntgen.
• Genese: hydrothermal, postvulkanisch, sedimentär, hypergen • Paragenese: Cinnabarit **(76),** Galenit **(77),** Sphalerit **(181),** Pyrit u. a. • Vorkommen: häufig Deutschland (Aachen, Clausthal, Wiesloch, Freiberg), ČSFR (Most, Sokolov), UdSSR, USA, Mexico, Chile u. a. • Verwendung: zur Schwefelsäureherstellung, Edelsteine.

Skutterudit (Speiskobalt, Smaltin)

Sulfide
$(Co, Ni)As_3$

438

Benannt nach der Fundstelle Skutterud in Norwegen (Haidinger, 1845)

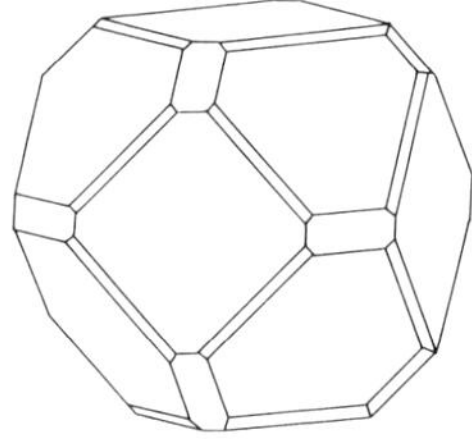

• Härte: 6 (spröde) • Strich: schwarz • Farbe: hell stahlgrau • Transparenz: opak • Glanz: stark metallisch • Spaltbarkeit: sehr unvollkommen • Bruch: muschelig, uneben • Ausbildung: Kristalle, derbe, körnige und nierige Aggregate • Andere Eigenschaften: bei Schlag Knoblauchgeruch.
• Dichte: 6,8 • Kristallsystem: kubisch • Kristallformen: hexaedrisch, oktaedrisch, pentagondodekaedrisch • Elektrische Leitfähigkeit: gut • Chemische Zusammensetzung: unbeständig (Co überwiegt Ni) • Chemische Eigenschaften: löslich in HNO_3 – Lösung wird bei Erhitzen rot oder grün • Behandlung: Reinigung mit HCl oder Wasser • Ähnliche Minerale: Arsenopyrit **(344),** Chloanthit **(346),** Ullmannit **(349)** • Unterscheidung: Härte, Dichte, mit Röntgen und chemisch.
• Genese: hydrothermal • Paragenese: Safflorit **(287),** Chloanthit, Nickelin **(351)** u. a. • Vorkommen: selten; Deutschland (Wittichen, Richelsdorf, Spessart, Annaberg, Schneeberg, Mansfeld), ČSFR (Jáchymov, Dobšiná), Österreich (Schladming), Norwegen (Skutterud, Snarum), Marokko u. a. • Verwendung: Co- und Ni-Erz.

Sperrylith

Sulfide
$PtAs_2$

439

Benannt nach dem kanadischen Chemiker L. J. Sperry (Wells, 1889)

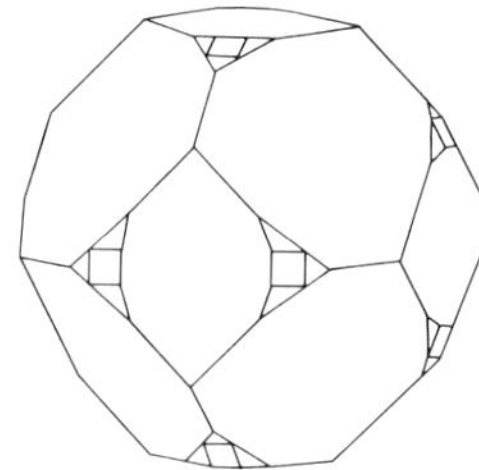

• Härte: 6–7 (spröde) • Strich: schwarz • Farbe: zinnweiß • Transparenz: opak • Glanz: sehr stark metallisch • Spaltbarkeit: unvollkommen • Bruch: muschelig • Ausbildung: Kristalle, Körner.
• Dichte: 10,6 • Kristallsystem: kubisch • Kristallformen: hexaedrisch, hexa-oktaedrisch, isometrisch • Chemische Zusammensetzung: Pt 56,58 %, As 43,42 % • Chemische Eigenschaften: säureunlöslich, schmilzt auf Kohle, dabei entstehen Pt und As_2O_3-Dämpfe • Behandlung: Reinigung mit verdünnten Säuren • Ähnliche Minerale: Platin **(281)** • Unterscheidung: Härte, Kristalle, Dichte, Strich.
• Genese: magmatisch, basisch-pegmatitisch, in Seifen angereichert • Paragenese: Gold **(50),** Pentlandit **(194),** Platin, Pyrrhotin **(283),** Pyrit **(436)** u. a. • Vorkommen: selten; Kanada, USA, UdSSR • Verwendung: Pt-Gewinnung.

1. Markasit – Aggregat aus spießigen Kristallen (25 mm); ČSFR (Komořany). **2. Skutterudit** – Drusen aus hypidiomorphen Kristallen (Ausschnittbreite 28 mm); Norwegen (Snarum). **3. Sperrylith** – idiomorpher Kristall (1 mm); Südafrika (Tweefontain).

Markasit, Skutterudit, Sperrylith

H
6—7

Opal

Oxide
$SiO_2 . nH_2O$

440

Historische Bezeichnung, geht auf das altindische Wort *úpala* – Edelstein zurück

• Härte (schwankend): 5,5–6,6 (spröde) • Strich: weiß • Farbe: weiß, gelb, rot, braun, grün, blau, schwarz, manchmal buntes „Opaleszieren" • Transparenz: durchsichtig, durchscheinend, auch undurchsichtig • Glanz: glasig, fettig, matt, wachsartig • Spaltbarkeit: fehlt • Bruch: muschelig, uneben • Ausbildung: Sinterüberzüge, Tropfsteine, Knollen, Konkretionen, Krusten, Pseudomorphosen, traubige, tropfsteinartige, nierige, kugelige und erdige Aggregate, Oolithe.
• Dichte: 2,1–2,2 • Kristallsystem: amorph • Kristallformen: fehlen • Lumineszenz: weiß, gelb, gelbgrün, auch grün (nicht immer, hängt von der jeweiligen Beimengung ab, z. B. U) • Chemische Zusammensetzung: unbeständig (der H_2O-Gehalt schwankt beträchtlich zwischen 1 und 27 %), Beimengungen von Mg, Ca, Al, Fe, As • Chemische Eigenschaften: löslich in HF und KOH, schmilzt in der Flamme nicht, sondern wird matt und knistert • Behandlung: Reinigung mit destilliertem Wasser • Ähnliche Minerale: Chalcedon **(449),** manchmal auch Evansit **(244)** • Unterscheidung: Härte, Säurelöslichkeit (Evansit), Dichte, optisch, mit Röntgen (Chalcedon).
• Genese: vulkanisch, sedimentär, Verwitterungszonen, biogen • Paragenese: Chalcedon, Cristobalit **(462)** u. a. • Vorkommen: häufig; kommt in vielen vulkanischen Gebieten in Rhyolithen, Andesiten, Trachyten vor, in Verwitterungskrusten ultrabasischer Körper, Erzlagerstätten, ist Hauptgemenge von Sedimentärgesteinen (z. B. Diatomit, Radiolarit, Spongilit u. a.) • Verwendung: keramische, chemische Industrie, isolierendes und säurefestes Material, einige Opalvarietäten werden als Edel- und Schmucksteine verwendet.

Je nach äußerer Färbung, Textur und Zusammensetzung werden die Opale in viele Varietäten unterteilt:

1 – Edelopal **(441)** – buntes Opaleszieren

2 – Feueropal **(442)**: feuerrot bis hyazinthrot

3 – Milchopal **(443)**: milchweiß

4 – Gemeiner Opal **(444)**: gelb, gelbbraun, braun und rot mit wachsartigem Glanz

5 – Holzopal **(445)**: hat Holztextur, häufig tatsächlich opalisiertes Holz

6 – Prasopal **(446)**: grün, infolge von Ni-Beimengung

7 – Hydrophan **(447)**: matte, porige Opalvarietät, die beim Eintauchen in Wasser durchsichtig wird. Häufiges Opaleszieren

8 – Hyalit **(448)**: wasserklarer Opal mit Glasglanz

9 – Moosopal

10 – Jasopal, Kascholong, Fiorit u. a.

Opal – Augenopal im Anschliff (Stufengröße 150 mm); ČSFR (Nová Ves).

Opal

H
6—7

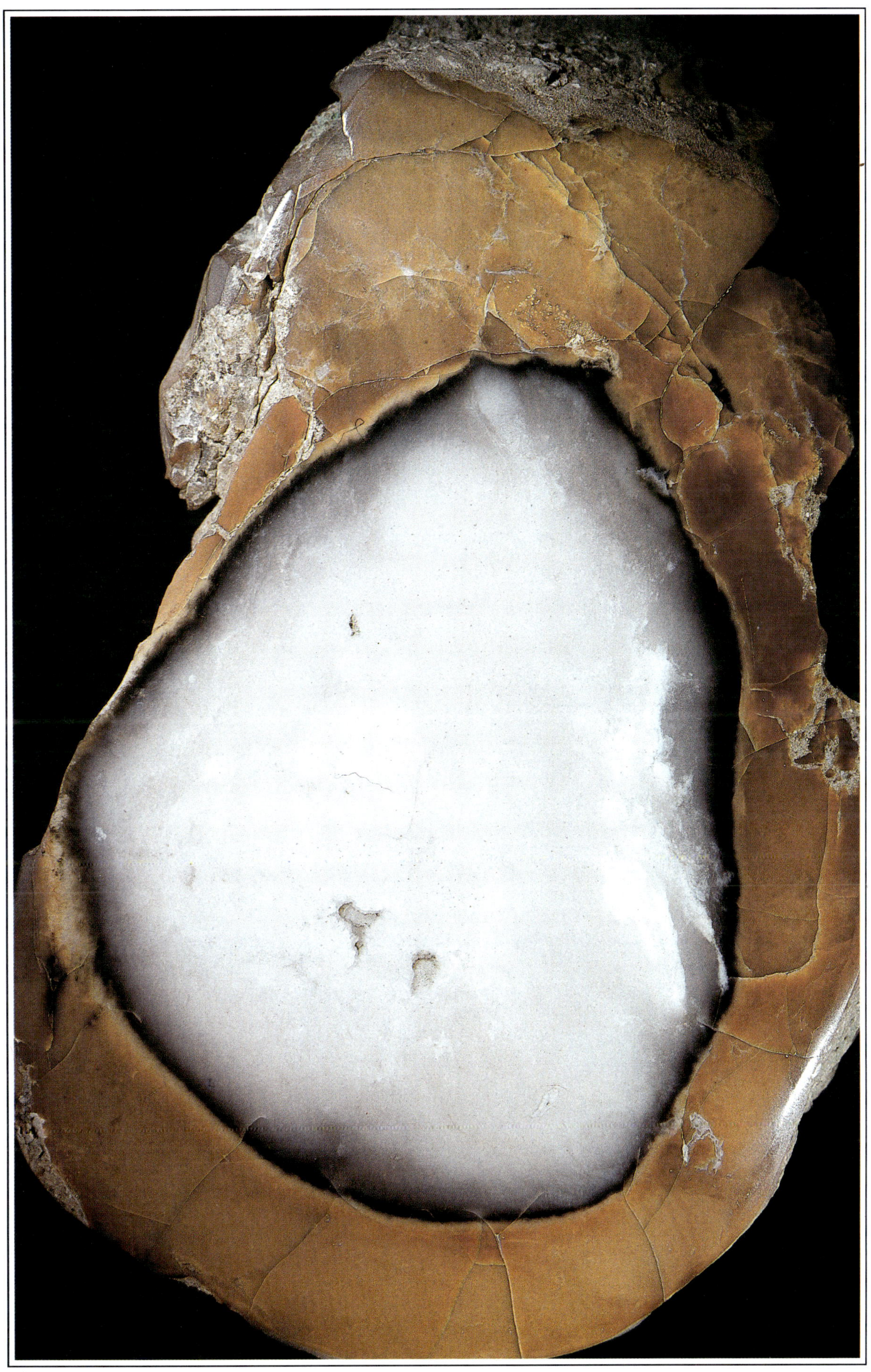

Edelopal (Opalvarietät)

Oxide

441

Bezeichnung nach dem Aussehen

L

E

Physikalische und chemische Eigenschaften sind mit dem Opal identisch. Er unterscheidet sich durch das bunte Farbenspiel (Opaleszieren oder Opalisieren). Durchsichtig bis durchscheinend mit grüner und brauner Lumineszenz.
• Genese: postvulkanisch, sedimentär • Paragenese: Markasit **(437),** Hydrophan **(447),** Hyalit **(448)** u. a. • Vorkommen: selten; ČSFR (Dubník), Färöer, USA (Nevada – Humboldt Co.), Mexiko (Queretaro), Honduras (Gracios á Dios), Australien (die größten Fundstellen der Welt befinden sich in Lightning Ridge, White Cliffs, Coober Pedy, Andamooka und Tintenbar), UdSSR (Transbaikalien, Kamtschatka, Ukraine), Brasilien. In der älteren Literatur wird das Vorkommen edler Opale in Deutschland (Frankfurt, Leisnig) erwähnt • Verwendung: einer der bekanntesten, begehrtesten und hochgeschätzten Edelsteine im Juwelierhandwerk (Cabochons).

Feueropal (Opalvarietät)

Oxide

442

Bezeichnung nach der Farbe

L

Physikalische und chemische Eigenschaften mit dem Opal identisch. Unterscheidet sich durch die hyazinth- bis feuerrote Färbung. Durchsichtig bis durchscheinend.
• Genese: postvulkanisch • Paragenese: Edelopal **(441),** Hyalit **(448)** • Vorkommen: selten; Mexiko (bekannt sind die Lagerstätten in Zimapane und Queretaro), Färöer, Türkei (Simav), UdSSR (Kasachstan und Kamtschatka). Rote Opale, die dem Feueropal ähneln, gibt es in Österreich (Steiermark – Gossendorf) und in der ČSFR (bei Ľubietová) • Verwendung: Edelstein (Facetten, Cabochons).

Milchopal (Opalvarietät)

Oxide

443

Bezeichnung nach der Farbe

L

Physikalische und chemische Eigenschaften mit dem Opal identisch. Hat eine charakteristische milchweiße bis gelbweiße oder blauweiße Färbung, glasigen bis matten Glanz und ist durchscheinend. Ist er von dendritischen Adern und Mn-Oxidnestern durchzogen, heißt er Dendritopal.
• Genese: postvulkanisch, sedimentär, hydrothermal • Paragenese: Edelopal **(441),** Gemeiner Opal **(444),** Hyalit **(448)** u. a. • Vorkommen: selten; an ähnlichen Fundstellen wie Edelopal, hydrothermal in Serpentiniten • Verwendung: als Edelstein; am häufigsten werden Partien mit interessanten dendritischen Mn-Oxidnestern verarbeitet (Cabochonschliffe).

1. Milchopal – ČSFR (Dubník). **2. Edelopal** – Australien (Coober Pedy). **3., 4. – Feueropal** – Mexiko (Mapimi).

Milchopal, Edelopal, Feueropal

H
6—7

Gemeiner Opal (Opalvarietät)

444

L

Bezeichnung nach dem unauffälligen Aussehen

•Physikalische und chemische Eigenschaften sind mit dem Opal identisch. Meist durchscheinend, aber auch undurchsichtig, Bruch muschelig, sehr spröde. Kommt in verschiedenen Tönen von gelber, brauner bis schwarzer Farbe vor.
• Genese: postvulkanisch, in Verwitterungskrusten • Paragenese: Nontronit **(36),** Hyalit **(448),** Chalcedon **(449)** • Vorkommen: relativ häufig in Vulkangebieten, befindet sich oft in den Oxidationszonen von Erzlagerstätten oder in den Verwitterungskrusten ultrabasischer Gesteinskörper. Bekannt aus der ČSFR (Gegend von Herlany, Dargov, Badín, Křemže), Ungarn (Tokajgebirge), Rumänien (Transsylvanien), UdSSR (Transkarpatengebiet, Kaukasus), Deutschland (Leisnig), Österreich (Gleichenberg), an vielen Lokalitäten in den USA, in Mexiko u. a. • Verwendung: wird gelegentlich als Schmuck- und Edelstein verarbeitet (Cabochon).

Holzopal (Opalvarietät)

445

Bezeichnung nach dem Aussehen

Physikalische und chemische Eigenschaften sind mit dem Opal identisch. Charakteristisch ist die Bändertextur, die von den verschiedenen Farbtönen der einzelnen Bänder unterstrichen wird. Es handelt sich um opalisierte Baumstämme und -äste mit deutlicher Holzstruktur. Holzopal ist sehr spröde und hat muscheligen Bruch. Die variable Färbung reicht von Hellgelb über Gelbbraun, Rot bis Braunschwarz und Schwarz. Manchmal wechseln schwarze und weiße Streifen ab.
• Genese: postvulkanisch • Paragenese: gemeiner Opal **(444),** Hyalit **(448),** Chalcedon **(449)** u. a. • Vorkommen: stellenweise reichlich; ČSFR (in der Gegend von Ľubietová, Antol, Zamutov), an vielen Lokalitäten in den USA (Arizona – Holbrook, Washington, Colorado, Idaho, Nevada – Virgin Valley u. a.), Rumänien, UdSSR, Argentinien (Patagonien), Ägypten (Dschel Moka Ham) u. a. • Verwendung: wird gelegentlich als Schmuck- und Edelstein verarbeitet.

Prasopal (Opalvarietät)

446

L

Bezeichnung vom griech, *prasites* – birnengrün, und Opal

Physikalische und chemische Eigenschaften sind mit dem Opal identisch. Hat eine grünweiße bis grüne Farbe (von der Ni-Beimengung).
• Genese: Verwitterungskrusten • Paragenese: Milchopal **(443)** • Vorkommen: selten; Polen (Szklary), Neukaledonien, Tansania (Hanety-Hügel). Ähnliche Eigenschaften haben Opale aus der ČSFR (Křemže) und den USA (Nevada) • Verwendung: Gelegentlich als Schmuck- und Edelstein (Cabochon).

1. Holzopal – USA (Arizona). **2. Prasopal** – Mongolei. **3. Gemeiner Opal** (Auschnittbreite 72 mm); ČSFR (Třebíč).

Holzopal, Prasopal, Gemeiner Opal

H
6—7

Hydrophan (Opalvarietät)

447

Bezeichnung aus den griech. Wörtern *hydōr* – Wasser und *phanos* – erscheinend zusammengesetzt

Physikalische und chemische Eigenschaften mit dem Opal identisch. Matt, porös, trüb, klebt stark an der Zunge. in Wasser getaucht nimmt er Glasglanz an, wird durchsichtig, manchmal erscheint auch ein Farbenspiel, etwa beim Edelopal **(441)**. An der Luft trocknet er wieder aus und wird matt.
• Genese: postvulkanisch, Verwitterungskrusten • Paragenese: Edelopal, Milchopal **(443),** Hyalit **(448)** u. a. • Vorkommen: selten; Deutschland (Hubertusburg), ČSFR (Dubník) u. a. • Verwendung: gelegentlich als Edelstein.

Hyalit, Glasopal (Opalvarietät)

448

L

E

Bezeichnung vom griech. Wort *hyalos* – Glas abgeleitet (Werner, 1812)

Physikalische und chemische Eigenschaften sind mit dem Opal identisch. Charakteristisch ist der feine Blau- oder Grünton. Durchsichtig, starker Glasglanz. Kommt hauptsächlich in tropfenförmigen, sinterigen, traubigen oder tropfsteinartigen Aggregaten mit nieriger Oberfläche vor. Häufig ist grüne bis gelbgrüne Lumineszenz.
• Genese: postvulkanisch, Verwitterungskrusten • Paragenese: Edelopal **(441),** Milchopal **(443),** Chalcedon **(449)** • Vorkommen: häufig; kommt vor allem in jungvulkanischen Gebieten vor, z. B. in Deutschland (um den Kaiserstuhl, Oberlausitz und Tharandt), ČSFR (hübsche traubige und sinterige Aggregate stammen aus Valča und Kecerovský Liptovec), Mexiko (San Luis Potosi), Japan (Tatayami), Färöer, Island, USA (Oregon – Klamat Falls, Nordkarolina), Kanada (Neuengland), UdSSR, Neuseeland u. a. • Verwendung: gelegentlich als Schmuck- und Edelstein (einzelne kleinere Aggregate, Cabochons).

1. Hydrophan – derbe, muschelig-spaltige Stufe (Stufenbreite 72 mm); ČSFR (Dubník). **2. Hyalit** – fließkrustiges Aggregat (26 mm); ČSFR (Valeč).

Hydrophan, Hyalit

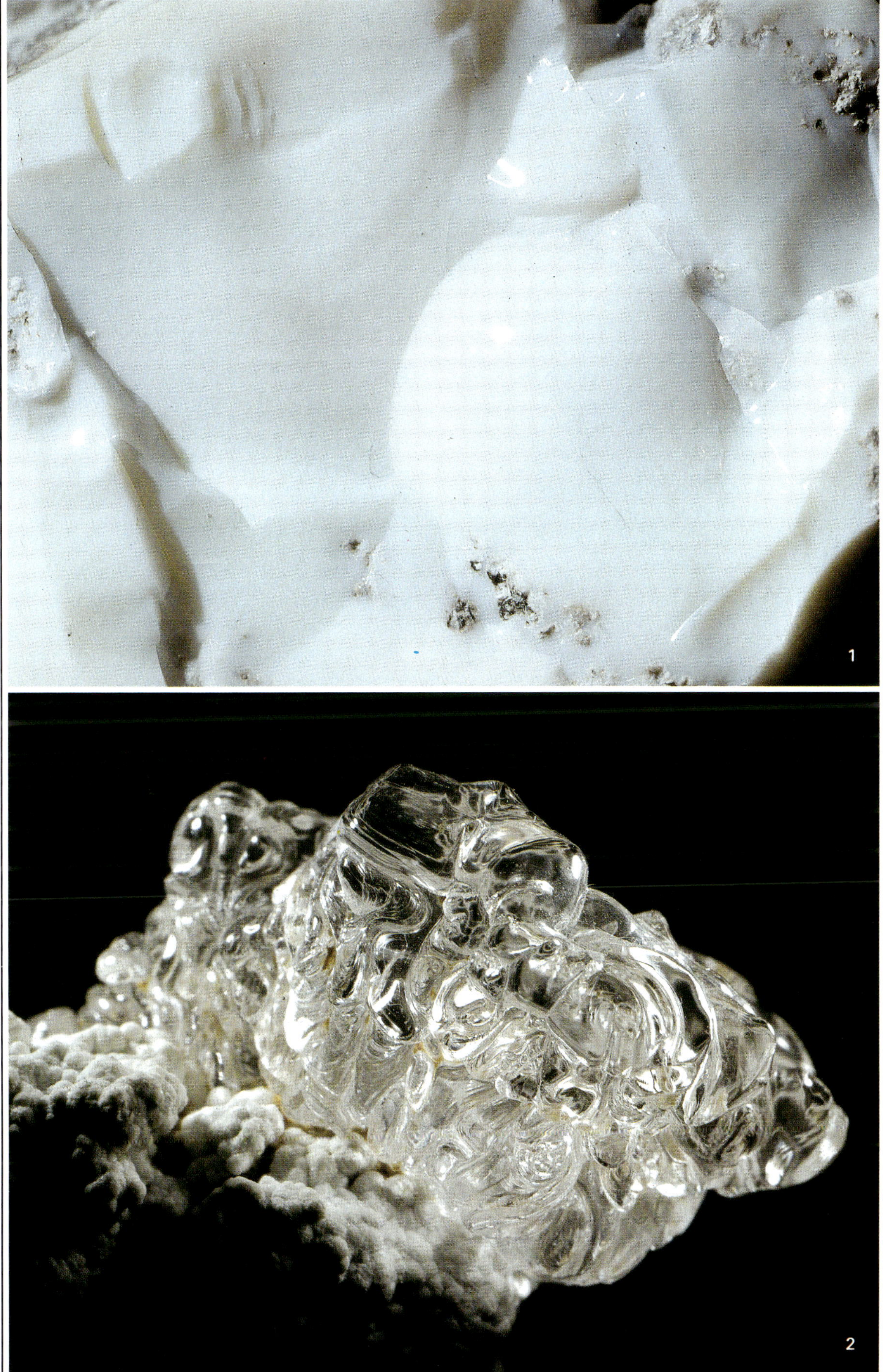

Chalcedon (kryptokristalline Quarzvarietät)

Oxide
SiO_2

449

Historische Bezeichnung nach der einstigen Stadt Kalchedon (lat. Chalcedon) in Kleinasien

• Härte: 6–7 • Strich: weiß • Farbe: grau, graublau, graugrün, grauweiß, oft durch verschiedene Oxide bunt gefärbt • Transparenz: durchscheinend • Glanz: glasig, matt, fettig, auch seidig • Spaltbarkeit: fehlt • Bruch: uneben, splittrig, muschelig • Ausbildung: geflossene Krusten, Tropfsteine, Pseudomorphosen, Mandeln, Geoden, Nester, Adern, nierig.
• Dichte: 2,59–2,61 • Kristallsystem: trigonal • Kristallformen: kryptokristallin, mikroskopisch faserig • Lumineszenz: gelbgrün, gelb, weiß • Chemische Zusammensetzung: SiO_2 100 %, Beimengungen Fe, Al, Mg, Ca, Ni, Cr u. a. • Chemische Eigenschaften: leicht löslich in Basen, vor allem in KOH • Behandlung: Reinigung mit verdünnten Säuren oder destilliertem Wasser • Ähnliche Minerale: Evansit **(244),** Smithsonit **(373),** Hemimorphit **(403),** Opal **(440)** • Unterscheidung: Härte, Dichte, optisch, Säurelöslichkeit, mit Röntgen.
• Genese: postvulkanisch, heiße Quellen, Verwitterungskrusten, sedimentär • Paragenese: Calcit **(217),** Quarz **(534),** Zeolithe u. a. • Vorkommen: häufig; in vulkanischen Gesteinen (Melaphyre, Andesite, Basalte, Rhyolithe) und in den Oxidationszonen von Erzlagerstätten. Deutschland (bei Idar-Oberstein), Österreich (Erzberg), ČSFR (Tri Vody, Slanec, Kozákov), Italien (bei Triest, auf Sardinien), große Lagerstätten gibt es in Uruguay und Südbrasilien, Indien (Hochland von Dekkan), in vielen Bundesstaaten der USA (Florida, Oregon, Arizona, Colorado, Idaho), in Mexiko, auf Island, den Färöerinseln, in Neuseeland, in der UdSSR (Transkaukasien, Ural), auf der Arabischen Halbinsel, in Kanada (Neuschottland, Ontario) u. a.
• Verwendung: in der chemischen Industrie, häufig zur Herstellung von Zierat und als Edelsteine (Cabochons, Facetten, Kameen).

Chalcedon wird ähnlich wie Opal nach Färbung, Texturzeichnung und Zusammensetzung in viele Varietäten eingeteilt, die einander oft überschneiden und makroskopisch nicht zu unterscheiden sind. Es handelt sich dabei eher um kommerzielle oder technische Benennungen von Chalcedonen:

1 – Achat **(450)** – bänderförmige Auffüllungen von Hohlräumen in bunten Farben

2 – Moosachat **(451)** – grün und braun mit Chlorit-, Amphibol-, Fe- und Mn-Oxideinschlüssen

3 – Onyx **(452)** – schwarzweiß gebänderter Chalcedon

4 – Plasma **(453)** – von Chlorit oder Serpentin dunkelgrün gefärbt

5 – Prasem **(454)** – dunkelgrün durch Chloritbeimengungen

6 – Carneol **(455)** – dunkelrot durch Hämatit

7 – Sarder **(456)** – braun

8 – Chrysopras **(457)** – grün

9 – Heliotrop **(458)** – grün mit roten Flecken

10 – Jaspis **(459)** – undurchsichtiger, intensiv gefärbter Chalcedon

11 – Enhydros – enthält in seinem Inneren Lösungsreste

Chalcedon – hellblaue Chalcedonüberkrustungen in einem Andesithohlraum (Ausschnittbreite 45 mm); ČSFR (Banské).

Chalcedon

H
6—7

Achat (Chalcedonvarietät)

450

L

E

Historische Bezeichnung, am Fluß Achates in Südsizilien befand sich die erste Achatfundstelle

• Physikalische und chemische Eigenschaften sind mit Chalcedon **(449)** identisch. Er hat eine charakteristische Bändertextur aus verschiedenfarbigen Lagen in paralleler oder konzentrischer Anordnung, die gewöhnlich Blasenräume in Mandelsteinen auffüllen • Lumineszenz: manchmal weiß, gelbgrün oder grün.
• Vorkommen: häufig, vor allem in Vulkanlandschaften; von altersher ist das Vorkommen hübscher Achate in Deutschland bekannt (bei St. Wendel, Idar-Oberstein, St. Egidien, Halsbach, Schlottwitz), ČSFR (bei Kozákov, Železnice, Rváčov, Levín u. a.), in Italien (Valle di Fassa), an zahlreichen Lokalitäten in der UdSSR (Armenien, Ural, Sibirien), in der Mongolei, in China, Indien, Jemen, Äthiopien, Marokko, Island u. a. Die Region mit den größten und schönsten Achaten liegt zwischen Südbrasilien und Uruguay, hier werden Achate bis zu einigen Metern groß. Achatfunde sind auch von der Insel Madagaskar, aus Mexiko, vielen Bundesstaaten der USA (Oregon, Idaho, Arizona) und Bulgarien bekannt • Verwendung: Steine für Lager, Waagen, chemische Gefäße, begehrter Schmuck- und Edelstein, häufig künstlich nachgefärbt (Cabochons, Steinschneidekunst, Gemmen, plastische Schliffe, Galanteriewaren).

Oxide

Moosachat (Chalcedonvarietät)

451

L

E

Benannt nach seinem charakteristischen Aussehen

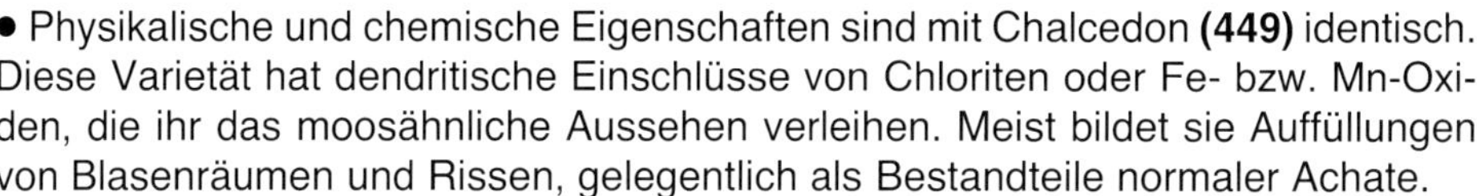

• Physikalische und chemische Eigenschaften sind mit Chalcedon **(449)** identisch. Diese Varietät hat dendritische Einschlüsse von Chloriten oder Fe- bzw. Mn-Oxiden, die ihr das moosähnliche Aussehen verleihen. Meist bildet sie Auffüllungen von Blasenräumen und Rissen, gelegentlich als Bestandteile normaler Achate.
• Vorkommen: selten; ČSFR (Železnice), UdSSR (Ural, Transbaikalien), USA (Colorado, Oregon, Utah, Washington, Wyoming), China. Die wertvollsten Moosachate stammen von den Fundstellen in Indien, bekannt sind sie auch aus Brasilien (Rio Grande do Sul) • Verwendung: ein sehr schöner Schmuck- und Edelstein (Cabochons, Steinschnitte).

Oxide

Onyx (Chalcedonvarietät)

452

• Physikalische und chemische Eigenschaften sind mit dem Chalcedon **(449)** identisch. Die Onyxtextur ist parallelbänderig, aus verschiedenfarbigen Lagen, hauptsächlich schwarzweiß (Onyx) oder braunweiß (Sarder). Sehr oft wird diese Färbung künstlich herbeigeführt und erinnert an Achate.
• Vorkommen: bekannt aus den Lagerstätten in Südbrasilien und Uruguay, auch in Indien, hübsche rotbraune bis rotgelbe Sarder gibt es in der UdSSR (Ural – bei Magnitogorsk, im Flußgebiet des Tulda bei Tschita) • Verwendung: wird als Edel- und Schmuckstein verarbeitet (Cabochons, Plättchen, Gemmen).

1. Achat – polierter Mandelanschliff (Größe 40 mm); ČSFR (Železnice). **2. Onyx** – Anschliff; Brasilien. **3. Moosachat** – Anschliff (Ausschnittbreite 75 mm); Indien.

Achat, Onyx, Moosachat

H
6—7

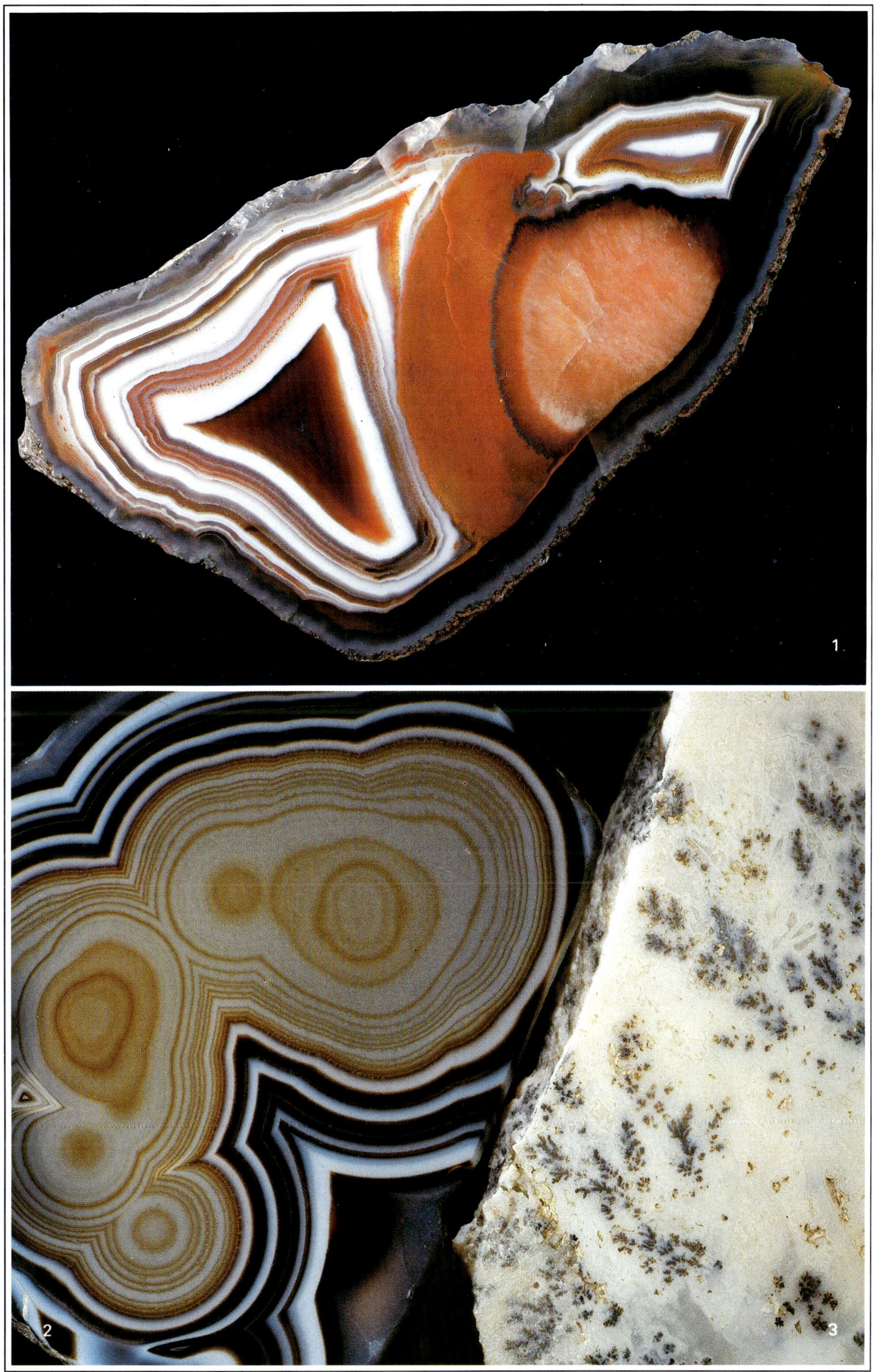

Plasma (Chalcedonvarietät)

453

L

E

Bezeichnung aus dem Italienischen; so wurden die häufig in den Ruinen des alten Rom gefundenen grünen Gemmen genannt

• Physikalische und chemische Eigenschaften sind mit Chalcedon **(449)** identisch. Plasma hat eine dunkelgrüne Färbung, die von Chlorit- oder Amphiboleinschlüssen herrührt.
• Kommt hauptsächlich in den Verwitterungskrusten ultrabasischer Gesteinskörper vor und ist eine relativ seltene Chalcedonvarietät. Befindet sich in der ČSFR (Hrubšice), in Indien (Hochland von Dekkan) u. a. • Verwendung: wird selten als Edelstein bearbeitet.

Oxide

Prasem, Smaragdquarz (Chalcedon- oder Quarzvarietät)

454

L

E

Bezeichnung vom griech. Wort *prasites* – lauchgrün gefärbter Stein abgeleitet

• Physikalische und chemische Eigenschaften kommen Chalcedon **(449)** und Quarz **(534)** sehr nahe. Er hat eine grüne bis dunkelgrüne Färbung, die von Aktinolitheinschlüssen **(413)** herrührt • Kommt an mehreren Lokalitäten vor und ist verhältnismäßig, selten; Deutschland (Erzgebirge), Österreich (Habachtal bei Salzburg), Finnland, Großbritannien (Schottland), UdSSR (Ural), Republik Südafrika u. a. • Verwendung: wird als Edelstein verarbeitet (Cabochon) sowie zu Schmuck- und Galanterieware.

Oxide

Carneol (Chalcedonvarietät)

455

L

E

Bezeichnung vom lat. Wort *corneus* – hornartig abgeleitet (Agricola, 1546)

• Physikalische und chemische Eigenschaften sind mit Chalcedon **(449)** identisch. Die Färbung ist rot bis gelbrot, ohne ausgeprägtere Texturzeichnung. Durchscheinend • Kommt an vielen Lokalitäten in der ČSFR vor (Nová Paka, Kozákov, Železnice), in Indien, Brasilien, Ägypten, Rumänien und auf der Arabischen Halbinsel • Verwendung: wird als Schmuck- und Edelstein verarbeitet (Cabochons, Platten, Gemmen).

Oxide

Sarder (Chalcedonvarietät)

456

L

E

Benannt nach der Stadt Sardes in Kleinasien

• Physikalische und chemische Eigenschaften sind mit Chalcedon **(449)** identisch. Braune, braunorange bis rotbraune Färbung. Keine Texturzeichnung, durchscheinend. Geht häufig in Carneol **(455)** über • Sarderexemplare mit hübscher Orangefärbung waren von altersher aus Kleinasien bekannt. Sardervorkommen wurde auch in der UdSSR festgestellt (Transbaikalien – Tulda-Flußgebiet) • Verwendung: wird als Edel- und Schmuckstein verarbeitet (Cabochons, Platten, Gemmen).

1. Plasma – Anschliff; ČSFR (Hrubšice). **2. Prasem** – Anschliff; UdSSR (Ural). **3. Carneol** – Anschliff; Indien. **4. Sarder** – Anschliff (Ausschnittbreite 62 mm); Brasilien (Minas Gerais).

Plasma, Prasem, Carneol, Sarder

H
6—7

Chrysopras (Chalcedonvarietät)

Oxide

457

L

E

Bezeichnung aus den griech. Wörtern *chrysos* – Gold und *prason* – Lauch zusammengesetzt

● Physikalische und chemische Eigenschaften sind mit Chalcedon **(449)** identisch. Chrysopras hat eine angenehme smaragdgrüne bis apfelgrüne Farbe, die von der Ni-Beimengung herrührt. Er ist durchscheinend bis opak.
● Behandlung: Schon bei leichter Erwärmung bzw. durch Sonnenbestrahlung verblaßt die Farbe und wird matt. Im Dunkeln aufbewahren.
● Genese: Verwitterungszonen ultrabasischer Gesteinskörper ● Paragenese: Garnierit **(157),** Serpentin **(283),** Opal **(440)** ● Vorkommen: selten; die klassische Lokalität ist Szklary in Polen, neuerdings auch Kożmice und Wiry, er kommt auch in der UdSSR vor (Ural), in den USA (Oregon, Kalifornien), Australien (Marlbrough Creek), seltener in Deutschland (St. Egidien), Brasilien (Goyaz), Tansania, Simbabwe, Republik Südafrika, Neukaledonien u. a. ● Verwendung: wird als Schmuck- und Edelstein verarbeitet (Cabochon).

Heliotrop, Blutjaspis (Chalcedonvarietät)

Oxide

458

L

E

Historische Bezeichnung, aus den griech. Wörtern *hēlios* – Sonne und *tropos* – Wendung zusammengesetzt

● Physikalische und chemische Eigenschaften sind mit Chalcedon **(449)** identisch. Er ist dunkelgrün und hat charakteristische rote bis braunrote Flecken. Undurchsichtig.
● Genese: postvulkanisch ● Paragenese: Jaspis **(459),** Plasma **(453),** Chalcedon ● Vorkommen: selten; Deutschland (bei Idar-Oberstein), ČSFR (um Kozákov), Großbritannien (Schottland), Indien (bei Bombay), Australien, Brasilien, USA, China, UdSSR (Ural), Österreich (Tirol) ● Verwendung: wird als Schmuck- und Edelstein verarbeitet (Cabochons und Plättchen).

Jaspis, Hornstein (Chalcedonvarietät)

Oxide

459

L

E

Historische Bezeichnung

● Physikalische und chemische Eigenschaften mit Chalcedon **(449)** identisch, häufig Quarz- und Opalbeimengungen. Die Färbung ist unterschiedlich (gelb, braun, rot, grün) und rührt von Chlorit-, Hämatiteinschließungen usw. her. Meist undurchsichtig, nur selten durchscheinend.
● Genese: postvulkanisch, sedimentär, metamorph ● Paragenese: Chalcedon, Achat **(450),** Quarz **(534)** u. a. ● Vorkommen: relativ häufig; Deutschland (Idar-Oberstein, Löhlbach, St. Egidien), ČSFR (Kozákov), Frankreich (Dauphiné), UdSSR (Ural), Indien (Hochland von Dekkan), Madagaskar (Kamamba), Brasilien, Ägypten, USA, Australien, Republik Südafrika u. a. ● Verwendung: wird als Edel- und Schmuckstein verarbeitet (Cabochons, Gemmen).

Kascholong (Chalcedon- u. Opalvarietät)

Oxide

460

L

Historische Bezeichnung, möglicherweise aus dem Mongolischen, wo sie soviel wie „schöner Stein" bedeutet

● Physikalische und chemische Eigenschaften mit Chalcedon **(449)** identisch. Von allen Varietäten die weichste, kreideweiße Farbe, matter bis perlmuttartiger Glanz, stark porös.
● Genese: sekundär ● Paragenese: Opal **(440),** Chalcedon **(449),** Achat **(450)** ● Vorkommen: selten; Österreich (Hüttenberg), ČSFR (Kozákov, Olomučany), sehr häufig in den mongolischen Steppen.

1. Chrysopras – Anschliff; Polen (Szklary). **2. Heliotrop** – Anschliff; ČSFR (Kozákov). **3. Jaspis** – Anschliff; UdSSR (Ural). **4. Kascholong** – Anschliff (Ausschnittbreite 120 mm); Irak (Najat).

Diaspor, Rutil, Sagenit

H
6—7

Periklas

Oxide
MgO

466

Bezeichnung von den griech. Wörtern *peri* – herum und *klasis* – Bruch abgeleitet (Scacchi, 1840)

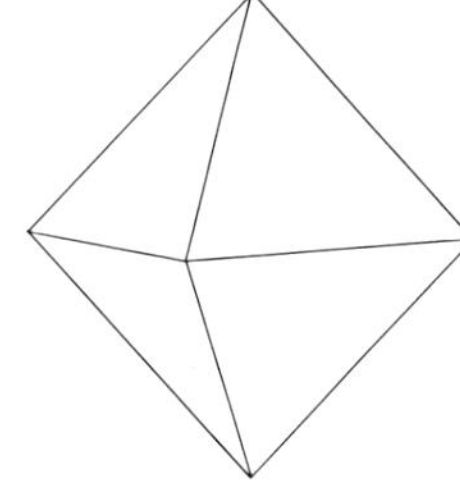

● Härte: 6 ● Strich: weiß ● Farbe: weiß, grau, grün ● Transparenz: durchsichtig, durchscheinend ● Glanz: glasig ● Spaltbarkeit: vollkommen nach /001/ ● Ausbildung: Kristalle, isometrische Körner, derb.
● Dichte: 3,7–3,9 ● Kristallsystem: kubisch ● Kristallformen: Oktaeder, Hexaeder ● Lumineszenz: manchmal hellgelb in LW ● Chemische Zusammensetzung: Mg 60,32 %, O 39,68 % ● Chemische Eigenschaften: leicht löslich in verdünnter HCl und HNO_3, schmilzt nicht ● Behandlung: Reinigung mit destilliertem Wasser.
● Genese: kontaktmetamorph ● Paragenese: Brucit **(91),** Magnesit **(302),** Olivin **(524)** u. a. ● Vorkommen: selten; Italien (Monte Somma, Predazzo), Schweden (Långban), USA (Kalifornien – Crestmore) u. a. ● Verwendung: gelegentlich als Edelsteine (Facetten, Cabochone).

Pseudobrookit

Oxide
Fe_2TiO_5

467

Bezeichnung aus dem griech. Wort *pseudos* – Trug und dem Mineralnamen Brookit zusammengesetzt (Koch, 1878)

● Härte: 6 (spröde) ● Strich: rotbraun, ockergelb ● Farbe: dunkelbraun, schwarz ● Transparenz: durchscheinend, undurchsichtig ● Glanz: halbmetallisch bis diamantartig ● Spaltbarkeit: unvollkommen nach /010/ ● Bruch: uneben, muschelig ● Ausbildung: Kristalle.
● Dichte: 4,4 ● Kristallsystem: rhombisch ● Kristallformen: prismatisch, nadelig, längliche Tafeln ● Chemische Zusammensetzung: Fe_2O_3 66,65 %, TiO_2 33,35 % ● Chemische Eigenschaften: löslich in heißer HCl, H_2SO_4 und HF, läßt sich fast nicht schmelzen ● Behandlung: Reinigung mit destilliertem Wasser ● Ähnliche Minerale: Rutil **(464),** Brookit **(353)** ● Unterscheidung: mit Röntgen und chemisch.
● Genese: magmatisch, postvulkanisch (junge Vulkangesteine) ● Paragenese: Opal **(440),** Tridymit **(461),** Hämatit **(472)** u. a. ● Vorkommen: selten; Deutschland (Katzenbuckel, Bellerberg), Rumänien (Uroi), Italien (Vesuv, Ätna), Norwegen (Havredal), Spanien (Jumilla), USA (Neumexiko – Black Range) u. a.

Bixbyit

Oxide
$(Mn,Fe)_2O_3$

468

Benannt nach dem amerikanischen Mineralogen M. Bixby (Penfield, Foote 1897)

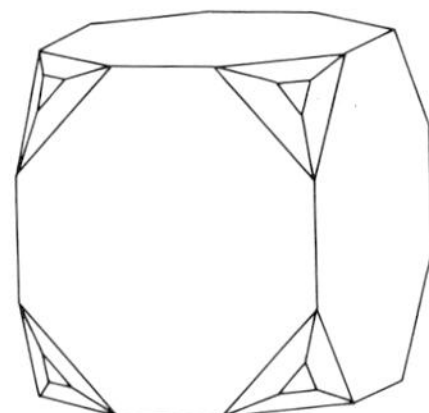

● Härte: 6,5 (spröde) ● Strich: schwarz ● Farbe: bronzeschwarz, schwarz ● Transparenz: opak ● Glanz: metallisch ● Spaltbarkeit: unvollkommen nach /111/ ● Bruch: uneben ● Ausbildung: Kristalle, derbe Aggregate.
● Dichte: 4,9–5,0 ● Kristallsystem: kubisch ● Kristallformen: Hexaeder mit intensiver Riefung, Zwillinge ● Chemische Zusammensetzung: Mn_2O_3 49,71 %, Fe_2O_3 50,29 % (bei Mn : Fe = 1 : 1) ● Chemische Eigenschaften: schwer löslich in HCl, schmilzt zu einem magnetischen Kügelchen ● Behandlung: Reinigung mit verdünnten Säuren ● Ähnliche Minerale: Jakobsit **(366),** Magnetit **(367)** ● Unterscheidung: mit Röntgen und chemisch.
● Genese: pneumatolytisch, hydrothermal, metamorph ● Paragenese: Braunit **(469),** Granat **(577),** Topas **(595)** u. a. ● Vorkommen: selten; Schweden (hübsche Kristalle in Ultevis), Argentinien (Rio Chubut), Indien (Sitapar, Chhindwara), Republik Südafrika (Postmasburg), Spanien (Ribas, Gerona), USA (Utah – Thomas Range), Mexiko u. a.

Bixbyit – idiomorpher Kristall (4 mm); USA (Utah – Thomas Range).

Bixbyit

H
6—7

Braunit (Hartmanganerz)

Oxide
$3\ Mn_2O_3 \cdot MnSiO_3$

469

Benannt nach K. Braun (1790–1872) aus Gotha (Haidinger, 1826)

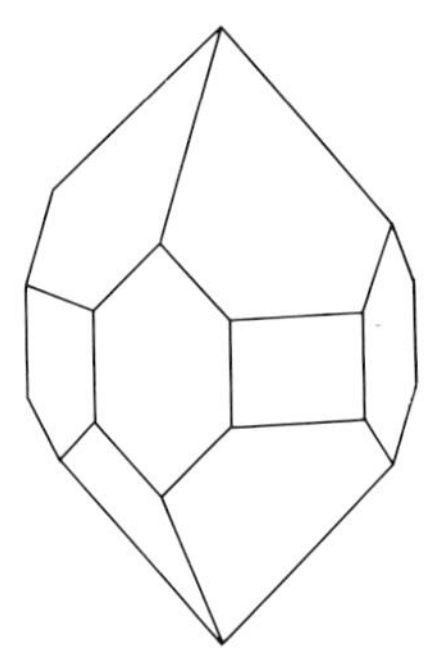

• Härte: 6–6,5 (spröde) • Strich: braunschwarz • Farbe: schwarz, braunschwarz • Transparenz: opak • Glanz: metallisch, fettig • Spaltbarkeit: vollkommen nach /101/ • Bruch: uneben, halbmuschelig • Ausbildung: Kristalle, körnige und derbe Aggregate.
• Dichte: 4,7–4,9 • Kristallsystem: tetragonal • Kristallformen: Pseudooktaeder, Doppelpyramiden • Chemische Zusammensetzung: Mn_2O_3 78,34 %, MnO 11,73 %, SiO_2 9,93 %, Beimengungen von Fe, Ca, B, Ba • Chemische Eigenschaften: löslich in HCl, HNO_3 und heißer H_2SO_4, schmilzt nicht • Behandlung: Reinigung mit destilliertem Wasser • Ähnliche Minerale: Hausmannit **(358),** Magnetit **(367),** Franklinit (470) • Unterscheidung: Magnetismus, Reaktion auf Zn.
• Genese: metamorph, hydrothermal, kontaktmetamorph, sedimentär • Paragenese: Calcit **(217),** Hausmannit, Pyrolusit **(474),** Quarz **(534)** u. a. • Vorkommen: häufig; Deutschland (Ilfeld, Ilmenau, Elgersburg), Schweden (Långban, Jakobsberg), Republik Südafrika (Postmasburg), Indien (Sitapar), USA (Texas – Mason Co.), Brasilien u. a. • Verwendung: Mn-Erz.

Franklinit

Oxide
$(Zn, Mn, Fe^{2+})(Fe^{3+}, Mn^{3+})_2O_4$

470

Benannt nach der Lokalität Franklin in New Jersey (USA) (Berthier, 1819)

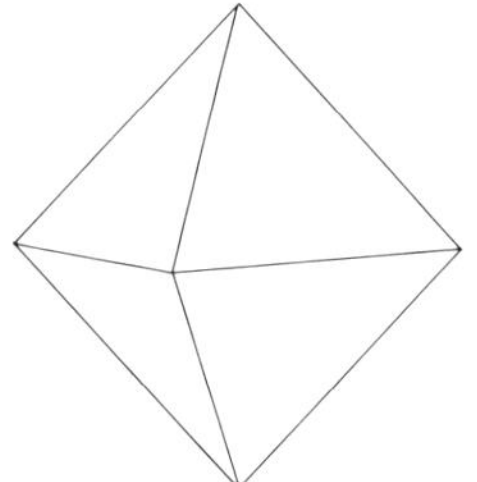

• Härte: 6–6,5 (spröde) • Strich: rotbraun • Farbe: eisenschwarz, dünne Splitter dunkelrot durchscheinend • Transparenz: opak • Glanz: metallisch, halbmetallisch • Spaltbarkeit: unvollkommen nach /111/ • Bruch: muschelig • Ausbildung: Kristalle, körnige, derbe Aggregate.
• Dichte: 5,0–5,2 • Kristallsystem: kubisch • Kristallformen: Oktaeder • Magnetismus: gelegentlich schwach • Chemische Zusammensetzung: variabel, Beimengungen von Mn • Chemische Eigenschaften: löslich in HCl, schmilzt nicht, sondern wird magnetisch • Behandlung: Reinigung mit Wasser und verdünnten Säuren außer HCl • Ähnliche Minerale: Magnetit **(367),** Chromit **(371)** • Unterscheidung: Strich, Härte, Paragenese, Reaktion auf Zn.
• Genese: kontaktmetamorph • Paragenese: Calcit **(217),** Zinkit **(296),** Willemit **(404),** Rhodonit **(531)** u. a. • Vorkommen: selten; USA (New Jersey – Mine Hill, Sterling Hill, Franklin), UdSSR (Ural) u. a.

Euxenit

Oxide
$(Y, Ce, Er, U, Th, Ca)(Nb, Ta, Ti)_2O_6$

471

R

Bezeichnung aus den griech. Wörtern *eu* – gut und *xenos* – Fremdling zusammengesetzt (Scheerer, 1847)

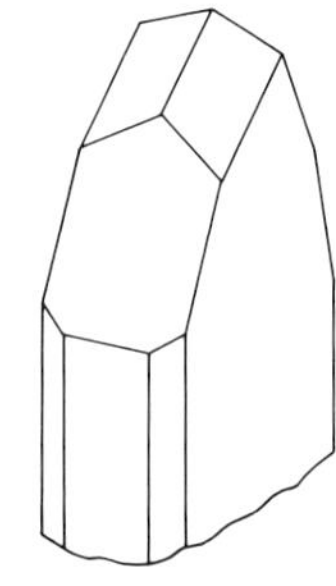

• Härte: ca. 6 (spröde) • Strich: rotbraun • Farbe: braun, schwarzbraun, gelb, olivbraun • Transparenz: durchscheinend, undurchsichtig • Glanz: fettig, halbmetallisch • Spaltbarkeit: unbekannt • Bruch: muschelig, uneben • Ausbildung: Kristalle, Körner.
• Dichte: 4,6–5,9 • Kristallsystem: rhombisch • Kristallformen: prismatisch • Radioaktivität: stark • Chemische Zusammensetzung: unbeständig und stark variabel • Chemische Eigenschaften: löslich in HF und H_2SO_4, leicht löslich in KOH, schmilzt in der Flamme nicht, sondern sprüht und leuchtet • Behandlung: Reinigung mit destilliertem Wasser.
• Genese: Pegmatite • Paragenese: Ilmenit **(365),** Monazit **(383),** Beryll **(554)** und Zirkon **(587)** • Vorkommen: selten; Norwegen (Kragerö, Hitterö, Evje, Iveland), Brasilien (Pomba), Madagaskar (Ampangabe), Finnland (Pitkäranta) u. a. • Verwendung: gelegentlich Gewinnung von seltenen Erden, U und Th.

1. Braunit – korrodierte Kristalle (bis zu 10 mm); Schweden (Langban). **2. Franklinit** – Kristalle (bis zu 2 mm) auf Calcit aufgewachsen; USA (Franklin). **3. Euxenit** – derbes Aggregat (Ausschnittbreite 58 mm); Norwegen (Evje).

Braunit, Franklint, Euxenit

H
6—7

Hämatit (Roteisenerz, Eisenglanz)

Oxide
Fe_2O_3

472

Historische Bezeichnung, vom griech. Wort *haima* – Blut abgeleitet

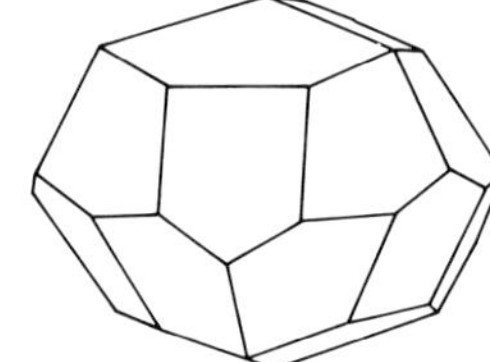

• Härte: 6,5 (erdige Formen auch Härte 1) (spröde) • Strich: kirschrot, rotbraun • Farbe: rotbraun, grauschwarz, schwarz • Transparenz: durchscheinend, opak • Glanz: metallisch, matt • Spaltbarkeit: fehlt, es existiert nur durch Zwillingsbildung bedingte Absonderung nach /0001/ und /10$\bar{1}$2/ • Bruch: muschelig • Ausbildung: Kristalle, rosettenförmige, schuppige, körnige, derbe, radialstrahlige Aggregate, geflossene Krusten, Oolithe, Pseudomorphosen. Die schuppige Varietät heißt Specularit.

• Dichte: 5,2–5,3 • Kristallsystem: trigonal • Kristallformen: Tafeln, Schuppen, Rhomboeder, Zwillinge • Magnetismus: schwach • Chemische Zusammensetzung: Fe 69,94 %, O 30,06 %, Beimengungen von Ti, Al, Mn • Chemische Eigenschaften: löslich in konzentrierter HCl, schmilzt nicht • Behandlung: Reinigung mit Wasser und verdünnter HCl • Ähnliche Minerale: Goethit **(354),** Limonit **(355),** Pyrophanit **(364),** Ilmenit **(365),** Magnetit **(367),** Chromit **(371)** • Unterscheidung: Härte, Dichte, Strich, Magnetismus, mit Röntgen und chemisch.

• Genese: magmatisch, hydrothermal, metamorph, sedimentär • Paragenese: Siderit **(306),** Limonit, Magnetit, Pyrit **(436),** Quarz **(534)** u. a. • Vorkommen: häufig; Deutschland (Lahn-Dill-Kreis, Siegerland, Elbingerode, Schleiz), Schweiz (hübsche Kristalle aus dem St. Gotthardgebiet), Österreich, Italien (Insel Elba), Schweden (große Lagerstätten in Striberg, Norberg und Blötberg), Großbritannien (Cumberland), Kanada (Wabana), Australien (Middleback Range), Liberia (Boomi Hill), Brasilien (Matto Grosso), UdSSR (Kursk, Krivoj Rog), Rumänien u. a. • Verwendung: wichtiges Fe-Erz, Schleifpulver, Farbstoff. Wird gelegentlich auch als Schmuck- und Edelstein verarbeitet (Facetten, Cabochons, Gemmen).

Specularit, Eisenglimmer (Hämatitvarietät)

Oxide

473

Bezeichnung vom lat. Wort *speculum* – Spiegel (Werner, 17879)

• Physikalische und chemische Eigenschaften stimmen mit Hämatit **(472)** überein. Feinschuppige Ausbildung, starker Metallglanz, in feinen Schuppen durchscheinend • Vorkommen: in vielen Teilen der Alpen verbreitet, dort bildet er rosettenförmige kristalline Aggregate (Eisenrosen), die bei den Mineralsammlern begehrt sind. Kommt in der Schweiz im St. Gotthardgebiet und im Binnatal vor, in Österreich im Zillertal, in der ČSFR in den hydrothermalen Gängen von Rudňany, Rožňava und Dobšiná, in Deutschland im Siegerland • Verwendung: manchmal Fe-Erz.

1. Hämatit – Gruppe von idiomorphen Kristallen (bis zu 20 mm) auf Albit; Schweiz (St. Gotthard). **2. Specularit** – schuppiges Aggregat (Ausschnittbreite 50 mm); ČSFR (Rožňava).

Hämatit, Specularit

H
6—7

Oxide
MnO_2

Pyrolusit (Weichmanganerz)

474

Bezeichnung aus den griech. Wörtern *pӯr* – Feuer und *lysis* – Auflösung zusammengesetzt (Haidinger, 1827)

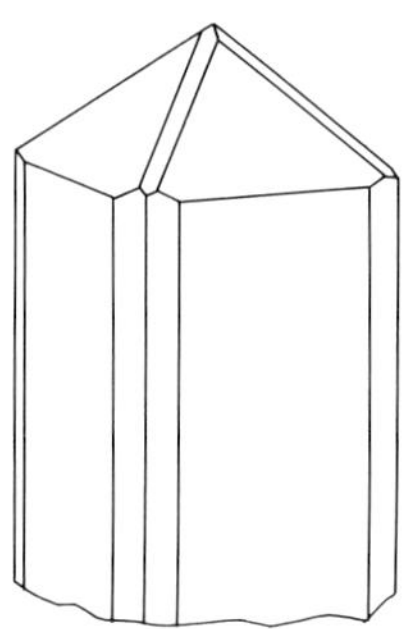

● Härte: 6–7 (Kristalle), 1–2 (erdige Formen). Spröde ● Strich: metallisch schwarz ● Farbe: grau, grauschwarz ● Transparenz: opak ● Glanz: metallisch, halbmetallisch, matt ● Spaltbarkeit: vollkommen nach /110/ und /010/ ● Bruch: uneben ● Ausbildung: Kristalle (Var. Polianit), derbe, kryptokristalline, erdige, körnige, strahlige und faserige Aggregate, Überkrustungen, Oolithe, Dendrite, Konkretionen, Pseudomorphosen, kolomorph.

● Dichte: ca. 5 ● Kristallsystem: tetragonal ● Kristallformen: prismatisch, nadelig ● Chemische Zusammensetzung: Mn 63,19 %, O 36,81 % ● Chemische Eigenschaften: löslich in konzentrierter HCl, schmilzt nicht ● Behandlung: Reinigung mit destilliertem Wasser, weiche Formen nicht reinigen ● Ähnliche Minerale: Antimonit **(51)**, Manganit **(295)**, Psilomelan **(357)** ● Unterscheidung: Härte, Strich, Dichte, mit Röntgen und chemisch.

● Genese: sekundär, Verwitterungszonen, sedimentär, auch hydrothermal ● Paragenese: Manganit, Psilomelan, Limonit **(355)**, Braunit **(469)** u. a. ● Vorkommen: häufig; Deutschland (Gänge im Siegerland, der Lindener Mark, Ilmenau, Ilfeld), Großbritannien (Cornwall – Lanlivery), Ungarn (Epleny), UdSSR (Tschiaturi, Nikopol), Brasilien (Minas Gerais), Indien, Republika Südafrika u. a. ● Verwendung: Mn-Erz, Metallurgie.

Oxide

Polianit (Pyrolusitvarietät)

475

Bezeichnung vom griech. Wort *polianos* – grau abgeleitet (Breithaupt, 1844)

● Physikalische und chemische Eigenschaften stimmen mit Pyrolusit **(474)** überein. Bildet hübsche tetragonale Kristalle mit halbmetallischem bis metallischem Glanz. Härte ca. 7, opak. Begleitet Mn-Lagerstätten ● Vorkommen: Kristalle sind bekannt aus Großbritannien (Cornwall – Lokalität Lostwithiel), ČSFR (Horní Blatná), Deutschland (Schneeberg, bei Gießen und Hornhausen) u. a.

Oxide
$MgFe_2O_4$

Magnesioferrit

476

Benannt nach der chemischen Zusammensetzung (Rammelsberg, 1859)

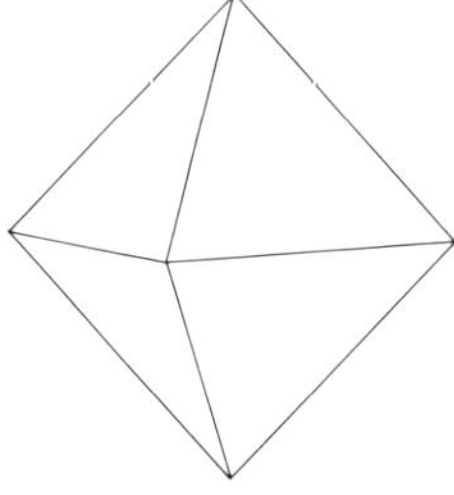

● Härte: 6–6,5 ● Strich: dunkelrot ● Farbe: schwarz ● Transparenz: opak ● Glanz: metallisch ● Spaltbarkeit: fehlt ● Bruch: uneben, halbmuschelig ● Ausbildung: Kristalle, körnige Aggregate.

● Dichte: 4,6–4,7 ● Kristallsystem: kubisch ● Kristallformen: Oktaeder, Zwillinge ● Magnetismus: stark ● Chemische Zusammensetzung: MgO 20,15 %, Fe_2O_3 79,85 % ● Chemische Eigenschaften: löslich in HCl ● Behandlung: Reinigung mit destilliertem Wasser ● Ähnliche Minerale: Magnetit **(367)** ● Unterscheidung: Härte, Dichte, Strich.

● Genese: postvulkanisch, kontaktmetasomatisch ● Paragenese: Chlorit **(158)**, Aktinolith **(413)**, Hämatit **(472)** u. a. ● Vorkommen: selten; Deutschland (Kaiserstuhl), Italien (Vesuv, Stromboli), Frankreich (Puy de Dôme), Schweden, USA (Arkansas – Magnet Cove) u. a.

Pyrolusit – radialstrahlige Aggregate (15 mm); Deutschland (Ilfeld).

Pyrolusit

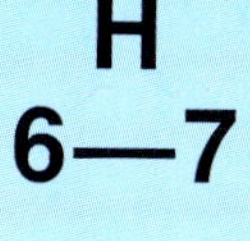

Niobit

Oxide
$(Fe, Mn)Nb_2O_6$

477

Benannt nach der chemischen Zusammensetzung (Haidinger, 1845)

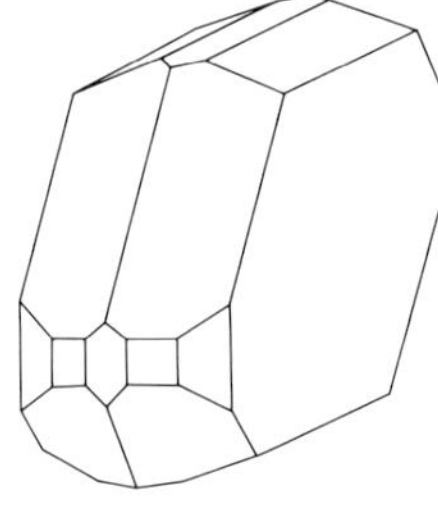

• Härte: 6 (spröde) • Strich: dunkelrot, bräunlich • Farbe: braunschwarz, schwarz • Transparenz: undurchsichtig, durchscheinend • Glanz: fettig, matt • Spaltbarkeit: deutlich nach /100/ • Bruch: muschelig • Ausbildung: Kristalle, derbe Massen.
• Dichte: 5,2 • Kristallsystem: rhombisch • Kristallformen: tafelig, prismatisch • Magnetismus: paramagnetisch • Radioaktivität: manchmal, je nach Beimengung • Chemische Zusammensetzung: unbeständig, ist Endglied der isomorphen Mischungsreihe Niobit – Columbit – Tantalit • Chemische Eigenschaften: begrenzt in heißer H_2SO_4 löslich, schmilzt nicht • Behandlung: Reinigung mit Wasser und verdünnten Säuren • Ähnliche Minerale: Columbit **(478),** Tantalit **(479)** • Unterscheidung: chemisch.
• Genese: Pegmatite • Paragenese: Spodumen **(502),** Kassiterit **(548),** Beryll **(554),** Topas **(595)** u. a. • Vorkommen: selten; kommt in reiner Form fast überhaupt nicht vor, geht in Columbit über • Verwendung: Nb-Rohstoff.

Columbit

Oxide
$(Fe, Mn)(Nb, Ta)_2O_6$

478

Benannt nach der alten Bezeichnung für Nb (Columbium) (Hatchett, 1802)

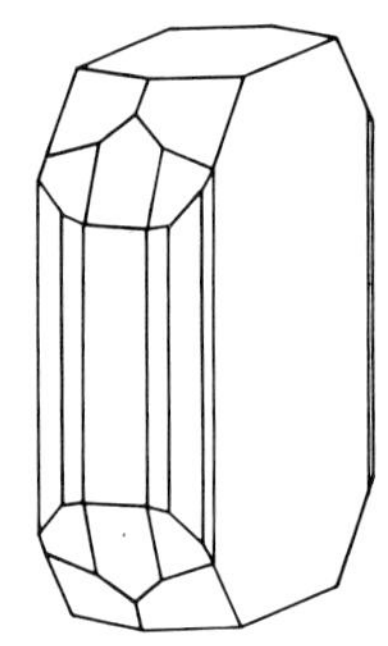

• Härte: 6 (spröde) • Strich: braun, braunschwarz • Farbe: braunschwarz, schwarz • Transparenz: undurchsichtig • Glanz: glasig, fettig, halbmetallisch • Spaltbarkeit: gut nach /010/, unvollkommen nach /100/ • Bruch: uneben, muschelig • Ausbildung: Kristalle (gerieft), körnige Aggregate, Rollstücke.
• Dichte: 5,2–6,0 • Kristallsystem: rhombisch • Kristallformen: prismatisch, tafelig • Radioaktivität: je nach Beimengung radioaktiv • Chemische Zusammensetzung: Mittelglied der isomorphen Mischungsreihe Niobit – Tantalit • Chemische Eigenschaften: wie Niobit **(477)** • Behandlung: Reinigung mit Wasser und verdünnten Säuren • Ähnliche Minerale: Wolframit **(369),** Ferberit **(370),** Niobit, Tantalit **(479),** Tapiolit **(480)** • Unterscheidung: Härte, Dichte, Strich, mit Röntgen und chemisch.
• Genese: Pegmatite, Anschwemmungen • Paragenese: wie Niobit • Vorkommen: häufig; Deutschland (Hagendorf), Schweden (Varuträsk), Norwegen (Ulefoss), UdSSR (Mias), Moçambique (große Kristalle in Ribaue), Ruanda (M'Buye Mine), Brasilien (Picui, Parelhas), Bolivien (La Verde Mine – bis zu 500 kg schwere Kristalle), Grönland, Australien • Verwendung: wichtiger Rohstoff für Nb und Ta.

Tantalit

Oxide
$(Fe, Mn)Ta_2O_6$

479

Benannt nach der Zusammensetzung (Ekeberg, 1802)

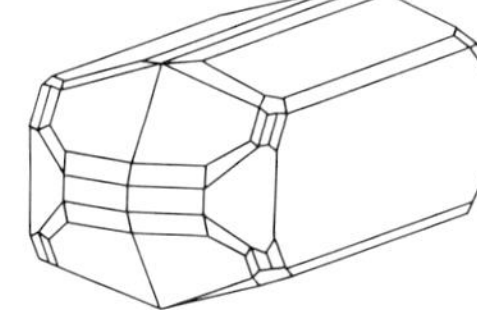

• Härte: 6–6,5 (spröde) • Strich: braun • Farbe: schwarz, braun • Transparenz: undurchsichtig • Glanz: fettig, halbmetallisch • Spaltbarkeit: unvollkommen nach /100/ • Bruch: uneben, muschelig • Ausbildung: Kristalle, derb, eigensprengt.
• Dichte: 8,1 • Kristallsystem: rhombisch • Kristallformen: prismatisch, Tafeln • Radioaktivität: je nach Beimengung radioaktiv • Chemische Zusammensetzung: unbeständig, Endglied der isomorphen Mischungsreihe Niobit – Columbit – Tantalit • Chemische Eigenschaften: wie Niobit **(477)** • Behandlung: Reinigung mit Wasser und verdünnten Säuren • Ähnliche Minerale: Allanit **(410),** Niobit, Columbit **(478)** • Unterscheidung: chemisch.
• Genese: Pegmatite, Anschwemmungen • Paragenese: wie Niobit • Vorkommen: selten; Deutschland (Bodenmais), USA (Süddakota – Custer Co., Pennington Co.), auch aus Brasilien, Finnland, Australien, Schweden, Simbabwe bekannt • Verwendung: Ta-Rohstoff.

1. Columbit – idiomorpher Kristall (11 mm); Grönland (Ivigtut). **2. Tantalit** – eingewachsener Kristall (12 mm); Finnland (Turku).

Columbit, Tantalit

H
6—7

Tapiolit

Oxide
$(Fe, Mn)(Ta, Nb)_2O_6$

480

Benannt nach dem Gott Tapio aus der finnischen Mythologie (Nordenskjöld, 1863)

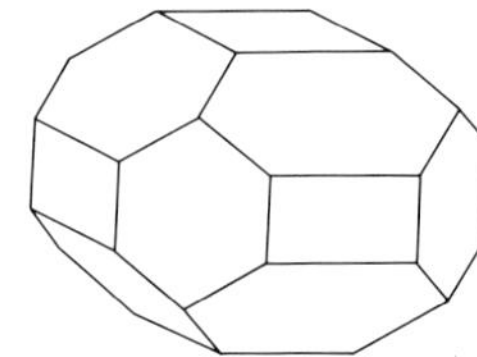

• Härte: 6 (spröde) • Strich: braun • Farbe: schwarz • Transparenz: opak • Glanz: stark metallisch • Spaltbarkeit: unvollkommen • Bruch: uneben, muschelig • Ausbildung: Kristalle, körnige Aggregate, Rollstücke.
• Dichte: 7,3–8,0 • Kristallsystem: tetragonal • Kristallformen: prismatisch, Zwillinge • Radioaktivität: einige Varietäten • Chemische Zusammensetzung: unbeständig • Chemische Eigenschaften: säureunlöslich, schmilzt nicht • Behandlung: Reinigung mit verdünnten Säuren • Ähnliche Minerale: Columbit **(478)** • Unterscheidung: Vorhandensein von Zwillingsverwachsungen, mit Röntgen.
• Genese: Pegmatite, Seifen • Paragenese: Tantalit **(479),** Beryll **(554)** u. a. • Vorkommen: selten; Finnland (Sukkula), Österreich (Spittal), Italien (Cresciano), Zaire (Punia – Kristalle), Brasilien, Marokko, Sri Lanka, UdSSR, USA u. a.

Thorianit

Oxide
ThO_2

481

Benannt nach der chemischen Zusammensetzung (Dunstan, 1904)

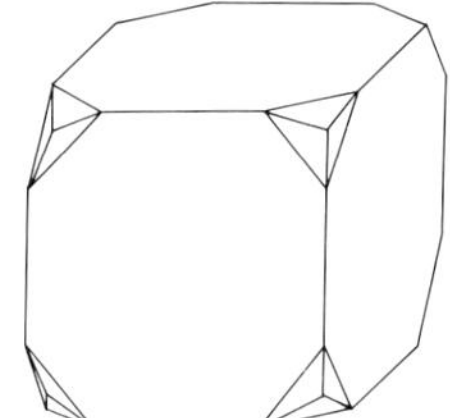

• Härte: ca. 6 (spröde) • Strich: schwarz • Farbe: braun, schwarz • Transparenz: opak • Glanz: halbmetallisch, pechartig • Spaltbarkeit: unvollkommen • Bruch: uneben, muschelig • Ausbildung: Kristalle, Rollstücke.
• Dichte: ca. 10 • Kristallsystem: kubisch • Kristallformen: hexaedrisch, oktaedrisch • Radioaktivität: stark • Chemische Zusammensetzung: ThO_2 100 %, konstante Beimengungen UO_2, UO_3 und U_3O_8 • Chemische Eigenschaften: löslich in H_2SO_4 und HNO_3, schmilzt nicht, sondern zerspritzt • Behandlung: Reinigung mit destilliertem Wasser • Ähnliche Minerale: Uraninit **(482)** • Unterscheidung: mit Röntgen und chemisch.
• Genese: Pegmatite, Karbonatite, Seifen • Paragenese: Apatit **(379),** Monazit **(383),** Zirkon **(587)** u. a. • Vorkommen: selten; in Seifen auf Sri Lanka, Madagaskar, in der UdSSR.

Uraninit (Pechblende)

Oxide
UO_2

482

Benannt nach der chemischen Zusammensetzung (Born, 1772)

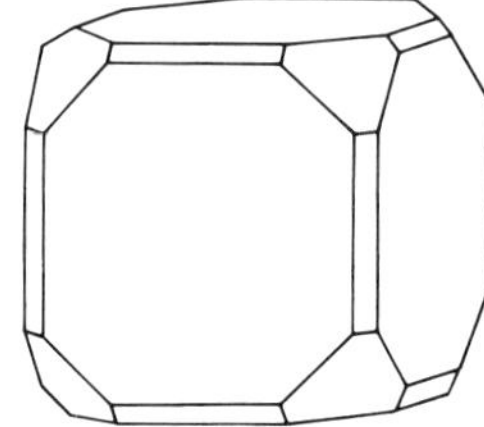

• Härte: 6 (spröde), umgewandelte Uraninite 3–5 • Strich: braun, grau, grün • Farbe: schwarz, grau, grünlich • Transparenz: opak • Glanz: fettig, matt, halbmetallisch • Spaltbarkeit: unvollkommen • Bruch: muschelig • Ausbildung: Kristalle, derbe, dichte, erdige, nierige und körnige Aggregate.
• Dichte: 10,6 (derb 7,5–9) • Kristallsystem: kubisch • Kristallformen: selte, hexaedrisch, oktaedrisch • Radioaktivität: stark • Chemische Zusammensetzung: U 86,86 %, O 13,14 %, Beimengungen von Th, Pb, Ra, Ac, Po, Zr • Chemische Eigenschaften: löslich in HNO_3, H_2SO_4, weniger in HCl, schmilzt nur an den Kornrändern • Behandlung: Reinigung mit Wasser und verdünnter HCl • Ähnliche Minerale: Psilomelan **(357),** Thorianit **(481)** • Unterscheidung: Radioaktivität, mit Röntgen und chemisch.
• Genese: Pegmatite, hydrothermal, sedimentär, kontaktmetasomatisch • Paragenese: Molybdänit **(8),** Wismut **(48),** Galenit **(77),** Dolomit **(218)** u. a. • Vorkommen: häufig; Deutschland (Wittichen, Wölsendorf, Schneeberg, Annaberg, Aue), ČSFR (Jáchymov, Příbram), Frankreich (La Crouzille), Norwegen (Moss), Schweden (Stackebo), USA (Süddakota), Tansania (Uluguru), Zaire (Shinkolobwe), Republik Südafrika (Witwatersrand), Kanada, Australien u. a. • Verwendung: U-Erz, Ra-Erz.

1. Thorianit – freie Kriställchen (bis zu 5 mm); Sri Lanka (Balangoda). **2. Uraninit** – nieriges Aggregat (Ausschnittbreite 37 mm); ČSFR (Jáchymov).

2

Petalit (Kastor)

Silikate
$Li[AlSi_4O_{10}]$

483

Bezeichnung vom griech. Wort *petalon* – Blatt abgeleitet (d'Andrada, 1800)

• Härte: 6,5 • Strich: weiß • Farbe: farblos, weiß, grau, rötlich • Transparenz: durchsichtig, durchscheinend • Glanz: glasig • Spaltbarkeit: vollkommen nach /001/, gut nach /201/ • Bruch: muschelig • Ausbildung: Kristalle, derbe Aggregate.
• Dichte: 2,4 • Kristallsystem: monoklin • Kristallformen: prismatisch, tafelig, Zwillinge • Lumineszenz: orange, weiß, gelb • Chemische Zusammensetzung: Li_2O 4,9 %, Al_2O_3 16,7 %, SiO_2 78,4 % • Chemische Eigenschaften: säureunlöslich, schmilzt nur schwer zu einem trüben Kügelchen, färbt die Flamme rot • Behandlung: Reinigung mit Wasser und verdünnten Säuren • Ähnliche Minerale: Amblygonit **(377)** • Unterscheidung: Härte, Spaltbarkeit, Dichte, mit Röntgen.
• Genese: Pegmatite • Paragenese: Lepidolith **(169),** Spodumen **(502),** Turmalin **(564)** u. a. • Vorkommen: selten; Italien (Insel Elba), Schweden (Varuträsk), Namibia (Karibib), Simbabwe (Bikita), Peru, USA, Brasilien, Australien • Verwendung: Li-Gewinnung, gelegentlich als Edelstein.

Milarit

Silikate
$KCa_2AlBe_2[Si_{12}O_{30}] . H_2O$

484

Benannt nach der angeblichen Fundstele Val Milar (Schweiz)
(Kenngott, 1870)

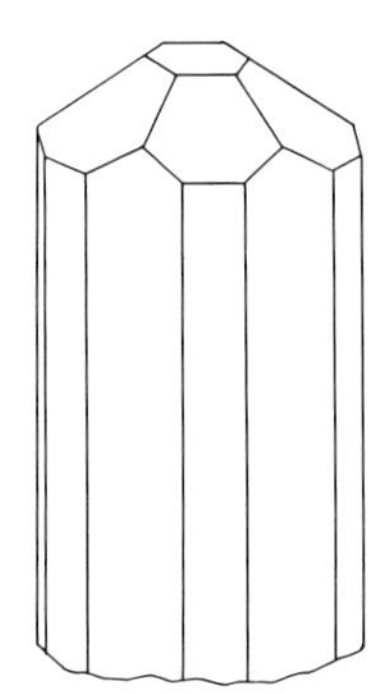

• Härte: 6 (spröde) • Strich: weiß • Farbe: farblos, gelblich, grünlich • Transparenz: durchsichtig, durchscheinend • Glanz: glasig • Spaltbarkeit: unvollkommen • Bruch: muschelig • Ausbildung: Kristalle, körnig.
• Dichte: 2,52 • Kristallsystem: hexagonal • Kristallformen: prismatisch • Chemische Zusammensetzung: K_2O 4,81 %, CaO 11,44 %, BeO 5,10 %, Al_2O_3 4,05 %, SiO_2, 73,45 %, H_2O 1,15 % • Chemische Eigenschaften: schwach löslich in HCl, schmilzt zu schwammigem Glas • Behandlung: Reinigung mit Wasser • Ähnliche Minerale: Apatit **(379),** Beryll **(554)** • Unterscheidung: Härte, Löslichkeit in HCl, Schmelzen.
• Genese: Pegmatite, hydrothermal • Paragenese: Apatit, Adular **(487)** u. a. • Vorkommen: selten; Deutschland (Tittling, Henneberg), ČSFR (Věžná), Schweiz (Val Giuf), Norwegen (Tysfjord), Namibia (Swakopmund – Edelsteinqualität), UdSSR (Kola), Mexiko • Verwendung: vereinzelt als Edelstein.

Bertrandit

Silikate
$Be_4[(OH)_2|Si_2O_7]$

485

Benannt nach dem französischen Mineralogen E. Bertrand
(Damour, 1883)

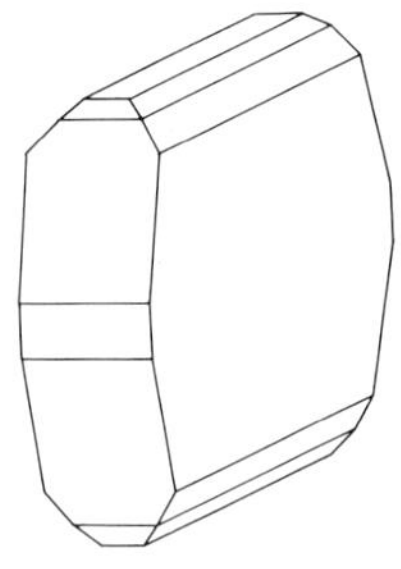

• Härte: 6,5–7 (spröde) • Strich: weiß • Farbe: farblos, hellgelb • Transparenz: durchsichtig, durchscheinend • Glanz: glasig, perlmuttartig • Spaltbarkeit: vollkommen nach /001/, gut nach /110/ und /101/ • Bruch: muschelig • Ausbildung: Kristalle, körnige Aggregate, Pseudomorphosen nach Beryll **(554).**
• Dichte: 2,6 • Kristallsystem: rhombisch • Kristallformen: Tafeln, Prismen, Zwillinge • Chemische Zusammensetzung: BeO 42,02 %, SiO_2 50,42 %, H_2O 7,56 % • Chemische Eigenschaften: löslich in HF und H_2SO_4, teilweise in HCl, schmilzt nicht, sondern wird matt • Behandlung: Reinigung mit Wasser • Ähnliche Minerale: Albit **(493)** • Unterscheidung: Härte, Säurelöslichkeit.
• Genese: Pegmatite, pneumatolytisch, hydrothermal • Paragenese: Bavenit **(399),** Beryll u. a. • Vorkommen: selten; Deutschland (Henneberg), ČSFR (Písek), Norwegen (Iveland), Frankreich (Nantes), Schweiz (St. Gotthard), USA (Maine, Virginia), Australien u. a. • Verwendung: gelegentlich Be-Gewinnung.

1. Milarit – langsäulige Kristalle (bis zu 6 mm); Schweiz (Val Giuf). **2. Petalit** – Aggregat (Ausschnittbreite 30 mm); ČSFR (Nová Ves). **3. Bertrandit** – idiomorpher Kristall (3 mm); ČSFR (Maršíkov).

Milarit, Petalit, Bertrandit

Orthoklas

$K[AlSi_3O_8]$

486

Bezeichnung aus den griech. Wörtern *orthos* – gerade u. *klasis* – Bruch zusammengesetzt (Breithaupt, 1823)

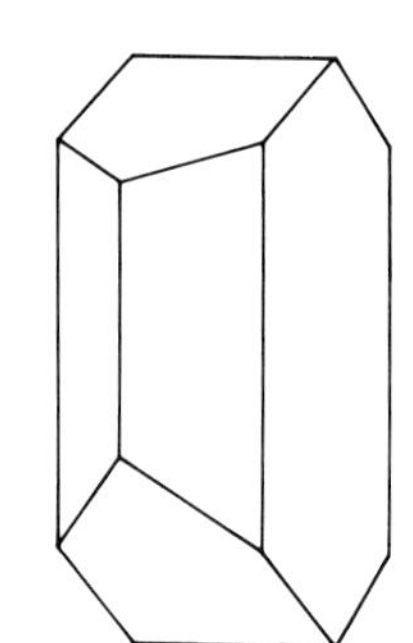

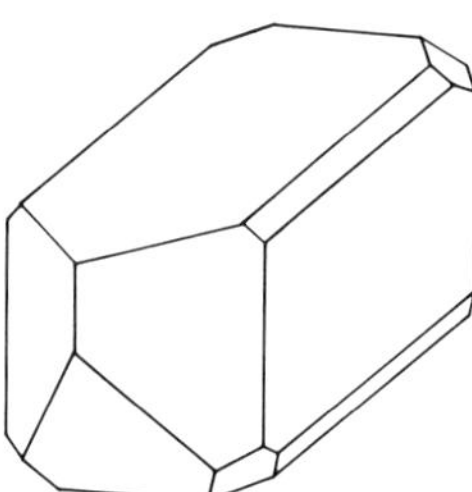

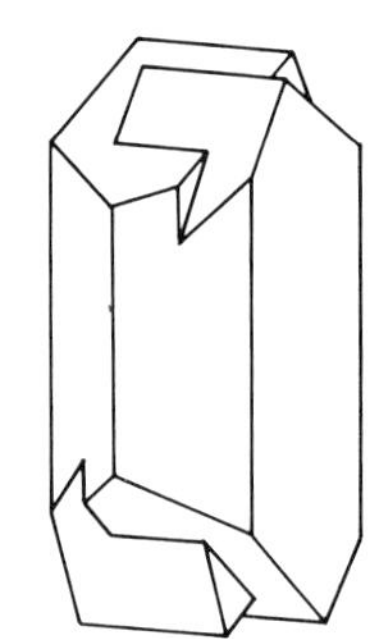

• Härte: 6 (spröde) • Strich: weiß • Farbe: farblos, weiß, gelblich, bräunlich, rötlich, manchmal mit bläulichem Schiller (sog. Mondstein) • Transparenz: durchsichtig, durchscheinend • Glanz: glasig, perlmuttartig • Spaltbarkeit: vollkommen nach /001/, gut nach /010/ • Bruch: uneben, muschelig bis splittrig • Ausbildung: Kristalle, Stücke, körnige, oft auch grobkörnige Aggregate, bildet oft typische Verwachsungen mit Quarz in keilschriftähnlicher Ausbildung (sog. Schriftgranit).

• Dichte: 2,53–2,56 • Kristallsystem: monoklin • Kristallformen: prismatisch, grobtafelig, sehr häufig Zwillingsbildungen nach verschiedenen Gesetzen • Lumineszenz: manchmal gelb, cremefarben, weiß, grünlich • Chemische Zusammensetzung: K_2O 16,93 %, Al_2O_3 18,35 %, SiO_2 64,72 %, Beimengungen von Fe, Na, Rb, Ca • Chemische Eigenschaften: löslich in HF Alkalien, schwierig zu schmelzen • Behandlung: Reinigung mit Wasser und verdünnten Säuren • Ähnliche Minerale: Mikroklin **(490),** Plagioklase **(492)** • Unterscheidung: optisch, mit Röntgen und chemisch.

• Genese: magmatisch, pegmatitisch, hydrothermal • Paragenese: Glimmer, Plagioklase, Quarz **(534)** • Vorkommen: sehr häufig; eines der verbreitetsten gesteinsbildenden Minerale, kommt in Graniten, Granodioriten, Syentiten, Rhyolithen, in vielen kristallinen Schiefern (vor allem in Gneisen), Arkosen usw. vor. Orthoklas ist auch wesentlicher Bestandteil mancher großer Pegmatitkörper, kommt auf alpinen Klüften und manchen Erzgängen vor. Fundorte: ČSFR (in der Karlsbader Gegend kommen durch Granitverwitterung die hübschen, sog. Karlsbader Zwillinge zustande), Polen (bekannt aus den Pegmatiten in Strzegom), UdSSR (Transbaikalien), Italien (Insel Elba – St. Pietro, Baveno), Deutschland (Hagendorf) u. a. Orthoklase mit Edelsteinqualität kommen aus Madagaskar (Itrongay – durchsichtige gelbe Kristalle von eisenhaltigem Orthoklas), aus den Kiesen von Sri Lanka, aus Nordburma, Südindien, Tansania, aus den USA (Virginia – Oliver), kommen auch in Brasilien und Australien vor • Verwendung: Keramik- und Glasindustrie, wird gelegentlich als Edelstein verarbeitet (Facetten, Cabochons).

Orthoklas – Kristalldruse (Größter Kristall 28 mm); Italien (Baveno).

Orthoklas

H
6—7

Adular (Orthoklasvarietät)

487

L

E

Benannt nach dem Berg Adula in Österreich (Pini, 1783)

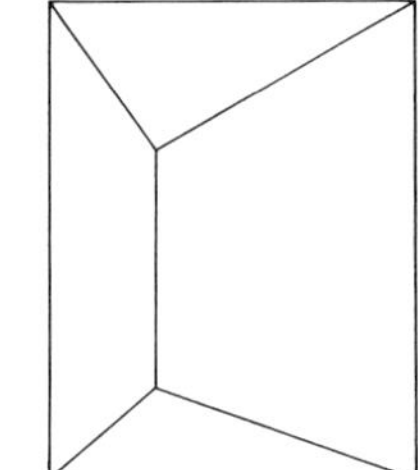

• Physikalische und chemische Eigenschaften stimmen mit Orthoklas überein. Er ist farblos, manchmal mit einem gelblichen oder bläulichen Ton, durchsichtig und hat einen starken Glasglanz.

• Genese: hydrothermal, auf alpinen Klüften • Paragenese: Chlorite **(158),** Titanit **(430),** Albit **(493),** Quarz **(534)** • Vorkommen: selten; bekannt von vielen Lokalitäten in den Alpen – Schweiz (St. Gotthardgebiet, Val Cristallina – Kristalle bis zu 25 cm, Val Medel, Maderanertal), Österreich (Zillertal,, Habachtal), Frankreich (Val d'Isère), kommt auf Erzgängen in Rumänien (Cavnic), Mexiko (Grube Valenciana) u. a. vor • Verwendung: gelegentlich als Edelstein (Facetten, Cabochons).

Silikate

Sanidin

$K[AlSi_3O_8]$

488

E

Bezeichnung aus den griech. Wörtern *sanis* – Tafel und *idos* – sehen zusammengesetzt (Nose, 1808)

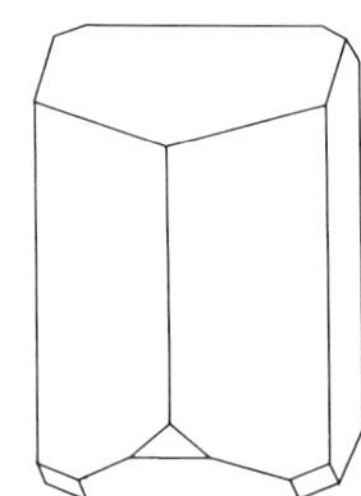

• Härte: 6 (spröde) • Strich: weiß • Farbe: grau, gelblich, rötlich • Transparenz: durchsichtig, durchscheinend • Glanz: glasig, perlmuttartig • Spaltbarkeit: vollkommen nach /001/ und /010/ • Bruch: uneben, muschelig • Ausbildung: Kristalle.

• Dichte: 2,5 • Kristallsystem: monoklin • Kristallformen: Tafeln, Zwillinge • Chemische Zusammensetzung: wie Orthoklas **(486)** • Behandlung: Reinigung mit Wasser und verdünnten Säuren • Ähnliche Minerale: Orthoklas, Plagioklas **(492)** • Unterscheidung: optisch, chemisch und mit Röntgen.

• Genese: magmatisch – hochthermal (in Eruptivgesteinen – Trachyte) • Paragenese: Biotit **(167),** Nephelin **(397),** Quarz **(534)** • Vorkommen: stellenweise reichlich; Deutschland (Kaiserstuhl, Drachenfels), Italien (Pantelleria), UdSSR (Kaukasus), ČSFR (České Středohoří) • Verwendung: gelegentlich als Edelstein.

Silikate

Hyalophan

$(K, Ba)\ [(Al, Si)_2Si_2O_8]$

489

Bezeichnung aus den griech. Wörtern *hyalos* – Glas und *phanos* – scheinen zusammengesetzt (Waltershausen, 1855)

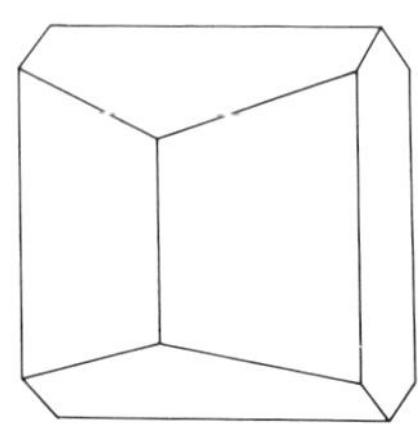

• Härte: 6–6,5 (spröde) • Strich: weiß • Farbe: farblos, weiß, gelb • Transparenz: durchsichtig, durchscheinend • Glanz: glasig • Spaltbarkeit: vollkommen nach /001/ • Bruch: uneben, muschelig • Ausbildung: Kristalle, derb, dicht.

• Dichte: 2,6–2,8 • Kristallsystem: monoklin • Kristallformen: prismatisch, rhomboedrisch • Chemische Zusammensetzung: variabel • Chemische Eigenschaften: schmilzt nur schwer zu blasigem Glas, in Säuren fast unlöslich • Behandlung: Reinigung mit Wasser und verdünnten Säuren • Ähnliche Minerale: Adular **(487)** • Unterscheidung: Dichte, mit Röntgen und chemisch.

• Genese: magmatisch, kontaktmetasomatisch • Paragenese: Dolomit **(218),** Skapolith **(398)** u. a. • Vorkommen: selten; Schweiz (Imfeld), Schweden (Jakobsberg), UdSSR (Sljudjanka), Namibia (Otjosondu), Japan (Kaso Mine).

1. Adular – Kristalldruse; Schweiz (Val Medel). **2. Hyalophan** – Kristalldruse (größter Kristall 5 mm) mit Pyrit auf Quarz; Schweiz (Binnatal).

Adular, Hyalophan

H
6—7

Mikroklin

Silikate
$K[AlSi_3O_8]$

490

Bezeichnung aus den griech. Wörtern *mikron* – klein u. *klinein* – sich neigen zusammengesetzt (Breithaupt, 1830)

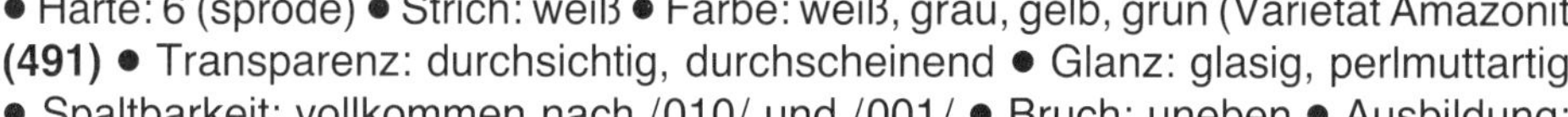

• Härte: 6 (spröde) • Strich: weiß • Farbe: weiß, grau, gelb, grün (Varietät Amazonit **(491)** • Transparenz: durchsichtig, durchscheinend • Glanz: glasig, perlmuttartig • Spaltbarkeit: vollkommen nach /010/ und /001/ • Bruch: uneben • Ausbildung: Kristalle, körnige und derbe Aggregate.

• Dichte: 2,5–2,6 • Kristallsystem: triklin • Kristallformen: kurzprismatisch, tafelig, Zwillinge • Lumineszenz: manchmal blauweiß • Chemische Zusammensetzung: wie Orthoklas **(486)** • Chemische Eigenschaften: wie Orthoklas • Behandlung: Reinigung mit Wasser und verdünnten Säuren • Ähnliche Minerale: Orthoklas, Plagioklas **(492)** • Unterscheidung: optisch, mit Röntgen.

• Genese: magmatisch, Pegmatite, metamorph, hydrothermal • Paragenese: Muskovit **(165),** Biotit **(167),** Orthoklas, Quarz **(534)** u. a. • Vorkommen: häufig; Deutschland (Hagendorf, Epprechtstein), Norwegen (Iveland, Tysfjord), Finnland (Kaatiala), Polen (Strzegom), UdSSR (Ural – Miass, Halbinsel Kola, Ukraine – Wolhynien), USA (in den Bundesstaaten Maine, New Hampshire, Kalifornien, Süddakota u. a.), Mexiko, Brasilien, Indien, Japan, Madagaskar, Korea u. a. • Verwendung: Keramik-und Glasherstellung, wird gelegentlich als Edelstein verarbeitet (Cabochon).

Amazonit (Mikroklinvarietät)

Silikate

491

Benannt nach dem Amazonasstrom in Südamerika (Breithaupt, 1847)

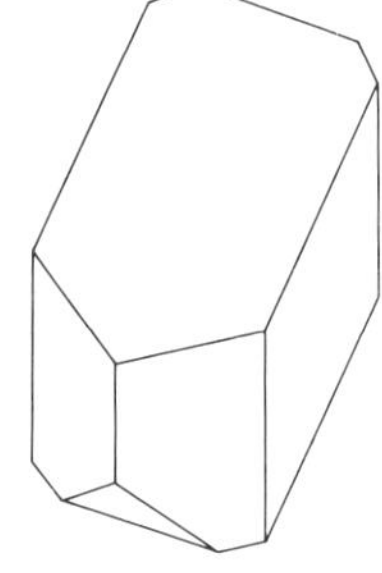

• Physikalische und chemische Eigenschaften stimmen mit Mikroklin überein. Farbe grün bis blaugrün, beim Glühen verschwindet die grüne Farbe. Durchscheinend bis undurchsichtig • Lumineszenz: graugrün.

• Genese: magmatisch, pegmatitisch • Paragenese: Mikroklin **(490),** Quarz **(534)** • Vorkommen: selten; Österreich (in den Pegmatiten der Pack-Alpe), USA (Colorado – hübsche große Kristalle auf der Lagerstätte Pikes Peak, Virginia – die Amazoniten aus Amelia Court House haben Edelsteinqualität), Kanada (Ontario – Renfrew Co.), UdSSR (Ural – bei Mias, Halbinsel Kola), Brasilien, Madagaskar, Moçambique, Namibia, Indien. Amazonit wurde auch aus Deutschland (Pechstein bei Zwickau) beschrieben • Verwendung: wird von altersher als Schmuck- und Edelstein verarbeitet.

1. Mikroklin – spaltiges Aggregat (Ausschnittbreite 56 mm); Polen (Strzegom). **2. Amazonit** – Gruppierung säuliger Kristalle (bis zu 30 mm); USA (Pikes Peak).

Mikroklin, Amazonit

H
6—7

Plagioklase
(Sammelbezeichnung für Na-Ca-Feldspate)

492

Bezeichnung von den griech. Wörtern *plagios* – schräg u. *klasis* – Bruch abgeleitet (Breithaupt, 1847)

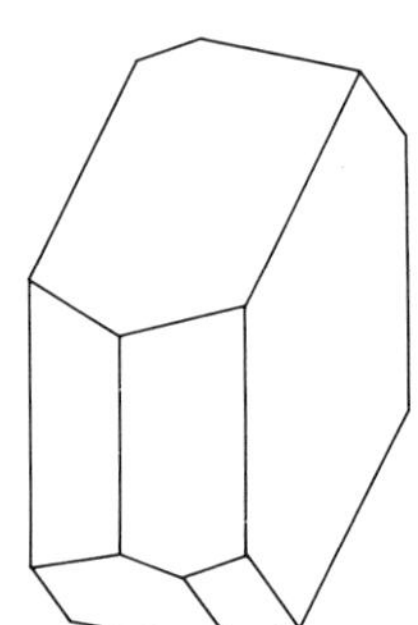

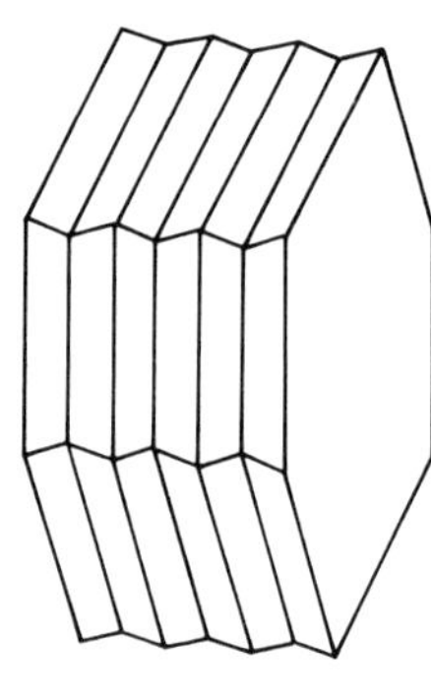

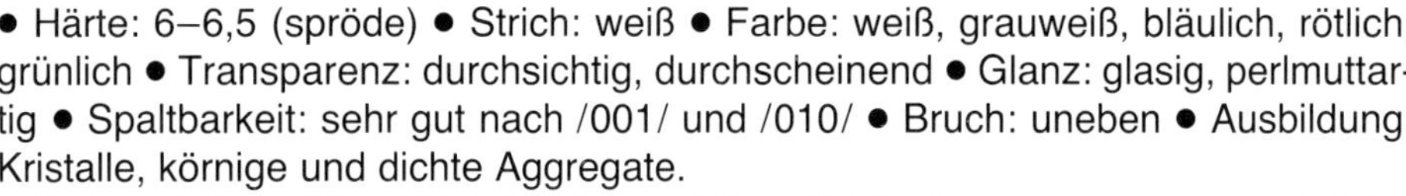

• Härte: 6–6,5 (spröde) • Strich: weiß • Farbe: weiß, grauweiß, bläulich, rötlich, grünlich • Transparenz: durchsichtig, durchscheinend • Glanz: glasig, perlmuttartig • Spaltbarkeit: sehr gut nach /001/ und /010/ • Bruch: uneben • Ausbildung: Kristalle, körnige und dichte Aggregate.
• Dichte: 2,61–2,76 • Kristallsystem: triklin • Kristallformen: prismatisch, tafelig, häufig Zwillinge • Chemische Zusammensetzung: Mischung zwischen $Na[AlSi_3O_8]$ (Albit) und $Ca[Al_2Si_2O_8]$ (Anorthit):

Mineral:	Anteil Ab u. An	Na_2O	CaO	Al_2O_3	SiO_2	Dichte
		in %				
Albit (Ab)	Ab_{100}	11,8	—	19,5	68,7	2,61
Oligoklas	$Ab_{80}An_{20}$	9,5	4,0	22,9	63,6	2,64
Andesin	$Ab_{60}An_{40}$	7,1	8,1	26,3	58,5	2,67
Labradorit	$Ab_{40}An_{60}$	4,7	12,1	29,8	53,4	2,70
Bytownit	$Ab_{20}An_{80}$	2,4	16,1	33,2	48,3	2,73
Anorthit (An)	An_{100}	—	20,1	35,6	44,3	2,76

• Chemische Eigenschaften: läßt sich nur schwierig zu Glas schmelzen, färbt die Flamme gelb (Na), säureunlöslich (ausgenommen Anorthit **(498)** • Behandlung: Reinigung mit Wasser und verdünnten Säuren, Anorthit nur mit destilliertem Wasser • Ähnliche Minerale: Amblygonit **(377),** Skapolith **(398),** Gehlenit **(405),** Melilith **(406),** Orthoklas **(486),** Sanidin **(488),** Mikroklin **(490)** • Unterscheidung: Härte, Dichte, Säurelöslichkeit, mit Röntgen, optisch, chemisch.
• Genese: magmatisch, Pegmatite, auf alpinen Klüften, Meteoriten • Paragenese: Muskovit **(165),** Biotit **(167),** Orthoklas, Quarz **(534)** • Vorkommen: weit verbreitete gesteinsbildende Minerale, bilden wesentliche Bestandteile von Graniten, Granodioriten, Dioriten, Gabbro, Basalten, Andesiten u. a. Plagioklase bilden oft große Pegmatitkörper, während in den alpinen Klüften vor allem Albit **(493)** auftritt. Nur selten bilden die Minerale der Plagioklasgruppe hübsche Kristalle oder gar Kristalldrusen aus. Angaben über das Vorkommen befinden sich in den Beschreibungen der einzelnen Minerale • Verwendung: in geringerem Umfang in der Keramikindustrie, einige Minerale der Gruppe dienen als Schmucksteine, nur ganz vereinzelt als Edelsteine.

Albit

Silikate
$Na(AlSi_3O_8)$

493

Bezeichnung vom lat. Wort *albus* – weiß abgeleitet (Gahn, Berzelius, 1815)

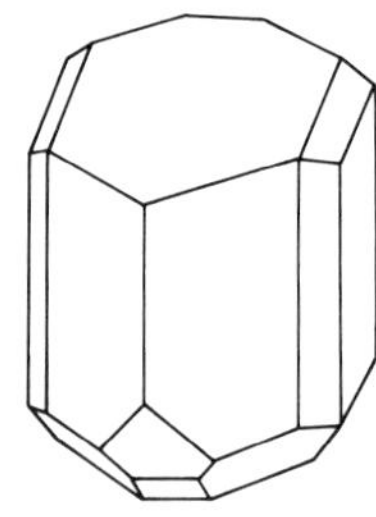

• Physikalische und chemische Eigenschaften stimmen mit den übrigen Plagioklasen **(492)** überein. Feintafeliges Albit heißt Cleavelandit.
• Genese: magmatisch, pegmatitisch, alpine Klüfte • Paragenese: wie die Plagioklase • Vorkommen: hübsche Kristalle gibt es im Schmirntal/Österreich, Schweiz (Bristenstock, Scopi), Polen (Strzegom), Italien (Insel Elba), USA (Virginia – Cleavelandit), Frankreich (Bourg d'Oisans, Isère) u. a. • Verwendung: gelegentlich als Edelstein.

Plagioklas – Kristallgruppe (größter Kristall 14 mm); Schweiz (Piz Valvo).

Plagioklase

H
6—7

Oligoklas

Silikate
(Na, Ca) $[Al_{1-2}Si_{3-2}O_8]$

494

E

Bezeichnung aus den griech. Wörtern *oligos* – wenig und *klasis* – Bruch zusammengesetzt (Breithaupt, 1826)

• Physikalische und chemische Eigenschaften stimmen mit den übrigen Plagioklasen **(492)** überein. Manchmal treten in Oligoklas Hämatitschuppen auf und lassen so einen Goldschimmer zustandekommen (Varietät Sonnenstein).
• Genese: magmatisch, Pegmatite • Paragenese: wie die Plagioklase • Vorkommen: selten; Norwegen (Arendal), Italien (Monte Somma), UdSSR (Ural – Mias), Sonnenstein kommt in Norwegen (Tvedestrand), Kanada usw. vor • Verwendung: gelegentlich als Edelstein.

Andesin

Silikate
(Na, Ca) $[Al_{1-2}Si_{3-2}O_8]$

495

Benannt nach den Anden (Abich, 1841)

• Physikalische und chemische Eigenschaften stimmen mit den übrigen Plagioklasen **(492)** überein.
• Genese: magmatisch, metamorph • Paragenese: wie die Plagioklase • Vorkommen: häufig in Andesiten, Dioriten, Syeniten, Cordieritgneisen in Deutschland (Bodenmais), Frankreich (Esterel), Italien, Finnland, Grönland, Südamerika u. a.

Labradorit

Silikate
(Ca, Na) $[Al_{1-2}Si_{3-2}O_8]$

496

E

Benannt nach der Halbinsel Labrador in Kanada (Werner, 1780)

• Physikalische und chemische Eigenschaften stimmen mit den übrigen Plagioklasen **(492)** überein. Oft tritt Farbänderung (Labradorisieren) auf.
• Genese: magmatisch, metamorph • Paragenese: wie die Plagioklase • Vorkommen: selten; Italien (Ätna), Finnland (Ojamo – Spektrolith), UdSSR (Gebiet von Shitomir in der Ukraine), Grönland (Kangek), Kanada (Halbinsel Labrador), USA (Kalifornien, Süddakota) • Verwendung: Dekorations-, Schmuck- und Edelstein.

Bytownit

Silikate
(Ca, Na) $[Al_{1-2}Si_{3-2}O_8]$

497

E

Benannt nach der Stadt Bytown in der Provinz Ontario (Kanada) (Thomson, 1836)

• Physikalische und chemische Eigenschaften stimmen mit den übrigen Plagioklasen **(492)** überein.
• Genese: magmatisch, Meteoriten • Paragenese: wie die Plagioklase • Vorkommen: häufig; Deutschland (Volpersdorf, Bad Harzburg), Frankreich (Insel Korsika), Island, Kanada u. a. • Verwendung: manchmal als Edelsteine (Facetten, Cabochons).

Anorthit

Silikate
$Ca[Al_2Si_2O_8]$

498

Bezeichnung vom griech. Wort *anorthos* – schiefwinklig abgeleitet (Rose, 1823)

• Physikalische und chemische Eigenschaften stimmen mit den übrigen Plagioklasen überein **(492)**.
• Genese: magmatisch, metamorph, Meteoriten • Paragenese: wie die Plagioklase
• Vorkommen: selten; Italien (Monte Somma, Valle di Fassa), Indien (bei Madras), Japan, USA (New Jersey – Franklin) u. a.

1. Albit – Kristalle (bis zu 15 mm), auf Siderit aufgewachsen; ČSFR (Rožňava). **2. Labradorit** – polierter Anschliff (Ausschnittbreite 75 mm); Kanada (Labrador).

Albit, Labradorit

1

2

Celsian

Silikate
$Ba[Al_2Si_2O_8]$

499

Benannt nach dem schwedischen Astronomen und Naturforscher A. Celsius (1701–1744) (Sjögren, 1895)

• Härte: 6–6,5 (spröde) • Strich: weiß • Farbe: weiß, gelb • Transparenz: durchsichtig • Glanz: glasig • Spaltbarkeit: vollkommen nach /001/, gut nach /010/ • Bruch: uneben • Ausbildung: Kristalle, derbe und spaltige Aggregate.
• Dichte: 3,1–3,4 • Kristallsystem: monoklin • Kristallformen: prismatisch, Verwachsungen • Chemische Zusammensetzung: BaO 40,83 %, Al_2O_3 27,16 %, SiO_2 32,01 % • Chemische Eigenschaften: schmilzt zu blasigem Glas • Behandlung: Reinigung mit destilliertem Wasser • Ähnliche Minerale: Adular **(487)** • Unterscheidung: Dichte.
• Genese: kontaktmetamorph • Paragenese: Dolomit **(218),** Quarz **(534),** Mn-Minerale u. a. • Vorkommen: selten; Schweiz (Imfeld – Binnatal), Italien (Candoglia), Schweden (Jakobsberg), Namibia (Otjosondu), USA (Kalifornien – Santa Cruz Co.).

Pollucit

Silikate
$Cs[AlSi_2O_6] . 0,5\ H_2O$

500

Benannt nach Pollux – einer Gestalt aus der griech. Mythologie (Breithaupt, 1846)

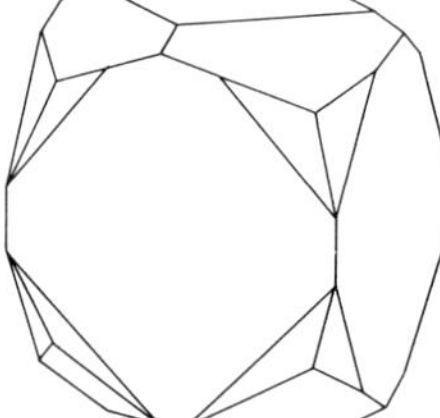

• Härte: 6,5 • Strich: weiß • Farbe: farblos, weiß, grau • Transparenz: durchsichtig, getrübt • Glanz: glasig • Spaltbarkeit: fehlt • Bruch: muschelig • Ausbildung: Kristalle, körnige und derbe Aggregate, Körner.
• Dichte: 2,9 • Kristallsystem: kubisch • Kristallformen: Hexaeder • Lumineszenz: manchmal weiß • Chemische Zusammensetzung: Cs_2O 61,00 %, Al_2O_3 11,04 %, SiO_2 26,01 %, H_2O 1,95 % • Chemische Eigenschaften: schwer löslich in heißer HCl, kleine Bruchstückchen lassen sich zu weißer Emaille schmelzen, färbt die Flamme rotgelb • Behandlung: Reinigung mit Wasser • Ähnliche Minerale: Hyalit **(448),** Quarz **(534)** • Unterscheidung: Härte, Dichte, mit Röntgen und chemisch.
• Genese: Pegmatite • Paragenese: Petalit **(483),** Albit **(493),** Beryll **(554)** u. a. • Vorkommen: selten; Italien (Insel Elba), Schweden (Varuträsk), Namibia (Karibib), Simbabwe (Bikita), Kanada, USA (Maine) u. a. • Verwendung: Cs-Gewinnung, vereinzelt als Edelstein.

Helvin

Silikate
$Mn_8[S_2|(BeSiO_4)_6]$

501

Bezeichnung vom griech. Wort *hēlios* – Sonne abgeleitet (Werner, 1816)

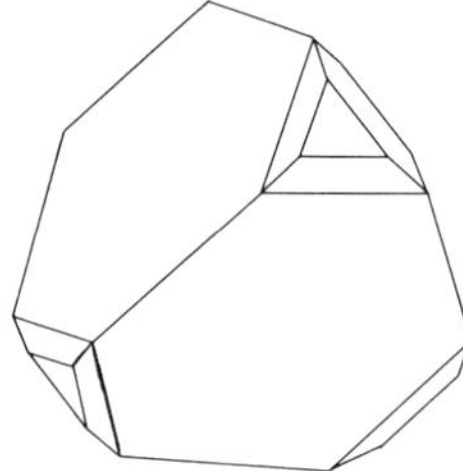

• Härte: 6–6,5 (spröde) • Strich: grauweiß • Farbe: rotbraun, gelb, grün • Transparenz: durchscheinend, undurchsichtig • Glanz: fettig, glasig • Spaltbarkeit: unvollkommen • Bruch: uneben, muschelig • Ausbildung: Kristalle, Körner, Aggregate.
• Dichte: 3,1–3,3 • Kristallsystem: kubisch • Kristallformen: Tetraeder, manchmal Oktaeder • Chemische Zusammensetzung: BeO 13,52 %, MnO 48,24 %, SiO_2 32,46 %, S 5,78 % • Chemische Eigenschaften: schmilzt zu gelbbraunem Glas, bläht sich auf, löslich in HCl • Behandlung: Reinigung mit Wasser • Ähnliche Minerale: Sphalerit **(181),** Vesuvian **(522)** • Unterscheidung: Härte, Dichte.
• Genese: Pegmatite, Skarne, hydrothermal • Paragenese: Sphalerit, Magnetit **(367),** Turmalin **(564)** u. a. • Vorkommen: selten; Deutschland (Schwarzenberg, Breitenbrunn), Schweden, Norwegen (Hörtekollen), Rumänien (Cavnic), UdSSR (Ural – Mias), USA, Brasilien u. a. • Verwendung: manchmal Be-Erz.

1. Celsian – derbes Aggregat; UdSSR (Sljudjanka). **2. Pollucit** – körniges Aggregat (Ausschnittbreite 82 mm); Schweden (Varuträsk). **3. Helvin** – isometrische Körner (bis zu 3 mm); Deutschland (Schwarzenberg).

Celsian, Pollucit, Helvin

H
6—7

Spodumen

Silikate
$LiAl[Si_2O_6]$

502

Bezeichnung vom griech. Wort *spodios* – aschfahl abgeleitet (D'Andrada, 1800)

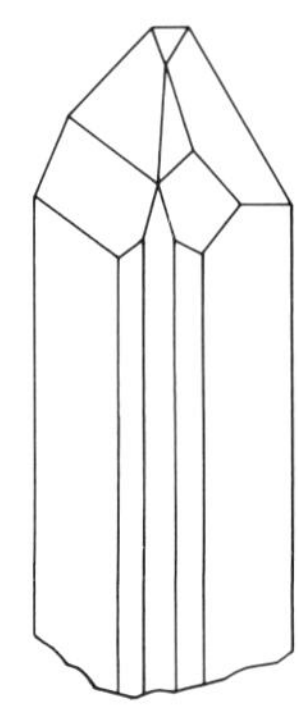

• Härte: 6,5–7 (spröde) • Strich: weiß • Farbe: gelbweiß, grün (Varietät Hiddenit), rosa bis violett (Varietät Kunzit), grau • Transparenz: durchsichtig, durchscheinend • Glanz: matt bis glasig • Spaltbarkeit: gut nach /100/, vollkommen nach /110/ • Bruch: uneben, halbmuschelig • Ausbildung: Kristalle, dichte, grobstrahlige und schalig-spaltige Aggregate.

• Dichte: 3,1–3,2 • Kristallsystem: monoklin • Kristallformen: langtafelig, prismatisch, Zwillinge • Lumineszenz: gelb, cremefarben, orange • Chemische Zusammensetzung: Li_2O_8 8,1 %, Al_2O_3 27,4 %, SiO_2 64,5 % • Chemische Eigenschaften: säureunlöslich, färbt die Flamme rot, schmilzt leicht zu weißem oder durchsichtigem Glas • Behandlung: Reinigung mit Wasser und verdünnten Säuren • Ähnliche Minerale: Skapolith **(398)**, Amethyst **(536)** • Unterscheidung: Härte, Dichte, mit Röntgen.

• Genese: Pegmatite, Kontaktzonen • Paragenese: Lepidolith **(169)**, Quarz **(534)**, Beryll **(554)**, Turmalin **(564)** • Vorkommen: selten; Schweden (Insel Utö), Großbritannien (Schottland – Petershead), Irland (Killiney), Madagaskar, Simbabwe (Bikita), Brasilien, USA (Süddakota – Black Hills – bis zu 16 m lange Kristalle von 90 t Gewicht, Connecticut – Branchville) u. a. • Verwendung: Li-Gewinnung, manchmal als Edelsteine.

Kunzit (Spodumenvarietät)

Silikate

503

Benannt nach dem amerikanischen Edelsteinkenner G. F. Kunze (1856–1932) (Baskerville, 1903)

• Physikalische und chemische Eigenschaften stimmen mit Spodumen **(502)** überein. Violette, hellviolette oder rosige Färbung, durchsichtig. Gelbrote bis orangenfarbene Lumineszenz • Vorkommen: selten; in den USA (Kalifornien – San Diego Co., Maine), Madagaskar, Brasilien, Burma, Afghanistan • Verwendung: wird als Edelstein verarbeitet.

Hiddenit (Spodumenvarietät)

Silikate

504

Benannt nach dem amerikanischen Mineralogen W. E. Hidden (Smith, 1881)

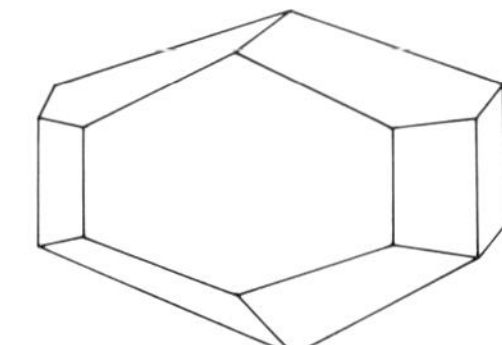

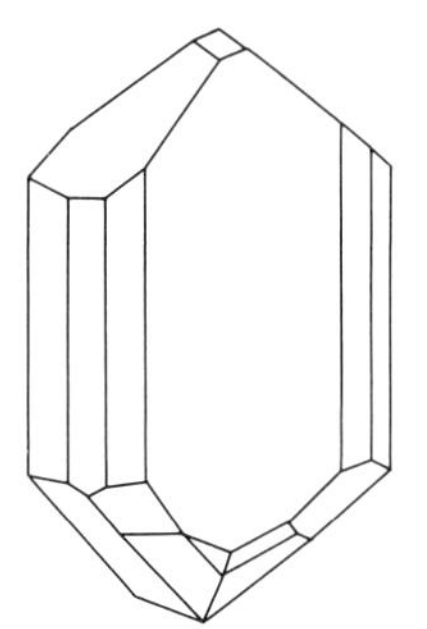

• Physikalische und chemische Eigenschaften stimmen mit Spodumen **(502)** überein. Schwach grünliche bis smaragdgrüne Farbe, durchsichtig. Lumineszenz sehr schwach rotgelb.

• Vorkommen: selten, befindet sich in den USA (Nordkarolina – Stony Point, ferner im Staat Kalifornien), in Brasilien (Figueira), auf der Insel Madagaskar, in Burma • Verwendung: wird als Edelstein verarbeitet (Facetten, Cabochons).

1. Spodumen – Kristallgruppe (größter Kristall 90 mm) auf Quarz; USA (Dakota). **2. Kunzit** – säuliger Kristall (30 mm) in Kaolinit; USA (Pala). **3 Hiddenit** – Kristallbruchstücke (das größte 11 mm); USA (Stony Point).

Spodumen, Kunzit, Hiddenit

H
6—7

Diopsid

$CaMg[Si_2O_6]$

505

Bezeichnung aus den griech. Wörtern *dis* – zweifach u. *opsis* – Einblick zusammengesetzt (Haüy, 1806)

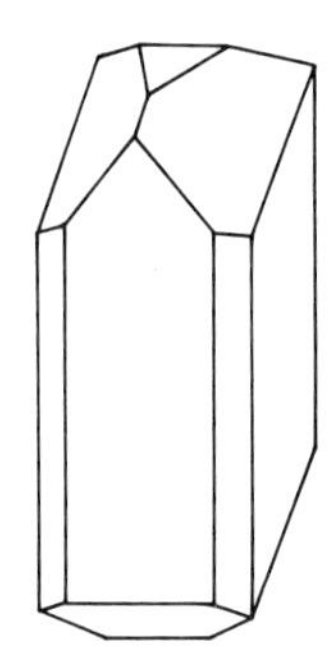

• Härte: 6–7 (spröde) • Strich: weiß • Farbe: grün, grünschwarz, grau • Transparenz: durchsichtig, durchscheinend • Glanz: glasig, fettig • Spaltbarkeit: gut nach /110/ • Bruch: uneben, teils muschelig • Ausbildung: Kristalle, körnige Aggregate, auch dicht und radialstrahlig.

• Dichte: 3,3 • Kristallsystem: monoklin • Kristallformen: kurzprismatisch, manchmal auch langprismatisch, tafelig, Zwillinge • Lumineszenz: manchmal grünweiß oder cremefarben • Chemische Zusammensetzung: CaO 25,9 %, MgO 18,6 %, SiO_2 55,5 %, Beimengungen von Cr (Var. Chromdiopsid), Fe, Mn, Zn • Chemische Eigenschaften: löslich in heißer HCl, sehr schwer schmelzbar • Behandlung: Reinigung mit destilliertem Wasser und verdünnten Säuren • Ähnliche Minerale: Augit **(429),** Fassait **(511)** • Unterscheidung: mit Röntgen, chemisch.

• Genese: gesteinsbildendes Mineral, kommt in basischen und ultrabasischen Gesteinen vor (Pyroxenite, Gabbro, Peridotite, Diabase), in metamorphierten Gesteinen (Amphibolite, Metabasite, kristalline Schiefer), in Skarnen und Erlanen • Paragenese: Chlorite **(158),** Biotite **(167),** Magnetit **(367),** Granate **(577)** • Vorkommen: häufig; Italien (Mussalp – hübsche Kristalle), Österreich (Zillertal), Schweden (Nordmark), UdSSR (Ural – Zlatoust', Baikalgebiet, Mittelasien), USA (Connecticut – Canaan, New York – Governer), Australien, Indien, Iran u. a. Diopside mit Edelsteinqualität sind aus Brasilien bekannt, aus den Kiesen von Sri Lanka, aus Madagaskar und Burma. In Indien wurden schwarze sternförmige Diopside gefunden (bilden nach dem Schleifen einen vierzackigen Stern) • Verwendung: wird manchmal als Edelstein verarbeitet.

Chromdiopsid (Diopsidvarietät)

506

Benannt nach der Zusammensetzung

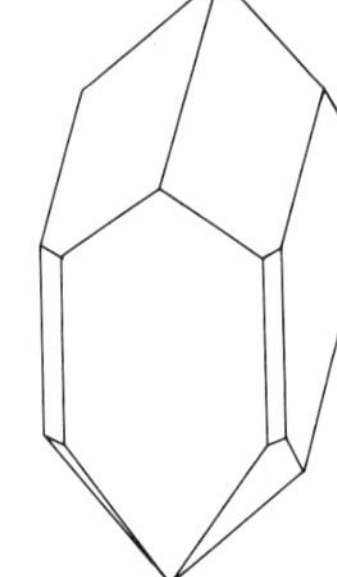

• Physikalische und chemische Eigenschaften stimmen mit Diopsid **(505)** überein. Hübsche smaragdgrüne Farbe, durchsichtig bis durchscheinend, enthält bis zu 2 % Cr_2O_3.

• Vorkommen: selten; UdSSR (Jakutskgebiet – Kristalle bis zu 8 cm Größe), in den Kimberliten von Südafrika, in Finnland (Outokumupu), Mexiko (in den Basalten von Chihuahua), Japan (Akita), in den Peridotiten auf Neuseeland, auf Kuba (Moa), in Burma u. a. • Verwendung: smaragdgrüne durchsichtige Kristalle werden als Edelsteine bearbeitet.

1. Diopsid – Kristallgruppe (bis 10 mm) auf Calcit; Schweden (Nordmark). **2. Chromdiopsid** – Kristall (41 mm); Finnland (Outokumpu).

Diopsid, Chromdiopsid

H
6—7

Hedenbergit

Silikate
$CaFe[Si_2O_6]$

507

Benannt nach dem schwedischen Mineralogen M. A. L. Hedenberg (Berzelius, 1819)

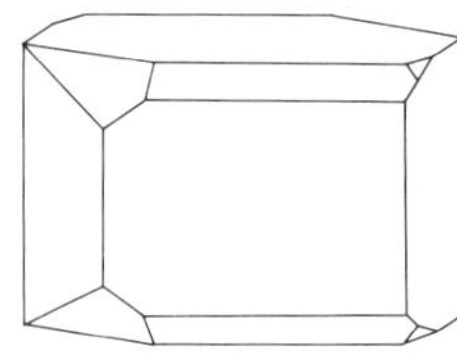

• Härte: 6 (spröde) • Strich: weiß, grau • Farbe: dunkelgrau, braun, schwarzgrün, schwarz • Transparenz: undurchsichtig • Glanz: glasig • Spaltbarkeit: gut • Bruch: uneben • Ausbildung: Kristalle, körnige und dichte Aggregate, radialstrahlige Aggregate.

• Dichte: 3,55 • Kristallsystem: monoklin • Kristallformen: prismatisch • Chemische Zusammensetzung: CaO 22,6 %, FeO 29,0 %, SiO_2 48,4 % • Chemische Eigenschaften: schwach löslich in heißer HCl, schmilzt zu einem schwarzen magnetischen Kügelchen • Behandlung: Reinigung mit Wasser oder verdünnten Säuren.

• Genese: kontaktmetasomatisch, selten magmatisch • Paragenese: Magnetit **(367),** Augit **(429),** Pyrit **(436)** • Vorkommen: selten; Schweden (Nordmark), Deutschland (Schwarzenberg), UdSSR (Turinsk), Italien (Insel Elba) u. a.

Jadeit

Silikate
$NaAl[Si_2O_6]$

508

Bezeichnung aus dem Spanischen *pietra de ijada* – Stein gegen Schmerzen in den Lenden (Damour, 1863)

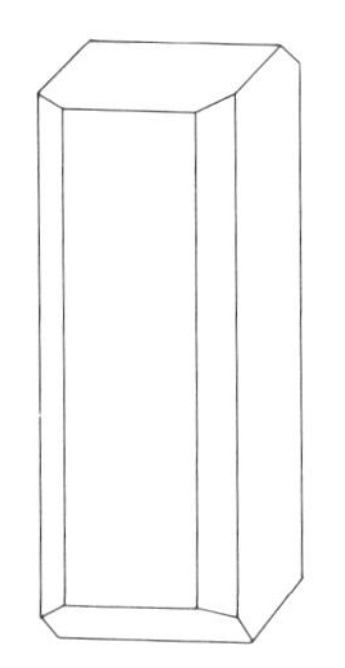

• Härte: 6,5 • Strich: weiß • Farbe: grünweiß, grün, grau, gelblich • Transparenz: an den Kanten durchscheinend • Glanz: glasig, fettig • Spaltbarkeit: gut • Bruch: uneben, hakig • Ausbildung: dichte, körnige und faserige Aggregate, kryptokristallin.

• Dichte: 3,2–3,3 • Kristallsystem: monoklin • Lumineszenz: graublau • Chemische Zusammensetzung: Na_2O 15,34 %, Al_2O_3 25,22 %, SiO_2 59,44 % • Chemische Eigenschaften: schmilzt zu einem weißen Kügelchen, färbt die Flamme hellgelb, säureunlöslich • Behandlung: Reinigung mit Wasser oder verdünnten Säuren

• Ähnliche Minerale: Nephrit **(417)** • Unterscheidung: Schmelze, mit Röntgen und chemisch.

• Genese: metamorph • Paragenese: Glaukophan **(418),** Albit **(493),** Almandin **(585)** • Vorkommen: selten; Italien (Val di Susa), Burma (Tawmaw-Mines), Japan (Kotaki), China (Tibet), UdSSR (Nordural), USA (Kalifornien), Frankreich (Insel Korsika) • Verwendung: Edelstein.

Akmit (Ägirin)

Silikate
$NaFe[Si_2O_6]$

509

Bezeichnung vom griech. Wort *akmē* – Spitze abgeleitet (Berzelius, 1821)

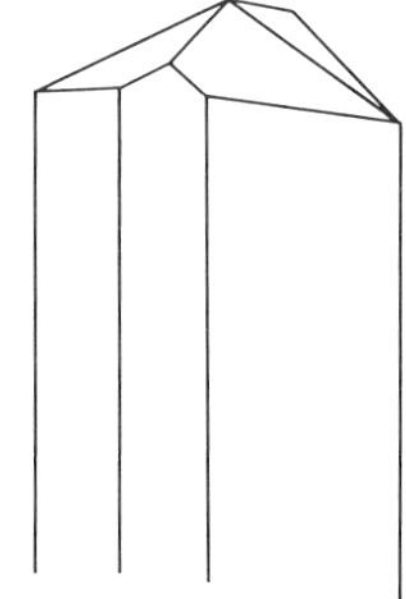

• Härte: 6–6,5 • Strich: gelbgrau, dunkelgrün • Farbe: dunkelgrün, schwarz, auch rotbraun oder braunschwarz • Transparenz: undurchsichtig oder schwach durchscheinend • Glanz: glasig, fettig • Spaltbarkeit: gut • Bruch: uneben • Ausbildung: Kristalle, radialstrahlige, faserige und körnige Aggregate.

• Dichte: 3,5 • Kristallsystem: monoklin • Kristallformen: langprismatisch, Zwillinge • Magnetismus: schwach • Chemische Zusammensetzung: Na_2O 13,4 %, Fe_2O_3 34,6 %, SiO_2 52,0 % • Chemische Eigenschaften: schmilzt, färbt die Flamme gelb, schwach säurelöslich • Behandlung: Reinigung mit destilliertem Wasser

• Ähnliche Minerale: Aktinolith **(413),** Arfvedsonit **(420)** • Unterscheidung: mit Röntgen und chemisch.

• Genese: magmatisch, metamorph, Pegmatite • Paragenese: Leucit **(396),** Nephelin **(397),** Arfvedsonit **(420)** • Vorkommen: selten; Norwegen (Langesundfjord), Großbritannien (Schottland), Grönland, Nigeria, Kenia, USA, UdSSR, Kanada u. a.

1. Hedenbergit – Kristalldruse (größter Kristall 5 mm); Schweden (Nordmark) **2. Jadeit** – poliertes Plättchen (Ausschnittbreite 52 mm); Südafrika (Transvaal). **3. Akmit** – radialstrahliges Aggregat (Nadeln bis zu 10 mm) auf Apatit; UdSSR (Halbinsel Kola).

Hedenbergit, Jadeit, Akmit

Silikate

Johannsenit

$CaMn[Si_2O_6]$

510

Benannt nach dem amerikanischen Petrographen und Geologen A. Johannsen (1871–1962) (Schaller, 1932)

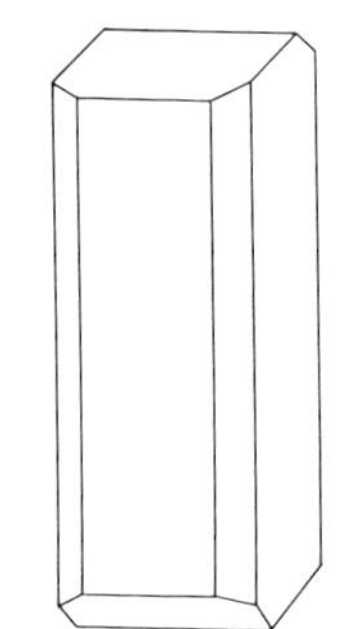

• Härte: 6 • Strich: grünlich • Farbe: braungrau, graugrün, braun • Transparenz: durchscheinend, undurchsichtig • Glanz: glasig • Spaltbarkeit: gut nach /110/ • Bruch: uneben, muschelig • Ausbildung: Kristalle, garbige, parallelfaserige, sphärolithische Aggregate.
• Dichte: 3,56 • Kristallsystem: monoklin • Kristallformen: langprismatisch, nadelig • Chemische Zusammensetzung: CaO 22,69 %, MnO 28,69 %, SiO_2 48,62 %, Beimengung von Fe, Mg • Chemische Eigenschaften: schmilzt leicht, löslich in heißer HCl • Behandlung: Reinigung mit Wasser • Ähnliche Minerale: Aktinolith **(413)**, Diopsid **(505)** • Unterscheidung: mit Röntgen und chemisch.
• Genese: kontaktmetasomatisch • Paragenese: Galenit **(77)**, Sphalerit **(181)**, Calcit **(217)**, Rhodonit **(531)** • Vorkommen: selten; Bulgarien (Madan, Borieva), Italien (Campiglia), USA (New Jersey), Australien (Neusüdwales – Broken Hill), Mexiko (Pueblo).

Silikate

Fassait (Augitvarietät)

$Ca(Mg,Fe,Al)[(Si,Al)_2O_6]$

511

Benannt nach der Fundstelle Valle di Fassa (Italien) (Werner, 1817)

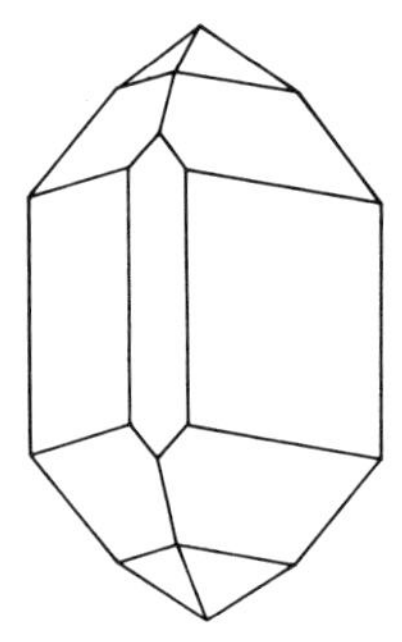

• Härte: 6 (spröde) • Strich: weiß, grau • Farbe: braungrün, grün, grünschwarz • Transparenz: durchscheinend, undurchsichtig • Glanz: glasig • Spaltbarkeit: gut nach /110/ • Bruch: uneben, muschelig • Ausbildung: Kristalle, dichte, körnige Aggregate, Imprägnationen.
• Dichte: 3,2–3,3 • Kristallsystem: monoklin • Kristallformen: kurzprismatisch • Chemische Zusammensetzung: unbeständig, stark schwankend • Chemische Eigenschaften: löslich in heißer HCl, schmilzt zu einem magnetischen Kügelchen • Behandlung: Reinigung mit Wasser.
• Genese: kontaktmetasomatisch • Paragenese: Vesuvian **(522)**, Granat **(577)**, Spinell **(590)** • Vorkommen: selten; Italien (Valle di Fassa, Monte Somma), in den Spinellpyroxeniteinschlüssen in den alkalischen Basalten der Eifel (Deutschland), ČSFR (Hodruša), UdSSR (Bilimbaj, Dachunur) u. a.

Silikate

Piemontit (Mn-Varietät von Epidot)

512

L

Benannt nach dem Fundort (Piemont in Italien) (Kenngott, 1853)

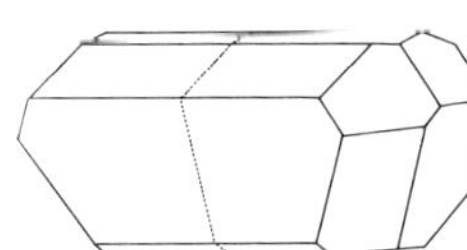

• Physikalische und chemische Eigenschaften stimmen mit Epidot **(513)** überein. Rotbraune, schwarzrote bis rote Farbe, kirschroter Strich, durchscheinend.
•Vorkommen: selten; Italien (Piemont – S. Marcel), Schweden (Ultevis), Frankreich (Insel Croix), Großbritannien (Schottland – Glen Coe), Neuseeland (Otago), USA (Missouri – Annapolis) u. a.

1. **Johannsenit** – spaltiges Aggregat (Ausschnittbreite 52 mm); Bulgarien (Madan). 2. **Fassait** – kleine Kriställchen (bis zu 10 mm) in Calcit; Italien (Monzoni).

Johannsenit, Fassait

H
6—7

Epidot

Silikate
$Ca_2(Fe^{3+},Al)Al_2[O|OH|SiO_4|Si_2O_7]$

513

Bezeichnung vom griech. Wort *epidosis* – Zugabe abgeleitet (Haüy, 1801)

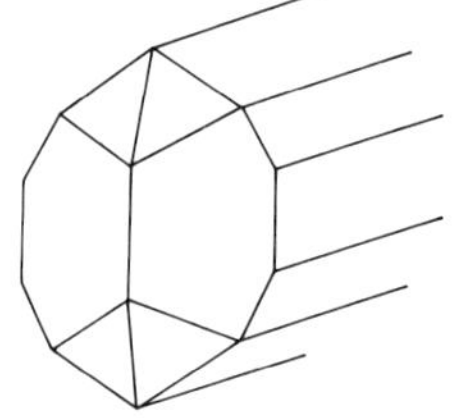

• Härte: 6–7 (spröde) • Strich: grau • Farbe: dunkelgrün bis gelbgrün • Transparenz: durchscheinend • Glanz: glasig • Spaltbarkeit: sehr gut nach /001/, gut nach /100/ • Bruch: muschelig, uneben, splittrig • Ausbildung: Kristalle, körnige, strahlige und derbe Aggregate, Pseudomorphosen.

• Dichte: 3,3–3,5 • Kristallsystem: monoklin • Kristallformen: prismatisch, isometrisch, tafelig, Zwillinge • Lumineszenz: selten dunkelrot, sehr schwach • Chemische Zusammensetzung: CaO 23,04 %, Al_2O_3 20,32 %, Fe_2O_3 17,75 %, SiO_2 37,04 %, H_2O 1,85 % (bei $Fe^{3+}:Al = 1:2$) • Chemische Eigenschaften: bläht sich in der Flamme und schmilzt, säureunlöslich • Behandlung: Reinigung mit Wasser oder verdünnten Säuren • Ähnliche Minerale: Augit **(429),** Amphibol **(411),** Aktinolith **(413),** Vesuvian **(522),** Turmalin **(564)** • Unterscheidung: Härte, Spaltbarkeit, Dichte, Lumineszenz, mit Röntgen und chemisch.

• Genese: metamorph, hydrothermal, kontaktmetasomatisch • Paragenese: Aktinolith, Albit **(493),** Granat **(577)** • Vorkommen: häufig; Österreich (Zillertal, Knappenwand), Deutschland (Erbendorf), Frankreich (Dauphiné), Burma (Tawmaw-Mines), Finnland (Outokumpo) • Verwendung: gelegentlich als Edelstein.

Klinozoizit

Silikate
$Ca(Al,Fe^{3+})Al_2[O|OH|SiO_4|Si_2O_7]$

514

Benannt aufgrund der Verwandtschaft mit Zoisit und des Kristallsystems (Weinschenk, 1896)

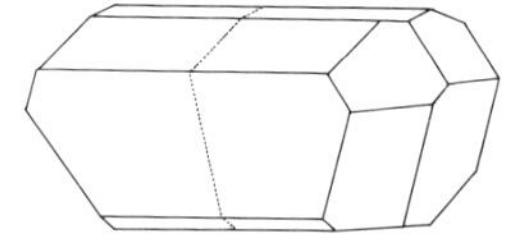

• Härte: 6,5 • Strich: weiß • Farbe: grau, gelb, grünlich, hellrosa • Transparenz: durchsichtig, durchscheinend, undurchsichtig • Glanz: glasig • Spaltbarkeit: vollkommen • Bruch: uneben • Ausbildung: Kristalle, körnige, dichte und faserige Aggregate.

• Dichte: 3,2 • Kristallsystem: monoklin • Kristallformen: prismatisch • Chemische Zusammensetzung: wie Epidot **(513),** enthält aber sehr wenig Fe^{3+} • Chemische Eigenschaften: wie Epidot • Behandlung: Reinigung mit Wasser oder verdünnten Säuren • Ähnliche Minerale: Epidot, Zoisit **(519)** • Unterscheidung: optisch, mit Röntgen und chemisch.

• Genese: metamorph, kontaktmetasomatisch • Paragenese: Amphibol **(411),** Albit **(493),** Epidot • Vorkommen: selten; Schweiz, Österreich, Italien, Mexiko, Madagaskar, USA.

Prehnit

Silikate
$Ca_2Al[(OH)_2|AlSi_3O_{10}]$

515

Benannt nach dem holländischen Obristen H. von Prehn (1733–1785) (Werner, 1790)

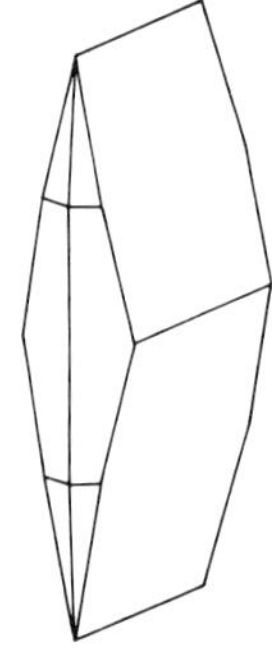

• Härte: 6–6,5 • Strich: weiß • Farbe: grün, grau, gelbgrün • Transparenz: durchsichtig, durchscheinend • Glanz: glasig, perlmuttartig • Spaltbarkeit: gut • Bruch: uneben • Ausbildung: Kristalle, nierige, derbe und körnige Aggregate, Krusten, Pseudomorphosen.

• Dichte: 2,8–3,0 • Kristallsystem: rhombisch • Kristallformen: Tafeln, prismatisch • Chemische Zusammensetzung: CaO 27,1 %, Al_2O_3 24,8 %, SiO_2 43,7 %, H_2O 4,4 % • Chemische Eigenschaften: unlöslich in HCl, schmilzt, bläht sich, es entsteht poröses Glas • Behandlung: Reinigung mit destilliertem Wasser • Ähnliche Minerale: Wavellit **(247),** Stilbit **(269),** Hemimorphit **(403)** • Unterscheidung: Härte, Dichte, chemisch und mit Röntgen.

• Genese: hydrothermal • Paragenese: Calcit **(217),** Zeolithe, Axinit **(523)** • Vorkommen: selten; Deutschland (Haslach, Harzburg, Oberstein), Italien (Valle di Fassa), Frankreich (Dauphiné), Namibia (Doros) u. a. • Verwendung: manchmal als Edelstein.

1. **Epidot** – säuliger geriefter Kristall (20 mm) zusammen mit nadeligem Amiant auf Albit; Österreich (Sulzbachtal). 2. **Prehnit** – halbkugelige kristalline Aggregate (bis zu 10 mm); Deutschland (Haslach).

Epidot, Prehnit

H
6—7

516 Sillimanit (Fibrolith)

Silikate
$Al^{[6]}Al^{[4]}[O|SiO_4]$

Benannt nach dem amerikanischen Chemiker und Mineralogen B. Silliman (1779–1864) (Bowen, 1824)

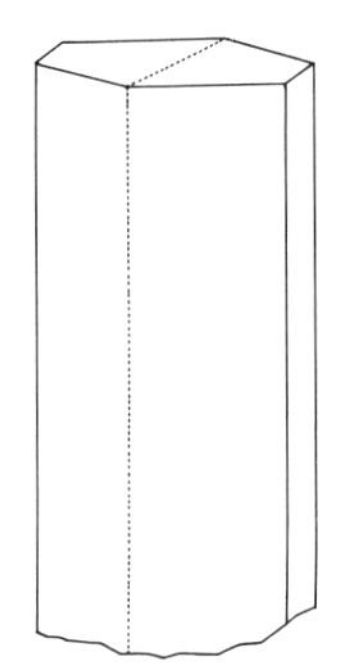

• Härte: 6–7 (spröde) • Strich: weiß • Farbe: weiß, gelbgrau, hellblau, graugrün, rötlich • Transparenz: durchscheinend, durchsichtig • Glanz: glasig, seidig • Spaltbarkeit: vollkommen nach /010/ • Ausbildung: Kriställchen, faserige, filzartige (Fibrolith), radiale und derbe Aggregate, Rollstücke.

• Dichte: 3,2 • Kristallsystem: rhombisch • Kristallformen: Nadeln • Chemische Zusammensetzung: Al_2O_3 63,1 %, SiO_2 36,9 % • Chemische Eigenschaften: schmilzt nicht, säureunlöslich • Behandlung: Reinigung mit Wasser oder verdünnten Säuren • Ähnliche Minerale: Cyanit **(435),** Mullit **(517)** • Unterscheidung: Härte, Dichte, mit Röntgen und chemisch.

• Genese: metamorph, kontaktmetamorph • Paragenese: Cordierit **(551),** Andalusit **(562),** Spinell **(590)** • Vorkommen: häufig; Deutschland (Bodenmais, Freiberg), Österreich (Sellrain am Juchen), Indien (Khasi Hill), Burma (Mogok), USA, UdSSR, Norwegen, Kenia, Ceylon usw. • Verwendung: feuerfestes Material, Isolatoren, manchmal auch als Edelstein.

517 Mullit

Silikate
$Al_8[O_3(O_{0,5},OH,F)|AlSi_3O_{16}]$

Benannt nach dem Fundort auf der Insel Mull in Schottland (Großbritannien) (Bowen, Greig, Zeis, 1924)

• Härte: 6–7 • Strich: weiß • Farbe: hellrosa • Transparenz: durchsichtig, durchscheinend • Glanz: glasig • Spaltbarkeit: gut • Ausbildung: Kristalle.

• Dichte: 3,0–3,1 • Kristallsystem: rhombisch • Kristallformen: prismatisch • Chemische Zusammensetzung: variabel und kompliziert • Chemische Eigenschaften: wie Sillimanit **(516)** • Behandlung: Reinigung mit Wasser oder verdünnten Säuren • Ähnliche Minerale: Sillimanit **(516)** • Unterscheidung: mit Röntgen und chemisch.

• Genese: in den umgeschmolzenen Tonen der Tertiärbasalte in Schottland (Insel Mull), häufiger durch starkes künstliches Schmelzen von Andalusit **(562),** Cyanit **(535)** oder Sillimanit mit Topas **(595).**

518 Chondrodit

Silikate
$Mg_5[(OH,F)_2|(SiO_4)_2]$

Bezeichnung vom griech. Wort *chondros* – Körnchen abgeleitet (d'Ohsson, 1817)

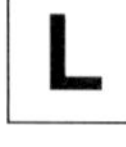

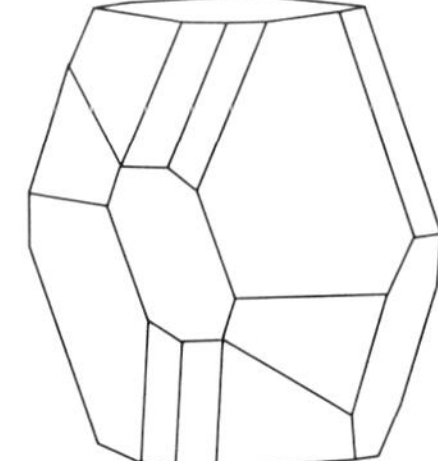

• Härte: 6–6,5 • Strich: weiß, grau • Farbe: gelb, orange, bräunlich, rötlich, grünlich • Transparenz: durchsichtig, durchscheinend • Glanz: glasig, fettig • Spaltbarkeit: gut • Bruch: muschelig, uneben • Ausbildung: Kristalle, körnige und dichte Aggregate, Imprägnationen.

• Dichte: 3,1–3,2 • Kristallsystem: monoklin • Kristallformen: isometrisch • Lumineszenz: manchmal gelb, braunorange • Chemische Zusammensetzung: MgO 58,88 %, SiO_2 35,08 %, F 7,39 %, H_2O 1,75 % (bei F:OH = 2:1) • Chemische Eigenschaften: löslich in HCl und H_2SO_4, wird vor dem Lötrohr weiß, schmilzt nur schwer • Behandlung: Reinigung mit Wasser • Ähnliche Minerale: Olivin **(524)** • Unterscheidung: Dichte, Löslichkeit in HCl.

• Genese: kontaktmetamorph • Paragenese: Phlogopit **(168),** Magnetit **(367),** Apatit **(379),** Olivin • Vorkommen: selten; Deutschland (Wunsiedel, Passau), Finnland (Pargas), Schweden (Aker), Italien (Monte Somma), USA (New York – Brewsten) u. a. • Verwendung: ganz selten als Edelstein.

1. Sillimanit – Nodulus (10 mm) in Gneis; ČSFR (Havlíčkův Brod). **2. Chondrodit** – isometrische Körner (9 mm) in Quarz; Norwegen (Södal).

1
2

Zoisit

Silikate
$Ca_2Al_3[O|OH|SiO_4|Si_2O_7]$

519

Benannt nach dem österreichischen Naturforscher S. Zois (1747 bis 1819) (Werner, 1805)

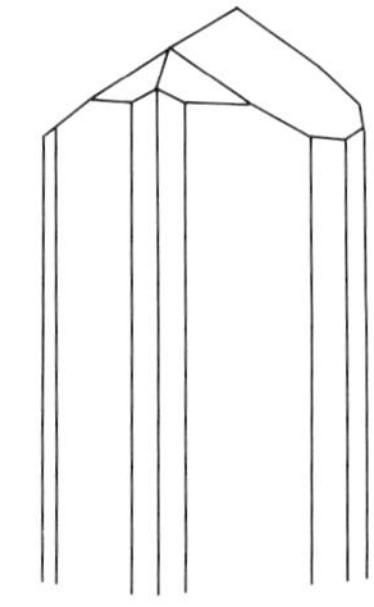

• Härte: 6–6,5 • Strich: weiß • Farbe: grauweiß, grün (Var. Anyolith), braun, rosa (Var. Thulit **(521)**, rot, gelblich, blau (Var. Tansanit **(520)**) • Transparenz: durchscheinend, undurchsichtig • Glanz: glasig, perlmuttartig • Spaltbarkeit: vollkommen nach /100/ • Bruch: uneben • Ausbildung: Kristalle, radiale und derbe Aggregate.

• Dichte: 3,2–3,4 • Kristallsystem: rhombisch • Kristallformen: prismatisch • Lumineszenz: manchmal hellbraun (Thulit) • Chemische Zusammensetzung: CaO 24,69 %, Al_2O_3 33,66 %, SiO_2 39,68 %, H_2O 1,97 %, Beimengungen Fe, Mn, Cr, Ti, K, Na, V • Chemische Eigenschaften: säureunlöslich, schmilzt zu weißer, poriger Masse, bläht sich • Behandlung: Reinigung mit Wasser oder verdünnten Säuren • Ähnliche Minerale: Pumpellyit **(408)** • Unterscheidung: optisch, mit Röntgen und chemisch.

• Genese: metamorph, Pegmatite • Paragenese: Amphibol **(411)**, Epidot **(513)**, Vesuvian **(522)**, Quarz **(534)**, Granat **(577)** • Vorkommen: selten; Österreich (Rauris, Saualpe), Schweiz (Zermatt), Italien (Vipiteno, Val Passiria), Deutschland (Gefrees), USA (Tennessee – Ducktown), Tansania (Longido – Var. Anyolith, Miralani Hills – Var. Tansanit), Norwegen und USA (New Mexico – Var. Thulit) • Verwendung: manchmal als Edel- und Schmuckstein.

Tansanit (Zoisitvarietät)

Silikate

520

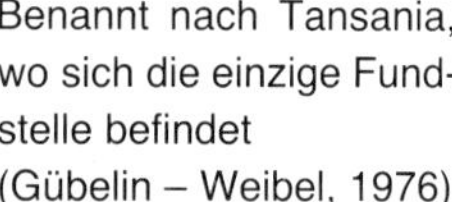
Benannt nach Tansania, wo sich die einzige Fundstelle befindet (Gübelin – Weibel, 1976)

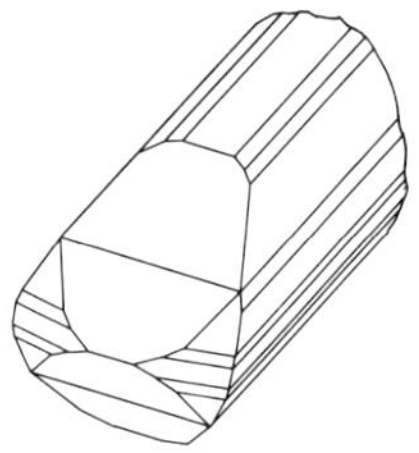

• Physikalische und chemische Eigenschaften stimmen mit Zoisit **(519)** überein. Hübsche blaue Farbe, starker Pleochroismus (schon makroskopisch sichtbar) – blau, purpurn und braun. Durchsichtig bis durchscheinend, spröde.

• Genese: selten; bisher einziges Vorkommen in Tansania (Miralani Hills – Umgebung von Arushi) • Verwendung: Edelstein (Facetten).

Thulit (Zoisitvarietät)

Silikate

521

Bezeichnung vom alten Namen für Norwegen – Thule abgeleitet (Brooke, 1823)

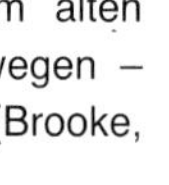

• Physikalische und chemische Eigenschaften stimmen mit Zoisit **(519)** überein. Rosige bis rosarote Farbe, undurchsichtig • Lumineszenz: manchmal hellbraun.

• Genese: kontaktmetamorph • Paragenese: mit Mn-Mineralen • Vorkommen: selten; kommt an mehreren Lokalitäten in Norwegen vor (Souland, Lexviken), in der UdSSR (Ural – Borsowka), USA (New Mexico), Namibia, in Westaustralien, im Osten Grönlands u. a. • Verwendung: wird als Schmuckstein verarbeitet.

1. Zoisit – säuliger Kristall (10 mm) in Quarz; USA (Tennessee). **2. Tansanit** – freie Kristalle (Größe 7–9 mm); Tansania (Arusha). **3. Thulit** – körniges Aggregat (Ausschnittbreite 56 mm); Norwegen (Souland).

Zoisit, Tansanit, Thulit

H
6—7

2

3

Vesuvian (Idokras)

$Ce_{10}(Mg,Fe)_2Al_4[(OH)_4|(SiO_4)_5|(Si_2O_7)_2]$

522

E

Benannt nach der Fundstelle auf dem Vesuv in Italien (Werner, 1795)

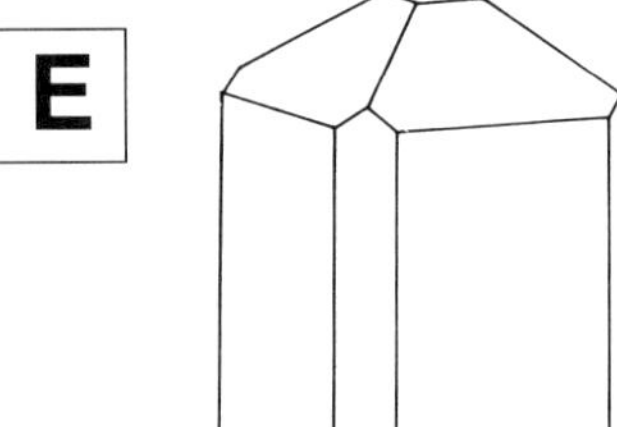

• Härte: 6,5 • Strich: weiß, grau • Farbe: braun, grün, blau (Var. Cyprin), gelb, rot • Transparenz: durchscheinend • Glanz: glasig, fettig • Spaltbarkeit: unvollkommen nach /110/, /100/ und /001/ • Bruch: uneben, splittrig • Ausbildung: Kristalle, körnige, dichte, derbe und radiale Aggregate (Var. Egeran).

• Dichte: 3,27–3,47 • Kristallsystem: tetragonal • Kristallformen: prismatisch, nadelig, dipyramidal, auch isometrisch • Chemische Zusammensetzung: inkonstant und variabel, Beimengung von B_2O_3 (Var. Wiluit) • Chemische Eigenschaften: schmilzt leicht zu gelbgrünem oder braunem Glas, säureunlöslich • Behandlung: Reinigung mit destilliertem Wasser • Ähnliche Minerale: Epidot **(513),** Glossular **(582),** Zirkon **(587)** • Unterscheidung: Härte, Dichte, am besten mit Röntgen und chemisch.

• Genese: kontaktmetamorph, auf alpinen Klüften • Paragenese: Chlorit **(158),** Diopsid **(505),** Granat **(577),** Epidot • Vorkommen: häufig; Deutschland (Auerbach), Italien (Monzoni, Monte Somma), Rumänien (Dognacea, Ciclova), ČSFR (Žulová, Hazlov – Var. Egeran), Schweiz (Zermatt), UdSSR (Wiljuj-Flußgebiet, Var. Wiluit), Mexiko (große Kristalle stammen aus Chihuahua), Norwegen (Souland - Var. Cyprin) • Verwendung: manchmal als Edelstein.

Axinit

$Ca_2(Fe,Mg,Mn)Al_2B[OH|O|(Si_2O_7)_2]$

523

L

E

Bezeichnung vom griech. Wort *axine* – Beil abgeleitet (Haüy, 1799)

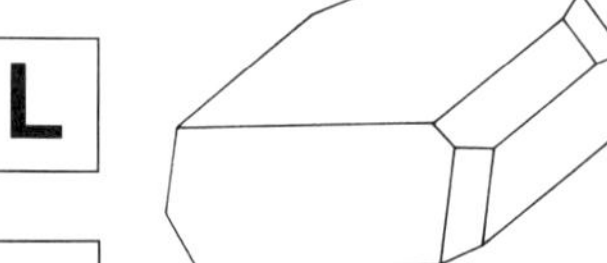

• Härte: 6,5–7 (spröde) • Strich: weiß • Farbe: braun, grau, violett, grünlich • Transparenz: durchsichtig, durchscheinend • Glanz: glasig • Spaltbarkeit: vollkommen nach /010/ • Bruch: muschelig • Ausbildung: Kristalle, körnige und dichte Aggregate, Imprägnationen.

• Dichte: 3,3 • Kristallsystem: triklin • Kristallformen: Tafeln, klinoedrisch • Lumineszenz: manchmal violett • Chemische Zusammensetzung: inkonstant und variabel • Chemische Eigenschaften: löslich in HF, bläht sich vor dem Lötrohr und schmilzt • Behandlung: Reinigung mit Wasser oder verdünnten Säuren außer HF • Ähnliche Minerale: Titanit **(430)** • Unterscheidung: Härte, Dichte, Lötrohrreaktion.

• Genese: kontaktmetamorph, hydrothermal, auf alpinen Klüften • Paragenese: Chlorit **(158),** Epidot **(513)** u. a. • Vorkommen: selten; Deutschland (St. Andreasberg, Schwarzenberg), Frankreich (Bourg d'Oisans), Schweiz (Scopi), UdSSR (Ural –Narodnaja), Großbritannien (Cornwall – Botallak), USA (New Jersey – Franklin) u. a. • Verwendung: manchmal als Edelstein.

1. Vesuvian – idiomorpher Kristall (18 mm); UdSSR (Wiljuj). **2. Axinit** – Kristall (5 mm) in Albit; Schweiz (Scopi).

Vesuvian, Axinit

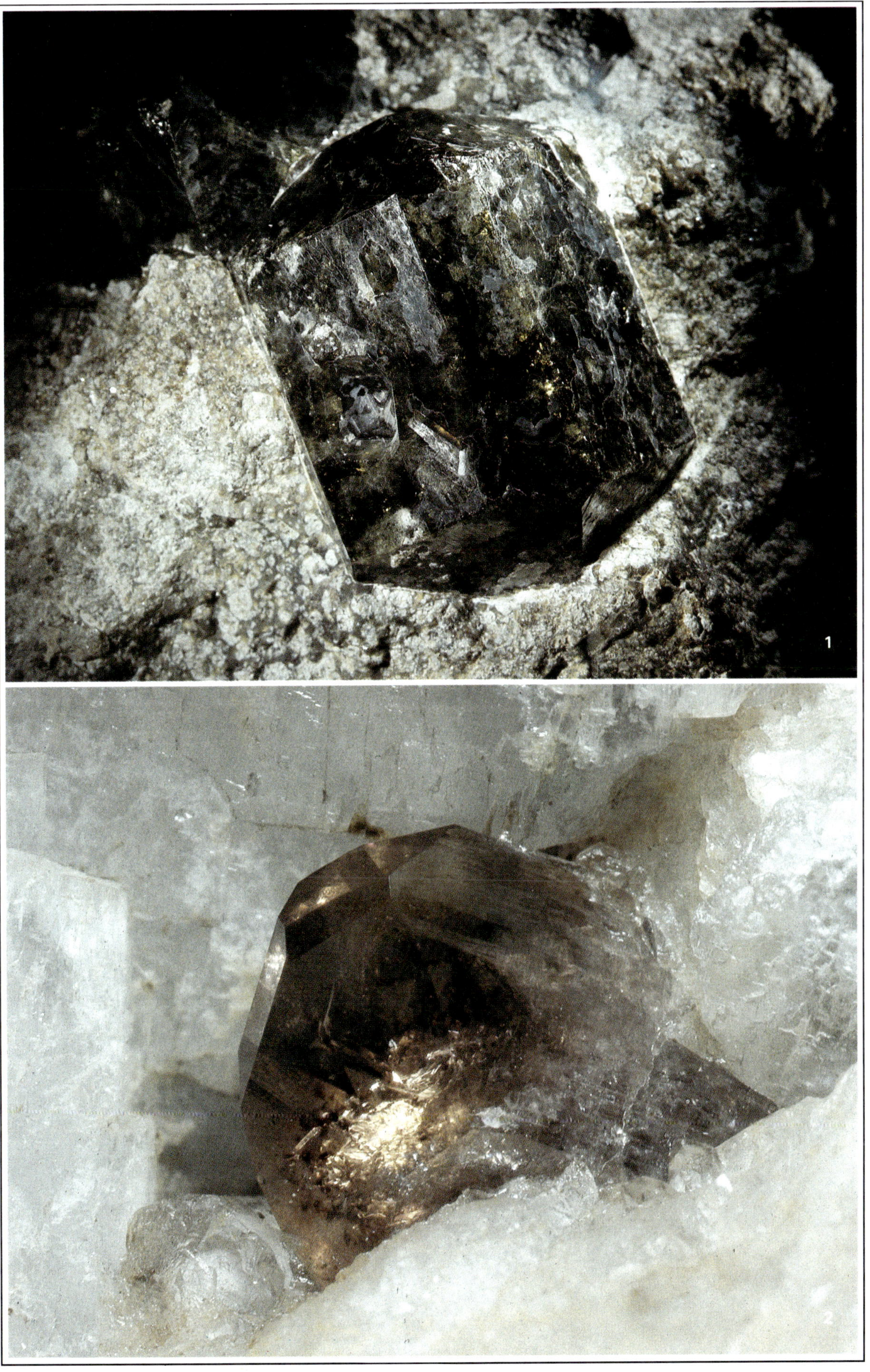

Olivin (Peridot)

$(Mg,Fe)_2[SiO_4]$

524

E

Benannt nach der Färbung (Werner, 1789)

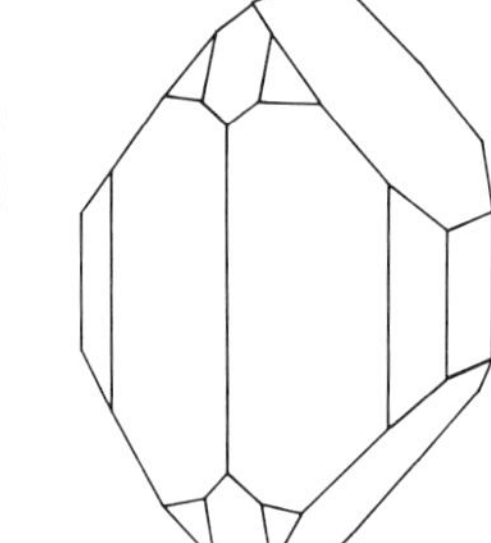

• Härte: 6,5–7 (spröde) • Strich: weiß • Farbe: gelbgrün, olivgrün, grünschwarz, rotbraun • Transparenz: durchsichtig, durchscheinend (gelbgrün durchsichtig ist Chrysolith **(525)**) • Glanz: glasig, fettig • Spaltbarkeit: vollkommen nach /001/, unvollkommen nach /010/ • Bruch: muschelig • Ausbildung: Kristalle, körnige und dichte Aggregate, Körner.

• Dichte: 3,3 (Forsterit 3,27, Fayalit 4,20) • Kristallsystem: rhombisch • Kristallformen: kurz prismatisch • Magnetismus: paramagnetisch • Chemische Zusammensetzung: MgO 23,41 %, FeO 41,71 %, SiO_2 34,88 % (bei Mg : Fe = 1 : 1). Endglieder der isomorphen Mischungsreihe sind Forsterit $Mg_2[SiO_4]$ und Fayalit $Fe_2[SiO_4]$ • Chemische Eigenschaften: löslich in HNO_3, Mg-Glieder in warmen Säuren, schmelzen aber nicht. Fe-Glieder schmelzen zu einem magnetischen Kügelchen • Behandlung: Reinigung mit destilliertem Wasser • Ähnliche Minerale: Willemit **(404),** Tephroit **(526),** Chrysoberyll **(593)** • Unterscheidung: Härte, Dichte, Lumineszenz.

• Genese: magmatisch, in basischen Pegmatiten, kontaktmetasomatisch in Seiten und Meteoriten • Paragenese: Phlogopti **(168),** Magnetit **(367),** Apatit **(379),** Diopsid **(505)** • Vorkommen: häufig; Deutschland (Dreiser Weiher bei Draum, Maria Laach), Nordirland (Mourne Mount), Schweden (Mansjö), Frankreich (Collobrières), UdSSR (bis zu 16 cm große Forsteritkörner in pegmatoidem Dunit im Ural, Fayaliten bilden über 10 cm große Kristalle in den Pegmatiten des Kolyma-Flusses), USA (Forsterit in den Lherzolithen im Staat Arizona, Fayalit in Texas, Massachusetts – Rockport) u. a. Olivin ist Bestandteil vieler Gabbros, Melaphyre, Diabase, Basalte, Peridotite, Dunite u. a. • Verwendung: Mg-Olivine zur Herstellung von technischem Silikatglas, manchmal als Edelstein.

Chrysolith (Olivinvarietät)

525

Bezeichnung historisch, aus den griech. Wörtern *chrysos* – golden und *lithos* – Stein zusammengesetzt

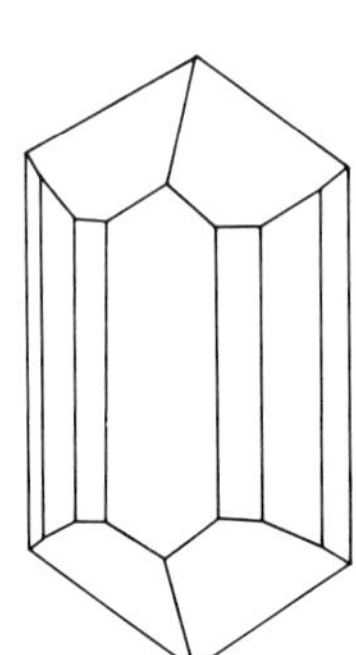

• Physikalische und chemische Eigenschaften stimmen mit Olivin **(524)** überein. Gelbgrüne bis grüne Färbung, durchsichtig.

• Vorkommen: selten; die schönsten Chrysolithe werden von alters her auf der Insel Zebirget (St. John's Island) im Roten Meer gefunden und verarbeitet. Hier bilden sie Kristalle bis zu 4,5 cm Größe und 70 g Gewicht. Chrysolith kommt auch in Nordburma, Australien, Brasilien, USA (Arizona, Hawaii, New Mexico), Norwegen, ČSFR (Kozákov, Smrčí) u. a. vor • Verwendung: wird als Edelstein verarbeitet (Facetten, Cabochons).

1. Olivin – körniges Aggregat (53 mm) in Basalt; ČSFR (Podmoklice). **2. Chrysolith** – Korn (16 mm) in Basalt; ČSFR (Smrčí).

Olivin, Chrysolith

H
6—7

Tephroit

Silikate
$Mn_2[SiO_4]$

526

Bezeichnung vom griech. Wort *tephrōs* – aschefarben abgeleitet; (Breithaupt, 1823)

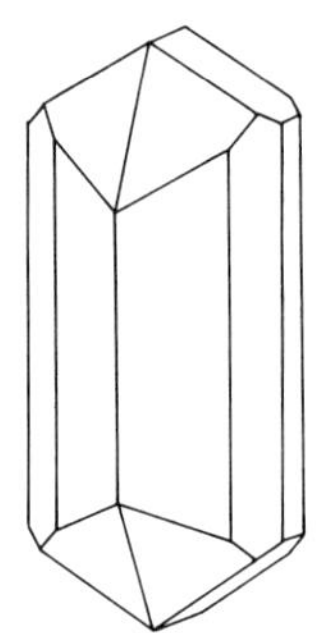

• Härte: 6 • Strich: grau • Farbe: grau, olivgrau, fleischrot, rotbraun • Transparenz: durchsichtig, durchscheinend • Glanz: glasig, fettig • Spaltbarkeit: vollkommen nach /010/, /001/ und /110/ • Bruch: muschelig • Ausbildung: Kristalle, derbe Massen.

• Dichte: 4,1 • Kristallsystem: rhombisch • Kristallformen: kurzprismatisch • Chemische Zusammensetzung: MnO 70,25 %, SiO_2 29,75 %, Beimengungen Zn, Ca, Mg • Chemische Eigenschaften: löslich in HCl (SiO_2-Ausfällung), schwer schmelzbar • Behandlung: Reinigung mit destilliertem Wasser • Ähnliche Minerale: Olivin **(524)** • Unterscheidung: mit Röntgen und chemisch.

• Genese: kontaktmetamorph • Paragenese: Calcit **(217),** Rhodonit **(531),** Spessartin **(584)** • Vorkommen: selten; USA (New Jersey – Franklin, Sparta), UdSSR (Dshumart, Kamys), Österreich (Mooserboden), Großbritannien (Cornwall), Japan (Himegamori) u. a.

Ramsayit (Lorenzenit)

Silikate
$Na_2Ti_2[O_3|Si_2O_6]$

527

Benannt nach V. Ramsay, der als erster das Chibiny- und Lowoser Massiv auf der Halbinsel Kola studiert hat (Fersman, 1922)

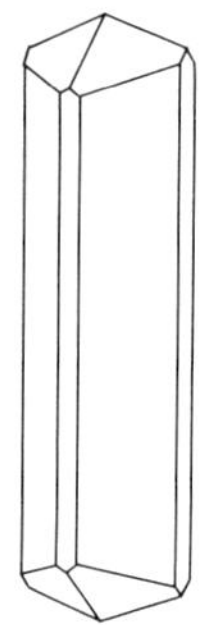

• Härte: 6 (spröde) • Strich: hellgelb, bräunlich • Farbe: dunkelbraun, rötlich, gelbbraun, grau • Transparenz: durchsichtig, durchscheinend und undurchsichtig • Glanz: glasig, fettig • Spaltbarkeit: vollkommen nach /100/ • Bruch: uneben, muschelig • Ausbildung: Kristalle, körnige und faserige Aggregate.

• Dichte: 3,4 • Kristallsystem: rhombisch • Kristallformen: prismatisch, nadelig, auch Tafeln • Chemische Zusammensetzung: Na_2O 18,13 %, TiO_2 46,74 %, SiO_2 35,13 % • Chemische Eigenschaften: löslich in HF, läßt sich leicht zu einem schwarzen, undurchsichtigen Kügelchen schmelzen • Behandlung: Reinigung mit Wasser oder verdünnten Säuren.

• Genese: magmatisch (alkalische Gesteine), alkalische Pegmatite • Paragenese: Astrophyllit **(278),** Nephelin **(397),** Eudialyt **(402),** Akmit **(509)** • Vorkommen: selten; UdSSR (Chibiny- und Lowoser Massiv auf der Halbinsel Kola), Norwegen (Umgebung von Larvik), Grönland (Narsarsuk), Kanada (St. Hillaire), Kanarische Inseln u. a.

1. Tephroit – fleischrote körnige Aggregate mit schwarzem Franklinit; USA (Franklin). **2. Ramsayit** – säuliger Kristall (15 mm) zusammen mit Ägirin, Eudialyt und Nephelin; UdSSR (Halbinsel Kola).

Tephroit, Ramsayit

H
6—7

Thortveitit

Silikate
$(Sc,Y)_2[Si_2O_7]$

528

Benannt nach dem norwegischen Ingenieur O. Thortveit (Schetelig, 1911)

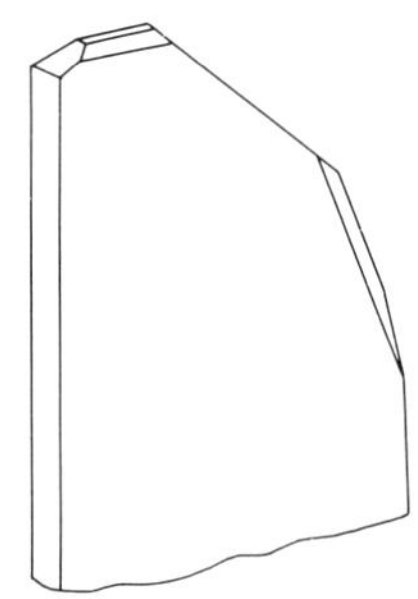

• Härte: 6,5 (spröde) • Strich: weiß, grau • Farbe: braun, grauschwarz, schwarz, schmutzig grün • Transparenz: durchscheinend, undurchsichtig • Glanz: glasig, diamantartig • Spaltbarkeit: vollkommen nach /110/ • Bruch: muschelig, uneben • Ausbildung: Kristalle, radiale Aggregate.

• Dichte: ca. 3,6 • Kristallsystem: monoklin • Kristallformen: prismatisch • Chemische Zusammensetzung: Sc_2O_3 53,5 %, SiO_2 46,5 %, enthält bis 10 % Y_2O_3 • Chemische Eigenschaften: schwach löslich in heißer HCl, läßt sich schwer schmelzen • Behandlung: Reinigung mit destilliertem Wasser.

• Genese: Pegmatite • Paragenese: Ilmenit **(365),** Monazit **(383),** Beryll **(554),** Zirkon **(587)** • Vorkommen: selten; Norwegen (Iveland), Madagaskar (Befanamo), UdSSR (Ural), Japan (Kobe), USA (Montana) u. a. • Verwendung: Sc-Gewinnung.

Chloritoid

Silikate
$Fe^{2+}Al_2[(OH)_2|O|SiO_4]$

529

Benannt aufgrund der Ähnlichkeit mit den Chloriten (Rose, 1837)

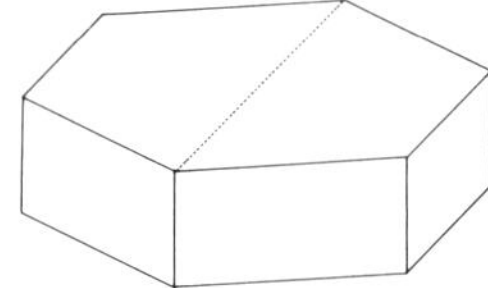

• Härte: über 6 (spröde) • Strich: grünweiß • Farbe: dunkel lauchgrün, grünschwarz • Transparenz: in dünnen Blättchen durchsichtig, durchscheinend • Glanz: glasig, perlmuttartig • Spaltbarkeit: vollkommen nach /001/ • Bruch: uneben • Ausbildung: blättchenförmige, körnige Aggregate, Körner.

• Dichte: 3,4–3,6 • Kristallsystem: monoklin, manchmal triklin • Kristallformen: pseudohexagonale Täfelchen • Chemische Zusammensetzung: FeO 28,64 %, Al_2O_3 40,64 %, SiO_2 23,95 %, H_2O 6,77 %, Beimengungen Mg (Var. Sismondin), Mn (Var. Ottrelith) • Chemische Eigenschaften: löslich in konzentrierter H_2SO_4, läßt sich nur schlecht zu schwarzem schwach magnetischem Glas schmelzen • Behandlung: Reinigung mit Wasser • Ähnliche Minerale: Chlorite **(158)** • Unterscheidung: Härte, Sprödigkeit, Chloritoid ist nicht biegsam.

• Genese: metamorph • Paragenese: Chlorite, Diaspor **(463),** Korund **(598)** • Vorkommen: selten; in der Zusammensetzung einiger Phyllite, Schiefer und Marmore. In Deutschland (Rörsdorf), Schweiz (Zermatt, Saas, Lukmanier), Österreich (Pregraten), UdSSR (Ural – Kossoibrod), Griechenland (Naxos), Belgien (Ottrez – Varietät Ottrelith).

Benitoit

Silikate
$BaTi[Si_3O_9]$

530

Benannt nach der Fundstelle in San Benito (Kalifornien – USA) (Louderback, 1907)

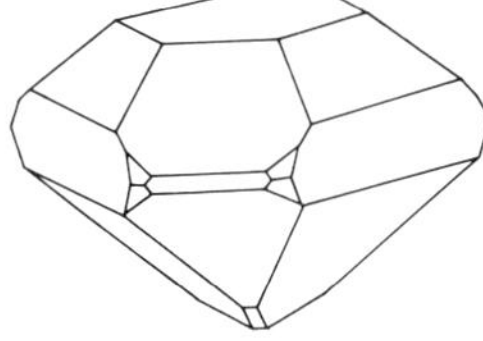

• Härte: 6,5 (spröde) • Strich: weiß • Farbe: farblos, blau, blaugrau (schwankt sogar auf einem einzigen Kristall) • Transparenz: durchscheinend bis undurchsichtig • Glanz: glasig • Spaltbarkeit: unvollkommen nach /10$\bar{1}$1/ • Bruch: muschelig • Ausbildung: Kristalle, Körner.

• Dichte: 3,7 • Kristallsystem: trigonal • Kristallformen: dipyramidal • Lumineszenz: blau in KW • Chemische Zusammensetzung: BaO 37,09 %, SiO_2 43,59 %, TiO_2 19,32 % • Chemische Eigenschaften: löslich in HF, schmilzt zu durchsichtigem Glas • Behandlung: Reinigung mit verdünnten Säuren außer HF.

• Genese: Natrolithgänge in Serpentiniten • Paragenese: Anatas **(352),** Natrolith **(387),** Neptunit **(437)** • Vorkommen: selten; USA (Kalifornien – San Benito, auch in den eozänen Sanden von Südtexas) • Verwendung: manchmal als Edelstein.

1. Chloritoid – kreisrunde Gebilde (bis zu 5 mm) in Chloritschiefer; Österreich (Leoben). **2. Thortveitit** – Gruppe von länglichen, eingewachsenen Kristallen (bis zu 15 mm); Norwegen (Aust Agder). **3. Benitoit** – Kriställchen (15 mm) in Natrolith; USA (San Benito).

Chloritoid, Thortveitit, Benitoit

H
6—7

Rhodonit

Silikate
$CaMn_4[Si_5O_{15}]$

531

L

E

Bezeichnung vom griech. Wort *rhodos* – rosig abgeleitet (Jasche, 1819)

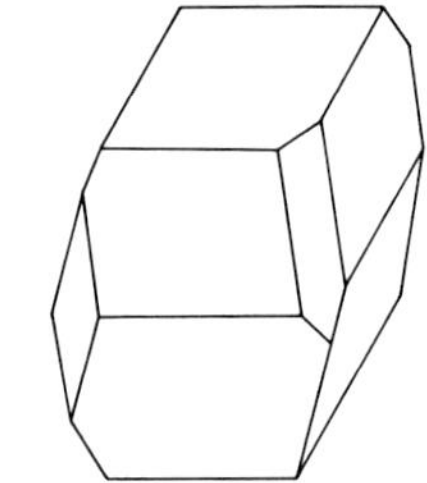

• Härte: 5,5–6,5 (spröde) • Strich: weiß • Farbe: rosig, rot, rotbraun • Transparenz: durchscheinend, selten durchsichtig • Glanz: glasig, perlmuttartig • Spaltbarkeit: vollkommen • Bruch: uneben • Ausbildung: Kristalle, körnige und dichte Aggregate.

• Dichte: 3,73 • Kristallsystem: triklin • Kristallformen: prismatisch, tafelig • Lumineszenz: manchmal dunkelrot • Chemische Zusammensetzung: CaO 8,76 %, MnO 44,31 %, SiO_2 46,93 % • Chemische Eigenschaften: staubförmig schwach löslich in HCl, wird vor dem Lötrohr schwarz, bläht sich und schmilzt zu schwarzem Glas • Behandlung: Reinigung mit Wasser • Ähnliche Minerale: Rhodochrosit **(304)** • Unterscheidung: Härte, Dichte, Säurelöslichkeit.

• Genese: hydrothermal, kontaktmetasomatisch, metamorph • Paragenese: Hausmannit **(358),** Magnetit **(367),** Spessartin **(584)** • Vorkommen: häufig; Deutschland (Laasphe, Lauental, Elbingerode), Spanien (Huelva), UdSSR (Ural), Schweden (Långban) u. a. • Verwendung: Mn-Erz, Schmuckstein.

Inesit

Silikate
$Ca_2Mn_7[Si_5O_{14}OH]_2 . 5 H_2O$

532

Bezeichnung vom griech. Wort *ines* – Fleischfaser abgeleitet (Schneider, 1887)

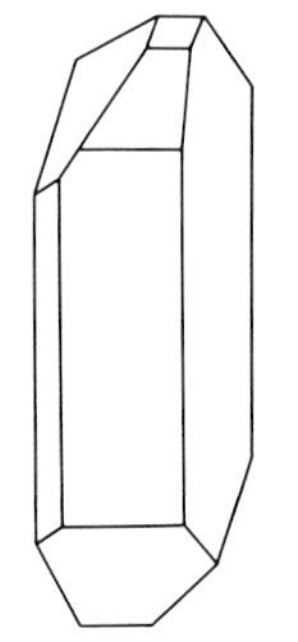

• Härte: 6 (spröde) • Strich: weiß • Farbe: rosig, rot, orange mit bräunlichen Überzügen • Transparenz: durchscheinend • Glanz: glasig • Spaltbarkeit: vollkommen • Bruch: uneben • Ausbildung: Kristalle, fächerförmige Aggregate • Andere Eigenschaften: verliert am Licht seine Färbung und wird braun.

• Dichte: 3,1 • Kristallsystem: triklin • Kristallformen: prismatisch, tafelig • Chemische Zusammensetzung: CaO 8,53 %, MnO 37,68 %, SiO_2 45,57 %, H_2O 8,22 % • Chemische Eigenschaften: leicht löslich in HCl • Behandlung: Reinigung mit Wasser, vor Licht schützen • Ähnliche Minerale: Rhodonit **(531)** • Unterscheidung: Löslichkeit in HCl.

• Genese: hydrothermal • Paragenese: Calcit **(217),** Rhodochrosit **(304),** Rhodonit • Vorkommen: selten; Deutschland (Nanzenbach), ČSFR (Banská Štiavnica), Rumänien (Baia Mare), Schweden (Långban), Japan, Australien u. a.

Pyromangit

Silikate
$(Mn,Fe)_7[Si_7O_{21}]$

533

Bezeichnung aufgrund der Übereinstimmung mit Pyroxenen (Ford, Bradley, 1913)

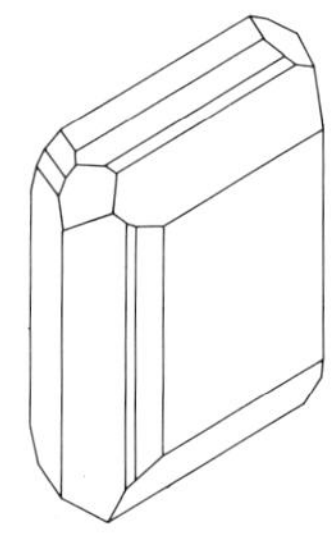

• Härte: 6 • Strich: weiß • Farbe: rosa, rot, braun • Transparenz: durchsichtig, durchscheinend • Glanz: glasig, perlmuttartig • Spaltbarkeit: vollkommen • Bruch: uneben, hakig • Ausbildung: Kristalle, körnige Aggregate.

• Dichte: 3,9 • Kristallsystem: triklin • Kristallformen: Tafeln, prismatisch • Chemische Zusammensetzung: MnO 30,87 %, FeO 23,48 %, SiO_2 45,65 % (bei Mn:Fe = 4:3) • Chemische Eigenschaften: säureunlöslich, schmilzt zu einem schwarzen magnetischen Kügelchen • Behandlung: Reinigung mit verdünnten Säuren • Ähnliche Minerale: Rhodonit **(531)** • Unterscheidung: mit Röntgen u. chemisch.

• Genese: metamorph, kontaktmetasomatisch • Paragenese: Rhodochrosit **(304),** Rhodonit, Spessartin **(584)** • Vorkommen: selten; Schweden (Tunaberg), Österreich (Dürnstein), ČSFR, Schweiz (Davos), USA (Südkarolina – Iva), Australien (Neusüdwales – Broken Hill), Japan u. a.

1. Rhodonit – tafelige Kristalle (20 mm) mit Calcit und schwarzem Franklinit; USA (Franklin). **2. Inesit** – radialstrahlige Druse (20 mm); Schweden (Langban).

Rhodonit, Inesit

H
6—7

Quarz

Oxide
SiO_2

534

Historische Bezeichnung

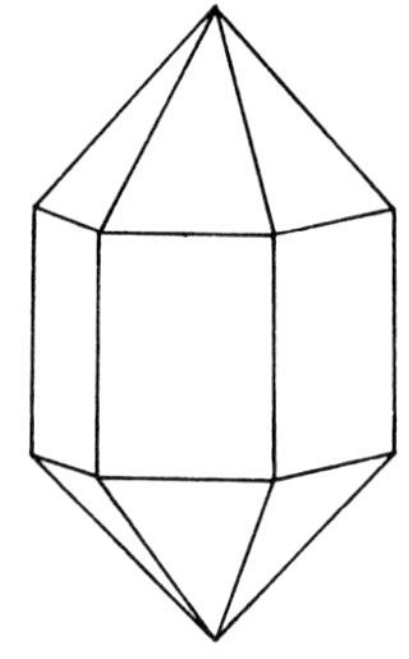

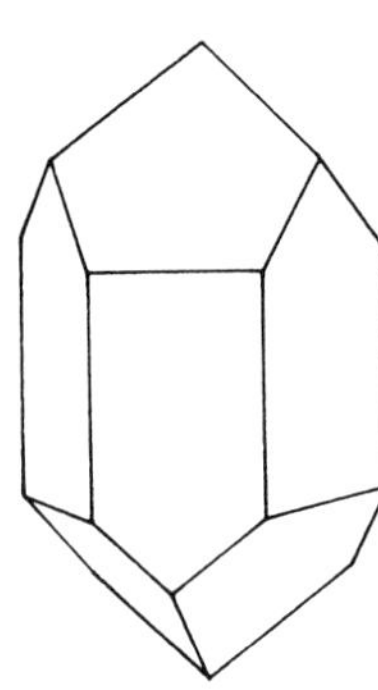

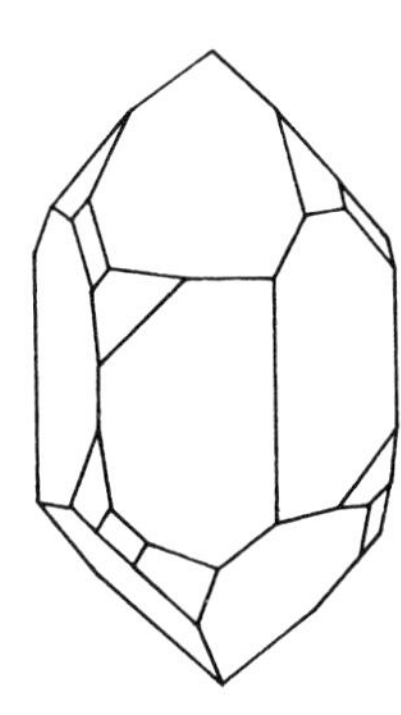

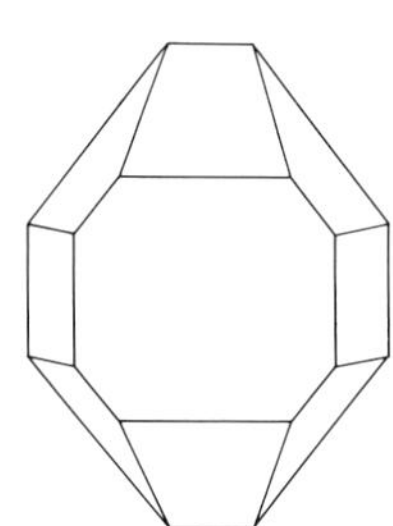

• Härte: 7 (spröde) • Strich: weiß • Farbe: farblos, weiß, grau, braun, schwarz, violett, grünlich, bläulich, gelb, rosa • Transparenz: durchsichtig, durchscheinend und undurchsichtig • Glanz: glasig, fettig • Spaltbarkeit: unvollkommen nach /10$\bar{1}$1/ • Bruch: muschelig, splittrig • Ausbildung: Kristalle, körnige und dichte, derbe Aggregate.
• Dichte: 2,65 • Kristallsystem: trigonal (Tiefquarz, stabil bis 573 °C), hexagonal (Hochquarz, stabil von 573°–870°C) • Kristallformen: prismatisch, dipyramidal, pseudokubisch, häufig Verzwillingungen nach dem Dauphinéer, Brasilianer oder Japaner Gesetz • Lumineszenz: manchmal gelb, cremefarben, orange, grünlich • Elektrische Leitfähigkeit: pyro- und piezoelektrisch • Chemische Zusammensetzung: SiO_2 100 %, Beimengungen von Al, Li, B, Fe, Mg, Ca, Ti, K, Rb • Chemische Eigenschaften: schmilzt nicht, platzt lediglich, löslich in HF • Behandlung: Reinigung mit Wasser und verdünnten Säuren, ausgenommen HF • Ähnliche Minerale: Apatit **(379),** Pollucit **(500),** Beryll **(544),** Topas **(595),** Phenakit **(597)** • Unterscheidung: Härte, Dichte, Spaltbarkeit, Säurelöslichkeit, mit Röntgen und chemisch.
• Genese: magmatisch, pegmatitisch, hydrothermal, metamorph, alpine Klüfte, Verwitterungszonen, sedimentär • Paragenese: Feldspate, Glimmer, Amphibole, Pyroxene u. ä. • Vorkommen: wichtiges gesteinsbildendes Mineral, bildet den wesentlichen Teil der sauren magmatischen Gesteine (Granite, Granodiorite, Quarzdiorite u. ä.) und der Pegmatitkörper. Quarz bildet einen wesentlichen Teil der Quarz- und Erzgänge, er entsteht auch in Verwitterungszonen, wird in Sedimentärgesteinen angereichert, bei Metamorphoseprozesen entstehen in den sog. alpinen Klüften Kristalle. • Vorkommen: sehr häufig; oft werden auch Monokristalle von ganz beträchtlicher Größe und Gewicht aufgefunden, z. B. in Brasilien ein Kristall von ca. 40 t Gewicht, in der UdSSR (Kasachstan) sogar von 70 t.

Quarz wird anhand von äußerer Färbung, Texturzeichnung und kristallographischer Entwicklung in zwei Hauptgruppen eingeteilt:
I. phanerokristalline Varietäten
II. kryptokristalline Varietäten (z. B. Chalcedon – **449**).

Phanerokristalline Varietäten: Bergkristall **(535)** – farblos, Amethyst **(536)** – violett, Rauchquarz **(537)** – braun, Rosenquarz **(538)** – rosa, Morion **(539)** – schwarz, Citrin **(540)** – hellgelb, Blauquarz **(541)** – blau, Tigerauge **(542)** – Quarzpseudomorphose nach verwittertem Krokydolith, Falkenauge **(543)** – Quarzpseudomorphose nach Krokydolith, Katzenauge **(544)** – Quarzpseudomorphose nach Amiant oder Asbestmineralen, Aventurin **(545)** – Quarz mit Glimmer- oder Hämatiteinschlüssen, Gemeiner Quarz – grau, Milchquarz – milchweiß, Eisenkiesel – Quarz mit Fe-Oxiden.
• Verwendung: Keramik-, Glas- und Bauindustrie, Metallurgie, Elektrotechnik, Optik, Juwelierwesen (Edelstein).

Quarz – beidseitig begrenzte Verwachsung (40 mm); Deutschland (Sutrop).

Quarz

Bergkristall (Quarzvarietät)

535

Bezeichnung vom griech. Wort *krystallos* – Eis, Kristall

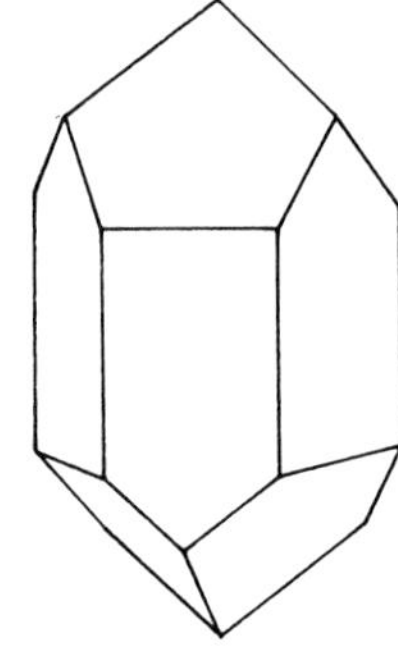

• Physikalische und chemische Eigenschaften stimmen mit Quarz **(534)** überein. Farblos, durchsichtig, Glasglanz.
• Genese: Pegmatite, hydrothermale Gänge, alpine Klüfte, Sedimente • Paragenese: Titanit **(430),** Rutil **(464),** Adular **(487),** Albit **(493),** Epidot **(513)** • Vorkommen: selten; hübsche Kristalle kommen in der Schweiz vor (Aare- und Gotthardmassiv), Frankreich (Dauphiné), Italien (Gebiet von Baveno, auch auf der Insel Elba), in Polen (Strzegom), ČSFR (Velká Kraš), Deutschland (Hagendorf). Aus den Alpen, in denen sich die „Strahler" genannten, auf Bergkristall spezialisierten Mineralsucher mit dem Auffinden von Blasenräumen und Klüften befassen, wurden in der Vergangenheit Bergkristallfunde von 400–800 kg gemeldet (im Jahr 1719 auf dem Zingenstock/Schweiz) und von 618 kg (Eiskögel/Österreich). Im Jahr 1965 wurde auf der Granatspitze in der Großglocknergruppe (Österreich) ein Hohlraum mit einem Bergkristall entdeckt, der nahezu eine Tonne wog (bei den Ausmaßen 120 × 60 bis 75 cm).

Bergkristall kommt auch in der UdSSR vor (in den Pegmatiten von Wolhynien, aus dem Ural und Kasachstan), in den USA (Maine – Auburn), auf Sri Lanka, Madagaskar, in Brasilien (vor allem in Minas Gerais) u. a. Einen eigenartigen Charakter haben die farblos klaren, doppelpyramidenförmigen, beidseitig entwickelten Quarzkristalle, die in Sandsteinen oder Marmoren vorkommen und in der Vergangenheit als sog. „Marmarosch-Diamanten" oder „Herkimer Quarze" bekannt wurden. Sie stammen aus der UdSSR (Transkarpatengebiet) oder den USA (Herkimer im Staat New York). Ähnliche Quarze gibt es auch in Italien (Carrara-Marmor) und in der ČSFR (Slowakei – Sandsteine in Ulič und Velký Lipník).

In den Alpen-Bergkristallen sind sehr oft winzige Nadeln oder Schuppen anderer Minerale eingeschlossen (Gold **(50),** Goethit **(354),** Amiant **(415),** Pyrit **(436),** Rutil **(464),** Hämatit **(472)** oder Turmalin **(546)**) • Verwendung: früher in der Optik, daneben wird er als Edelstein verarbeitet (Gemmen, Facetten-, Cabochon-, Tumblerschliffe), auch zu kunsthandwerklichen Zwecken (Vasen, Pokale, Figuren, Leuchter usw.).

Amethyst (Quarzvarietät)

536

Bezeichnung historisch, vom griech. Wort *amethystos* – nicht betrunken abgeleitet

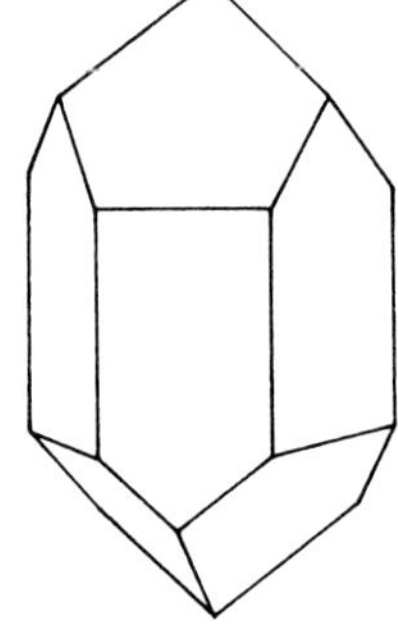

• Physikalische und chemische Eigenschaften stimmen mit Quarz **(534)** überein. Farbe hell- bis dunkelviolett, durchsichtig bis durchscheinend.
• Genese: magmatisch, hydrothermal • Paragenese: Chalcedon **(449),** Bergkristall **(535)** • Vorkommen: selten; in den Mandeln von Effusivgesteinen in Deutschland (Umgebung von Oberstein und Müglitztal), auf Erzgängen in Deutschland (Grube Clara bei Oberwolfach, Bad Sulzburg, Freiberg), in der ČSFR (Banská Štiavnica, in den Melaphyren des Hügels Kozákov, in der Umgebung von Bochovice und Hostákov), Rumänien (Lagerstätte Cavnic), UdSSR (Mursink, Beresowsk). Große Calcedongeoden mit Amethysten wurden aus Südbrasilien bekannt, im Gebirge Serra do Mar wurde eine Geode von 10×5×2 m Größe entdeckt, aus der 70 t Amethyst gewonnen wurden; aus Uruguay, den USA, von der Insel Madagaskar u. a. Hübsche Amethyste sind auch von den Dolomitgängen in Namibien (Plattveld), den Erzgängen in Mexiko (Guanajuato), aus den Seifen Sri Lankas u. a. bekannt • Verwendung: wird als Edel- und Schmuckstein verarbeitet (Facetten, Cabochons, Gemmen, Tumbler, plastische Schliffe, Galanterie, Verkleidungen).

1. Bergkristall – Kristall (22 mm) zusammen mit Calcit in Marmor eingewachsen; Italien (Carrara). **2. Amethyst** – Kristalldruse (bis zu 32 mm); Rumänien (Porcura).

Bergkristall, Amethyst

H
7—8

Rauchquarz (Quarzvarietät)

Oxide

537

L

E

Benannt nach der Färbung

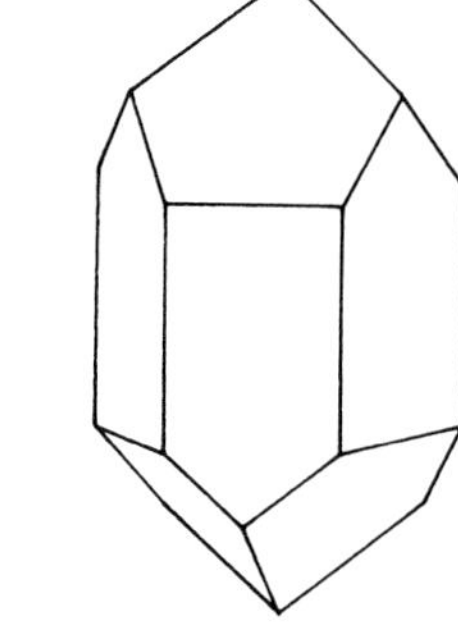

• Physikalische und chemische Eigenschaften stimmen mit Quarz **(534)** überein. Färbung hellbraun, rauchig, dunkelbraun. Rauchquarz geht einerseits in farblosen Bergkristall, andererseits in den dunklen Morion **(539)** über. Durchsichtig, durchscheinend, Glasglanz. Wird häufig künstlich durch Radioaktivbestrahlung von Bergkristall hergestellt.

• Genese: Pegmatite, hydrothermal • Paragenese: Apatit **(379),** Orthoklas **(496),** Albit **(493),** Axinit **(523),** Turmalin **(564),** Glimmer • Vorkommen: selten; Deutschland (Hagendorf), ČSFR (Dolní Bory, Kněževes, Bobrůvka), Schweiz (im St. Gotthardgebiet gibt es Kristalle von 150 kg Gewicht, im Jahr 1946 wurde am Tiefengletscher eine herrliche Kristalldruse von 90×60×40 cm Größe und 180 kg Gewicht gefunden). Reiche Funde sind auch aus Italien (Tessin), Österreich (Sulzbachtal), Polen (Strzegom) u. a. bekannt. Große Rauchquarz- und Morionkristalle stammen aus den Pegmatiten Brasiliens, der USA (aus den Bundesstaaten Kalifornien, Maine, Nordkarolina, Süddakota usw.), Madagaskars, der UdSSR, Indiens. Edelsteinqualität haben auch Rauchquarze aus Spanien (Cordoba), aus der UdSSR (Ukraine – Wolhynien, Ural, Mittelasien), aus Australien (Neusüdwales) u. a. • Verwendung: wird als Edelstein verarbeitet (Facetten, Cabochons, Tumbler, plastische Schliffe, Galanterie).

Rosenquarz (Quarzvarietät)

Oxide

538

L

E

Benannt nach der Färbung

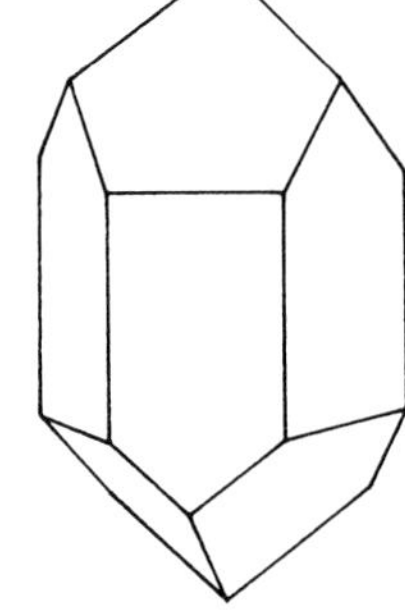

• Physikalische und chemische Eigenschaften stimmen mit Quarz **(534)** überein. Die Farbe von Rosenquarz ist hellrosa bis rosig, er ist durchsichtig bis durchscheinend, meist derb oder fein kristallin, Kristalle wurden nur aus Brasilien bekannt. Manchmal tritt schwach violette Lumineszenz auf.

• Genese: Pegmatite • Paragenese: Lepidolith **(169),** Beryll **(554),** Turmalin **(564)** • Vorkommen: selten; Deutschland (Zwiesel, Bodenmais), ČSFR (Dolní Bory, Písek), in den Pegmatiten von Finnland und der UdSSR (Ural), besonders schöne Rosenquarze kommen aus den USA (Maine, Süddakota – Caster), von zahlreichen Lokalitäten aus Brasilien (erstmalig wurden Rosenquarzkristalle 1959 in Pedra Azul und Governador Valaderas, außerdem im Jequitinhonha-Tal/Minas Gerais gefunden), aus Madagaskar, Namibia, Südafrika und Japan (Präf. Iwaki – Goto) • Verwendung: wird als Edel- und Schmuckstein verarbeitet (Facetten, Cabochons, Gemmen, Tumbler, plastische Schliffe, Galanterie).

1. **Rauchquarz** – Kristallgruppe (der größte 50 mm); USA (Arkansas). 2. **Rosenquarz** – Kristallaggregat; Brasilien (Minas Gerais).

Rauchquarz, Rosenquarz

H
7—8

Morion (Rauchquarzvarietät)

539

Historische Bezeichnung in der Bedeutung „durchscheinender schwarzer Edelstein“

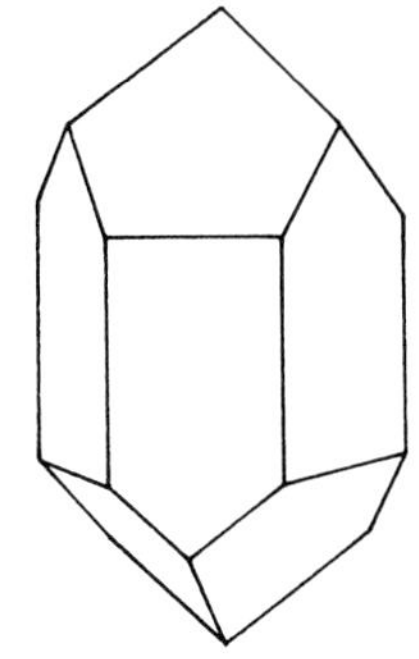

• Physikalische und chemische Eigenschaften stimmen mit Quarz **(534)** überein. Die Färbung von Morion ist dunkelbraun bis schwarz. Durchscheinend oder undurchsichtig, Glasglanz. Viele dunkel gefärbte Rauchquarze gehen in Morion über. • Genese: Pegmatite, hydrothermal • Paragenese: Wolframit **(369),** Glimmer, Feldspäte, Cassiterit **(548),** Topas **(595)** • Vorkommen: selten; ČSFR (befindet sich in den Pegmatiten von Dolní Bory in den Erzgängen der Sn – W – Lagerstätte auf dem Cínovec (Erzgebirge). Große und sehr schöne Morionkristalle stammen aus den Lagerstätten Brasiliens, der UdSSR, Madagaskars u. a. Weniger häufig gehen Rauchquarzkristalle aus den alpinen Klüften im Gebiet des Aare- und Gotthardmassivs/Schweiz in Morion über. Einer der größten moriongefüllten Hohlräume wurde 1867 oberhalb des Tiefengletschers im Kanton Uri entdeckt, der Kristalle von einem Gewicht bis 127 kg enthielt • Verwendung: wird als Edelstein verarbeitet, auch als Schmuckstein (Facetten, Cabochone, plastische Schliffe).

Citrin (Quarzvarietät)

540

L

E

Benannt nach der Färbung

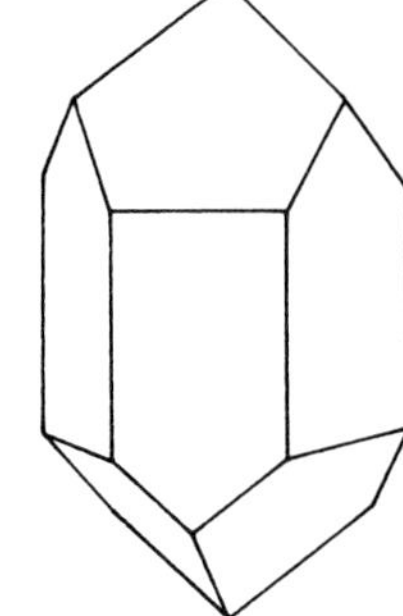

• Physikalische und chemische Eigenschaften stimmen mit Quarz **(534)** überein. Die Färbung ist hell bis goldgelb, durchsichtig bis durchscheinend, Glasglanz. Citrin wird sehr häufig durch Brennen von Amethysten **(536)** bei Temperaturen um 450 °C gewonnen. Diese Citrine bekommen dann Handelsnamen wie Madeiratopas, Goldtopas, Bahiatopas, Palmyratopas usw.
• Genese: Pegmatite, hydrothermal • Paragenese: Orthoklas **(486),** Muskovit **(165)** • Vorkommen: selten; kommt in Brasilien vor (Staat Goyaz, Bahia, Minas Gerais), USA (Colorado – Pikes Peak), Spanien (Gebiet von Cordoba und Salamanca), UdSSR (Mursinka), Madagaskar, Frankreich, Großbritannien (Schottland) • Verwendung: Edelstein (Facetten, Cabochone).

Blauquarz, Saphirquarz (Quarzvarietät)

541

Benannt nach der Färbung

• Physikalische und chemische Eigenschaften stimmen mit Quarz **(534)** überein. Die blaue Färbung rührt von Rutil- **(464)** oder Krokydolitheinschlüssen her, Blauquarz ist durchsichtig oder durchscheinend.
• Genese: hydrothermal • Paragenese: Amphibol **(411),** Rutil • Vorkommen: selten; Österreich (Golling bei Salzburg), USA (Virginia – in den Anorthositen von Roseland), Skandinavien, Republik Südafrika, Brasilien • Verwendung: wird als Edelstein verarbeitet (Cabochone, plastische Schliffe).

1. Morion – Kristall (18 mm) in Marmor; Italien (Monte Castelnuovo). **2. Citrin** – Kristalldruse (bis zu 20 mm); Simbabwe.

Morion, Citrin

Tigerauge (Quarzvarietät)

542

L

E

Benannt nach der typischen Farbe und dem Aussehen

Quarzpseudomorphosen nach verwittertem Krokydolith **(422)** mit charakteristischer gelbbrauner, brauner Farbe und Seidenglanz. Durchscheinend bis undurchsichtig. Die übrigen Eigenschaften sind mit Quarz identisch.
• Vorkommen: selten; in großen Mengen in Südafrika, Indien, Mexiko, Westaustralien und den USA (Kalifornien) • Verwendung: wird als Edel- und Schmuckstein verarbeitet (Cabochons, Tafeln, Galanterie, plastische Schliffe).

Oxide

Falkenauge (Quarzvarietät)

543

L

E

Benannt nach der typischen Farbe und dem Aussehen

Ebenfalls Pseudomorphosen nach Krokydolith **(422),** allerdings unverwittert, wodurch die schöne bläuliche bis schwarzblaue Farbe zustandekommt. Seidenglanz, undurchsichtig.
• Vorkommen: selten; an einigen Lokalitäten in der Republik Südafrika, in Australien, Mexiko, Sri Lanka, in Europa nur in Österreich (Salzburgerland) • Verwendung: wird als Edel- und Schmuckstein verarbeitet (Cabochon-, Tafel-, plastische Schliffe, Galanterie).

Oxide

Katzenauge (Quarzvarietät)

544

L

E

Benannt nach der typischen Farbe und dem Aussehen

Quarzpseudomorphose **(534)** nach Amphibol **(411).** Grüngraue Farbe, durchscheinend bis undurchsichtig.
• Vorkommen: selten; nur in kleiner Menge in Deutschland (bei Treseburg, Kristalle von grünlicher Farbe, aber minderer Qualität auch in Bayern – Fichtelgebirge), ferner in Sri Lanka und Burma. Katzenaugenvorkommen wurden auch aus Brasilien und Indien beschrieben • Verwendung: als Edelstein (Cabochons, plastische Schliffe).

Oxide

Aventurin (Quarzvarietät)

545

L

E

Bezeichnung vom ital. Wort *avventura* – Abenteuer abgeleitet

Das ist ein Quarz **(534),** der Einschlüsse von Fuchsit **(166)** – grün oder Hämatit **(472)** – rotbraun enthält. Er ist durchscheinend bis undurchsichtig, weist manchmal rote Lumineszenz auf.
• Vorkommen: selten; wertvolles Material befindet sich in Indien, Brasilien, der UdSSR, Spanien und China (Tibet). Aventurin wurde auch aus Italien (Passo di Vizze) beschrieben. Gegenwärtig werden Aventurine in großen Mengen künstlich hergestellt (Kupferschüppchen in Glas verstreut) • Verwendung: wird als Edelstein (Cabochons, Tafeln) und als Schmuckstein (Galanterie, plastische Schliffe) verarbeitet.

1. **Falkenauge** – Anschliff; Südafrika (Griqualand). 2. **Aventurin** – polierter Anschliff; Indien. 3. **Tigerauge** – polierter Anschliff (Ausschnittbreite 120 mm); Südafrika (Griqualand).

Falkenauge, Aventurin, Tigerauge

H
7—8

546

Pleonast (Spinellvarietät)

Oxide
$(Mg,Fe)(Al,Fe)_2O_4$

Bezeichnung vom griech. Wort *pleonasmos* – Überfluß abgeleitet (Haüy, 1801)

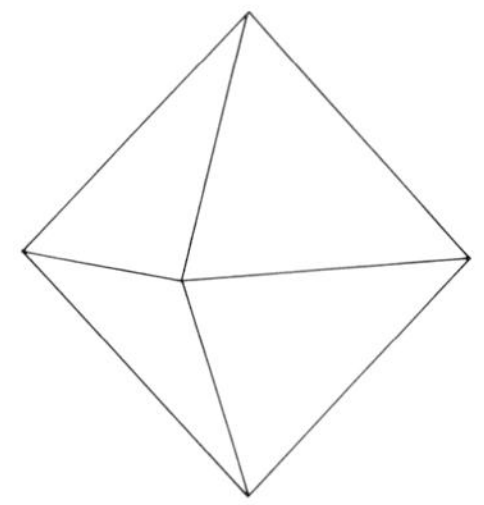

● Härte: 7,5–8 (spröde) ● Strich: weiß ● Farbe: dunkelgrün, schwarz ● Transparenz: durchscheinend, undurchsichtig ● Glanz: glasig ● Spaltbarkeit: unvollkommen ● Bruch: muschelig ● Ausbildung: Kristalle, körnige Aggregate.
● Dichte: 3,7–4,4 ● Kristallsystem: kubisch ● Kristallformen: Oktaeder ● Chemische Zusammensetzung: MgO 10,78 %, FeO 19,22 %, Fe_2O_3 42,72 %, Al_2O_3 27,28 % ● Chemische Eigenschaften: säureunlöslich, läßt sich nicht schmelzen ● Behandlung: Reinigung mit Wasser und verdünnten Säuren ● Ähnliche Minerale: Magnetit **(367),** Spinell **(590)** ● Unterscheidung: Magnetismus, mit Röntgen und chemisch.
● Genese: kontaktmetasomatisch ● Paragenese: Diopsid **(505),** Fassait **(511)** u. a.
● Vorkommen: selten; Deutschland (Schwarzwald, Odenwald), Italien (Monzoni, Vesuv), Schweden (Routivare), Madagaskar, Japan, UdSSR u. a.

547

Hercynit

Oxide
$FeAl_2O_4$

Benannt nach dem alten lat. Namen für verschiedene bewaldete Mittelgebirge: *Hercynia silva* (Zippe, 1839)

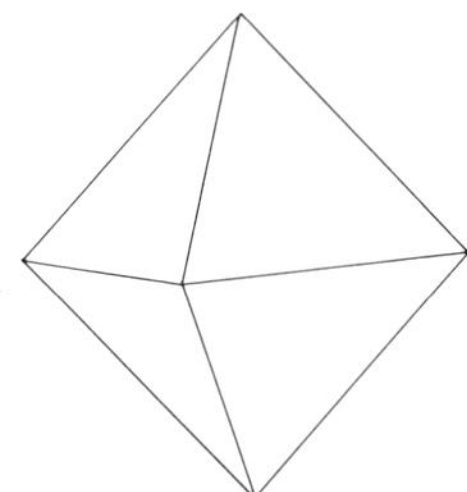

● Härte: 7,5–8 ● Strich: dunkelgrün ● Farbe: schwarz ● Transparenz: opak, in Bruchstücken dunkelgrün durscheinend ● Glanz: glasig ● Spaltbarkeit: unvollkommen ● Bruch: uneben, muschelig ● Ausbildung: Kristalle, körnige Aggregate.
● Dichte: 3,95 ● Kristallsystem: kubisch ● Kristallformen: Oktaeder ● Chemische Zusammensetzung: FeO 41,34 %, Al_2O_3 58,66 % ● Chemische Eigenschaften: verfärbt sich vor dem Lötrohr ziegelrot ● Behandlung: Reinigung mit Wasser und verdünnten Säuren ● Ähnliche Minerale: Magnetit **(367)** ● Unterscheidung: Härte, Magnetismus.
● Genese: magmatisch ● Paragenese: Titanomagnetite ● Vorkommen: selten; Deutschland (Schenkenzell), Schweden (Routivara), ČSFR (Poběžovice), Italien (Veltlin), USA (New York).

548

Kassiterit (Zinnstein)

Oxide
SnO_2

Bezeichnung vom griech. Wort *kassiteros* – Zinn abgeleitet (Beudant, 1832)

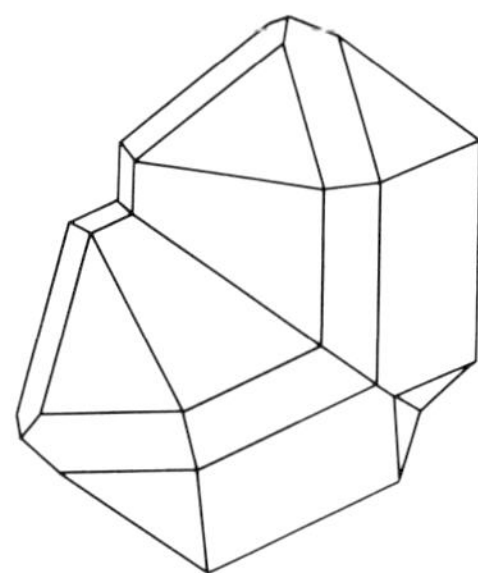

● Härte: 7 (spröde) ● Strich: weiß, gelb, hellbraun ● Farbe: braun, schwarz, gelb, grau ● Transparenz: durchscheinend, undurchsichtig ● Glanz: diamantartig, metallisch ● Spaltbarkeit: unvollkommen ● Bruch: muschelig ● Ausbildung: Kristalle, körnige und nierige Aggregate, Pseudomorphosen, Rollstücke.
● Dichte: 6,8–7,1 ● Kristallsystem: tetragonal ● Kristallformen: prismatisch, Doppelpyramiden, Zwillinge ● Chemische Zusammensetzung: Sn 78,6 %, O 21,4 % ● Chemische Eigenschaften: säureunlöslich, läßt sich nicht schmelzen ● Behandlung: Reinigung mit Wasser und verdünnten Säuren ● Ähnliche Minerale: Sphalerit **(181)** ● Unterscheidung: Härte, Dichte, Säurelöslichkeit.
● Genese: Pegmatite, hydrothermal, sekundär in Seifen ● Paragenese: Fluorit **(291),** Scheelit **(310),** Wolframit **(369),** Topas **(595)** ● Vorkommen: häufig; Deutschland (Altenberg, Zinnwald), ČSFR (Horní Slavkov, Cínovec), Großbritannien (Cornwall), Frankreich (Bretagne), UdSSR, USA, Malaysia, Thailand, Bolivien, Australien, Mexiko u. a. ● Verwendung: Sn-Erz, manchmal als Edelstein.

1. Pleonast – Kristalle (bis zu 10 mm) in Quarz; Italien (Monzoni). **2. Kassiterit** – Kristallgruppe mit Scheelit und Zinnwaldit (25 mm); ČSFR (Cínovec).

Pleonast, Cassiterit

H
7—8

Boracit

Borate
$Mg_3[Cl|B_7O_{13}]$

549

Benannt nach der Zusammensetzung (Werner, 1789)

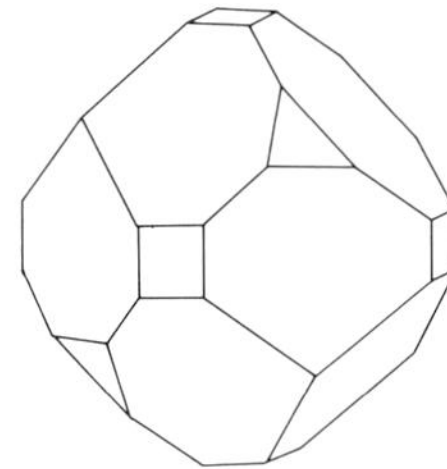

• Härte: 7 (spröde) • Strich: weiß • Farbe: farblos, weiß, grau, gelblich, grünlich, bläulich • Transparenz: durchsichtig, durchscheinend • Glanz: glasig, fettig • Spaltbarkeit: fehlt • Bruch: muschelig • Ausbildung: Kristalle, körnige und faserige Aggregate, auch kreidige Massen (Stassfurtit).
• Dichte: 2,9–3,0 • Kristallsystem: dimorph; unter 268 °C rhombisch, über 268 °C kubisch • Kristallformen: Hexaeder, Tetraeder, Dodekaeder, Zwillinge • Chemische Zusammensetzung: MgO 29,8 %, Cl 8,1 %, B_2O_3 62,1 %, Beimengungen von Ca, Fe • Chemische Eigenschaften: schmilzt leicht zu einem weißen Emaillekügelchen, färbt die Flamme grün, langsam in HCl löslich • Behandlung: schnell mit destilliertem Wasser reinigen • Ähnliche Minerale: Anhydrit **(235)** • Unterscheidung: Härte.
• Genese: sedimentär (Salzlagerstätten) • Paragenese: Gips **(29)**, Carnallit **(84)**, Anhydrit • Vorkommen: selten; Deutschland (Lüneburg, Hildesheim, Stassfurt, Westeregeln), Großbritannien (Yorkshire – Aislaby), Frankreich (La Meurethe), USA (Louisiana – Choctaw, Kalifornien – Otis, San Bernardino Co.), Bolivien (Cristalmayu) u. a. • Verwendung: B-Gewinnung, Borsäureherstellung.

Jeremejewit

Borate
$AlBO_3$

550

Benannt nach dem russischen Mineralogen P. V. Jeremejew (1830–1899) (Damour, 1883)

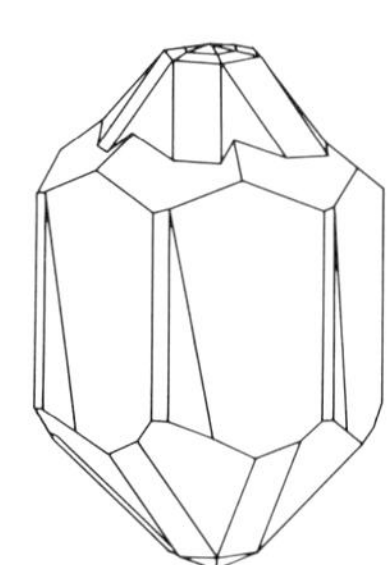

• Härte: 7 • Strich: weiß • Farbe: hellgelb, bläulich • Transparenz: durchsichtig • Glanz: glasig • Spaltbarkeit: fehlt • Bruch: muschelig • Ausbildung: Kristalle.
• Dichte: 3,31 • Kristallsystem: hexagonal • Kristallformen: prismatisch • Chemische Zusammensetzung: Al_2O_3 59,42 %, B_2O_3 40,58 % • Ähnliche Minerale: Beryll **(554)** • Unterscheidung: Härte, Dichte.
• Genese: Pegmatite • Paragenese: Apatit **(379)**, Albit **(493)**, Turmalin **(564)** • Vorkommen: selten; UdSSR (im Granitschutt von Soktujberg im Adun-Tschilong-Gebirge festgestellt), Namibia (in Pegmatiten bei Cape Cross) • Verwendung: selten als Edelstein.

1. Boracit – kleine Kriställchen auf Gips (Ausschnittbreite 20 mm); Deutschland (Schildstein). **2. Jeremejewit** – freie, längliche Kriställchen (3 mm); UdSSR (Njertschinsk).

Boracit, Jeremejewit

H
7—8

Cordierit (Dichroit)

Silikate
$Mg_2Al_3[AlSi_5O_{18}]$

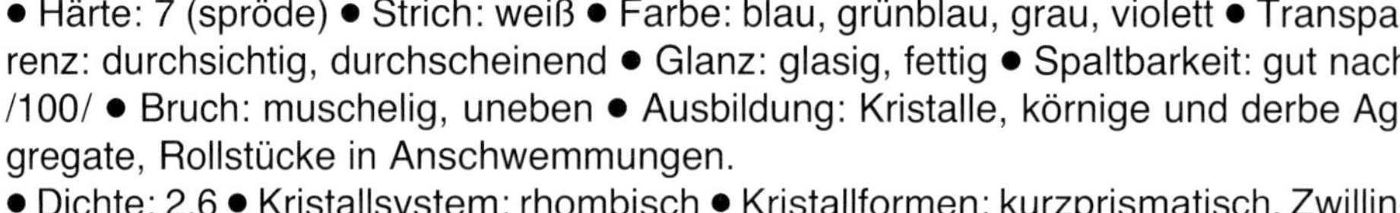

551

Benannt nach dem französischen Bergbauingenieur und Geologen P. L. A. Cordier (1777–1861) (Lukas, 1813)

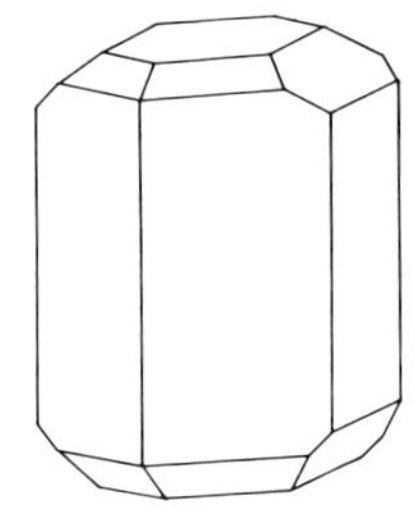

• Härte: 7 (spröde) • Strich: weiß • Farbe: blau, grünblau, grau, violett • Transparenz: durchsichtig, durchscheinend • Glanz: glasig, fettig • Spaltbarkeit: gut nach /100/ • Bruch: muschelig, uneben • Ausbildung: Kristalle, körnige und derbe Aggregate, Rollstücke in Anschwemmungen.

• Dichte: 2,6 • Kristallsystem: rhombisch • Kristallformen: kurzprismatisch, Zwillinge • Chemische Zusammensetzung: MgO 13,78 %, Al_2O_3 34,86 %, SiO_2 51,36 % • Chemische Eigenschaften: säureunlöslich, läßt sich fast nicht schmelzen • Behandlung: Reinigung mit Wasser und verdünnten Säuren • Ähnliche Minerale: Quarz **(534),** Sekaninait **(552)** • Unterscheidung: Löslichkeit in HF (Quarz), chemisch.

• Genese: metamorph, magmatisch, Pegmatite • Paragenese: Turmalin **(564),** Granat **(577),** Spinell **(590),** Korund **(598)** • Vorkommen: selten; Deutschland (Bodenmais, Wechselburg), Finnland (Orijärvi), Norwegen (Kragerö), Spanien (Cabo de Gata), Schweden (Näversberg), Sri Lanka, USA, Brasilien u. a. • Verwendung: manchmal als Edelstein (Facetten, Cabochons).

Sekaninait

Silikate
$Fe^{2+}_2Al_3[AlSi_5O_{18}]$

552

Benannt nach dem tschechischen Mineralogen J. Sekanina (Staněk, 1968)

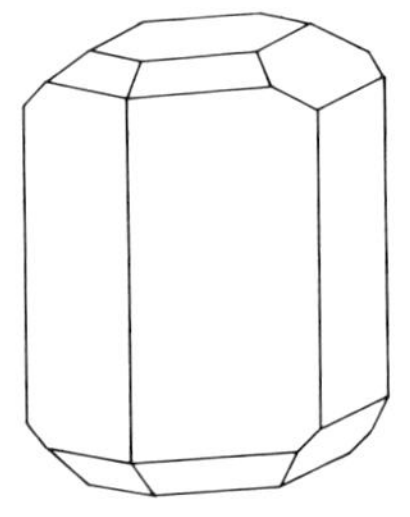

• Härte: 7–7,5 (spröde) • Strich: weiß • Farbe: hellblau, blauviolett • Transparenz: durchsichtig, durchscheinend • Glanz: glasig • Spaltbarkeit: gut nach /100/ • Bruch: muschelig, uneben • Ausbildung: Kristalle.

• Dichte: 2,77 • Kristallsystem: rhombisch • Kristallformen: prismatisch • Chemische Zusammensetzung: FeO 22,18 %, Al_2O_3 31,47 %, SiO_2 46,35 % • Chemische Eigenschaften: säureunlöslich, fast nicht schmelzbar • Behandlung: Reinigung mit Wasser oder verdünnten Säuren • Ähnliche Minerale: Cordierit **(551)** • Unterscheidung: mit Röntgen, chemisch.

• Genese: Pegmatite • Paragenese: Orthoklas **(486),** Quarz **(534),** Turmalin **(564)** • Vorkommen: selten; ČSFR (Dolní Bory).

Kornerupin (Prismatin)

Silikate
$Mg_4Al_6[(O,OH)_2|BO_4(SiO_4)_4]$

553

Benannt nach dem dänischen Geologen A. N. Kornerup (1857–1881) (Lorenzen, 1884)

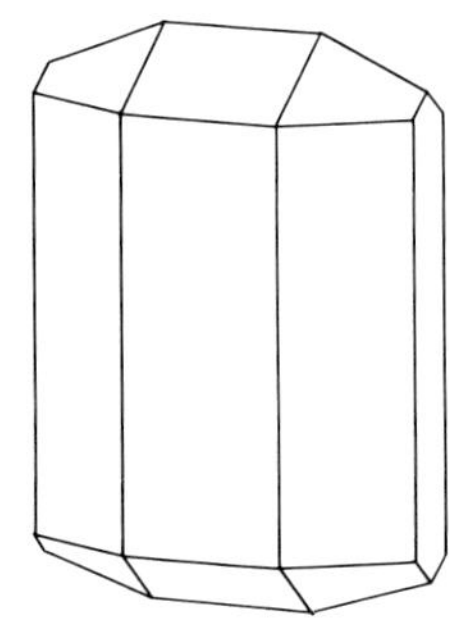

• Härte: 7 • Strich: weiß • Farbe: weiß, braungelb, grün, braun • Transparenz: durchscheinend, undurchsichtig • Glanz: glasig • Spaltbarkeit: unvollkommen nach /110/ • Ausbildung: Kristalle, halmige, gelegentlich strahlige Aggregate.

• Dichte: 3,3 • Kristallsystem: rhombisch • Kristallformen: langprismatisch • Chemische Zusammensetzung: unbeständig, schwankend • Chemische Eigenschaften: nur in HF löslich, schwer zu schmelzen • Behandlung: Reinigung mit Wasser oder verdünnten Säuren • Ähnliche Minerale: Andalusit **(562)** • Unterscheidung: mit Röntgen und chemisch.

• Genese: metamorph, Anschwemmungen • Paragenese: Biotit **(167),** Orthoklas **(486),** Cordierit **(551)** • Vorkommen: selten; Deutschland (Waldheim), Grönland (Fiskernäs), Madagaskar (Betroka), Kanada, Kenia, Sri Lanka, Tansania • Verwendung: gelegentlich als Edelstein (Facetten, Cabochons).

1. Sekaninait – säuliger Kristall gemeinsam mit Orthoklas; ČSFR (Dolní Bory). **2. Cordierit** – körniges Aggregat; ČSFR (Jihlava). **3. Kornerupin** – in Granit eingewachsene prismatische Kristalle (Ausschnittbreite 60 mm); Deutschland (Waldheim).

Sekaninait, Cordierit, Kornerupin

H 7—8

Beryll

$Al_2Be_3[Si_6O_{18}]$

554

Historische Bezeichnung, vom griech. Wort *bēryllos* abgeleitet, das laut Plinius blaugrüne, wie Meerwasser gefärbte Edelsteine bezeichnete

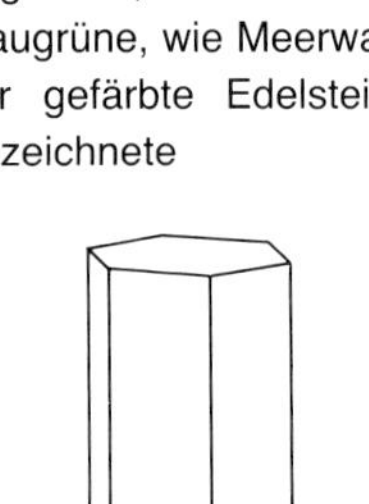

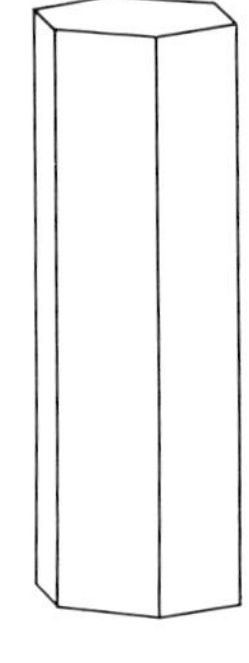

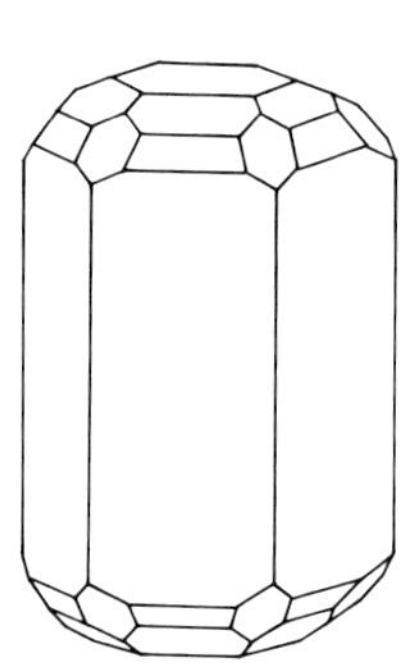

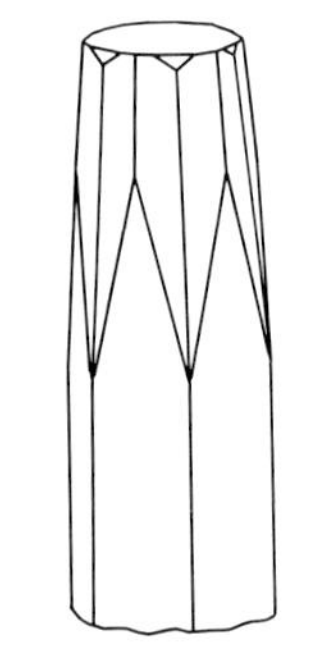

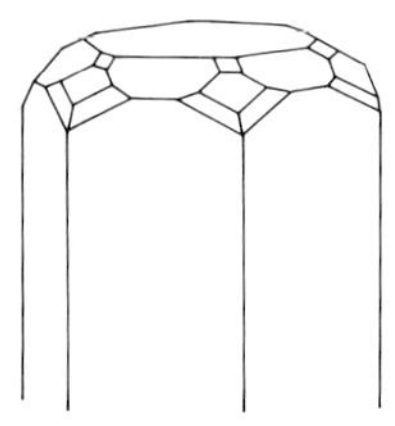

● Härte: 7,5–8 (spröde) ● Strich: weiß ● Farbe: farblos, weiß, gelbweiß, gelbgrün, grün, rosig, bläulich, grünblau, rot, goldgelb ● Transparenz: durchsichtig, durchscheinend ● Glanz: glasig, matt ● Spaltbarkeit: unvollkommen nach /0001/ ● Bruch: uneben, muschelig ● Ausbildung: Kristalle, körnige, derbe und radialstrahlige Aggregate (sog. Beryllsonnen), Rollstücke.

● Dichte: 2,63–2,80 ● Kristallsystem: hexagonal ● Kristallformen: prismatisch, selten tafelig ● Lumineszenz: manchmal grün und gelb ● Chemische Zusammensetzung: BeO 13,96 %, Al_2O_3 18,97 %, SiO_2 67,07 %, Beimengung von Fe, Mn, Mg, Ca, Cr, Na, Li, Cs, OH ● Chemische Eigenschaften: löslich in HF, schmilzt nicht, doch werden die durchsichtigen Varietäten bei jäher Erhitzung milchweiß, Smaragde bilden eine hellgrüne Perle ● Behandlung: Reinigung mit verdünnten Säuren außer HF ● Ähnliche Minerale: Apatit **(379),** Turmalin **(564),** Topas **(595)** ● Unterscheidung: Härte, Dichte, optisch, mit Röntgen und chemisch.

● Genese: Pegmatite, hydrothermal-pneumatolytisch, metamorph ● Paragenese: Orthoklas **(486),** Quarz **(534),** Kassiterit **(548),** Turmalin, Topas ● Vorkommen: selten; in Pegmatiten Deutschland (Zwiesel, Ehrenfriedersdorf), ČSFR (Horní Slavkov, Písek, Meclov), USA (Süddakota – große Kristalle, bis 9 m lang und von 61 t Gewicht stammen aus Keystone), von einem Gewicht bis zu 200 t aus Brasilien (Picui). Kommt auch in Frankreich (Chanteloube) vor, in Norwegen (Iveland), Australien (Melvill), USA (Connecticut–Haddam) u. a. ● Verwendung: Be-Gewinnung, wurde im Altertum zu optischen Linsen geschliffen und als Brille verwendet (bekannt war der Beryll des Kaisers Nero), dient heute zur Herstellung von Leichtlegierungen, in Flug- und Raumfahrtgeräten, viele Varietäten werden als Edelstein verarbeitet (Facetten, Cabochons).

Je nach Färbung und chemischer Zusammensetzung wird Beryll in mehrere Varietäten eingeteilt: Gemeiner Beryll (die verbreitetste Varietät, Be-Gewinnung), Smaragd **(555)** – smaragdgrüner Edelstein, Aquamarin **(556)** – grünblauer bis hellblauer Edelstein, Morganit **(557)** und Worobjewit (rosiger Edelstein), Goldberyll **(558)** – goldgelber Edelstein, Heliodor **(559)** – gelber bis hell gelbgrüner Edelstein, Goshenit **(560)** – durchsichtiger, farbloser Edelstein, Bixbit – roter Edelstein.

Beryll – säuliger Kristall (40 mm) in Pegmatit eingewachsen; ČSFR (Maršíkov).

Beryll

H
7—8

Smaragd (Beryllvarietät)

555

L

E

Bezeichnung historisch, wahrscheinlich semitischer Herkunft

• Physikalische und chemische Eigenschaften stimmen mit Beryll **(554)** überein. Smaragdgrüne Farbe, durchsichtig bis durchscheinend, enthält eine Beimengung von Cr_2O_3.
• Vorkommen: selten; Österreich (Habachtal), Norwegen (Eidsvold), UdSSR (Ural – Takowaja-Fluß), Ägypten (Zabarah). Die wertvollsten Smaragde stammen aus Kolumbien (von den Lagerstätten Muzo und Chivor), schöne Kristalle wurden neuerdings auch aus Simbabwe (Sandawan), Südafrika (Gravelotte), Mosambik (Alto Ligonha), Tansanien (Lake Manjara), Brasilien (Carnaiba), Indien, Pakistan, Australien, Sambia, den USA u. a. bekannt • Verwendung: wird von jeher als einer der wertvollsten Edelsteine verarbeitet (Facetten, Cabochone).

Aquamarin (Beryllvarietät)

556

L

E

Bezeichnung aus den lat. Wörtern *aqua* – Wasser und *marina* – Meer zusammengesetzt (Wallerius, 1747)

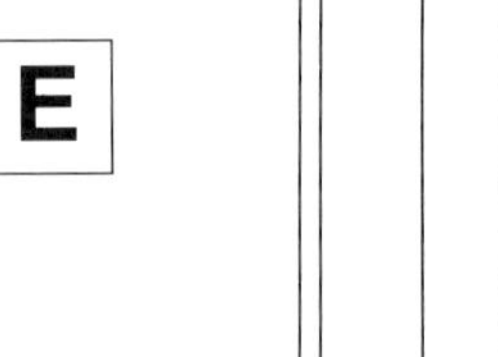

• Physikalische und chemische Eigenschaften stimmen mit Beryll **(554)** überein. Hellblaue bis grünblaue Farbe, durchsichtig bis durchscheinend.
• Vorkommen: häufiger als Smaragd **(555);** Nordirland (Mourne Mountains), Italien (Insel Elba), UdSSR (Mursinsk, Takowaja, Shaitansk, Gebirge Adun-Tschilon), Namibia (Rössing, Kl. Spitzkopje), Brasilien (Minas Gerais – in Maranbaya wurde 1910 ein 48,5 cm langer und 110,5 kg schwerer Kristall gefunden). Aquamarine gibt es auf Madagaskar, in Simbabwe, Tansania, Kenia, Sri Lanka, Indien, Burma, den USA (Staaten Kalifornien, Colorado, Connecticut, Maine), Australien, Pakistan, Afghanistan u. a. • Verwendung: wird als Edelstein verarbeitet (Facetten, Cabochons).

Morganit (Beryllvarietät)

557

L

E

Benannt nach dem amerikanischen Sammler und Finanzmann J. P. Morgan (Kunz, 1911)

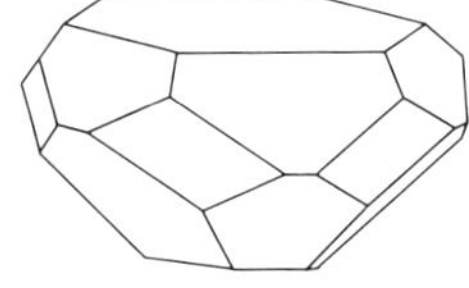

• Physikalische und chemische Eigenschaften stimmen mit Beryll **(554)** überein. Rosige bis rosarote Färbung, durchsichtig bis durchscheinend, manchmal violette Lumineszenz.
• Vorkommen: selten in Pegmatiten; Madagaskar (Maharitra), USA (Kalifornien – Ramona und Pala), Brasilien (Minas Gerais), auch aus Moçambique, Simbabwe und der UdSSR bekannt. In der UdSSR (Ural) wurde rosiger Beryll gefunden, der nach dem Entdecker, dem russischen Mineralogen V. I. Worobjew benannt wurde – Worobjewit. Diese Berylle enthielten bis zu 3,1 % Cs_2O und 1,39 % Li_2O • Verwendung: wird als Edelstein verarbeitet. (Facetten, Cabochons).

1. Smaragd – säuliger Kristall (20 mm); Kolumbien (Muso). **2. Aquamarin** – prismenförmiger Kristall (25 mm) in Quarz eingewachsen; Brasilien (Minas Gerais). **3. Morganit** – Kristall (15 mm) auf Albit; Italien (San Pietro in Campo).

Smaragd, Aquamarin, Morganit

H
7—8

Goldberyll (Beryllvarietät)

558

L

E

Benannt nach der Färbung

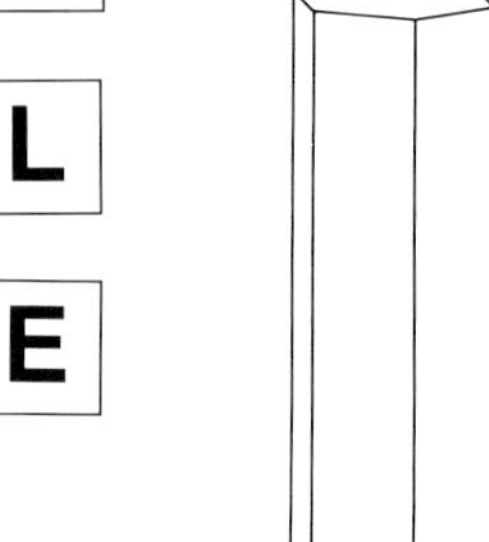

• Physikalische und chemische Eigenschaften stimmen mit Beryll **(554)** überein. Färbung goldgelb bis zitronengelb, durchsichtig bis durchscheinend. Geht farblich oft in Heliodor über.
• Vorkommen: selten in Pegmatiten; Brasilien (Minas Gerais), Sri Lanka und Namibia (Gebiet von Otavi und Rossing). Eine Besonderheit sind die dunkelbraunen asterischen Berylle aus Brasilien (Minas Gerais – Gevornador Valadares) mit Bronzeglanz und goldenem Asterismus • Verwendung: wird als Edelstein verarbeitet (Facetten, Cabochons).

Heliodor (Beryllvarietät)

559

L

E

Bezeichnung aus den griech. Wörtern *dōron* – Geschenk und *hēlios* – Sonne zusammengesetzt (V. Pranach, 1910)

• Physikalische und chemische Eigenschaften stimmen mit Beryll **(554)** überein. Die Färbung von Heliodor ist gelb mit einem Grün- oder Honigton. Durchsichtig bis durchscheinend. Bläuliche Lumineszenz.
• Vorkommen: selten in Pegmatiten und pneumatolytisch-hydrothermalen Lagerstätten. Bekannt aus Namibia (Gebiet von Otavi und Rossing), Brasilien (Minas Gerais – Santa Maria do Suaçui), Madagaskar und der UdSSR (Nertschinsk)
• Verwendung: wird als Edelstein verarbeitet (Facetten, Cabochons).
Eine Besonderheit sind die roten Berylle aus den USA (aus Hohlräumen in Rhyolithlava in den Thomas Mountains/Utah), die in Assoziation mit Tridymit **(461)**, Hämatit **(472)**, Spessartin **(584)** und Topas **(595)** auftreten. Sie erhielten den Namen Bixbit.

Goshenit (Beryllvarietät)

560

L

E

Benannt nach dem Fundort in Goshen (Massachusetts, USA) (Sheppard, 1844)

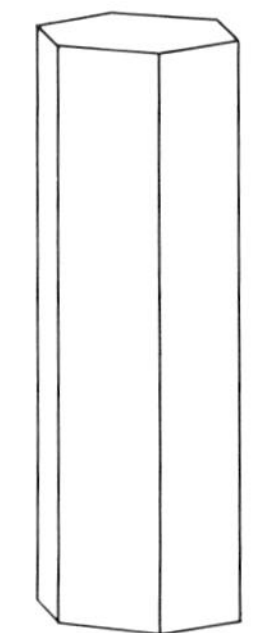

• Physikalische und chemische Eigenschaften stimmen mit Beryll **(554)** überein. Farblos bis weiß, durchsichtig, Edelsteinqualität.
• Vorkommen: selten; USA (Massachusetts – in Pegmatiten auf der Lokalität Goshen), auch aus Brasilien bekannt • Verwendung: wird als Edelstein verarbeitet (Facetten).

1. Heliodor – geriefter Kristall (10 mm) in Glimmerschiefer; UdSSR (Njertschinsk). **2. Goldberyll** – länglicher Kristall (38 mm); UdSSR (Mursinka). **3. Goshenit** – farbloser prismenförmiger Kristall (13 mm); Italien (San Pietro in Campo).

Heliodor, Goldberyll, Goshenit

Bazzit

Silikate
$Sc_2Be_3[Si_6O_{18}]$

561

L

Benannt nach dem italienischen Ingenieur A. E. Bazzi (Artini, 1915)

• Physikalische und chemische Eigenschaften ähnlich wie bei Beryll **(554).** Die Färbung geht ins Blaue bis Dunkelblaue, nur selten ist das Mineral farblos. Etwas geringere Härte als Beryll – 6,5.

• Vorkommen: sehr selten; Pegmatite, alpine Klüfte. Befindet sich in der Schweiz (Val Strem, St. Gotthard), in Italien (Baveno – in Granithohlräumen, Lago Maggiore), UdSSR (Kasachstan – Pegmatite im Kent-Massiv).

Andalusit

Silikate
$Al^{[6]}Al^{[5]}[O|SiO_4]$

562

Benannt nach dem ersten Fund in der spanischen Provinz Andalusien (Delamétherie, 1789)

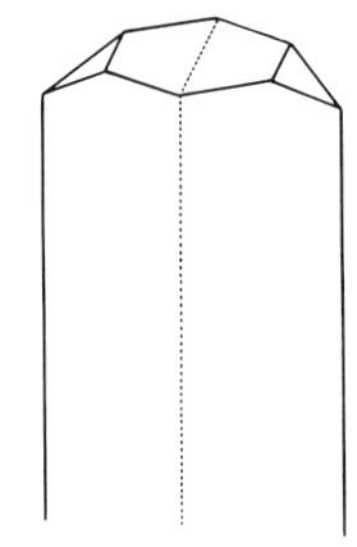

• Härte: 7,5 (spröde) • Strich: weiß • Farbe: grau, rotgrau, braun, grün, blaßrosa • Transparenz: durchsichtig, durchscheinend, undurchsichtig • Glanz: glasig, fettig, matt • Spaltbarkeit: gut nach /110/ • Bruch: uneben • Ausbildung: Kristalle, körnige, derbe, strahlige und halmige Aggregate, Rollstücke in Anschwemmungen. • Dichte: 3,1–3,2 • Kristallsystem: rhombisch • Kristallformen: prismatisch • Lumineszenz: grün, gelbgrün • Chemische Zusammensetzung: Al_2O_3 62,93 %, SiO_2 37,07 %, Beimengung von Mn (Varietät Viridin). Andalusit mit eingeschlossenem Kohlepigment und der charakteristischen Kreuzzeichnung im Querschnitt wird Chiastolith genannt **(563)** • Chemische Eigenschaften: läßt sich nicht schmelzen, säureunlöslich • Behandlung: Reinigung mit Wasser und verdünnten Säuren • Ähnliche Minerale: Turmalin **(564)** • Unterscheidung: mit Röntgen und chemisch.

• Genese: metamorph, pegmatitisch • Paragenese: Rutil **(464),** Quarz **(534),** Turmalin, Granat **(577)** • Vorkommen: häufig; gesteinsbildendes Mineral in Gneisen, Glimmerschiefern, einigen Pegmatiten, Hornstein, Seifen. Tritt auf in Deutschland (Wunsiedel, Neualbenreuth, Bergen), in Österreich (große Kristalle auf der Lisener Alpe), Spanien, in der ČSFR (Pegmatite in Dolní Bory), in den USA (Maine – Standish), in der UdSSR (Ural – Murzinsk), in Australien (Mt. Howden), Viridin in Deutschland (bei Darmstadt). Edelsteinqualität haben Andalusite aus den USA (Kalifornien) und Brasilien • Verwendung: feuer- und säurefestes Material, manchmal als Edelsteine (Facetten, Cabochons).

Chiastolith (Andalusitvarietät)

Silikate

563

Bezeichnung vom griech. Wort *chiastos* – kreuzweise angeordnet abgeleitet (Karsten, 1800)

• Physikalische und chemische Eigenschaften stimmen mit Andalusit **(562)** überein. Die Färbung ist gelb, bräunlich bis schwarz; undurchsichtig, das Mineral weist charakteristische kreuzförmige Durchwachsungen im Prismenquerschnitt auf.

• Vorkommen: selten; in metamorphierten Tonschiefern in Deutschland (Gefrees), Spanien (San Jago di Compostela), Frankreich (La Carolina), Großbritannien (Lancaster), Algerien (Bona), UdSSR (Mankowa) • Verwendung: wird gelegentlich als Edelstein verarbeitet (Cabochons).

1. **Bazzit** – in Carbonat eingewachsener verzerrter Kristall; Schweiz (Pibia). 2. **Andalusit** – säuliger Kristall (20 mm); Australien (Mt. Howden). 3. **Chiastolith** – geschliffener Querschnitt (30 mm); Großbritannien (Lancaster).

Bazzit, Andalusit, Chiastolith

Turmaline (Mineralgruppe)

564

Historische Bezeichnung, abgeleitet vom singhales. *turmali,* dem Wort für die von der Insel Ceylon nach Europa eingeführten Kristalle.

● Härte: 7–7,5 (spröde) ● Strich: weiß ● Farbe: schwarz (Skoryl – **565**), braun bis braungrün und braunschwarz (Dravit – **566** oder Uvit – **572**), rosig bis rosarot (Rubellit – **569**), blau bis blaugrün (Indigolith – **570**), grün (Verdelith – **571**), farblos (Achroit – **568**). Auch kommen Turmalinkristalle vor, die im Quer- oder Längsschnitt mehrfarbig sind ● Transparenz: durchsichtig, durchscheinend, undurchsichtig ● Glanz: glasig ● Spaltbarkeit: unvollkommen nach /10$\bar{1}$1/ ● Bruch: uneben, muschelig ● Ausbildung: Kristalle, körnige, derbe, strahlige und faserige Aggregate. Oft bilden sie die charakteristischen „Turmalinsonnen" ● Andere Eigenschaften: durch Erwärmung und Reibung laden sich die Kristallenden entgegengesetzt elektrisch auf.

● Dichte: 2,9–3,2 ● Kristallsystem: trigonal ● Kristallformen: prismatisch, nadelig ● Lumineszenz: gelb, grün ● Elektrische Eigenschaften: pyroelektrisch und piezoelektrisch ● Chemische Zusammensetzung: sehr variabel und unbeständig, beträchtliche Beimengungen von Mg, Fe^{3+}, Mn, Ca, manchmal auch Ti, Cr, V, Li u. a. ● Chemische Eigenschaften: je nach der Zusammensetzung läßt er sich schmelzen (arm an Fe, reich an Mg) oder nicht, säureunlöslich ● Behandlung: Reinigung mit verdünnten Säuren ● Ähnliche Minerale: Amphibol **(411),** Aktinolith **(413),** Riebeckit **(421),** Ilvait **(425),** Beryll **(554),** Andalusit **(562)** ● Unterscheidung: Härte, Spaltbarkeit, Dichte, mit Röntgen und chemisch.

● Genese: magmatisch, pegmatititsch, metamorph, alpine Klüfte, hydrothermal ● Paragenese: Apatit **(379),** Orthoklas **(486),** Quarz **(534),** Beryll, Topas **(595)** ● Vorkommen: häufig; verbreitetes gesteinsbildendes Mineral (Granite, Diorite, Syenite, Granulite), kommt in kontaktmetamorphen Lagerstätten vor, in regional metamorphierten Gesteinen, in Sedimentärgesteinen u. a. ● Verwendung: in der Elektrotechnik, farbige Varietäten werden als Edelsteine verarbeitet.

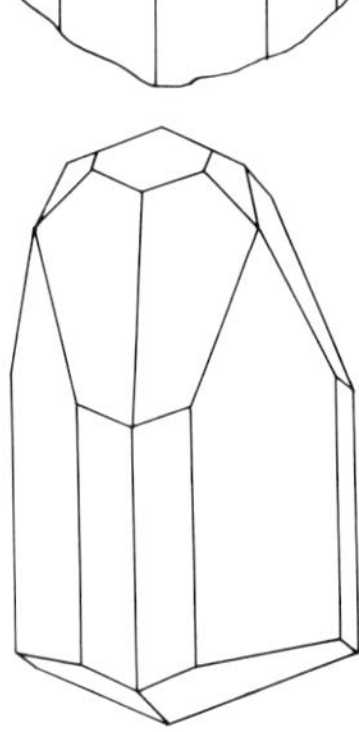

Folgende Minerale der Turmalinreihe sind bekannt:

Elbait $Na(Li,Al)_3Al_6[(OH)_4|(BO_3)_3|Si_6O_{18}]$

Farbvarietäten: Achroit (farblos, manchmal mit grünlichem oder schwarzem Kristallende)

Rubellit (rosig bis rosarot)

Indigolith (blau, blaugrün)

Verdelith (grün bis dunkelgrün)

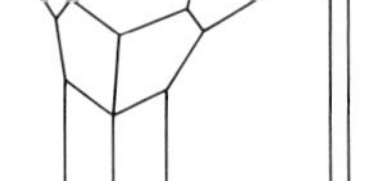

Dravit $NaMg_3Al_6[(OH)_4|(BO_3)_3|Si_6O_{18}]$

Skoryl $NaFe_3^{2+}(Al,Fe^{3+})_6[(OH)_4|(BO_3)_3|Si_6O_{18}]$

Buergerit $NaFe_3^{2+}Al_6[F|O_3|(BO_3)_3|Si_6O_{18}]$

Tsilaisit $NaMn_3Al_6[(OH)_4|(BO_3)_3|Si_6O_{18}]$

Uvit $CaMg_3(Al_5Mg)[(OH)_4|(BO_3)_3|Si_6O_{18}]$

Liddicoatit $Ca(Li,Al)_3Al_6[(OH)_4|(BO_3)_3|Si_6O_{18}]$

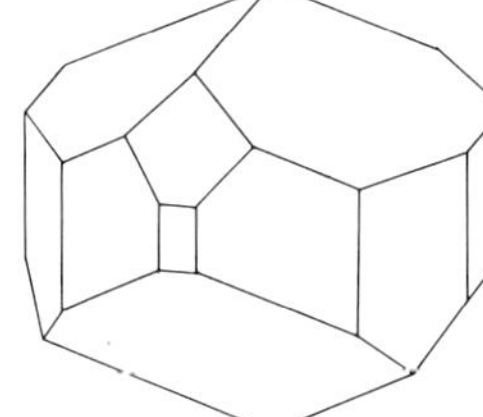

Turmalin – länglicher Elbaitkristall (29 mm); Italien (Insel Elba).

Turmaline

H
7—8

Silikate

Skoryl

$NaFe_3^{2+}(Al,Fe^{3+})_6[(OH)_4|(BO_3)_3|Si_6O_{18}]$

565

Alte Bezeichnung, Herkunft unbekannt (Mathesius, 1524)

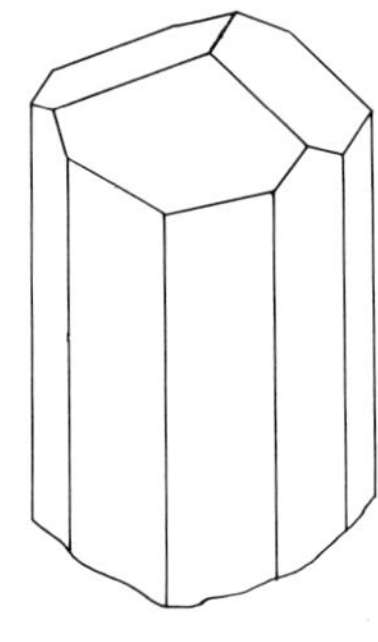

• Physikalische und chemische Eigenschaften stimmen mit Turmalin **(564)** überein. Schwarze Farbe, nur selten in Brüchstücken braun, grünschwarz oder blauschwarz, undurchsichtig. Ein ähnliches Mineral ist Dravit.
• Vorkommen: das am weitesten verbreitete Mineral der Turmalinreihe, tritt in Graniten, Dioriten, Gabbros, Gneisen, Greisen, Skarnen und Quarzgängen auf. Bildet in Pegmatiten schöne, oft große Kristalle. In Deutschland (Sonnenberg, Bodenmais, Spessart), ČSFR (Dolní Bory, Písek), in Norwegen (Arendal, Kragerö – Kristalle bis zu 5 m), Schweden (Skrumpetorp), Österreich (Spittal, St. Leonhard) in der Schweiz (Campolungo), in Namibia (Namib), auf Madagaskar, in Australien, Brasilien, in den USA, Kanada u. a. • Verwendung: Elektrotechnik.

Silikate

Dravit

$NaMg_3Al_6[(OH)_4|(BO_3)_3|Si_6O_{18}]$

566

E

Benannt nach dem Fluß Drave (in Österreich Drau) (Tschermak, 1883)

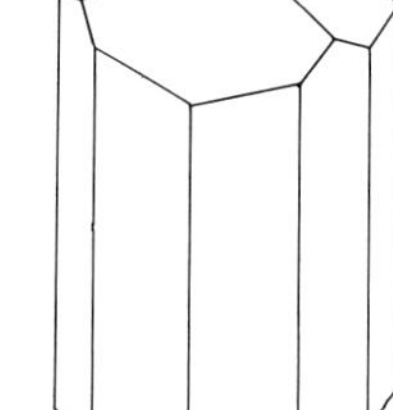

• Physikalische und chemische Eigenschaften stimmen mit Turmalin **(564)** überein. Die Färbung ist braun, braungrün bis braunschwarz, selten gelb, dunkelrot oder graublau. Durchsichtig, durchscheinend bis undurchsichtig. Ähnliche Minerale sind Skoryl, Buergerit und Uvit.
• Vorkommen: selten; Österreich (Unterdrauburg, Zillertal), Deutschland (Eibenstock), UdSSR (Ural, Transbaikalien, Turkestan), USA (Pennsylvanien, Texas, New York – Governer), Australien (große Kristalle), Kenia (Osarora – dunkelrote Kristalle in Quarziten). Chromhaltige Dravite kommen in der UdSSR vor (Ural – Schabrach) • Verwendungen: nur selten Verarbeitung als Edelstein (Facetten).

Silikate

Elbait

$Na(Li,Al)_3Al_6[(OH)_4|(BO_3)_3|Si_6O_{18}]$

567

Benannt nach der Insel Elba (Italien) (Vernadskij, 1913)

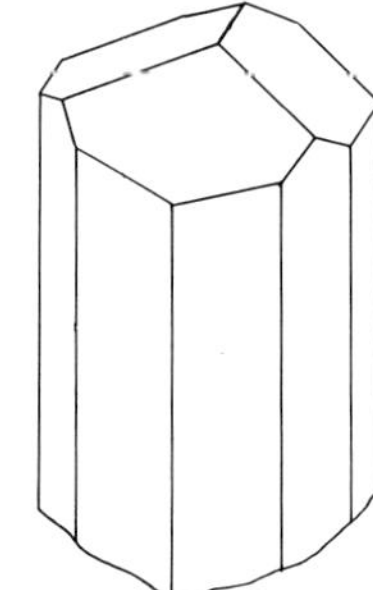

• Physikalische und chemische Eigenschaften stimmen mit Turmalin **(564)** überein. Die Färbung ist sehr variabel. Bekannt sind farblose Elbaite, gelegentlich mit grünem oder schwarzem Kristallende (Varietät Achroit – **568**), rosige bis rosarote (Varietät Rubellit – **569**), blaue bis blaugrüne (Varietät Indigolith – **570**), grüne bis dunkelgrüne (Varietät Verdelith – **571**) und mehrfarbige. Sie sind durchsichtig bis durchscheinend. Sehr ähnlich ist Liddicoatit aus Madagaskar und Tsilaisit.
• Vorkommen: selten; Italien (Elba), ČSFR, UdSSR (Ural, Transbaikalien, Kasachstan), USA, Brasilien, Madagaskar, Moçambique u. a. • Verwendung: wird manchmal als Edelstein verarbeitet.

1. Schörl – in Albit eingewachsener säuliger Kristall (27 mm); ČSFR (Dolní Bory). **2. Dravit** – länglicher Kristall in Muskovit (20 mm); Jugoslawien (Dobrowa). **3. Elbait** – Kristallgruppe – „Mohrenköpfchen" (der größte 21 mm) auf Albit und Quarz; Italien (San Pietro in Campo).

Skoryl, Dravit, Elbait

Achroit (Elbaitvarietät)

568

Bezeichnung vom griech. Wort *achrōos* – farblos abgeleitet (Hermann, 1845)

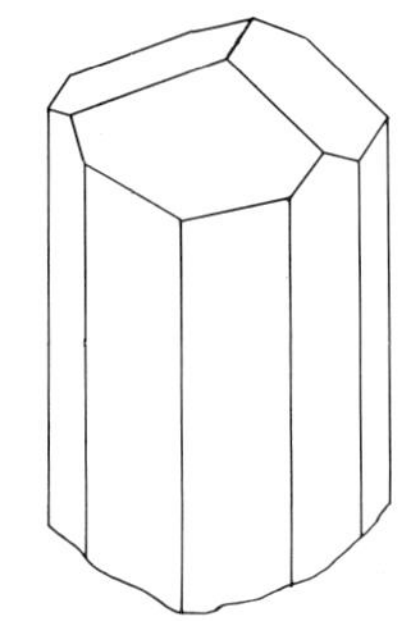

• Physikalische und chemische Eigenschaften stimmen mit Turmalin **(564)** überein. Er ist eine farblose Elbaitvarietät **(567),** selten mit einem Grünton oder schwarzen Kristallenden (sog. Mohrenköpfe). Eine sehr ähnliche Färbung können manche Dravite **(566)** aufweisen. Achroit ist durchsichtig und hat gelegentlich eine dunkelviolette Lumineszenz.
• Vorkommen: selten; in Pegmatiten in Italien (Insel Elba), in der UdSSR (Ural, Kasachstan), in Afghanistan (Umgebung von Dschalal-Abad), in der ČSFR (in den Pegmatiten von Mähren) u. a. • Verwendung: gelegentlich als Edelstein (Facetten, Cabochons).

Rubellit (Elbaitvarietät)

569

Bezeichnung vom lat. Wort *rubellus* – rötlich abgeleitet (Kirwan, 1794)

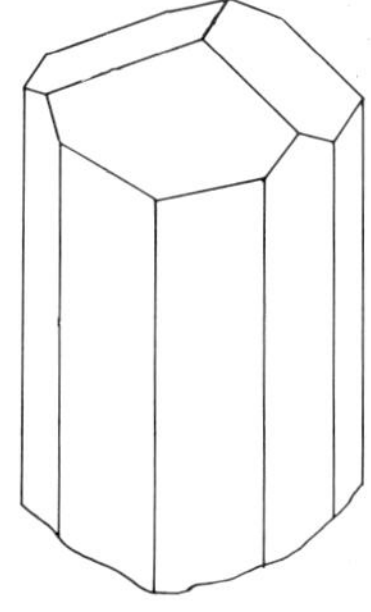

• Physikalische und chemische Eigenschaften stimmen mit Turmalin **(564)** überein. Er hat eine rosige, rosarote, rote, seltener auch violette Farbe und ist durchsichtig bis durchscheinend. Eine ähnliche Färbung weisen auch Tsilaisit und Liddicoatit auf. • Vorkommen: selten; tritt in Pegmatiten in Paragenese mit Lepidolith **(169),** Albit **(493),** Mikroklin **(490)** usw. auf. Schöne Kristalle stammen aus Italien (Insel Elba – San Piero), aus der ČSFR (Pegmatite in Böhmen und Mähren – Sušice, Dobrá Voda, Rožná), kommt auch in der Deutschland vor (Penig), in der UdSSR (Ural – Shajtansk, Lipovka, Mursinsk, Transbaikalien – Solotaja Gora. Die von jeher aus Sibirien eingeführten roten Rubellite wurden sibirische Rubine genannt), in den USA (Massachusetts – Chesterfield, Maine – Paris, Kalifornien – Mesa Grande, Ramona, Pala im San Diego Co.). Hübsche Rubellitkristalle gibt es auch in den Pegmatiten von Moçambique (Gebiet von Alto Ligonha), in Namibia (Otjimbingwe), auf Madagaskar, in Brasilien (Minas Gerais) u. a. Mehrfarbige Elbaite sind ganz unterschiedlich gefärbt, Rosa, Grün, Blau und Gelb überwiegen und wechseln im Kristallquer- bzw. Längsschnitt ab. Mehrfarbige Elbaite gibt es in Italien, auf Madagaskar, in den USA. Einen besonderen Farbtyp stellen die vorwiegend schwarz gefärbten Kristalle mit roten Enden dar (sog. Türkenköpfe) • Verwendung: wird als Edelstein verarbeitet (Facetten, Cabochons).

1. Achroit – Kristall (10 mm) auf Albit; Italien (San Pietro in Campo). **2. Rubellit** – Sonne (Durchmesser 70 mm); USA (Pala, San Diego).

Achroit, Rubellit

Indigolith (Elbaitvarietät)

570

Bezeichnung von der blauen Farbe Indigo abgeleitet (d'Andrada, 1800)

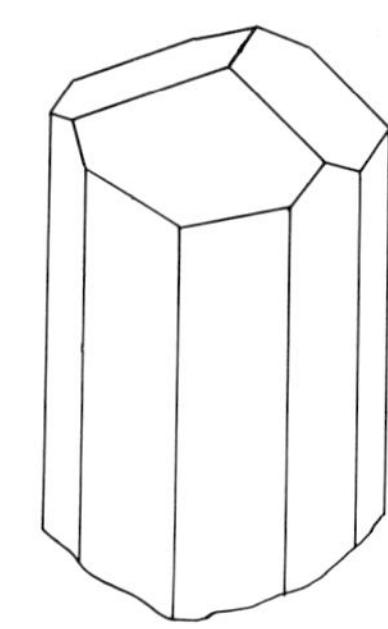

• Physikalische und chemische Eigenschaften stimmen mit Turmalin **(564)** überein. Das Mineral hat blaue, grünblaue bis dunkelblaue Farbe, ist durchsichtig bis durchscheinend. Eine ähnliche bläuliche Färbung können auch Dravit **(566),** Skoryl **(565)** und Tsilaisit zeigen.
• Vorkommen: selten; in den Pegmatiten Schwedens (Utö), der UdSSR (Ural – Mursinsk), in der ČSFR (Rožná), den USA (Massachusetts – Goshen), in Brasilien (Minas Gerais), Namibia (Usacosa), Zaire, Moçambique, in Seifen auf Sri Lanka u. a.
• Verwendung: wird als Edelstein verarbeitet (Facetten, Cabochons).

Verdelith (Elbaitvarietät)

Silikate

571

Bezeichnung vom lat. Wort *verde* – grün abgeleitet (Quensel, Gabrielson, 1939)

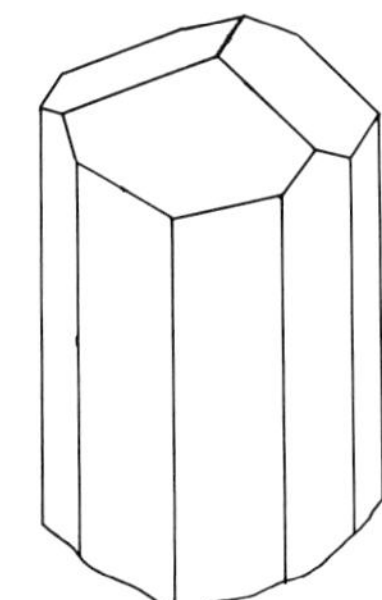

• Physikalische und chemische Eigenschaften stimmen mit Turmalin **(564)** überein. Die Färbung ist grün bis dunkelgrün, er ist durchsichtig bis durchscheinend. Grünschwarze, braungrüne und grüne Farbe können auch Dravit **(566),** Skoryl **(565),** Buergerit und Tsilaisit aufweisen. Diese Minerale lassen sich nur anhand von Spezialmethoden voneinander unterscheiden.
• Vorkommen: selten; in Pegmatiten in Deutschland (Penig), in Schweden (Varuträsk), in der ČSFR (Rožná), in Namibia, Brasilien (von dort werden sie als sog. brasilianische Smaragde importiert), in der UdSSR (Ural – Mursinsk, Kasachstan), in den USA (Maine) u. a. • Verwendung: wird als Edelstein verarbeitet (Facetten, Cabochons).

Uvit

Silikate

$CaMg_3(Al_5Mg)[(OH)_4|(BO_3)_3|Si_6O_{18}]$

572

Benannt nach der Provinz Uva in Sri Lanka (Kunitz, 1929)

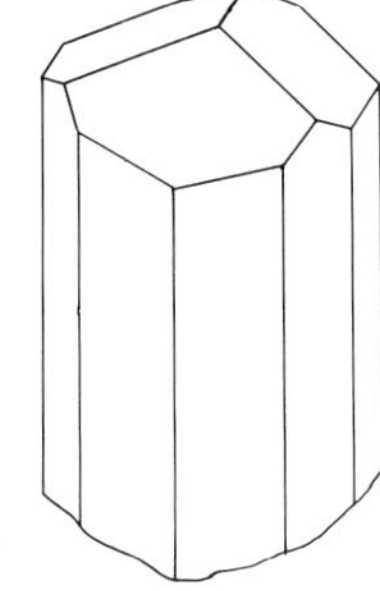

• Physikalische und chemische Eigenschaften stimmen mit Turmalin **(564)** überein. Die Färbung ist gelbbraun, braun bis schwarzbraun, selten auch blauschwarz. Durchscheinend bis undurchsichtig. Enthält einen höheren Anteil Mg und Ca, dafür wenig Al. Die Kristalle sind vorwiegend klein. Ähnlich sind Dravit **(566)** und Buergerit.
• Vorkommen: selten; in Pegmatiten und Skarnen. Kommt in der ČSFR vor (Hnúšťa), in der UdSSR (Transbaikalgebiet – Palabicha, Südjakutien), in Sri Lanka (Uva), USA (New York – Essex), in Kanada (Ontario – Renfrew Co.), in China u. a. • Verwendung: sehr selten als Schmuckstein.

1. Indigolith – säulige Kristalle (7 mm) mit Lepidolith; ČSFR (Rožná). **2. Verdelith** – auf Albit aufgewachsener Kristall (15 mm); Italien (San Pietro in Campo). **3. Uvit** – fächeriges Aggregat (Ausschnittbreite 13 mm); ČSFR (Hnúšťa).

2
3

Danburit

Silikate
$Ca[B_2Si_2O_8]$

573

Benannt nach der Fundstelle in Danbury (USA – Connecticut) (Shepard, 1839)

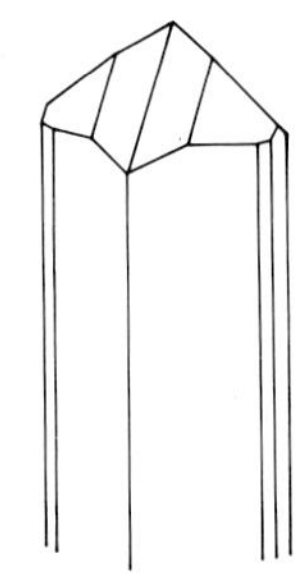

• Härte: 7–7,5 • Strich: weiß • Farbe: farblos, weiß, gelblich, braun, grau • Transparenz: durchsichtig, durchscheinend • Glanz: glasig, fettig • Spaltbarkeit: sehr unvollkommen nach /001/ • Bruch: muschelig, uneben • Ausbildung: Kristalle, körnige und derbe Aggregate.
• Dichte: 2,9–3,0 • Kristallsystem: rhombisch • Kristallformen: prismatisch • Lumineszenz: manchmal bläulich, grünbläulich • Chemische Zusammensetzung: CaO 22,80 %, B_2O_3 28,40 %, SiO_2 48,80 % • Chemische Eigenschaften: leicht schmelzbar, färbt die Flamme grün, säurelöslich • Behandlung: Reinigung mit destilliertem Wasser • Ähnliche Minerale: Datolith **(407),** Topas **(595)** • Unterscheidung: Härte, Dichte, mit Röntgen und chemisch.
• Genese: kontaktmetamorph, Pegmatite, Greisen (pneumatolytisch) • Paragenese: Calcit **(217),** Dolomit **(218),** Augit **(429),** Turmalin **(564)** u. a. • Vorkommen: selten; Schweiz (Piz Valatscha), ČSFR (Maglovec), USA (Connecticut – Danbury, New York – Russel), Japan (Obira), Madagaskar (Maharitra), Mexiko (Charcas), UdSSR (Tjetjuche) u. a. • Verwendung: manchmal als Edelstein.

Euklas

Silikate
$AlBe[OH|SiO_4]$

574

Bezeichnung aus den griech. Wörtern *eu* – gut und *klasis* – Bruch zusammengesetzt (Haüy, 1792)

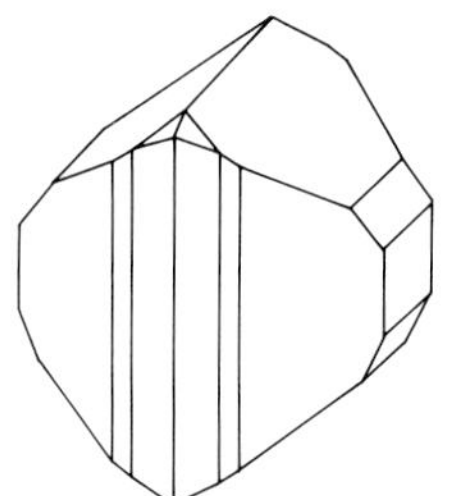

• Härte: 7,5 (spröde) • Strich: weiß • Farbe: farblos, weiß, hellgrün, bläulich • Transparenz: durchsichtig, durchscheinend • Glanz: glasig bis diamantartig • Spaltbarkeit: vollkommen nach /010/ • Bruch: muschelig • Ausbildung: Kristalle, Körner, radiale Aggregate.
• Dichte: 3,0–3,1 • Kristallsystem: monoklin • Kristallformen: prismatisch mit Vertikalstreifung • Lumineszenz: manchmal dunkelrot • Chemische Zusammensetzung: BeO 17,28 %, Al_2O_3 35,18 %, SiO_2 41,34 %, H_2O 6,20 %, Beimengung von Zn • Chemische Eigenschaften: läßt sich nur schwer zu weißer Emaille schmelzen, säureunlöslich • Behandlung: Reinigung mit Wasser oder verdünnten Säuren • Ähnliche Minerale: Achroit **(568),** Topas **(595)** • Unterscheidung: Spaltbarkeit, mit Röntgen.
• Genese: hydrothermal, alpine Klüfte, Pegmatite, Lockergestein • Paragenese: Albit **(493),** Beryll **(554),** Phenakit **(597)** • Vorkommen: selten: Deutschland (Epprechtstein, Dodschütz), Österreich (Hocharn), UdSSR (Ural – Seifen am Fluß Sanarka), Brasilien (Boa Vista, Villa Rica), Zaire, Tansania, Indien, Simbabwe u. a. • Verwendung: wird manchmal als Edelstein verarbeitet (Facetten, Cabochons).

1. Danburit – säuliger längsgeriefter Kristall (10 mm) in Quarz eingewachsen; Mexiko (Charcas). **2. Euklas** – Kristalldruse (größter Kristall 6 mm); Brasilien (Minas Gerais).

Danburit, Euklas

Silikate

Dumortierit

$Al_7[O_3|BO_3|(SiO_4)_3]$

575

Benannt nach dem französischen Paläontologen M. E. Dumortier (1802–1873?) (Gonnard, 1881)

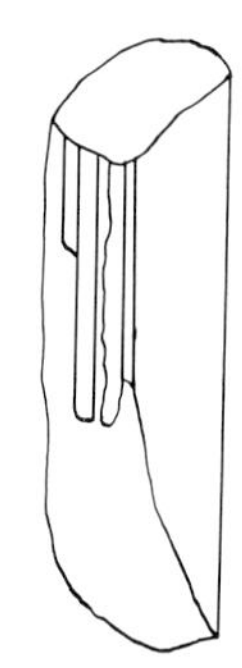

• Härte: 7 • Strich: bläulich-weiß, weiß • Farbe: rotviolett, blau, grün • Transparenz: durchscheinend • Glanz: seidig • Spaltbarkeit: gut nach /100/ • Bruch: fehlt • Ausbildung: Kristalle, faserige, fächerförmige und radiale Aggregate.

• Dichte: 3,3–3,4 • Kristallsystem: rhombisch • Kristallformen: prismatisch, nadelig • Lumineszenz: manchmal blauweiß, violett • Chemische Zusammensetzung: Al_2O_3 62,39 %, B_2O_3 6,09 %, SiO_2 31,52 % • Chemische Eigenschaften: schmilzt nicht, wird weiß • Behandlung: Reinigung mit Wasser oder verdünnten Säuren (außer HF) • Ähnliche Minerale: Cyanit **(435)**, Turmalin **(564)** • Unterscheidung: Dichte, optisch, mit Röntgen.

• Genese: Pegmatite, pneumatolytisch, metamorph • Paragenese: Cyanit, Cordierit **(551)**, Andalusit **(562)**, Turmalin • Vorkommen: selten; in Granitapliten in Deutschland (Schwarzwald – Malburger Pluton), Frankreich (Beuanan), ČSFR (Kutná Hora), Polen (Riesengebirge), USA (New York – Harlem, Arizona – Clip, Montana – Madish, Kalifornien – Riverside), Brasilien (Minas Gerais), Madagaskar, Namibia, Indien, UdSSR (Kasachstan, Armenien, Jakutien), Großbritannien (Schottland –Gegend um Aberdeen), Bulgarien, Japan (Nabekura) u. a. • Verwendung: Isolatoren, Keramik, manchmal auch als Edelstein (Cabochons).

Silikate

Sapphirin

$Mg_{3,5}Al_{4,5}[O_2|Al_{4,5}Si_{1,5}O_{18}]$

576

Benannt nach der Färbung (Giesecke, 1819)

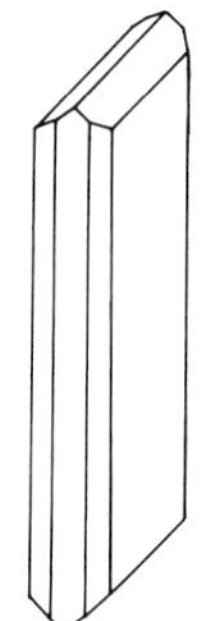

• Härte: 7,5 • Strich: weiß • Farbe: hellblau, bläulich, grüngrau bis dunkelgrün • Transparenz: durchsichtig • Glanz: glasig • Spaltbarkeit: vollkommen nach /010/ • Bruch: uneben: • Ausbildung: Kristalle, Körner, körnige Aggregate.

• Dichte: 3,46–3,49 • Kristallsystem: monoklin • Kristallformen: Tafeln • Chemische Zusammensetzung: MgO 20,44 %, Al_2O_3 66,50 %, SiO_2 13,06 %, Beimengungen von Fe • Chemische Eigenschaften: schmilzt nicht, säureunlöslich, leicht löslich in $KHSO_4$ • Behandlung: Reinigung mit Wasser oder verdünnten Säuren • Ähnliche Minerale: Lazulith **(378)**, Cyanit **(435)** • Unterscheidung: Härte, Dichte, Säurelöslichkeit, mit Röntgen und chemisch.

• Genese: metamorph, magmatisch • Paragenese: Kornerupin **(553)**, Spinell **(590)**, Korund **(598)** u. a. • Vorkommen: selten; Deutschland (Waldheim), Norwegen (Snaresund), Frankreich (Lerc), Italien (Val Codera), Grönland (Fiskernäs), Indien (Gangurvapatti), Madagaskar (Betroka), Republik Südafrika (Transvaal), Kanada (Quebec – St. Urbain), USA (New York – Peekskill), Antarktis (Mac Robertson), Griechenland u. a. • Verwendung: manchmal als Edelstein.

1. Dumortierit – radialstrahliges Aggregat (Nadeln 30 mm); USA (Dehesa). **2. Sapphirin** – kristallines Aggregat in Muskovit (Ausschnittbreite 20 mm); Madagaskar (Betroka).

Dumortierit, Sapphirin

H
7—8

Granate (Mineralgruppe)

577

Historische Bezeichnung, abgeleitet vom lat. Ausdruck für Granatapfel – *granatum malum* (Magnus, 1250)

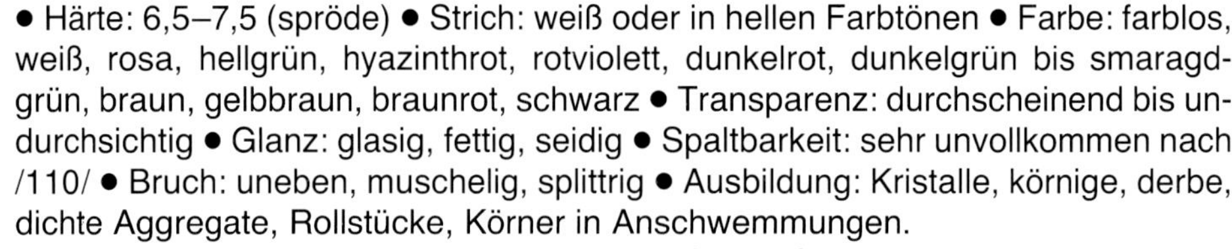

• Härte: 6,5–7,5 (spröde) • Strich: weiß oder in hellen Farbtönen • Farbe: farblos, weiß, rosa, hellgrün, hyazinthrot, rotviolett, dunkelrot, dunkelgrün bis smaragdgrün, braun, gelbbraun, braunrot, schwarz • Transparenz: durchscheinend bis undurchsichtig • Glanz: glasig, fettig, seidig • Spaltbarkeit: sehr unvollkommen nach /110/ • Bruch: uneben, muschelig, splittrig • Ausbildung: Kristalle, körnige, derbe, dichte Aggregate, Rollstücke, Körner in Anschwemmungen.
• Dichte: 3,4–4,6 • Kristallsystem: kubisch • Kristallformen: Rhombododekaeder, Hexaoktaeder • Chemische Zusammensetzung: unbeständig und variabel, sie bilden eine breite isomorphe Mischungsreihe zwischen den Elementen Mg, Fe, Ca, Al, Cr, V, Mn, Ti, Zr, Y u. a. Je nach Übergewicht der verschiedenen Elemente werden die Granate folgendermaßen eingeteilt:

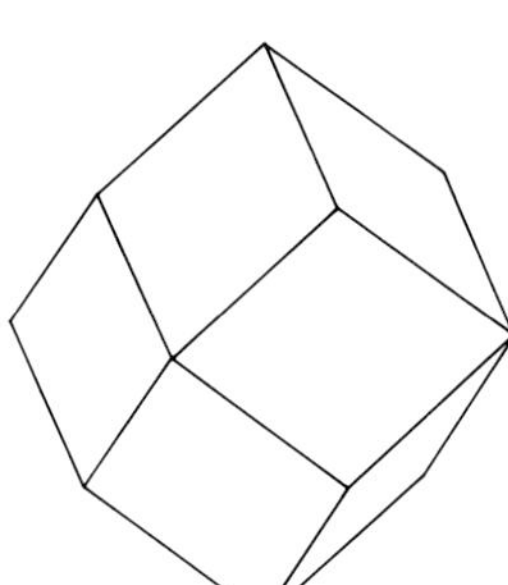

Al-Granate: Pyrop **(578)** – $Mg_3Al_2[SiO_4]_3$

Grossular **(582)** – $Ca_3Al_2[SiO_4]_3$

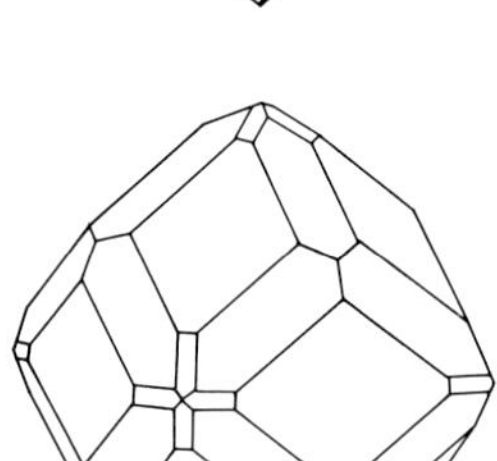

Spessartin **(584)** – $Mn_3Al_2[SiO_4]_3$

Almandin **(585)** – $Fe_3Al_2[SiO_4]_3$

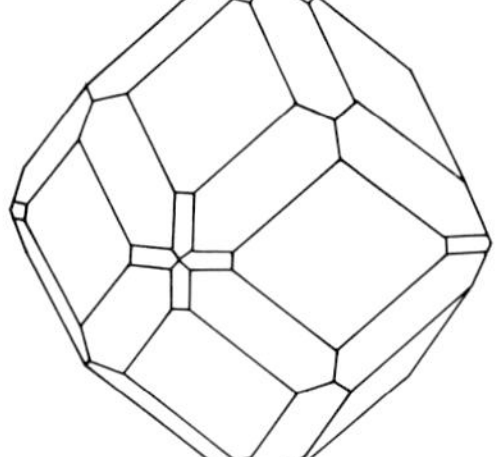

Fe-Granate: Andradit **(579)** – $Ca_3Fe_2^{3+}[SiO_4]_3$

Majorit – $Mg_3(Fe,Si)_2[SiO_4]_3$

Calderit – $Mn_3Fe_2[SiO_4]_3$

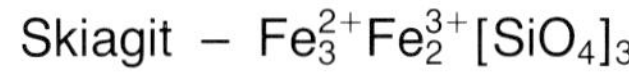

Skiagit – $Fe_3^{2+}Fe_2^{3+}[SiO_4]_3$

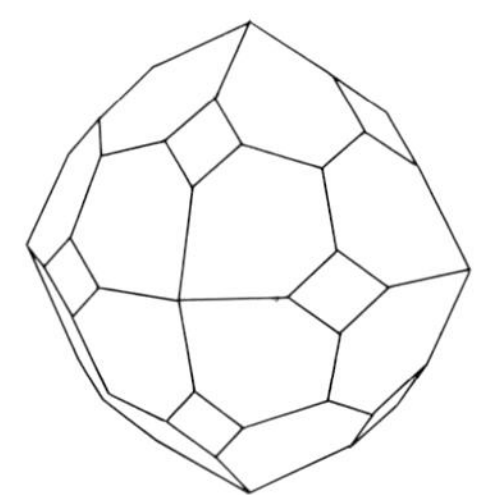

Cr-Granate: Uwarowit **(581)** – $Ca_3Cr_2[SiO_4]_3$

Knorringit – $(Ca,Mg)_3Cr_2[SiO_4]_3$

V-Granate: Goldmannit – $Ca_3V_2^{3+}[SiO_4]_3$

Yamatoit – $Mn_3V_2[SiO_4]_3$

Zr-Granate: Kimzeyit – $Ca_3Zr_2[SiO_4](AlO_4)_2$

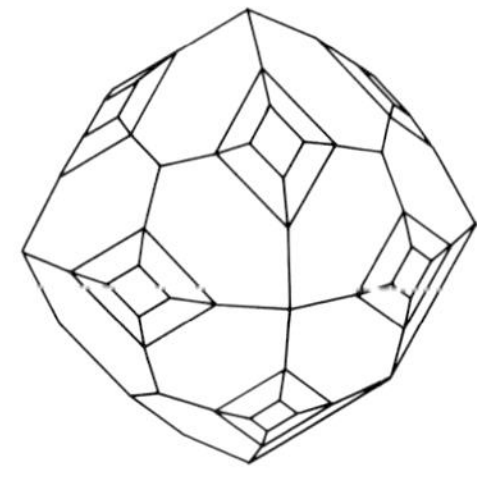

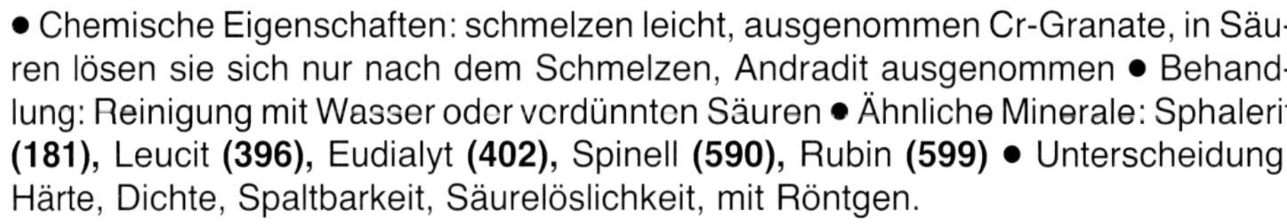

• Chemische Eigenschaften: schmelzen leicht, ausgenommen Cr-Granate, in Säuren lösen sie sich nur nach dem Schmelzen, Andradit ausgenommen • Behandlung: Reinigung mit Wasser oder verdünnten Säuren • Ähnliche Minerale: Sphalerit **(181),** Leucit **(396),** Eudialyt **(402),** Spinell **(590),** Rubin **(599)** • Unterscheidung: Härte, Dichte, Spaltbarkeit, Säurelöslichkeit, mit Röntgen.
• Genese: magmatisch, pegmatitisch, metamorph, kontaktmetasomatisch, Seifen • Paragenese: Chlorite **(158),** Biotit **(167),** Feldspate, Quarz **(534)** u. a. • Vorkommen: häufig, seltener in magmatischen Gesteinen, häufiger in Pegmatiten, vor allem in kontaktmetasomatischen Gesteinen in der Kontaktzone von sauren Magmagesteinen mit Carbonaten. Sehr häufig kommen sie in kristallinen Schiefern vor. Durch Verwitterungsprozesse gelangen Granate auch in Seifen, in denen sie beträchtliche Anreicherungen bilden • Verwendung: Schneid-, Schleif- und Bohrwerkzeuge, werden manchmal auch als Edelsteine verarbeitet.

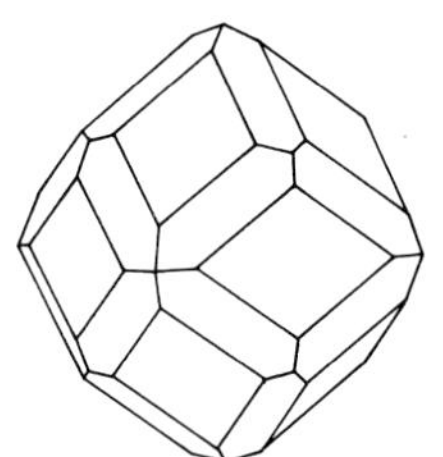

Granat – Spessartinkristalldruse (bis 5 mm); Italien.

Granate

H
7—8

Pyrop (Granatvarietät)

Silikate
$Mg_3Al_2[SiO_4]_3$

578

Bezeichnung vom griech. Wort *pyropos* – feuerähnlich abgeleitet (Werner, 1800)

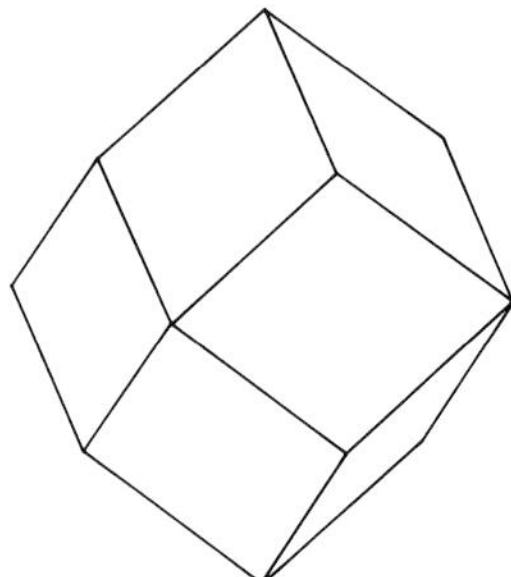

• Physikalische und chemische Eigenschaften stimmen mit Granat **(577)** überein. Dunkelrote, violettrote bis schwarzrote Farbe, durchsichtig bis durchscheinend. Pyrop ist auch unter dem Namen „Böhmischer Granat“ oder „Kaprubin“ bekannt.
• Vorkommen: magmatisch in ultrabasischen Gesteinen, Diamantlagerstättenbegleiter, auch in Seifen reichlich. Kommt in Deutschland vor (Zöblitz), in der ČSFR (Třebenice, Měrunice, Podsedlice), der Republik Südafrika, Australien, Sri Lanka, in der UdSSR (in Sibirien), den USA (Utah, Neumexiko, Arkansas), auf Madagaskar, in Brasilien, Tansania u. a. • Verwendung: Schneid-, Schleif- und Bohrwerkzeuge, Edelstein (Facetten, Cabochons, Tumblerarbeiten).

Andradit (Granatvarietät)

Silikate
$Ca_3Fe_2^{3+}[SiO_4]_3$

579

Benannt nach dem brasilianischen Mineralogen J. B. d'Andrada e Silva (1763–1836) (Dana, 1868)

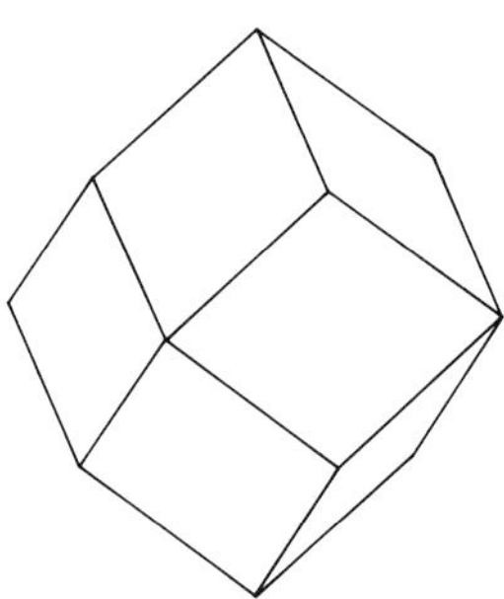

• Physikalische und chemische Eigenschaften stimmen mit Granat **(577)** überein. Er ist farblos, gelb, grün (Var. Topasolith), satt grün (Var. Demantoid – **580**), braun, schwarz (Var. Melanit). Durchsichtig bis undurchsichtig, enthält manchmal auch Ti (Var. Schorlomit).
• Vorkommen: selten; Deutschland (Wurlitz – Topasolith, Rieden am Laacher See, Kaiserstuhl – Melanit, Schwarzenberg – Topasolith), Schweiz (Zermatt – Topasolith), Italien (Mussa-Alp – Topasolith), Polen (Podzamek – Schorlomit), UdSSR (Kovdor – Schorlomit), Kanada (Ice River – Melanit), USA (Arkansas – Magnet Cove – Melanit, Schorlomit) • Verwendung: einige Varietäten werden als Edelsteine verarbeitet (Facetten, Cabochons).

Demantoid (Andraditvarietät)

Silikate

580

Benannt nach dem starken diamantartigen Glanz (Nordenskjöld, 1878)

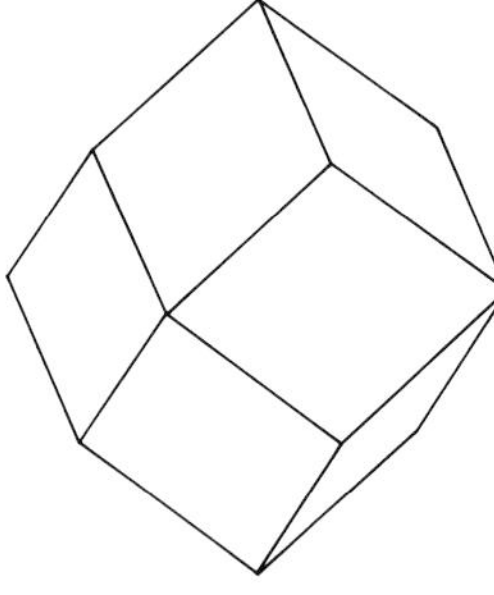

• Physikalische und chemische Eigenschaften stimmen mit Granat **(577)** und Andradit **(579)** überein. Das Mineral hat eine hübsche sattgrüne Farbe, starken Diamantglanz und ist durchsichtig.
• Vorkommen: selten; ultrabasische Gesteine und Seifen. Tritt in der UdSSR auf (Ural – in den Seifen bei Nishnij Tagil), in der ČSFR (Serpentinite in Dobšiná), in Italien (Frascati), Tansania, Zaire, in Deutschland (Sachsen) • Verwendung: wird als Edelstein verarbeitet.

1. Andradit – Kristalldruse (größter Kristall 3 mm); Rumänien (Banat). **2. Pyrop** – Körner (bis zu 8 mm) in serpentiniertem Peridotit; ČSFR (Sklené). **3. Demantoid** – Kristallgruppe (bis zu 10 mm); Italien (Val Malenco).

Andradit, Pyrop, Demantoid

Uwarowit (Granatvarietät)

Silikate
$Ca_3Cr_2[SiO_4]_3$

581

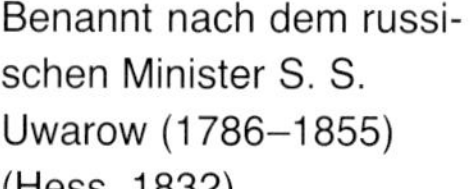

Benannt nach dem russischen Minister S. S. Uwarow (1786–1855) (Hess, 1832)

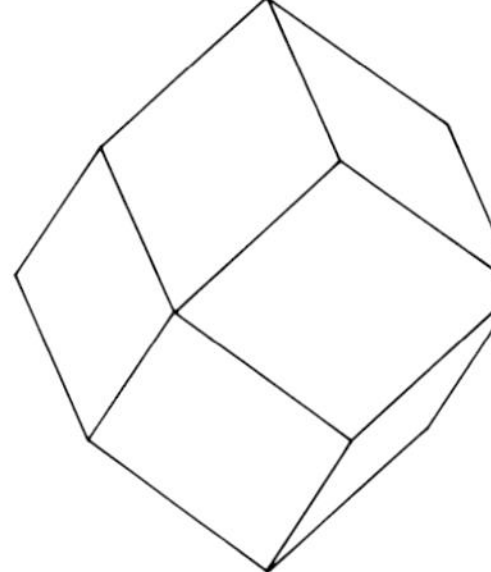

• Physikalische und chemische Eigenschaften stimmen mit Granat **(577)** überein. Grüne bis dunkel smaragdgrüne Farbe, durchsichtig bis durchscheinend. • Vorkommen: selten in Chromitlagerstätten; UdSSR (Ural – im Gebiet von Sysert und Nishnij Tagil), Finnland (Outokumpu), Republik Südafrika (Bushveldmassiv in Transvaal), Kanada (Quebeck – Oxford), Polen (Jordanów), USA (Texas, Oregon – Riddle), Norwegen (Röros), Äthiopien u. a. • Verwendung: wird manchmal als Edelstein verarbeitet.

Grossular (Granatvarietät)

Silikate
$Ca_3Al_2[SiO_4]_3$

582

Bezeichnung vom lat. Ausdruck für die Stachelbeere abgeleitet – *Ribes grossularia* (Werner, 1811)

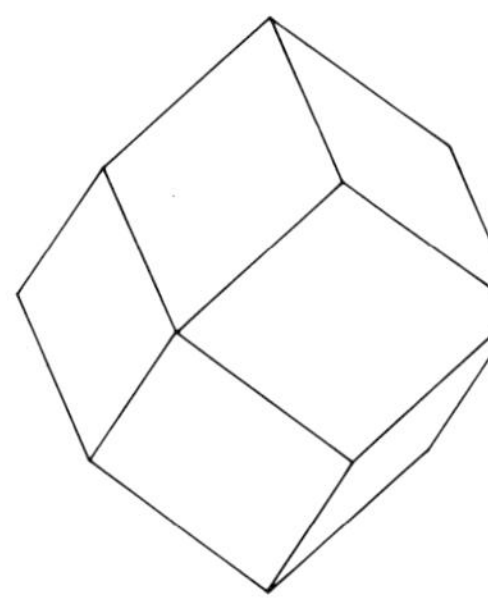

• Physikalische und chemische Eigenschaften stimmen mit Granat **(577)** überein. Er hat weiße, gelbe, gelbgrüne, braunrote, orange bis schwarze Farbe (die braunorangefarbene Varietät heißt Hessonit **(583)**. Auch der smaragdgrüne Tsavorit aus Kenia (Tsavo Park) ist eine Grossularvarietät. Er ist durchsichtig bis undurchsichtig. • Vorkommen: selten; kontaktmetasomatische Lagerstätten in Italien (Gebiet des Alatals, Insel Elba, Monte Somma), in Deutschland (Auerbach), in Rumänien (Ciclova), in der Schweiz (um Zermatt), UdSSR (Wiljuj), in Mexiko (Morelos, Conception del Oro), in den USA (Kalifornien – San Diego Co., Maine – Minot), in Korea (Fusodo), Großbritannien (Schottland – Insel Mull), Polen (Jordanów), in der Republik Südafrika u. a. • Verwendung: wird gelegentlich als Edelstein verarbeitet.

Hessonit (Grossularvarietät)

Silikate

583

E

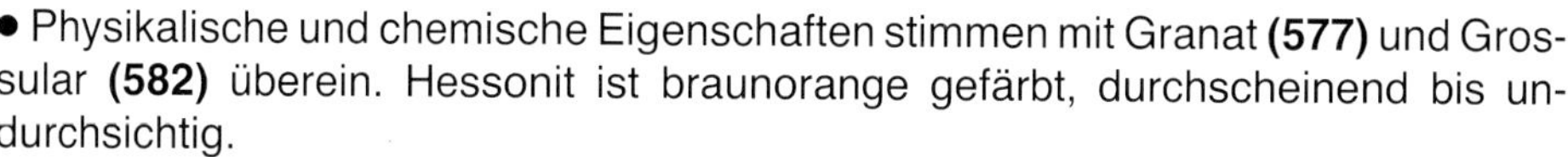

Bezeichnung vom griech. Wort *hesson* – gering abgeleitet (besitzt eine geringe Härte) (Haüy, 1822)

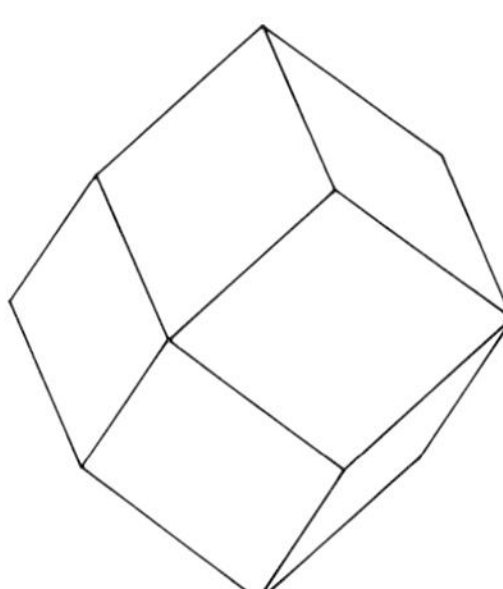

• Physikalische und chemische Eigenschaften stimmen mit Granat **(577)** und Grossular **(582)** überein. Hessonit ist braunorange gefärbt, durchscheinend bis undurchsichtig. • Vorkommen: selten; kontaktmetasomatische Lagerstätten in der ČSFR (große Hessonitkristalle kommen in Žulová vor), ferner in Italien (Monzoni), in Deutschland (Auerbach), in Rumänien (Baita), Sri Lanka, Brasilien, Tansania u. a. • Verwendung: wird manchmal als Edelstein verarbeitet.

1. **Uwarowit** – Kriställchen (bis zu 2 mm); UdSSR (Ural). **2. Hessonit** – Kristallgruppe (bis zu 20 mm) gemeinsam mit Carbonaten; ČSFR (Žulová). **3. Grossular** – Kristall (bis zu 10 mm), in Quarz eingewachsen; Rumänien (Banat).

Uwarowit, Hessonit, Grossular

H
7—8

Spessartin (Al-Granatvarietät)

Silikate
$Mn_3Al_2[SiO_4]_3$

584

E

Benannt nach dem Spessart in Deutschland (Beudant, 1832)

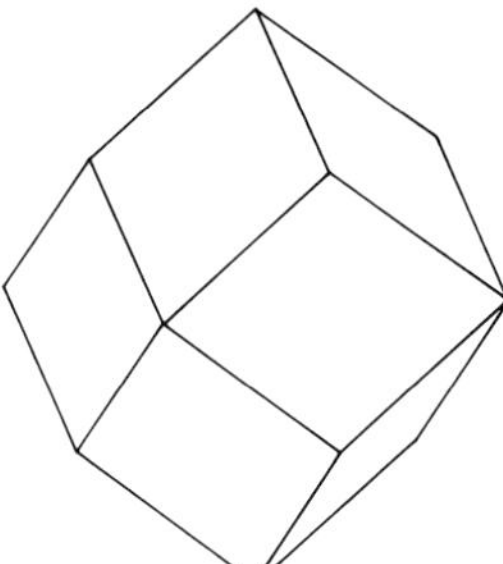

• Physikalische und chemische Eigenschaften stimmen mit Granat **(577)** überein. Die Färbung von Spessartin ist gelb, orange, rosig bis rotbraun, er ist durchscheinend bis undurchsichtig.
• Vorkommen: magmatisch, pegmatitisch oder metamorph; Deutschland (Spessart, Ilfeld), Polen (Gola), Finnland (Kimito), Schweden, ČSFR (Budislav), Österreich (Tirol), UdSSR, Madagaskar (hübsche orangegelbe Kristalle stammen aus Antsirabe), Kanada (Quebec), USA (Kalifornien – Ramona distr., Virginia – Rutherford Mine, an vielen Lokalitäten in Nevada, Pennsylvanien, Montana, Colorado und Oklahoma), Brasilien (Ceava), Sri Lanka, Japan, Australien u. a. Edelsteinqualität haben auch Spessartine aus Tansania und Nordburma • Verwendung: wird manchmal als Edelstein verarbeitet.

Almandin (Granatvarietät)

Silikate
$Fe_3Al_2[SiO_4]_3$

585

E

Benannt nach der Lokalität Alabanda in Kleinasien (Karsten, 1800)

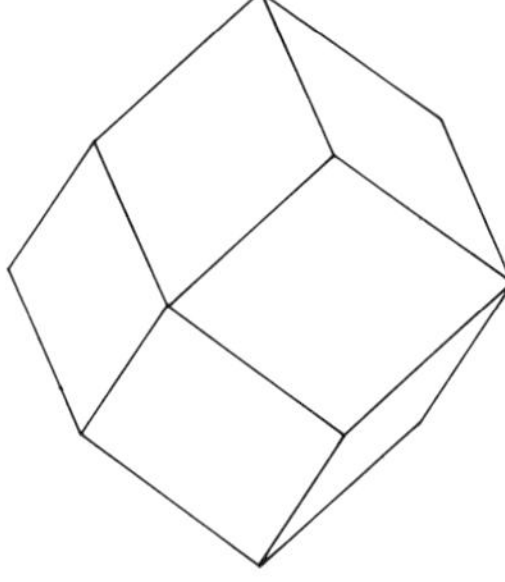

• Physikalische und chemische Eigenschaften stimmen mir Granat **(577)** überein. Almandin hat eine hübsche violettrote Farbe, seltener auch eine braune bis schwarze. Er ist durchsichtig bis undurchsichtig. Vereinzelt treten auch rosarote Kristalle der Varietät Rhodolith (Mischkristalle von Pyrop und Almandin) auf.
• Vorkommen: häufig in Pegmatiten und metamorphierten Gesteinen; Deutschland (Bayern – große Kristalle in Pegmatit bei Irchenrieth, in Rhyolithen des Saar-Pfalz-Gebiets), Österreich (Obergurgl), ČSFR (Přibyslavice), Schweden (Falun), USA (Alaska – sehr schöne Kristalle kommen aus Fort Wrangel), Simbabwe (Mtoko), Madagaskar (Ampandramaika), Norwegen (Bodö), in Seifen in Südindien, auf Sri Lanka, in den USA (New York – North Creek). Almandine mit Asterismus stammen aus den USA (Idaho). Almandine gibt es auch in Afghanistan, Brasilien (Minas Gerais – Minas Noras), Uruguay, an vielen Stellen in der UdSSR, in Tansania, Grönland, Japan u. a. Die Varietät Rhodolith kommt in den USA vor (Nordkarolina), in Mexiko, auf Sri Lanka, in Brasilien, Sambia, Tansania, auf Madagaskar u. a.
• Verwendung: Verarbeitung als Edelsteine (Facetten, Cabochons, Tumblerschliffe), auch als Schneid-, Schleif- und Bohrwerkzeuge.

1. Spessartin – idiomorpher Kristall (3 mm); auf Muskovit; ČSFR (Maršíkov). **2. Almandin** – idiomorphe Kristalle (bis zu 20 mm); Italien (Iventino).

Spessartin, Almandin

Staurolith

2 FeO . AlOOH . 4 $Al_2[O|SiO_4]$

586

Bezeichnung aus den griech. Wörtern *stauros* – Kreuz und *lithos* – Stein zusammengesetzt (Karsten, 1800)

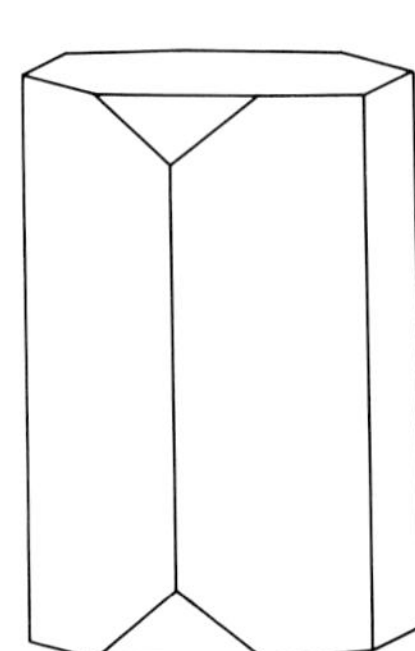

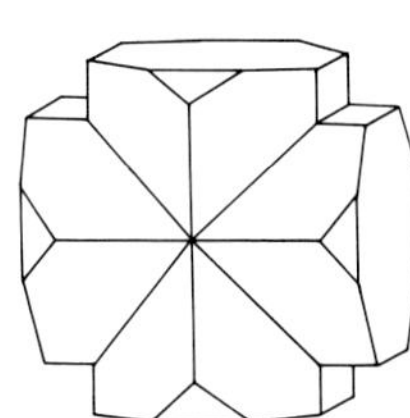

• Härte: 7–7,5 • Strich: grauweiß • Farbe: braun, braunschwarz • Transparenz: durchscheinend, undurchsichtig • Glanz: glasig, matt • Spaltbarkeit: gut nach /010/ • Bruch: muschelig, splittrig • Ausbildung: Kristalle, Kreuzverwachsungen, körnige Aggregate.

• Dichte: 3,5–3,6 • Kristallsystem: rhombisch • Kristallformen: kurzprismatisch, langprismatisch, Zwillinge, Drillinge • Chemische Zusammensetzung: FeO 16,70 %, Al_2O_3 53,40 %, SiO_2 27,90 %, H_2O 2,00 %, Beimengungen von Co, Mg (Var. Lusakit), Zn (Var. Zinkstaurolith), Mn (Var. Nordmarkit) • Chemische Eigenschaften: schmilzt nicht, teilweise löslich in H_2SO_4 • Behandlung: Reinigung mit Wasser oder verdünnten Säuren • Ähnliche Minerale: Granat **(577)** • Unterscheidung: mit Röntgen und chemisch.

• Genese: metamorph (Granatglimmerschiefer, Phyllite, Granulite, Gneise), Anschwemmungen • Paragenese: Muskovit **(165),** Cyanit **(435),** Quarz **(534),** Almandin **(585)** u. a. • Vorkommen: selten; Deutschland (Aschaffenburg), Schweiz (Pizzo Forno, Lago Ritom), Österreich (Passeier Tal, Sterzing, St. Radegund), ČSFR (Petrov, Branná), Frankreich (Quimper), Großbritannien (Schottland), Irland, UdSSR (Altai, große Kristalle kommen im Ural in den Seifen des Sanarkaflusses vor), USA (Georgia – Fannin Co., New Hampshire – Lisbon, Franconia, Tennessee – Ducktown – große Kristalle). Auch aus Namibia kommen große Kristalle (Gorob Mine), weitere Staurolithfundstellen sind an vielen Orten in Indien, Australien u. a. Die Varietät Lusakit enthält bis zu 8,48 % CoO, hat eine schwarze bis kobaltblaue Farbe, einen hellblauen Strich und tritt in Sambia (Umgebung von Lusaka) auf. Die Varietät Zn-Staurolith enthält bis zu 7,44 % ZnO, hat eine gelbliche Farbe und kommt in den Glimmerschiefern des Staats Georgia (USA) vor. Die Varietät Nordmarkit enthält bis zu 11,61 % Mn_2O_3, hat braunschwarze Farbe und läßt sich vor dem Lötrohr leicht zu magnetischem Glas schmelzen, mit einer Sodaperle liefert sie eine Mn-Reaktion. Nordmarkit wurde in Schweden (Nordmark) in körnigen Dolomiten der Gneisformation festgestellt.

Staurolith – Durchwachsungszwilling (20 mm) in Glimmerschiefer; ČSFR (Petrov).

Staurolith

H
7—8

Zirkon

Silikate
$Zr[SiO_4]$

587

Ursprüngliche Bezeichnung Cerkonier, vor den deutschen Juwelieren benutzt, dann auch Cirkon, Zyrkon (Werner, 1783)

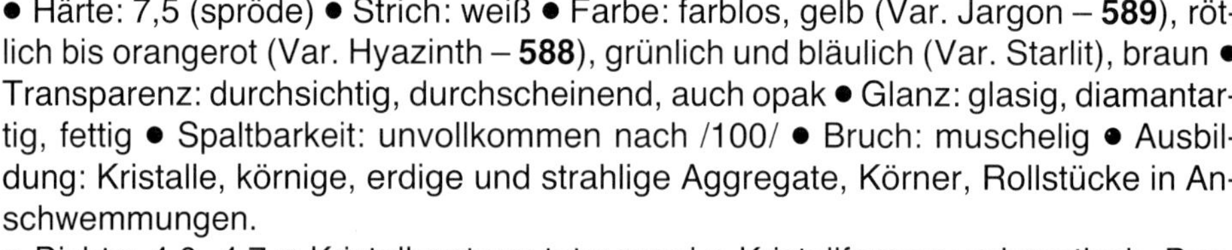

• Härte: 7,5 (spröde) • Strich: weiß • Farbe: farblos, gelb (Var. Jargon – **589**), rötlich bis orangerot (Var. Hyazinth – **588**), grünlich und bläulich (Var. Starlit), braun • Transparenz: durchsichtig, durchscheinend, auch opak • Glanz: glasig, diamantartig, fettig • Spaltbarkeit: unvollkommen nach /100/ • Bruch: muschelig • Ausbildung: Kristalle, körnige, erdige und strahlige Aggregate, Körner, Rollstücke in Anschwemmungen.

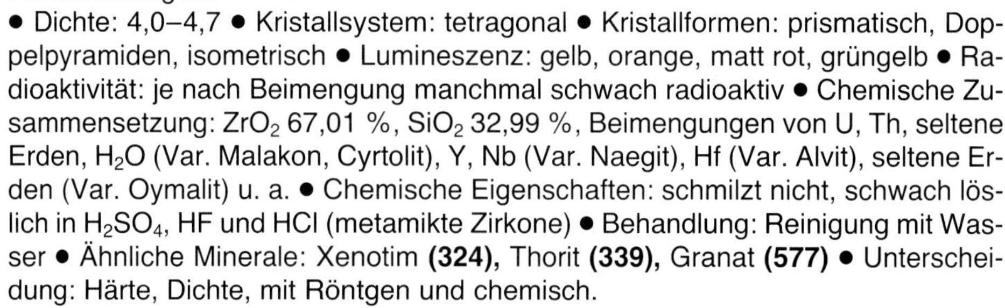

• Dichte: 4,0–4,7 • Kristallsystem: tetragonal • Kristallformen: prismatisch, Doppelpyramiden, isometrisch • Lumineszenz: gelb, orange, matt rot, grüngelb • Radioaktivität: je nach Beimengung manchmal schwach radioaktiv • Chemische Zusammensetzung: ZrO_2 67,01 %, SiO_2 32,99 %, Beimengungen von U, Th, seltene Erden, H_2O (Var. Malakon, Cyrtolit), Y, Nb (Var. Naegit), Hf (Var. Alvit), seltene Erden (Var. Oymalit) u. a. • Chemische Eigenschaften: schmilzt nicht, schwach löslich in H_2SO_4, HF und HCl (metamikte Zirkone) • Behandlung: Reinigung mit Wasser • Ähnliche Minerale: Xenotim **(324),** Thorit **(339),** Granat **(577)** • Unterscheidung: Härte, Dichte, mit Röntgen und chemisch.

• Genese: magmatisch, metamorph, Pegmatite, Sedimente, Seifen, metamikt • Paragenese: Biotit **(167),** Amphibol **(411),** Quarz **(534),** Granat u. a. • Vorkommen: häufig; Deutschland (um den Laacher See, Niedermendig, Usedom), Norwegen (Langensundsfjord), UdSSR (Ural – Miass, Illmenberge – Kristalle bis zu 3,5 kg, Sljudjanka – Kristalle bis 5 cm), Frankreich (Expailly, St. Marcel), USA (Connecticut – Haddam, Wisconsin – Mellen – Nadeln bis 20 cm), Kanada (Renfrew Co. – Kristalle bis 7 kg), auf Madagaskar, in Burma, Kambodscha (Pailin), Sri Lanka, Australien, Brasilien u. a. • Verwendung: Zr-Gewinnung, auch als Edelstein (Facetten, Cabochons).

Hyazinth (Zirkonvarietät)

Silikate

588

Benannt nach der Färbung

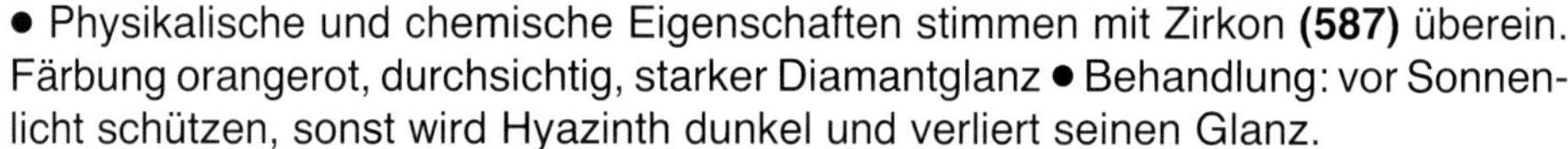

• Physikalische und chemische Eigenschaften stimmen mit Zirkon **(587)** überein. Färbung orangerot, durchsichtig, starker Diamantglanz • Behandlung: vor Sonnenlicht schützen, sonst wird Hyazinth dunkel und verliert seinen Glanz.

• Vorkommen: selten; in Seifen auf Sri Lanka, in Ostaustralien, Thajland, Kambodscha, Burma, Brasilien, auf Madagaskar u. a. • Verwendung: wird als Edelstein verarbeitet (Facetten, Cabochons).

L

R

E

Jargon (Zirkonvarietät)

Silikate

589

Name aus dem Französischen, so wurde der diamantartig glänzende Edelstein aus Sri Lanka genannt (Wallerius, 1772)

• Physikalische und chemische Eigenschaften stimmen mit Zirkon **(587)** überein. Er hat eine hellgelbe Färbung, ist häufig farblos und durchsichtig, hat starken Glanz.

• Vorkommen: selten; in Seifen auf Sri Lanka, Insel Ceylon, in Thailand, Burma, Brasilien u. a. • Verwendung: wird als Edelstein verarbeitet.

L

R

1. Zirkon – länglicher Kristall (22 mm); USA (Diana). **2. Hyacinth** – hipidiomorpher Kristall (4 mm) in Tuffstein; Deutschland (Mayen). **3. Jargon** – idiomorpher Kristall (10 mm) in Pegmatit; UdSSR (Miass).

Zirkon, Hyazinth, Jargon

H
7—8

Spinell

Oxide
$MgAl_2O_4$

590

Herkunft der Bezeichnung ungeklärt (Agricola, 1546)

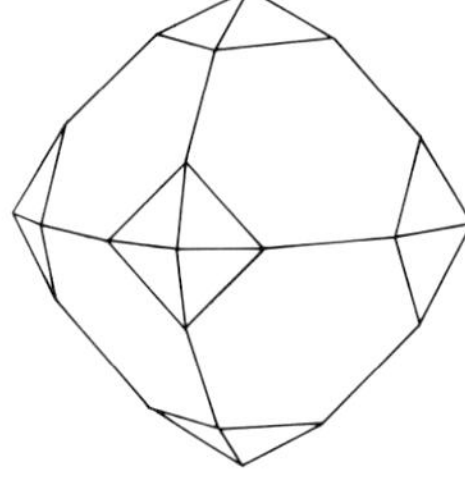
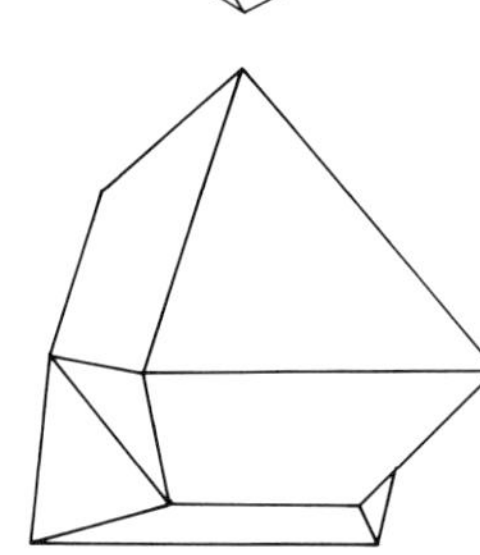

● Härte: 8 ● Strich: weiß ● Farbe: farblos, gelb, blau, grün, rot, braun ● Transparenz: durchsichtig, durchscheinend ● Glanz: glasig ● Spaltbarkeit: unvollkommen ● Bruch: muschelig ● Ausbildung: Kristalle, Körner, körnige Aggregate.
● Dichte: 3,5 ● Kristallsystem: kubisch ● Kristallformen: Oktaeder, Dodekaeder, Zwillinge ● Lumineszenz: manchmal gelbgrün, rot ● Chemische Zusammensetzung: MgO 28,34 %, Al_2O_3 71,66 %, Beimengungen von Fe (Var. Pleonast, Hercynit), Cr (Var. Chromspinell, Picotit) ● Chemische Eigenschaften: schwer löslich in H_2SO_4, schmilzt nicht ● Behandlung: Reinigung mit destilliertem Wasser ● Ähnliche Minerale: Granat **(577),** Zirkon **(587),** Korund **(598)** ● Unterscheidung: Härte, Dichte, mit Röntgen und chemisch.
● Genese: magmatisch, kontaktmetamorph, Seifen ● Paragenese: Dolomit **(218),** Magnetit **(367),** Granat, Zirkon, Korund u. a. ● Vorkommen: selten; Deutschland (Odenwald, Schwarzwald), Italien (Vesuv), UdSSR (Ural), Seifen auf Sri Lanka, Burma (Gebiet von Mogok), Thailand, Schweden (Södermanland), USA (New York – Amity) u. a. ● Verwendung: Edelstein, Keramik.

Gahnit (Zinkspinell)

Oxide
$ZnAl_2O_4$

591

Benannt nach dem schwedischen Chemiker und Mineralogen J. G. Gahn (1745–1818) (v. Moll, 1807)

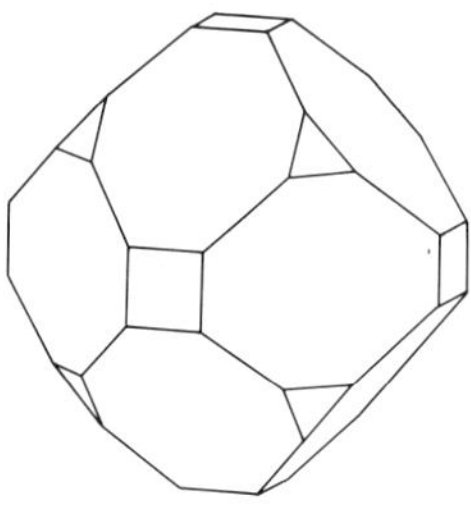

● Härte: 8 (spröde) ● Strich: grau ● Farbe: grün mit bläulichem Ton ● Transparenz: durchscheinend, an den Kanten undurchsichtig ● Glanz: glasig, fettig ● Spaltbarkeit: unvollkommen ● Bruch: muschelig ● Ausbildung: Kristalle, Körner, körnige Aggregate.
● Dichte: 4,5 ● Kristallsystem: kubisch ● Kristallformen: Oktaeder, Dodekaeder, Zwillinge ● Chemische Zusammensetzung: ZnO 44,39 %, Al_2O_3 55,61 % ● Chemische Eigenschaften: schwer löslich in heißer H_2SO_4, schmilzt nicht ● Behandlung: Reinigung mit destilliertem Wasser ● Ähnliche Minerale: Spinell **(590)** ● Unterscheidung: Dichte, chemisch.
● Genese: metamorph, Pegmatite ● Paragenese: Galenit **(77),** Sphalerit **(181),** Magnetit **(367)** ● Vorkommen: selten; Deutschland (Bodenmais), ČSFR (Maršíkov), Bulgarien (Smilovne), Italien (Tirolio), Schweden (Falun), Finnland, USA (New Jersey, Connecticut), Brasilien (Minas Gerais), Australien (Neusüdwales – Broken Hill). In Portugal (Ponto de Lima) kommt die Varietät Limait vor.

Nigerit

Oxide
$(Zn,Mg,Fe^{2+})(Sn,Zn)_2(Al,Fe^{3+})_{12}O_{22} \cdot (OH)_2$

592

Benannt nach dem Land, in dem es gefunden wurde (Jacobson, 1947)

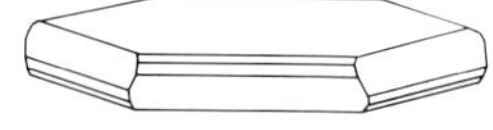

● Härte: 8,5 (spröde) ● Strich: grauweiß ● Farbe: braun, rotbraun ● Transparenz: undurchsichtig ● Glanz: glasig, fettig ● Spaltbarkeit: fehlt ● Bruch: unvollkommen ● Ausbildung: Kristalle.
● Dichte: 4,51 ● Kristallsystem: hexagonal ● Kristallformen: Tafeln ● Magnetismus: schwach ● Chemische Zusammensetzung: unbeständig, stark schwankend ● Chemische Eigenschaften: säureunlöslich ● Behandlung: Reinigung mit Wasser oder verdünnten Säuren.
● Genese: Pegmatite ● Paragenese: Kassiterit **(548),** Gahnit **(591),** Chrysoberyll **(593)** ● Vorkommen: selten; Nigeria (Kabba – Kristalle bis 1 cm), Portugal (Liksa), UdSSR (Sibirien), China u. a.

1. Spinell – idiomorpher Kristall (4 mm) in Feldspat eingewachsen; USA (New Jersey). **2. Gahnit** – Kristall (5 mm); Italien (Tiziolo). **3. Nigerit** – in Granit eingewachsener Kristall (5 mm); ČSFR (Přibyslavice).

Spinell, Gahnit, Nigerit

H 8—9

Chrysoberyll

Oxide
Al_2BeO_4

593

Bezeichnung aus dem griech. Wort *chrysos* – golden und dem Mineralnamen Beryll zusammengesetzt (Werner, 1790)

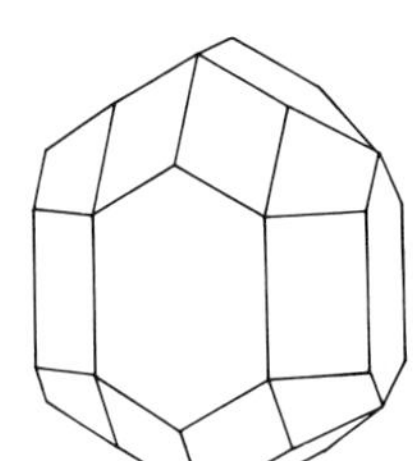

• Härte: 8,5 • Strich: weiß • Farbe: gelb, hellgrün, smaragdgrün, dunkelgrün, braungrün. Cymophan (Chrysoberyllkatzenauge) ist goldgelb mit einem silberweißen Lichtstreifen auf der Schliffoberfläche • Transparenz: durchsichtig, durchscheinend • Glanz: glasig, fettig • Spaltbarkeit: gut nach /001/ • Bruch: muschelig • Ausbildung: Kristalle, Körner, kleine Rollstücke in Anschwemmungen.
• Dichte: ca. 3,7 • Kristallsystem: rhombisch • Kristallformen: Tafeln, kurzprismatisch, sehr häufig Zwillinge • Lumineszenz: gelbgrün • Chemische Zusammensetzung: Al_2O_3 80,29 %, BeO 19,71 %, Beimengungen von Cr, Fe^{3+} • Chemische Eigenschaften: säureunlöslich, schmilzt nicht • Behandlung: Reinigung mit Wasser oder verdünnten Säuren • Ähnliche Minerale: Beryll **(554)** • Unterscheidung: Härte, Dichte.
• Genese: Pegmatite, metamorph • Paragenese: Beryll, Turmalin **(564),** Granat **(577),** Spinell **(590)** u. a. • Vorkommen: selten; ČSFR (Maršíkov), Schweiz (Campolungo), Italien (Piona), Schweden (Kolsva), Norwegen, Finnland, UdSSR (Ural – Takowaja-Fluß, Mittelasien), Kanada, USA (Colorado – Drew Hill, Connecticut – Haddam), Brasilien (Minas Gerais, Espirito Santo), Madagaskar, Ghana, Zaire, Simbabwe (Fort Victoria), Tansania (am Manjarasee), Sri Lanka, Nordburma (Mogok, Pegu), Indien (Radschastan, Madras), Australien u. a. Cymophan tritt in Brasilien, China und Sri Lanka auf • Verwendung: die durchsichtigen bzw. durchscheinenden Varietäten Alexandrit **(594)** und Cymophan werden als Edelsteine verarbeitet (Facetten, Cabochons).

Alexandrit (Chrysoberyllvarietät)

Oxide

594

Benannt nach dem russischen Zaren Alexander II. (Nordenskjöld, 1842)

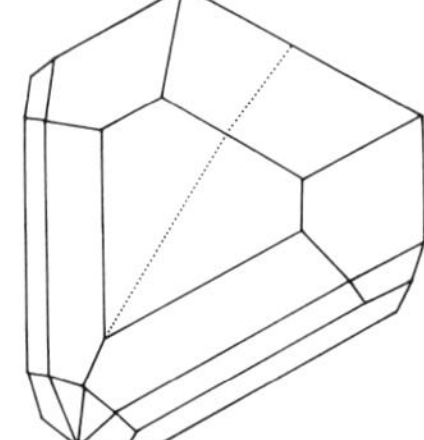

• Physikalische und chemische Eigenschaften stimmen mit Chrysoberyll **(593)** überein. Hervorstechende Eigenschaft des Alexandrits ist seine Farbe, die bei Tageslicht grün bis smaragdgrün, bei künstlicher Beleuchtung rot bis violett ist • Lumineszenz: rot.
• Vorkommen: selten; UdSSR (Ural – Takowaja-Fluß), Simbabwe (Ford Victoria), Tansania (Lake Mananjara), Brasilien (Bahia – Campo Formoso), Sri Lanka, Burma, Madagaskar • Verwendung: begehrte Edelsteine.

1. Chrysoberyll – flacher Kristall (8 mm) in Pegmatit; ČSFR (Maršíkov). **2. Alexandrit** – Kristall (11 mm) bei Tageslicht; UdSSR (Takowaja).

Chrysoberyll, Alexandrit

H
8—9

Topas

Silikate
$Al_2[Fe_2|SiO_4]$

595

Benannt nach der Insel Topasos im Roten Meer (Boodt, 1636)

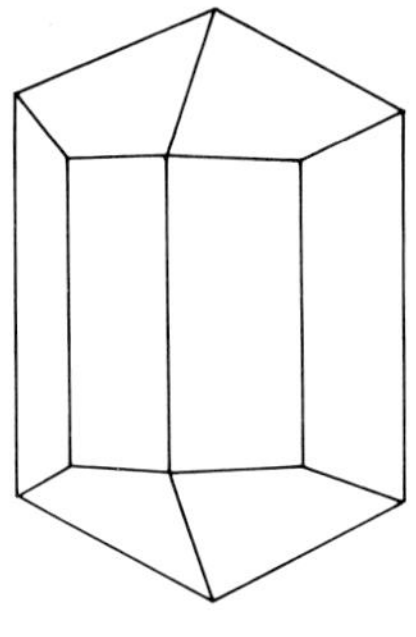

● Härte: 8 ● Strich: weiß ● Farbe: farblos, gelb, goldgelb, rosa, bläulich, rot, violett, grünlich und braun ● Transparenz: durchsichtig, durchscheinend ● Glanz: glasig ● Spaltbarkeit: vollkommen nach /001/ ● Bruch: muschelig, uneben ● Ausbildung: Kristalle, körnige und strahlige Aggregate (Var. Pyknit – **596**), Imprägnationen, Kiesel.
● Dichte: 3,5–3,6 ● Kristallsystem: rhombisch ● Kristallformen: prismatisch, vertikal gestreift ● Lumineszenz: goldgelb, cremefarben, grün (manchmal) ● Chemische Zusammensetzung: Al_2O_3 55,4 %, SiO_2 32,6 %, F 20,7 % (O = F_2 8,7 %), Beimengungen von Fe^{3+}, Cr, Mg, Ti ● Chemische Eigenschaften: langsam löslich in heißer H_2SO_4, schmilzt nicht, trübt sich ● Behandlung: Reinigung mit Wasser oder verdünnten Säuren, verliert bei längerer Lichteinwirkung die Farbe ● Ähnliche Minerale: Brasilianit **(375),** Beryll **(554),** Phenakit **(597)** ● Unterscheidung: Dichte, Spaltbarkeit, mit Röntgen und chemisch.
● Genese: pneumatolytisch, pegmatitisch, hydrothermal, metasomatisch, Seifen ● Paragenese: Quarz **(534),** Kassiterit **(548),** Turmalin **(564),** Fluorit **(511)** u. a. ● Vorkommen: selten; Deutschland (Schneckenstein, Altenberg), ČSFR (Horní Slavkov, Cínovec), Nordirland (Mourne Mountains), Norwegen (Iveland – Kristalle bis 80 kg), UdSSR (Ural – blaue Topase in Alabaschka, Ukraine – Wolhynien, rosarote in den Flußseifen der Sanarka und in Njertschinsk), Mexiko (San Luis Potosi und Durango), Namibia (Spitzkopje), Japan (Tonokamiyama), Brasilien (Ferros), ferner in Pakistan, Sri Lanka, USA, Nigeria, Mongolei u. a. ● Verwendung: feuerfestes Material, auch als Edelsteine.

Pyknit (Topasvarietät)

Silikate

596

L

Bezeichnung vom griech. Wort *pyknos* – dicht, zäh abgeleitet

● Physikalische und chemische Eigenschaften stimmen mit Topas **(595)** überin. Pyknit bildet parallel- oder radialstengelige Kristallaggregate von gelbweißer Farbe, die Cassiterit-Greisenlagerstätten begleiten.
● Vorkommen: selten; Deutschland (Ehrenfriedersdorf, Altenberg), ČSFR (Cínovec) u. a.

Phenakit

Silikate
$Be_3[SiO_4]$

597

Bezeichnung vom griech. Wort *phenax* – Lügner abgeleitet (Nordenskiöld, 1833)

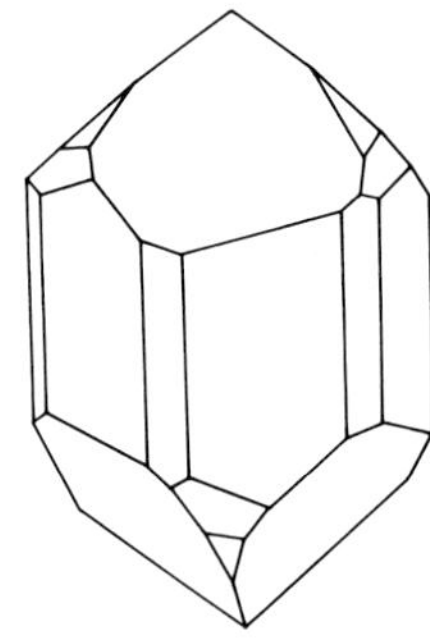

● Härte: 8 (spröde) ● Strich: weiß ● Farbe: farblos, bläulich, weiß, gelb, rosig, braun ● Transparenz: durchsichtig, durchscheinend ● Glanz: glasig ● Spaltbarkeit: unvollkommen nach /11$\bar{2}$0/ ● Bruch: muschelig ● Ausbildung: Kristalle, körnige und radialstrahlige Aggregate.
● Dichte: 3,0 ● Kristallsystem: trigonal ● Kristallformen: prismatisch, platt rhomboedrisch, oft stark vertikal gerieft, Zwillinge ● Chemische Zusammensetzung: BeO 45,53 %, SiO_2 54,47 % ● Chemische Eigenschaften: säureunlöslich, schmilzt nicht ● Behandlung: Reinigung mit Wasser oder verdünnten Säuren ● Ähnliche Minerale: Quarz **(534),** Topas **(595)** ● Unterscheidung: Härte, Spaltbarkeit, Dichte, mit Röntgen und chemisch.
● Genese: Pegmatite, hydrothermal, alpine Klüfte ● Paragenese: Apatit **(379),** Quarz, Beryll **(554),** Topas u. a. ● Vorkommen: selten; Österreich (Habachtal), Schweiz (Reckingen), Norwegen (Kragerö), UdSSR (Takowaja-Fluß), Brasilien (Minas Gerais – hübsche Kristalle befinden sich in Sao Miguel de Piracicaba), Namibia (Usagara), USA (Colorado, Maine, Virginia) u. a. ● Verwendung: gelegentlich ● Be-Erz, auch als Edelstein.

1. Pyknit – säuliges Aggregat (Ausschnittbreite 50 mm); Deutschland (Altenberg). **2. Topas** – idiomorpher Kristall (9 mm); USA (Thomas Range). **3. Phenakit** – säuliger Kristall (50 mm) in Quarz; Norwegen (Kragerö).

Pyknit, Topas, Phenakit

H
8—9

Korund

Oxide
Al_2O_3

598

Historische Bezeichnung, wahrscheinlich vom altindischen Wort *kauruntaka* stammend (Estner, 1795)

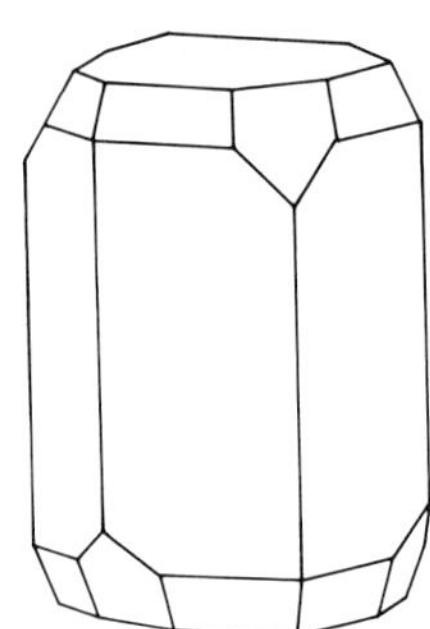

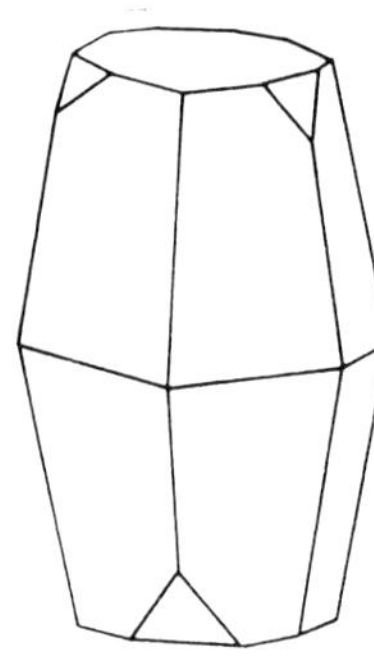

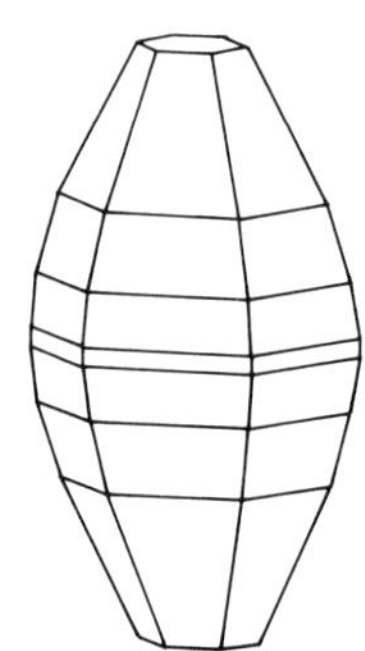

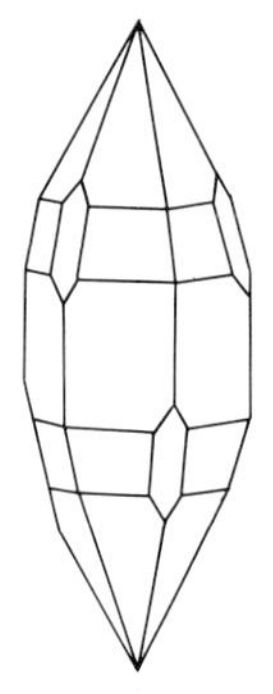

• Härte: 9 • Strich: weiß • Farbe: farblos, blau (Varietät Saphir – **600**), rot (Var. Rubin – **599**), rosarot, braun, grau, gelb, violett, blaugrün oder zonar gefärbt. In Saphiren und Rubinen befinden sich häufig nach bestimmten Gesetzmäßigkeiten angeordnete Rutileinschlüsse **(464),** die schönen Asterismus zustandekommen lassen. Farblose Korunde werden auch Leukosaphire **(601)** genannt • Transparenz: durchsichtig, durchscheinend • Glanz: glasig, fettig, matt • Spaltbarkeit: teilweise Absonderung nach /0001/ • Bruch: muschelig, splittrig • Ausbildung: Kristalle, körnige Aggregate, Rollstücke.

• Dichte: 3,9–4,1 • Kristallsystem: trigonal • Kristallformen: Tafeln, Doppelpyramiden, Rhomboeder, Säulen, Zwillinge • Lumineszenz: manchmal gelb • Chemische Zusammensetzung: Al 52,91 %, O 47,09 %, Beimengung von Cr, Fe, Ti, Mn, Ni, V • Chemische Eigenschaften: säureunlöslich, schmilzt nicht • Behandlung: Reinigung mit Wasser oder verdünnten Säuren • Ähnliche Minerale: Apatit **(379),** Zirkon **(587)**, Spinell **(590),** Topas **(595)** • Unterscheidung: Härte, Dichte, Spaltbarkeit, mit Röntgen und chemisch.

• Genese: kontakt- und regionalmetamorph, Pegmatite, Seifen • Paragenese: Magnetit **(367),** Diaspor **(463),** Spinell, Topas u. a. • Vorkommen: selten; Deutschland (Unkel am Rhein, Bockau, Waldheim), ČSFR (Pokojovice, Bečov), Schweiz (Campolungo), UdSSR (Ural – Mias, Kasachstan – Aktasch, Jakutische ASSR – Tschajnit), Kanada (Ontario – Renfrew), USA (große Kristalle sind aus Nordkarolina bekannt, kommen auch in Montana, Colorado, Pennsylvanien, Massachusetts, Virginia und Georgia vor), Australien (Chittering), Indien (Assam), Afghanistan, Thailand, Japan, Republik Südafrika (Transvaal – Zoutpansberg, Bandolierskop, Pietersberg). In Transvaal wurden bis zu 25 cm lange und 150 kg schwere Kristalle gefunden. Gemeinsam mit Magnetit, Hämatit und Spinell bildet Korund ein als Smirgel oder Schmirgel bezeichnetes Gestein. Smirgel entstehen durch Kontaktmetamorphose von Tongesteinen (Laterite, Bauxite). Sie kommen auch in Griechenland (Insel Naxos), der Türkei (bei Ismir), in der UdSSR (Ural – Marmorskoje), den USA (Massachusetts – Chester) u. a. vor • Verwendung: Schneid-, Schleif-und Bohrwerkzeuge, Lagersteine in Geräten, Edelsteine.

Korund (Saphir) – idiomorpher freier Kristall (21 mm); Sri Lanka (Ratnapura).

Korund

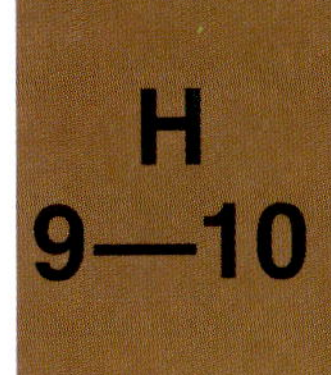

Rubin (Korundvarietät)

Oxide

599

L

E

Bezeichnung vom lat. Wort *rubeus* – rot abgeleitet (Wallerius, 1747)

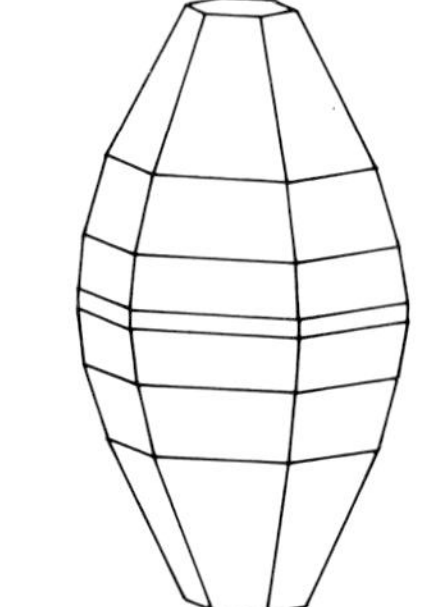

• Physikalische und chemische Eigenschaften stimmen mit Korund **(598)** überein. Er hat eine rote bis dunkelrote Farbe, ist durchsichtig bis durchscheinend und bildet rhomboedrische bzw. tafelige Kristalle • Lumineszenz: rot, ggf. rosa. • Vorkommen: selten; wird aus Seifen auf Sri Lanka gefördert (bei Ratnapura), in Burma (bei Mogok), aus Basalten in Thailand (bei Chatnaburi), Kambodscha (Phailin), in Ostafghanistan, Indien, China (Provinz Jü-nan), Australien (Inverell). Ferner werden Rubine aus metamorphierten Gesteinen in Kenia (Taita Hills) gefördert, in Tansania (Umba Valley, Longida – in Zoisit-Amphibolgesteinen), in Sambia, Angola, in den USA (Montana, Nord- und Südkarolina). In Europa sind Rubine aus Jugoslawien bekannt (Prilep) und aus der UdSSR (bei der Ortschaft Kosoj Brod) • Verwendung: Edelstein, der von alters her im Juwelierhandwerk genutzt wird (Facetten, Cabochons, Tumblerarbeiten).

Saphir (Korundvarietät)

Oxide

600

L

E

Herkunft der Bezeichnung ungeklärt (Wallerius, 1747)

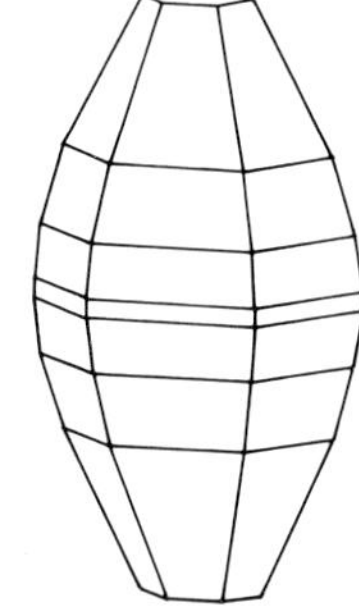

• Physikalische und chemische Eigenschaften stimmen mit Korund **(598)** überein. Er hat vorwiegend blaue oder hellblaue Farbe, ferner auch grünliche oder gelbe, ist durchsichtig und bildet Doppelpyramiden und prismatische Kristalle. Oft kommen in Saphir orientierte Rutileinschlüsse **(464)** vor, die bei geeignetem Schliff Asterismus hervorrufen.

• Vorkommen: selten; in den Seifen auf Sri Lanka (Ratnapura), Burma (bei Mogok), in Thailand (Chatnaburi), Indien (Kaschmir – Gebiet von Zaskar), in China (Provinz Jü-nan), Kambodscha (Phailin), Australien (Inverell), kommt in den USA vor (Montana), Brasilien (Mato Grosso), Kenia, Malawi, in Sambia, Tansania (Umba), Angola, in den europäischen Ländern in Nordfinnland und in der ČSFR (Jizerská louka) • Verwendung: wird als Edelstein verarbeitet (Facetten, Cabochons, Tumblerarbeiten).

Leukosaphir (Korundvarietät)

Oxide

601

Bezeichnung aus dem griech. Wort *leukos* – weiß und dem Mineralnamen Saphir zusammengesetzt

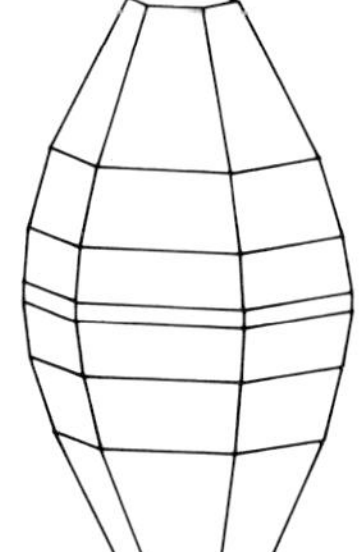

• Physikalische und chemische Eigenschaften stimmen mit Korund **(598)** überein. Er ist farblos und durchsichtig.

• Vorkommen: selten; in Seifen auf Sri Lanka (Ratnapura), in den USA (Montana – Rock Creek, Missouri) u. a. • Verwendung: wird als Edelstein verarbeitet (Facetten, Cabochons).

1. Rubin – Kristall (13 mm); Indien (Mysore). **2. Saphir** – Rollstück (23 mm); Sri Lanka (Ratnapura). **3. Leukosaphir** – bearbeitete Rollstücke aus Anschwemmungen (max. Größe 10 mm); Sri Lanka (Ratnapura).

Rubin, Saphir, Leukosaphir

Diamant

602

Historische Bezeichnung, vom griech. Wort *adamas* = unüberwindlich abgeleitet

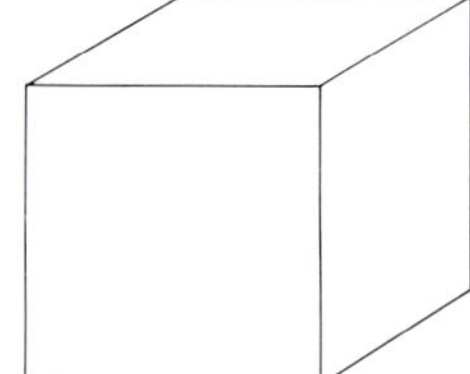
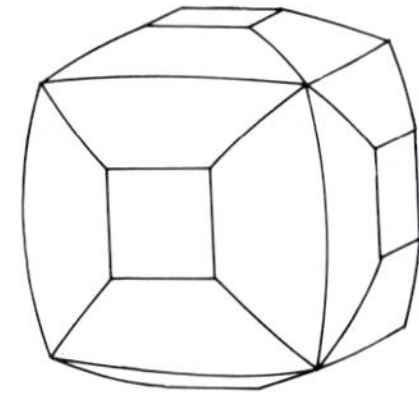
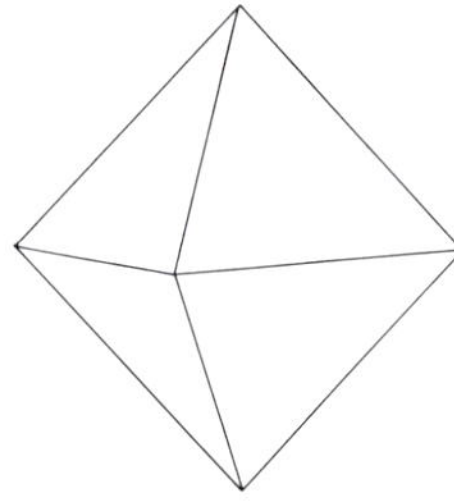
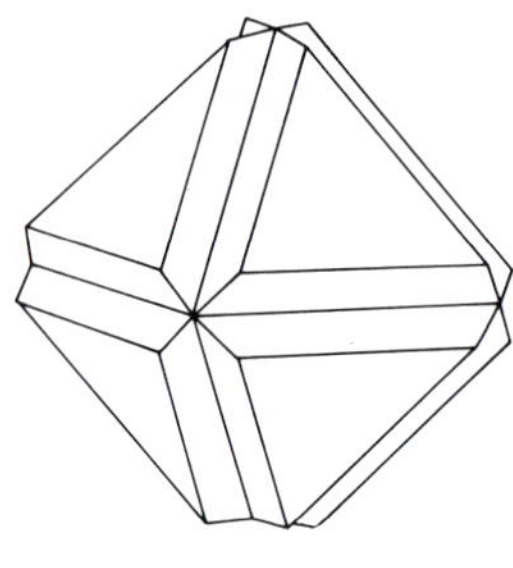
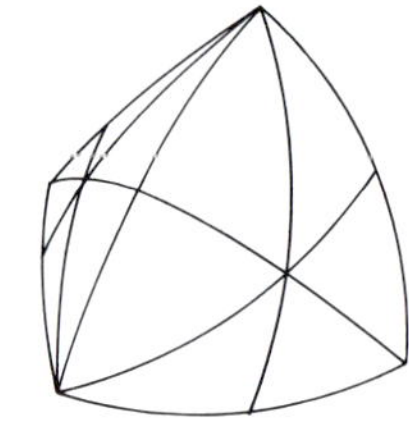

● Härte: 10 (spröde) ● Strich: weiß ● Farbe: farblos, grau, bläulich, grünlich, gelblich, braun, auch schwarz ● Transparenz: durchsichtig bis undurchsichtig ● Glanz: diamantartig ● Spaltbarkeit: vollkommen nach /111/ ● Bruch: muschelig ● Ausbildung: Kristalle, Kristallverwachsungen.
● Dichte: 3,52 ● Kristallsystem: kubisch ● Kristallformen: Oktaeder, Dodekaeder, Hexaeder ● Lumineszenz: blau bis grünlich ● Chemische Zusammensetzung: theoretisch: C 100%, Beimengungen von Si, Al, Mg, Fe, Ti ● Chemische Eigenschaften: weder in Säuren noch in Basen löslich ● Behandlung: Reinigung mit Wasser oder verdünnten Säuren.
● Genese: magmatisch, Seifen, Meteorite ● Paragenese: Gold **(50),** Platin **(281),** Magnetit **(367),** Rutil **(464),** Olivin **(524),** Pyrop **(578),** Zirkon **(587)** u. a. ● Vorkommen: selten; kommt in ultrabasischen Gesteinen (Kimberliten) vor, aus denen er in Seifen gerät. Selten ist er auch in Meteoriten vorhanden. Große Diamantlagerstätten befinden sich in der Republik Südafrika (Gebiet von Kimberley, Flußseifen von Vaal und Oranje). In der Grube Premier wurde der größte Diamantkristall von 3 106 Karat (622 g) Gewicht gefunden. Diamanten werden auch in Indien (Ostteil des Hochlands von Dekkan) gefördert, an der Küste Namibias, in Angola, Zaire (Provinz Kasai), in Sierra Leone, Ghana, auf Borneo, in Brasilien, in der UdSSR (westliche Uralvorgebirge, Jakutische ASSR), in Australien, in den USA (Meteoriten in Arizona) u. a. ● Verwendung: Schneid-, Schleif- und Bohrwerkzeuge, Edelsteine.
Diamantvarietäten sind:

BORT – Diamanten geringster Qualität, körnige, undurchsichtige Aggregate von grauer bis schwarzer Farbe. Treten in Brasilien, Zaire, in der UdSSR, in Ghana u. a. auf.
BALLAS – winzige Körner in strahlig-faseriger Anordnung, kommt mit Bort zusammen vor.
CARBONADO – dichte, feinkörnige oder poröse Aggregate von grauer bis schwarzer Farbe. Kommt in Brasilien vor (Bahia – Cicora).
Übersicht der berühmtesten Diamanten:
CULLINAN – farblos, gefunden in Südafrika, hatte roh 3 106 ct., größter geschliffener Stein 531,20 ct. und 104 weitere Steine
EXCELSIOR – blauweiß, aus Südafrika, 995,2 ct.
GROSSMOGUL – hell blaugrün, aus Indien, 787,5 ct.
WOYLIE RIVER – farblos, aus Sierra Leone, 770,0 ct.
PRÄSIDENT VARGAS – farblos, aus Brasilien, Größe 726,6 ct.
JONKER – blauweiß, aus Indien, 726 ct.
JUBILEE IMPERIAL – farblos, aus Südafrika, 650,8 ct.
VICTORIA IMPERIAL – farblos, aus Südafrika, 469 ct.
DE BEERS – hellgelb, aus Südafrika, 440 ct.
MATAN – farblos, aus Borneo, 367 ct.
NISAM – farblos, aus Indien, 340 ct.
STEWART – gelblich, aus Südafrika, 296 ct.
TIFFANY – goldgelb, aus Südafrika, 287,4 ct.
ORLOFF – farblos, aus Indien, 194,75 ct.
STERN DES SÜDENS – farblos, aus Brasilien, 261,88 ct.
JULIUS PAM – gelb, aus Südafrika, 248 ct.
STERN VON JAKUTIEN – gelblich, UdSSR, 232,1 ct.

Von den interessanten Diamanten wären noch folgende zu erwähnen:
KOH-I-NOOR – ein indischer Diamant, Größe 108,9 ct., in die englische Königskrone eingesetzt
HOPE – schönster und größter, satt blauer Diamant von 44,5 ct. Heute in der Smithsonian Institution in Washington
DRESDENER DIAMANT – von klar grüner Farbe, Größe 41 ct.

Diamant – idiomorpher Kristall (5 mm) in Matrixgestein; Südafrika (Kimberley).

Diamant

H
9—10

Mineralbestimmung und Einordnung in die Sammlung

Ein Mineral richtig zu bestimmen ist oft eine überaus langwierige Arbeit, die große Genauigkeit und Geduld verlangt. Meist gelingt es, Mineralien in ihren typischen Formen zu bestimmen, in anderen Fällen muß man erst die grundlegenden Parameter ermitteln. Man trifft aber auch auf solche Mineralien, die man überhaupt nicht bestimmen kann. Das ist der Fall, wenn bei der Bestimmung ungenau vorgegangen wurde oder ein ungeeignetes, verwittertes, nicht homogenes Probestück verwendet wurde. Dann muß das ganze Verfahren wiederholt oder ein anderes Mineralstück zur Bestimmung herangezogen werden. Zeigt sich auch dann kein eindeutiges Ergebnis, ist das Mineral wohl nicht mit einfachen Methoden zu bestimmen. Zu einer solchen Bestimmung braucht auch der Fachmann komplizierte Verfahren in einem Laboratorium mit Spezialausstattung.

Arbeitsmethode und Wahl der Bestimmungstabellen sind eine individuelle Angelegenheit, die hauptsächlich von den Möglichkeiten und der Ausstattung des Sammlers abhängt. Es gibt eine ganze Reihe von Handbüchern, die das Schwergewicht auf physikalische Eigenschaften legen, andere wiederum auf optische bzw. chemische Parameter, evtl. auf deren gegenseitige Kombinationen. Die Datenvielfalt macht solche Bestimmungsbücher nur unnötig kompliziert, so daß die Orientierung unübersichtlich wird. Als schnellste und zuverlässigste haben sich solche Bestimmungstabellen bewährt, in denen nur die grundlegenden physikalischen Parameter aufgeführt und die übrigen Eigenschaften nur als Hilfsmerkmale angesehen werden. Das Schwergewicht wird meist auf solche Eigenschaften gelegt, die man unmittelbar oder mittels einfachster Prüfungen feststellen kann wie z. B. Härte, Farbe von Mineral und Strich, Glanz u. ä. Die Bestimmung dieser Eigenschaften als Hauptmerkmale weist aber auch einige Tücken auf, die in den entsprechenden Kapiteln behandelt werden.

Mit der Mineralbestimmung beginnt man gleich an der Fundstelle. Es gilt der Grundsatz, nach Möglichkeit mehrere Proben zu bestimmen, um alle charakteristischen Eigenschaften des Minerals zu erfassen. Zunächst stellt man zur Orientierung die Härte fest, ferner die Strichfarbe, mit bloßem Auge bzw. unter der Lupe beobachtet man Farbe, Transparenz, Glanz, Spaltbarkeit, Bruch und Ausbildung des Minerals, prüft evtl. auch die Löslichkeit (in Wasser, HCl u. ä.) oder beobachtet bei der Bearbeitung der Mineralien ihren charakteristischen Geruch (z. B. As-haltige Mineralien haben Knoblauchgeruch). Die so ermittelten Angaben konfrontiert man mit den Bestimmungstabellen und den Beschreibungen der einzelnen Mineralien. Dabei muß man aber stets vor Augen haben, daß gleiche Mineralien in verschiedenen Ausbildungsformen (Abb. 19) auftreten können, unterschiedliche Färbung (z. B. Quarzvarietäten) haben und sich in einigen physikalischen und chemischen Eigenschaften aufgrund von Verwitterung, Auflösung, Körnigkeit u. ä. unterscheiden können. Eine beträchtliche Rolle spielt hier auch die Feststellung der Paragenese, denn das Vorkommen zahlreicher Mineralien ist nur an einige Paragenesen mit anderen gebunden.

Als praktisches Beispiel für die Unterscheidung ähnlicher Mineralien, die nebeneinander auftreten können, lassen sich z. B. Quarz, Feldspat und Calcit aufführen. In fein kristallierten Massenformen lassen sich diese Minerale nämlich weder durch Farbe noch Glanz zuverlässig auseinanderhalten, aber schon an der Härte kann man gut Quarz und Feldspat von Calcit unterscheiden, der sich leicht mit dem Nagel ritzen läßt. Außerdem löst sich Calcit in HCl. Feldspat und Quarz unterscheidet man mittels der Spaltbarkeit, die bei Feldspat gut ist, bei Quarz aber völlig fehlt (muscheliger Bruch). Ein weiteres Beispiel ist das gemeinsame Vorkommen dunkler Mineralien wie Biotit, Hornblende und manchmal auch Turmalin. Biotit unterscheidet man relativ zuverlässig anhand der vollkommenen Spaltbarkeit und der charakteristischen blättrigen Ausbildung von der vorwiegend säuligen Hornblende- und Turmalinindividuen. Die Unterscheidung dieser beiden Mineralien nimmt man anhand der Spaltbarkeit vor, die bei Hornblende vollkom-

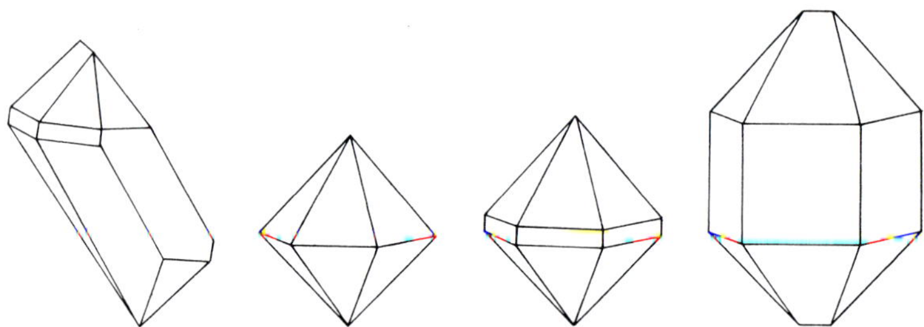

Abb. 18 – Verschiedene Quarzausbildung.

men (120°) ist, bei Turmalin fehlt. Darüber hinaus findet man auf den Prismenflächen von Turmalin stets eine charakteristische Riefung.

In Erzlagerstätten stößt man oft auf gemeinsames Vorkommen von Chalkopyrit, Pyrit, evtl. auch Pyrrhotin, die sich in körnigen Massen weder anhand der Farbe noch der Strichfarbe auseinanderhalten lassen, auch wenn sich in der Farbe von Pyrrhotin meist ein tombakbrauner Ton zeigt. Eindeutig kann man die Mineralien an der Härte unterscheiden, denn Pyrit hat die Härte 6–6,5, Chalkopyrit 4,5 und Pyrrhotin 3. Pyrrhotin weist im Unterschied zu Chalkopyrit und Pyrit eine gute Teilbarkeit auf, Chalkopyrit manchmal auch bunte Anlauffarben. Pyrrhotin schmilzt vor dem Lötrohr, wobei ein magnetisches Kügelchen entsteht.

In Kohlelagerstätten treten häufig Pyrit und Markasit gemeinsam auf, die sich weder durch Farbe, Härte noch durch Strichfarbe unterscheiden. Man kann sie aber aufgrund der Ausbildungsmerkmale auseinanderhalten. Markasit bringt charakteristische spießige Gebilde hervor (rhombisch), Pyrit winzige Würfel oder körnige Massen (kubisch). Auch die körnigen Aggregate von Magnetit und Chromit sind sich weitgehend ähnlich. Relativ gut kann man sie am Strich unterscheiden, er ist bei Magnetit schwarz, bei Chromit braun. Überdies zeigt Magnetit einen ausgeprägten Magnetismus. Auch Antimonit und Berthierit sind in den Aggregaten einander sehr ähnlich. Ihre Unterscheidung ist z. B. durch Eintauchen in Wasser möglich. Antimon glänzt im Wasser, Berthierit ist dunkel. So kann man auch Diamanten sicher von Quarz unterscheiden (diese Methode wenden die Zollbeamten in Afrika an). Quarz verschwindet quasi im Wasser, Diamanten strahlen kräftig.

Die letzte Sammlerarbeit ist die Einordnung der Mineralien in die Sammlung und die Ablage von Duplikaten oder Dokumentationsstücken ins Depositarium. Mineralien, die man bearbeitet, bestimmt und gereinigt hat, werden mit einem Etikett versehen, auf dem Name und Adresse des Sammlers, Inventarnummer, Mineralname, -beschreibung und Fundort vermerkt sind. Darüber hinaus können auch noch die Beschaffung, evtl. auch der Wert angegeben werden. Bei besonders wertvollen Mineralien sollte man auch Ausmaße und Gewicht hinzufügen. Das Etikett ist nur für knappe Angaben bestimmt, Details werden entweder auf der Rückseite oder im Katalog bzw. in der Kartothek festgehalten. Um Verwechslungen vorzubeugen, wird die Inventarnummer auch aufs Mineral geklebt, und zwar so, daß sie sein Aussehen nicht stört. In manchen Sammlungen wird die Nummer mit Tusche in ein kleines, mit weißem Emaillelack gestrichenes Rechteck geschrieben.

Jeder Sammlung gehören Kataloge an, in welche die Mineralien den Inventarnummern nach eingetragen werden (empfehlenswert ist die Zehnerstellennumerierung, die laufend ergänzt werden kann) oder aber durch Fotodokumentation ergänzte Kartotheken. Die Installation der Sammlung und die Einordnung im Depositarium unterliegt wissenschaftlichen, ästhetischen oder praktischen Gesichtspunkten. In Sammelkästen werden die Mineralien auf einer Holz- oder Kunststoffunterlage bzw. in Kunststoffschachteln untergebracht (im Depot verwendet man eine einheitliche Schachtelgröße; je nachdem, ob es sich um eine systematische, kristallographische, genetische, geochemische bzw. Erz-, Edelstein- oder Meteoritensammlung handelt. Lichtempfindliche Mineralien stellt man nicht aus. Will man hygroskopische oder sich bei Feuchtigkeit zersetzende Mineralien aufbewahren oder ausstellen, steckt man sie in zugeschweißte Plastikbeutelchen, in Spezialflaschen oder Glasröhrchen, die man mit Parafin verschließt. Radioaktive Mineralien stellt man möglichst nach dem verwendeten Einteilungsprinzip alphabetisch bzw. nach Fundpunkten geordnet aus. Manche Sammler legen sie auch überhaupt nicht aus und bewahren sie zu Hause nur in kleinen Mengen auf, niemals jedoch in Wohnräumen. Die Radioaktivität der in Europa gefundenen Uranmineralien ist so gering, daß diese bereits durch eine normale Glasscheibe geschützt nur mit empfindlichen Geiger-Zählern kaum meßbar ist. Die einzige Ausnahme kann Uraninit bzw. Pechblende sein, wenn ihr Gewicht 1 g übersteigt.

Grundsätzlich soll jede Sammlung die Mineralien vor Beschädigung schützen. Daher muß man sie wirksam gegen Staub, jähe Temperaturschwankungen, Licht und Feuchtigkeit sichern.

Tabellen

Wasserlösliche Minerale

Härte	Mineral-nummer	kaltwasserlöslich Mineralname	Mineral-nummer	warmwasserlöslich Mineralname
1–2	14	Salmiak	18	Sassolin
	20	Natrit	19	Ulexit
	21	Nitronatrit	29	Gips
	23	Mirabilit	30	Sideronatrit
	24	Tschermigit	31	Struvit
	26	Alunogen	43	Evenkit
	27	Halotrichit		
	28	Pickeringit		
2–3	84	Carnallit	100	Inyoit
	85	Sylvin	101	Kernit
	86	Halit	104	Alumohydrocalcit
	87	Villiaumit	108	Leadhillit
	97	Borax	174	Mellit
	98	Gaylussit		
	102	Trona		
	111	Epsomit		
	112	Hexahydrit		
	113	Goslarit		

Härte	Mineral-nummer	kaltwasserlöslich Mineralname	Mineral-nummer	warmwasserlöslich Mineralname
2–3	114	Melanterit		
	115	Pisanit		
	116	Chalkanthit		
	117	Bieberit		
	118	Morenosit		
	120	Fibroferrit		
	121	Coquimbit		
	122	Quenstedtit		
	123	Copiapit		
	124	Ferrinatrit		
	125	Thenardit		
	127	Kröhnkit		
	135	Delvauxit		
	139	Pharmakolith		
3–5	229	Kainit		
	231	Kieserit		
	234	Polyhalit		

Orientierungsmäßige Bestimmung von Mineralien anhand von Kombinationen der Merkmale Härte, Strich, Farbe und Glanz

Härte bis 2								
		Strichfarbe						
Glanz	Farbe	weiß silberweiß	gelb ockergelb orange	rosa rot violett	blau	grün	grau stahlgrau graugrün	schwarz grau-schwarz
metallisch halbmetallisch	weiß						3^+, 12	
	rot		7	7				
	violett						8	
	grau						3^+, 8, 10, 13	2, 11
	schwarz							2, 9
nichtmetallisch	farblos	14, 18, 19, 20, 23, 24, 26, 27, 28, 29, 31, 39, 43						
	weiß	14, 18, 19, 20, 21, 23, 24, 25, 26, 27, 28, 29, 33, 34, 35, 38, 39, 40, 41, 42, 43	15					
	gelb	1, 14, 21, 23, 26, 27, 29, 31, 33, 34, 35, 36, 38, 39, 40, 41, 42, 43, 44	1, 4, 15, 16, 17, 30		16	37		
	orange		4, 5, 30	5				
	rot	14, 21, 26, 28, 33, 34, 35	5, 7	5, 7				
	violett	22		22	6		6	6
	blau	29, 32, 33, 34, 35			6		6	6
	grün	27, 32, 33, 34, 35, 36, 38, 41, 42, 43, 44	16, 17		16	37		
	braun	21, 23, 29, 31, 33, 36, 41, 44	4, 17, 30			37		
	grau	18, 20, 21, 29, 33, 40, 42, 44	15					2
	schwarz							2, 9

Härte 2–3									
		Strichfarbe							
Glanz	Farbe	weiß silberweiß	gelb ockergelb orange	rosa rot violett	blau	grün	braun rotbraun	grau stahlgrau graugrün	schwarz grau-schwarz
metallisch, halbmetallisch	weiß	49, 74, 81, 170					170	46, 48, 83, 87	69, 73, 78
	gelb	81	50					83	
	rot			47, 60, 64				48	
	violett			96			96		
	blau								68, 69
	grün	170					170		68
	braun	170					52, 170		
	grau			45, 51, 57, 60			52	13, 51, 61, 62, 71, 77	53, 54, 55, 58, 59, 67, 68, 69, 70, 72, 73, 75, 77, 79, 80, 82
	schwarz	49		60					54, 55, 56, 59, 62, 74, 75, 82

Orientierungsmäßige Bestimmung von Mineralien anhand von Kombinationen der Merkmale Härte, Strich, Farbe und Glanz – Fortsetzung

Härte 2–3									
		Strichfarbe							
Glanz	Farbe	weiß silberweiß	gelb ockergelb orange	rosa rot violett	blau	grün	braun rotbraun	grau stahlgrau graugrün	schwarz grau- schwarz
nichtmetallisch	farblos	84, 108							
	weiß	84, 85, 86, 88, 90, 91, 92, 93, 94, 97, 98, 99, 100, 101, 102, 103, 104, 105, 107, 108, 111, 112, 113, 120, 124, 125, 136, 139, 147, 155, 156, 159, 160, 165, 169, 170, 175		169	136		170	98	
	gelb	84, 85, 97, 98, 102, 103, 104, 107, 111, 113, 120, 124, 125, 126, 139, 155, 160, 168, 170, 173, 174, 175	66, 123, 132, 133, 148, 150, 151, 153, 154, 171, 172		170	98			
	orange	86, 173	65, 66 123, 133						
	rot	85, 86, 87, 88, 90, 94, 100, 107, 111, 117, 122, 124, 125, 134, 139, 158, 168, 169, 174	66, 95, 119, 133, 135	76, 87, 122, 141, 162, 169		158	119		
	violett	84, 86, 103, 104, 121, 122, 158, 169		96, 122, 141, 169		158	96		
	blau	84, 86, 103, 104, 108, 115, 116, 121, 124, 127, 136			89, 106, 110, 126, 131, 136, 137, 138, 144, 145, 146	109, 128, 129, 130, 144, 146, 157			68
	grün	84, 90, 91, 92, 107, 108,111, 112, 114, 115, 120, 121, 124, 134, 155, 158, 159, 160, 165, 166, 167, 168, 169, 170	148, 172	169	137, 144, 146	106, 109, 118, 123, 128, 129, 130, 140, 142, 143, 144, 146, 147, 149, 151, 152, 157, 158, 161, 164, 166	170	167	68
	braun	84, 88, 114, 134, 156, 165, 167, 168, 170, 174	66, 135			129, 161, 164	140, 170	167	
	grau	85, 86, 88, 90, 93, 94, 97, 102, 103, 107, 108, 124, 155, 156, 165, 168, 169		57, 60, 169				62	68, 75
	schwarz	167	135	60, 63				167	62, 67, 74, 75

Härte 3–5									
		Strichfarbe							
Glanz	Farbe	weiß silberweiß	gelb ockergelb orange	rosa rot violett	blau	grün	braun rotbraun	grau stahlgrau graugrün	schwarz grau- schwarz
metallisch, halb-m.	weiß	179, 204, 281						177, 178, 279, 280, 281	176, 203, 287, 289
	gelb	204, 278					278		185, 194, 195, 203, 283, 286, 288
	orange								285

Orientierungsmäßige Bestimmung von Mineralien anhand von Kombinationen der Merkmale Härte, Strich, Farbe und Glanz – Fortsetzung

Härte 3–5										
		Strichfarbe								
Glanz	Farbe	weiß silberweiß	gelb ockergelb orange	rosa rot violett	blau	grün	braun rotbraun	grau stahlgrau graugrün	schwarz grau-schwarz
metallisch, halbmetallisch	rot		296	209			296		186, 192, 201
	violett								192, 201
	grün								284
	braun	204	278				278, 282		192, 195, 203, 283, 285
	grau	281		209		180	282, 295	189, 193, 196, 279, 280, 281	176, 186, 187, 188, 190, 191, 200, 201, 202, 210, 211, 284, 287, 288
	schwarz			209		180	282, 295, 298	177, 189, 193, 279	187, 190, 191, 197, 198, 200, 210
nichtmetallisch	farblos	290, 301, 302, 311, 325, 328, 329, 330, 331, 332, 335							
	weiß	181, 183, 208, 212, 213, 214, 215, 217, 218, 219, 220, 221, 222, 223, 224, 225, 229, 231, 232, 233, 234, 235, 239, 240, 242, 244, 247, 248, 252, 253, 264, 265, 266, 267, 269, 270, 271, 272, 275, 290, 291, 292, 293, 294, 301, 302, 303, 310, 317, 323, 325, 326, 327, 328, 329, 330, 331, 332, 333, 334, 335, 336				257			176, 203
	gelb	181, 183, 208, 217, 219, 220, 221, 222, 223, 224, 225, 229, 231, 232, 234, 235, 239, 240, 244, 247, 252, 258, 262, 264, 265, 266, 269, 272, 273, 275, 292, 297, 302, 303, 305, 306, 310, 313, 317, 318, 323, 324, 325, 326, 329, 330, 332, 335	199, 230, 236, 237, 238, 241, 243, 244, 245, 246, 263, 278, 293, 294, 299, 300, 306, 312, 338	234		241, 322	263, 275, 278, 324, 339	273	203
	orange	217, 264, 265, 336	199, 243, 244, 263, 294, 300, 312, 338, 339			260	260, 263, 339		
	rot	181, 217, 218, 220, 222, 224, 229, 232, 234, 235, 239, 240, 249, 250, 258, 262, 269, 270, 271, 272, 273, 290, 304, 310, 324, 325, 326, 328, 329, 330, 331, 332, 334, 336	199, 243, 263, 296, 300	209, 216, 234, 316		260	260, 263, 296, 324	273	
	violett	222, 235, 249, 258, 291, 331, 333							
	blau	217, 221, 235, 239, 240, 244, 247, 251, 266, 275, 311, 317, 323			205, 207, 226, 255, 308	205, 207, 234, 254, 268, 274		275, 315	

Orientierungsmäßige Bestimmung von Mineralien anhand von Kombinationen der Merkmale Härte, Strich, Farbe und Glanz – Fortsetzung

Härte 3–5									
		Strichfarbe							
Glanz	Farbe	weiß silberweiß	gelb ockergelb orange	rosa rot violett	blau	grün	braun rotbraun	grau stahlgrau graugrün	schwarz grau-schwarz
nichtmetallisch	grün	183, 208, 211, 221, 222, 247, 248, 251, 253, 258, 262, 264, 265, 266, 273, 275, 290, 291, 297, 303, 310, 311, 317, 331	241, 247, 297, 299, 309, 337, 338		205, 321	205, 206, 216, 227, 228, 230, 241, 245, 254, 255, 256, 257, 259, 260, 261, 268, 274, 293, 307, 308, 319, 320, 321, 322, 337	181, 259, 260	230, 273, 275, 277, 315	
	braun	218, 219, 221, 223, 224, 225, 240, 247, 262, 264, 265, 266, 269, 270, 273, 276, 297, 302, 304, 305, 306, 310, 317, 324, 330	236, 237, 246, 263, 278, 297, 306, 309, 312, 338, 339			257, 260, 274	181, 184, 238, 245, 260, 263, 278, 282, 293, 314, 324, 339	273, 277, 315	203
	grau	218, 219, 221, 222, 223, 225, 229, 232, 234, 235, 240, 242, 252, 253, 262, 264, 265, 270, 272, 275, 301, 302, 303, 304, 306, 310, 311, 324, 328, 332, 333, 335, 336	209, 306	209, 234		180, 274	282, 295, 324, 339	277, 315	176, 187
	schwarz	217, 225, 273, 297, 302	297, 309, 339	209		180, 259, 274	181, 182, 233, 259, 282, 295, 298, 339	273	187

Härte 5–7									
		Strichfarbe							
Glanz	Farbe	farblos weiß silberweiß	gelb ockergelb orange	rosa rot violett	blau	grün	braun rotbraun schwarz-braun	grau stahlgrau bleigrau grauweiß graugrün	schwarz grau-schwarz
metallisch, halbmetallisch	weiß								342, 343, 344, 345, 346, 347, 348, 349, 350
	gelb	363					464, 465, 471	363, 436, 437	437, 438, 439, 468
	orange								340
	rot		356, 364	472			351, 356, 368, 464, 465, 470, 427	368	340, 341, 342, 345
	blau					482	482		
	grün	427					471	427	
	braun	363, 427	354, 356, 364, 467	472			351, 356, 362, 368, 369, 371, 464, 465, 467, 471, 472, 478	363, 368, 425, 427	342, 369, 425
	grau	427		472, 473		482	370, 472, 482	425, 427, 482	340, 341, 343, 344, 346, 349, 350, 370, 425, 438, 474, 475

Orientierungsmäßige Bestimmung von Mineralien anhand von Kombinationen der Merkmale Härte, Strich, Farbe und Glanz – Fortsetzung

Glanz	Farbe	Härte 5–7							
		Strichfarbe							
		farblos weiß silberweiß	gelb ockergelb orange	rosa rot violett	blau	grün	braun rotbraun schwarz-braun	grau stahlgrau bleigrau grauweiß graugrün	schwarz grau-schwarz
metallisch	schwarz	363	354, 364, 467	366, 472, 473, 476		482	357, 358, 362, 365, 369, 370, 371, 467, 469, 470, 472, 478, 479, 480, 482	363, 425, 482	357, 367, 369, 370, 425, 468, 474, 475
nichtmetallisch	farblos	352, 360, 373, 375, 379, 385, 386, 387, 388, 393, 396, 397, 398, 403, 404, 406, 407, 435, 440, 448, 461, 462, 463, 466, 483, 484, 486, 488, 489, 492, 493, 494, 495, 496, 497, 498, 499, 500, 502, 505, 517, 524	360						
nichtmetallisch	weiß	373, 377, 379, 384, 385, 386, 387, 388, 389, 390, 391, 393, 394, 395, 396, 397, 398, 399, 400, 403, 404, 405, 406, 407, 412, 430, 435, 440, 443, 445, 446, 447, 449, 450, 451, 452, 460, 461, 462, 463, 466, 483, 486, 489, 490, 492, 493, 494, 495, 496, 497, 498, 499, 500, 502, 516	361		395		361, 471		
nichtmetallisch	gelb	352, 360, 363, 373, 375, 377, 379, 383, 384, 385, 386, 387, 388, 389, 390, 391, 392, 395, 397, 401, 402, 403, 404, 406, 407, 430, 435, 440, 441, 443, 444, 445, 447, 449, 450, 451, 455, 456, 457, 459, 461, 463, 484, 485, 486, 487, 488, 489, 490, 499, 501, 502, 504, 508, 514, 515, 516, 518, 522	360, 361, 376		395		361, 464, 465	363, 368, 383, 518, 522, 573	
nichtmetallisch	orange	373, 383, 442, 449, 450, 456, 532						383	
nichtmetallisch	rot	352, 360, 373, 379, 381, 383, 384, 386, 387, 389, 395, 397, 398, 399, 400, 402, 419, 430, 440, 441, 442, 445, 449, 450, 451, 452, 455, 456, 459, 463, 483, 486, 488, 492, 493, 494, 495, 496, 497, 498, 501, 503, 514, 516, 517, 518, 519, 520, 521, 522, 531, 532, 533	356, 360, 361, 364, 382, 527	381, 472,	395		356, 361, 368, 464, 465, 472, 527	368, 383, 518, 522, 526	
nichtmetallisch	violett	379, 398, 402, 449, 450, 463, 502, 503, 523, 533							

Orientierungsmäßige Bestimmung von Mineralien anhand von Kombinationen der Merkmale Härte, Strich, Farbe und Glanz – Fortsetzung

Härte 5–7									
		Strichfarbe							
Glanz	Farbe	farblos weiß silberweiß	gelb ockergelb orange	rosa rot violett	blau	grün	braun rotbraun schwarz-braun	grau stahlgrau bleigrau grauweiß graugrün	schwarz grau-schwarz
nichtmetallisch	blau	352, 373, 374, 377, 378, 379, 380, 390, 391, 393, 394, 395, 397, 398, 403, 404, 420, 421, 422, 426, 435, 440, 441, 443, 447, 448, 449, 450, 484, 487, 491, 492, 493, 494, 495, 496, 497, 498, 520, 522, 530			392, 395, 418, 420, 431, 433	421, 422, 482	421, 482	420, 482, 513, 522	
nichtmetallisch	grün	373, 374, 375, 377, 378, 379, 380, 389, 391, 393, 395, 397, 398, 399, 400, 401, 402, 403, 404, 405, 406, 412, 413, 414, 415, 416, 417, 419, 421, 423, 424, 426, 427, 428, 430, 435, 440, 441, 444, 445, 446, 448, 449, 450, 453, 454, 457, 458, 459, 466, 490, 491, 492, 493, 494, 495, 496, 497, 498, 501, 502, 504, 505, 506, 507, 508, 511, 514, 515, 516, 518, 519, 522, 523, 524, 525, 528	376		392, 395, 408, 433	421, 432, 509, 510	411, 421, 471	409, 411, 427, 428, 429, 507, 509, 511, 513, 518, 522, 526, 528, 529	
nichtmetallisch	braun	352, 360, 363, 379, 381, 383, 387, 388, 389, 394, 397, 399, 401, 402, 403, 404, 405, 406, 419, 424, 425, 426, 427, 428, 430, 440, 442, 444, 445, 449, 450, 454, 456, 459, 486, 501, 507, 511, 518, 519, 520, 522, 523, 524, 528, 531, 532, 533	353, 354, 356, 359, 360, 361, 364, 382, 467, 527,	381, 434, 472, 512,	408	509, 510	353, 355, 356, 359, 361, 362, 368, 369, 371, 410, 434, 464, 465, 467, 469, 471, 472, 478 527	363, 368, 383, 409, 410, 425, 427, 428, 429, 507, 509, 511, 518, 522, 526, 528	369, 370, 425, 481
nichtmetallisch	grau	360, 377, 385, 386, 387, 391, 393, 394, 395, 396, 397, 398, 400, 403, 404, 406, 407, 412, 413, 414, 415, 416, 417, 419, 423, 424, 426, 427, 428, 435, 444, 445, 447, 449, 450, 451, 461, 463, 466, 483, 486, 488, 490, 500, 502, 505, 507, 508, 514, 515, 519, 523, 528	360, 527	472, 477	395, 418	482	477, 482, 527	425, 427, 428, 482, 507, 526, 528, 529	425
nichtmetallisch	schwarz	363, 394, 420, 421, 428, 430, 440, 441, 444, 445, 449, 450, 452, 505, 507, 511, 524, 528	353, 354, 364, 382, 467	434, 472, 477	420	372, 421, 482, 509	353, 355, 357, 360, 365, 369, 370, 371, 410, 411, 421, 434, 467, 469, 472, 477, 478, 479, 482	363, 409, 410, 411, 420, 425, 428, 429, 482, 509, 511, 513, 528, 529	357, 367, 369, 370, 425

Orientierungsmäßige Bestimmung von Mineralien anhand von Kombinationen der Merkmale Härte, Strich, Farbe und Glanz – Fortsetzung

Härte über 7									
		Strichfarbe							
Glanz	Farbe	weiß silberweiß	gelb ockergelb orange	rosa rot violett	blau	grün	braun rotbraun	grau stahlgrau graugrün	schwarz grau- schwarz
metallisch halbmetallisch	gelb								
	braun	548	548				548		
	grau	548	548				548		
	schwarz	548	548				548		
nichtmetallisch	farblos	534, 535, 549, 550, 554, 560, 564, 567, 568, 573, 574, 577, 579, 587, 589, 590, 595, 596, 597, 598, 601, 602					548		
	weiß	534, 549, 553, 554, 573, 574, 575, 577, 596, 597, 602							
	gelb	534, 540, 542, 548, 549, 550, 553, 554, 558, 563, 572, 573, 577, 579, 581, 582, 584, 587, 589, 590, 593, 595, 596, 597, 598, 602	548, 577				548		
	orange	577, 583, 584, 588	577						
	rot	534, 537, 538, 545, 554, 557, 562, 564, 567, 569, 577, 578, 584, 585, 587, 588 590, 594, 595, 597, 598, 599		577					
	violett	534, 536, 537, 551, 552, 569, 575, 577, 585, 594, 595, 598		577					
	blau	534, 541, 543, 548, 549, 550, 551, 552, 554, 556, 561, 564, 567, 570, 574, 575, 576, 577, 587, 590, 595, 598, 600, 602							
	grün	534, 544, 545, 546, 549, 551, 553, 554, 555, 556, 559, 564, 567, 568, 570, 571, 574, 575, 576, 577, 579, 580, 581, 587, 590, 593, 594, 595, 598, 602				577		591	
	braun	534, 538, 539, 542, 545, 548, 553, 562, 563, 564, 572, 573, 577, 579, 583, 584, 585, 587, 590, 592, 593, 595, 597, 598, 602	548				548	577, 585, 586, 592	
	grau	534, 544, 548, 549, 551, 562, 566, 573, 577, 598, 602	548				548	577	
	schwarz	534, 539, 543, 546, 548, 563, 564, 565, 577, 579, 585, 590, 602	548				548	547, 585, 586	577

Spezifikationstabelle der Mineralien nach Dichte und Härte

Dichte	Härte bis 2	Härte 2–3	Härte 3–5	Härte 5–7	Härte über 7
bis 2	14, 18, 20, 23, 24, 25, 26, 27, 28, 31, 33, 43, 44	84, 85, 97, 98, 99, 100, 101, 111, 112, 114, 115, 117, 120, 135, 173, 174,	234, 244, 266, 267		
2–3	1, 2, 19, 21, 22, 29, 30, 33, 34, 35, 36, 37, 38, 39, 40, 41, 42	86, 87, 88, 90, 91, 92, 102, 104, 105, 113, 116, 118, 119, 121, 122, 123, 124, 125, 126, 127, 135, 136, 138, 139, 140, 144, 155, 156, 157, 158, 159, 160, 161, 162, 163, 165, 166, 167, 168, 169, 175	212, 213, 214, 215, 216, 217, 218, 221, 229, 230, 231, 232, 233, 234, 235, 237, 245, 246, 247, 248, 249, 250, 268, 269, 270, 271, 272, 273, 274, 275, 276, 290, 301, 311, 325, 326, 327, 328, 329, 330, 331, 332, 333, 334, 335	374, 375, 376, 384, 386, 387, 388, 389, 390, 391, 392, 393, 394, 395, 396, 397, 398, 399, 400, 401, 402, 406, 407, 411, 412, 419, 421, 422, 427, 440, 441, 442, 443, 444, 445, 446, 447, 448, 449, 450, 451, 452, 453, 454, 455, 456, 457, 458, 459, 460, 461, 462, 483, 484, 485, 486, 487, 488, 489, 490, 491, 492, 493, 494, 495, 496, 497, 498, 500, 515	534, 535, 536, 537, 538, 539, 540, 541, 542, 543, 544, 545, 549, 551, 552, 554, 555, 556, 557, 558, 559, 560, 561, 564, 565, 566, 567, 568, 569, 570, 571, 572, 573
3–4	4, 5, 32	103, 106, 128, 129, 130, 131, 137, 141, 142, 143, 144, 145, 147, 148, 149, 150, 151, 152, 153, 154, 158, 161, 164, 167, 170, 171, 172	181, 182, 183, 205, 206, 208, 219, 220, 222, 226, 227, 228, 235, 236, 237, 238, 239, 251, 252, 253, 254, 255, 256, 276, 277, 278, 282, 291, 297, 302, 303, 304, 306, 312, 313, 314, 315, 316, 319, 336, 337	352, 354, 355, 372, 377, 378, 379, 380, 381, 382, 403, 405, 406, 407, 408, 409, 410, 411, 412, 413, 414, 415, 416, 417, 418, 419, 420, 421, 422, 423, 424, 426, 427, 428, 429, 430, 431, 432, 433, 434, 435, 463, 466, 499, 501, 502, 503, 504, 505, 506, 507, 508, 509, 510, 511, 512, 513, 514, 515, 516, 517, 518, 519, 520, 521, 522, 523, 524, 525, 527, 528, 529, 530, 531, 532, 533	546, 547, 549, 550, 553, 562, 563, 564, 565, 566, 567, 568, 569, 570, 571, 572, 573, 574, 575, 576, 577, 578, 579, 580, 581, 582, 583, 584, 585, 586, 590, 593, 594, 595, 596, 597, 598, 599, 600, 601, 602
4–5	6, 7, 8	45, 51, 52, 57, 132, 146, 154, 158	180, 181, 182, 183, 184, 185, 186, 187, 188, 189, 190, 191, 192, 194, 199, 207, 211, 223, 239, 240, 241, 257, 258, 261, 283, 284, 285, 292, 293, 295, 297, 307, 308, 309, 317, 318, 319, 320, 321, 324, 339	340, 341, 342, 353, 354, 356, 357, 358, 359, 360, 361, 363, 364, 365, 366, 371, 373, 383, 404, 410, 425, 437, 464, 465, 467, 468, 469, 471, 476, 526	546, 577, 578, 579, 580, 581, 582, 583, 584, 585, 587, 588, 589, 591, 592, 598, 599, 600, 601
5–6	16, 17	53, 54, 55, 58, 59, 60, 63, 64, 65, 66, 68, 89, 93, 94, 96, 109, 110	176, 177, 190, 191, 193, 194, 195, 196, 199, 207, 210, 224, 259, 292, 293, 296, 305, 310, 322, 323, 324, 339	343, 344, 360, 361, 367, 383, 436, 468, 470, 471, 472, 473, 474, 475, 477, 478	
6–8	9, 10, 11, 15	46, 55, 56, 61, 62, 67, 69, 70, 71, 72, 73, 74, 75, 77, 107, 108, 133, 134	177, 178, 179, 197, 200, 201, 202, 203, 209, 210, 225, 242, 243, 260, 262, 263, 264, 265, 279, 286, 287, 288, 289, 293, 294, 298, 300, 310, 338, 339	343, 344, 345, 346, 347, 348, 349, 350, 351, 368, 369, 370, 438, 480	548
über 3	3, 12, 13	17, 18, 10, 50, 76, 70, 79, 80, 81, 82, 83, 95, 134	100, 200, 204, 200, 201, 299	302, 439, 479, 480, 481, 482	

Lumineszenz aufweisende Mineralien

Legende:

○ Mineral besitzt Lumineszenz
◑ Mineral besitzt Lumineszenz in KW
□ Mineral besitzt Tribolumineszenz
● Mineral besitzt Lumineszenz in LW
◐ Mineral besitzt Phosphoreszenz
■ Mineral besitzt Thermolumineszenz

Härte	Mineralnummer	Mineral	Fluoreszenz														
			weiß	gelbweiß	grünweiß	blauweiß	gelb	gelbgrün	gelbbraun	orange	cremefarben	rosa bis violett	rot	braun	grün	blau	blaugrün
bis 2	15	Kalomel								●		○	○				
	18	Sassolin														○	
	19	Ulexit	○														
	23	Mirabilit	●◐														
	25	Aluminit	◐														
	29	Gips				●◐	○							●	○		
	33	Montmorillonit	●														
	34	Halloysit	●														
	41	Talk	○		◑		●				●			●	◑	●	◑
	42	Pyrophyllit	●				●			●							
	43	Evenkit				○											
	44	Idrialin						○							○	○	
2–3	45	Halit									○	○					
	90	Gibbsit								◑					◑		
	91	Brucit				○										○	
	97	Borax														◐	
	98	Gaylussit									○						
	100	Inyoit		○													
	102	Trona	○													○	
	103	Hydrozinkit				○										○	
	107	Phosgenit					○										
	108	Leadhillit					○										
	125	Thenardit		●◐			●			●							
	133	Krokoit												○			
	134	Stolzit			◑												
	141	Erythrin								○							
	148	Autunit						○									
	150	Tujamunit						○									
	151	Meta-Autunit						○									
	155	Sepiolith		◑		◑											
	159	Klinochlor								○							
	162	Kämmererit								●							
	168	Phlogopit				◑											
	169	Lepidolith													□■		
	172	Uranophan						○									
	173	Bernstein				●									◑		
	174	Mellit														●	

Lumineszenz aufweisende Mineralien – Fortsetzung

Härte	Mineralnummer	Mineral	Fluoreszenz														
			weiß	gelbweiß	grünweiß	blauweiß	gelb	gelbgrün	gelbbraun	orange	cremefarben	rosa bis violett	rot	braun	grün	blau	blaugrün
3–5	181	Sphalerit					□			□			□			□	
	212	Priceit					○										
	214	Hydromagnesit	●				●								◑		
	215	Dawsonit	◑														
	217	Calcit	◐□ ■				◐□ ■			◐□ ■			◐□ ■		◐□ ■	◐□ ■	
	218	Dolomit	○							○	○			○	○		
	219	Ankerit								●							
	221	Aragonit	○				○			○	○				○		
	222	Strontianit	◐								◐						
	223	Witherit					○	○								○	
	225	Cerussit								●		●			◑	◑	
	232	Alunit	○							○							
	235	Anhydrit											○				
	239	Coelestin			○											○	
	240	Baryt	○		○			○									○
	241	Powellit					○										
	242	Anglesit		○						○	○						
	244	Evansit	●												◑		
	247	Wavellit			○						○						
	251	Phosphophyllit										◑					
	258	Adamin			○		○										
	262	Pyromorphit					○										
	264	Mimetesit								◑							
	266	Allophan	○				○			○					○		
	267	Thaumasit	◑														
	270	Heulandit														●	
	272	Laumontit	●														
	273	Serpentin	●				●										
	275	Chrysotil												●			
	290	Prosopit					○										
	291	Fluorit										□■				□■	
	301	Colemanit		◐	◐												
	302	Magnesit		□	□	□											
	303	Barytocalcit					○										
	304	Rhodochrosit										●					
	310	Scheelit														○	
	311	Variscit													○		
	325	Chabasit													◑		
	331	Apophyllit			●		●										●
	334	Tugtupit										○					
	335	Wollastonit					○			○	○	○			○	○	

Lumineszenz aufweisende Mineralien – Fortsetzung

Härte	Mineralnummer	Mineral	Fluoreszenz														
			weiß	gelbweiß	grünweiß	blauweiß	gelb	gelbgrün	gelbbraun	orange	cremefarben	rosa bis violett	rot	braun	grün	blau	blaugrün
5–7	373	Smithsonit	○		○	○		○								○	
	374	Türkis						○								○	
	377	Amblygonit								●							
	378	Lazulith	○														
	379	Apatit	■				■			■		■			■	■	
	387	Natrolith								○							
	390	Okenit									◑						
	393	Sodalith					○			○							
	395	Haüyn								○							
	396	Leucit								●							
	397	Nephelin							○								
	398	Skapolith					◑■			◑■							
	400	Pektolith					◑□			◑□							
	403	Hemimorphit				□	□			□							
	404	Willemit													○		
	407	Datolith	○													○	
	412	Tremolit		◑			◑					●	●				
	419	Anthophyllit	○			○										○	
	435	Cyanit											○				
	440	Opal	○				○	○							○		
	441	Edelopal												○	○		
	448	Hyalit						○							○		
	449	Chalcedon	○					○							○		
	450	Achat	○					○							○		
	463	Diaspor					○										
	466	Periklas					●										
	483	Petalit	○				○			○							
	486	Orthoklas	○				○				○				○		
	490	Mikroklin				○											
	491	Amazonit													◑		
	493	Albit													○		
	500	Pollucit	○														
	502	Spodumen					○			○							
	503	Kunzit								○							
	504	Hiddenit								○							
	505	Diopsid			○						○						
	508	Jadeit														○	
	513	Epidot											○				
	518	Chondrodit					○			○				○			
	519	Zoisit												○			
	521	Thulit												○			
	523	Axinit										○					

Lumineszenz aufweisende Mineralien – Fortsetzung

Härte	Mineralnummer	Mineral	Fluoreszenz: weiß	gelbweiß	grünweiß	blauweiß	gelb	gelbgrün	gelbbraun	orange	cremefarben	rosa bis violett	rot	braun	grün	blau	blaugrün
5–7	530	Benitoit														◑	
	531	Rhodonit											○				
über 7	534	Quarz					□			□	□				□		
	536	Amethyst														□	
	538	Rosenquarz									□						
	545	Aventurin											○				
	554	Beryll					○								○		
	557	Morganit										○					
	559	Heliodor													○		
	562	Andalusit					○								○		
	564	Turmalin					○								○		
	573	Danburit														○	○
	574	Euklas											○				
	575	Dumortierit				○						○					
	587	Zirkon					○	○		○			○				
	590	Spinell						○					○				
	593	Chrysoberyll						○					○				
	594	Alexandrit											○				
	595	Topas					○				○				○		
	598	Korund					○										
	599	Rubin										○	○				
	600	Saphir								○		○					
	602	Diamant													◐■	◐■	

Radioaktivität der Mineralien

Härte	Mineral-Nr.	ständig: Mineralname	Mineral-Nr.	abhängig von Beimengungen: Mineralname
2–3	96	Ianthinit		
	148	Autunit		
	149	Torbernit		
	150	Tujamunit		
	151	Meta-Autunit		
	152	Meta-Torbernit		
	153	Zeunerit		
	154	Carnotit		
	172	Uranophan		
3–5	297	Betafit	324	Xenotim
	298	Brannerit	339	Thorit
	300	Curit		
	377	Cuprosklodowskit		
	338	Kasolit		

Härte	Mineral-Nr.	ständig: Mineralname	Mineral-Nr.	abhängig von Beimengungen: Mineralname
5–7	359	Pyrochlor	363	Perowskit
	471	Euxenit	365	Ilmenit
	481	Thorianit	379	Apatit
	482	Uraninit	383	Monazit
			410	Allanit
			477	Niobit
			478	Columbit
			479	Tantalit
			480	Tapiolit
über 7			587	Zirkon
			588	Hyazinth
			589	Jargon

Übersicht der analytischen Reaktionen

Zeichen	Flammenfärbung	Glühen des Minerals: im Kolben	Glühen des Minerals: im offenen Glasröhrchen	Probe auf Kohle in der Flamme: Oxidationsflamme	Probe auf Kohle in der Flamme: Reduktionsflamme	Probe auf Kohle in der Flamme: mit Kobaltlösung
Ag				schwacher rotbrauner Anflug	mit Soda wird weißes schmiedbares Metall reduziert, kein oder schwach rotbrauner Anflug	
Al				bildet keinen Anflug, leuchtet	weißes, nicht schmelzbares Oxid bleibt zurück	Blaufärbung (Thénardblau)
As	schwach himmelblau	schwarzes Sublimat mit Sodaspiegel	weißes Sublimat, Knoblauchgeruch	weißer Rauch, Knoblauchgeruch, weißer Anflug (bläulich)	Anflug, Rauch mit Knoblauchgeruch	
Au					gelbes Metallkorn	
Ba	gelbgrün			bildet keinen Anflug, leuchtet	weißes, nicht schmelzbares Oxid bleibt zurück	
Be				bildet keinen Anflug, leuchtet		violette bis blaugraue Färbung
Bi				Anflug in heißem Zustand orange, erkaltet zitronengelb mit weißem Rand	rötliches sprödes Metall, gelber Anflug	
$BO_2^{\ominus}$	grün, manchmal blaugrün					
Ca	orange bis ziegelrot			bildet keinen Anflug, leuchtet	weißes, nicht schmelzbares Oxid bleibt zurück	
$Cl^{\ominus}$				viele bilden weißen Anflug		
Cd				brauner Rauch, rotbrauner Anflug mit buntem Rand	brauner Anflug mit regenfarbenem Rand	
Co					metallgraues Pulver, magnetisch	
$CO_3^{\ominus 2}$		setzen CO_2 frei				
Cu	smaragdgrün $CuCl_2$ – azur	Kupfer und Karbonate werden schwarz, Sulfat weiß				
Fe					graues magnetisches Metall	
Hg		mit Soda Quecksilberspiegel	mit Soda Quecksilberspiegel			
H_2O		schlägt sich wie Tau nieder	schlägt sich nieder wie Tau			
K	hellviolett			Salze schmelzen und werden von der Kohle aufgesaugt		
Li	karminrot					

Übersicht der analytischen Reaktionen – Fortsetzung

Zeichen	Flammenfärbung	Glühen des Minerals		Probe auf Kohle in der Flamme		
		im Kolben	im offenen Glasröhrchen	Oxidationsflamme	Reduktionsflamme	mit Kobaltlösung
Mg				bildet keinen Anflug, leuchtet	weißes, nicht schmelzbares Oxid bleibt zurück	Färbung im Hautton
Mn	grün					
Mo	gelbgrün			kupferroter, manchmal weißer oder gelber Anflug	metallgraues Pulver	
Na	satt gelb			Salze schmelzen und werden von der Kohle aufgesaugt		
$NH_n^{\oplus}$		sublimieren mit Soda, setzen Ammoniak frei		weißer Anflug		
Ni					metallgraues Pulver, magnetisch	
$NO_3^{\ominus}$		knallt		knallt		
Pb	graugrün bis bläulich			Anflug in heißem Zustand satt, erkaltet schwach gelb	graues weiches Metall (schreibt auf Papier)	
$PO_4^{\ominus 3}$	nach Anfeuchten mit H_2SO_4 graugrün	angefeuchtet und mit Mg geschmolzen riecht es nach Phosphorwasserstoff				
Rb	blau					
S		gelbes Sublimat	stechender Schwefelwasserstoffgeruch, ggf. gelbes Sublimat	stechender Schwefelwasserstoffgeruch	liefert Hepar-Reaktion	
Sb	sehr schwach blaugrün	schwarzes Sublimat mit Sodaspiegel	weißer Rauch und weißes geruchloses Sublimat	weißer geruchloser Rauch, blauer Anflug	sprödes, rauchendes Metall, löslich in HCl, blauweißer Anflug	schmutzig grüne Färbung
Se	kornblumenblau	schwarze Kügelchen, rot durchscheinend	stahlgraues bis rotes Sublimat, riecht nach faulem Rettich	riecht nach faulem Rettich, grauer Anflug		
Si					farbloses Glas	
Sn				unscheinbarer weißer Anflug in unmittelbarer Nähe der Probe	schwer zu reduzierendes Metall, unscheinbarer Anflug rings um die Probe, in heißem Zustand gelb, nach Erkalten weiß	blaugrüne Färbung
Sr	karmin				nicht schmelzbares Oxid	

Übersicht der analytischen Reaktionen – Fortsetzung

Zeichen	Flammenfärbung	Glühen des Minerals		Probe auf Kohle in der Flamme		
		im Kolben	im offenen Glasröhrchen	Oxidationsflamme	Reduktionsflamme	mit Kobaltlösung
Te	grünlich (bei Oxiden)	weißer Anflug, teilweise schwarze Kügelchen Te	weißer Rauch, zu farblosen Tropfen schmelzendes Sublimat	weißer Anflug mit rotem Rand		
Ti					Schmelze in heißem Zustand durchsichtig, nach Erkalten trübe	gelbgrüne Färbung
Tl	grün (verschwindet bald)					
W					graues Metallpulver	
Zn	grün (ins Blaue)			Anflug in heißem Zustand gelb, nach Erkalten weiß	nur Anflung	Grünfärbung

Prüfungen auf perlbildende Elemente

○ – Färbung nur in erhitztem Zustand ⊕ – Färbung nur in kaltem Zustand

Farbe der Perle	Borax		Phosphor	
	Oxidation	Reduktion	Oxidation	Reduktion
klar oder weiß	Ag, Bi, Cd, Hg, Fe, (○ Mo), Pb, Sb, Sn, Ti, W, Zn Alkalimetalle, alkalische Erden	(⊕ Cu), Mn, (⊕ Ni), Sn Alkalimetalle, alkalische Erden	Bi, Cd, (○ Fe), Hg, Mo, Pb, Sb, Sn, (○ Ti), W, Zn	
grau		Ag, Bi, Cd, Ni, Pb, Sb, Zn		Ag, Bi, Cd, Ni, Pb, Sb, Zn
schwarz	(○ Mn)			
grün	(○ Cr), (⊕ Cu)	(○ Cr,) Fe, U, (○ V), (○ Cu – blaugrün	(○ Cr), (⊕ Cu), (⊕ Mo)	(○ Cr), Mo, U, (○ V), (⊕ W)
blau	Co, (○ Cu)	Co	Co, (○ Cu)	Co, (○ W)
violett	Mn, (⊕ Ni)		Mn	(○ Ti)
rot oder braun	(⊕ Cr), (⊕ Fe), (⊕ Mo), (○ Ni), (⊕ U)	(○ Cu stark gesättigt), (○ Mn), Mo	(⊕ Cr), (⊕ Ni), (⊕ Fe stark gesättigt)	(○ Cu stark gesättigt), (⊕ Cr), (⊕ Fe), (○ Fe + Ti), (○ Fe + W)
gelb	(⊕ Bi), (⊕ Cr), (⊕ Fe), (○ Fe gesättigt), (⊕ Mo), (⊕ Pb), (⊕ Sb gesättigt), U	Ti, W	(⊕ Ag, (⊕ Fe), (○ Ni), (⊕ Ti), U, V, (⊕ W)	

Mineralassoziationen der magmatischen Prozesse
(Haupttypen der magmatischen Gesteine)

Gesteingruppen	Gesteine		Minerale		
	Intrusiv	Effusiv	Hauptgemenge	Nebengemenge	Sekundär
ultrabasisch	DUNIT		Olivin	Pyroxen, Magnetit, Ilmenit, Chromit, Spinelle, Pyrrhotin,	Serpentin, Uralit, Chlorit, Talk
	PERIDOTIT		Olivin, Pyroxen	Platin, Pentlandit, Chalkopyrit, Uwarowit	
	PYROXENIT		Pyroxen	Olivin	
basisch	GABBRO	BASALT MELAPHYR DIABAS	Bas. Plagioklase, Pyroxen, Olivin, Gemeiner Amphibol, Biotit	Orthoklas, Quarz, Apatit, Titanit, Ilmenit, Pyrrhotin, Pentlandit, Chalkopyrit	Albit, Chlorit, Uralit, Talk, Sericit, Achat, Chalcedon, Quarz, Opal
mittelsauer (intermedial)	DIORIT	ANDESIT	mittlere Plagioklase, Gemeiner Amphibol, Biotit, Pyroxen	Quarz, Orthoklas, Apatit, Titanit, Magnetit	Sericit, Kaolinit, Zoisit, Chlorit, Carbonate
	MONZONIT	LATIT	saurer Plagioklas, Orthoklas, Gemeiner Amphibol, Biotit	Quarz, Zirkon, Titanit, Apatit	Sericit, Kaolinit, Chlorit
	SYENIT	TRACHYT	Orthoklas, saurer Plagioklas, Gemeiner Amphibol, Biotit	Quarz, Zirkon, Titanit Apatit, Magnetit	Sericit, Kaolinit, Chlorit
sauer	GRANODIORIT GRANIT	DACIT RHYOLIT QUARZPORPHYR	Quarz, Orthoklas, saurer Plagioklas, Biotit, Muskovit, Gemeiner Amphibol	Apatit, Zirkon, Magnetit, Turmalin, Pyrit, Chalkopyrit, Bornit, Allanit, Granat	Sericit, Kaolinit, Chlorit,
alkalisch	NEPHELINSYENIT	PHONOLITH	Orthoklas, Nephelin, Sanidin, alkal. Pyroxen, alkal. Amphibol, Biotit	Zirkon, Titanit, Apatit, Magnetit, Sodalith, Cancrinit, Korund, Leucit, Eudialyt, Astrophyllit, Lamprophyllit	Sericit, Kaolinit, Chlorit, Zeolithe
	KARBONATIT*		Calcit, Dolomit, Ankerit, Diopsid, Forsterit, Phlogopid, Apatit, Magnetit, Ägirin, Baryt, Arfvedsonit, Feldspate	Titanomagnetit, Pyrochlor, Columbit, Perowskit	
	KIMBERLIT*		Olivin, Diopsid, Phlogopit, Pyrop	Diamant, Ilmenit, Magnetit, Chromit, Spinell, Perowskit, Zirkon	

* Gesteine, die eine Varietät der Peridotitumbildungen sind oder mit den Ultrabasiten genetisch zusammenhängen

Mineralassoziationen des pegmatitischen Prozesses

Pegmatite		Minerale	
		Hauptgemenge	Nebengemenge
GRANIT-PEGMATITE	Muskovit- und Feldspat-Pegmatite	Oligoklas, Albit, Mikroklin, Quarz, Muskovit, Biotit, Apatit, Skoryl	Granat, Allanit, Beryll, Monazit, Xenotim, Zirkon
	Pegmatite mit seltenen Elementen	Albit, Cleavelandit, Quarz, Mikroklin, Spodumen, Lepidolith	Muskovit, Rubellit, Elbait, Indigolith, Beryll, Amblygonit, Triphyllin, Columbit, Tantalit, Niobit, Pollucit, Kassiterit, Rosenquarz, Wolframit
	Quarz-Pegmatite	Quarz, Bergkristall, Rauchquarz, Morion, Albit, Mikroklin, Topas, Beryll	Muskovit, Phenakit, Biotit
	„gekreuzte" Pegmatite in Serpentiniten	Phlogopit, Biotit, Talk, Chlorit, Aktinolith, Plagioklas	Gemeiner Amphibol, Quarz, Muskovit, Fluorit, Beryll, Smaragd, Phenakit, Apatit, Magnetit, Turmalin, Molybdänit
GABBRO-PEGMATITE		Orthoklas, Plagioklas, Nephelin	Lepidomelan, Biotit, Ilmenit, Natrolith, Sodalith, Apatit, Zirkon, Pyrochlor, Titanit, Muskovit, Magnetit, Kryolith, Fluorit
SYENIT-PEGMATITE		Mikroklin, Orthoklas, Oligoklas, Muskovit, Biotit, Titanit, Ägirin, Augit, Gemeiner Amphibol	Zirkon, Orthit, Monazit, Pyrochlor, Korund, Ilmenit, Ilmenorutil, Fluorit
NEPHELINSYENIT-PEGMATITE		Mikroklin, Nephelin, Ägirin, Arfvedsonit, Lepidomelan	Titanit, Ilmenit, Zirkon, Eudialyt, Astrophyllit, Lamprophyllit, Pyrochlor, Loparit, Calcit

Mineralassoziationen der postmagmatischen Prozesse

Prozesse	Charakter der Mineralisation		Minerale	
			Hauptgemenge	Nebengemenge
Metasomatisch (Haupttypen der metasomatischen Gesteinsumwandlungen)	SKARNE	magnesiumhaltige	Forsterit, Diopsid, Calcit, Phlogopit, Magnetit, Skapolith, Pyroxene, Granate, Hämatit, Calcit, Magnesit	Quarz, Plagioklase, Spinelle, Serpentin, Ludwigit, Apatit, Titanit, Aktinolith, Chondrodit, Periklas, Lazurit, Pyrit, Pyrrhotin, Chalkopyrit, Sphalerit
		kalkhaltige	Grossular, Adradit, Diopsid, Hedenbergit, Vesuvian, Epidot, Skapolith, Magnetit, Wollastonit, Quarz, Hämatit, Chlorite, Calcit	Plagioklase, Tremolit, Scheelit, Datolith, Molybdänit, Danburit, Axinit, Helvin, ilvait, Fluorit, Kassiterit, Pyrit, Chalkopyrit, Cobaltit, Galenit, Sphalerit, Gold, Bismuthinit, Wismut, Skutterudit
	GREISENBILDUNG (Greisen)		Quarz, Muskovit, Zinnwaldit, Topas, Fluorit	Kassiterit, Turmalin, Aquamarin, Wolframit, Scheelit, Arsenopyrit, Molybdänit, Pyrrhotin, Chalkopyrit, Pyrit, Bismuthinit, Cosalit
	ALBITISIERUNG (Albitite)		Albit, Quarz, Mikroklin, Amazonit	Muskovit, Beryll, Phenakit, Bertrandit, Wolframit, Molybdänit, Lepidolith, Zinnwaldit, Coloradoit, Tantalit, Mikrolit, Spodumen, Amblygonit, Kassiterit, Zirkon, Xenotim, Riebeckit, Monazit
	SILICIFIZIERUNG (sekundäre Quarzite)		Quarz, Sericit, Alunit, Kaolinit, Andalusit, Diaspor, Pyrophyllit, Korund	Dickit, Turmalin, Rutil, Dumortierit, Pyrit, Chalkopyrit, Molybdänit, Hämatit, Topas

Mineralassoziationen der postmagmatischen Prozesse – Fortsetzung

Prozesse	Charakter der Mineralisation		Minerale: Hauptgemenge	Minerale: Nebengemenge
METASOMATISCH	SERICITIZIERUNG (Cu-Porphyr-Erze)		Quarz, Sericit, Chlorit, Dolomit, Calcit, Ankerit, Pyrit	Turmalin, Rutil, Dumortierit, Pyrit, Chalkopyrit, Molybdänit, Hämatit, Topas
	PROPILITISIERUNG (Propilite)		Albit, Chlorit, Epidot, Aktinolith, Sericit	Ankerit, Calcit, Pyrit, Adular, Quarz
HYDROTHERMAL	hochthermal	Sn-Formation	Quarz, Kassiterit, Zinnwaldit, Fluorit, Topas, Adular	Arsenopyrit, Molybdänit, Wolframit, Ankerit, Bismuthinit, Pyrit, Beryll, Scheelit, Gold, Chalkopyrit
		Sn-W-Formation	Quarz, Adular, Kassiterit, Wolframit, Zinnwaldit, Fluorit, Topas	Pyrit, Pyrrhotin, Arsenopyrit, Molybdänit, Scheelit, Bismuthinit, Beryll, Gold, Chalkopyrit
		Mo-Formation	Quarz, Arsenopyrit, Molybdänit, Calcit, Fluorit, Topas, Pyrit	Zinnwaldit, Pyrrhotin, Kassiterit, Wolframit, Bismuthinit, Chalkopyrit, Gold, Adular
	mittelthermal	Au-Formation	Quarz, Ankerit, Pyrit, Gold, Arsenopyrit	Baryt, Chalkopyrit, Galenit, Tetraedrit, Scheelit, Telluride Au
		Co-Ni-Ag-Bi-U-Formation	Quarz, Ankerit, Calcit, Dolomit, Nickelin, Safflorit, Skutterudit, Proustit, Pyrargyrit, Uranin	Cobaltit, Rammelsbergit, Silber, Tetraedrit, Hämatit, Wismut
		Polymetallische Formation	Quarz, Calcit, Rhodochrosit, Baryt, Fluorit, Galenit, Sphalerit	Siderit, Ankerit, Chalkopyrit, Pyrit, Pyrrhotin, Gold, Arsenopyrit, Tetraedrit, Bornit, Boulangerit, Bournonit, Ag-Telluride
		Cu-Formation	Quarz, Siderit, Dolomit, Pyrit, Chalkopyrit, Tetraedrit	Calcit, Pyrrhotin, Galenit, Sphalerit, Bournonit, Emplektit, Wittichenit, Bornit, Covellin, Baryt
	niederthermal	Sb-Formation	Quarz, Chalcedon, Antimonit, Pyrit, Arsenopyrit	Calcit, Dolomit, Boulangerit, Jamesonit, Ferberit, Realgar, Cinnabarit, Markasit, Galenit, Sphalerit
		Hg-Formation	Chalcedon, Quarz, Dolomit, Cinnabarit, Markasit	Antimonit, Realgar, Auripigment, Pyrit, Arsenopyrit, Evenkit, Dickit, Dawsonit, Opal, Beryll
		As-Formation	Dolomit, Calcit, Realgar, Auripigment	Antimonit, Markasit, Baryt, Chalcedon
POSTVULKANISCH	Fumarolen		Calcit, Dolomit, Baryt, Fluorit, Hämatit	Salmiak, Halit, Sylvin, Pyrit, Tenorit, Schwefel
	Solfatare		Tschermigit, K-Ammoniak, Fluorit, Baryt, Hämatit	Halotrichit, Gips, Pickeringit, Alunogen, Alunit, Melanterit, Schwefel, Sassolin, Halit
	Moffetten		Gips, Alunit, Tschermigit	Kaolinit, Schwefel, Thenardit, Anhydrit, Sassolin, Halit, Sylvin

Mineralassoziationen der Verwitterungsprozesse

Charakter des Prozesses		Gesteine Lagerstätten	Minerale: Hauptgemenge	Minerale: Nebengemenge
VERWITTERUNGS-KRUSTEN	feuchte u. heiße Klimazonen	LATERITE (ultrabasische u. basische Gesteine)	Serpentin, Nontronit, Garnierit, Magnesit, Calcit, Chlorit	Ni-Nontronit, Revdinskit, Opal, Chalcedon, Goethit, Halloyzit, Talk, Hydromagnesit, Brucit
		BAUXITE (basische u. saure Gesteine)	Diaspor, Boehmit, Gibbsit	Goethit, Kaolinit, Nontronit, Chlorit, Hydrohämatit, Limonit
	gemäßigte Klimazonen	KAOLINITE	Kaolinit	Halloysit, Montmorillonit, Chalcedon, Opal, Goethit, Allophan, Limonit
OXIDATIONSZONEN SULFIDISCHER MINERALLAGERSTÄTTEN – EISERNE HÜTE		Cu-Lagerstätten	Malachit, Azurit, Limonit, gediegen Cu, Kuprit, Tenorit	Melanterit, Chalkantit, Brochantit, Antlerit, Dioptas, Libethenit, Chalkophyllit, Gips, Aragonit, Olivenit, Atacamit
		Pb-Zn-Lagerstätten	Smithsonit, Anglesit, Pyromorphit, Cerussit, Limonit	Plumbojarosit, Mimetesit, Vanadinit, Krokoit, Hydrozinkit, Hemimorphit, Aurichalcit, Aragonit, Gips, Adamin, Goslarit, Phosgenit, Wulfenit, Linarit
		Sb-Lagerstätten	Valentinit, Senormontit, Cervantit, Limonit	Kermezit, Stibiconit, Bindheimit, Aragonit, Gips, Skorodit
		Ag-Lagerstätten	Silber, Kerargyrit, Argentit, Limonit	Elektrum, Gold, Chlorargyrit, Akanthit
INFILTRATION		Fe-Lagerstätten	Siderit, Limonit	Illit, Pyrit, Kaolinit, Baryt, Chalcedon
		U-Lagerstätten	Carnotit	Roscoelit
		Cu-Lagerstätten (Zementationszonen)	Covellin, Chalkosin, Bornit, Chalkopyrit	Pyrit, Limonit, Goethit, Gold

Mineralassoziationen der sedimentären Prozesse

Charakter des Prozesses	Gesteine Lagerstätten		Minerale: Hauptgemenge	Minerale: Nebengemenge
MECHANISCH	SCHOTTER (Konglomerate)		Quarz, Gesteinbruchstücke, organische Überreste	Gold, Uranit, Pyrit, Markasit, Galenit, Sphalerit
	SANDE, SANDSTEIN (Seifen)		Magnetit, Ilmenit, Rutil, Quarz, Pyroxene, Turmalin, Titanit, Carbonate Ca u. Mg, Plagioklase, Orthoklas	Gold, Platin, Diamant, Monazit, Zirkon, Xenotim, Kassiterit, Wolframit, Scheelit, Rubin, Saphir, Topas, Spinelle, Almandin, Pyrop, Chromit
	TONE, TONGESTEINE		Illit, Montmorillonit, Kaolinit	Limonit, Goethit, Calcit, Opal, Markasit, Halloysit
CHEMISCH UND BIOCHEMISCH	KALKSTEIN		Calcit	Dolomit, Chalcedon, Pelosiderite, Limonit, Psilomelan, Baryt, Coelestin
	DOLOMIT		Dolomit	Calcit, Baryt, Limonit, Psilomelan, Quarz, Glaukonit, Phosphorit
	Lagerstätten der Salzseen und Meere	EVAPORIT	Gips, Anhydrit	Coelestin, Thenardit, Mirabilit, Glauberit, Epsomit, Halit, Soda, Palygorskit, Schwefel, Baryt, Aragonit
		SALZLAGERSTÄTTEN	Halit, Carnallit, Sylvin, Kainit, Polyhalit	Gips, Anhydrit, Dolomit, Calcit, Glauberit, Epsomit, Aragonit

Mineralassoziationen der sedimentären Prozesse – Fortsetzung

Charakter des Prozesses	Gesteine Lagerstätten		Minerale: Hauptgemenge	Minerale: Nebengemenge
CHEMISCH UND BIOCHEMISCH	Lagerstätten der Salzseen und Meere	BORATE	Ascharit, Hydroboracit, Boracit, Colemanit, Pandermit, Ulexit	Inyoit, Inderit, Realgar, Calcit, Dolomit, Magnesit
	PHOSPHORITE		Phosphorit, Apatit	Glaukonit, Limonit, Illit, Quarz, Pyrit
	Fe-ERZE		Goethit, Chamosit, Thuringit, Glaukonit, Siderit	Pyrit, Vivianit, Baryt, Psilomelan, Rhodochrosit, Hämatit, Apatit, Chalcedon
	Mn-ERZE		Psilomelan, Pyrolusit, Manganit, Rhodochrosit, Opal, Hydrogoethit	Glaukonit, Chamosit, Baryt, Markasit, Pyrit, Apatit
	BAUXITE		Diaspor, Boehmit, Gibbsit	Goethit, Kaolinit, Chlorite, Limonit, Hydrohämatit
	SILICITE		Opal, Quarz, Chalcedon	Pyrit, Markasit, Calcit
	KOHLE		organische Stoffe	Illit, Dawsonit, Ankerit, Quarz, Pyrit, Markasit

Mineralassoziationen der Metamorphoseprozesse

Charakter der Metamorphose	Gesteinstypen Mineral-Fazies		Minerale
REGIONALE METAMORPHOSE (METAMORPHE HAUPTFAZIES)	ZEOLITH-FAZIES		Quarz, Albit, Chlorite, Pumpellyit, gediegen Cu
	GRÜNSCHIEFER-FAZIES (Chloritschiefer, Phyllite)		Quarz, Albit, Epidot, Chlorite, Aktinolith, Calcit, Sericit, Talk, Serpentin, Magnetit, Hämatit, Graphit, Chrysotil
	GLAUKOPHAN-FAZIES		Quarz, Spessartin, Rhodonit, Glaukophan, Ägirin, Jadeit, Muskovit, Epidot, Chlorite, Calcit
	EPIDOT-AMPHIBOLIT-FAZIES (epidotische Amphibolite)		Epidot, Gemeiner Amphibol, Plagioklas, Biotit, Almandin, Sillimanit, Andalusit, Staurolith, Anthophyllit, Magnetit
	AMPHIBOLIT-FAZIES (Amphibolite)		Gemeiner Amphibol, Diopsid, Hypersthen, basische Plagioklase, Orthoklas, Sillimanit, Forsterit, Rutil
	GRANULIT-FAZIES (Gneise, Erlane)		Granat, Quarz, Diopsid, Hypersthen, basische Plagioklase, Orthoklas, Sillimanit, Forsterit, Rutil
	EKLOGIT-FAZIES (Eklogite)		Granat, Disthen, Enstatit, Rutil
Hydrothermale Metamorphose	SERPENTINITE		Serpentin, Antigorit, Chrysotil, Calcit, Opal
Dislokations-Metamorphose	ALPINE KLÜFTE		Quarz, Bergkristall, Rauchquarz, Dolomit, Halit, Rhipidolith, Adular, Albit, Rutil, Brookit, Hämatit, Epidot, Zeolithe, Prehnit, Titanit, Apatit
THERMAL-METAMORPHOSE	KONTAKT-HORNSTEIN	mit Tongesteinen	Andalusit, Cordierit, Biotit, Plagioklase, Orthoklas, Mikroklin, Quarz, Korund, Spinelle
		mit Carbonatgesteinen	Calcit, Wollastonit, Grossular, Vesuvian, Phlogopit, Quarz, Tremolit, Diopsid, Hedenbergit, Forsterit, Aktinolith, Brucit, Talk, Spinell, Periklas
		mit basischen und magnetischen Gesteinen	Basische Plagioklase, Diopsid, Hypersthen, Cordierit, Biotit, Epidot, Aktinolith, Anthophyllit, Forsterit, Spinell

Edelsteine

Legende:

Verwendung
I – häufig
II – weniger häufig
III – Rarität

Verwendungsweise
(A) – Asterismus
(W) – wogender Glanz
(O) – Opalisieren
(L) – Labradorisieren
(Av) – Aventurisieren

Farbe	Härte	Mineral-Nr.	Mineral	Verwendung	Verwendungsweise							
					natürliche Form	Facetten	Cabochons	Tumbler Kügelchen	Glyptik	plastische Schliffe	Galanterie	Dekor- u. Schmucksteine
farblos	2–3	107	Phosgenit	III		+	+					
	3–5	183	Kleyophan	III		+	+					
		217	Calcit	III		+						
		218	Dolomit	III		+						
		221	Aragonit	III		+	+				+	+
		228	Cerussit	III		+	+					
		235	Anhydrit	III		+	+					
		239	Coelestin	III		+						
		240	Baryt	III		+						
		242	Anglesit	III		+	+					
		291	Fluorit	II		+	+					
		331	Apophyllit	III		+						
	5–7	387	Natrolith	III		+						
		398	Skapolith	II		+	+					
		448	Hyalit	III	+	+	+					
		483	Petalit	II		+	+					
		487	Adular	III		+	+(w)					
		490	Mikroklin	III			+(w)					
		500	Pollucit	III		+						
		502	Spodumen	II		+						
	über 7	535	Bergkristall	I	+	+	+(A)	+	+	+	+	+
		560	Goshenit	II		+						
		568	Achroit	III		+						
		573	Danburit	II		+						
		582	Grossular	II		+	+	+				
		589	Jargon	II		+	+					
		595	Topas	I	+	+	+					
		597	Phenakit	II		+	+					
		601	Leukosaphir	I		+						
		602	Diamant	I	+	+						
weiß	bis 2	19	Ulexit	II			+		+			+
		29	Gips (Alabaster)	I			+			+	+	
		41	Talk (Steatit)	I			+			+	+	+
		42	Pyrophyllit	I			+			+	+	+
	2–3	155	Sepiolit	II			+			+	+	+
	3–5	203	Domeykit	III			+					
		267	Thaumasit	III			+					
	5–7	400	Pektolith	III			+(w)					
		443	Milchopal	I			+	+				
		447	Hydrophan	II			+(o)					
		486	Orthoklas	II			+(w)					
gelb	bis 2	1	Schwefel	III			+					
		4	Auripigment	III								+

Edelsteine – Fortsetzung

Farbe	Härte	Mineral-Nr.	Mineral	Verwendung	Verwendungsweise: natürliche Form	Facetten	Cabochons	Tumbler Kügelchen	Glyptik	plastische Schliffe	Galanterie	Dekor- u. Schmucksteine
gelb	2–3	107	Phosgenit	III		+						
		173	Bernstein	I	+	+	+	+		+	+	+
	3–5	183	Kleyophan	III		+	+					
		185	Chalkopyrit	III	+	+	+					
		217	Calcit	III		+						
		221	Aragonit	I			+			+	+	+
		223	Whiterit	III		+	+					
		240	Baryt	III		+						
		243	Wulfenit	III		+	+					
		275	Chrysotil	III			+(w)					+
		291	Fluorit	II		+	+					
		310	Scheelit	II		+	+					
		322	Bayldonit	III			+					
		331	Apophyllit	III		+						
	5–7	377	Amblygonit	II		+	+					
		379	Apatit	II	+	+	+					
		398	Skapolith	II		+	+(w)					
		404	Willemit	III		+						
		407	Datolith	III		+						
		430	Titanit	II		+	+					
		436	Pyrit	II	+	+	+					
		437	Markasit	II	+	+	+					
		444	Gemeiner Opal	I			+		+	+	+	+
		445	Holzopal	I			+			+	+	+
		375	Brasilianit	II		+	+					
		466	Periklas	III		+	+					
		484	Milarit	III		+	+					
		486	Orthoklas	II		+	+(w)					
		488	Sanidin	II		+	+					
		490	Mikroklin	III			+(w)					
		515	Prehnit	III		+	+					
		516	Sillimanit	III		+	+					
		518	Chondrodit	III		+	+					
		522	Vesuvian	II		+	+					
	über 7	540	Citrin	I	+	+	+	+	+	+	+	+
		558	Goldberyll	II		+	+					
		559	Heliodor	II		+	+					
		573	Danburit	II		+						
		582	Grossular	II		+	+					
		584	Spessartin	III		+	+					
		593	Chrysoberyll	II		+	+(w)					
		595	Topas	I	+	+	+					
		597	Phenakit	II		+	+					
		600	Saphir	II	+	+	+(A)					
		602	Diamant	II	+	+						
orange	bis 2	2	Auripigment	III								+
	2–3	103	Krokoit	III		+	+					
	3–5	243	Wulfenit	III		+	+					
		264	Mimetasit	III			+					
	über 7	582	Grossular	II		+	+					
		583	Hessonit	II		+	+					
		588	Hyazinth	II		+	+					

Edelsteine – Fortsetzung

Farbe	Härte	Mineral-Nr.	Mineral	Verwendung	Verwendungsweise: natürliche Form	Facetten	Cabochons	Tumbler Kügelchen	Glyptik	plastische Schliffe	Galanterie	Dekor- u. Schmucksteine
violett	bis 2	22	Stichtit	II			+					
	2–3	169	Lepidolith	II			+				+	+
	3–5	235	Anhydrit	III			+					
		291	Fluorit	II		+	+				+	+
	5–7	379	Apatit	II		+	+					
		398	Skapolith	II		+	+					
		503	Kunzit	II		+	+					
		523	Axinit	II		+	+					
	über 7	536	Amethyst	I	+	+	+	+	+	+	+	+
		551	Cordierit	II		+	+					
		585	Almandin	I		+	+	+				
		590	Spinell	II		+	+					
		594	Alexandrit	II		+	+					
		595	Topas	II	+	+	+					
		600	Saphir	II	+	+	+(A)					
		609	Diamant	III		+						
rot	2–3	76	Cinnabarit	III		+						
		173	Bernstein	I			+	+	+	+	+	
	3–5	183	Kleyophan	III		+	+					
		209	Cuprit	III		+	+					
		296	Zinkit	III		+						
		304	Rhodochrosit	I		+	+	+		+	+	+
		316	Purpurit	II			+					
		334	Tugtupit	III		+	+					
	5–7	379	Apatit	III		+	+					
		442	Feueropal	I		+(O)	+(O)			+(O)		+(O)
		445	Holzopal	I			+	+		+	+	+
		455	Carneol	I			+	+	+	+	+	+
		486	Orthoklas	II		+	+(W)					
		521	Tulit	II			+			+	+	+
		531	Rhodonit	I			+	+		+	+	+
	über 7	554	Beryll	II		+	+					
		569	Rubellit	II	+	+	+					
		578	Pyrop	I		+	+	+				
		584	Spessartin	III		+						
		585	Almandin	I		+	+(A)	+				
		588	Hyazinth	II		+	+					
		590	Spinell	II		+	+					
		595	Topas	II	+	+	+					
		599	Rubin	I	+	+	+(A)					
		602	Diamant	III		+						
rosa	3–5	291	Fluorit	II		+	+					
		331	Apophyllit	III		+						
	5–7	398	Skapolith	II		+	+					
		483	Petalit	II		+	+					
		503	Kunzit	II		+						
		531	Rhodonit	I			+	+		+	+	+
	über 7	538	Rosenquarz	I		+	+(A)	+	+	+	+	+
		557	Morganit	II		+	+					
		569	Rubellit	II	+	+	+					
		573	Danburit	II		+						
		590	Spinell	II		+	+					

Edelsteine – Fortsetzung

Farbe	Härte	Mineral-Nr.	Mineral	Verwendung	Verwendungsweise: natürliche Form	Facetten	Cabochons	Tumbler Kügelchen	Glyptik	plastische Schliffe	Galanterie	Dekor- u. Schmucksteine
rosa	über 7	597	Phenakit	II		+	+					
		600	Saphir	III		+						
		602	Diamant	III		+						
grün	bis 2	41	Talk (Steatit)	I			+			+	+	+
		42	Pyrophyllit	I			+			+	+	+
	2–3	166	Fuchsit	II			+			+	+	+
	3–5	251	Phosphophyllit	III		+	+					
		268	Chrysokoll	II			+				+	+
		273	Serpentin	II			+			+	+	+
		274	Antigorit	III			+					
		307	Malachit	I	+		+	+		+	+	+
		311	Variscit	II			+					+
		321	Pseudomalachit	II	+		+					+
	5–7	373	Smithsonit	III			+					+
		374	Türkis	I			+	+		+		
		375	Brasilianit	II		+	+					
		379	Apatit	II		+	+					
		398	Skapolith	II		+	+					
		407	Datolith	III		+						
		412	Tremolith	III			+					
		413	Aktinolith	III		+	+					
		414	Smaragdit	I			+					
		417	Nephrit	I			+	+		+	+	+
		426	Enstatit	II		+	+(A)					
		430	Titanit	II		+	+					
		432	Dioptas	II		+	+					
		435	Cyanit	II		+	+					
		446	Prasopal	I			+			+	+	+
		453	Plasma	I			+	+	+	+	+	+
		454	Prasem	I			+	+		+	+	+
		457	Chrysopras	I			+	+		+	+	+
		458	Heliotrop	I			+	+		+	+	+
		484	Milarit	III		+	+					
		491	Amazonit	I			+			+	+	+
		495	Plagioklas	II			+					
		504	Hiddenit	II		+						
		505	Diopsid	II		+	+(A)					
		506	Chromdiopsid	II		+						
		508	Jadeit	I			+	+	+	+	+	+
		513	Epidot	II	+	+	+					
		515	Prehnit	III		+	+					
		519	Zoisit	II			+					
		522	Vesuvian	II		+	+					
		524	Olivin	I			+					
		525	Chrysolith	I		+	+	+				
	über 7	544	Katzenauge	II			+(W)	+(W)		+(W)	+(W)	+(W)
		545	Aventurin	I			+(A_V)	+(A_V)		+(A_V)	+(A_V)	+(A_V)
		553	Kornerupin	II		+	+					
		555	Smaragd	I	+	+	+		+	+		
		556	Aquamarin	I	+	+	+		+			
		562	Andalusit	II		+	+					
		571	Verdelith	II	+	+	+					
		574	Euklas	II		+	+					
		579	Andradit	II		+	+					
		580	Demantoit	II		+	+					
		581	Uwarowit	II		+	+					

Edelsteine – Fortsetzung

Farbe	Härte	Mineral-Nr.	Mineral	Verwendung	Verwendungsweise: natürliche Form	Facetten	Cabochons	Tumbler Kügelchen	Glyptik	plastische Schliffe	Galanterie	Dekor- u. Schmucksteine
grün	über 7	582	Grossular	II		+	+					
		593	Chrysoberyll	II		+	+(W)					
		594	Alexandrit	II		+	+					
		595	Topas	II	+	+	+					
		600	Saphir	II		+	+(A)					
		601	Leukosaphir	II		+	+					
		602	Diamant	II		+						
braun	3–5	173	Bernstein	I			+	+		+		+
		181	Sphalerit	III	+		+					
		183	Kleyophan	III		+	+					
		221	Aragonit	I			+			+	+	+
		228	Cerussit	III		+	+					
		240	Baryt	III		+						
		306	Siderit	III		+						
		310	Scheelit	II		+	+					
	5–7	352	Anatas	III		+	+					
		353	Brookit	III		+	+					
		354	Goethit	II			+					
		379	Apatit	II		+						
		426	Enstatit	III		+	+(A)					
		428	Hypersthen	III		+						
		430	Titanit	II		+	+					
		444	Gemeiner Opal	I			+			+	+	+
		445	Holzopal	I			+			+	+	+
		456	Sarder	II			+		+	+	+	+
		464	Rutil	III		+	+					
		472	Hämatit	II		+	+		+			
		486	Orthoklas	II		+	+(W)					
		488	Sanidin	III		+	+					
		523	Axinit	II		+	+					
	über 7	537	Rauchquarz	I	+	+	+	+	+	+	+	+
		542	Tigerauge	I			+(W)	+(W)	+(W)	+(W)	+(W)	+(W)
		545	Aventurin	I			+(Av)	+(Av)		+(Av)	+(Av)	+(Av)
		548	Kassiterit	III		+	+					
		563	Chiastolith	II			+					
		566	Dravit	II		+	+					
		583	Hessonit	II	+	+	+					
		584	Spessartin	III		+	+					
		595	Topas	II	+	+	+					
blau	2–3	136	Vivianit	III		+	+					
	3–5	217	Calcit	III		+	+					
		226	Azurit	II	+	+	+				+	+
		239	Coelestin	III		+						
		251	Phosphophyllit	III		+	+					
		268	Chrysokoll	II			+					+
		291	Fluorit	III		+						
	5–7	373	Smithsonit	III			+					+
		374	Türkis	I			+	+		+		
		378	Lazulith	II		+	+					
		379	Apatit	II	+	+	+					
		392	Lasurit	I			+	+		+	+	+
		393	Sodalith	I			+	+		+	+	+
		395	Haüyn	III		+	+					
		428	Hemimorphit	II		+	+					
		435	Cyanit	II	+	+	+					
		486	Orthoklas (Mondstein)	II			+(W)					

Edelsteine – Fortsetzung

Farbe	Härte	Mineral-Nr.	Mineral	Verwendung	Verwendungsweise							
					natürliche Form	Facetten	Cabochons	Tumbler Kügelchen	Glyptik	plastische Schliffe	Galanterie	Dekor- u. Schmucksteine
blau	5–7	520	Tansanit	II		+	+					
		530	Benitoit	III		+	+					
	über 7	541	Blauquarz	II			+	+		+	+	+
		543	Falkenauge	I			+(W)	+(W)	+(W)	+(W)	+(W)	+(W)
		550	Jeremejewit	III		+	+					
		551	Cordierit	II		+	+					
		556	Aquamarin	I	+	+	+(W)					
		570	Indigolith	II	+	+	+					
		574	Euklas	III			+					
		575	Dumortierit	II			+					
		576	Sapphirin	II		+	+					
		595	Topas	II	+	+	+					
		600	Sapphir	I	+	+	+(A)	+				
		602	Diamant	II		+						
grau	2–3	51	Antimonit	III	+		+					
schwarz	5–7	354	Goethit	III			+		+			
		357	Psilomelan	III		+						
		444	Gemeiner Opal	I			+			+	+	+
		445	Holzopal	I			+			+	+	+
		452	Onyx	I			+	+	+	+	+	+
		472	Hämatit	II	+		+		+		+	
	über 7	539	Morion	I	+	+	+					
		546	Pleonast	III		+	+					
		548	Kassiterit	III	+		+					
		565	Skoryl	III	+	+	+					
vielfarbig	3–5	291	Fluorit	III		+	+					
	5–7	379	Apatit	II		+	+(W)					
		440	Opal	I			+		+	+	+	+
		441	Edelopal	I			+(O)		+(O)	+(O)		
		449	Chalcedon	I			+	+	+	+	+	+
		450	Achat	I			+	+	+	+	+	+
		451	Moosopal	I			+	+		+	+	+
		459	Jaspis	I			+	+	+	+	+	+
		496	Labradorit (Spektrolith)	I			+(L)	+(L)		+(L)	+(L)	+(L)
	über 7	534	Quarz	I	+	+	+(W)	+	+	+	+	+
		554	Beryll	I	+	+	+					
		564	Turmalin	II	+	+	+(W)					
		567	Elbait	II	+	+	+					
		577	Granat	I	+	+	+	+				
		587	Zirkon	II		+	+					
		590	Spinell	II		+	+					
		595	Topas	I		+	+					
		598	Korund	I		+	+					
		600	Saphir	I		+	+					
		602	Diamant	I		+						

Übersicht über die Metallelemente enthaltende Minerale

Mineral-Nr.	Mineral	Mineral-Nr.	Mineral	Mineral-Nr.	Mineral	Mineral-Nr.	Mineral
	Al		**Be**	106	Aurichalcit	354	Goethit
88	Kryolith	334	Tugtupit	109	Caledonit	355	Limonit
90	Gibbsit	399	Bavenit	110	Linarit	356	Lepidokrokit
104	Alumohydrocalcit	484	Milarit	116	Chalkanthit	367	Magnesit
208	Boehmit	485	Bertrandit	126	Cyanotrichit	472	Hämatit
215	Dawsonit	501	Helvin	127	Kröhnkit	473	Specularit
232	Alunit	554	Beryll	128	Spangnolith		
463	Diaspor	561	Bazzit	129	Devillin		**Ge**
562	Andalusit	574	Euklas	130	Langit	188	Germanit
575	Dumortierit	593	Chrysoberyll	131	Posnjakit	285	Renierit
590	Spinell	597	Phenakit	138	Chalkophyllit		
598	Korund			144	Lirokonit		**Hg**
			Bi	145	Lavendulan	3	Quecksilber
	Ag	10	Tetradymit	146	Klinoklas	15	Kalomel
9	Polybasit	48	Wismut	147	Straschmirit	57	Livingstonit
12	Sylvanit	69	Emplektit	185	Chalkopyrit	76	Cinnabarit
13	Hessit	70	Wittichenit	186	Luzonit	80	Tiemannit
16	Chlorargyrit	71	Bismuthinit	187	Enargit	179	Amalgam Ag
17	Jodargyrit	72	Cosalit	188	Germanit	190	Tetraedrit
49	Silber	73	Galenobismutit	189	Tennantit	198	Coloradoit
60	Miargyrit	255	Mixit	190	Tetraedrit	200	Metacinnabarit
61	Diaphorit	288	Hodruschit	191	Chalkostibit		
62	Stromeyerit	289	Heyrovskyit	192	Bornit		**K**
63	Proustit	299	Bismit	193	Bournonit	84	Carnallit
64	Pyrargyrit			197	Pearceit	85	Sylvin
65	Pyrostilpnit		**Ca**	201	Umangit	229	Kainit
66	Xanthokon	217	Calcit	203	Domeykit	232	Alunit
67	Stephanit	218	Dolomit	205	Connellit	234	Polyhalit
75	Akanthit	221	Aragonit	206	Atacamit	397	Nephelin
77	Galenit	235	Anhydrit	207	Boleit	486	Orthoklas
81	Krennerit	291	Fluorit	209	Cuprit	488	Sanidin
82	Petzit			210	Tenorit	490	Mikroklin
179	Amalgam Ag		**Cd**	226	Azurit		
190	Tetraedrit	199	Greenockit	227	Antlerit		**Li**
197	Pearceit	224	Otavit	228	Brochantit	169	Lepidolith
204	Dyskrasit			255	Mixit	276	Zinnwaldit
207	Boleit		**Co**	256	Euchroit	314	Sicklerit
344	Arsenopyrit	117	Bieberit	257	Olivenit	315	Triphylin
		141	Erythrin	259	Mottramit	377	Amblygonit
	As	287	Safflorit	260	Descloizit	483	Petalit
4	Auripigment	340	Bravoit	261	Vesignieit	502	Spodumen
5	Realgar	341	Siegenit	268	Chrysokoll		
176	Arsen	342	Linneit	284	Stannin		**Mg**
177	Allemontit	344	Arsenopyrit	285	Renierit	84	Carnallit
344	Arsenopyrit	345	Cobaltit	307	Malachit	91	Brucit
350	Löllingit	346	Chloanthit	308	Rosasit	105	Artinit
		436	Pyrit	319	Libethenit	213	Ascharit
	Au	438	Skutterudit	320	Cornwallit	214	Hydromagnesit
11	Nagyagit			321	Pseudomalachit	218	Dolomit
12	Sylvanit		**Cs**	322	Bayldonit	229	Kainit
50	Gold	500	Pollucit	431	Papagoit	302	Magnesit
81	Krennerit			432	Dioptas	466	Periklas
82	Petzit		**Cu**	433	Plancheit	524	Olivin
83	Calaverit	6	Covellin	436	Pyrit		
344	Arsenopyrit	9	Polybasit				**Mn**
436	Pyrit	32	Tirolit		**Fe**	180	Alabandin
		47	Kupfer	164	Thuringit	211	Ramsdellit
	Ba	62	Stromeyerit	219	Ankerit	220	Kutnahorit
223	Witherit	68	Chalkosin	277	Chamosit	282	Hauerit
240	Baryt	69	Emplektit	279	Eisen	295	Manganit
303	Barytocalcit	70	Wittichenit	283	Pyrrhotin	304	Rhodochrosit
499	Celsian	74	Berzelianit	306	Siderit	316	Purpurit

Übersicht über die Metallelemente enthaltende Minerale – Fortsetzung

Mineral-Nr.	Mineral	Mineral-Nr.	Mineral	Mineral-Nr.	Mineral	Mineral-Nr.	Mineral
357	Psilomelan	73	Galenobismutit	294	Cervantit	150	Tujamunit
358	Hausmannit	77	Galenit	349	Ullmannit	151	Meta-Autunit
366	Jakobsit	78	Altait	361	Romeit	152	Meta-Torbernit
467	Pyrolusit	79	Clausthalit			153	Zeunerit
526	Tephroit	89	Diaboleit		**Sc**	154	Carnotit
531	Rhodonit	95	Minium	528	Thortveitit	172	Uranophan
532	Inesit	107	Phosgenit	561	Bazzit	297	Betafit
533	Pyromangit	108	Leadhillit			298	Brannerit
		109	Caledonit		**Se**	300	Curit
	Mo	110	Linarit	45	Selen	337	Cuprosklodowskit
8	Molybdänit	133	Krokoit	74	Berzelianit	338	Kasolit
132	Ferrimolybdit	134	Stolzit	79	Clausthalit	359	Pyrochlor
241	Powellit	193	Bournonit	80	Tiemannit	471	Euxenit
243	Wulfenit	196	Zinckenit	201	Umangit	481	Thorianit
		202	Jordanit	436	Pyrit	482	Uraninit
	Na	207	Boleit				
20	Natrit	225	Cerussit		**Si**		**V**
23	Mirabilit	242	Anglesit	534	Quarz	259	Mottramit
86	Halit	243	Wulfenit			260	Descloizit
87	Villiaumit	259	Mottramit		**Sn**	261	Vesignieit
88	Kryolith	260	Descloizit	58	Kylindrit	263	Vanadinit
102	Trona	262	Pyromorphit	59	Franckeit		
125	Thenardit	263	Vanadinit	284	Stannin		**W**
127	Kröhnkit	264	Mimetesit	344	Arsenopyrit	134	Stolzit
397	Nephelin	293	Bindheimit	548	Kassiterit	310	Scheelit
		309	Beudantit			368	Hübnerit
	Nb+Ta	322	Bayldonit		**Sr**	369	Wolframit
297	Betafit	323	Hedyphan	222	Strontianit	370	Ferberit
359	Pyrochlor	362	Plattnerit	239	Coelestin		
360	Mikrolith			313	Goyazit		**Zn**
402	Eudialyt		**Pt** (Platinoide)			103	Hydrozinkit
471	Euxenit	281	Platin		**Te**	106	Aurichalcit
477	Niobit	439	Sperrylith	10	Tetradymit	113	Goslarit
478	Columbit			11	Nagyagit	181	Sphalerit
479	Tantalit		**Sb**	12	Sylvanit	182	Marmatit
480	Tapiolit	7	Kermesit	13	Hessit	184	Wurtzit
		9	Polybasit	46	Tellur	251	Phosphophyllit
	Ni	51	Antimonit	78	Altait	252	Hopeit
118	Morenosit	52	Berthierit	81	Krennerit	258	Adamin
142	Annabergit	53	Jamesonit	82	Petzit	259	Mottramit
143	Cabrerit	54	Plagionit	83	Calaverit	260	Descloizit
157	Garnierit	55	Boulangerit	198	Coloradoit	296	Zinkit
194	Pentlandit	56	Semseyit			308	Rosasit
195	Millerit	57	Livingstonit		**Th**	318	Legrandit
216	Zaratit	58	Kylindrit	324	Xenotim	373	Smithsonit
280	Nickel	59	Franckeit	339	Thorit	403	Hemimorphit
340	Bravoit	60	Miargyrit	383	Monazit	404	Willemit
341	Siegenit	61	Diaphorit	410	Allanit	470	Franklinit
343	Gersdorffit	62	Stromeyerit	471	Euxenit	591	Gahnit
346	Chloanthit	64	Pyrargyrit	481	Thorianit		
347	Rammelsbergit	65	Pyrostilpnit				**seltene Erden**
348	Pararammelsbergit	67	Stephanit		**Ti**	298	Brannerit
349	Ullmannit	93	Senarmontit	352	Anatas	305	Bastnäsit
351	Nickelin	94	Valentinit	353	Brookit	324	Xenotim
438	Skutterudit	171	Chapmanit	363	Perowskit	359	Pyrochlor
		177	Allemontit	364	Pyrophanit	360	Mikrolith
	Pb	178	Antimon	365	Ilmenit	363	Perowskit
53	Jamesonit	190	Tetraedrit	430	Titanit	379	Apatit
54	Plagionit	191	Chalkostibit	464	Rutil	383	Monazit
55	Boulangerit	193	Bournonit	527	Ramsayit	402	Eudialyt
56	Semseyit	196	Zinckenit			410	Allanit
58	Kylindrit	204	Dyskrasit		**U**	471	Euxenit
59	Franckeit	286	Gudmundit	96	Ianthinit	528	Thortveitit
61	Diaphorit	292	Stibiconit	148	Autunit		
72	Cosalit	293	Bindheimit	149	Torbernit		

Fachausdrücke

Absorption – Aufsaugen.

Akzessorische Minerale – Mineralgehalt im Gestein oder Erz macht nicht mehr als 1–2 % des Gesamtvolumens aus.

Alkaligesteine – magmatische Gesteine, die einen höheren Gehalt an Alkalioxiden aufweisen.

Alkalimetalle – K, Na (Li, Rb, Cs).

Amorphes Mineral – nichtkristallines Mineral, ohne Kristallstruktur.

Amphibolit – metamorphes Gestein, vorwiegend aus Amphibol (Hornblende) bestehend.

Anatexis – höchste Metamorphosestufe, bei der die Gesteine ins Schmelzen geraten.

Andesit – neovulkanisches Ergußgestein, dessen Zusammensetzung dem Diorit entspricht.

Anisotropie – Richtungsabhängigkeit der physikalischen Eigenschaften eines Stoffs (einer Umgebung).

Apophyse – von einem oberflächennahen oder tiefliegenden magmatischen Gesteinskörper ausgehende Abzweigung und Verästelung.

Arkose – vorwiegend aus Quarz und Feldspat bestehendes Sedimentärgestein.

Assoziation – gemeinsames Vorkommen.

Asterismus – auffälliges Spiel des Lichtes auf feinsten, regelmäßig angeordneten Einschlüssen, besonders deutlich auf Cabochonen.

Aventurisation – schillernder Glanz, hervorgerufen von feinen, in Quarz eingewachsenen Glimmer- oder Hämatitschüppchen.

Basalt – neovulkanisches Ergußgestein, dessen Zusammensetzung dem Gabbro entspricht.

Basische Gesteine – Ergußgesteine mit SiO_2-Gehalt unter 52 %.

Bitumen – Mischung aus festen und flüssigen Kohlenwasserstoffen.

Brekzie (Breccie) – zu festem Gestein verkittete Bruchstücke.

Cabochon – Bearbeitung (Schliff) von Steinen in runde Form (kantenlos).

Brechungsindex – wichtige Konstante, die das Maß der optischen Dichte (Lichtbrechung) für einen Stoff angibt.

Dehydrierung von Mineralen – Wasserverlust in Mineralen.

Diabas – paläovulkanisches Gestein, dessen Zusammensetzung dem Gabbro entspricht.

Diagenetische Prozesse – Vorgänge, die zur Festigung und Gesteinswerdung ursprünglich lockerer Sedimente führen.

Diorit – magmatisches Tiefengestein aus Plagioklas und dunklen Gemengteilen (Amphibol, Pyroxen).

Effusivgesteine – an der Erdoberfläche erstarrte Ergußgesteine.

Endogen – an innere geologische Kräfte gebunden.

Erlan – Kalksilikatgestein, das durch Umwandlung bei Berührung mit Magma entsteht.

Exogen – durch äußere Einwirkung entstanden.

Facettenschliff – von ebenen Flächen umschlossener geschliffener Edelstein.

Facies – Gesamtheit aller Bedingungen, charakteristisch für ein bestimmtes Milieu bei der Gesteinsbildung.

Feldspate – wichtigste Alumosilikatgruppe.

Fumarole – vulkanischer Gas- und Dampfaustritt mit Temperatur von 100–800 °C.

Gabbro – basisches Tiefengestein aus basischem Plagioklas, Pyroxen, Amphibol und Olivin.

Genese – Entstehung.

Geode – Hohlraum im Gestein oder in einem Erzgang, völlig oder teilweise mit kristallisierten Mineralen gefüllt.

Gossan (Eiserner Hut) – Oxidationszone auf Erzgängen.

Granit – magmatisches Tiefengestein, in dem Kalifeldspate vor sauren Plagioklasen vorherrschen, mit einem wesentlichen Quarzanteil.

Greisen – pneumatolytisch umgewandelter Granit.

Herapatit – (Jodcinchonidinsulphat); Stoff mit beträchtlicher Polarisationsfähigkeit.

Hornstein – ein Quarzgestein.

Hydrothermales Mineral – aus heißen Wasserlösungen entstanden.

Hypergener Prozeß – natürlicher Verwitterungsprozeß, der sich in den obersten Teilen der Erdkruste, in der Atmosphäre oder Hydrosphäre abspielt.

Hypidiomorpher Kristall – nur teilweise eigengestaltig ausgebildeter Kristall.

Hypogenes Mineral – Tiefenmineral.

Idiomorph – Kristalle mit allseitig ungestört ausgebildeten Flächen.

Imprägnation – Auffüllung feinster Poren im Gestein oder Erz durch später entstandene Minerale.

Infiltrationslagerstätten – durch Ausfällung von Mineralen entstanden, die bei der Auslaugung von Gesteinen in den oberflächennahen Partien der Erdkruste oder in älteren Lagerstätten an der Oberfläche gelöst wurden.

Inklusionen – Einschlüsse.

Intrusivgesteine – Gesteine, die als Magma in die obere Erdkruste eingedrungen und dort erstarrt sind.

Isomorphie – gegenseitige Durchdringung von Elementen und Radikalen mit ähnlichen Eigenschaften (z. B. Ca-Na in den Plagioklasen, Ca-Mg in den Carbonaten).

Isotropie – Eigenschaft eines Stoffs, in allen Richtungen die gleichen physikalischen Eigenschaften zu zeigen.

Kalkstein – Sedimentgestein, dessen Hauptbestandteil Calciumkarbonat darstellt (über 50 %).

Kaolin – Porzellanerde – eine Mischung von Tonmineralen mit Kaolinitübergewicht, entstanden durch die Verwitterung von Feldspaten.

Karat – Gewichtseinheit zum Abwägen geschliffener und roher Edelsteine (0,2 g).

Karbonatit – Ergußstein mit einem wesentlichen Anteil primärer Carbonate.

Karbonatisation – metasomatischer Vorgang, bei dem SiO_2 von CO_2 aus den Silikaten verdrängt wird.

Kolomorphe Struktur – für Stoffe kolloider Herkunft charakteristische Struktur.

Kondensor – Linse (bzw. Linsensystem) im Mikroskop zur Sammlung der Lichtstrahlen.

Labradorisieren – graublaue bis grünblaue Verfärbung auf den Spaltflächen von Labradorit.

Lateritische Verwitterung – Verwitterungsprozeß im Tropenklima; Wegfuhr von SiO_2 und Alkalimetallen, Anreicherung von Al_2O_3.

Lava – zur Erdoberfläche vorgedrungenes Magma.

Lherzolith – ultrabasisches Gestein aus Olivin, Bronzit und Diallag.

Limnisch – auf Süßwasserseen bezüglich.

Magma – glutflüssige Silikatschmelze, die unterschiedlich viele flüchtige Komponenten enthält.

Magmatische Differentiation – Sammelbegriff für alle physikalischen und chemischen Vorgänge, die zur stofflichen Gliederung des ursprünglich homogenen Magmas führen.

Magmatismus – Gesteinsumwandlungsprozeß in unterschiedlichen Tiefen, bei unterschiedlichen Drücken und Temperaturen (mit langsamen chemischen Prozessen).

Malaphyr – paläovulkanisches Ergußgestein, dessen Zusammensetzung Gabbro entspricht.

Metamikte Minerale – gehen unter Beibehaltung der äußeren Kristallgestalt in einen den festen Kolloiden ähnlichen Zustand über. Metamikten Zerfall kann man bei Mineralen mit radioaktiven Stoffanteilen (vor allem U und Th) beobachten.

Metasomatose – Vorgang, bei dem es zu Reaktionen zwischen von außen zugeführten und ursprünglichen Stoffen kommt.

Neovulkanische Gesteine – jünger als die Kreidezeit.

Nephelinsyenit – alkalisches Tiefenergußgestein.

Nodulus – in Sediment eingeschlossener kugeliger Körper von anderer Zusammensetzung.

Ocker – technische Bezeichnung für Sekundärminerale der entsprechenden Farbe.

Oolith – Aggregat aus kleinen, in Wasserlösungen ausgefällten Kugelgebilden.

Opak – undurchsichtig.

Opalisieren, Opaleszieren – buntes Farbspiel, oft auf Opalen zu beobachten.

Oxidationszone – oberflächennahe Zone einer Lagerstätte, entstanden durch Verwitterung der Primärminerale.

Paläovulkanische Gesteine – Effusivgesteine von prätertiärem Alter.

Paragenese – Mineralgesellschaft, die bei einem einzigen Kristallisierungsprozeß entstanden ist.

Peridodit – Bezeichnung für eine Gruppe ultrabasischer Gesteine mit Olivinvormacht.

Phantom – im Kristallinneren sichtbare ältere Kristallform.

Phonolith (Klingstein) – neovulkanisches alkalisches Ergußgestein, dessen Zusammensetzung dem Nephelinsyenit entspricht.

Piezoelektrisch – durch Druckwirkung entstehende elektrische Ladung.

Pikrit – ultrabasisches Gestein, vorwiegend aus Olivin, Augit und Amphibol.

Pneumatolyse – Mineralentstehung durch die Wirkung von überhitzten, aus Magma entweichenden Dämpfen und flüchtigen Stoffen.

Polymorphie – Fähigkeit eines Stoffs, verschiedene Kristallformen zu erzeugen.

Postmagmatischer Prozeß – auf den magmatischen Prozeß folgende Vorgänge.

Pseudomorphose (Truggestalt) – Kristallformen von Mineralen, deren ursprünglicher Stoff durch einen anderen ersetzt wurde.

Pyroelektrisch – durch Erhitzung eintretende elektrische Ladung.

Quarzit – durch Metamorphose von Quarzsedimenten entstandenes Gestein.

Rezentes Mineral – gegenwärtig oder unlängst entstanden.

Saure Gesteine – Ergußgesteine mit SiO_2-Anteil über 65 %.

Sekundäre Minerale

Serpentit – vorwiegend aus Serpentin bestehendes Gestein, entsteht durch Umwandlung ultrabasischer Ergußsteine.

Silifizierung – Durchtränkung eines Sediments mit Kieselsäure SiO_2, wobei Opal, Chalcedon oder Quarz entstehen.

Skarn – Ca-Fe-reiche metamorphierte Gesteine, die hauptsächlich aus Granat, Hedenbergit und Magnetit bestehen.

Solfatare – postvulkanische Dampf- und Gasaustritte von 100–200 °C.

Sphärolith – Aggregat aus nadeligen Kristallen mit radialstrahligem Bau.

Supergener Prozeß – sekundärer Prozeß auf Lagerstätten, die durch die Einwirkung von Oberflächenwässern und atmosphärischen Faktoren gebildet werden.

Syenit – quarzfreies Tiefengestein, in dem der K-Feldspat den Plagioklas überwiegt.

Trachyt – Ergußgestein, welcher der Syenitzusammensetzung entspricht.

Tuff – verfestigte Vulkanasche.

Ultrabasische Gesteine – magmatische Gesteine, die weniger als 44 % SiO_2 enthalten und sich hauptsächlich aus Olivin, Pyroxen, Amphibol, Biotit und Erzmineralen zusammensetzen.

Xenolithe – fremdartige Einschlüsse in einem anderen Gestein.

Zementationszone – angereicherte Zone in Erzlagerstätten.

Zeolithe – eine Gruppe wasserhaltiger Alumosilikate.

Weiterführende Literatur

I. Mineralogie, Kristallographie, Mineralienbestimmung

Bancroft, P.: Minerals and Crystals, New York, 1973

Bancroft, P.: Die schönsten Minerale und Kristalle aus aller Welt, 1976

Bariand, P.: Marvellous World of Minerals, London, Stuttgart, 1976

Bauer, J.: Der Kosmos-Mineralienführer. Mineralien-Gesteine-Edelsteine, Stuttgart, 1975

Betechtin, A. G.: Lehrbuch der speziellen Mineralogie, Leipzig, 1977

Blüchel, K. u. Medenbach, O.: Zauber der Mineralien, Zürich, 1981

Boottley, E. P.: Rocks and Minerals, London, 1972

Brauns, R. u. Chudoba, K. F.: Spezielle Mineralogie, 1964

Brauns, R. u. Chudoba, K. F.: Allgemeine Mineralogie, 1968

Bruhns, W. u. Ramdohr, P.: Kristallographie, 1965

Buchwald, V. F.: The Mineralogy of Iron Meteorites, London, 1976

Carrobi, G.: Trattato di Mineralogia, Florenz, 1971

Chukhrov, F. V. u. Bonstedt-Kupletskaya, E. M. etc.: Handbuch der Mineralogie (in Russisch). Bd. I, 1960: Elemente und Sulfide. – Bd. II/1, 1963: Halogenide. – Bd. II/2, 1965: Einfache Oxide. – Bd. II/3, 1967: Zusammengesetzte Oxide. – Bd. III/1, 1972: Silikate. – Bd. III/2, 1981: Silikate. – Bd. III/3, 1981: Silikate, Moskau

Dana, L. u. Hurlbut, S.: Manual of Mineralogy, New York, 1952

Deer, W. A., Howie, R. A. u. Zussman, J.: Rock Forming-Minerals, 1962–1964

Desaultes, P. E.: The Mineral Kingdom, New York, 1968

Fleischer, M.: Glossary of Mineral Species, Maryland, 1975

Frondel, C.: The System of Mineralogy. Vol. III, New York, 1962

Frondel, J. W.: Lunar Mineralogy, New York, 1975

Ginzburg, A. I.: Atlas mineralov i rud redkich elementov, Moskau, 1977

Grim, R. E.: Clay Mineralogy, New York, 1953

Hey, M. H.: Chemical Index of Minerals, London, 1955, Appendix 1963

Hiller, J. E.: Grundriß der Kristallchemie, Berlin, 1952

Hofmann, F. u. Karpinski, J.: Schöne und seltene Minerale, Leipzig, 1980

Hochleitner, R.: Fotoatlas der Mineralien und Gesteine, München, 1980

Hurlbut, C. S. u. Klein, C.: Manual of Mineralogy, New York, 1977

Kipfer, A.: Kleinmineralien, Stuttgart, 1974

Kleber, W.: Einführung in die Kristallographie, Berlin, 1965

Kostov, I.: Mineralogy, London, 1968

Kouřimský, J.: Bunte Welt der Mineralien, Praha, 1977

Kouřimský, J.: The Illustrated Encyclopedia of Minerals and Rocks, London, 1977

Krebs, H.: Grundzüge der anorganischen Kristallchemie, Stuttgart, 1968

Lieber, W.: Der Mineraliensammler, Thun u. München, 1973

Mason, B.: Meteorites, New York, 1962

Milovskij, A. V., Kononov, O. V.: Mineralogija, Moskau, 1982

Mason, B. u. Berry, L. G.: Elements of Mineralogy, San Francisco, 1968

Medenbach, O. u. Wilk, H.: Zauberwelt der Mineralien, Künzelsau, Thawil, Salzburg, 1977

Mitchell, R. S.: Mineral names: what do they mean? New York, 1979

Moore, Ch. B.: Research on Meteorites, New York, 1962

Mottana, A., Crespi, R. u. Liborio, G.: Der große BLV Mineralienführer, München, Bern, Wien, 1979

O'Donoghue, M.: Enzyklopädie der Minerale und Edelsteine, Freiburg, Basel, Wien, 1977

Palache, C., Berman, H. u. Frondel, C.: The System of Mineralogy. Vol. I. 1944, vol. II. 1951, New York

Parker, R. L. u. Bambauer, H. U.: Mineralienkunde, Thun, 1975

Picot, P. u. Johan, Z.: Atlas des minéraux métalliques, Paris, 1977

Ramdohr, P.: Die Erzmineralien und ihre Verwachsungen, Berlin, 1975

Ramdohr, P. u. Strunz, H.: Klockmann's Lehrbuch der Mineralogie, Stuttgart, 1980

Roberts, W. L., Rapp, G. R. jr. u. Weber, J.: Encyclopedia of Minerals, New York, 1974

Schumann, W.: Steine und Mineralien, München, 1975

Seim, R.: Minerale. Sammeln und Bestimmen, Leipzig, 1981

Semenova, E. I.: Mineralogičeskie tablicy, Mos-

kau, 1981
Simpson, B.: Minerals and Rocks, London, 1975
Sinkankas, J.: Mineralogy for Amateurs, New York, Cincinnati, Toronto, London, Melbourne, 1964
Rössler, H. J.: Lehrbuch der Mineralogie, Leipzig, 1980
Strunz, H.: Mineralogische Tabellen, Leipzig, 1977
Winchel, A. N. u. Winchel, H.: Elements of Optical Mineralogy, New York, London, 1951

II. Mineralienfundstellen

Bernard, J. H. etc.: Mineralogie Československa, Praha, 1981
Boggild, O. B.: The Mineralogy of Greenland, Kopenhagen, 1953
Carrobi, G. u. Rodolico, F.: I Minerali della Toscana, Florenz, 1976
Gramaccioli, C. M.: Die Mineralien der Alpen, Stuttgart, 1978
Gübelin, E.: Die Edelsteine der Insel Ceylon, Luzern, 1968
Michele, V. de: Guida mineralogica d'Italia 1, 2, Novara, 1974
Parker, R. L.: Die Mineralfunde der Schweiz, Basel, 1973
Roubault, M.: Les minerais uranifères français, Paris, 1962
Sinkankas, J.: Gemstones of North America, New York, London, 1959
Stalder, H. A., Embrey, P., Graeser, S. u. Nowacki, W.: Die Mineralien des Binnatals, Bern, 1978
Strunz, H.: Mineralien und Lagerstätten in Ostbayern, Regensburg, 1952
Vollstädt, H.: Einheimische Minerale, Dresden, 1974
Vollstädt, H. u. Baumgärtel, R.: Einheimische Edelsteine, Dresden, 1977
Walenta, K.: Mineralien aus dem Schwarzwald, Stuttgart, 1979
Weibel, M.: Mineralien der Schweiz, Stuttgart, 1973
Weninger, H.: Die alpinen Kluftmineralien der Österreichischen Ostalpen. Der Aufschluß 25. Sonderheft, Heidelberg, 1974
Koch, S.: Magyar ásványai, Budapest, 1966
Kostov, I., Breskovska, V., Minčeva-Stefanova, J., Kirov, G. N.: Mineralite v Bolgaria, Sofia, 1964
Lazarenko, E. K., Lazarenko, E. A., Baryšnikov, E. K., Malygina, O. A.: Mineralogija Zakarpatia, Lwow, 1963
Radulescu, D., Dimitrescu, R.: Mineralogia topografica a Romaniei, Bukurest, 1966

III. Petrographie, Geologie, Lagerstättenkunde

Barth, T., Correns, C. u. Eskola, P.: Die Entstehung der Gesteine, Berlin, 1970
Bruhns, W. u. Ramdohr, P.: Petrographie, Bd. 173, Berlin, 1972
Bülow, K. von: Geologie für Jedermann, 1973
Deer, W. A., Howie, R. A. u. Zussman, J.: Rock Forming Minerals. I–V; London, 1962–1965
Lieber, W.: Bunte Welt der schönen Steine, Stuttgart, 1973
Lüschen, H.: Die Namen der Steine, Thun u. München, 1968
Pape, H.: Leitfaden zur Gesteinbestimmung, Stuttgart, 1971
Pape, H.: Der Gesteinssammler, Stuttgart, 1974
Schneiderhöhn, H.: Erzlagerstätten, Stuttgart, 1962
Schumann, W.: Knaurs Buch der Erde, München, 1975
Winkler, G. F.: Die Genese der metamorphen Gesteine, Berlin, Heidelberg, 1979
Zeschke, G.: Mineral-Lagerstätten und Exploration, Stuttgart (I. Bd.), 1970
Smirnov, V. I.: Geologija poleznych iskopajemych, Moskau, 1976

IV. Edelsteine, Gemmologie

Anderson, B. W.: Gemstones for everyman, London, 1976
Anderson, B. W.: Gem testing, London, 1980
Bank, H.: Aus der Welt der Edelsteine, Innsbruck, 1971
Chudoba, K. F. u. Gübelin, E. J.: Echt oder synthetisch? Stuttgart, 1956
Chudoba, K. F. u. Gübelin, E. J.: Edelsteinkundliches Handbuch, Bonn, 1974
Copeland, L. L., Liddicoat, R. T. etc.: The Diamond Dictionary, Los Angeles, 1960
Elwell, D.: Man-made Gemstones, New York, Chichester, Brisbane, Toronto
Eppler, W. F.: Praktische Gemmologie, Stuttgart, 1973
Fischer, W.: Praktische Edelsteinkunde, Kettwig, 1953
Hartmann, K. u. Binnewies, B.: Edelsteine, Stuttgart, 1975
Hurlbut, C. S. u. Switzer, G. S.: Gemmology, New York, 1979
Orlov, Yu. L.: The Mineralogy of the Diamond, New York, 1977
Rutland, E. H.: Gemstones, London, New York,

Sydney, Toronto, 1974
Schlossmacher, K.: Edelsteine und Perlen, Stuttgart, 1969

de, Paris, 1972
Schumann, W.: Edelsteine und Schmucksteine, München, Bern, Wien, 1976
Shirai, S.: The Story of Pearls, Tokio, 1970
Sinkankas, J.: Gemstone and Mineral Data Book, New York, 1972
Sinkankas, J.: Gem Cutting, New York, 1963
Smirnov, V. I.: Dragocennye i cvetnye kamni kak poleznoe iskopaemoe, Moskau, 1973
Smith, G. F. H.: Gemstones, London, 1972
Webster, R.: Gems: Their Sources, Descriptions and Identification, London, 1975
Webster, R.: A Gemmologists' Compendium, New York, 1980

V. Zeitschriften

Der Aufschluß: hgg. Vereinigung der Freunde der Mineralogie und Geologie, Heidelberg
The American Mineralogist: Mineralogical Society of America, Washington
The Canadian Mineralogist, Ottawa
Lapidary Journal, San Diego, California
Lapis, München
Mineralienmagazin, Stuttgart
Der Mineraliensammler: Mitteilungsblatt der Vereinigung Mineraliensammler Österreichs
The Mineralogical Magazine, London
Schweizer Strahler, Organ der Schweizerischen Vereinigung der Strahler und Mineraliensammler, Bern
Zeitschrift der Deutschen Gemmologischen Gesellschaft; Idar – Oberstein
The Mineralogical Record, Bowie, Maryland
Rivista Mineralogica Italiana, G. M. L. Gruppo Mineralogico Lombardo
Le Monde et les Minéraux, Paris

Mineralregister

Die Mineral-Nummern sind in Klammern gesetzt; die Seiten, auf denen das Mineral behandelt wird, sind kursiv gesetzt.